地球の歩き方 A13 ● 2020〜2021年版

南イタリアとシチリア

South Italy & Sicily

地球の歩き方 編集室

16 特集1
カゼルタの3つの世界遺産を訪ねる
カゼルタの18世紀の王宮と庭園、ヴァンヴィテッリの水道橋とサン・レウチョの複合建築
イタリアでもっとも華麗な王宮と庭園、美しい自然の中に建つカロリーノ水道橋、サン・レウチョの離宮や絹織物工場。これらを訪ねることは水を巡る物語を紡ぐこと

21 特集2
改装終了!
パレルモ ノルマン王宮案内図
ビザンチン、ノルマン、ラテンの職人たちの技が結集されたノルマン王宮。見学はパレルモの歴史を紐解く楽しい旅!

24 特集3
アドリア海を北上!
プーリア・ロマネスクの聖堂巡り
～海の幸を楽しむ～
アドリア海沿いに建てられた大聖堂は、南イタリアらしいのびやかな建築美にあふれている。個性的な町を巡りながら、土地ながらの味覚を楽しむ

小特集

61 イルミネーションとプレゼーピオを見に行こう
ナポリのクリスマス

66 見取り図と必見作品案内
ナポリ国立考古学博物館

70 見取り図と必見作品案内
国立カポディモンテ美術館

215 マテーラのシスティーナ礼拝堂
「原罪のクリプタ」

244 世界遺産パレルモ、モンレアーレ、チェファルーの
アラブ・ノルマン遺産

265 バロック様式のヴィッラを見に行こう
バゲリーア

278 イタリア最南端の島
ランペドゥーサ

基本情報 歩き方の使い方 …… 6
イタリアのジェネラル インフォメーション …… 10

29 ナポリとカンパニア州

カンパニア州の魅力 …… 31

ナポリ🏛 …… 32
ナポリってこんな町 …… 32
ナポリの歴史 …… 33
ナポリの交通 …… 39
ナポリのインフォメーション …… 46
アルテカード情報 …… 47
ナポリ エリア案内 …… 48
おもな見どころ
①スパッカ・ナポリ …… 50
②国立考古学博物館とカポディモンテ …… 63
③ヴォメロの丘とサンタ・ルチア …… 74

ナポリのピッツェリア …… 85
安くてうまい！ナポリの食堂 …… 87

ナポリのレストラン …… 88
ナポリのカフェとお菓子店 …… 91
ナポリのショッピング通り …… 92
ナポリでショッピング …… 94
ナポリのホテル …… 96
ナポリ郊外
ポンペイ🏛 …… 100
ポンペイ遺跡🏛 …… 102
ポンペイ周辺の遺跡🏛 …… 108
世界一有名な火山 ヴェスーヴィオ …… 110
エルコラーノ🏛 …… 111
エルコラーノの遺跡🏛 …… 112
ポッツォーリ …… 114
カゼルタ🏛 …… 116

カプリ島 …… 121
カプリ地区 …… 123
アナカプリ地区 …… 125
青の洞窟 …… 126
カプリ島のレストラン＆ホテル …… 128
イスキア島 …… 129
イスキア島のレストラン＆ホテル …… 132
プローチダ島 …… 133

アマルフィ海岸🏛 …… 136
ソレント …… 138
ソレントのレストラン＆ホテル …… 141
ポジターノ …… 142
アマルフィ …… 144
アマルフィのレストラン＆ホテル …… 147
ラヴェッロ …… 148
サレルノ …… 150
アマルフィ海岸その他の町 …… 154
アトラーニ、ミノーリ、マイオーリ、チェターラ、ヴィエートリ・スル・マーレ
ペストゥム／パエストゥム🏛 …… 158
ベネヴェント🏛 …… 162

※🏛のマークは、ユネスコの世界遺産に登録された物件

165 プーリア州

プーリア州の魅力……166
プーリア州の交通事情……168

バーリ……170
バーリの交通……171
　バーリのレストラン&ホテル……175

イトリアの谷を歩く……176
　アルベロベッロ🏛……176
　　アルベロベッロのレストラン&ホテル…179

　マルティーナ・フランカ……180
　ロコロトンド……182
　自然の造形美
　カステッラーナ洞窟……183
オストゥーニ……184
ブリンディシ……186
レッチェ……189
　レッチェのレストラン&ホテル……194
サレント地方の魅力を探る
美しい海岸線を求めてレウカ岬へ……195
オートラント……196
ターラント……198
大天使ミカエルゆかりの地
モンテ・サンタンジェロ🏛……204
八角形の世界遺産
カステル・デル・モンテ🏛……206

207 バジリカータ州とカラーブリア州

バジリカータ州とカラーブリア州の魅力……209
マテーラ🏛……210
　マテーラのレストラン&ホテル……216

レッジョ・ディ・カラーブリア……217

221 シチリア州

シチリア州の魅力……222
シチリア島の交通事情……224

パレルモ🏛……226
パレルモのインフォメーション……231
パレルモの交通……232
おもな見どころ
①ノルマン王宮と旧市街……234

アラブ・ノルマン遺跡🏛……244
②プレトーリア広場東地区……246
③新市街と考古学博物館……251

パレルモのレストラン……256
パレルモのB級グルメ……257
パレルモのカフェとジェラテリア……258
パレルモのB級グルメとお菓子……259
パレルモのショッピングと市場……260
　シチリアらしいおみやげを探す……261
パレルモのホテル……262

パレルモ郊外
　モンデッロ……264
　ソルント……264
　バゲリーア……265
　モンレアーレ🏛……266

シチリア北部
　チェファルー🏛……268
　エオリエ諸島🏛……270
　　リパリ島……271
　　ヴルカーノ島……274
　　ストロンボリ島……274

シチリア東部
　メッシーナ……275
　ランペドゥーサ島(シチリア南部)……278
　タオルミーナ……279
　　タオルミーナのレストラン&ホテル…285

シチリア南東部
　カターニア🏛……286
　　カターニアのレストラン&ホテル…291
　今でも噴火を続ける火山
　エトナ山🏛……292
　シラクーサ🏛……294
　　シラクーサのレストラン&ホテル…300

シチリア・バロックの町を歩く🏛……301
　ノート🏛……302

モディカ……304
ラグーザ……306
バロック都市そのほかの町……311
カルタジローネ……312

ピアッツァ・アルメリーナ……315
カサーレの古代ローマの別荘……316
エンナ……318

シチリア西部
アグリジェント……320
アグリジェントのレストラン&ホテル…327
トラーパニ……328
エリチェ……332

バルバロ山の斜面に建つ
セジェスタ……334
マルサーラ……335
モツィア……337
マザーラ・デル・ヴァッロ……338
海を望む神殿
セリヌンテ……342

グルメ特集&コラム

アマルフィで食べたい……146
カンパニア州の料理とワイン……156
プーリア州の料理とワイン……202
マテーラのパン……212
バジリカータ州とカラブリア州の料理とワイン…220
パレルモのB級グルメとお菓子……259
修道院のお菓子……326
シチリア州の料理とワイン……340
南イタリア、シチリアの名物料理……376

南イタリアとシチリアのお役立ちコラム

ナポリの眺望 ベスト5……81
青の洞窟への行き方……126
イスキア島の温泉事情……131
プローチダ島　映画の舞台へ……134
エメラルドの洞窟……143
アマルフィ海岸　遊覧船情報……153
シチリアへの渡り方……218
パレルモ発のプルマン……233
市場でのおみやげ探しがおもしろい!……261
シチリアの交通の要所　カターニア……290
カターニアからのエトナ登山……293

343 南イタリア・シチリア旅の準備と技術

旅の準備……344
旅の必需品……344
旅の情報収集……346
南イタリアとシチリアを知ろう!……347
南イタリア・シチリアへ日本からのアクセス……348
ローマ経由で南イタリアへ……349
ナポリ経由で南イタリアへ……350
パレルモ経由でシチリアへ……351
カターニア経由でシチリアへ……352
イタリア国内の交通……353
列車……353
バス……357
レンタカー……358
イタリアドライブ事情……359
総合インフォメーション……360
郵便・電話……360
Wi-Fi……361
お金は何で持っていくか……362
賢くユーロをゲットする方法……362
キャッシングを活用しよう!……363
ホテルに関するすべて……364
イタリアの宿泊施設……364
「地球の歩き方」おすすめ!得する ホテル予約……366
実際に予約してみよう……368
イタリアホテル事情……371
南イタリア・シチリアで食べる……372
南イタリア・シチリアでショッピング…378
免税の手続き……379
旅のイタリア語……380
レストランでのイタリア語……384
帰国の手続き……388
イタリアから出国、税関関連の情報…389
南イタリアを安全・快適に旅するために…390
トラブルに遭ってしまったら……392
病気とトラブル……393
緊急時の医療会話……394
南イタリア・シチリアの世界遺産……395
旅の伝言板……400
美術建築用語解説……404

405 索引・マップインデックス

出発前に必ずお読みください!
旅のトラブルと安全情報…390

歩き方の使い方

本書で用いられる記号・略号

本文中および地図中に出てくる記号で、ⓘはツーリストインフォメーション（観光案内所）を表します。その他のマークは、以下のとおりです。

世界遺産
ユネスコの世界遺産に登録されているエリア、町、物件にマークをつけています。南イタリアとシチリアの世界遺産の一覧はP.395参照。

DATA
住住所、☎電話番号、開開いている時間、休閉まっている日、料料金、地地図上のページや位置を表します。主要見どころや見学エリアのスタート地点に最適な見どころへ便利な交通機関も表示。
M＝地下鉄
B＝バス

○○への行き方
交通手段別に目的地までの移動方法を紹介しています。鉄道の略号解説は、P.353参照。
時刻表の情報は主に'20年冬季のもの。ご利用前に最新の情報をご確認ください。

イトリアの谷を歩く

アルベロベッロからロコロトンド、マルティーナ・フランカの周辺は**イトリアの谷**Valle d'Itriaと呼ばれ、緩やかな丘にオリーブの林とブドウ畑が続き、**トゥルッリ**が点在する。丘の上には**「白い町」**が広がり、町の遠望、さらに町からの眺めは絵画的な美しさに満ちている。さらに足を延ばして、「白い町」のひとつのオストゥーニへ。

アルベロベッロ 世界遺産

Alberobello

おとぎの国のような世界遺産の町

●郵便番号　70011

世界遺産
アルベロベッロのトゥルッリ
登録年1996年　文化遺産

●ⓘInfo-Point
住 Villa Comunale
☎ 080-4322060
開 1月㊐㊗　10:00～13:00
2月㊐㊗　10:30～12:00
16:00～18:00
3月㊏㊐㊗10:30～13:00
16:00～18:30
4～6月㊎㊏㊐㊗
10:00～13:00
14:30～17:30
7月㊋～㊐㊗
10:00～13:00
16:00～19:00
8月㊊～㊐㊗
10:00～13:00
16:00～19:00
9月㊌～㊐㊗
10:30～13:00
16:30～19:00
10月㊎㊏㊐㊗
10:30～12:30
16:30～18:30
地 P.177 B2
※教会テラスの下の公園内

●バスターミナル
Autostazione
住 Piazza F. lli Kennedy
地 P.177 A2
駅前広場を背にして左側。

おもな行事
トゥルッリの町・国際民族フォークロアフェスティバル(8月)

SHOPPING
オリーブ油、耳たぶの形をしたオレッキエッテのパスタ、そしてトゥルッリ模様の入った木綿の布や、紙細工の人形などが有名。

季節の花が美しいリモーネ・モンティ地区のおみやげ屋

とんがり屋根と白い壁の「トゥルッリ」の町として名高い、アルベロベッロ。町全体にトゥルッリが広がる貴重な景観から1996年には世界遺産に登録された。

まるでおとぎの国に迷い込んだような愛らしい外観のトゥルッリながら、その歴史は古く、有史以前からの建築技法を受け継ぐものだという説もある。モルタルなどの接合材を使わずに石を重ね、屋根も平らな石を積み上げただけ。この簡素な構造は領主が好きなときに壊して小作人を追い出すことができたから好都合だった、あるいは税の徴収人が来たときに屋根を外して課税を逃れる農民の功利手段だったともいわれている。それはまた、アラゴン朝、続くスペイン圧制下の厳しい時代の産物でもあった。ちなみに「アルベロベッロ」とはラテン語でSilva Arboris Belli=「戦いの木の森」という意味だそうだ。

現在のトゥルッリはみやげ物屋やレストラン、ホテルなどに転用され、旧市街はいつも観光客の絶えない一大観光地だ。気ままに坂道を上り下りし、トゥルッリの並ぶ町並みを楽しもう。

トゥルッロ・ソヴラーノ付近は最近人気のスポット

アルベロベッロへの行き方

鉄道で行くには
●バーリ→アルベロベッロ　私鉄スド・エスト（Sud-est）鉄道　約1時間10分～3時間　€4.30～5(約1時間に1便、㊐㊗はバスの代行運転で1日約6便)
●ターラント→アルベロベッロ　私鉄スド・エスト（Sud-est）鉄道　3時間8分～3時間43分　€7.70（1日約5便、マルティーナ・フランカ、プティニャーノPutignanoで要乗り換え。㊐㊗は運休）

車で行くには
●バーリ→(A14)→アルベロベッロ

176

表記について

見どころなどの固有名詞については、原則として欧文はイタリア語表記とし、カタカナ表記はできるかぎり原音に近いものを基本としていますが、日本で広く普及している表記がある場合はそちらを用いたものもあります。

地図の略号

Ⓗ Ⓨ＝ホテル、ホステルなど　Ⓡ＝レストラン　Ⓢ＝ショップ　ⓘ＝観光案内所　＝教会　＝バス停、ターミナル
Ⓜ＝地下鉄駅　＝タクシー　＝トレニタリア(fs線)　Ⓟ＝駐車場　✉＝郵便局　☎＝電話局　Ⓑ＝銀行
＝病院　＝空港　●＝見どころ施設　●＝そのほかの施設　＝公園・緑地　＝城壁
Ⓟ＝ピッツェリア　＝カフェ・バール、軽食　＝ジェラテリア　Ⓑ＝B級グルメ　＝お菓子屋

本書使用のイタリア語略称

V.	＝ Via	通り	C.po	＝ Campo	広場	Lungo～	＝ ～沿いの道	
V.le	＝ Viale	大通り	P.te	＝ Ponte	橋	Staz	＝ Stazione	駅
C.so	＝ Corso	大通り	P.ta	＝ Porta	門	Ferr.	＝ Ferrovia	鉄道
P.za	＝ Piazza	広場	Pal.	＝ Palazzo	宮殿	Funic.	＝ Funicolare	ケーブルカー
P.le	＝ Piazzale	広場	Fond.	＝ Fondamenta	運河沿いの道	Gall.	＝ Galleria	美術・絵画館
P.tta	＝ Piazzetta	小広場				Naz.	＝ Nazionale	国立

おもな見どころ

トゥルッリの集中する MAP P.177 B1・2

旧市街 ★★★
Centro Storico　チェントロ・ストリコ

駅から続く道の突き当たりが、木々が四角く茂るポポロ広場。木曜の午前中には市場が店開きする。この広場の先の教会テラスはトゥルッリの町並みを一望する**展望台**だ。まずは、ここからの眺めを楽しもう。西(右)側がリオーネ・モンティRione Monti地区で、約1000のトゥルッリにみやげもの屋などが連なるにぎやかな商業地区。東側は約400のトゥルッリが集中するアイア・ピッコラAia Piccola地区。階段を下ればリオーネ・モンティ地区、教会を左に回り込めばアイア・ピッコラ地区だ。階段が続くリオーネ・モンティ地区、ほぼ平らで道が蛇行するアイア・ピッコラ地区と、景観の違いも楽しい。アイア・ピッコラ地区にはB&Bも多く、またトゥルッリの外や内部で昔ながらの農民の生活風景をパフォーマンスする姿があったりする。

坂道の続く
商業地区リオーネ・モンティ地区

生活のためのトゥルッリが残る
アイア・ピッコラ地区

NAVIGATOR

駅前は閑散としていて何もないが、坂道ヴィアーレ・マルゲリータ通りViale Margheritaを真っすぐ歩くと10～15分で、町の大通りヴィットリオ・エマヌエーレにぶつかる。

この通りの突き当たりがポポロ広場だ。広場の先に続く教会のテラスからはトゥルッリが密集した旧市街が一望できる。丘の斜面に広がる白いトゥルッリの集落は、印象的な風景だ。

スド・エスト鉄道(FSE)
URL www.fseonline.it

バーリ中央駅(→P.171)の本駅舎とは逆側(南側)のfs線10番線の隣にスド・エスト鉄道の乗り場と切符売り場、自販機がある。乗車の際には、切符を自動刻印機での刻印を忘れずに。

アルベロベッロへ

プティニャーノ/Putignano↔アルベロベッロ間は路線工事は終了。バーリ↔プティニャーノ間は工事が続いているので、バーリ中央駅南口(スーパー前)から直通のバスの代行(所要1時間5分)、またはバスを利用しプティニャーノで列車への乗り換え(約2時間)やカステッラーナ・グロッテでのバスへの乗り換え(約2時間)などで。平日は1時間に1～2便の運行、10時台の運行はない。㊐は9:57～12:57、12:57～16:27は運行はない。時刻表をチェックして所要時間を考えて選ぼう。スケジュールを事前にURLにて確認すること。バーリ～アルベロベッロ間の料金は€4.30～5。ユーレイルパスなど鉄道パスでは利用できない。('20年1月)

✉ 切符は往復購入を

バーリからの日帰りで帰り(15:00頃)にアルベロベッロ駅で切符を購入しようとしたら、無人で切符が買えませんでした。バーリ、アルベロベッロ共に自動券売機があるものの使っている人はおらず。急いでスマホで電子チケットを購入。バーリで往復分購入することをおすすめします。(ねこ '18)

プーリア州

イトリアの谷を歩く　アルベロベッロ

177

本文見出し

名称は、和文・欧文で表されています。欧文横のルビは、できる限りイタリア語の発音に近くふっています。見どころ脇の★の数は歩き方が選んだおすすめ度と比例します。特に重要な見どころは★★★で示しています。

NAVIGATOR

町の歩き方のヒントや目印などを解説しています。

✉

地球の歩き方読者のナマの声(もちろん調査済み)が新鮮な情報として登場しています。

ナポリ、パレルモのエリア別解説

南イタリアの主要都市であるナポリとシチリアのパレルモについては、それぞれ3つのエリアに区分して説明しています。

マップ

主要な見どころには、解説と同様の数字が付けられ、ルートの中を1～8と追っていくことにより、観光コースも作れるようになっています。見どころ脇のページは、本文のより詳しい解説記事のページを表します。

見どころ

各エリア内の必見観光スポットを4～8点に絞って取り上げました。★の数が多いものほど、歴史的、文化的な重要度が高いものです。

歩き方の使い方

レストラン

ダ・ドナート P.37 A3・4

Antica Trattoria e Pizzeria da Donato

手軽なピッツァから本格的なパスタや魚介料理が楽しめる人気店。料理のレベルが高いわりにお値頃で、魚介のパスタの豪華さにびっくり。ペンディーノPendinoなど、地元のワインがおいしい。スタッフも感じがいい。夜は要予約

住 Via Silvio Spaventa 41
☎ 081-287828
営 12:30～14:30、19:30～22:00
休 ㊊、8月
予 €20～50(コペルト€1.50)
C A.J.M.V.
交 ガリバルディ広場西南。(UNAホテル側)から1本目の小路

ショップ

サポーリ・ディントルニ [スーパー] P.37 A4

Conad Sapori & Dintorni

便利な中央駅のスーパー

コナドが営業するスーパーがナポリ中央駅構内(駅に向かって右側)に出店。生鮮食料品からお菓子やパスタまで、充実の品揃え。

✉けっこう大きく、野菜からチーズやおみやげなど、たいがいの物は手に入れることができました。(東京都　マッシモ　'16)['20]

住 Stazione di Napoli Centrale Corso Arnaldo Lucci 156
☎ 081-5635323
営 8:00～20:30
休 無休　C A.M.V.
交 ナポリ中央駅から徒歩1分

ホテル

★★★ ホテル・デル・コルソ P.138 B2

Hotel del Corso

タッソ広場の少し先の右手。ソレントの中心にある、家族経営の小さなホテル。朝食も取れる広いテラスには自由に出入りできるので、本など読みながらくつろぎたい。木調の内装で落ち着く。3つ星にしては朝食もよい。

読者割引 現金払いで€10
URL www.hotedelcorso.com

住 Corso Italia 134
☎ 081-8071016
Fax 081-8073157
SB €70/110　TB €70/160
3B €100/220
室 28室　朝食込み W-Fi
休 12～2月
C A.M.V.

●共通の略号

住＝住所
☎＝電話
Fax＝ファクス
営＝営業時間
休＝定休日
C＝使用できるカード
A＝アメリカン・エキスプレス
D＝ダイナースカード
J＝JCBカード
M＝MasterCard
V＝VISA

カフェ、バール、ジェラテリアなどは、クレジットカードの表示があっても、カウンターでの飲食など、少額の場合は使用できない場合があります。

交＝最寄りの見どころや駅からの徒歩、あるいはバス、地下鉄、タクシーなどの利用方法について表示してあります。

●レストランの略号

予＝レストランでの一般的な予算。特に高価な料理を注文せず、普通に食事をしたときの目安。(　)内の～%はサービス料。コペルトは席料、パーネはパン代を指します。イタリア特有の物ですが、近年付加する店は少なくなりました。いずれも定食料金には含まれているのが一般的。定食はmenu turistico、menu completoなどを指し、各店により皿数は異なります。

日本語メニュー＝日本語メニューあり
要予約＝予約してください
できれば予約＝予約をおすすめします

●ホテルの略号

YH＝ユースホステル
読者割引はホテル側から提供のあったものです。予約時またはチェックインの際にご確認ください(→P.9)。
Low＝ローシーズン
High＝ハイシーズン
※各料金で、€40／60とあるのは、ローシーズン／ハイシーズン、または部屋の差異などによる料金の違いを示します。€は通貨ユーロ
URL＝ウェブサイトのアドレス
e-mail＝問い合わせメールの宛先
D＝ドミトリー
S＝シャワー共同シングル料金
T＝シャワー共同ツインまたはダブル料金
3＝シャワー共同トリプル料金
4＝シャワー共同4人部屋料金
SB＝シャワーまたはバス付きシングル料金
TB＝シャワーまたはバス付きツイン
　またはダブル料金
3B＝シャワーまたはバス付きトリプル料金
4B＝シャワーまたはバス付き4人部屋料金
SU＝スイート
JS＝ジュニアスイート
W-Fi＝Wi-Fi利用可
※TおよびTBのツインは、リクエストによって、ツインをダブルにすることができる場合もあります。希望がある場合は、予約時に確認またはリクエストすることをおすすめします
料＝ユースなどでの諸料金
室＝総客室数
※本書では、ホテル名の前に☆印でカテゴリーを示しておきました。ホテルの分類については、旅の技術編「ホテルに関するすべて」の章P.364をご参照ください

読者の皆様へのお願い

少数の読者の方からですが、ごくたまに割引の適用が受けられなかったという投稿があります。そのようなホテルについては今後の掲載に注意をしていきたいと思います。そこでお願いなのですが、読者の皆様で掲載ホテルやレストランを利用した方で、納得できない料金の請求やサービスを受けた方は、編集部まで投稿にてお知らせいただきたいと思います。あとに続く旅行者のためにも、掲載ホテルなどを利用した読者の皆様のご感想をお待ちしております。新しい投稿には必ず、地図の添付をお願いいたします。写真付きも大歓迎です。　(編集部　'20)

■本書の特徴
本書は、南イタリアとシチリア島の主要都市について説明しています。町の説明、その町の歩き方、見どころの解説、レストラン、ショップ、ホテルの順で記載しています。毎年データの追跡調査を実施し、読者の皆さんからの投稿を参考にして、改訂時には新投稿の差し替えをしています。

■掲載情報のご利用にあたって
編集部では、できるだけ最新で正確な情報を掲載するように努めていますが、現地の規則や手続きなどがしばしば変更されたり、またその解釈に見解の相違が生じることもあります。このような理由に基づく場合、または弊社に重大な過失がない場合は、本書を利用して生じた損失や不都合などについて、弊社は責任を負いかねますのでご了承ください。また、本書をお使いいただく際は、掲載されている情報やアドバイスがご自身の状況や立場に適しているか、すべてご自身の責任でご判断のうえでご利用ください。

■現地取材および調査時期
本書は2019年12月の取材データに基づいて作られています。"具体的ですぐ役立つ情報"を編集のモットーにしておりますが、時間の経過とともに内容に多少のズレが出てきます。ホテルは年に1～2回の……がある
ことも含……ータは
……利用
……には、
……直接

■……更新と訂正について
……に掲載している情報で、発行後に変更された物につきましては、「地球の歩き方ホームページ」の『ガイドブック更新情報掲示板』で、可能な限り最新のデータに更新しています(ホテル・レストラン料金の変更は除く)。旅立つ前に、ぜひ最新情報をご確認ください。URL support.arukikata.co.jp

■投稿記事について ※投稿の仕方(→P.415)
投稿記事は、多少主観的になっても体験者の印象、評価などをそのまま載せるほうが、ホテルを選ぶ目安ともなりますので、原文にできるだけ忠実に掲載してあります。投稿記事のあとに、(東京都　○○太郎　'18)とあるのは、投稿者の旅行した年を表しています。しかし、ホテルなどの料金は毎年追跡調査を行い新しいデータに変えてあります。その場合は氏名でカッコを閉じ、(東京都　○○太郎)['19]というように表示しデータの調査結果および新年度設定料金を入れてあります。

●ホテルの読者割引について

編集部では、読者のみなさまの便宜をはかり、掲載したホテルと話し合い、本書持参の旅行者に宿泊の割引をお願いしてあります。同意を得たホテルについてはホテルの記事内に読者割引と明示してあります。

予約時に確認のうえチェックインの際に、下記のイタリア語の文章と本書の該当ページを提示してください。なお、本書は海外ではGlobe-Trotter Travel Guideという名称で認知されています。なお、この割引は、2019年12月の調査で同意されたもので、予告なしに廃止されることもありますので、直接ホテルに確認のうえ、利用してください。またこの割引は、旅行会社、ホテル手配会社など第三者を介して予約した場合は無効となります。このほか、ホテル独自のほかの割引との併用もできませんので、ご注意ください。

確実に割引を受けるためには予約時にファクスやe-mailなどでその旨を送付し、チェックインに際し、再確認することをおすすめします。

ホテルの値段で、シングル(€40/50)と示してあるのは、オフシーズンとハイシーズンまたは部屋による差異を表します。

南イタリアではおおむね、ハイシーズンは4～10月頃、復活祭期間。ローシーズンは11～3月頃(リゾートでは営業しないホテルも多い。また年末年始のみハイシーズンとなる場合もある)を指しますが、ホテルごとの記述をチェックしてください。

見本市の期間は季節を問わずハイシーズンとなります。

Spettabile Direttore,
la scritta 読者割引 accanto al nome del Suo hotel indica, come da accordi preventivi, la Vostra disponibilità a concedere uno sconto ai lettori della nostra guida. Pertanto Le saremmo grati se volesse applicare una riduzione al conto del possessore della presente Globe-Trotter Travel Guide. Grazie

ジェネラル インフォメーション

イタリアの基本情報

▶旅のイタリア語
→P.380

国　旗
緑、白、赤の縦縞の三色旗

正式国名
イタリア共和国
Repubblica Italiana

国　歌
マメリの賛歌Inno di Mameli

面　積
30万1328㎢（日本の約80%）

人　口
約6060万人（2018年）

首　都
ローマRoma

元　首
セルジョ・マッタレッラ大統領

政　体
共和制

民族構成
ラテン系イタリア人

宗　教
カトリック（95%）

言　語
イタリア語
　地方により少しずつ異なる方言があり、また、国境に近い町では2ヵ国語を話す。

通貨と為替レート

▶旅のお金
→P.345、362、363

　通貨はEU単一通貨ユーロ。通貨単位はユーロ€（euro）とセント¢（イタリア語読みはチェンテージモcentesimo／複数形はチェンテージミcentesimi）1€＝¢100、1€＝￥122.71（2020年2月19日現在）。紙幣は€500、€200、€100、€50、€20、€10、€5。硬貨は€2、€1、¢50、¢20、¢10、¢5、¢2、¢1。

€1硬貨

€5紙幣

€10紙幣

€2硬貨

€50紙幣

　硬貨の表面は数字とヨーロッパ地図の入った、EU共通デザイン。裏面はコロッセオなど、イタリア独自のデザイン

€100紙幣

€200紙幣

1セント硬貨　2セント硬貨　5セント硬貨　10セント硬貨　20セント硬貨　50セント硬貨

電話のかけ方

▶電話のかけ方
→P.360

日本からイタリアへかける場合

事業者識別番号		国際電話識別番号		イタリアの国番号		相手先の電話番号
0033（NTTコミュニケーションズ） **0061**（ソフトバンク） 携帯電話の場合は不要	＋	**010** ※1、2	＋	**39**	＋	**0123456789** （最初の0も入れる） ※3

※1　携帯電話の場合は010のかわりに「0」を長押しして「+」を表示させると、国番号からかけられる
※2　NTTドコモ（携帯電話）は事前にWORLD CALLの登録が必要
※3　0からダイヤル。（ローマは06～、フィレンツェは055～、ミラノは02～など）

入出国

ビザ
観光目的での滞在の場合、90日まで不要。
パスポート
イタリアを含むシェンゲン協定国出国予定日から90日以上の残存期間が必要。**出入国カードの記入の必要はない。**

▶税関関連の情報
→P.346、395

日本からのフライト時間

日本からイタリアまでのフライトは、直行便で約15時間。ナポリへの直行便はないので、ローマかミラノで乗り換え。

▶南イタリア、シチリアへ
→P.348

気候

南北に細長く、温暖で四季がはっきりしている。日本の気候と似ており、ナポリと東京の気温は年間を通してほぼ同じで、冬がやや温暖だ。ただ、夏は乾燥し、梅雨はなく冬にやや雨が多い。冬にはシチリア島やナポリなどでも雪の降ることもある。緯度が高いので、夏は夜遅くまで明るい。

▶南イタリア、
シチリアの気候
→P.347

ナポリと東京の気温と降水量

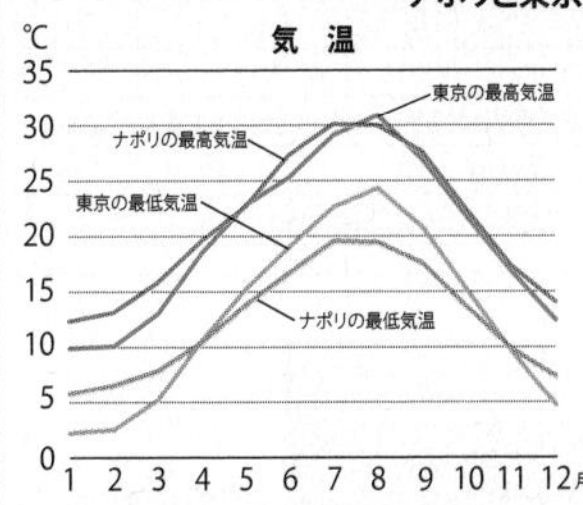

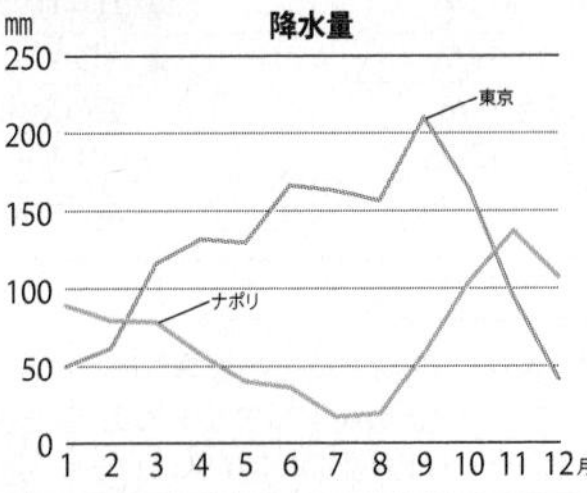

時差とサマータイム

日本との時差は−8時間。イタリアの10:00が日本では18:00となる。サマータイム実施時は−7時間の差になる。

サマータイムの実施期間は3月の最終日曜から10月の最終土曜日まで。ただし、変更される年もある。

ビジネスアワー

以下は一般的な営業時間の目安。商店やレストランなどは、店や都市によって異なる。また、ローマ、ミラノ、ヴェネツィアなどの一大観光都市を中心に、ブランド店をはじめとする一部の商店、デパートなどでは昼休みなしで、日曜も営業する店も増えてきている。

銀　行
月〜金曜の8:30〜13:30、15:00〜16:00。祝日の前日は昼までで終了する場合もある。銀行の外側や駅などのクレジットカード対応のキャッシュディスペンサーは24時間利用可能。

一般商店
夏と冬とでやや異なる場合もあり、10:00〜13:00、16:00〜20:00頃。日曜と祝祭日のほか、夏は土曜の午後、冬は月曜午後を休業とする場合も多い。

レストラン
昼食12:00〜15:00頃、夕食19:00〜24:00頃。南イタリアでは町により昼食13:00頃〜、夕食20:00頃〜の場合もある。

▶南イタリア・
シチリアで食べる
→P.372

イタリアから日本へかける場合

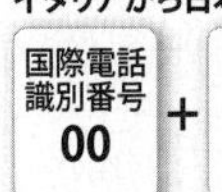

国際電話識別番号 **00** ＋ 日本の国番号 **81** ＋ 市外局番と携帯電話の最初の0は取る **××** ＋ 相手先の電話番号 **1234-5678**

▶現地での電話のかけ方
イタリアでは市外局番と市内局番の区分はない、どこにかけるときでも0からダイヤルする。

祝祭日（おもな祝祭日）

▶南イタリア各地のおもな伝統行事→各町のページへ

キリスト教に関する祝日が多い。年によって異なる移動祝祭日（※印）や各都市の守護聖人の祝日（★印）にも注意。

月	日付	印	祝祭日
1月	1/1		元日　Capodanno
	1/6		御公現の祝日　Epifania
4月	4/4（'21）、4/17（'22）	※	復活祭　Pasqua
	4/5（'21）、4/18（'22）	※	復活祭の翌日の月曜　Pasquetta
	4/25		イタリア解放記念日　Anniversario della Liberazione d'Italia
	4/25	★	ヴェネツィア
5月	5/1		メーデー　Festa del Lavoro
6月	6/2		共和国建国記念日　Festa della Repubblica
	6/24	★	フィレンツェ、ジェノヴァ、トリノ
	6/29	★	ローマ
7月	7/15	★	パレルモ
8月	8/15		聖母被昇天祭　Ferragosto
9月	9/19	★	ナポリ
10月	10/4	★	ボローニャ
11月	11/1		諸聖人の日　Tutti Santi
12月	12/6	★	バーリ
	12/7	★	ミラノ
	12/8		聖母無原罪の御宿りの日　Immacolata Concecione
	12/25		クリスマス　Natale
	12/26		聖ステファノの日　Santo Stefano

電圧とプラグ

電圧は220ボルトで周波数50ヘルツ。ごくまれに125ボルトもある。プラグは丸型のCタイプ。日本国内用の電化製品はそのままでは使えないので、変圧器が必要。

プラグはCタイプ。変圧機内蔵の電化製品ならプラグ変換アダプターを差せば使える

ビデオ／DVD方式

イタリアのテレビ・ビデオ・DVD方式（PAL方式）は日本（NTSC方式）とは異なるので、一般的な日本国内用ビデオデッキやDVDプレーヤーでは再生できない。DVDは、パソコンやPAL互換機能、リージョンフリーのついたDVDプレーヤーなら再生可能。ソフト購入時に確認を。

チップ

レストランやホテルなどの料金には、ほとんどサービス料が含まれているので、必ずしもチップ（伊語でmanciaマンチャ）は必要ではない。快いサービスを受けたときや通常以上の手間をとらせたときなどには、以下の相場を参考にしてみよう。

タクシー

料金の10％程度。

レストラン

料理代金に含まれる場合がほとんど。別計算の場合も、勘定書きには含まれている。店の格により7～15％程度。

ホテル

ポーターやルームサービスに対して、€1～5程度。

トイレ

係員が一律に徴収する場合や、机にお皿を置いて任意にとする場合がある。入口のゲートに指定料金を投入する無人タイプもある。€0.70～1程度。

飲料水

イタリアの水道水は日本とは異なり、石灰分が多い硬水。そのまま飲むこともできるが、体調が不安な人はミネラルウオーターを。レストランやバールではミネラルウオーターを注文するのが普通。ガス入りCon gass（コン ガス）とガスなしSenza gass（センツァ ガス）がある。500mlがスーパーで€ 0.30～0.80、バールで€0.50～2程度。

※本項目データはイタリア政府観光局、外務省、気象庁などの資料を基にしています。

郵便

郵便局は中央郵便局と小規模の郵便局の2種があり、営業時間や小包などの取り扱い業務が異なる。切手は、郵便局のほか、Tのマークのタバッキ Tabacchi（たばこ屋）で購入でき、ポストも日本同様に各所に設置されている。

中央郵便局の営業時間は月～土曜8:00～19:00。そのほかの郵便局は月～金曜8:00～14:00頃、土曜休み（一部都市により異なる）。主要な駅には郵便局がある

郵便料金

日本への航空便（ポスタ・プリオリタリア）は、はがきや20gまでの封書は€2.40。

▶郵便→P.360

税金

TAX

税関でのスタンプを忘れずに!

ほとんどの商品にIVAと呼ばれる付加価値税が10～22%かかっている。EU以外の居住者は、1店舗€154.94以上の買い物をし、所定の手続きをすれば、手数料などを引いた税金が還付されるシステムがある。買い物をするときや帰国時には、忘れずに手続きをしよう。

▶免税の手続き
→P.379

安全とトラブル

駅構内では気を引き締めよう

地下鉄やバスなどの公共交通機関内でのスリ、町なかでは子供や乳飲み子を連れたスリ集団などの被害の報告が多い。力ずくで金品を奪うことは少なく、各個人の注意により未然に防ぐことができると思われる。

警察署 113　**消防署 115**

年齢制限

レンタカー会社では、21～25歳以上で運転歴が１年以上、または60～65歳以下などの年齢制限を設けている場合もある。

また数は多くないが、一部の博物館や美術館では、学生や26歳以下、65歳以上の場合に割引が受けられることもある。

▶レンタカーの
貸出し条件
→P.358

度量衡

長さはセンチ、メートル、重さはグラム、キロで日本と同じ。食料品店などで表示されるettoエットは100グラムのこと。

その他

禁煙法の施行

2005年1月10日より、「禁煙法」が施行され、美術館、博物館、映画館、列車および、レストラン、バールなどを含め、すべての屋内、公共の場での喫煙は禁止。違反者には、罰金が課せられる。

滞在税と入島税の導入

◇滞在税
Tassa(Imposta) di Soggiorno/
Accomodation Tax

2011年よりイタリア各地で、文化財や自然環境の保護、公的サービスの拡充などを目的として、滞在税および入島税が導入された。チェックアウト時に現金で、または宿泊料とまとめて支払う（ホテルにより異なる）。額や期間はホテルのランク、町により異なる。

◇入島税
Tassa di Sbarco/
Disembarkation Tax

2012年7月より、カプリ島、イスキア島、プローチダ島では入島税を導入(これにより滞在税は廃止)。ひとり€1.50～5を島へのフェリーや高速船などの料金に上乗せする形で徴収。
※いずれの税も今後変更の可能性あり。

▶滞在税がかかる町
カンパニア州
ナポリ、ソレント、サレルノ、ラヴェッロ
プーリア州
アルベロベッロ、レッチェ、オートラント
シチリア州
カターニア、ラグーザ、タオルミーナ、メッシーナなど

※各町のホテルページの下欄にひとり1泊あたりの詳細を表示。

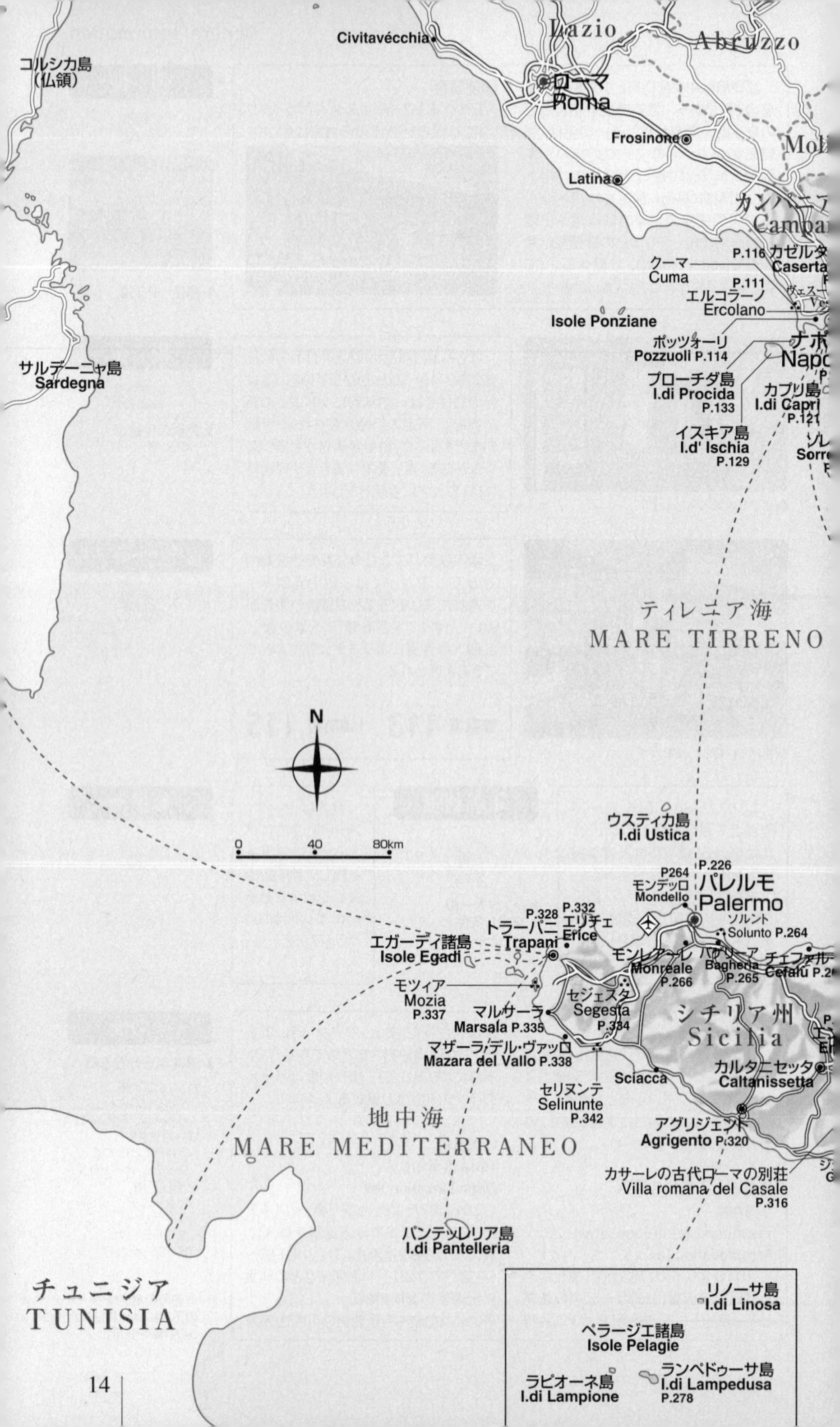
Civitavécchia
Lazio
Abruzzo
ローマ
Roma
Frosinone
Latina
コルシカ島
（仏領）
サルデーニャ島
Sardegna
P.116 カゼルタ
Caserta
クーマ
Cuma
P.111
エルコラーノ
Ercolano
Isole Ponziane
ポッツォーリ
Pozzuoli P.114
プローチダ島
I.di Procida
P.133
カプリ島
I.di Capri
イスキア島
I.d' Ischia
P.129
ティレニア海
MARE TIRRENO
N
0
40
80km
ウスティカ島
I.di Ustica
P264
モンデッロ
Mondello
P.226
パレルモ
Palermo
ソルント
Solunto P.264
P.328
トラーパニ
Trapani
P.332
エリチェ
Erice
エガーディ諸島
Isole Egadi
モンレアーレ
Monreale
P.266
バゲーリア
Bagheria
P.265
モツィア
Mozia
P.337
セジェスタ
Segesta
P.334
マルサーラ
Marsala P.335
シチリア州
Sicilia
マザーラ・デル・ヴァッロ
Mazara del Vallo P.338
Sciacca
カルタニセッタ
Caltanissetta
セリヌンテ
Selinunte
P.342
地中海
MARE MEDITERRANEO
アグリジェント
Agrigento P.320
カサーレの古代ローマの別荘
Villa romana del Casale
P.316
パンテッレリア島
I.di Pantelleria
チュニジア
TUNISIA
リノーサ島
I.di Linosa
ペラージエ諸島
Isole Pelagie
ラピオーネ島
I.di Lampione
ランペドゥーサ島
I.di Lampedusa
P.278

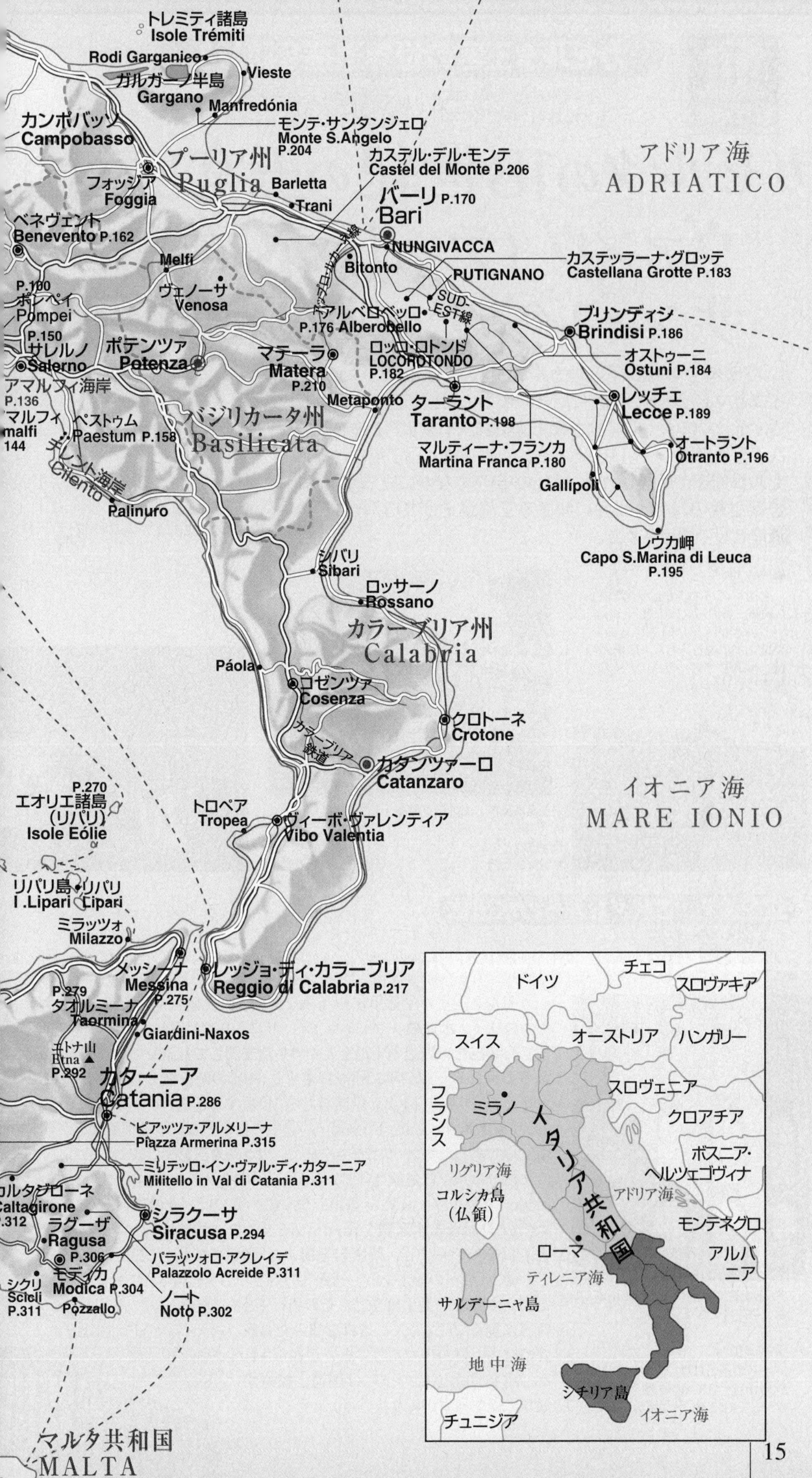

トレミティ諸島
Isole Trémiti
Rodi Garganico
Vieste
ガルガーノ半島
Gargano
Manfredónia
カンポバッソ
Campobasso
モンテ・サンタンジェロ
Monte S.Angelo
P.204
カステル・デル・モンテ
Castel del Monte P.206
プーリア州
Puglia
フォッジア
Foggia
Barletta
Trani
バーリ P.170
Bari
NUNGIVACCA
ベネヴェント
Benevento P.162
Bitonto
カステッラーナ・グロッテ
Castellana Grotte P.183
Melfi
PUTIGNANO
ヴェノーサ
Venosa
P.100
ポンペイ
Pompei
アルベロベッロ
P.176 Alberobello
SUD-EST線
ブリンディシ
Brindisi P.186
P.150
サレルノ
Salerno
ポテンツァ
Potenza
マテーラ
Matera
P.210
ロッコ・ロトンド
LOCORTONDO
P.182
オストゥーニ
Ostuni P.184
アマルフィ海岸
P.136
Metaponto
ターラント
Taranto P.198
レッチェ
Lecce P.189
バジリカータ州
Basilicata
ペストゥム
Paestum P.158
マルティーナ・フランカ
Martina Franca P.180
オートラント
Otranto P.196
チレント海岸
Cilento
Gallípoli
Palinuro
レウカ岬
Capo S.Marina di Leuca
P.195
シバリ
Sibari
ロッサーノ
Rossano
カラーブリア州
Calabria
Páola
コゼンツァ
Cosenza
クロトーネ
Crotone
カラーブリア鉄道
カタンツァーロ
Catanzaro
アドリア海
ADRIATICO
イオニア海
MARE IONIO
P.270
エオリエ諸島
(リパリ)
Isole Eólie
トロペア
Tropea
ヴィーボ・ヴァレンティア
Vibo Valentia
リパリ島
I.Lipari
リパリ
Lipari
ミラッツォ
Milazzo
メッシーナ
Messina
P.275
レッジョ・ディ・カラーブリア
Reggio di Calabria P.217
P.279
タオルミーナ
Taormina
Giardini-Naxos
エトナ山
Etna
P.292
カターニア
Catania P.286
ピアッツァ・アルメリーナ
Piazza Armerina P.315
ミリテッロ・イン・ヴァル・ディ・カターニア
Militello in Val di Catania P.311
カルタジローネ
Caltagirone
P.312
シラクーサ
Siracusa P.294
ラグーザ
Ragusa
P.306
パラッツォロ・アクレイデ
Palazzolo Acreide P.311
モディカ
Modica P.304
シクリ
Scicli
P.311
Pozzallo
ノート
Noto P.302
マルタ共和国
MALTA
ドイツ
チェコ
スロヴァキア
スイス
オーストリア
ハンガリー
フランス
ミラノ
スロヴェニア
クロアチア
イタリア共和国
ボスニア・
ヘルツェゴヴィナ
リグリア海
コルシカ島
(仏領)
アドリア海
モンテネグロ
ローマ
アルバニア
ティレニア海
サルデーニャ島
地中海
シチリア島
チュニジア
イオニア海

カゼルタ王宮の世界遺産を訪ねる

ユネスコの世界遺産

カゼルタの18世紀の王宮と庭園、ヴァンヴィテッリの水道橋とサン・レウチョの複合建築

1752年ブルボン王家のカルロ3世の命により、ヴェルサイユとマドリードの王宮に対抗するものとして建築家ヴァンヴィテッリによって建設された建築群。イタリアで最も華麗な王宮と庭園(→P.116)とともに、水道橋、絹工場などがカゼルタ周辺に建設された。美しい自然のなかに立つ水道橋、啓蒙主義の精神を雄弁に物語る工場跡地が1997年に世界遺産として認定された。

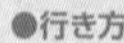

●行き方
各町へのバスはカゼルタ駅前から乗車。特にバス停の表示はなく、いろいろなバスが停車するので、間違えずに乗り込もう。駅構内の❶(出口側)で帰りのバスの時刻を確認して出かけよう。

王宮庭園内、風の精が踊る「エウロの泉」

威風堂々としたカゼルタ王宮

美しい理想都市、サン・レウチョの複合建築

空を渡る、古代さながらの水道橋

水道橋 Aquedotto Carolino/Aquedotto di Vamvitelli

カゼルタ王宮の生活用水や壮大な庭園の水を確保するために築かれた**カロリーノ水道橋**。ヴァンヴィテッリにより設計され、水源から王宮まで約40kmを、周辺の土地と人々の生活を潤して1kmにつき約55cmの高低差で流れる。1753年に建設に着手し、9年の時を経て1762年に完成。カゼルタとベネヴェントの中間あたりに位置する、タブルーノ山そばの**フィッツォ水源**Sorgente Fizzoから、途中の集落や畑に水を供給しながら、絹工場のあった**サン・レウチョ**を経て、**カゼルタ王宮**まで続いている。その大部分は地下に建設されているが、途中ロンガーノ山M.te Longano(580m)とカルヴィ山M.te Calvi(535m)の間では、**谷の橋**I Ponti della Valleと呼ばれる**水道橋**Aquedottoを見ることができる。ローマ時代の水道橋をモデルにし、凝灰岩を用いた3階建てで長さ529m、高さ56mで一番上は3mの幅があり、通路(閉鎖)としても利用されていた。

高い水道橋を見上げると、その美しさと威容に驚くだけでなく、これを望んだ為政者の権力と財力のすごさに思いが巡らされる。現在は水道橋の下には国道と線路が通り、車や列車が走り抜ける。

すくっと立つ水道橋Aquedottoには、驚嘆の声が上がる

●水道橋へ
バスの運行はない。カゼルタから約15km。SS700号線沿い。タクシーで約20分、片道€30くらい。

谷と谷を結び、その下を列車や車がスピードを上げて走り抜ける

新しく生まれ変わった1800年代翼面

部屋の数は1200、34の階段、1742の窓があるという広大なカゼルタ王宮。近年公開部分が拡張されたが、現在見学できるのは、「1800年代翼面」とそれに続く「1700年代翼面」で、王宮の西側の2階部分。内部は華やかなロココ様式と新古典様式で飾られ、さらにサン・レウチョで織られた絹織物が壁面を彩る。

まさに「王にふさわしい」、初代ブルボン王家の富と権力、野心を具現した宮殿だ。(→P.116)

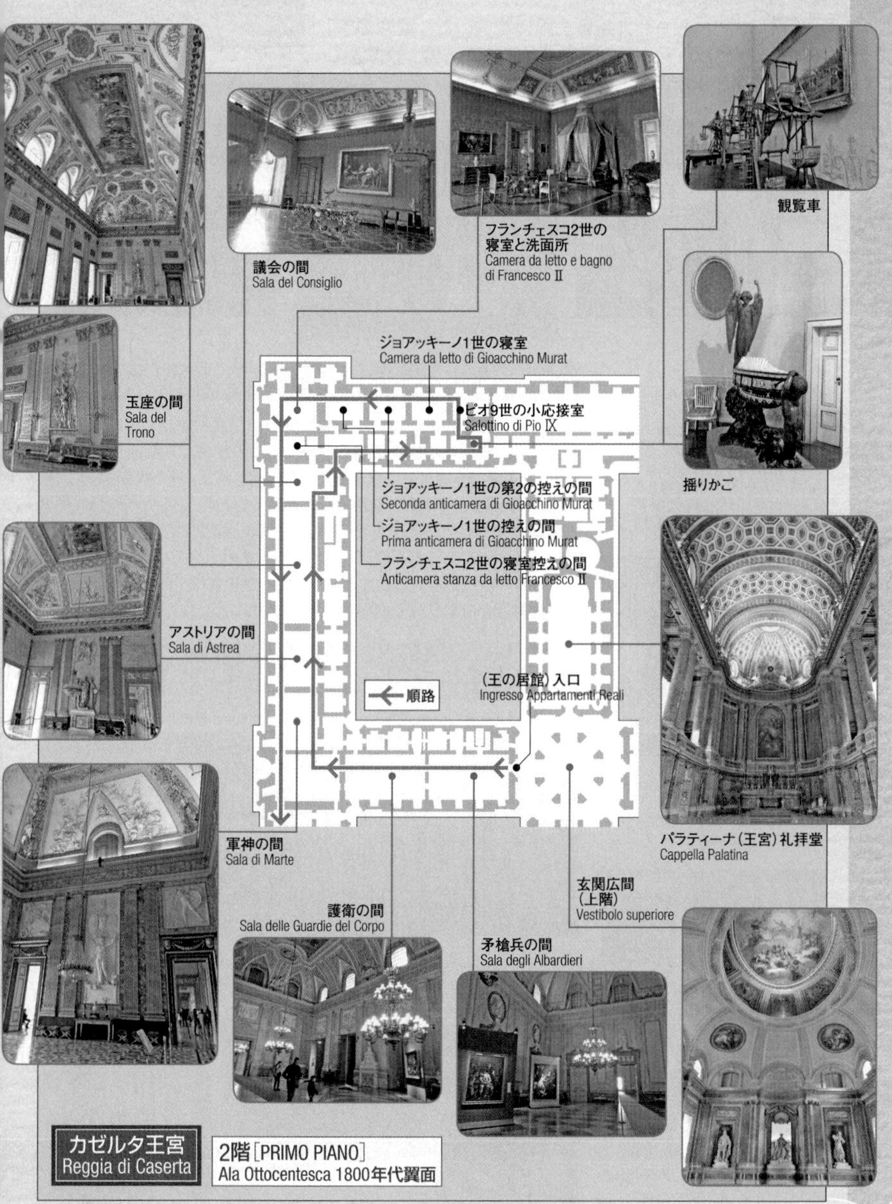

王の理想郷、絹織物の産地

サン・レウチョ San Leucio

カゼルタの北、サン・レウチョ山の麓、かつての城砦跡であり王家の狩猟の館があった場所に**サン・レウチョの展望台**Belvedere di San Leucioがある。展望台と呼ばれるが、18世紀にブルボン王家のフェルディナンド4世の命により建設された啓蒙主義に基づいた「**理想都市**」Ferdinandopoliで、**王の離宮**、**絹織物の工場**、**労働者のための住居**、**学校**(現：教会)などのある一帯を指している。

明るい陽射しが満ちる「理想都市」の中核広場。この広場を中心に工場や離宮が連なる

サン・レウチョへと入る門

階段上には、かつての小学校を改装した教会

緩やかな丘に広がる「理想都市」

●サン・レウチョへ

カゼルタ駅前から市バスCLP106番でサン・レウチョ／ピアッツァ・セータSan Leucio/Piazza della Seta下車。所要20〜25分、30分〜1時間に1便、切符€1.10(車内購入)。バスを降りたら、広場を渡り、公園内の階段を上がって高台へ。教会前を右に進むと入口がある。

絹織物工場へ

入口を入ると、広い中庭を中心に建物が整然と並び、内部はガイド付き見学。まずは**絹織物工場**へ。かつてこの地域では養蚕も盛んに行われ、**水道橋から運ばれた水**はここでも活用された。繭から**製糸の工程**、水を動力とした**織り機**、**染色場**などが続く。18世紀に使われた大型の**木製織り機**では当時として珍しい240〜260㎝幅広のものが織られ、製品は高級絹地として高く評価され、カゼルタの王宮をはじめヴァティカン宮殿、バッキンガム宮殿などを飾った。途中には当時の織りのデザイン、労働者が身に着けた制服の展示などがある。

当時のままに織り機が展示され、ガイドさんが実演も見せてくれる

柱廊が続く端正な広場。かつては約140人いたと言う、職工たちのお喋りが聞こえてきそう

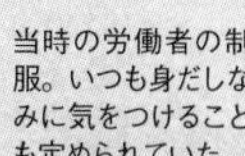

当時の労働者の制服。いつも身だしなみに気をつけることも定められていた

かつてのように復元、水力を利用した巨大な木製の糸より機Torcitorio

今も愛される当時のままの古典的な織り柄や現代的な柄も展示

王の離宮

離宮部分で特に目を引くのが、**マリア・カロリーナの浴槽**Bagno di Maria Carolinaで、まるでローマ風呂。赤い大理石製で深さもあり、彼女が親しい人たちと利用したという。高価なラピスラズリを用いたという周囲の画は残念ながら損傷があるものの、当時の優雅で贅を尽くした様子が容易に想像できる場だ。また、彼女の居室は水を利用したトイレ(非公開)なども設けられていたというのも興味深い。このほか、フレスコ画が描かれた**食堂**や**王の書斎**などを見学。順路の最後は果樹やオリーブの木々が植えられた清々しい高台の庭園で、晴れていれば遠くにイスキアやプローチダの島影を見ることができ、その手前のヴェスーヴィオ山によく似た山はソンマ山だ。

友人らと着衣で利用した大浴槽は一種のサロン

マリア・カロリーナの居室

王宮も飾ったG.カンマラーノのフレスコ画

●サナン・レウチョの展望台
☎0823-301817
開 9:30(冬季9:00)~18:00
夏季の㊐㊗15:30~17:00
冬季の㊐㊗15:00~16:30
休 ㊋、1/1、復活祭の日午後、復活祭の翌月、12/24午後、12/25、12/31午後
料 €6、別途各グループごとにガイド料€15
ガイド付き見学のみ(所要約1時間)。英語可
☎0823-301817

労働者用住宅

展望台から下へ目を移すと、庭園の入口近くに、弧を描くように**労働者のための住居**(非公開)が建ち、階段上の教会はかつての学校だ。右側には今も稼働する絹工場がある。

理想都市として、すべての人が平等の権利を持ったというサン・レウチョ。独自の法律が制定されていた。社会秩序の元となる公教育を重視し、6歳からは無料の義務教育、病人や老人たちへの補償制度も整えられていた。さらに、身なりに気を配り、始業前には祈りをささげることも決められていたという。

サン・レウチョの展望台の入口近く、半円を描くように建つ労働者の住居

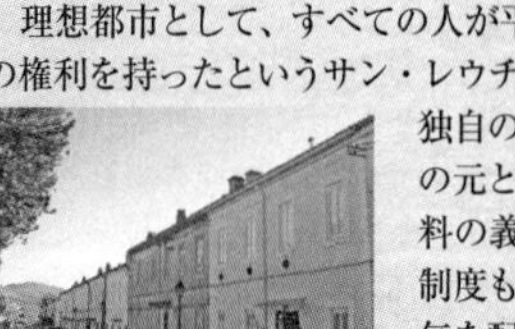
上下水道完備、温水も供給された労働者住宅

階段上、かつての煙突が入口の目印

おみやげに絹製品を

町にはここで織られた**絹製品**を売る店があるので、おみやげ探しが楽しい。展望台とバス停のある広場の小路にあるお店が便利。当時そのままのカーテン生地などのインテリア製品をはじめ、手頃な花瓶敷きやポーチなどの小物も充実。

アンティーケ・レウチアーネ
Antiche Leuciane
URL www.anticheleuciane.com
住 Piazza Trattoria 1
☎ Fax 0823-305585
開 9:30~19:00(昼休みあり)

美しい絹地の製品は見ているだけでも楽しい

手頃な商品も多く、おみやげにも最適

中世の面影そのまま

カゼルタヴェッキア Casertavecchia

カッテドラーレと32mの塔が建つ、村の中心広場

中世のままのたたずまいの町並み

建物の壁には花が飾られ、そぞろ歩きが楽しい

美しいリズムを刻むカッテドラーレのクーポラ

かつては、はるか遠くを見渡した防御の塔

カッテドラーレ内、ビザンチン風モザイクで飾られた説教壇

明かり取りの窓から優しい光が注ぐ、カッテドラーレ

標高約400m、カゼルタの町を見下ろす山中にある小さな村、カゼルタヴェッキア。世界遺産ではないが、イタリアでも有数の**美しい「中世の村」**と呼ばれているので、足を延ばしてみよう。細い坂道に石畳が続き、周囲の家々も当時さながらに残り、まさに中世にタイムスリップさせてくれる。名前の通り、カゼルタヴェッキアはカゼルタの前身となった地で8世紀にロンゴバルド族により築かれ、11～14世紀に繁栄したという。

バス停から公園内の道を進むと、村が築かれて間もなくの9世紀に建てられた**城の一部だった塔**Torreが残っている。建設当時は防御と見張りのために6基の塔があったと言われるが、現在は約30mのやぐらの基部ひとつのみが残されている。この先の小さな階段を下り、右へ上がればカッテドラーレへ、左へ下ると展望台だ。**展望台**からは広々とした平野とカゼルタの町が望め、カゼルタ王宮と庭園がひときわ大きい。晴れていればナポリ湾やヴェスーヴィオ山を見渡せる場所だ。

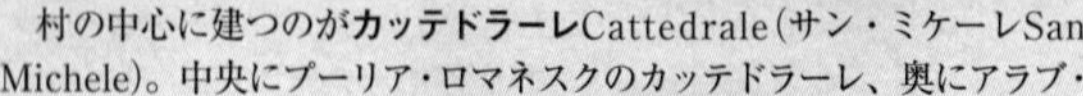

村の中心に建つのが**カッテドラーレ**Cattedrale(サン・ミケーレSan Michele)。中央にプーリア・ロマネスクのカッテドラーレ、奥にアラブ・ノルマン様式のクーポラ、脇に32mの鐘楼がそびえる。カッテドラーレの左奥から小さな中庭に入ると、**クーポラ**が間近に見られ、黄色と灰色の凝灰岩がアーチと40本の柱で美しいリズムを刻み、**イスラム文化の影響**を感じさせる。内部は、古代の円柱に支えられた三廊式。奥には17世紀のビザンチン風のモザイクで飾られた**説教壇**、14世紀の墓碑が置かれている。

カゼルタの人にとっては気軽な観光地であり、おいしいレストランやトラットリアがある村として有名だ。村のいたるところに手頃な料金で楽しめるお店が点在し、週末の夜などは特ににぎわいを見せる村でもある。

●カゼルタヴェッキアへ

カゼルタ駅前から市バスCLP103番で、終点下車。所要約40分、1～2時間に1便、切符€1.10(車内購入)。バスを降りたら、高台の道を進む。道は2本ありどちらでも村へ続いている。公園内の道を進むと、右に城砦がありその先の階段を下ると村。小さな町なので、迷うことはない。

おすすめのレストラン

イル ボルゴ IL Borgo

住 Via Sopra Le Mura7
☎ 0823-371295
開 13:30～23:45
休 ㊊ 料 €15～25(15%)

土地の素材や料理にこだわった家族経営のトラットリア兼ピッツェリア。夏は中庭にテーブルが並べられ、冬は暖炉に薪が燃やされ、カゼルタならではの雰囲気もいい。

カゼルタ王宮の世界遺産を訪ねるおすすめコース

バスはさほど頻繁になく、また水道橋へはレンタカーかタクシーの利用となる。タクシーで水道橋→サン・レウチョ→カゼルタヴェッキアと回るのが効率的。カゼルタヴェッキアでタクシーを離れ、ゆっくり昼食をとってバスでカゼルタへ戻るのがおすすめ。見学の待ち時間を含め、タクシーはカゼルタヴェッキアまで€70程度。カゼルタの町まで戻ると€110程度(ランチの待ち時間なし)。カゼルタのタクシーはメーターはあるものの、作動させないことが多いので、ホテルで料金を確認してもらい、前日までに予約してもらうのがよい。

カゼルタヴェッキアでは郷土料理を楽しもう

Palermo パレルモ(→P.239)

改装終了!

ノルマン王宮

Palazzo dei Normanni

ノルマン王国の富、政治権力、文化の象徴である王宮。階段を上って入口へ

ノルマン（パレルモの）王宮は、パレルモ市内で最も古い地域に位置し、**古代カルタゴの遺跡**の上に建築された。その後1072年の**ノルマン人のパレルモ侵攻**後は、宮殿として整備され1130年**のルッジェーロ王の即位後**は、権力の象徴として王宮へと変化していった。宮殿内には薬草園や織物工房なども整備され、**ルッジェーロ2世**、**グリエルモ1世**、**2世**と続く時代には、多種多様な民族の文化との共存共栄が計られた。

三層の回廊で飾られたマクエダの中庭は、圧倒的な大きさ

その後の**フリードリヒ2世の治世**の後、16世紀の**スペイン統治時代**、**シチリア・ブルボンの時代**を経て王宮の改築が進み、現代はシチリア州議会として政治の中心になっている。

17世紀のシチリア総督、マクエダ公爵の名を冠した中庭

入場は王宮正面から

パレルモの中心クアットロ・カンティからヴィットリオ・エマヌエーレ大通りを西に500mほど歩くと緑濃い公園が目に入ってくる、ここから中に入りヴィットリア広場の切符売り場で入場券を購入後、パルラメント広場の王宮入口で待つ。2019年開設の新しい入場口だ。ブックショップの脇を通りながら内部に入り、**マクエダの中庭**経由で、王宮2階の**パラティーナ礼拝堂**、3階の**王の居室**の順で見学をする。その後、**大階段**を下りて外に出て、王宮の西側に広がる**王宮庭園**(切符は王宮と一緒に購入)の散歩を楽しもう。

多様な文化が花開いたノルマン時代の傑作

緑に囲まれたカフェやところどころに置かれた瀟洒なベンチでひと休みを。亜熱帯気候の多種多様な植物で埋め尽くされ、手入れの行きとどいた庭園でのひとときが楽しい。大きなゴムの木、双子のヤシの木などとともに、美しい曲線で彩られた花壇や噴水、レモンやオレンジの実る木々などがすがすがしい。

1階のマクエダの中庭からは**モンタルト大公の間**と呼ばれる大きな部屋に入ることができる。パレルモの歴史を伝える特別展が開催されていることが多い。この地下には、紀元前5世紀ごろ造られ、当時は町の城壁であった**古代カルタゴの遺跡**を見ることができる。

亜熱帯性植物の代表、大きなガジュマルの木

植物に彩られたカフェ。屋外席でゆったりと

3階の通路。州議会の執務室も近いので静かに移動を

ノルマン王宮
Palazzo dei Normanni
案内図

ノルマン王宮は、1階中庭、2階パラティーナ礼拝堂、3階王家の居室部分で構成されているが、本来はシチリア州議会の議場として使用される建物。ルールを守り静かに見学したい。2019年、正面パルラメント広場側に入口が移動。改修がほぼ終了し、美しくよみがえった3階部分の見学を楽しもう。

ヘラクレスの間
Sala d'Ercole

1947年よりシチリア州議会の議会場として利用されている。部屋全体がギリシャ神話の英雄、**ヘラクレスの物語**で埋め尽くされている。色彩豊かな天井画、壁面にはモノクロの物語が描かれている。

ノルマン王宮
Palazzo dei Normanni

3階順路

マクエダの中庭
Cortile Maqueda
［1階］

パラティーナ礼拝堂
Cappella Palatina
［2階］

パラティーナ礼拝堂
Cappella Palatina

王宮2階に位置する見どころのハイライト。1130年ルッジェーロ2世の命で作られた、異文化、多宗教の融合した建築物。礼拝堂内のモザイク装飾は、ビザンチン、イスラム、ラテンの職人たちの技の結集。

噴水の中庭
Cortile della Fontana

中央にバロック様式の噴水が置かれた小さな中庭。祈りの間から眺められる。16世紀のスペイン人の副王の時代に建築された部分。

副王の間
Sala Vicere

ブルボン朝のシチリア王国を統治した、**副王や総督などの肖像画**が壁に描かれた部屋。総勢21名のなかで、異端裁判所を廃止したカラッチョロや、ピサーナの塔に天文観測所を設置したカラマイコ公が有名。

ポンペイの間
Sala Pompeiana

1830年～1835年に作られたポンペイギャラリーの一部。青緑の色彩で覆われたネオクラシック様式でエレガント。当時発掘されたポンペイ遺跡などの考古学的発見に触発され、**神話の主題**が描かれている。

東洋の間
Sala Cinese

18～19世紀に流行した東洋風のインテリアでまとめられた部屋。東洋への好奇心を、青色をベースにした山々の背景と中国式の服装に身を包んだ男女を描くことで表している。置かれた家具も東洋風。

インディペンデンツァ広場
P.za Indipendanza

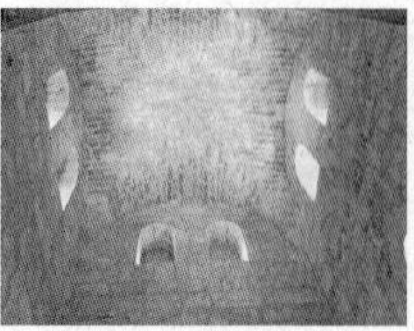

女王の礼拝堂の先にある中世の塔のクーポラ部分。アラブ・ノルマン様式が残り、明かり取りからの光が幻想的。

女王の礼拝堂
Cappella della Regina

ルッジェーロ王の間の後ろに控える小さな礼拝堂。ネオクラシック様式の新しい物。

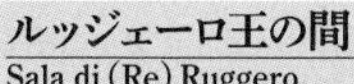

ルッジェーロ王の間
Sala di (Re) Ruggero

3階部分、最大の見どころ。ルッジェーロ2世の息子であるグリエルモ1世により施工された。アラブ・ノルマン様式の美に従い、植物、動物、人物などが見事なモザイクで描かれている。ノルマン朝の寓話の世界。

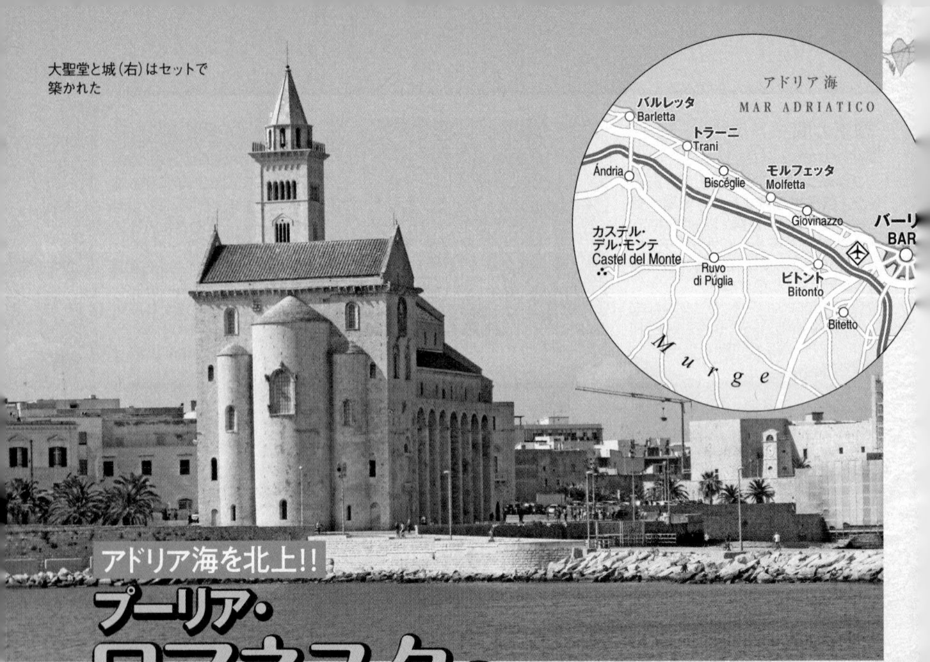

大聖堂と城(右)はセットで築かれた

アドリア海
MAR ADRIATICO
バルレッタ
Barletta
トラーニ
Trani
Ándria
Biscéglie
モルフェッタ
Molfetta
Giovinazzo
バーリ
BAR
カステル・デル・モンテ
Castel del Monte
Ruvo di Púglia
ビトント
Bitonto
Bitetto
Murge

アドリア海を北上!!

プーリア・ロマネスクの聖堂めぐり

~海の幸を楽しむ~

港のにぎわい

プーリア州の中心都市、バーリからアドリア海を眺めながら列車で北上してみよう。紺碧の空と海が、**ロマネスクの聖堂**の美しさを際立たせている。夜、ライトアップされた聖堂や鐘楼の見物も楽しい。外壁に飾られたプーリア・ロマネスクの怪しげな動物たちが、夜の光の中で今にも動き出しそうだ。

アドリア海から水揚げされた、**捕れたての魚介**が食卓を飾り、旅人たちの食欲を刺激する。中世ヨーロッパ1の名君として誉れ高い、ホーエンシュタウフェン家出身の**フリードリヒ(フェデリコ)2世**が足跡を残した地でもある。

唯一現存するというフリードリヒ2世の胸像(→P.28)

海に浮かぶ大聖堂が圧巻……トラーニ Trani

▶各町への行き方

いずれの町も見どころのある旧市街へは駅から徒歩15~20分。多くの見どころ、商店などはやや長い昼休みがある。

▶トラーニへの行き方

バーリ中央駅からfs線RV、Rで所要28~39分(€3.20)、15分~1時間に1便程度。駅を背にした正面のVia Cavourを進み、Piazza della Repubblicaを左折し、Piazza Libertaを右折して進むと港。港沿いに左に進むと大聖堂へ至る。

夏の週末は大にぎわいを見せ、リゾートの華やぎにあふれるトラーニ。一番の見どころは、**大聖堂=カッテドラーレ**Cattedrale。ピンクと明るいベージュの石灰岩で築かれ、レースのような浮彫細工で飾られた姿は優雅で端正。そして裏に回った埠頭からは海に浮かぶような大聖堂の姿が印象的だ。

11~12世紀、この町がアドリア海の重要な交通・交易の港として栄えた時代、巡礼の途中で亡くなったギリシアの美少年サン・ニコラ・ペッレグリーノにささげられた大聖堂だ。海を見渡し、左右の階段が上部聖堂へと続き4層で構成される。正面右には高さ60mの**鐘楼**を従える。扉口や側面は、プーリア・ロマネスク様式の彫像で飾られている。階段を上がった正面入口には、12世紀の**ブロンズの扉**(オリジナルは内部)。**マトロネオ**(バルコニー＝上部婦人席)を配した内部は、木製の梁が渡り天井が高い。2本の束ね柱で分割され、スッキリした3廊式で、主祭壇近くには「生命の樹」を表す**モザイク**が残る。主祭壇脇の階段からは**サンタ・マリアのクリプタ**Cripta di S.Maria、さらに階段を下ると**サン・ニコラ・ペッレグリーノのクリプタ**Cripta di S.Nicolaだ。列柱が並ぶ厳かな空間で、ロマネスクならではの柱頭飾りをじっくり眺めてみよう。この地下にサン・レウチョS.Leucioにささげられた地下墓所がある。

壁面高くに設けられた女性席＝マトロネオ

カッテドラーレのすぐ先には、荒ぶる波が打ち付ける堂々とした**城**Castelloが建つ。13世紀にフリードリヒ2世が築いたもので、後年は住居や牢獄として利用されていた。大聖堂の内陸側には**旧市街**Centro Storicoが広がり、ビザンチンとノルマン時代の防御と見張りの塔や邸宅が残る。港に面して後ろ姿を見せる**オーニサンティ教会**Chiesa di Ognissantiは、12世紀のテンプル騎士団病院の中庭に建てられたもので、ファサードの柱廊が美しい。中世の時代、海に面していたこのあたりから、第一次十字軍は旅立って行ったと言う。

プーリアの太陽と海に映えるカッテドラーレ

フリードリヒ2世が築いた、堅牢な城。2019年12月は内部・外観ともに工事中

町の人の結婚式。正面入口が美しい

ブロンズの扉には「巡礼者ニコラ」をはじめ宗教的なモチーフが刻まれている

トラーニ Trani

カッテドラーレ Cattedrale
開 4〜10月 9:00〜12:30、15:30〜19:00
㊐㊗9:00〜12:30、16:00〜20:30
11〜3月 9:00〜12:30、15:30〜18:00
㊐㊗9:00〜12:30、16:00〜20:00

城 Castello
開 ㊊㊋㊏㊐8:30〜13:30
㊌㊍㊎8:30〜19:30
料 €5
※切符売り場は閉場30分前まで
※季節により開場延長の場合あり
※毎月第1日は無料

トラーニのホテル

★★★★
パラッツォ・フィルジオ
Palazzo Filsio

カッテドラーレのすぐ裏手、近代的でおしゃれなプチホテル。部屋によってはカッテドラーレと海を眺められるのもすてき。朝食、サービスも充実。レストラン併設。

URL //palazzofilisio.it
住 Piazza Monsignor Reginaldo M.Addazi 2
☎ 0883-500931
TB €90〜180
JS €200
室 10室
C A.D.J.M.V.

大聖堂を中心に町が広がる……ビトント Bitonto

▶ビトントへの行き方

バーリからFR2またはFR1：Ferrotramviaria（空港線）で約25分（€1.40）。10分～1時間間隔の運行。駅前から延びる大通りVia Giacomo Matteottiを800mほど進むと、バレサーナ門。14世紀の塔を左に見て、道なりに進むとカッテドラーレの裏側へと通じている。

カッテドラーレ Cattedrale

住 Piazza Odegitria
開 10:00～12:30、15:30～18:00
㊐12:00～13:00、15:30～18:00
休 ㊍

旧市街への入口のバレサーナ門。近くにⓘやカフェなどもある

旧市街へは**バレサーナ門**P.ta Baresanaから入ろう。ここから中世さながらの町並みが広がり、風景が一転する。細い路地を進むと、右に大聖堂の後ろ姿と開けた広場が見えてくる。プーリア・ロマネスク様式の典型であり、プーリア州に残るカッテドラーレのなかで最も美しく完成度が高いと言われる**大聖堂＝カッテドラーレ**Cattedrale／サンタ・マリア・アッスンタ大聖堂S.M.Assuntaだ。12～13世紀にバーリのカッテドラーレをモデルに建立されたもの。正面に立つと、その大きさと華麗さに圧倒される。

静かな旧市街に不釣り合いのように堂々としたカッテドラーレ

バラ窓は高く、中央の扉口には「キリストと使徒」、扉に添って野菜と動物などのレリーフが刻まれ、左右の動物がそれを支える。

内部上方にはマトロネオ（上部婦人席）が置かれ、高い3連窓からは光が差し込む。主祭壇近くの**説教壇**は、プーリア州における中世期彫刻の最高傑作。聖職者であり彫刻家ニコラ（銘入り）の作で、手の込んだ鷲、植物などのレリーフ、柱頭飾り、さらに**側面のホーエンシュタウフェン家の王たちの彫刻**がすばらしい。右から2番目、王冠を被っているのが**フリードリヒ2世**だ。地下にはクリプタおよび地下遺跡が残り、地下遺跡には11世紀のグリフォン（鷲の頭とライオンの体を持つ伝説上の怪獣）のモザイク、4～6世紀のモザイクや彫刻などが残る（見学には€2）。

外に出たら、**カッテドラーレの側面**を眺めてみよう。ユーモラスな動物たちがこちらを見下ろし、まるで夢物語を語るかのようで、いつまでも見飽きることがない。

見学後はカッテドラーレの側面上部の彫像にも注目を

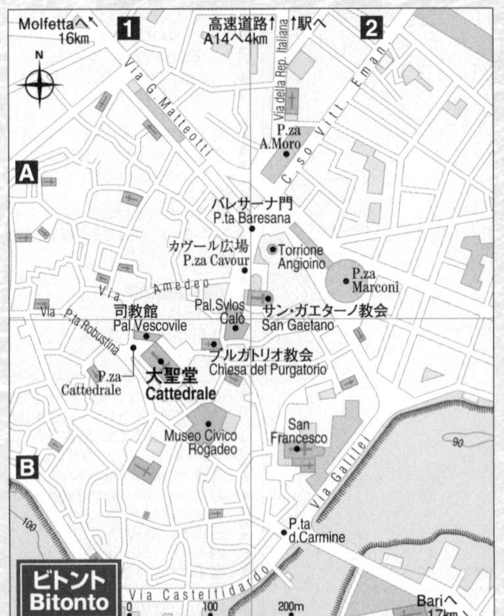

明るくおおらかなホーエンシュタウフェン一族の彫像

ユーモラスな動物が刻まれた側面上部のアーチ

昔日の夢、孤高の旧大聖堂……モルフェッタ Molfetta

裏の海側から眺めた旧大聖堂は、まるで海に浮かぶよう。左に旧市街が広がる

海に張り出した、小さな中世の村。まずは埠頭近くの**旧大聖堂**Duomo Vecchioへ。12世紀に建設され、未完のファサードを大きな港に向けひっそりと建っている。八角形のクーポラを3つ、2つの鐘楼を頂く独特な建築様式だ。

内部は天井が高く、太い束ね柱の柱頭が優美。「**サラセン人の聖水盤**」(主祭壇右側)、「13の聖職者」の彫刻が並ぶ聖ミカエルの礼拝堂(入口左)などが並ぶ。裏手の埠頭側から眺めた外観も印象的だ。そこから脇道を入って**旧市街**Borgo Anticoの散策を。頭上にはアーチが続く細い石畳の界隈で、中世のたたずまいが色濃い。駅へ戻る途中に、17世紀建立のバロック様式の**新大聖堂**Cattedraleの見学を。

中には魚が泳ぐ「サラセン人の聖水盤」

風情いっぱいの旧市街の小路

旧大聖堂前の静かな港。ホテルやカフェが並び、夏はにぎわう

▶モルフェッタへの行き方

バーリ中央駅からfs線RV、Rで15～26分(€1.80)、30分～1時間に1便程度。駅を背にCorso Umberto Iを進み、Corso Dante Alighieriを左へ。新ドゥオーモ左に見て進めば、港が見えて来る。

新・旧ドゥオーモ
Duomo Nuovo/
Duomo Vecchio
開9:00～12:00、16:00～20:00

トラーニで、海の幸を楽しむ

港沿いの遊歩道に沿って広がるレストランは、夏の週末のランチ時には空いたテーブルを探すのが難しいほどの人気ぶりだ。カジュアル・レストランが多く、手頃なピッツァ、魚介のフリットとパスタなどの定食をサービスする店が多い。プーリア州ならではの「**生の魚介類(海の幸)の盛り合わせ**」Frutta di Mare Crudoを楽しむなら、海沿いならオーニサンティ教会そばの**ラ・ペルラ・デル・スッド**La Perla del Sudや**ダルセーナ**Darsenaが、町の食通に人気でおすすめ。カキ、ムール貝、イカ、ウニなどの海の幸は、漁や天気によっては入荷がない場合があるので、入店時や予約時に確認しよう。また、特に夏のディナーは予約必須、冬は営業しない店も多い。

唯一のフリードリヒ2世の胸像が残る……バルレッタ Barletta

▶バルレッタへの行き方
●バーリ中央駅からfs線Rで55分（€4.30）、FAで34分（€17）、Rは30分～1時間に1便程度。
●バーリからFR1:Ferrotramviaria（空港線）で約1時間（€4.90）、途中Ruvo、Coratoで要乗り換え。10分～1時間間隔の運行。
駅前の緑地帯を抜け、Corso Garibaldiを右へ進もう。

カッテドラーレ Cattedrale
開9:00～12:00、16:30～19:30

城 Castello
開10:00～20:00（冬季19:00）
休㈪、1/1、8/15、12/25
料€6

駅から続く新市街は商店が並び、近代的な町並みが続く。まずはローマ皇帝の**巨人像**（コロッソColosso）を見に行こう。**サント・セポルクロ聖堂**Santo Sepolcro脇の大通りに立ち、古代彫刻では最大級のブロンズ像で高さ4.5m。

旧市街のプーリア・ロマネスク様式の**ドゥオーモ**Duomoは12世紀に着手され、14～15世紀に後陣の歩廊などがゴシック様式に改装された。近くの公園内にはフリードリヒ2世による**城**Castelloが建つ。深い空堀、4つの堡塁を持つ堂々としたもので、歴代の支配者が手を加えている。内部は**市立美術館**Museo Civicoで、唯一現存するという**フリードリヒ2世の胸像**、絵画、考古学的発掘品などを展示。屋上から眺めるドゥオーモや海岸線が美しい。

城の屋上から、町と海を見渡す眺望

1 2 A B
港 Porto
Capitaneria di Porto
アドリア海 MAR ADRIATICO
Litoranea di Ponente
Viale Ferdinando Cattolico
マリーナ門 P.ta Marina
マリーナ広場 P.za Marina
Via Mura del Carmine
Mura S.Cataldo
P.za d. Sfida
Municipio
ドゥオーモ Duomo
城（市立美術館） Castello(Museo Civico)
Corso Vittorio Emanuele
Teatro
Via Cavour
サント・セポルクロ聖堂 S. Sepolcro
G.Garibaldi
Via Ferdinando I° d'Aragona
V.le Giannone Baccarini
Corso
Via L. Alvisi
Campo Sportivo
バルレッタ駅 Staz. F. S.
0 100 200 300m
バルレッタ Barletta

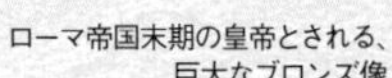
ローマ帝国末期の皇帝とされる、巨大なブロンズ像

16世紀の改修により生まれた、矢じりの形をした鋭角な堡塁

城の屋上から眺めたドゥオーモ裏側

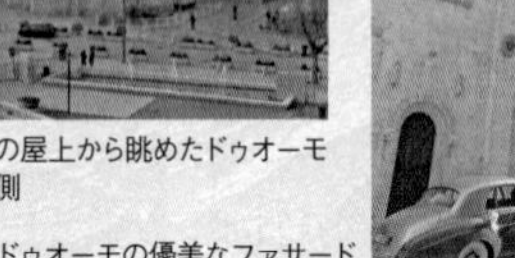
ドゥオーモの優美なファサード

トラーニのおすすめレストラン

港にはたくさんのレストランが軒を並べるトラーニ。港の外れでは、陽気なおじさんが獲れたての魚介類を並べ、大きな売り声をあげる。この地域の町の中では、突出してグルメレストランが多い。その中でもおすすめの店を紹介。

ミシュランの一つ星**クインテッセンツァ**Ristorante Quintessenzaは、旧市街にありモダンで落ち着いた雰囲気。若いシェフとスタッフによる、おいしい魚介類と意欲的で斬新な料理が楽しめる。定食€70（6皿）＋ワイン€30も充実。
URL www.quintessenzaristorante.it
住 Via Nigrò 37
☎ 0883-880948
営 13:00～14:15、20:00～22:00
休 ㈰夜、㈫
予 €50～70（コペルト€3）、定食€58、70　C A.D.M.V.

地元のグルメ御用達の**コルテインフィオーレ**Ristorante Corteinfioreは、オーニサンティ教会近く。間口は小さいが、まるで庭のような明るく広いサロンが広がる。地元の人たちに愛され、貝類や刺身風のクルード（生）が並ぶ。おしゃれなB&Bも併設。
URL www.corteinfiore.it
住 Via Ognissanti 18
☎ 0883-508402
営 13:00～15:00、20:00～22:00
休 ㈪、㊗夜　予 €40～70、定食€45、55、70　C A.M.V.

SOUTH ITALY

ナポリとカンパニア州

NAPOLI E CAMPANIA

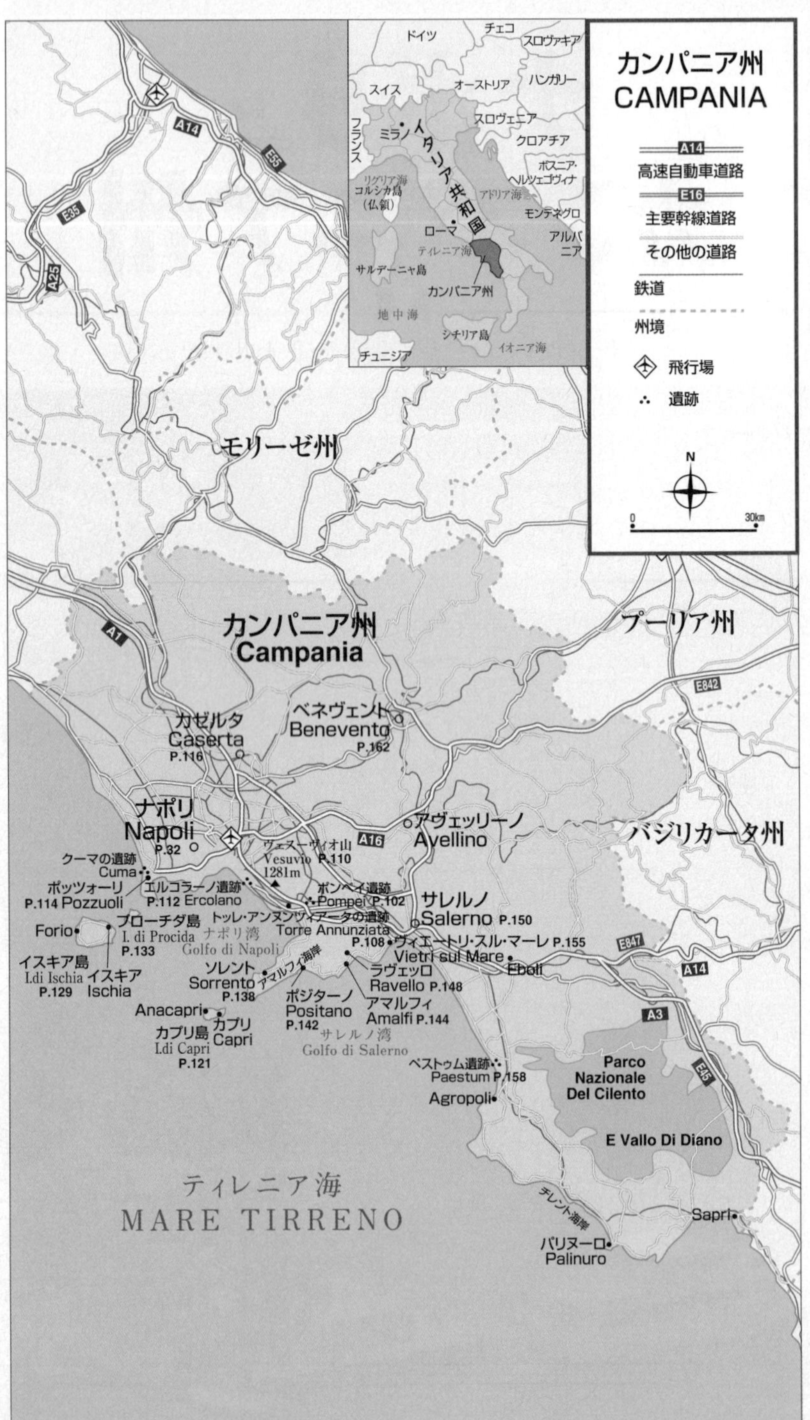
カンパニア州
CAMPANIA
A14
高速自動車道路
E16
主要幹線道路
その他の道路
鉄道
州境
飛行場
遺跡
N
0
30km
ドイツ
チェコ
スロヴァキア
スイス
オーストリア
ハンガリー
フランス
ミラノ
イタリア共和国
スロヴェニア
クロアチア
ボスニア・ヘルツェゴヴィナ
リグリア海
コルシカ島（仏領）
アドリア海
モンテネグロ
ローマ
アルバニア
ティレニア海
サルデーニャ島
カンパニア州
地中海
シチリア島
イオニア海
チュニジア
モリーゼ州
カンパニア州
Campania
プーリア州
バジリカータ州
カゼルタ
Caserta
P.116
ベネヴェント
Benevento
P.162
ナポリ
Napoli
P.32
アヴェッリーノ
Avellino
ヴェスーヴィオ山
Vesuvio P.110
1281m
クーマの遺跡
Cuma
ポッツォーリ
P.114 Pozzuoli
エルコラーノ遺跡
P.112 Ercolano
ポンペイ遺跡
Pompei P.102
サレルノ
Salerno P.150
トッレ・アンヌンツィアータの遺跡
Torre Annunziata
P.108
ヴィエートリ・スル・マーレ P.155
Vietri sul Mare
Eboli
プローチダ島
I. di Procida
P.133
Forio
ナポリ湾
Golfo di Napoli
イスキア島
I.di Ischia
P.129
イスキア
Ischia
ソレント
Sorrento
P.138
アマルフィ海岸
ラヴェッロ
Ravello P.148
ポジターノ
Positano
P.142
アマルフィ
Amalfi P.144
Anacapri
カプリ島
I.di Capri
P.121
カプリ
Capri
サレルノ湾
Golfo di Salerno
ペストゥム遺跡
Paestum P.158
Agropoli
Parco Nazionale Del Cilento E Vallo Di Diano
ティレニア海
MARE TIRRENO
チレント海岸
Sapri
パリヌーロ
Palinuro
A14
E55
E35
A25
A1
E842
A16
E847
A3
E45

カンパニア州の魅力

Campania

面積　：13,595㎢
人口　：約587万人
州都　：ナポリ
行政区：ナポリ、アヴェッリーノ、ベネヴェント、カゼルタ、サレルノ県

皇帝たちに愛された土地

起伏ある地形が魅力的

「豊饒なカンパニア」と呼ばれ、ローマ皇帝たちのお気に入りの土地であったカンパニア州。現在のカンパニア州は、ラツィオ州、モリーゼ州、プーリア州、バジリカータ州に隣接し、南イタリアの中核的な州となっている。2000m近い山脈や火山帯が走る山がちな内陸部、ベネヴェントやアヴェリーノの町を擁する盆地地方、変化に富んだ自然の美しい沿岸部の平野地帯と、複雑な地理的特徴をもっている。

のんびり、ゆったりと過ごしたい、カンパニアの旅

ティレニア海に向かって開けた、ナポリ湾とサレルノ湾周辺では、入り組んだ海岸線と起伏ある地形が魅力的な景観を作り出している。紺青の海に輝く、カプリ、イスキアの島影、海とのコントラストが美しい絶景が連なるアマルフィ海岸など、イタリアきっての観光名所がめじろ押しである。

肥沃な平野では、トマトをはじめとする野菜作りが盛ん。アーモンド、オレンジ、レモン、モモなどの果樹栽培が、温暖な土地に適している。カンパニア州の沿岸部の町を歩くと、たわわに実った柑橘果樹に、ゲーテの愛した「レモンの実る南の国」を実感できる。

海洋共和国時代に建造されたドゥオーモと鐘楼

複雑な歴史が織り成す芸術作品

紀元前8世紀頃からカンパニア州の沿岸部には、ギリシアの植民都市が築かれた。現在でも、ペストゥムのギリシア神殿にその面影をたどることができる。ローマの皇帝アウグストゥスの時代を経て、ナポリ公国ではビザンチンの支配が続いた。この10〜11世紀には、海上貿易で力をつけたアマルフィは、海洋共和国としてティレニア海に君臨した。

その後は、11世紀のノルマン人の支配に続き、ホーエンシュタウフェン家、アンジュー家、アラゴン家とめまぐるしく支配者が変わってゆく。スペイン支配の後の、フランスのブルボン家の支配は、イタリア統一運動の立役者ガリバルディのナポリ入城まで続いた。

常に外国の支配にさらされたカンパニア州だが、それは、この土地に比類ない文化遺産を残すことになった。サレルノ、アマルフィ、ラヴェッロの大聖堂には、バロック、ビザンチン、ロンゴバルド、アラブ・ノルマン様式の影響が見られ、個性的な建築群となっている。アンジュー家の時代にはゴシックが花開き、アラゴン家の時代にはカタロニア地方特有の文化がスペインよりもたらされた。カンパニア州各地の見どころを訪れるとき、複雑な支配の歴史に思いをはせてみるのも一興だ。

カオス(混沌)の町、ナポリ

Napoli ナポリ

「ナポリを見て死ね！」
ナポリ湾とヴェスーヴィオ山。
サンテルモ城からの眺め

雄大なシルエットを見せるヴェスーヴィオ山を背景に、美しい海岸線と数知れぬ文化遺産で彩られたナポリの町。「ナポリを見て死ね」という言葉どおり、サンタ・ルチアなどから臨む美しさは、イタリアでも随一といえよう。けれど、一歩町なかへ足を踏み入れれば、すさまじい交通渋滞と人混み。おしゃれなブティックと大声が飛び交う路地の屋台や市場。海を見下ろすヴィラのような住宅と洗濯物がはためくスペイン人地区……。新しさと古さ、人懐っこさと無愛想、静謐(せいひつ)と混沌、なにもかもが両極に大きく針を振る。そのすべてを受け入れる、ナポリの懐の深さは、この町の歴史のゆりかごに育まれたものに違いない。

紀元前から続く、ナポリの魅力をひとことで語るのは難しい。まずは、町への一歩を踏み出そう。

下町の魚市場にて

ナポリの四季

ナポリの新年はプレビシート広場のカウントダウンで始まる。手にはスプマンテを持った人たちで広場は埋め尽くされ、時報を合図にキスと乾杯の嵐で盛大に祝い合う。

プレゼーピオが並ぶ
スパッカ・ナポリの通り

年が明けた1月6日のエピファニア前は、大人たちは子供へのプレゼント選びに余念がない。1月6日を境にクリスマス飾りは取り払われ、町はカーニヴァル、復活祭への準備を始める。

ヴォメロの丘にミモザが黄色く萌え始めると、早い春が訪れる。5月の聖ジェンナーロの祭りには、聖人像が町を練り歩き、聖人の「血液の溶解」に人々は歓喜する。

夏は海水浴が欠かせない。近くの海岸をはじめポッツァーロ、アマルフィ海岸へ足を延ばし、輝く小麦色の肌を手に入れる。

クリスマス飾りが並ぶ、
雑貨店のショーウィンドー

12月、スパッカ・ナポリのサン・グレゴーリオ・アルメーノ通りに、プレゼーピオの品々が盛大に並び始めると、クリスマスはもうすぐ。教会には趣向を凝らしたプレゼーピオが飾られ、運がよければ、町なかでザンポーネを奏でて喜捨を集める羊飼いの姿を見ることができる。

おもな行事

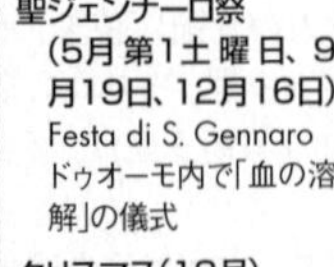

聖アントニオ祭(1月17日)
Festa di S. Antonio
聖人を祝い旧市街の路地に火を灯す。

聖ジェンナーロ祭(5月第1土曜日、9月19日、12月16日)
Festa di S. Gennaro
ドゥオーモ内で「血の溶解」の儀式

クリスマス(12月)
Natale
町のイルミネーション、サン・グレゴーリオ・アルメーノ通りでのプレゼーピオの販売など。

苦難の歴史が作り上げた"ナポリ気質"

サン・マルティーノ修道院からナポリを眺める

紀元前7世紀のギリシア人が築いたネアポリス（新しい都市）は、その時代のほかの都市と同様にローマの支配下におかれ、温暖な気候と美しい自然環境から歴代皇帝の避暑地となる。短い期間ゴート族の支配を受けた後、再びビザンチンの手に戻ってから人口が倍増、周辺都市を含む小さなナポリ公国として763年に独立した。勢力をつけたナポリはイスラムの海軍に抵抗し勝利を治め、アラブ人との交易も盛んになり黄金期を迎える。しかし、1139年ついに**ノルマン**に屈伏、パレルモに首都をおくシチリア王国の一部となり**カプアーノ城・卵城**が建設される。

サンタ・ルチアにある卵城

1266年、ノルマン朝の最後の君主が斬首されフランスのアンジュー家がシチリア王となると、首都がナポリに戻り、外交上シチリア王国と呼ばれるナポリ王国が脚光を浴びる。カルロ1世はヌオーヴォ城を建設、港を整備した。**サン・ロレンツォ・マッジョーレ教会、サンタ・キアーラ教会、サン・ドメニコ・マッジョーレ教会**などがこの時代の物。アンジュー家3代目のロベルト王は**サンテルモ城**を築いた。1442年アラゴン家のアルフォンソが王座に就くとナポリにもルネッサンスが開花する。1503年フランスとスペインの戦いにより、首都ナポリはスペインの属州に失墜。抑圧的な総督政治の下、スペインから多くの移民が流れ込み、住宅問題を抱え、トレド総督は**スペイン人地区**を区画整備した。**17世紀**には、ペストが流行したにもかかわらず、総督たちの手によって教会は**豪華なバロック様式**に改装された。

サン・グレゴリオ・アルメーノ教会の美しいキオストロ

1734年ヨーロッパ列国によって、**ブルボン家**のカルロに譲り渡されたナポリは再び首都に返り咲き、**サン・カルロ劇場、カポディモンテの王宮**、現在の**ダンテ広場**であるカルロ王のフォルムなどが建設される。ナポレオン時代には1806年から10年間フランスの統治下におかれるが、ブルボン家に政権が戻り19世紀後半のイタリア統一を迎える。

ブルボン家のカルロ3世がこけらおとしをした、サン・カルロ劇場

混乱を極めた**戦後**の苦しい時代に、ナポリから海外へ多くの人々が移民してゆき、故郷や愛しい人との離れる思いを歌った**ナポリ民謡**は今日では世界中で奏でられるほど有名になった。世渡り上手なナポリ人気質は、目まぐるしく変わる支配者を上手に受け入れてきた長い歴史の中で育てられてきたのだ。

ナポリ市民の客間、ガッレリアで、思いおもいに楽しんで！

OSPEDALE VINCENZO MONALDI
Colli Aminei
Policlinico
OSPEDALE ANTONIO CARDARELLI
POGGIO CAPODIMON
Rione Alto
ナポリ東西環状道路
Tragenziale Est Ovest di Napol
CAMALDOLILLI
Montedonzelli
地下鉄1線
Metropolitana Linea 1
アルネッラ
ARENELLA
Salvator Rosa
LA PIGNA
Piazza Medaglie D'oro
アンティニャーノ
ANTIGNANO
Piazza Quattro Giornate
ヴォメロ
Vomero
Piave
私鉄SEPSA
チルクムフレグレア線
Ferrovia Circumflegrea
Piazza Vanvitelli
サンテルモ城
S.Elmo
国立サン・マルティーノ美術館
Museo Nazionale di San Martin
サント・ステファノ
S.STEFANO
ヴィッラ・フロリディアーナ
Villa Floridiana
チェントラーレ線
Funicolare Centrale
国立マルティーナ公爵陶磁器博物館
Museo Nazionale d' Ceramica
Piazza Amedeo
ケーブルカー乗り場
地下鉄2線
Metropolitana Linea 2
P.38
Corso Vittorio Emanuele駅
ヴェリタス
Veritas
P.88
博物館
Museo
ヴィッラ・ピニャテッリ
Villa Pignatelli
P.81
レプッブリカ広場
Piazza della Repubblica
ヴィッラ・コムナーレ
Villa Comunale
水族館
Acquario
私鉄SEPSA クマーナ線
Ferrovia Cumana
Mergellina
トレニタリア
メルジェッリーナ駅
Stazione F.S. Mergellina
ピエーディグロッタ
PIEDIGROTTA
サンナッザーロ広場
P.za S.Nazaro
地下鉄6線
Metropolitana Linea6
水中翼船乗り場
メルジェッリーナ港
Porto Mergellina
Largo Lala
VILLANOVA
メルジェッリーナ線
Funicolare d. Mergellina
サンタ・マリア・デル・パルト教会
S.Maria d. Parto
Piazza Leopardi
P.90
パラッツォ・ペトルッチ
Palazzo Petrucci
メルジェッリーナ
MERGELLINA
カプリ、イスキア、プローチダ、ソレントへ

ナポリ
Napoli
3
4
A
B
C
空港へ3km
カポディモンテ公園
Parco di Capodimonte
国立カポディモンテ美術館 P.69
Museo Nazionale di Capodimonte
(カポディモンテの王宮
Palazzo Reale di Capodimonte)
P.63
マードレ・デル・ブオン・コンシリオ教会
Madre del Buon Consiglio
カポディモンテ
CAPODIMONTE
イル・モイアリエッロ
IL MOIARIELLO
サン・ジェンナーロのカタコンベ
Catacombe di S.Gennaro P.73
サン・ジェンナーロ・エクストラ・モエニア教会
S.Gennaro Extra Moenia
ピアッツォラ
PIAZZOLA
救貧院
Albergo dei Poveri
カルロ3世広場
P.za Carlo III
植物園
Orto Botanico
自転車競技場
Velodromo
サンタ・マリア・デッラ・サニタ教会
S.Maria D.Sanità
サニタ
SANITA
ナツィオナーレ広場
P.za Nazionale
拘置所
Carceri Giudiziare di Poggioreale
Centro Direzione
周遊鉄道路線
地下鉄2線
Metropolitana Linea 2
Piazza Cavour
Museo
国立考古学博物館
Museo Archeologico Nazionale
ドゥオーモ
Duomo
カプアーノ城
Castel Capuano
Piazza Garibaldi
Garibaldi
トレニタリア ナポリ中央駅
Stazione F.S. Napoli Centrale
ナポリ・ピアッツァ・ガリバルディ駅(地下ホーム)
バスターミナル
Gianturco
サン・ロレンツォ
S. LORENZO
スパッカ・ナポリ
SPACCA NAPOLI
ダンテ広場とポルタルバ
P.za Dante/Port'Alba
Dante
サン・ドメニコ・マッジョーレ教会
S.Domenico Maggiore
ヴェスーヴィオ周遊鉄道
ナポリ・ポルタ・ノラーナ駅
Stazione Napoli Porta Nolana
ポンペイへ25km
サレルノへ55km
ケーブルカー乗り場
地下鉄1線
Duomo
(建設中)
P.50-51
カリタ広場
P.za Carità
Università
Molo C.Pisacane
スペイン地区
QUARTIERI SPAGNOLI
Toledo
港
Bacino del Piliero
ムニチーピオ広場
Piazza Municipio
Municipio
ケーブルカー乗り場
Molo Martello
Molo C.Console
Pontile V.Emanuele II
ヌオーヴォ城
Castel Nuovo
ウンベルト1世のガッレリア
Galleria Umberto I
トレニタリア マリッティマ駅
Stazione F.S. Marittima
フェリー乗り場
サン・カルロ劇場
Teatro S.Carlo
フェリー乗り場
王宮
Palazzo Reale
ベヴェレッロ埠頭
Molo Beverello
プレビシート広場
Piazza Plebiscito
Bacino Angioino
P.36-37
PIZZOFALCONE
サンタ・ルチア
SANTA LUCIA
サンタ・ルチア港
Porto Santa Lucia
卵城
Castel dell'Ovo
P.74-75
N
0
250
500m
サルデーニャ、シチリア、マルタへ
カプリ、イスキア、プローチダ、ソレントへ
ナポリ湾
Golfo di Napoli

1
2
A
B
C
地下鉄1線 Metropolitana Linea 1
P.za Scipione Ammirato
Materdei
Via Materdei
Vico Medici
Via S. Teresa degli Scalzi
Via Antonio Vitali
Via Vergini
Via M. Pagano
Via Foria
フォリーア通り Via Foria
P.85 ロンバルディ Lombardi
Piazza Cavour
カヴール広場 P.za Cavour
国立考古学博物館 Museo Archeologico Nazionale P.64
Museo
Via Matteo Renato Imbriani
Via Salvator Rosa
Salita San Raffaele
地下鉄2線 Metropolitana Linea 2
旧教会
新教会
コンプレッソ・モヌメンターレ・ドンナレジーナ Complesso Monumentale Donnaregina
不治の病人の病院 Ospedale degli Incurabili
サンタ・マリア・デッレ・グラツィエ教会 S.Maria delle Grazie
スパッカ・ナポリ SPACCA NAPOLI
P.52
ジロラミーニ教会 S.Girolamini
P.96 コスタンティノーポリ104 Costantinopoli 104
Via Santa Maria di Costantinopoli
Via Enrico Pessina
Accademia Belle Arti
Via della Sapienza
P.za Mazzini
S.Maria d.Pazienza
モンテサント MONTE SANTO
Via Francesco Saverio Correra
サンタ・マリア・マッジョーレ教会 S.Maria Maggiore
サン・パオロ・マッジョーレ教会 S.Paolo Maggiore
サン・ガエターノ広場 Napoli Sotterranea P.za S.Gaetano
プルガトリオ・アダルコ P.54 Purgatorio ad Arco
サン・ロレンツォ・マッジョーレ S.Lorenzo Maggiore P.54
P.97 ピアッツァ・ベッリーニ Piazza Bellini
P.91 イントラ・モエニア Intramoenia
P.85 ソルビッロ Sorbillo
サン・グレゴリオ・アルメーノ教会 S.Gregorio Armeno P.60
P.55 ベッリーニ広場 P.za Bellini
サン・ピエトロ・ア・マイエッラ教会 S.Pietro a Maiella
P.94 エノテカ・ダンテ Enoteca Dante
ベッリーニ Bellini P.89
ダンテ広場 P.za Dante P.64
ポルタ門 Port'Alba
Dante
P.59 サンセヴェーロ礼拝堂 Sansevero
サン・ドメニコ・マッジョーレ教会 S.Domenico Maggiore P.58
P.59 ニーロ像 Nilo
ロンバルディ・ア・サンタ・キアーラ Lombardi a S.Chiara P.89
サン・ドメニコ広場 Piazza S. Domenico P.58
サンタンジェロ・ア・ニーロ教会 S. Angelo a Nilo
ラ・フィーリア La figlia P.86
モンテ・ディ・ピエタ Monte di Pietà
ジェズ・ヌオーヴォ教会 Gesù Nuovo P.55
P.56 サンタ・キアーラ教会 S.Chiara
サンタ・マリア・ディ・モンテヴェルジネ教会
Montesanto
Montesanto ケーブルカー乗り場
スピリト・サント教会 Spirito Santo
インマコラータの尖塔
ジェズ・ヌオーヴォ広場 Gesù Nuovo P.55
P.97 デクマーニ Decumani
P.97 ピニャテッリ Pignatelli
Piazza S. Giovanni Maggiore
Piazza Pignasecca
モンテサント線 Funicolare di Montesanto
Via Toledo
カラファ・ディ・マッダローニ館 Pal. Carafa Maddaloni
キオストロ Chiostro
大学 Università
グラヴィーナ館 Palazzo Gravina
Via Pasquale Scura
タヴェルナ・デッラルテ Taverna dell'Arte P.88
サンタンナ・デイ・ロンバルディ教会 S.Anna dei Lombardi P.56
サンタ・マリア・ドンナルビーナ教会 S.Maria Donnalbina
ウンベルト1世大通り(レッティフィーロ)
ボルゴ・オレフィチ Borgo Orefici
ボヴィオ広場 Piazza Giovanni Bovio
マンジャ・エ・ベーヴィ Mangia e Bevi P.87
カリタ広場 P.za Carità
郵便電話局 Poste e Telegrafi
サンタ・マリア・ラ・ノーヴァ教会 S.Maria La Nova
Università
グラン・グスト Gran Gusto P.94
Via Monteoliveto
Piazza G. Matteotti
Via G. Sanfelice
エウロペオ Europeo P.88
国立サン・マルティーノ美術館 P.78 Museo Nazionale di San Martino
Corso Vittorio Emanuele
Via Concezione a Montecalvario
Via Armando Diaz
メディーナ通り
Toledo
スペイン地区 QUARTIERI SPAGNOLI P.77
サンタ・マリア・インコロナータ教会 S.M.Incoronata
Via Ponte di Tappia Incoronata
Via Agostino Depretis
Via Alcide De Gasperi
P.96 ロメオ Romeo
Via Medina
Via San Bartolomeo
Via De Deo
Vico della Tofa
サン・ジャコモ・デリ・スパーニョーリ教会 S.G.d. Spagnoli
チェントラーレ線 Funicolare Centrale
P.77 ゼヴァロス・スティリアーノ宮美術館 Pal.Zevallos Stigliano
Augusteo ケーブルカー乗り場
ムニチーピオ広場 Piazza del Municipio
P.96 ラ・チリエジーナ La Ciliegina
Municipio
Nuova calata Piliero
周遊船乗り場 Terminal Crociere
アリバス Alibus
ヌオーヴォ城 Castel Nuovo P.76
トレニタリア マリッティマ駅 Stazione F.S. Marittima
マリィ Mary P.91
ウンベルト1世のガッレリア Galleria Umberto I P.77
ガイ・オーディン Gay Odin P.94
市内観光バス発着所
Piazza Mondragone
Vico Rosario d.Palazzo
Via S.Carlo
P.84 サン・カルロ劇場 Teatro S.Carlo
水中翼船乗り場 Terminal Aliscafo
ベヴェレッロ埠頭 Molo Beverello
P.95 マックス・マーラ Max Mara
トリエステ・エ・トレント広場 Piazza Trieste e Trento
ガンブリヌス Gambrinus P.91
プロフェッソーレ Professore P.91
P.97 キアイア Chiaia
Via Ferdinando Acton
Villa Cellammara
P.88 アミチ・ミエイ Amici miei
キアイア通り Via Chiaia
王宮 Palazzo Reale P.83
プレビシート広場 P.83 Piazza del Plebiscito
サン・フランチェスコ・ディ・パオラ聖堂 P.83 S. Francesco di Paola
Giardini Pubblici
Bacino Angioino

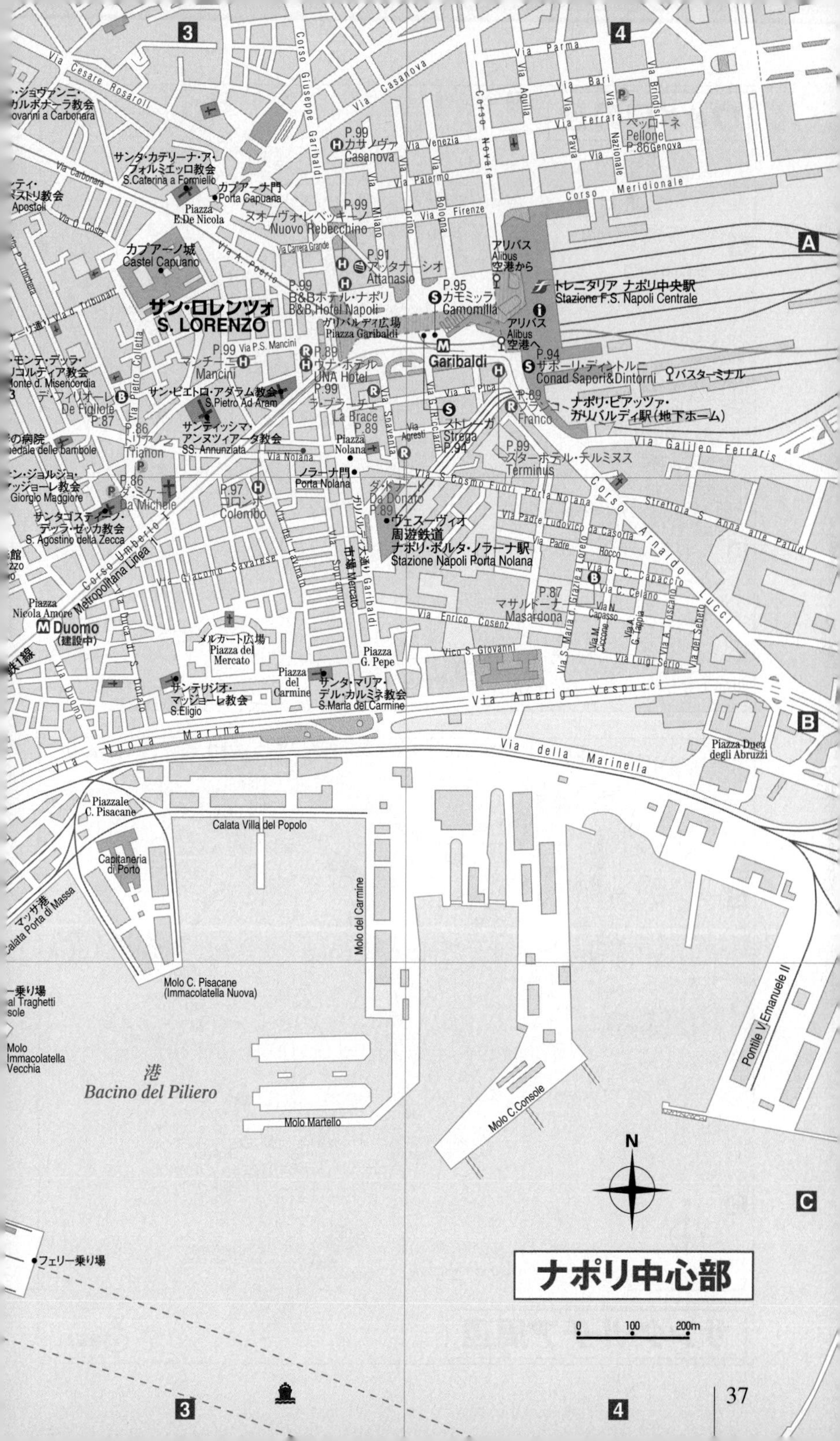
ナポリ中心部
サン・ロレンツォ
S. LORENZO
トレニタリア ナポリ中央駅
Stazione F.S. Napoli Centrale
Garibaldi
ガリバルディ広場
Piazza Garibaldi
カプアーノ城
Castel Capuano
カプアーナ門
Porta Capuana
ノラーナ門
Porta Nolana
ヴェスーヴィオ周遊鉄道
ナポリ・ポルタ・ノラーナ駅
Stazione Napoli Porta Nolana
ナポリ・ピアッツァ・ガリバルディ駅（地下ホーム）
メルカート広場
Piazza del Mercato
Duomo
（建設中）
Bacino del Piliero
Molo C. Pisacane
(Immacolatella Nuova)
Molo del Carmine
Molo Martello
Molo C.Console
Pontile V. Emanuele II
Capitaneria di Porto
Calata Villa del Popolo
Via della Marinella
Via Amerigo Vespucci
Via Nuova Marina
Corso Umberto I
Corso Meridionale
Corso Garibaldi
Corso Novara
Corso Arnaldo Lucci
Via Galileo Ferraris
Piazza Duca degli Abruzzi
フェリー乗り場
0 100 200m

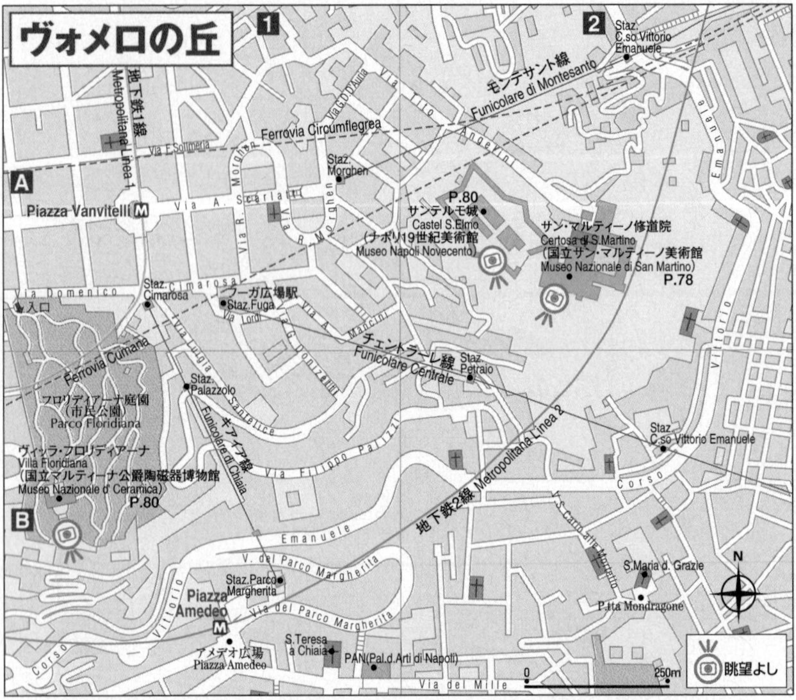

ヴォメロの丘

1
2
A
B

Staz. C.so Vittorio Emanuele
モンテサント線
Funicolare di Montesanto
地下鉄1線
Metropolitana Linea 1
Ferrovia Circumflegrea
Via E.Solimena
Via G.D'Auria
Via Tito Angelini
Staz. Morghen
Via A. Scarlatti
Piazza Vanvitelli
Via R. Morghen
P.80
サンテルモ城
Castel S.Elmo
(ナポリ19世紀美術館
Museo Napoli Novecento)
サン・マルティーノ修道院
Certosa di S.Martino
(国立サン・マルティーノ美術館
Museo Nazionale di San Martino)
P.78
Emanuele
Via Domenico Cimarosa
入口
Staz. Cimarosa
フーガ広場駅
Staz.Fuga
Via Lordi
Via A. Mancini
Via G. Donizetti
チェントラーレ線
Funicolare Centrale
Staz. Petraio
Ferrovia Cumana
Via Luigia Sanfelice
Staz. Palazzolo
フロリディアーナ庭園
(市民公園)
Parco Floridiana
キアイア線
Funicolare di Chiaia
Via Filippo Palizzi
Vittorio
Staz. C.so Vittorio Emanuele
ヴィッラ・フロリディアーナ
Villa Floridiana
(国立マルティーナ公爵陶磁器博物館
Museo Nazionale d' Ceramica)
P.80
地下鉄2線 Metropolitana Linea 2
Corso
V.S. Carlo alle Mortelle
Emanuele
V. del Parco Margherita
Staz.Parco Margherita
S.Maria d. Grazie
N
Piazza Amedeo
Vittorio
Via del Parco Margherita
P.tta Mondragone
Corso
アメデオ広場
Piazza Amedeo
S.Teresa a Chiaia
PAN(Pal.d.Arti di Napoli)
Via del Mille
0 250m
眺望よし

1
2
C
D

ルイ・ヴィトン
Louis Vuitton
P.95
トッズ／デーヴ
Tod's/Dev
Via dei Mille
プラダ
Prada
P.95
Via G. Filangieri
サン・カルロ劇場
Teatro S.Carlo
P.84
フェリー乗り場
P.83
王宮
Palazzo Reale
Via Chiaia
キアイア通り
P.81
プレビシート広場
Piazza Plebiscito
P.83
P.95
フェラガモ
Ferragamo
P.81
マルティーリ広場
Piazza dei Martiri
Via Monte di Dio
P.95
グッチ
Gucci
P.91
ラ・カフェティエーラ
La Caffettiera
Via Calabritto
PIZZOFALCONE
サンタ・ルチア
SANTA LUCIA
P.82
Riviera di Chiaia
Via D. Morelli
P.90
ダ・エットーレ
Da Ettore
Via Santa Lucia
P.98
ミラマーレ
Miramare
ラ・カンティネッラ
La Cantinella
P.90
ヴィットリア広場
Piazza Vittoria
サンタ・ルチア通り
P.90
カルーソ
Caruso
マリーノ
Marino
P.90
P.98
レックス
Rex
P.98
グランド・ホテル・ヴェスーヴィオ
Grand Hotel Vesuvio
Via Partenope
P.98
エクセルシオール
Excelsior
サンタ・ルチア
Santa Lucia
P.98
N
ナポリ湾
Golfo di Napoli
0 250m
卵城
Castel dell'Ovo
P.82
サンタ・ルチア港
Porto Santa Lucia
眺望よし

サンタ・ルチア周辺

ナポリの交通

ガリバルディ広場北側の工事が完了

広場の下にショッピングアーケードが誕生

ナポリではトレニタリア(fs)のほか、郊外を結ぶ私鉄、地下鉄、バス、ケーブルカー(フニコラーレ)、南イタリアをはじめイタリア各地を結ぶ長距離バス（プルマン）、島を結ぶ船などさまざまな交通機関が運行している。

トレニタリア(fs)

ナポリにはfsの駅は複数ある。ローマやミラノからの主要列車は、町の東にあるナポリ中央駅Napoli Centrale(Napoli C.leと略)で発着している。NTV社の高速列車イタロも中央駅で発着。

また中央駅の地下にあるナポリ・ガリバルディ広場駅Napoli Piazza Garibaldi(Napoli P.G)、海に近いメルジェッリーナ駅、カンピ・フレグレイ駅Napoli Campi Flegrei(Napoli C.F)などにも停車する。

地下鉄2号線はトレニタリア(fs)運営のため、ユーレイルグローバルパスなどの鉄道パスでも利用可能だ。

トレニタリアの切符売り場

●郵便番号　80100

空港からのアクセス

●アリバスAlibus

空港から市内へはシャトル便のアリバスが運行。経路は、空港↔中央駅前広場↔Immacolatella/Porta di Massa（マッサ港内）↔Molo Angioino/Beverello（ベヴェレッロ港船乗り場）。

空港発6:00～23:20、15～20分間隔の運行。中央駅前広場まで所要15～20分。切符€5は運転手が車内で販売(車内販売の追加料金はなし)。空港での乗り場は、到着出口そばの出入口(空港建物を背にした一番右側)から外へ出て、車道沿いの歩道をAlibusの表記に従って真っすぐ150mほど進む。切符Unico Alibus券はアリバス片道と市内交通への乗り換え可。90分有効。

中央駅発空港行きは、駅ほぼ正面のタクシー乗り場そばから。

'20年1月現在、中央駅周辺は工事が続いているため、バス停などの位置変更の場合あり。

ナポリ中央駅

URL www.napolicentrale.it

ナポリ中央駅ではホーム手前で切符チェックあり

係員による切符チェックがあり、切符を所持していないと、ホームへの入場不可。RやRVは事前に刻印を。

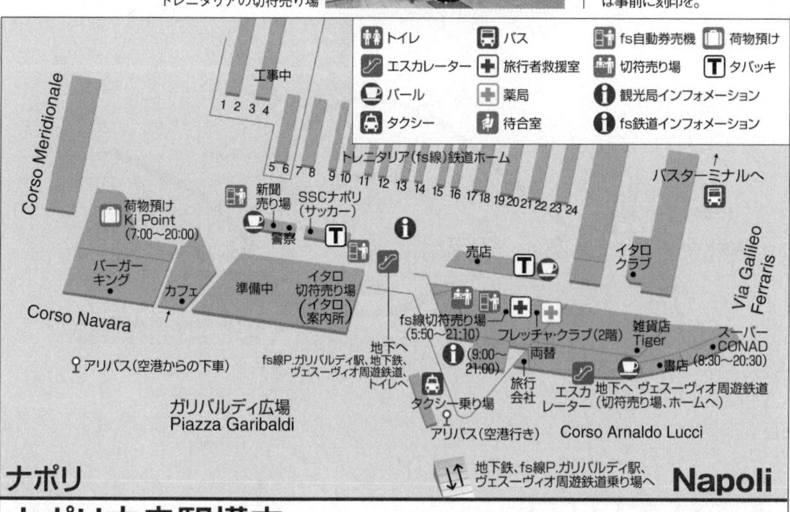

ナポリ中央駅構内（'19年12月現在、一部工事中。配置は変更の可能性あり）

期間限定の観光列車
Campania Express

ヴェスーヴィオ周遊鉄道に期間限定（2019年は3/16～11/3）で観光列車が1日約4便運行。ナポリ・ポルタ・ノラーナ駅からナポリ中央駅地下のガリバルディ駅、エルコラーノ、ポンペイ(ヴィッラ・ディ・ミステーリ）駅に停車し、ソレントが終点。ポンペイまで片道€6、往復€11、ソレントまで€8、往復€15。購入はナポリではヴェスーヴィオ周遊鉄道の切符売り場横の鉄道ⓘで。車両は古いが、冷房が効き、車内混雑を避けられるのが利点。
URL www.eavsrl.it

ナポリへの行き方

■鉄道
ローマ→ナポリ
FR・FA：1時間10分
IC：約2時間
RV：約3時間
ミラノ→ナポリ
FR・FA：
4時間23分～5時間

■空路
各都市→ナポリ・カポディキーノ Capodichino空港
ミラノから 約1時間15分
トリノから 約1時間30分
ヴェネツィアから 約1時間15分

トレニタリア
URL www.trenitalia.com
ヴェスーヴィオ周遊鉄道
URL www.eavsrl.it
SEPSA
URL www.eavsrl.it

私鉄 ヴェスーヴィオ周遊鉄道 Circumvesuviana（チルクムヴェスヴィアーナ）

中央駅構内のコンコースや駅正面右のエスカレーターなどから周遊鉄道Circumvesuvianaの表示に従って地下へ進むと、ポンペイ、エルコラーノ、ソレント方面に向かうヴェスーヴィオ周遊鉄道の乗り場へと通じている。乗り場の手前に切符売り場、周遊鉄道のⓘがある。周遊鉄道は路線がいくつもあるので、行き先を間違えないように乗ろう。エルコラーノはソレントSorrento行きもしくはトッレ・アンヌンツィアータTorre Annunziata経由ポッジョマリーノPoggiomarino行きの列車などで、ポンペイ遺跡へはソレント行きの列車で、ポンペイ・スカーヴィ・ヴィッラ・ディ・ミステリPompei Scavi Villa di Misteriで下車。ユーレイルグローバルパスなど鉄道パスでは利用できない。

ヴェスーヴィオ火山の周囲を走る鉄道

ナポリ駅の切符売り場窓口

夏季を中心に期間限定で運行するカンパニア・エクスプレス（左記参照）は比較的空いていて、車内混雑が避けられる。ほぼ観光客のみの利用なので、安心感がある。荷物を持って移動する際にはおすすめだ。

ヴェスーヴィオ周遊鉄道ナポリ・ガリバルディ駅のホーム。座るなら1つ手前のポルタ・ノラーナ駅まで戻る

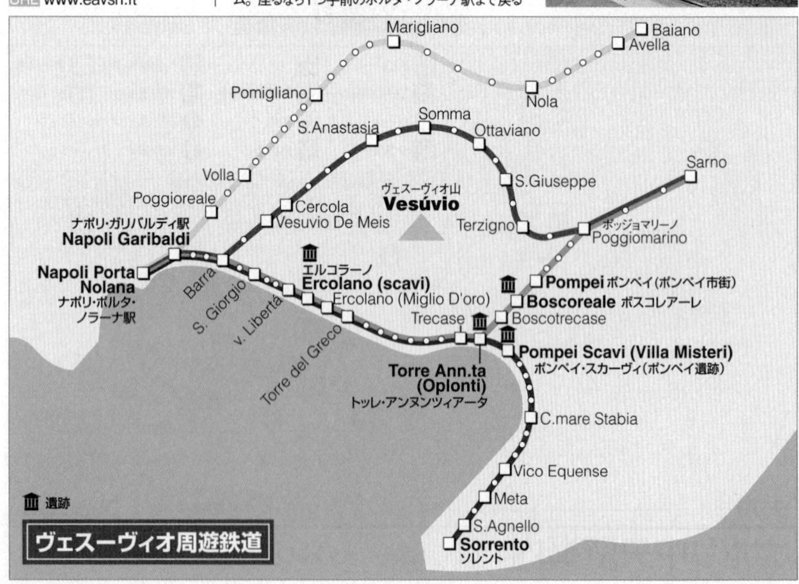

地下鉄　Metropolitana

路線は1号線Linea 1（黄色）、2号線Linea 2（水色）、6号線Linea 6（運休中）の3線。1号線は旧市街を一周し、町の北側の郊外が終点。観光に利用できるのは、ボヴィオ広場そばのウニヴェルシタやダンテ広場駅からヴァンヴィテッリ広場駅くらいまで。2号線は町を東西に結び、中央駅地下、メルジェッリーナ駅などを通り、西のポッツォーリまで。6号線はメルジェッリーナ駅からサッカー場（スタディオ・サン・パオロ）近くのMostra d'Oltremareまで。

現代アートが飾られた地下鉄駅は超モダン

ナポリの地下には遺跡が多いので、地下深くまで続くエスカレーターを利用する

1号線：ガリバルディ（中央駅）↔ウニヴェルシタ（ボヴィオ広場）↔ムニチーピオ↔トレド通り↔ダンテ広場↔ムゼオ（考古学博物館、地下道で2号線カヴール駅と連絡）↔マーテルデイ↔サルヴァトーレ・ローザ↔クアットロ・ジョルナーテ（チレア）↔ヴァンヴィテッリ広場（ケーブルカーの駅と連絡）↔メダリエ・ドーロ広場↔（略）↔ピスチノーラ駅
※6:20〜23:02、9〜14分間隔の運行。㊏㊐は深夜運行あり。

2号線：サン・ジョヴァンニ・バッラ↔ジャントゥルコ↔ガリバルディ／中央駅地下（fs線、周遊鉄道と連絡）↔カヴール（地下道で1号線ムゼオ駅と連絡）↔モンテサント（サン・マルティーノ修道院行きのモンテサント線のケーブルカー駅、SEPSAクマーナ線駅そば）↔アメデオ広場（ケーブルカーキアイア線駅そば）↔メルジェッリーナ（6号線と連絡↔レオパルディ広場↔フレグレイ平原↔（略）↔ポッツォーリ
※6:20〜22:35、7〜10分（㊏㊐13〜18分）間隔の運行。

6号線：メルジェッリーナ駅↔ラーラ↔アウグスト↔モストラ・ドルトレマーレ（SEPSAチルクムフレグレア線、2号線と連絡）

地下鉄切符はガリバルディ広場地下のanmの売り場で購入

私鉄　SEPSA（地下鉄5号／7号線）

地下鉄2号線モンテサント駅Montesantoからトッレガヴェータ Torregavetaを結ぶ私鉄。運営会社はSocietà per l'Esercizio di Pubblici Servizi Anonima（略称SEPSA）。チルクムフレグレア線Ferrovia Circumflegreaとクマーナ線Ferrovia Cumanaの2線あり、ナポリ市内ではそれぞれ地下鉄5号線と7号線として運行している。ポッツォーリPozzuoliやクーマCumaの遺跡へのアクセスとして利用できる。ユーレイルグローバルパスなど鉄道パスでは利用できない。

ナポリの公共交通機関
ANM社
URL www.anm.it

地下鉄工事とバス路線の変更
ナポリの地下鉄は'19年12月現在も工事が続行中。ドゥオーモ駅地下などから古代遺跡が発見され、その発掘・調査のために予定より完成が延びている。工事に伴い、一部のバス路線の変更やバス停の移動もあるので、乗車前に行き先の確認を。

町なかのWi-Fiゾーン
中央駅前のガリバルディ広場、ダンテ広場、サンタ・ルチアの海岸通りなどで無料で1日2時間まで接続可。重要情報は送付しないなど、セキュリティ管理を。

市内交通の1日券（地下鉄は1線のみ利用可）

広域の市内交通1日券（プローチダ島へ行く船の出るポッツォーリなどへ）

ナポリ地下鉄
Metronapoli
URL www.anm.it

6号線は運休中
'20年1月現在、6号線は運休。

✉ バスより地下鉄がおすすめ

切符を改札に通さないと入れない地下鉄やフニコラーレは構内がきれいですし、それほど待つこともありませんでした。一方バスはかなり雑多な雰囲気。中央駅前にバスターミナルがなくなったので、バス停を見つけるのは難しいです。車内では検札がありましたが、係員を見ると一目散で降りる人も多く「無賃乗車する人はバス専門なんだろうな〜」と、思いました。
（東京都　マドンナ　'18）

市バス　Autobus

町めぐりに便利なR2が、ガリバルディ像の前あたりにも停車

町を縦横に路線が走り、便利な存在。ただし、混雑することも多く、それに乗じてスリが出没するともいわれるので注意して乗車しよう。座って、車窓からにぎわうナポリの町を眺めながら行くのも一興だ。

ただ、2019年12月現在、中央駅前広場は工事中でバスターミナルはなく、バス停は周辺の路上に移動したため、地下鉄(→P.41)の利用が便利だ。

バスの正面には、番号、始発・終点が表示されているので、確認してから乗車を。また、運転席近くの電光掲示板には次の停留所が表示されるものもあって便利だ。

観光に便利なバス、トラム路線

観光に便利なR2のバス停は、駅の北側（スターホテルの角の対面）に移動中('19年12月)

R2：中央駅前ガリバルディ通り（スターホテルそば、書店側）↔ウンベルト1世通り↔G.ボヴィオ広場↔ムニチーピオ広場(ヌオーヴァ城、ベヴェレッロ港)↔V.エマヌエーレ3世通り↔サン・カルロ通り↔メディーナ通り↔G.サンフェリーチェ通り↔ガリバルディ通り

604：カルダレッリ病院（町の北西部）↔カポディモンテ通り（カポディモンテ美術館)↔ダンテ広場(地下鉄1線)↔トレド通り↔モンテオリヴェート通り↔ダンテ通り↔コスタティノーポリ通り↔考古学博物館↔カポディモンテ通り↔カルダレッリ病院

V1：モルゲン通り(フニコラーレ駅)↔アンジェリーニ通り↔サンテルモ通り↔サン・マルティーノ広場(約1時間に1便。㊏㊐運休)

1(トラム)：ポッジョレアーレ(町の北東部)↔ナツィオナーレ広場↔ガリバルディ広場(中央駅)↔ガリバルディ通り(周遊鉄道始発駅)↔ヌオーヴァ・マリーナ通り↔コロンボ通り（港）('19年12月現在、運休中)

※'19年12月現在、地下鉄敷設工事のためルート変更の場合あり。

バス、地下鉄、フニコラーレの切符

切符はバス、トラム、地下鉄、フニコラーレに共通。いずれの切符も市内Urbano、郊外Extraurbanoの2種類あるが、安いほうは**地下鉄1線**のみの利用で、市内を移動するだけならこれで十分。ポッツォーリ（地下鉄2線）などの近郊へ足を延ばす場合はExtraurbanoの購入を。

購入場所

切符は中央駅前広場地下の地下鉄改札そばの切符売り場(改札を背に右側の切符売り場は1回券、左のanm Point窓口では1日券や7日券を販売)。または、新聞売り場やタバッキなど。検札は厳しいので、切符は必ず乗車時に打刻し、下車するまで持っていよう。1日券などの場合は最初の乗車時に打刻すればOK。地下鉄やフニコラーレに乗車する場合は、改札のつど、改札機に通して入場しよう。

〈市内用〉

●**1回券**
Corsa Singola
€1.10（バス、トラム、1と6番地下鉄、フニコラーレ。乗り換え不可）

●**1回券**
Corsa Singola Suburbana
€1.30(市内および近郊バス、EAVまたはRFI線。乗り換え不可)

●**1日券**
Biglietto Giornaliero U NA1
€3.50(地下鉄は1線のみ利用可。他の市内交通機関に共通。当日24:00まで)

●**7日券**
Biglietto Sette Giorni
€12.50(地下鉄は1線のみ。他の市内交通機関に共通。当日24:00まで)

※1日券、7日券は当日または最終日の24:00まで有効。

URL www.anm.it

✉ バスでのスリ

その1

カポディモンテ美術館へ行く際、ナポリ考古学博物館前からバスに乗りました。バスの本数が少なく、往復とも1時間近く待ちました。車内は大混雑で友人はスリに合い乗車券を失いました。サン・ジェンナーロのカタコンベも同じ路線のバスです。この路線のバスを利用する場合は、スリに注意してください。（東京都　ノリ山　'19)

その2

満員のバスに乗り込むと、出口扉近くで、おじさんが親切そうに「こっちへおいで」と誘ってくれました。しかし、このおじさんがスリ!!　出口付近はつり革がなく、倒れないように壁を押すのがやっとで、注意が散漫になったところでスラれたと思います。下車後確認したら、財布がなくなっていました。（なおみ　'19)

ケーブルカー　Funicolare（フニコラーレ）

丘の広がるナポリの町では市民の足として欠かせない存在。4本が運行している。メルジェッリーナ線を除き、3本がヴォメロの丘へと通じている。運行時間は7:00～22:00頃で約10分間隔。

●チェントラーレ線Centrale

トレド通り（アウグステオ）↔（略）↔フーガ広場運 7:00～22:00（土翌2:00）

●モンテサント線Montesanto

モンテサント広場↔（略）↔モルゲン通り運 7:00～22:00

●キアイア線Chiaia

マルゲリータ公園通り↔（略）↔チマローザ通り運 月火、金～日祝6:30～24:30

●メルジェッリーナ線Mergellina

メルジェッリーナ通り↔（略）↔マンツォーニ通り運 7:00～22:00

チェントラーレ線フーガ広場駅

ケーブルカー（フニコラーレ）は市民の足

フニコラーレ

フニコラーレとはケーブルカーのこと。ケーブルカーというと、景色のいい乗り物と思いがちだが、ナポリのフニコラーレは、住宅街に広がる丘の斜面のトンネルを昇るもの。景色を楽しむものではないのが実情。ただし、設備もよく、頻繁に運行しているので、ナポリの足として便利な存在だ。

✉ 交通機関1日券の購入は？

ナポリ中央駅のタバッキで取り扱いがないと言われ、そのあと2ヵ所くらいでも「ない」と言われました。結局、中央駅地下鉄乗り場の切符売り場で購入できました。

（フランキー　'17）

駅のタバッキでは€4.50の1日券しかありませんでした。地下鉄の切符売り場での購入がおすすめ。地下鉄の各駅にも有人の切符売り場がありました。（東京都　マドンナ　'18）

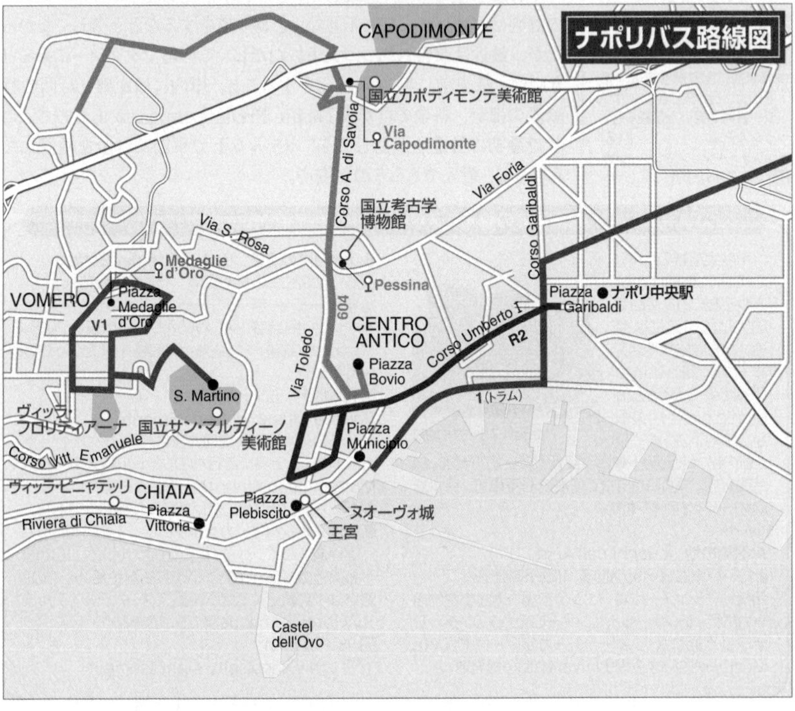

ナポリバス路線図

プルマン(中・長距離バス)

中央駅奥のプルマン乗り場

中央駅前のガリバルディ広場周辺、ベヴェレッロ港、ムニチーピオ広場などから発車。中央駅を左に(24番線側から)出た駐車場奥にバスターミナルがあり、バーリ行きなどはここからの発車。切符売り場は広場入口右側の建物内にある。中央駅前(ガリバルディ)広場が工事中のため、一部のプルマンやバスはスターホテル側の道路上からの発着あり。サレルノ、アマルフィ行きはベヴェレッロ港のインマコラテッラ口Varco Immacolatellaからも発車。

切符売り場はターミナル入口右側の建物内に

ローマ行きをはじめ、ポンペイ発ナポリ経由アッシジ行きなどの長距離バスも運行している。ただし、長距離バスの一部は週数便のみの運行。

タクシー　Taxi/Tassi(タクシー　タッシー)

タクシーは、駅や広場などにあるタクシースタンドから乗ろう。白の車体で、空車の場合はLIBERO(リーベロ)の表示がある。ナポリのタクシーの評判は、メーターを表示しない、回り道をするなどと芳しくなかったが、最近は改善されつつある。ただし、この町でタクシーに乗るときには、乗車前に料金の確認をすること。車内には距離・時間の料金表のほか、料金の目安表Tariffe Predeterminateがあるので、これで最初に料金を確認しよう。ホテルなどで事前に料金を確認してもらって、呼んでもらうのが安心。

✉ナポリ湾のチケット売り場には気をつけて

ナポリからカプリやソレントに行く船の切符売り場Porto di Napoliはおつりをごまかします。買おうとするとまずはカードでは買えないキャッシュと言ってきます。キャッシュを出すとおつりの小銭をごまかしてきます。私達は2回切符を買いましたが2回ともにおつりが足りませんでした。€1くらいですが。チケットの値段を指して10秒くらい待つとおつりを足してきます。
(千葉県　ホルス　'18)

ナポリのタクシー料金

距離・時間併用制

初乗り(平日7:00～22:00)	€3.50
初乗り(日祝7:00～22:00)	€6.50
夜間初乗り(22:00～翌7:00)	€6.50
以降、60mまたは10秒ごとに	€0.05
最低料金(平日7:00～22:00)	€4.50
迎車料金	€1.50
空港行きまたは空港発の追加料金	€4～5

以上のように料金は決められ、メーターもついている。疑問は、支払い前に尋ねてみよう。

タクシー統一固定料金 Tariffe Predeterminate

空港→ベヴェレッロ港	€21
空港→サンタ・ルチア周辺	€21～25
空港→中央駅周辺	€18
中央駅→ベヴェレッロ港	€13
中央駅→サンタ・ルチア周辺	€13
ナポリ→アマルフィ(片道)	€140
ナポリ→ソレント	€110
ナポリ→カゼルタ	€110
待機　1時間	€22.50

※発車前に固定料金を選ぶ旨を伝え、行き先、料金、タクシー番号を書いた伝票をもらうシステム。['18]

インフォメーションやクレームは
☎081-7952921

2階建ての観光バスCitysightseeing Napoli

始発はヌオーヴォ城前

車内大混雑のナポリの市バスを避けたい人や手軽に町を眺めて観光したい人には最適。おもな始発地はヌオーヴォ城前(Largo Castello/Piazza Municipio)。中央駅からは地下鉄1線でひと駅のMunicipio下車(所要約5分)で。切符€23、24時間有効。乗り降り自由で何度でも乗車可。日本語のオーディオガイド付き。

ルート

A 芸術の地　Luoghi dell'Arte
9:45～17:15に30～45分間隔、1周約1時間5分
始発地→ジェズー広場→ダンテ広場→考古学博物館→カポディモンテ→S.ジェンナーロのカタコンベ→フォーリア通り(ドゥオーモ)→カプアーナ門(Via Muzii)→ボヴィオ広場(Università)→始発地

B ナポリ湾の眺望　Le Vedute del Golfo
9:30～17:30に30～50分間隔　1周約1時間10分
始発地↔ヴィッラ・ピニャテッリ↔メルジェッリーナ→ポシリッポ(眺望)→ヴィルジリアーノ公園→ヴィア・ペトラルカ(眺望)→ヴィットリア広場→ベヴェレッロ港→始発地

国立カポディモンテ美術館へ Shuttle Museo di Capodimonte
バスの車内混雑や交通渋滞などで行きづらかったカポディモンテ美術館行へのシャトルバスShuttle Museo Capodimonte(→P.72)も運行。料金はABCのコースとは別、美術館の入場料込みで€16。

新登場　ポンペイ、カゼルタへ
世界遺産のポンペイ(1日3便)やカゼルタ(1日1便)へも同社のバスが運行。いずれも料金€15、この2路線は中央駅近くでは駅南側スターホテル・テルミヌスHotel Terminus脇にもバス停あり。
☎081-5517279
URL www.napoli.city-sightseeing.it

船

カプリ島、イスキア島、プローチダ島をはじめ、アマルフィ海岸、シチリア、サルデーニャ、エオリエ諸島への航路がある。港はベヴェレッロ港とメルジェッリーナ港とマッサ港があり、ベヴェレッロ港が運航本数も多い。水中翼船Aliscafi、フェリーTraghetto、客船Naviの3種類が運航。

行き先別に船がズラリと並ぶベヴェレッロ港

平日と休日、夏と冬では運航スケジュールが異なるので、事前に運航時刻はⓘなどで確認しておこう。特に、冬は本数が少ない。

●ベヴェレッロ港 Molo Beverello

正面にはマリッティマ駅があるベヴェレッロ港

町の中心ムニチーピオ広場近く、多くの船が運航する埠頭。カプリ、イスキア、プローチダ、アマルフィ海岸(ソレント、サレルノ、ポジターノ)への水中翼船とフェリー。パレルモ、カターニア、カリアリ、チュニジアなどへの客船が運航。

●メルジェッリーナ港 Mergellina

ナポリの町の西に位置するメルジェッリーナ港

町の西側にある港。イスキア、プローチダ、エオリエ諸島などへの水中翼船が運航。冬季の出航便は少ない。

船乗り場への行き方

●ベヴェレッロ(埠頭)港へ
地下鉄1号線ムニチーピオ下車。または中央駅からトラム1番。('20年1月現在、トラムは運休中)

●メルジェッリーナ港へ
中央駅から地下鉄2号線Linea 2で4つ目Mergellina下車、所要約15分。

■カプリ島などへの船の情報
URL より時刻表の検索可(→P.121)

島への船は片道切符で

イスキア島やカプリ島へは複数の会社が運航。帰りの船の待ち時間を最短にするなら片道切符の購入がいい。港に着いたら、最初に出発する船会社の切符を購入しよう。往復券を購入してしまうと、季節によっては該当の会社の船が来るまで3～4時間待つこともある。また、天候によっては水中翼船はかなり揺れるので、船酔いが心配な人は多少時間はかかるが、フェリーがいい。

✉ふたつの港を結ぶシャトルバス

ナポリの港で、カプリ島やプローチダ島から船がBeverello埠頭から少し離れたMassa港に到着することがあります。「地下鉄乗り場まで遠いなぁ」と思っていたところ、それらの港を結ぶ無料のシャトルバスが通っており、Beverello港のところまで楽に戻れました。港から1本入ったところを海岸に沿って走っているのですぐにわかります。
(宮城県 いなぐま '19)

船でアマルフィ海岸へ

アマルフィ海岸へはナポリからはヴェスーヴィオ周遊鉄道でソレントまたはfs線でサレルノまで行き、そこからアマルフィ行きなどのプルマンを利用するのが一般的。ただ、ヴェスーヴィオ周遊鉄道はかなり古い列車で、窓からヴェスーヴィオ山を望めるものの、車窓から広がるのは最近のナポリ近郊の町独特のややさびれた風景。リゾート気分に浸りたい夏ならば、行き帰りのどちらかに船を利用するのが楽しい。ベヴェレッロ港からはソレント行きなどの水中翼船Aliscafiが運航している。Alilauro社のナポリ・ベヴェレッロ発ソレント行きは9:00、11:00、13:00、15:05、17:15、19:30*(冬季の㊏㊐㊗運休)。帰りのソレント発ナポリ・ベヴェレッロ行き 8:10、10:00、12:00、14:00、16:25、18:45*(冬季の㊏㊐㊗運休)。切符€13.20。*は夏季のみ。

このほか、NLG社なども同航路を運航。ソレントからはポジターノ、カプリ、イスキア行きなども運航しているのでさらに船で移動することもできる。

Alilauro社 URL www.alilauro.it
NLG社 URL www.navlib.it ('20年2月)

カプリ島行きの水中翼船など

ナポリのインフォメーション

●ℹEPT
住 Piazza dei Martiri 58
☎ 081-4107211
開 9:00〜15:30
休 ㊏㊐
地 P.38 C1

●サン・カルロ劇場そばのℹ
住 Piazza Trieste e Trento/ Via San Carlo 9
☎ 081-402394
開 9:00〜18:00
㊐9:00〜14:00
地 P.36 C1

●中央駅のℹ
☎ 081-268779
開 9:00〜21:00
休 一部の㊗
地 P.37 A4

●中央駅の両替所
開 毎日7:00〜21:00

●郵便局
住 Via Monteoliveto
地 P.36 B2

注意する!!

まずは**道路の横断**。日本の感覚では道は渡れない!! 横断歩道で待っていても車は停まってくれないし、交通が激しい場所では、歩行者信号が青でも車が突っ込んでくる場合もある。こんな時は、運転手の顔を見てアイコンタクトして確認するのが安全だが、スピードを緩めるくらいのことも多い。一番いいのは、町の人にくっついて横断すること。あまりくっつきすぎると、こちらが怪しまれるのでそこは加減しよう。

バスの車内。スリが出没すると悪名高かったのが、中央駅からベヴェレッロ港（カプリ島の発着港）へ向かうトラム1番（2020年1月現在は運休中）や国立考古学博物館と国立カポディモンテ美術館を結ぶ路線（168、178、C63番など）。ターゲットの1人を取り囲むようにして複数人でスルのが手だ。また、他の路線でも、混雑に乗じてスリや痴漢も出没することがある。席に座っていれば避けられるので、混雑している場合は1本見送るのも手だ。

→P.49へ続く

✉ **ナポリ駅での両替 最初にコミッションをチェック**

ナポリ中央駅内でやむをえず両替をしました。手数料の確認を怠ってしまい、後で確認すると19.9%の手数料を取られてしまい、1万円が€49.60でした。必要に迫られての両替でしたが、もっと早く現金確保の対策を考えておくべきでした。

（福岡県　のぞみん）

ナポリの観光案内所

2018年、駅構内の正面入口に移動したインフォメーション

中央駅構内のℹEPTは、fs線切符売り場近くにデスクが設けられ、ホテル紹介のほか、地図や資料などを配布。ていねいに相談に応じてくれる。

EPTメインオフィスは、卵城に近いマルティーリ広場のビルの内部にある。

観光の途中なら、サン・カルロ劇場そばの（劇場入口の道を挟んだ向かい側）ℹが便利。いずれも親切で、地図の配布やホテル、交通機関の質問などにていねいに答えてくれる。

両替

ナポリ中央駅では、構内2ヵ所に両替所とATMがある。両替所は「サービス料と手数料が高額」との投稿が多く寄せられているので、両替前に確認しよう。

そのほか、駅付近で両替のできる銀行は駅前広場Piazza Garibaldiの道を挟んで向かい側にある**クレディト・イタリアーノ銀行**Credit Italiano。外貨の両替を行っていない銀行もある。

ナポリのキャッシュコーナー。扉にあるカード挿入口にカードを入れて入る

自動両替機はほぼ見かけなくなった。銀行のATMでクレジットカードなどからキャッシ

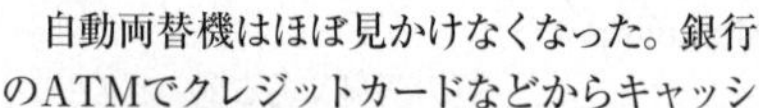

ガリバルディ広場の地下にできたショッピングアーケードにもATMあり

ングするのが便利。ATMは通りに面して設置されている。ブースの扉が閉められている場合は、入口のカード挿入口にカードを入れると開く仕組み。**ATMのレートは同一でなく**、円換算表示されてレートが悪いもの、手数料がかかるものなどがあるので、引き出す前にチェックを。（→P.362）

荷物預け

荷物預けKi Pointはコンコース内、fs線ホームに向かって左にある（営7:00〜20:00）。要身分証明書で、5時間まで€6、以降1時間ごとに6〜12時間まで€1。13時間以降は€0.50。

荷物預けはKi Pointが営業

カンパニア・アルテカード・プラスcampania>artecard plusを使ってみよう

最初の2~5ヵ所が無料で入場でき、見どころへの交通機関の切符も含まれている(下記③④は除く)。バスや地下鉄、ケーブルカーなどの交通機関は時間内なら何度でも利用可なので町歩きにも活用できる。交通機関は最終日の24:00まで有効。空港間のアリバスは利用不可。数種類あるので、旅の予定や興味に合わせて購入しよう。

①ナポリ3日3ヵ所券
Napoli 3 giorni €21(18~25歳€12)
ナポリだけを観光するのに最適。

②州内全域3日2ヵ所券
Tutta la Regione 3 giorni €32(18~25歳€25)

③州内全域7日5ヵ所券
Tutta la Regione 7 giorni €34(交通機関は含まない)

②③はナポリのほかにポンペイ、ペストゥム、カゼルタなどカンパニア州内を観光するのに便利。

④年間券
365 giorni €43(交通機関を含まない)(18~25歳€33)
ゆったり滞在派やじっくり見学したい人に。加盟施設すべてに利用可。

特典

A ①ではナポリ国立考古学博物館、国立カポディモンテ美術館、王宮、国立サン・マルティーノ美術館など約40ヵ所、②~④では①のほかカンパニア州内のポンペイ遺跡、エルコラーノ遺跡、ペストゥムの遺跡、カゼルタ王宮、ラヴェッロのヴィッラなど広範囲で利用でき、①は最初の3ヵ所②は2ヵ所、③は最初の5ヵ所が無料。それ以降は最大50%の割引料金で入場できる。パンフレットなどでcircuitoと表示してあるのは、複数の見どころが1ヵ所とみなされている(例:ペストゥムの遺跡と博物館など)。

B ③④を除いて、見どころへの交通機関Unico Napoli、Unico Campaniaの3日券がセットされている。利用期限はほかのUnico日数券同様に最終日の24:00まで。ナポリ市内と空港を結ぶアリバスにも利用可。

C 各見どころのブックショップ、劇場、City sightseeing Napoli(→P.44)などでも割引あり。

適用範囲が広いので、カードを入手したら、交通機関や見どころ、ブックショップで購入前にまずはサービスが受けられるか聞いてみよう。

✉便利で経済的

州内全域の交通機関と美術館などの見どころ2ヵ所をセットしたカードを購入。とても便利でした。ナポリに宿泊し、ナポリ、アマルフィ海岸、カゼルタなどを巡る計画をたてている方におすすめです。
(奈良県 天田良隆 '16)

✉アルテ・カードの販売所

美術館や博物館などの切符売り場での購入が簡単で便利です。以前に比べ、多くの場所で切符購入にクレジットカードが利用できました。
(東京都 マドンナ '18)

✉中央駅での売り場

ℹでは販売していませんがとても親切に説明してくれました。すぐそばのFreccia Viaggioという旅行会社で販売しています。 (東京都 百合子 '19)

✉アルテカードで地下鉄に乗る

アルテカードで地下鉄などの自動改札を通る際には、差し込み方向の目印の△マークが書かれている面を裏にして入れます。表にして入れると受け付けてくれません。 (埼玉県 匿名希望 '18)

✉開始日が違ってもOK

州内3日間有効のものを購入。学生(若者)料金もあります。中央駅では、インフォメーションに向かって右手やや後ろ側の観光ツアーチケット売り場で販売しています。美術館系と交通機関系が裏表になっていて、それぞれの開始日が違っても大丈夫でした。空港行きアリバスには使えないと言われました。
(神奈川県 みーにゃん '19)

✉ヴェスーヴィオ周遊鉄道でも利用可

空港でカンパニア3日間のアルテカードを購入したのですが、購入場所について尋ねた空港スタッフ3人が違うことをおっしゃったので苦戦しました。インフォメーションセンターと、チケットセンターの間にある、ひとけの少ないオフィスで購入できました。(2019年9月)アルテカードの表示などはありませんので、それを頼りに探すことはできません。購入の際に「72時間有効」と説明を受けましたがこれは誤りで、72時間以内でも4日目になると使えませんでした。(地下鉄のゲートではじかれました。)施設の入場割引に関しては、係員にチラッと見せるだけで割引になるところが多数でした。また、フニコラーレやヴェスーヴィオ周遊鉄道でも問題なく使えました。
(在ドイツ 園本格士朗 '19)

アルテカードを使ってアマルフィ海岸にも足を延ばそう

新登場 見どころ限定のアルテカード

A ナポリ国立考古学博物館と国立カポディモンテ美術館共通券
Artecard mann/capodimonte
€16(2日間有効、2つの美術・博物館を結ぶバス168、178、R4、C63番に乗車可。サン・ジェンナーロのカタコンベで入場料半額)

B 現代美術アルテカード
Artecard Contemporanea
€29(3日間有効)カゼルタ王宮、国立カポディモンテ美術館、マードレ美術館、1900年代美術館(サンテルモ城内)などに共通

販売場所

各見どころの切符売り場で。または指定のタバッキ、旅行会社などで(下記URL内に一覧表あり)。ナポリ中央駅のℹでの販売は終了。

使用方法

カードは見どころ用と交通機関用で1枚。使用前に名前と開始日を記入し、各見どころの専用機械に通すか係員に提示、または、切符売り場で提示して入場切符をもらう。交通機関用は最初に打刻すればOK。地下鉄などでは改札のつど、自動改札に通そう。簡単なガイドと交通マップもセット。

問い合わせ

URL www.campaniartecard.it/artecard/it
☎ 800600601(イタリア国内フリーダイヤル)

ナポリ エリア案内

NAPOLI AREA INDEX

ナポリを歩きつくそう！

観光に便利なよう、暮らしや文化・芸術、眺望などをもとに3つのエリアに分類。特色を理解して、自分らしいルートを組み立てよう。下町の雰囲気を知りたいならエリア1、ナポリと周辺の考古学遺産や芸術を知るならエリア2、ナポリの眺望を楽しむならエリア3へ。

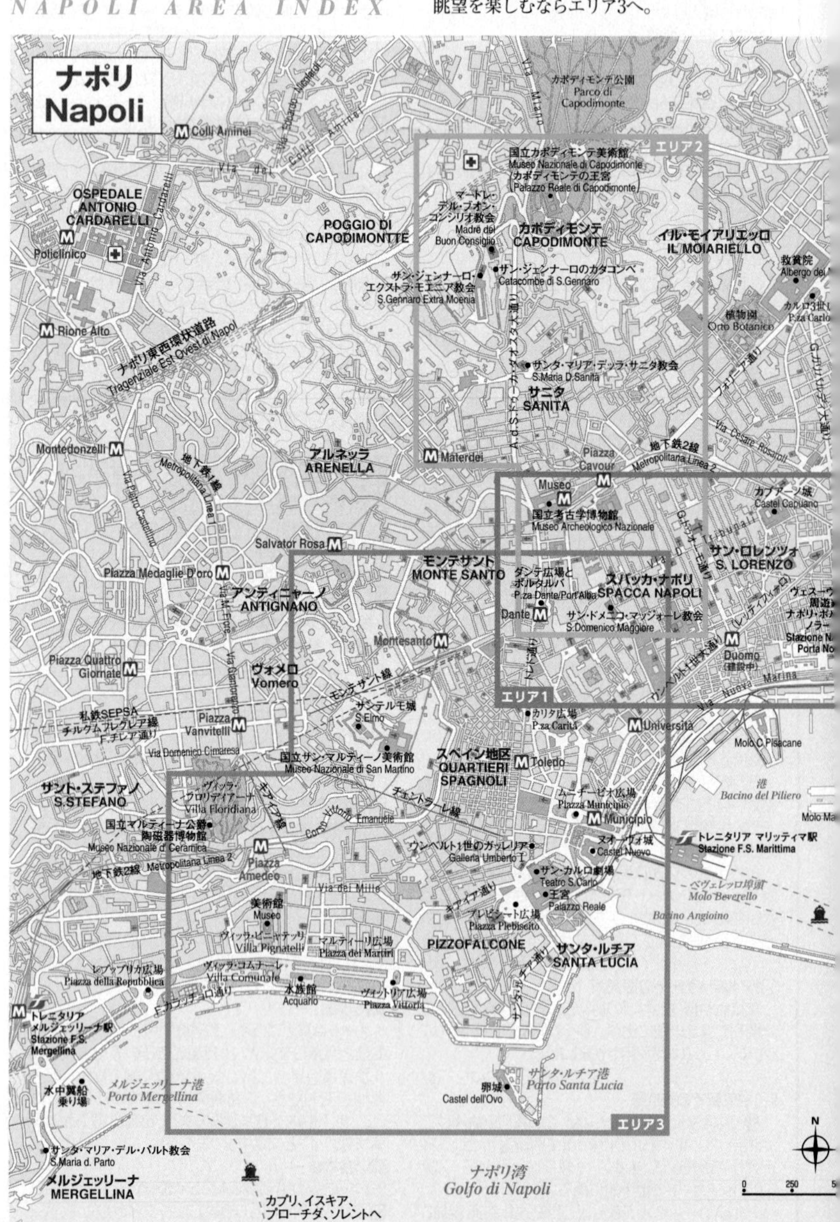

エリア1 P.50

スパッカ・ナポリ

ナポリっ子の心のより所「ドゥオーモ」を中心に多くの教会が点在し、その間に長蛇の列を作るピッツェリアやナポリ名物のババを売る店、にぎやかなショッピングストリートが続き、いつも町の人や観光客でいっぱい。夕食時やクリスマスシーズンなど時間や季節によってはあまりの喧騒ぶりとパワーに圧倒されるかも……。小銭と身軽な服装で繰り出そう。ナポリ中央駅周辺からは徒歩圏内。

エリア2 P.63

国立考古学博物館とカポディモンテ

ポンペイをはじめとする遺跡からの発掘品をはじめ、貴重な古代彫刻を展示し、イタリアでも屈指の国立考古学博物館、ルネッサンスから近代絵画の傑作が並ぶ国立カポディモンテ美術館のふたつが主な見どころ。どちらも膨大なコレクションを誇るので、できれば日を分けて見学を。考古学博物館へは地下鉄、カポディモンテ美術館へは市バスやSightseeing社のシャトルバス、タクシーで。

エリア3 P.74

ヴォメロの丘とサンタ・ルチア

ナポリ湾を見下ろす高台のヴォメロの丘と海岸線に沿って続くサンタ・ルチア。「ナポリを見て死ね」の言葉通り、ナポリ湾とヴェスーヴィオ山の絵はがきのような風景が広がる。景色を楽しみながら歩くだけもいいし、サン・マルティーノ美術館やサンテルモ城、卵城からはよりすばらしい眺望が広がる。中央駅からは地下鉄、さらにフニコラーレを利用しよう。いずれも地下鉄やフニコラーレの駅からはやや距離があり、バス便は少ない。

楽しい旅のために

瀟洒なヴィラが並ぶ高級住宅街と薄暗いスラムのような一角、高級ブランドストリートと深夜の怪しい市場……さまざまな顔を見せるナポリ。この町は、一筋縄では行かない。犯罪に巻き込まれないにしても、見た風景や出会った人によって旅の印象は一変するもの。楽しい旅のためのアドバイス。

注意する!!

バス路線を把握して乗り込むこと。市内中心部から中央駅の近くへ向かうバスはいくつもある。バス停近くの人に「中央駅へ行く?」と聞くと、「○番なら近くへ行くよ～」と気軽に教えてくれる。ナポリで暮らす人は親切で世話焼きの人が多いのか、下車するバス停が分からなくて、周りの人に聞くと、皆な親切に教えてくれる。言われたバス停で下車したものの、ゴミの山を避けながら歩かなければならないような場合がある。こんな地域は治安もよいとは言えない。

荷物は最小限。高価なものは持ち歩かない、身につけない。人込みではバックの口は押さえ、バック自体をバイクなどが通る反対側に持とう。連れとの間に挟んで歩けばベター。また、いくらベストショットを狙うとはいえ、一眼レフの立派なカメラ、スマートフォンは安全な場所で使用することを心がけよう。もちろんお財布には最低限の現金とクレジットカード1枚くらい。高価な時計やアクセサリーなどは外しておこう。

ナポリの危険地帯

ほとんどの見どころ付近は観光客が多く、さほど心配することはない。ただ、よくも悪くも落差の激しいナポリ。にぎやかな大通りから1～2本道が違うだけで風景が一変する。観光の途中、道迷いで入ってしまうことがあるかも知れない。まずは、生活ゴミが散乱する道、落書きが多い道、薄暗く先が見通せない小路が続く界隈、昼間から酒瓶片手にたむろす人がいる地域などは要注意、「怪しい雰囲気」を感じたらすぐに元の道へ戻ろう。

よく言われる観光客が入り込まない方がよいとされている地域や時間帯は、

①深夜の中央駅界隈(地 P.37 A4)
数年前に比べ、すっかりきれいに生まれ変わった中央駅界隈。ただ、深夜は要注意。

②中央駅北東のVia A.PoerioのPiazza E.De Nicola周辺(地 P.37 A3)
昼間から所在なくたむろす人が多く、特にカプアーナ門あたりは顕著。

③中央駅南東のCorso Garibaldiのノラーナ門周辺(地 P.37 A・B3)
午前中に生鮮市場がオープンするノラーナ門周辺。近くの広場では昼間から酒を飲む輩が多い。また、ガリバルディ通りとその裏手あたりには、真夜中に出現し、朝にはすっかり姿を消す露店の通りがある。道に物を並べただけで、町の人は「ゴミ拾いの物々交換」と称する場。近づかないこと。

④スペイン地区(地 P.36 B・C1)
トレド通りのすぐ西側に広がる地域。細い坂道に洗濯物がはためく「ナポリ的な風景」だが、トレド通りから眺める程度にしておこう。細い路地が迷路のように続き、これに乗じてバイクでのヒッタクリ、また、身に着けていた時計を後ろから来た人物にスラれたという情報もあり。

1.スパッカ・ナポリ

Spacca Napoli

スパッカ・ナポリのピッツェリアにて

"ナポリを真っぷたつに割る"という意味のナポリ下町の旧市街。西から東に延びる直線の道が、混沌とした町を文字どおり二分している。

トリブナーリ通りはピッツェリアのメッカで、夕方には人気の店には入店待ちの行列ができ、店頭でピッツァを売る店の前は黒山の人だかり。そんな旺盛な食欲にビックリしつつ、頭上に目をやれば花に囲まれたマリア像が静かに微笑み、この地に暮らす人たちの敬虔さをうかがい知ることができる。ナポリならではのにぎわいと風情を感じられる界隈だ。人混みに疲れたら、サンタ・キアーラ教会のキオストロやサン・グレゴリオ・アルメーノ教会のキオストロへ。静謐な空間はまさに別天地。歩けば歩くほど不思議なナポリを実感できる。

●おもな見どころ

① ドゥオーモ

年に3回溶解するといわれるナポリの守護聖人サン・ジェンナーロの血液が祀られていることで有名。アンジュー家の時代に建設された。付属するかつての聖堂には4世紀の洗礼堂やモザイクが残る。

☆☆☆ P.52

② ピオ・モンテ・デッラ・ミゼリコルディア教会

今も現役の慈善団体の本部がおかれた教会。ここの慈善活動を表現したカラヴァッジョの傑作『慈悲の七つの行い』を飾る。かつて活動に携わった貴族が見たという、2階の会議室から見下ろしてみよう。

★★★ P.53

③ サン・ロレンツォ・マッジョーレ教会

古代ローマの建造物の上に、6世紀と13世紀に教会が建築された。そのためひとつの建築物の中にさまざまな時代様式が見て取れる興味深い教会。遺跡には回廊の奥の階段を下りていく。

★★★ P.54

④ ベッリーニ広場

緑の蔦の絡まる建物の前には数軒のオープンカフェが並ぶ。店内からはジャズの音楽が流れてくる、優雅でおしゃれな広場。一角にはギリシア時代の城壁の跡が保存されている。

★★ P.55

キエーザ・ヴァッキア
マードレ美術館
コンプレッソ・モヌメンターレ・ドンナレジーナ P.62
Complesso Monumentale Donnaregina
サンティ・アポストリ教会
SS. Apostoli
サンタ・カテリーナ・ア・フォルミエッロ教会
S.Caterina a Formiello
カプアーナ門
Porta Capuana
キエーザ・ヌオーヴァ
ドゥオーモ通り Via Duomo
不治の病人の病院
Ospedale degli Incurabili
Via A. Poerio
カプアーノ城
Castel Capuano
Via Anticaglia
P.52
①ドゥオーモ
Duomo
Via dei Tribunali
トリブナーリ通り
ジロラミーニ教会
S.Girolamini
P.53
②ピオ・モンテ・デッラ・ミゼリコルディア教会
Pio Monte d.Misericordia
ガリバルディ広場
Piazza Garibaldi
Via P.S. Mancini
Colletta
サン・パオロ・マッジョーレ教会
S.Paolo Maggiore
P.54
③サン・ロレンツォ・マッジョーレ教会
S.Lorenzo Maggiore
サンタ・マリア・マッジョーレ教会
S.Maria Maggiore
サン・グレゴリオ・アルメーノ通り Via S.Gregorio Armeno
Via Pietro
サン・ピエトロ・アダラム教会
S.Pietro Ad Aram
リンティッシマ・アンヌツィアータ教会
SS. Annunziata
プルガトリオ・アダルコ
Purgatorio ad'Arco
人形の病院
L'Ospedale delle bambole
サン・ジョルジョ・マッジョーレ教会
S.Giorgio Maggiore
P.60
⑧サン・グレゴリオ・アルメーノ教会
S.Gregorio Armeno
サンセヴェーロ礼拝堂
Sansevero
ニーロ像
Nilo
Via Biagio dei Librai
サンタゴスティーノ・デッラ・ゼッカ教会
S. Agostino della Zecca
Corso Umberto I
ウンベルト1世大通り
モンテ・ディ・ピエタ
Monte di Pietà
コモ館
Palazzo Como
サン・ドメニコ広場
Piazza Domenico
サンタンジェロ・ア・ニーロ教会
S. Angelo a Nilo
サンティ・セヴェリーノ・エ・ソッシオ教会
SS. Severino e Sossio
サンタ・マリア・ディ・モンテヴェルジネ教会
Piazza Nicola Amore
メルカート広場
Piazza del Mercato
P.58
⑦サン・ドメニコ・マッジョーレ教会
S.Domenico Maggiore
地下鉄1号線
サンテリジオ・マッジョーレ教会
S.Eligio
サンタ・マリア・デル・カルミネ教会
S.Maria del Carmine
大学
Università
Via Nuova Marina
0 100 200m
Calata Villa del Popolo

⑤ サンタンナ・デイ・ロンバルディ教会

スパッカ・ナポリからほんの少し離れた場所にあり、また高台に位置しているためか、どこかトスカーナ的雰囲気が漂う。内部の数多のルネッサンス彫刻などから「ナポリのフィレンツェ」と称される教会。

★★★ P.56

⑥ サンタ・キアーラ教会

典型的なフランチェスコ会の簡素な建物。ここでの見どころは教会の左奥のクラリッセ(クララ女子修道会)のキオストロ。美しいマヨルカ焼のタイルで飾られた回廊を見学しながらひと息つこう。

★★★ P.56

⑦ サン・ドメニコ・マッジョーレ教会

同名の広場に面した入口は、実は後陣の部分。ここから中の二股の階段を上がって教会内部に入ると、ちょうど主祭壇の裏側に出る。広場の中央にはサン・ドメニコ・マッジョーレの塔が建つ。

★★★ P.58

⑧ サン・グレゴリオ・アルメーノ教会

女子修道院による教会で内部は豪華なバロック様式で華やか。裏には今も機能する女子修道院が置かれ、緑のキオストロには静寂の時が流れる。スパッカ・ナポリにいるとは思えない稀有な空間だ。

★★★ P.60

DATAの
M は最寄りの地下鉄駅、
B は最寄りバス停に停車するおもなバスの路線番号を示す。

NAVIGATOR

ドゥオーモからトリブナーリ通り、ベッリーニ広場へ

スパッカ・ナポリのおもな見どころはトリブナーリ通りと、それに平行するクローチェ通り（途中から名前がビアジオ・ディ・リブライ通りに変わる）沿いにある。

まずは、ドゥオーモから出発。ドゥオーモの見学が済んだら、道を渡って真っすぐ延びるトリブナーリ通りを左右の教会を見学しながら歩こう。右に病院のあるMiraglia広場の先、少し道が細くなって来るところを右に曲がればベッリーニ広場に出る。

●ドゥオーモ
住 Via Duomo 147
☎ 081-449097
開 8:30～13:30
14:30～19:30
㊐㊗ 8:00～13:00
16:30～19:30
M 1線Dante、2線Cavour
B R2
●サン・レスティトゥータ聖堂
開 9:00～12:00
16:30～18:30
㊐㊗8:00～12:00
料 €2

華やかなサン・ジェンナーロ礼拝堂

おもな見どころ

聖ジェンナーロを祀るミステリアスな大聖堂　MAP P.36 A2、P.51

ドゥオーモ ☆☆☆

Duomo　ドゥオーモ

ネオ・ゴシック様式のファサード

毎年5月の第1土曜日と9月19日、12月16日に小さな壺に収められた聖ジェンナーロの血液が液体化する。その秘密はまだ完全には明らかにされていないが、毎年多くの信者が、“ミラーコロ（奇跡）”をひと目見ようと大聖堂に詰めかける。この奇跡が起こらない年はナポリに大災害がもたらされる、という言い伝えがあるため司教が溶けた血液を公開するまでは緊迫したムードが漂うのだ。

そんなナポリの信仰の中心であるドゥオーモは、５世紀の初期キリスト教のサン・レスティトゥータ聖堂とステファニア聖堂のあった場所に、1300年代アンジュー家の支配の下建設された。ファサードは1876年にネオ・ゴシック様式に改修されたもの。**中央扉**はアントニオ・バボッチョAntonio Baboccioの1407年の作。

内部は110本の円柱を基礎に3廊に分けられ、高い天井には木製のカンバス画がはめ込まれている。身廊上部の大窓の間に描かれた「聖人」はルカ・ジョルダーノの作品。大理石の床面には13世紀のコズマーティ様式のモチーフが施されている。**中央祭壇**にはピエトロ・ブラッチ作の「被昇天の聖母」が祀られている。動きのあるスケールの大きな作品だ。

中央入口の右側にあるのが、**テゾーロ・ディ・サン・ジェンナーロ礼拝堂**Cappella del Tesoro di S. Gennaro。1527年ペストが流行した後に、市民の祈願により建てられた物。ギリシア十字のプランとバロック様式を用いて建築された芸術作品。祭壇には真鍮で造られた聖人の胸像が並ぶ。聖ジェンナーロの血液が入った小壺は、隣の鉄格子がはめられた部屋の奥に保管されている。礼拝堂前のモニターでは「聖ジェンナーロの奇跡」の映像が流されており、その臨場感を知ることができる。

ドゥオーモ

「被昇天の聖母」
ミヌトーロ礼拝堂
サン・ジェンナーロのクリプタへ
中央祭壇
テゾーロ・ディ・サン・ジェンナーロ礼拝堂
サン・レスティトゥータ聖堂
洗礼堂
中央扉
ギリシア・ローマ時代の遺跡へ（非公開）

左翼廊を下りた所には、最初に建築されていた**サン・レスティトゥータ聖堂**S. Restitutaがドゥ

サン・レスティトゥータ聖堂

オーモと垂直に重なっている。1688年の地震の後にバロック式に修復が行われている。その右翼廊の奥には西洋で一番古い**洗礼堂** Battisteroとモザイクが残る。

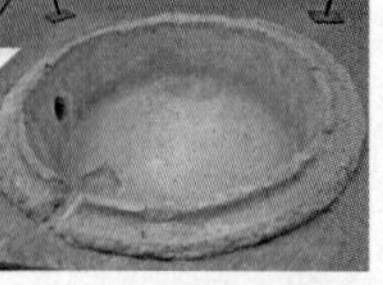

体を浸した洗礼槽

洗礼堂は4世紀末から6世紀はじめに造られ、中央の**洗礼槽**、**モザイク**も同時代の貴重なものだ。モザイクは剥落があるものの、クーポラには紺青に金で十字架とモノグラム、周囲に星がきらめき、王冠からは神の祝福の手が見える。その下には水を祀る聖書の物語や諸聖人が描かれている。一見して新しいサン・レスティトゥータ聖堂の礼拝堂モザイクは、14世紀のもの。

洗礼堂のクーポラ

貴重なモザイク

中央祭壇の左側にある階段からは、**ギリシア・ローマ時代の遺跡**に下りることができ、ローマに続く石畳や水道管が見られる。('19年12月現在、非公開)

カラヴァッジョの傑作が残る MAP P.37 A3、P.51

ピオ・モンテ・デッラ・ミゼリコルディア教会 ★★★

Pio Monte della Misericordia　ピオ・モンテ・デッラ・ミゼリコルディア

ミゼリコルディア信者会の目印

1602年に7人のナポリ貴族によって作られ、現在も活動する慈善団体の本部と教会の建物からなる。八角形の教会の主祭壇にはこの慈善団体の活動を表現しているというカラヴァッジョの傑作**『慈悲の七つの行い』**Le Opere di Misericordiaを中心に、ルカ・ジョルダーノの「キリストと姦婦」Cristo e l'adultera、「キリスト降下」Deposizioneをはじめ、ナポリ派による祭壇画が壁面を飾っている。2階には17～18世紀のナポリ絵画を展示。とりわけ、Sala del Corettoの礼拝堂に向けて開けられた窓から眺めるカラヴァッジョの『慈悲の七つの行い』が印象的だ。

7人の貴族によって設立されたミゼリコルディア信者会の2階会議室からは、教会の祭壇画である『慈悲の七つの行い』が眺められる

この絵は、病人の救済を中心とした慈善団体であった、ミゼリコルディア信者会の依頼によって制作された作品。「マタイ伝」でイエスの口から語られる6つの慈善行為（飢えた者に食べ物を、のどが渇いた者に水を、旅人に宿を、裸の者に衣服を、病気の者を見舞い、囚人を慰問する）に、死者を葬るという行為を加えた7つの慈善が、1枚の画面上に表現されている。人々がドラマチックにひしめく光景が、ナポリでの作品らしいといわれる。往時の貴族がしたように、祭壇に飾られたこの作品を2階の美術館（旧会議室）から眺めてみよう。

「慈悲の七つの行い」

●ピオ・モンテ・デッラ・ミゼリコルディア教会
住 Via dei Tribunali 253
☎ 081-446944
URL www.piomontedellamisericordia.it
開 9:00～18:00
　㊐9:00～14:30
休 復活祭の㊐、12/25
料 €8(英・伊語などのオーディオガイド込み)、25歳以下€6、アルテカード提示で€4
※切符売り場は閉場30分前まで
※トリブナーリ通りから坂道を下ってすぐ右側、大きな垂れ幕があるのでわかりやすい。切符売り場は教会入口の通りを挟んだほぼ向かいにある。

入口手前に柱廊が設けられているのは、奉仕＝病人を収容するためのものであり、17世紀イタリアの個人邸宅で、大衆に開かれた建物としてたいへん貴重なもの。

✉ スパッカ・ナポリを歩いてみたら

クリスマスの時期、スパッカ・ナポリを女3人で歩いて来ました。ものすごい人混みでなかなか前に進まないこともあるほど。地下鉄のダンテ駅からジェズ・ヌォーヴォ教会、サンタ・キアーラ教会、ドゥオーモ、国立考古学博物館へ。ジェズ・ヌオーヴォ教会は内部が非常に豪華で華やかな教会で一見の価値ありです。サン・セヴェーロ教会は切符売り場は別の場所にありました。切符はすぐに購入できたものの、昼頃は入場のすごい行列。一度諦めて、ドゥオーモの見学後に戻りましたが、結局1時間以上待ちました。サン・セヴェーロ教会は非常に人気のある教会なので、朝一番に並ぶのがおすすめ。国立考古学博物館はポンペイ遺跡からの発掘品、古代ローマの彫刻など見どころが限りなくあるように感じました。
（群馬　Yoko）

●サン・ロレンツォ・マッジョーレ教会
住 Via Tribunali 316/ Piazza San Gaetano 316
☎ 081-2110860
開 9:30～17:30
休 一部の㊗
料 教会Basilicaは無料、遺跡・博物館は€9、65歳以上、アルテカード提示で€7
●ギリシア・ローマ時代の遺跡 Scavi di San Lorenzo Maggiore
開 9:30～17:30
料 €9、アルテカード、65歳以上€7
※教会入口前に案内デスク兼切符売り場がある。

サン・ロレンツォ・マッジョーレ教会

主祭壇
サンタントニオ大礼拝堂
地下へ↑
「キリスト降誕」
入口→
カラチェ礼拝堂
入口

歴史が重なる建築物 MAP P.36 A2、P.51

サン・ロレンツォ・マッジョーレ教会 ★★★

San Lorenzo Maggiore　サン・ロレンツォ・マッジョーレ

紀元前5世紀から紀元18世紀までのナポリの歴史がギュッと凝縮した複合建築。地下にはギリシア・ローマ時代の遺跡、教会の創建は6世紀で1270～1275年に再建、ファサードは18世紀のもの……という具合だ。さらに博物館では周囲から発掘されたギリシア・ローマ時代の品々から18世紀の羊飼いのコレクションを展示。キオストロ右奥には15世紀の天井画が美しいシスト5世の間Sala Sisto Ⅴが続く。

ファサードは18世紀の物

教会内部は複数の建築・美術様式が見られる。主祭壇には聖アントニオと聖ロレンツォの彫像が飾られ、「諸聖人の生涯」を描いたレリーフが目を引く。続く後陣にはフランスゴシック風に周歩廊が設けられている。左右に続く礼拝堂はバロック様式で、とりわけカラチェ礼拝堂Cappella Caraceは17世紀のナポリ・バロック様式で華麗。サンタントニオ大礼拝堂Cappellone di S. Antonioには南イタリアで活躍したマティア・プレーティの絵が飾られている。

主祭壇の諸聖人のレリーフ

地下にはクリプタ、さらにギリシア・ローマ時代から中世にかけての通路や広場など、ナポリで最も古い遺構が残っている（ガイド付き見学）。

壁一面に頭蓋骨が並ぶ地下埋葬室 MAP P.36 A2、P.51

プルガトリオ・アダルコ（サンタ・マリア・デッレ・アニメ教会） ★★

Purgatorio ad'Arco　プルガトリオ・アダルコ

●プルガトリオ・アダルコ（地下埋葬室）
サンタ・マリア・デッレ・アニメ教会内
住 Via Tribunali 39
☎ 081-440438
開 4～12月
㊊～㊏10:00～18:00
㊐　10:00～14:00
1～3月
㊊～㊎、㊐10:00～14:00
㊏　10:00～17:00
休 1/1、1/8、12/25
※教会は無料。地下埋葬室はガイド付き（約30分）で見学（€6）

死者信仰の教会として有名

薄暗い通り沿いにブロンズ製の骸骨の装飾がある。いつもろうそくに火がともされ、花が飾られているのは、17世紀に流行した死者信仰によるもの。地下の埋葬室には無数の頭蓋骨が並んでいる。

ファサードの葬式関連の装飾、入口の両脇に置かれたブロンズ製の骸骨と十字に組まれた脛骨の装飾など17世紀に頂点を迎えた死者信仰に結び付いている。地下には当時の埋葬方法により、壁一面に頭蓋骨が並べられている。

ナポリっ子の憩いの場 MAP P.36 A・B2、P.50

ベッリーニ広場 ★★

Piazza Bellini ピアッツァ・ベッリーニ

サンタントニオ教会やアルバ門を見晴らし、周囲には中世の館が並ぶ広場。カフェやバールが軒を連ね、古きよきナポリの面影があふれる。ここのカフェの一角に陣取って、時を過ごすのもナポリの楽しみのひとつだ。

緑豊かなベッリーニ広場

中央のベッリーニ記念碑の足元には、1954年から始まった古代地下都市ネアポリス(→P.60)への掘削穴があるのにも注目しよう。このあたりの地下には、古代ナポリの歴史と生活が眠っている。

交通の要所でもある、にぎやかな広場 MAP P.36 B2、P.50

ジェズ・ヌオーヴォ広場 ★

Piazza Gesù Nuovo ピアッツァ・ジェズ・ヌオーヴォ

イエズス会士の布教をたたえるインマコラータの塔

中心にインマコラータの塔Guglia dell'Immacolataの立つ大きな広場。12月8日の聖母懐妊の祝日には盛大な祭りが催される。

簡素な外観、豪華な内装 MAP P.36 B2、P.50

ジェズ・ヌオーヴォ教会 ★★

Gesù Nuovo ジェズ・ヌオーヴォ

サレルノの王子が所有していたサン・セヴェリーノ宮Palazzo San Severinoを、1584年にイエズス会の教会に改築したもの。宮殿の正面をそのまま利用したため、ファサードには平面な石積みが見られる。入口の扉はバロック様式にルネッサンス様式が組み込まれている。内部は簡素なイエズス会の規律に反し華麗な装飾が施されている。ファサードの内側に描かれた大作「神殿から追放されるヘリオドロスCacciata di Eliodoro」はフランチェスコ・ソリメーナによるもの。

石積みのファサードが特徴

内部の右翼廊にはサン・フランチェスコ・サヴェリオ大礼拝堂が、左翼廊にはイグナティウス・ディ・ロヨラ大礼拝堂がありすばらしいフレスコ画で装飾されている。

集中式プランの内部

NAVIGATOR

クローチェ通りからドゥオーモ方面へ

後半は、スパッカ・ナポリのメインストリート、クローチェ通りをジェズ・ヌオーヴォ広場からドゥオーモ方面に折り返す。サンタ・キアーラのキオストロは教会の左奥に入口があるので見逃さないように。サン・ドメニコ・マッジョーレ教会は左側にある広場の奥に面した所が入口。広場脇の細い道を少し上がって、右に曲がるとサン・セヴェーロ教会がある。再びクローチェ通りに戻り、道の名前がサン・ビアージオ・リブライ通りに変わるあたりの左側にニーロの像が横たわっている。さらに進み2本目の道を左に曲がるとサン・グレゴーリオ・アルメーノ教会がある。道に架かるアーチの上の鐘楼が目印。プレゼーピオの工房をのぞきながら道を上がると、アーチの少し手前の左側に教会の入口がある。ビアージオ通りからドゥオーモ通りに出る角には人形の病院がある。

●ジェズ・ヌオーヴォ教会
住 Piazza del Gesù Nuovo
☎ 081-5578111
開 7:00～13:00
16:00～20:00

✉スパッカ・ナポリでストリートフードを

スパッカナポリのトリブナーリ通りはピッツェリアの宝庫。店頭で焼きたてのピッツァや揚げ物などを€1とか€0.50などで販売しています。ピッツァは地元の人が行列待ちなので、そのスキを狙って私たちはアランチーノArancinoとパスタをホワイトソースであえて揚げたフリッタティーナFrittatinaなどを購入。アツアツで想像以上のおいしさ!! 続いて、ナポリ名物のお菓子ババにトライ。その場でシロップをふりかけてくれ、これも最高にブオーノ!! 各所にベンチもあり、歩きながら食べている人も多いので恥ずかしがらずにトライを。行列ができているお店が狙い目。
(東京都 食いしん坊娘)

●サンタンナ・デイ・ロンバルディ教会
住 Piazza Monteoliveto 4
☎ 081-4420039
開 8:30〜19:00
㊏ 9:00〜19:00
㊐ 9:30〜13:00
15:00〜19:00
休 聖具室のみ㊐
料 聖具室のみ€5

彫刻が美しい

フィレンツェのサン・ミニアート教会に類似

まるでルネッサンス彫刻美術館 MAP P.36 B1、P.50

サンタンナ・デイ・ロンバルディ教会 ★★★

Sant'Anna dei Lombardi サンタンナ・デイ・ロンバルディ

町の人に愛されるエレガントな教会

ジェズ・ヌオーヴォ広場から坂道を下って通りを渡り、傾斜のある広場の左に建つ。外観は簡素ながら、内部は**彫刻博物館の趣だ**。1411年に王の書記官により小さな教会が創建され、その後アラゴン家のアルフォンソ1世の時代に拡張されると、すぐにアラゴン宮廷の人々が好んだ祈りの場になったという。メディチ家と親交があったアラゴン家はフィレンツェから多くの芸術家を招いて教会を飾り、そのため**「ナポリのフィレンツェ」**とも呼ばれている教会だ。

入ってすぐ左にはフィレンツェのサン・ミニアート教会の礼拝堂のひとつを模したもので、アラゴン家のマリアの墓が置かれている。右の礼拝堂Cappella CorrealeにはB.マイアーノの**『受胎告知』**Annunciazione。主祭壇手前を右に入ったOratorio del Sacramento奥にはグイド・マッツォーニの**『キリストの哀悼』**Compianto sul Cristo morto。主祭壇の裏側右に位置する**旧聖具室**Sacrestia Vecchia (del Vasari)には16世紀のヴァザーリのフレスコ画が描かれ、同時代の木製象嵌細工が壁面に残る。

●サンタ・キアーラ教会
住 Via Santa Chiara 49
☎ 081-5516673
教会
開 7:30〜13:00
16:30〜20:00
キオストロ
開 9:30〜17:30
㊐㊗10:00〜14:30
料 €6 B R2

✉思い出に残るサンタ・キアーラ教会

マヨルカ焼の回廊は本当に美しかったです！ フレスコ画もすてきでした。小さな美術館が併設されており、お手洗いもきれいでした。土産屋の外側にバールもあります。
(フランキー '17)

✉スパッカ・ナポリの喧騒を逃れて

スパッカ・ナポリは多くの観光客や修学旅行生でごった返していて、時期によってはどこに行ってもすごい人混みでちょっぴり疲れてしまいます。そんなときにおすすめしたいのが、サンタ・キアーラ教会の回廊です。広々とした中庭とそれを取り囲む回廊を散歩すると喧騒を逃れてホッとひと息できます。マヨルカ焼もすばらしいです。
(神奈川県 yt_tani)

マヨルカ焼のキオストロ(回廊付き中庭)が美しい MAP P.36 B2、P.50

サンタ・キアーラ教会と修道院 ★★★

Santa Chiara サンタ・キアーラ

バラ窓が印象的なファサード

アンジュー家の王妃サンチャの依頼により1310年ガリアルド・プリマルドの設計によって建設された。18世紀バロック様式の豪華な装飾を用いて改装されたが、1943年に砲火を被りすべてが失われてしまった。その後、高い天井をもつゴシック様式で再建され現在の姿となった。ファサードには高い位置にバラ窓が付いている。教会の左側に独立して建つ鐘楼の基礎の部分には14世紀の建築が残っている。

単廊式の内部は、フランチェスコ会の典型的な簡素な造り。側面は礼拝堂で区切られている。主祭壇の裏のアンジュー家の**ロベルト1世の墓**Sepolcro di Roberto d'Angio'は、フィレンツェのジョヴァンニ・ベルティーニとパーチョ・ベルティーニの共作。その右手にはティーノ・ディ・カマイーノ作**カラブリア公カルロとその妻マリア・ディ・ヴァロアの墓**がある。

シンプルな単廊式の内部

ロベルト1世の墓

祭壇右側の聖具室を抜けると階上廊(トリビューン)がめぐらされ**クラリッセ(クララ会の修道女)の内陣席**Coro delle Clarisseへ出る。('19年12月現在、閉鎖中)

独立した教会としてレオナルド・ディ・ヴィートが設計したもので、14世紀の見事な大理石の扉が残る。ここもかつてはバロック様式に装飾されていたが、今日ではナポリのゴシック様式の傑作である簡素な構造を見ることができる。

クラリッセのキオストロChiostro delle Clarisseへは、一度教会を出て左側から裏手に回る。1742年、ゴシック様式の回廊の四方に田園式の庭園をドメニコ・アントニオ・ヴァッカロが設計し、ジュゼッペ・マッサGiuseppe MassaとドナートDonato Massaが**マヨルカ焼の回廊**の装飾を担当した。黄・緑・青色をふんだんに使って描かれた白いタイルが、乾いたナポリの空気に調和している。

回廊のフレスコ画や天井も見事

マヨルカ焼がナポリらしい

隣接の**付属美術館**Museo dell'Operaは、古代ローマ時代の浴場が発掘された部屋に教会の歴史を物語る展示品が並ぶ。このほか、18世紀の**プレゼーピオ**が飾られた部屋、キオストロを隔てた反対側の**マリア・クリスティーナの間**Sala di MariaCristinaには壁からはがされて、ここに運ばれた14世紀のジョット派のフレスコ画を展示。

教会の外は子どもたちの遊び場

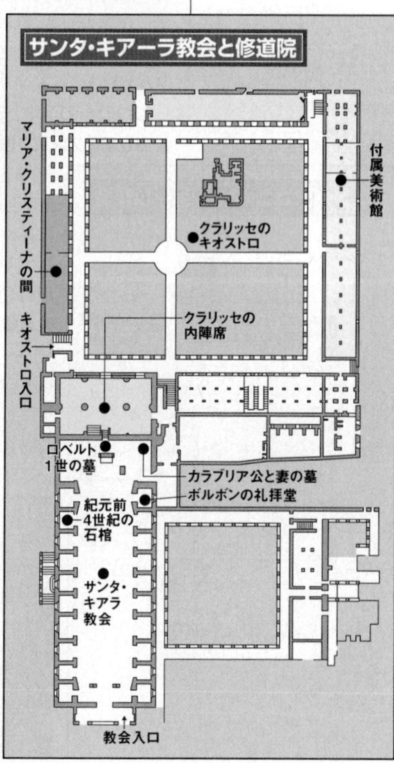

✉ 知ってる!? 幸運のお守り、コルノ。ナポリで買おう

コルノCornoはねじれた赤トウガラシ(ペペロンチーノ)のように見えますが、角(ツノ)。イタリアの幸運を呼ぶアイテムのひとつです。ナポリの人たちは信心深く、こういったラッキーグッズがたくさん作られることで知られています。何より種類が豊富で、プラスチックやサンゴの物などいろいろあり、かわいいテラコッタ製の物が€1程度とお手頃です。スパッカ・ナポリのサン・グレゴリオ・アルメーノ通り(通称プレゼーピオ通り)の屋台でたくさん売られていて、私はここで購入しました。ただ、ナポリ製の物に交じって中国製の物もあるのでご注意を。

子供の小指程度の大きさで赤い色をした物が一般的ですが、白っぽい物や水色の物があります。お店の人によると、白っぽい物も幸運度は変わらないということですが、水色はナポリが誇るセリエAのサッカークラブS.S.C.ナポリのサポーター向けの物です。

(在ローマ　Kasumi♪)

●サン・ドメニコ・マッジョーレ教会
住 Piazza S.Domenico Maggiore 8/a
☎ 333-8638997
開 10:00〜18:00
休 一部の㊗
料 聖具室のみ€5〜7
M 1号線Dante、2号線Montesanto
B R2

有料見学で

中世で最も偉大な神学者と呼ばれる**トマス・アクィナス**が教鞭をとり、異端の罪で処刑された**ジョルダーノ・ブルーノ**が学んだ、サン・ドメニコ・マッジョーレ教会には貴重な品々が残る。聖具室前のデスクで切符を購入して見学しよう。

厳かな雰囲気の聖具室上部のバルコニーにはアラゴン家とスペイン国王の計45人の棺が並んでいる。さらに奥には見事な家具や調度、聖具を展示。レオナルド派の『サルバドール・ムンディ』Salvador Mundiは一見の価値がある。

サルバトール・ムンディとは?

「世界の救世主＝イエス・キリスト」の肖像画。レオナルド・ダ・ヴィンチの「サルバトール・ムンディ」が2017年に史上最高の約500億円で落札されたのはまだ記憶に新しい。サン・ドメニコ・マッジョーレ教会のものは同時代のレオナルド派の手によるものだが、よく似た印象で一見の価値あり。

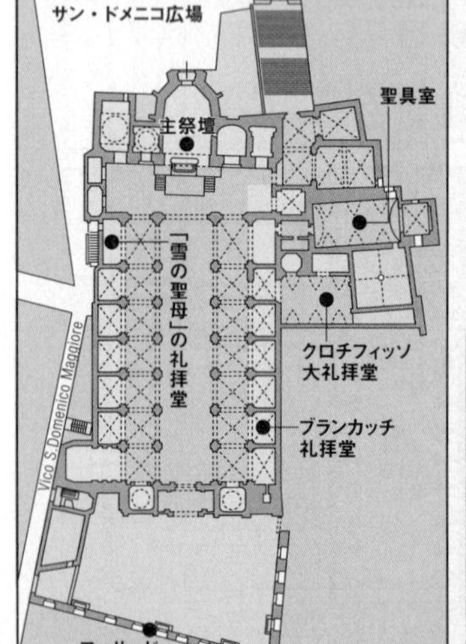

ナポリらしい下町風景が広がる

MAP P.36 B2、P.51

サン・ドメニコ広場 ★

Piazza S. Domenico ピアッツァ・サン・ドメニコ

観光客でにぎわうスパッカ・ナポリのなかでもババを売るパスティチェリアやバールが並びひときわにぎやかなベネデット・クローチェ通りと接する広場。広場にはカフェのテーブルが並び、開放的な下町の雰囲気。その中央を飾るのが**聖ドメニコのオベリスク**Obelisco (Guglia) di San Domenico。1656年に建てられ、ナポリで2番目の高さを誇る。奥の階段上に建つのは、サン・ドメニコ・マッジョーレ教会。

スパッカ・ナポリの中心、サン・ドメニコ広場

後陣側に入口のある

MAP P.36 B2、P.51

サン・ドメニコ・マッジョーレ教会 ★★★

San Domenico Maggiore サン・ドメニコ・マッジョーレ

13〜14世紀に**神学研究の中心であった修道院の一部として造られた教会**。創建当時はゴシック様式、17世紀にバロック様式に改装され、その豪華な装飾は床・身廊の天井、礼拝堂の手すりに残り、19世紀にはネオ・ゴシック様式で再改装されている。

教会後陣部分に入口がある

この教会の至宝と言われるのが、**ブランカッチ（フレスコ画）礼拝堂**Cappella di Brancacci/degli affreschi。1308〜1309年に描かれた、ジョット派のピエトロ・カヴァリーニによるフレスコ画が残る。主祭壇は色大理石を用いた堂々としたものでその前に置かれた**復活祭用燭台の基部とライオン**はティーノ・ダ・カマイーノ（1331年）による。**雪の聖母の礼拝堂**Cappella della Madonna della Neveは、ジョヴァンニ・デ・ノーラによる聖母と聖人と天使の優雅なルネッサンス彫刻で飾られている。**クロチフィッソ礼拝堂**の壁にはキリストがそこから聖トマスに語り掛けたといわれる十字架像のコピーがある。オリジナルは聖トマスの僧房Cella di San Tommaso d'Aquinoに置かれている。

各様式の残る教会内部

ヴェールに包まれたキリストは必見 MAP P.36 B2、P.51

サンセヴェーロ礼拝堂 ★★

Cappella Sansevero　カッペッラ・サンセヴェーロ

見落としそうな小さな入口

16世紀後半に一族が築いた礼拝堂を、1749年サンセヴェーロ公であったライモンド・ディ・サングロRaimondo di Sangro公が再建した。現在はその貴重な作品を展示する美術館として機能している。主祭壇のフランチェスコ・チェレブラーノ作「キリスト降架Deposizione」は、ダイナミックな高浮き彫りの作品。その左角柱にはアントニオ・コッラディーニ作「ヴェールに包まれた謙譲Pudicizia Velata」。祭壇の前に置かれているのが、最も有名な「ヴェールに包まれたキリストCristo Velato」。透き通った大理石の模様が冷たい肌の下に浮き出た血管のように見える。また、科学者であり文学者でもあったライモンド公はオカルト現象に興味をもち、密かにさまざまな解剖実験を行っていた。右側の階段を降りた地下室クリプタには血管だけを残した人体や解剖器具が展示されている。

「ヴェールに包まれたキリスト」

●サンセヴェーロ礼拝堂
住 Via Francesco De Sanctis 19/21
☎ 081-5518470
URL www.museosansevero.it
開 9:00〜19:00
休 ㊋、12/25
料 €8、10〜25歳€5、アルテカード提示で€6
※5〜12月の㊏は〜20:30までの開館延長の場合あり。 ['19]
※入場は閉場30分前まで
M 1号線Dante、2号線Montesanto
※切符売り場は入口手前（入口に向かって左）にある

ニーロ通りの角に立つ 
MAP P.36 B2、P.51

ニーロ像

Statua del Nilo　スタトゥア・デル・ニーロ

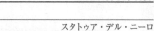

古代ギリシア・ローマ時代の像で、東方文化と融合したヘレニズムの象徴ナイル河（イタリア語でニーロ）を擬人化して表現している。現在では「ナポリの化身il Corpo di Napoli」とも呼ばれる。

ナポリの化身「ニーロ像」

✉ サンセヴェーロ礼拝堂にて

ヴェールに包まれたキリストは確かに見事です。しかし、内部は写真撮影不可。わずか2つの展示室にもかかわらず、料金は考古学博物館と同じくらいで、観光客に優しい場所に思えませんでした。観光客でごった返しているため、厳かな雰囲気でもなく、礼拝堂というよりもテーマパークのアトラクションという感じでがっかりでした。
（神奈川県　yt_tani）

楽しいおみやげ探しに MAP P.36 A・B2、P.51

サン・グレゴリオ・アルメーノ通り ★★

San Gregorio Armeno　サン・グレゴリオ・アルメーノ

別名プレゼーピオ通り。1年中プレゼーピオやその小物を売る店、みやげ物屋が軒を連ねるにぎやかな通り。本格的シーズンの12月8日の「無原罪の御宿りの祝日」前後は歩けないほどの人込みになる。運がよければ職人の作業を見られることもある。

S.グレゴリオ・アルメーノ通り

●サン・グレゴリオ・アルメーノ教会
住 Via S. Gregorio Armeno 1
☎ 081-5520186
開 ㊋㊏㊐9:00～13:00
㊊㊌㊍9:00～12:00
キオストロ
開 9:30～13:00
5月のみ15:00～18:00も
料 キオストロのみ€4
※キオストロへは教会を出て左に坂を上がり、最初の角を左折。フレスコ画で飾られた入口が見える。

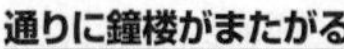

通りに鐘楼がまたがる

MAP P.36 B2、P.51

サン・グレゴリオ・アルメーノ教会

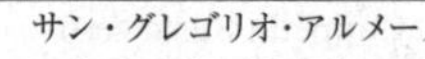

San Gregorio Armeno　サン・グレゴリオ・アルメーノ

ナポリ・バロックの装飾の教会内

ビザンチンから逃げのびた修道女により8世紀に創設された修道院が基礎となった教会。16～18世紀の**ナポリ・バロック様式**で豪華に装飾され、女性的な華やかさに満ちている。光の入るクーポラのもと、全体が緑と金で彩られ、壁面に描かれているのはルーカ・ジョルダーノによる17世紀のフレスコ画「聖グレゴリオ・アルメーノと聖ベネデットの物語」。主祭壇右には、ナポリの人々の信仰篤い聖パトリツィアの遺骸を収めている。

キオストロはレモンやオレンジが茂り、スパッカ・ナポリにいるとは思えない静かなな時間が流れる別天地。中央には「**イエスとサマリアの女が井戸で出会う」場面を再現した噴水**が飾る。ロココ様式の小さな**修道院長室**Salottino della Badessa、さらに奥の礼拝堂からは教会上部にバルコニーのように設けられた**修道女の祈祷席**Coro delle Monacheへと通じている。

「イエスとサマリアの女が井戸で出会う」場面の噴水が美しい

地下に眠るもうひとつの都市ーネアポリス探訪　column

ナポリ・ソッテッラネアの入口

●世界遺産として脚光を浴びる

ナポリの町の創始者は、現在では廃虚の遺跡と化したクーマに移住したギリシア人であった。ナポリは当初"パラエポリスPalaepolis"あるいは"パルテノペParthenope"と呼ばれ、都市が構築されるとその名を「ネアポリスNeapolis＝新しい都市」と改められた。現在のドゥオーモ周辺を中心に、碁盤の目状に区画整備された町の東西には３本の主要道路（現在のサピエンツァ通り～サンティ・アポストリ通りをつないだ道、トリブナーリ通り、スパッカ・ナポリの上に重なる）が通り、サン・ガエターノ広場にはギリシア時代の広場アゴラがあった。紀元前326年にネアポリスはローマの同盟都市となり、アゴラはローマ式の広場フォロにされ再び市民が集った。ローマ統治下にあってもその豊かなギリシア文化は温存され、ネアポリスはのんびり学問を志す者の憩いの地となっていた。

10世紀初頭まで古代都市の城壁に囲まれていたこの古代都市は、現在のナポリの旧市街の下にそのまま残っている。その多くは後に、教会の地下埋葬室や倉庫、下水道などに利用されたが、ここ40年の間に本格的な発掘作業が行われ、現在は新たな観光名所として訪れることができる。ひんやりとした地下道には、古代の空気がひっそりと流れ続けている。

（見学は英・伊語のガイド付き。伊語のみの場合もある。所要約2時間。）

●イル・ソットスオロ・ナポレターノ
Il Sottosuolo Napoletano
住 P.za S.Gaetano 66-68　☎ 081-296944
開 ㊊～㊐10:00～18:00の毎正時。英語ガイド10:00、12:00、14:00、16:00、18:00　㊍のみ21:00（要予約、10人以上で実施も）
料 €10、アルテカードで10%割引（ローマ劇場跡の見学も含む）
地 P.36 A2（サン・ガエターノ広場）
URL www.napolisotterranea.org

✉ ネアポリス探訪
6月半ばに訪れました。外の蒸し暑さが一転、底まで下りると肌寒いほどでした。カーディガンなど1枚羽織るものがあると便利です。　（東京都　三森泉）

イルミネーションとプレゼーピオを見に行こう

ナポリのクリスマス

イルミネーションが光りきらめくイタリアのクリスマス。まるでおとぎの国に迷いこんだようで、子供も大人も心が弾む季節だ。

12月に入ると、スパッカ・ナポリはクリスマス一色。そぞろ歩きが楽しい

イタリアのクリスマス飾り、イルミネーションやプレゼーピオの飾り始めは、12月8日。この日は「**聖母無原罪の御宿りの日**」Immacolata Concezione。イエスの母、マリアが母アンナの胎内に宿った瞬間、神の恩寵により原罪から免れたことを祝う祝日だ。ここから1月6日の**エピファニア**(ご公現の祝日)Epifania(イエス誕生のお告げを聞いた東方の三博士が貢物をささげに訪れたとされる日)まで飾りつけは続く。

飾りつけは通りの**イルミネーション**、教会や家庭ではイタリアの伝統的なクリスマス飾りの**プレゼーピオ**(プレゼーペ)が一般的、もちろんクリスマスツリーも飾られる。プレゼーピオとは、キリスト誕生の模型／ジオラマのことで、子供の手造りから職人の手工芸の粋を集めたもの、大きさも手のひらにのるほどから小さな1軒家まで、実にさまざま。

スパッカナポリの**サン・グレゴリオ・アルメーノ通り**Via San Cregorio Armenoや**サン・ビアジオ・デイ・リーブリ通り**San Biagio dei Libriには、1年中、このプレゼーピオを売る店が並ぶ。特にクリスマスシーズンは路地にも屋台が並び、歩くのも大変なほどの混雑を見せる。**ドゥオーモ**をはじめ、各教会には自慢のプレゼーピオが飾られる。町の空きスペースなどでも、プレゼーピオの展示会が盛んに行なわれ、各所で見ることができる。

プレゼーピオの売店兼工房。職人の手仕事を間近に見ることができる

寒さを感じながらも、美しく輝くイルミネーションやプレゼーピオを訪ね歩く夜の散歩(パッセジャータ)が、この時期のお楽しみだ。イルミネーションは町のいたるところで見られるが、やはり人が多く集まる場所でより華やかに飾られる。庶民的なショッピングストリートの**トレド通り**Via Toledo、高級ブランドが並ぶ**キアイア通り**Via Chiaia、**マルティーリ広場**Piazza Martiliはひときわ華やかだ。

町の有力者を先頭に、聖職者が入場。枢機卿が取り仕切るドゥオーモのクリスマスミサ

マルティーリ広場の大きなプレゼント・ボックスをかたどったイルミネーション

美術品とも呼べる、ドゥオーモに伝わる精巧なプレゼーピオ。人形の姿や持ち物、背景など風俗描写が見事

いろいろなプレゼーピオ

キリスト生誕の模型、プレゼーピオ。イタリアのクリスマスシーズンに欠かせないものだ。毎年クリスマスの市で新しい物をひとつかふたつ買い足して、その世界を広げる。ある家庭では、代々伝わるガラスケースに入った貴重なプレゼーピオをお披露目する。

古いプレゼーピオは作られた時代を表すともいわれ、当時の風俗が目の前に劇のように展開する。古い貴重なプレゼーピオを集めた美術館も多い。ナポリでは、国立サン・マルティーノ美術館(→P.78)のコレクションは特筆され、サンタ・キアーラ教会(→P.56)では16〜17世紀のプレゼーピオを見ることができる。

ドゥオーモ内の等身大の大がかりなプレゼーピオ。右には、ささげ物を持つ東方の三博士。聖母や羊の姿も

ゴシック、バロックそして現代美術が詰まった複合建築 MAP P.36 A2、P.51

コンプレッソ・モヌメンターレ・ドンナレジーナ ★★★

Complesso Monumentale Donnaregina　コンプレッソ・モヌメンターレ・ドンナレジーナ

華やかな絵画が飾るキエーザ・ヌオーヴァ

教区美術館Museo Diocesianaとして**新教会**Chiesa Nuovaと**旧教会**Chiesa Vecchia、さらに**現代美術館**とナポリ大学の修復学校（入場不可）がひとつになった大きな**複合建築**。バロックの新教会、ゴシックの旧教会と美術様式の対比も興味深い。

教区美術館

バロックの華やかな空間が広がる、新教会

キエーザ・ヌオーヴァ Chiesa Nuova

ドンナレジーナ広場に建つ新教会

単廊式の内部

ドンナレジーナ広場から入ってすぐに広がるのが新教会。高い天井と単廊式の内部は広々として、大理石で豪華に飾られている。**クラリッセ修道会**により1617年に創建され、当時の一流芸術家によりバロック様式で装飾されている。

簡素なゴシック様式、旧教会

キエーザ・ヴェッキア Chiesa Vecchia

ピエトロ・カヴァリーニ派のフレスコ画

『ハンガリー王妃マリアの墓碑』

床面の矢印に従い、柱廊付き中庭を抜けると、旧教会だ。約800年の歴史ある場所ながら、13世紀の地震により倒壊。その後アンジュー家のカルロ2世の妻、**ハンガリー王妃マリア**が自ら所有していた宝石やギリシアワインの権利を売却した莫大な費用を投じて再建された。

主祭壇に向かって左の壁面にあるのがT.カマイーノによる**『ハンガリー王妃マリアの墓碑』**Sepolcro di Maria d'Ungheriaで、着手されたのは彼女の死後1年たった1324年のこと。尖塔やモザイク、彫像で飾られたゴシック様式で、天使が天蓋を引く奥で王妃が眠る、優雅な作品。

さらに貴重なのは、一段高い修道女の祈祷席Coroの壁面いっぱいに描かれた**ピエトロ・カヴァリーニ派のフレスコ画**。ナポリに現存する最も大きなもので「新・旧約聖書」、「最後の審判」、「聖ウルスラの物語」「ハンガリーのエリザベッタの生涯」などが描かれている。

現代美術館

ナポリらしい現代美術がいっぱい

マードレ美術館 Museo d'Arte Contemporanea Donnaregina

通路も芸術作品

新・旧教会と背中合わせのように立つのがマードレ現代美術館。ナポリ中心街ではじめての**現代美術館**だ。黄色い大扉が入口の目印。かつての教会付属の修道院部分でプリツカー賞を受賞した建築家アルヴァロ・シザにより光りあふれる空間に生まれ変わり、中庭や窓から見えるナポリの下町風景までもが作品のよう。

5つのフロアに分かれ、上階は企画展、1階が常設展示でナポリと縁が深い画家や作品が並ぶ。特に目を引く、淡い色彩の壁面とマヨルカ焼きの床面で構成された『AVE OVO』はナポリ出身のフランチェスコ・クレメンテの作品、この他、ルチアーノ・ファブロの『サン・ジェンナーロ（ナポリの守護聖人）の空』Il Cielo di San Gennaroなど。

ナポリ出身のアーチストによる『AVE OVO』

●教区美術館
Complesso Monumentale Donnaregina Museo Diocesano Napoli
住 Largo Donnaregina
☎ 081-5571365
開 ㊊、㊌～㊏ 9:30～16:30
㊐ 9:30～14:00
休 ㊋
料 €6、65歳以上18歳以下€4、学生€3

●マードレ美術館
Museo d'Arte Contemporanea Donnaregina Madre
住 Via Luigi Settembrini 79
☎ 081-19737254
開 10:00～19:30
㊐10:00～20:00
休 ㊋、1/1、12/24、12/25、12/31
料 €8
※教区教会を出て、左から小路を抜けて行けるが、うす暗くゴミが多い。ドゥオーモ通りVia del Duomoまで戻り、最初の角を右折してVia Settembriniを行くのがベスト。右に入口がある。
※毎月第1㊐は無料

2.国立考古学博物館とカポディモンテ

Museo Archeologico Nazionale e Capodimonte

世界的にも重要な、ナポリの２大博物・美術館がある地区。ポンペイやエルコラーノからの出土品が展示される国立考古学博物館は、遺跡見学の前後に訪れれば古代への想像力がよりいっそうふくらむ。町を見下ろすカポディモンテの丘の上に建つ美術館は、眺望を楽しみながら庭園を散歩する時間を含めて半日はかけたい。また、多数の頭蓋骨が並ぶ地下埋葬室は不思議なナポリの印象をさらに濃くする。

① ダンテ広場とポルタルバ

南北に真っすぐ延びるトレド通りの右側に開ける広場。ブルボン家のカルロの命により、建築家ルイージ・ヴァンヴィテッリが設計したもの。

★★ P.64

② 国立考古学博物館

世界でも屈指の、ギリシア・ローマ美術のコレクションがある。エルコラーノやポンペイからの貴重な出土品も多く展示されている。"歴史の宝箱"という言葉がぴったりの博物館。

★★★ P.64

③ 国立カポディモンテ美術館

ファルネーゼ家の豪華な収集品をはじめ、時代別に並べられたナポリ絵画や宗教画など見逃せない物ばかり。豪華な室内装飾にもため息。

★★★ P.69

④ サン・ジェンナーロのカタコンベ

ローマのサン・ピエトロ大聖堂を模した壮大なマードレ・デル・ブオン・コンシリオ教会の裏手にある。壁一面に頭蓋骨が並ぶカタコンベ(地下埋葬室)へは、ガイド付きで行く。

★★ P.73

NAVIGATOR

ダンテ広場から坂道を100mほど上がると国立考古学博物館がある。ここから国立カポディモンテ美術館へは北へ1.5kmほどあるのでバスやタクシーを利用しよう。

カタコンベはカポディモンテに向かう途中、坂道がカーブした所の左側にある大きな教会手前でバスを降りる。教会の裏手に続く、脇の細い道を下りていくとカタコンベのあるサン・ジェンナーロ・エクストラ・モエニア教会だ。左の建物（バール、切符売り場）に集合し、ガイド付きで見学する。

●国立考古学博物館
住 Piazza Museo 19
☎ 081-4422149
URL www.museoarcheologico.it
開 9:00～19:30
休 ㊋（㊗の場合は開館し、㊌に休館）、1/1、12/25
料 €12（特別展の場合€15～18）
※19:00から閉館準備開始
※毎月第1㊐は無料。
※入口の荷物預け（ロッカー）にリュックなどは預けて入場。

国立考古学博物館への行き方
●中央駅から
地下鉄1号線でMuseo駅下車、100m。
●メルジェッリーナ周辺から
地下鉄2号線のMergellina駅からPiazza Cavour駅下車。
●ムニチーピオ広場、サン・カルロ劇場から
地下鉄1号線のMunicipio駅からMuseo駅下車。
※地下鉄2号線Piazza Cavour駅と1号線Museo駅は地下通路で結ばれている。

秘密の小部屋
ポンペイ、エルコラーノ出土のエロティックな場面を描いた彫像、モザイクなどを展示。見学は、無料。14歳以下は大人の同伴が必要。

国立考古学博物館

おもな見どころ

半円形の建物に囲まれた広場 MAP P.36 B1、P.63

ダンテ広場とポルタルバ（アルバ門） ★★

Piazza Dante / Port'Alba ピアッツァ・ダンテ / ポルタルバ

16世紀後半に市場があった場所で、広場の中心にはブルボン家カルロの騎馬像が置かれる予定だった。設計者のルイージ・ヴァンヴィテッリは、広場を半円形に囲む建物の上に王の徳を表現する擬人像をあしらったが、中央の騎馬像は実現されないまま王の交代を迎えた。現在中央にあるダンテ像は1872年に置かれた物。左側には1625年に造られたアーチ状のアルバ門Port'Albaがある。

ダンテ広場

南イタリアで最も重要な考古学博物館 MAP P.36 A1・2、P.63

国立考古学博物館 ★★★

Museo Archeologico Nazionale ムゼオ・アルケオロジコ・ナツィオナーレ

1585年に騎兵隊兵舎として建てられたストゥディ館に、1777年に創設された博物館。1734年、ナポリ公国の王となったブルボン家のカルロ3世が母のエリザベッタ・ファルネーゼから受け継いだ遺産を展示することがはじまりだった。とりわけファルネーゼ・コレクションと呼ばれるギリシア・ローマ時代の模刻を含めた大理石彫刻とポンペイ・エルコラーノ遺跡からのモザイクをはじめとする発掘品で世界的に名高い。ポンペイ、エルコラーノの遺跡見学前にぜひ訪れたい。

1階、展示室をつなぐ中庭側の廊下部分も展示室。さりげなく置かれた貴重な展示品

1階Piano Terra：ファルネーゼ・コレクションを中心とした大理石彫刻とメディチ家由来の品を含む宝石を展示。左奥、ローマのカラカラ浴場で発掘された紀元前4世紀のふたつの模刻**『ファルネーゼのヘラクレス』**Ercole Farnese 3、**『ファルネーゼの雄牛』**Il Toro Farnese（16室 4）が見事。優美な**『カプアのヴィーナス』**Afrodite di Capua 6、薄衣をまとい、左手に花を手にした**『ファルネーゼのフローラ』**Flora Farneseは美しい。

奥まった9～10室には宝石を展示。カメオやラピスラズリなどに驚くほど繊細な彫刻が施されている。とりわけ目を引くのが**『ファルネーゼの皿』**Tazza Farnese 5、1枚のメノウに杯をかかげる神々が白く

浮き彫りされた物で、紀元前2世紀のアレキサンドリア製。

地下Sotterraneo：トリノの博物館に続くイタリア国内第2の規模を誇るエジプト・コレクションを展示。展示品はミイラや棺、副葬品、墓碑など多岐にわたる。

美しい照明の下、小ぶりな傑作がそろうサロン（1F 2～6室）

中2階Piano Ammezzato：階段（右側）おもにポンペイ、エルコラーノから出土されたモザイクを展示。

ポンペイの有力一族だったファウヌスの家Casa del Faunoで発見された大きな**『アレクサンドロ大王の戦い』**Battaglia di Alessandro Magno（61室 9）をはじめ**『婦人の肖像』**Ritratto Femminile、道化師を描いた**『メナンドロスの喜劇』**Commedia di Menandro 12、苦悩する顔が印象的な床モザイクの『演劇用マスクと葉、果物』Festone con Maschera, Foglie e Frutta、『トラに乗るバッカス』Dioniso Fanciullo su Tigreなど、いずれもぼかしと写実的な技法が見事だ。同家出土のブロンズ製の**『踊る牧神』**Fauno（60室 10）も見逃せない。奥の65室は**秘密の小部屋**Gabinetto Segreto。中2階の階段左側からは、ローマ貨幣などを展示した貨幣部門が広がっている。

展示品には英語の解説もあるので、時間と興味に合わせて読んでみよう

2階Primo Piano：当時の文明の高さを物語るポンペイ、エルコラーノからのフレスコ画、銀の鏡や杯、ガラス、彫像、手術器具などを展示。**ヴェスーヴィオ絵画**Pittura Vesuvianaと呼ばれる絵画部門は、この博物館でとりわけ名高い物。紀元前1世紀からヴェスーヴィオ火山が噴火した79年までに描かれたモチーフは、静物、人物、風景と多岐に渡り、当時の面影を知ることができるだけでなく、絵画様式の変遷を知る上でも重要な物だ。

エルコラーノ出土の『ヘラクレスとテレーフォ』Ercole e Telefo、ボスコレアーレの邸宅からの赤をバックに歴史上の人物を描いた『メガログラフィーア』Megalografia 14、緑を基調に優美な花の女神を描いた**『フローラ』**Flora 15などが印象的だ。

さらに4000点を超えるローマン・グラスでは、濃い青の上に白く4人の天使を彫刻した**『青いガラス壺』**Vaso in Vetro Blu 13が見逃せない。

このほか、エルコラーノのパピルス荘（114～117室）のブロンズ像 18～21、ギリシア植民地からのアッティカ様式の赤絵・黒絵の壺や絵画、彫像 22などが続く。

「青いガラス壺」

時間限定に注意

2階の一部は9:00～14:00（マーニャ・グレーチャ、パピルス荘の展示など）、1階の一部（イシデ神殿など）は14:00～19:30のみの開場。詳細は左記URLから確認可なので、事前に確認を。また、無料の㊐は展示室の一部閉鎖あり。

✉ 国立考古学博物館の手荷物の基準

切符を購入し、そのままリュックを背負って入口から入ろうとしたら、リュックは持ち込みNGとの事。母が持っていた肩がけのショルダーバッグは大丈夫だったので、リュックは基本ロッカーに入れるみたいです。ロッカーは無料で、切符売り場のすぐ近くにあるので、不便ではなかったですが、リュックの中身を移す手さげバッグが必要かと思います。
（宮城県　ゆり　'19）

2階へと通じる大階段。16世紀に建てられた当時は騎兵隊兵舎

エルコラーノ出土、紀元前2世紀頃のギリシア彫刻の模刻「牧神と山羊」（秘密の小部屋）

ナポリ国立考古学博物館

1F Piano Terra

博物館の一番の見どころ。多くは紀元前5世紀頃からのギリシア彫刻をローマ時代に模刻した物。ほとんどのオリジナルは現存しないため、失われた古代の傑作に出合える貴重な場だ。

1 暴君誅殺者 Tirannicidi

暴君ヒッパルコスを殺害した若者像。紀元前6世紀にアテネ市民の注文により制作された「解放のシンボル」

2 アルテミーデ Artemide Efesia

古代ギリシアの一大聖地エフソス聖堂の女神像。ブロンズ部分は19世紀にジュゼッペ・ヴァラディエによって再現

3 ファルネーゼのヘラクレス Ercole Farnese

紀元前4世紀、ヘレニズム期の彫刻家リシッポの最高傑作との誉れ高い作品。ローマ、カラカラ浴場発掘

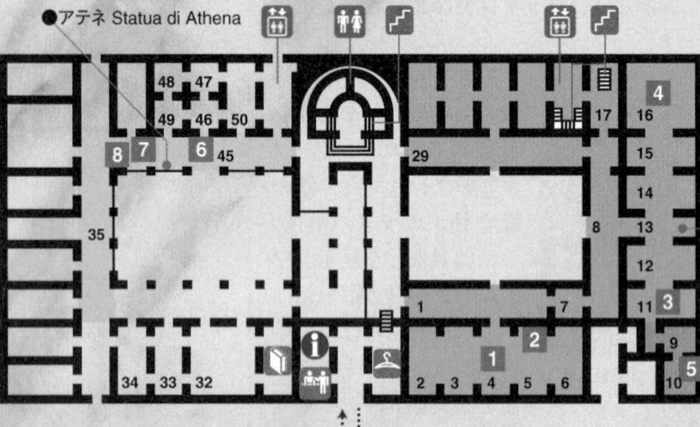

4 ファルネーゼの雄牛 Toro Farnese

本来の名は『ディルケーの拷問』。母の恨みを晴らそうとふたりの兄弟が雄牛を使って拷問している場面の彫刻群

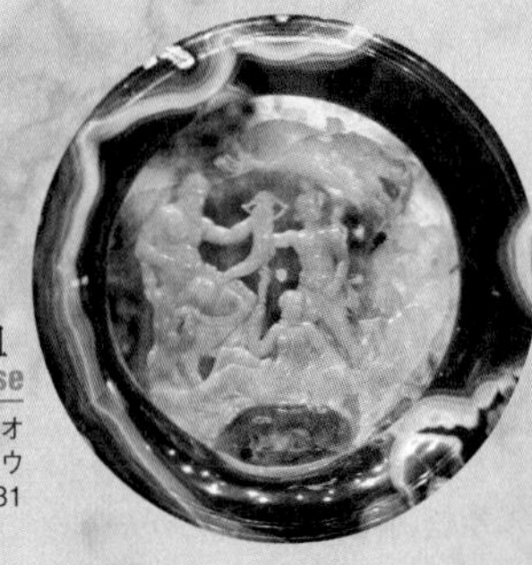

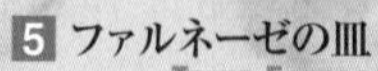

5 ファルネーゼの皿 Tazza Farnese

紀元前2世紀の「プトレマイオス王朝礼賛」を刻んだ皿。アウグストゥスがエジプトから31年頃に持ち帰った

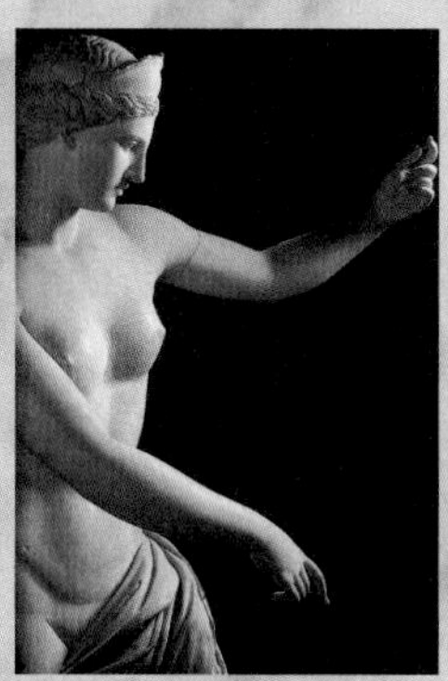

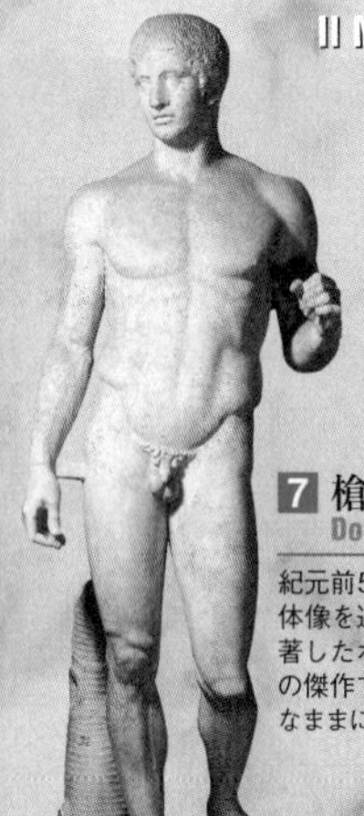

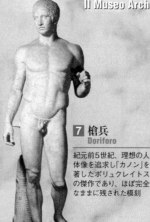

7 槍兵
Doriforo

紀元前5世紀、理想の人体像を追求し「カノン」を著したポリュクレイトスの傑作であり、ほぼ完全なままに残された模刻

6 カプアのヴィーナス
Afrodite di Capua

オリジナルは紀元前4世紀のブロンズ製。カプアの円形闘技場から出土。女性の理想美を具現している

8 ディオメデス
Statua di Diomede

紀元前5世紀頃に制作されたもので、ギリシア神話の勇士「ディオメデス像」。カンパニア州クーマで出土

中2F
Piano Ammezzato

ポンペイ、エルコラーノの古代遺跡で発掘されたモザイク画、彫像、コインを展示。鮮やかで細密なモザイク画は、雄弁に当時を物語ってくれる。

9 アレクサンドロ大王の戦い
Battaglia di Alessandro Magno

ペルシャ王ダレイオスを倒す若きアレクサンドロ大王の画。5.83×3.13mという大きなモザイク画

9 10 11 12
61 60 59 58
65 62 63 64 57
51 52 53 54 55 13 56

秘密の小部屋
モザイク
貨幣コレクション

11 メメント・モリ（骸骨）
Memento mori

生と死は誰にも平等であるというヘレニズム期の考えを現した比喩的作品。邸宅の床に描かれていた

10 踊る牧神像 Fauno

9と同じくポンペイ貴族ファウヌス家の豪邸からの出土品。現在ポンペイで見られる物のオリジナル

12 メナンドロスの喜劇
Commedia di Menandro

ポンペイのチチェローネ邸からの出土。紀元前3世紀頃のアレクサンドリア派の作

13 青いガラス壺
Vaso in Vetro Blu

色ガラスを何層か重ね、それを削って紋様を描くカメオ技法を施した壺。ローマ時代に流行した技法

2F
Primo Piano

小品が多いながら、その美しさが文化と美意識の高さを物語るポンペイ絵画とエルコラーノのパピルス荘からの多数のブロンズ像を展示

出土品分類
- パピルス荘
- ネアポリス
- ナポリ湾からの出土品
- ポンペイの埋葬品
- ポンペイの生活用品
- ポンペイのイシデ神殿
- ポンペイ絵画

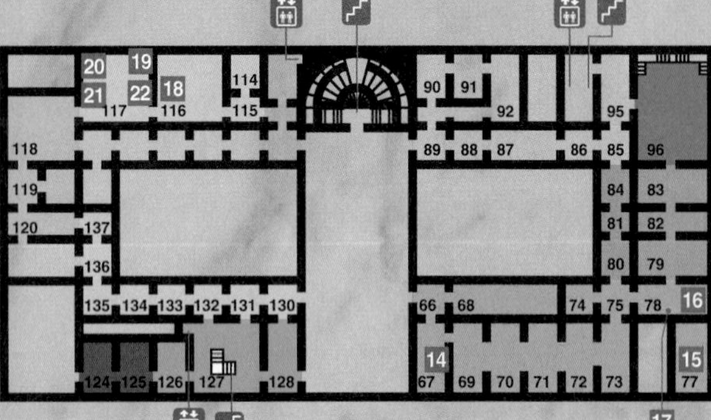

14 メガログラフィーア Megalografia

「狩りの風景」。マケドニアの当時の名高い絵を写した物といわれる。ボスコレアーレの邸宅からの発掘品

15 フローラ Flora

見逃しそうな小品だが、その優美さは秀逸。古代ギリシアの模写で、スタヴィアのアリアンナ邸から出土

16 ネオと妻の肖像 Terentius Neo e la Moglie

62～79年頃の作。夫の持つ証書は司法職、妻の天秤と黒板は彼女の興味を表すという。当時の流行だったアクセサリーにも注目

17 女性(サッフォ)の肖像 Medaglione con busto ritratto

実在の女性を描いた作品。16に比べ髪形やアクセサリーも洗練されて、より高貴な印象

18 走者 Corridori

贅を尽くしたエルコラーノのパピルス荘は、プールや図書館を有した壮大な邸宅で65のブロンズ像と28の大理石像が飾られていた。これは紀元前4～3世紀のギリシア彫刻のコピー

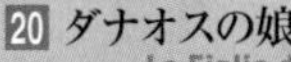

20 ダナオスの娘 Le Figlie di Danao(5体)

ギリシア神話に登場するダナオスとその娘。「ダンサーたちDanzatrice」とも呼ばれる

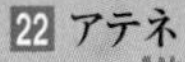

22 アテネ Athena Promachos

ギリシア神話の知恵・芸術・工芸・戦略を司る女神。兜で武装した姿は雄々しく勇壮

19 若者の胸像 Busto Virile (Tolomeo Apione)

髪形が特徴的なこの若者は、紀元前3世紀頃のマケドニア王プトレマイオス1世時代の物

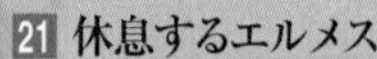

21 休息するエルメス Hermes in riposo

旅人の守護神であり、体育技能の神とも呼ばれるエルメス。パピルス荘の体育室からの出土

庭園の美しい王宮の中にある MAP P.35 A3、P.63

国立カポディモンテ美術館 ★★★

Museo e Gallerie Nazionali di Capodimonte　ムゼオ・エ・ガッレリエ・ナツィオナーリ・ディ・カポディモンテ

カポディモンテの緑の丘に広がる広大な美術館。国立考古学博物館と同様、ファルネーゼ家により創設され、ファルネーゼ・コレクションを中心にナポリ絵画、ナポリの教会から運ばれた祭壇画を展示。磁器で飾られた旧居室＝磁器の間や舞踏室なども見事だ。

広大な丘に広がる国立カポディモンテ美術館

2階Primo Piano：美術館の創設者であるカルロ3世が望んだように、各派ごとにほぼ年代順に並べられた展示はイタリア絵画の潮流を知ることができる貴重な場所だ。堂々たる階段を上ると、コレクションの生みの父、アレッサンドロ・ファルネーゼ枢機卿、後の教皇パオロ3世の肖像画が掲げられている。ティツィアーノの『**パオロ3世と甥たち**』Paolo Ⅲ con i nipoti（2室 **1**）『**パオロ3世の肖像**』Ritratto di P. Farnese、ラファエッロの『**アレッサンドロ・ファルネーゼの枢機卿の肖像**』Ritratto del Cardinale A.Farnese（2室 **1**）。5室はルネッサンス絵画のマゾリーノとマザッチョ。とりわけ1400年代絵画の革新者だったマザッチョの『**磔刑図**』Crocifissione（**2**）は、この美術館の代表作のひとつ。このほか、マゾリーノの『**聖母被昇天**』Assunzione della Vergine（**3**）。6室はカノーヴァによる優美な大理石像『**レティツィア・ボナパルト・ラモリーノ・ボナパルト**』Letizia Ramolino Bonaparte。ナポレオンの母の姿だ。

展示方法がすばらしい美術館内部

ジョヴァンニ・ベッリーニの『**キリストの変容**』Trasfigurazione（**4**修復中）は、彼の円熟期の傑作。8室にはマンテーニャの『**ルドヴィーコ・ゴンザーガの肖像**』Ritratto di Ludovico Gonzagaも。

ティツィアーノの『**マッダレーナ**』Maddalena（11室**6**）。12室にはパルマ派でパルミジャニーノの『**聖家族**』Sacra Famiglia、コレッジョ『**聖母子（ジプシー）**』Madonna con Bambino (la Zingarella)。

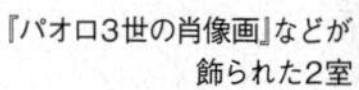

『パオロ3世の肖像画』などが飾られた2室

●国立カポディモンテ美術館
住 Parco di Capodimonte Via Miano 2
☎ 081-7499111
URL www.museocapodimonte.beniculturali.it
開 8:30～19:30
12/24、12/31 8:30～14:00
休 ㊌、1/1、12/25
料 €8（特別展の場合€12～14）
※夏季の㊎は22:30（入場～21:30）まで開館延長の場合あり。19:30～入場料€2
M 1号線Colli Amineiからバス R4

国立カポディモンテ美術館へのバス

●考古学博物館前のPiazza Museoのバス停から

168、178番ならPorta Piccola、Via Miano下車。C63番（ダンテ広場にもバス停あり）はPorta Grande, Via Miano（入口前）下車。'19年12月現在、美術館に一番近いバス停に停車するのはC63番。

●ムニチーピオ広場、王宮近くやダンテ広場のバス停から

バス604でバス停Viale Colli Aminei下車。バス停から入口までは徒歩7～8分。

※P.72も参照

✉ タクシーが便利で経済的

中央駅近くのホテルに宿泊していました。バスはスリや乗り換え、渋滞が心配でタクシーで行くことにしました。ホテルで尋ねると、タクシーのレシートを見せると1人€2の割引があるということ。タクシー代を確認して呼んでもらいました。乗ったタクシーで最初に料金を確認すると「ノー・プロブレム!」と言われ、発車前に料金€14.50のレシートを書いてくれました。20分弱で美術館に到着。チップの気持ちで€15を支払いました。切符売り場でレシートを出すと、特別展€14だったからか、1人€4を割り引いてくれました。レシートはそのまま渡す必要があります。タクシー利用は快適かつ時短になり、割引もあってラッキーでした。

（東京都　貫井勢起子　'19）

国立カポディモンテ美術館

2F Primo Piano

1734年にナポリ王になったブルボン家のカルロ3世は、母エリザベッタ・ファルネーゼから受け継いだ美術品コレクションを収蔵するための館を建設したが、その建物が現在のカポディモンテ美術館だ。ファルネーゼ家出身の教皇パオロ3世が、ローマで始めた豪華な絵画コレクションが、パルマ公国を経てここナポリの地に移された。

ファルネーゼコレクション *Farnese Collection*

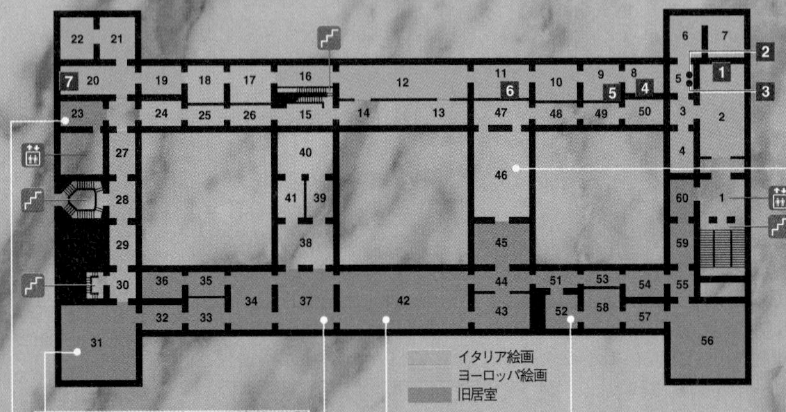

大広間

ポンペイ風
サロン

磁器の間

舞踏室

ダイニング

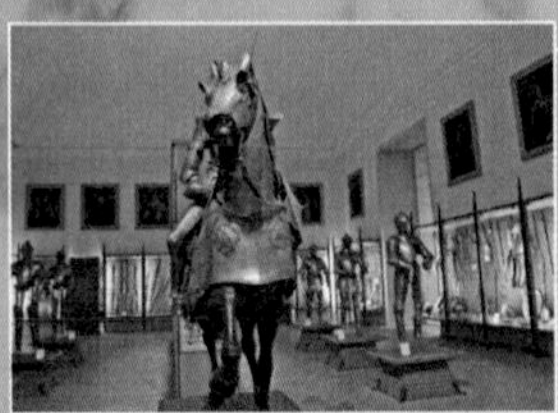

武具室

1 ティツィアーノ作 『パオロ3世と甥たち』
1545-1546年
Paolo III con i nipoti

美術館の祖となったパオロ3世に敬意を払うかのように入室してすぐ、目立つ場所に展示。狡猾そうに描かれた姿に、人物の内面描写に高い技量を示したティツィアーノの面目躍如

2 マザッチョ作 『磔刑図』1426年
Crocifissione

カルロ３世が望んだように、ファルネーゼコレクションの絵画は年代順に配置されている。ルネッサンスの先駆者マザッチョがピサで描いた多翼祭壇画の一部『磔刑』は美術館の至宝のひとつ

3 マゾリーノ作 『聖母被昇天』
1428年
Assunzione della Vergine

マザッチョと同時代を生きた、20歳以上離れた師。遠近法を駆使したマザッチョと従来の国際ゴシック様式で描かれたマゾリーノの作品を比べて見よう。ローマのサンタ・マリア・マッジョーレ大聖堂のコロンナ礼拝堂のために描かれたもの。

4 ジョヴァンニ・ベッリーニ作(修復中) 『キリストの変容』
1487年頃
Trasfigurazione

絵画のモチーフとしてしばしば用いられる「キリストの変容」とは、イエスが天で栄光の姿へ変容することを預言した場面を描いたもの。ベッリーニの最高傑作とも言われ、白く輝くイエスや丹念に描き込まれた風景は、厳かで清澄、高い神性を感じさせる

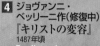

5 セバスティアーノ・デル・ピオンボ作 『ヴェールの聖母』
1533-1535年
Madonna del velo

ラファエッロのライバルと評された、ヴェネツィア派のピオンボの描いたエレガントな聖母子。ファルネーゼコレクションには、各時代・各派の傑作が集まっている

6 ティツィアーノ作 『マッダレーナ』1567年頃
Maddalena

ティツィアーノはヴェネツィア派を代表するひとりで、同名の作品を複数残している。マッダレーナは、イエスと出会って娼婦であったことを改悛し、後に聖女となった女性。画面左にはイエスの体を清めた香油壺。その香油をぬぐったという長い髪がシンボル。

7 アンニバーレ・カラッチ作 『岐路に立つヘラクレス』1596年
Ercole al bivio

ローマのファルネーゼ宮の天井画として描かれた作品。岩の上に座るヘラクレスは、悪徳と美徳の擬人化である二人の女性の指さすどちらの方角に進むべきか、悩んでいる

新登場! 便利で快適

Citysightseeing busがShuttle Museo Capodimonteを運行。車内の混雑を避け、美術館入口で乗り降りできる。中心街から所要約22分、50分ごとの運行。サン・カルロ劇場そばのPiazza Trieste Tronto発でムニチーピオ広場、ダンテ広場、考古学博物館、カポディモンテ美術館に停車。

切符

シャトルバス往復 €8
片道 €5
シャトルバス往復＋カポディモンテ美術館入場券(有効1日) €12
(特別展の場合€16)
5〜26歳 €6
※休館日の㊌は運休
☎3357803812

✉タクシーが簡単便利

午後ナポリを発つ予定だったので、午前中に効率よくカポディモンテ美術館へ行こうと計画。まずは中央駅前からバスR2でサン・カルロ劇場近くまで行き、上記のCitysightseeing社のシャトルバスに乗車しようと考えました。ところが出発前にホテルのカウンターに定額タクシーの表示があり、それによるとカポディモンテまで€13。これを利用することにしました。ホテルで呼んでもらい、ナポリの古い町並みの狭い道路を巧みに走り、渋滞にはまることなく15分で到着。運転手は呼び代として€1を要求(たぶんこれは不要。チップも€1も加えたので運転手はかなり恐縮したもよう)、帰りは、タクシーを下車した出入口近くで客待ちしていたタクシー利用で、中央駅前広場のホテルまで約15分、料金はメーター通りで€10でした。バスの待ち時間もなく、かなりの時間の節約になり、ゆっくりと見学ができました。ちなみに往復のバス代(€1.50×2枚)+シャトル代=ひとり€11。3人なら、タクシーのほうが絶対お得です。
(東京都 ICM '16)

繊細なタペストリー

ブリューゲルの**『盲者の寓話』**Parabola dei Ciechi (17室)も必見。19、20室はカラッチ一族の作品が続き、アンニバーレ・カラッチの傑作のひとつ**『岐路に立つヘラクレス』**Ercole al bivio(20室**7**)。27室にはグイド・レーニの『四季』Le Quattro Stagione。

時代順、作家別の展示がわかりやすい

ピーター・ブリューゲル作『盲者の寓話』

旧居室Appartamento Storico：華やかな居室が続く。ポンペイ風の絵が描かれた**サロン**(23室)や**大広間**(31室)、**ダイニング**(37室)、**舞踏室**(42室)などさまざまに装飾された部屋が続く。各部屋に置かれた彫像、椅子、テーブルなどの調度品も見事だ。この一角には**陶器コレクション**が続く。とりわけ、女神が馬と天使を従えて花飾りを頭上高く掲げる**『オーロラ』**L'Auroraが目を引く。さらに続いて武具のコレクション。

華麗で繊細な『オーロラ』

「磁器の間」Salottino di porcellana del Palazzo di Portici (52室)は、17世紀後半王妃マリア・アマリアのために作られ、19世紀にここに移設されたもの。1739年、この美術館の敷地内に創設されたカポディモンテ焼の工房の最高技法を駆使し、壁面やシャンデリアまでが彩色および金をかけた中国的モチーフを描いた磁器で飾られた驚きの空間だ。

特別展の『磁器の間』

3階Secondo Piano：ナポリ絵画部門。入口近く(62室)の**大きな7枚のタペストリー**はカルロ5世がフランソワ1世を打ち破った様子を描いた**『パヴィアの戦い』**Battaglia di Paviaで、16世紀のベルギー製。ナポリ絵画に多大な影響を与えたふたりの巨匠、シエナ派のシモーネ・マルティーニの**『トゥールーズの聖ルイ』**San Ludovico di Tolosa (66室)は必見。カラヴァッジョの**『キリストの笞打ち』**Flagellazione(78室)は、その暴力的な雰囲気がナポリの画家たちに衝撃を与えた。以降、充実したナポリ絵画が続く。

3階、迫力ある明暗使い。ナポリ絵画の傑作が揃う

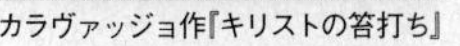
カラヴァッジョ作『キリストの笞打ち』

シモーネ・マルティーニ作『トゥールーズの聖ルイ』

ナポリ絵画の典型である静物画Natura Morta（97室）、マッティア・プレーティの『聖セバスティアヌス』S. Giovanni Battista（102室）、ルーカ・ジョルダーノの『天蓋の聖母』Madonna del Rosario (Bardacchino) (103室)なども見逃せない。

3階から続く小階段から4階Terzo Piano：Sezione Arte Contemporanea。近代・現代絵画、写真、オブジェなどを展示。アンディ・ウォーホルの『ヴェスーヴィオ火山』Vesviusは必見。

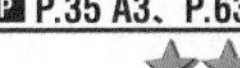
ルーカ・ジョルダーノ作『天蓋の聖母』

A.ウォーホル作『ヴェスーヴィオ火山』

カラヴァッジョを訪ねて

ナポリが活動の最終地となったカラヴァッジョ。カポディモンテ美術館の『キリストの笞打ち』のほか、この町で2作品を見ることができます。

ドゥオーモ近くのピオ・モンテ・デッラ・ミゼリコルディア教会(→P.53)の『慈悲の七つの行い』。もうひとつは彼の遺作といわれている『聖ウルスラの殉教』で、トレド通りのゼヴァロス・スティリアーノ宮美術館(→P.77)にあります。アルテカードで入場料割引あり。
（兵庫県　レオ）

サン・ジェンナーロのカタコンベ

サン・ジェンナーロのカタコンベを観て来ました。チケット売り場でわかりやすい地図をもらえます。
（東京都　杉山敦樹　'19）

私のおすすめ

カタコンベに興味がある方にはフォンタネッラ墓地Cimitero delle Fontanelleもおすすめです。サン・ジェンナーロのカタコンベから徒歩15～20分程度にあり、かつての石切り場を利用した広大な空間です。約4万もの遺骨が並べられており、訪れる価値あり。以前はバスが通っていたのですが今はありません。
（東京都　杉山敦樹　'19）

ナポリのミステリーゾーン　MAP P.35 A3、P.63

サン・ジェンナーロのカタコンベ　★★

Catacombe di San Gennaro　カタコンベ・ディ・サン・ジェンナーロ

教会の裏手下にある、カタコンベの入口

ローマのサン・ピエトロ大聖堂を模倣して近年に造られたマードレ・デル・ブオン・コンシリオ教会Madre del Buon Consiglioの裏手のサン・ジェンナーロ・エクストラ・モエニア教会S. Gennaro extra Moeniaの地下にある。発見されている地下埋葬所の中で最も古いもののひとつで、創設は2世紀頃。地下聖堂には、3～10世紀の貴重な初期のキリスト教の壁画とモザイクが残る。

マードレ・デル・ブオン・コンシリオ教会が目印

●サン・ジェンナーロのカタコンベ
住 Via Tondo di Capodimonte 13
☎ 081-7443714
URL www.catacombedinapoli.it
開 見学はガイド付きで所要約1時間
㈪～㈯
10:00～17:00の毎時出発
㈰
10:00～14:00の毎時出発
料 €9（サン・ジェンナーロとサン・ガウディオーゾSan Gaudiosoのカタコンベとの共通券）
※サン・ジェンナーロ・エクストラ・モニア教会前に集合。
M 1線Colli Aminei
1線Danteからバス604
B 考古学博物館からバス168、178、C63、604
※いずれもバス停Basilica Incoronata-Catacombe San Gennaro下車

3.ヴォメロの丘とサンタ・ルチア

Monte Vomero e Santa Lucia

遠くにヴェスーヴィオ火山が

王宮前の広大なプレビシート広場から海の見える坂道を下ると、有名なナポリ民謡で歌われる"サンタ・ルチア"地区だ。古くから港町として栄えたこの地域には、いつも海風が吹き抜け太陽の光が海面にキラキラと反射している。高台のヴォメロの丘にフニコラーレ(ケーブルカー)で登れば、ヴェスーヴィオ火山とナポリ湾の絵はがきのような風景に出合える。どこも見逃せない観光名所が並ぶこの地域は、外観だけを見ながら巡っても十分満足できるはず。

●おもな見どころ

① ヌオーヴォ城

通称マスキオ・アンジョイーノ(アンジュー家のやぐら)と呼ばれている。当時最新の技術を用いて防御効果の高い4つの塔を配した城を築き上げ、周りには堀がはりめぐらされていた。

★★★ P.76

② ゼヴァロス・スティリアーノ宮美術館

洗練されたナポリを象徴する美術館。18〜19世紀のナポリ派絵画を中心に展示。特に名高いのがカラヴァッジョ最晩年の傑作『聖ウルスラの殉教』。深い闇のなか、悲しみ戸惑うウルスラが印象的。

★★ P.77

③ 国立サン・マルティーノ美術館

エルモ城の隣。14世紀に建てられたカルトジオ会の修道院が、現在は国立美術館になっている。大規模なプレゼーピオが展示されていることで有名。奥の庭園からのナポリ湾の眺めは最高。

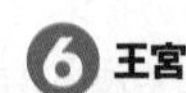

★★★ P.78

④ サンタ・ルチア

プレビシート広場から坂道を下りたあたりがかつて漁港として栄え、ナポリ民謡でもおなじみのサンタ・ルチア地区。ヴェスーヴィオ火山とナポリ湾のパノラマを楽しみながら散歩したい。

★★ P.82

⑤ プレビシート広場

王宮の真っすぐなファサードに対して、半円形の柱廊が広場を取り巻いている。両脇にはライオン像が置かれ、中央のサン・フランチェスコ・ディ・パオラ聖堂が広場を見守る。

★★ P.83

⑥ 王宮

17世紀にスペイン王のために建設されたが、王が住むこともなく次の時代を迎えた。プレビシート広場に面した正面には、ナポリを制した勇敢な8人の王の立像が並んでいる。

★★★ P.83

地下鉄1線
Metropolitana Linea 1
サルヴァトーレ・ローザ通り
Via Salvatore Rosa
地下鉄2線
Metropolitana Linea 2
地下鉄1線
Metropolitana Linea 1
N
V.エマヌエーレ大通り
Corso V. Emanuele
モンテサント
MONTE SANTO
ダンテ広場とポルタルバ
P.za Dante/Port' Alba
ダンテ駅
Dante
サン・ドメニコ・マッジォーレ教会
S.Domenico Maggiore
モンテサント駅
Montesanto
Montesanto
ケーブルカー乗り場
ヴォメロ
Vomero
モンテサント線 Funicolare di Montesanto
Morghen
P.80
サンテルモ城
S.Elmo
カリタ広場
P.za Carità
ウンベルト1世大通り
ウニヴェルシタ駅
Università
P.78
国立サン・マルティーノ美術館 ③
Museo Nazionale di San Martino
トレド通り Via Toledo
トレド駅
Toledo
メディーナ通り Via Medina
P.77
スペイン地区
Quartieri Spagnoli
Petraio
エマヌエーレ大通り
C.so
V.Emanuele
チェントラーレ線 Funicolare Centrale
P.77
② ゼヴァロス・スティリアーノ宮美術館
Palazzo Zevallos Stigliano
ムニチーピオ広場
ムニチーピオ駅
Municipio
キアイア線
Funicolare di Chiaia
ケーブルカー乗り場
Stazione
ウンベルト1世のガッレリア
Galleria Umberto I
Augusteo
ケーブルカー乗り場
トレニタリア
マリッティマ駅
Stazione
F.S. Marittima
P.76
ヌオーヴォ城 ①
Castel Nuovo
サン・カルロ劇場
Teatro S.Carlo
P.83
フェリー乗り場
キアイア通り Via Chiaia
⑥ 王宮
Palazzo Reale
Via G. Filangieri
Bacino Angioino
P.83
⑤ プレビシート広場
Piazza Plebiscito
マルティーリ広場
Piazza dei Martiri
P.82
④ サンタ・ルチア
Santa Lucia
Via Calabritto
Via D. Morelli
PIZZOFALCONE
Via Santa Lucia
水族館
Acquario
ヴィットリア広場
Piazza Vittoria
サンタ・ルチア通り
ナポリ湾
Golfo di Napoli
サンタ・ルチア港
Porto Santa Lucia
ナポリ湾
Golfo di Napoli
卵城 P.82
Castel dell'Ovo
0
250
500m

NAVIGATOR

ヌオーヴォ城から卵城へ

中央駅からは地下鉄1線でMunicipio下車。地上に出ると、ヌオーヴォ城は目立つのですぐわかる。ここからヴォメロの丘の上に見えるのが、あとで行くサン・マルティーノ修道院だ。ヌオーヴォ城の正面入口を左に見て道沿いに進むと左にサンカルロ劇場、その向かいがウンベルト1世のガッレリアだ。広場の先の左側にはプレビシート広場が広がっている。向かいの赤い長い建物が王宮。海の見える坂道を下りて行くとサンタ・ルチア港付近に出る。海岸沿いを右に歩き、インマコロラテッラの噴水を過ぎれば、海に突き出た卵城に到着だ。

●ヌオーヴォ城
住 Piazza Municipio
☎ 081-7957722
開 8:30〜19:00
休 ㊐㊗
料 €6
※切符売り場閉館1時間前まで
B R2、C55
M 1線Municipio

美術館へ

美術館へはパラティーナ礼拝堂右側の階段で2階へ。2階から3階へはエレベーターを利用する。ブロンズ製の大扉は2階入口にある。踊り場やテラスからは海や王宮を眺められ、塔を身近に見ることもできる。

おもな見どころ

アンジュー家のやぐら MAP P.36 C2、P.75

ヌオーヴォ城(アンジュー家のやぐら)★★★

Castel Nuovo(Maschio Angioino) カステル ヌオーヴォ(マスキオ アンジョイーノ)

アンジュー家のカルロ1世によって築かれた

王の住居であった卵城とカプアーノ城が立地的に不便だったことから、1284年にカルロ1世によって築かれた「新しいNuovo(ヌオーヴォ)」城兼城砦。別名、アンジュー家のやぐら＝Maschio Angioinoと呼ばれる。海を見下ろし、5つの塔と堀をめぐらした姿は堅牢な城砦の面持ちだ。火災などにより大部分が破壊されたため、アンジュー家に続いてナポリを支配した**アラゴン家**により1443年に再建された。

アルフォンソの凱旋門

広場から続く正面、2つの塔の間はアルフォンソ1世のナポリ入場を記念した**「アルフォンソの凱旋門」**Arco di trionfo di Alfonsoがあり、大理石製でアルフォンソの勝利を讃えるレリーフで装飾されている。この奥にあるフェルディナンド1世の戴冠の場面を描いた15世紀の**ブロンズ製の扉**はコピーで、オリジナルは内部の美術館に展示。

切符売り場から中庭へ通じ、ほぼ正面にバラ窓のある**パラティーナ礼拝堂**、左にカタロニア式の**外階段**が見える。パラティーナ礼拝堂はアンジュー家時代の唯一残るものだが、創建当時は全面に描かれていたというジョット派のフレスコ画は窓枠の内側に残るのみだ。カタロニア式外階段の上は**「封建領主の間」**Sala dei Baroniで、天井の頂きの丸窓から王冠のようにヴォールトが延びる印象的な天井はギリエルモ・サグレラスの設計。

2〜3階は**市立美術館**Museo Civicoになっており、**ブロンズ扉のオリジナル**、14〜18世紀のナポリ派の彫刻や絵画を展示。展示室周囲のテラスからの眺めもよい。

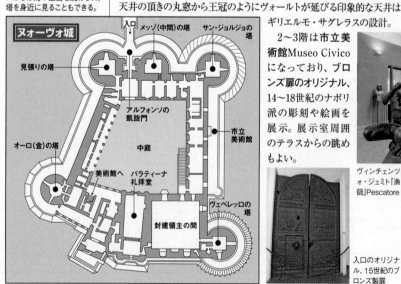

ヌオーヴォ城

入口
メッゾ(中間)の塔
サン・ジョルジョの塔
見張りの塔
アルフォンソの凱旋門
市立美術館
オーロ(金)の塔
中庭
美術館へ
パラティーナ礼拝堂
ヴェベレッロの塔
封建領主の間

ヴィンチェンツォ・ジェミト『漁師』Pescatore

入口のオリジナル、15世紀のブロンズ製扉

十字型のアーケード　MAP P.36 C1、P.75

ウンベルト1世のガッレリア ★

Galleria Umberto I　ガッレリア・ウンベルト・プリモ

1887～90年にかけて建築された、58mの高さをもつアーケード。内部には1912年まで、古きよき時代に音楽家や芸術家が集ったカフェ・カンタントCafè Chantantがあったことでも有名。

現在はZARAなどが並ぶショッピングアーケードで、中央にはカフェがテーブルを広げる、市民の憩いの場。

鉄とガラスの美しい芸術品

晩年のカラヴァッジョ作品を所蔵　MAP P.36 C1、P.75

ゼヴァロス・スティリアーノ宮美術館 ★★

Gallerie d'Italia Palazzo Zevallos Stigliano　ガッレリア・ディタリア・パラッツォ・ゼヴァロス・スティリアーノ

死の数週間前に描かれたという、カラヴァッジョの心情を吐露する『聖ウルスラの殉教』

トレド通りに面して建つ、この町の歴史を象徴する美しい美術館。17世紀に貴族の邸宅として建てられ、その後たびたび改装が行われ、ファサード、内部の華麗な装飾、大階段など見事な空間が広がる。後年、1階中庭部分は銀行として利用されていた。

18～19世紀のナポリ派を中心とした絵画が展示されるが、この美術館の至宝が2階の「スタッコ装飾の間」Sala degli stucchiのカラヴァッジョの『聖ウルスラの殉教』Il Martirio di Sant'Orsolaだ。「結婚にあたりローマへの巡礼を終え、帰国途中のウルスラは、ケルンの港でフン族の王アッティラの放った矢を胸に受け、ひとりたたずむ様子」が描かれている。死刑宣告を受け、逃避行の末にシチリアからナポリに戻った失意のカラヴァッジョの最晩年の作品で、激しい筆致と暗い闇のような画面が画家の深い心の闇を表現しているといわれている。

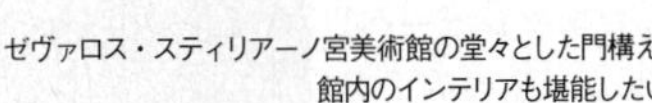
ゼヴァロス・スティリアーノ宮美術館の堂々とした門構え。館内のインテリアも堪能したい

観光客を寄せ付けないもうひとつの下町　MAP P.36 B・C1、P.75

スペイン地区

Quartieri Spagnoli　クアルティエーリ・スパニョーリ

トレド通り西側の丘の斜面は、トレド総督によってスペイン統治下に激増した人口問題を解決するために住宅で埋めつくされた。現在でも密集する当時の住宅がそのまま使われている。治安があまりよくないので日の当たらない薄暗い路地には迷い込まずに、洗濯物のはためくナポリらしい風景はトレド通りから見上げよう。

✉日曜日のトレド通り

歩行者天国でいろいろのストリートパフォーマーがいて、楽しかった。（愛知県　みよ）

✉ガイド付き劇場見学

見学ツアーは予約不要で毎日開催されているようです。所要1時間程度。料金€6、アルテカード割引で€5。私が参加したときは、ガイドは英・仏語が堪能な方で、19世紀初頭から動き続ける時計など興味深い物を見ることができました。（東京都　もげった）

●ゼヴァロス・スティリアーノ宮美術館
住 Via Toledo 185
☎ 800-454229
URL www.galleriaditalia.com/it/napoli/
開 10:00～19:00
㊏㊐10:00～20:00
休 ㊊、12/25
料 €5、26歳以下65歳以上€3
※入館は閉館30分前まで
※毎月第1㊐は無料

✉無賃乗車は€25!!

切符を購入しようとしていたところ、ちょうどトラムが来たので「昨日も検札来なかったし……」と切符を買わずに乗車。ところが検札が来て€25の罰金!! やっぱり切符は買って、刻印も忘れずに。（埼玉県　なぼ）

✉ケーブルカーはフニコラーレ

「ケーブルカーの乗り場はどこ?」と聞いてもわかりませんでした。「フニコラーレはどこ?」と聞くべし。（愛知県　みよ）

スペイン地区の庶民的な界隈

●国立サン・マルティーノ美術館
住 Largo S. Martino 5
☎ 081-2294541
開 8:30～17:00
休 ㊌
料 €6
※切符売り場は16:00まで
※毎月第1㊐は無料
※庭園は16:00に閉場。早めに出かけよう。人員の関係上、曜日・時間限定の展示室もあり。開室状況の詳細は URL www.polomusealecampania.beniculturali.it→orariで検索可

木製の譜面台(17C)の置かれた後陣

教会内部は正面からの入場不可

床面の大理石装飾を保護するため、内部正面からの入場不可。入場はキオストロ・グランデから。

パノラマを楽しむなら ナポリ湾を見下ろす、サン・マルティーノ美術館

国立考古学博物館やムニチーピオ広場からバスR1番に乗車して終点下車。ここから少し歩いてV1番のミニバスに乗車し、終点で下車するとサン・マルティーノ美術館前の広場だ。美術館内のテラスや庭園からは海岸線と島までを望むことができる。バスの停車する広場からも海岸沿いに広がるナポリの町並みが一望でき、ナポリのパノラマを楽しみたい人にはぜひおすすめのスポットだ。また、美術館までのバスR1、V1番もともに車窓からの風景も楽しい。

ただし、渋滞すると距離に比べかなり時間がかかる。移動時間を短縮するなら、地下鉄ヴァンヴィテッリ駅やフニコラーレの各駅からの徒歩で。

※'19年12月現在、ミニバスV1は1時間に1便程度の運行で、㊐は運休。バスを待つより、歩くほうが早く着く。

かつてのカルトジオ会修道院 MAP P.36 B1、P.38 A2、P.75

国立サン・マルティーノ美術館(旧修道院)☆☆☆

Museo Nazionale di San Martino ムゼオ・ナツィオナーレ・ディ・サン・マルティーノ

ナポリを見下ろすヴォメロの丘に建つかつての修道院を利用した美術館。14世紀にカラブリア公カルロの命により建てられ、17世紀のコジモ・ファンツァーゴの指揮による全面改装によって**ナポリ・バロック様式の最高傑作**のひとつとして生まれ変わった。

天井のヴォールトが見事な教会

教会

中庭を抜けると、教会。金や銀に装飾された天井のヴォールトには『キリストの栄光』Gloria del Cristoなどの輝くばかりの**フレスコ画**が描かれ、床には美しい**大理石の象嵌細工**が広がり、壁面には華麗に装飾された礼拝堂が続く。まさに絢爛たるナポリ・バロックの世界だ。見逃せないのは、主祭壇のある後陣で、華麗な木彫りの**内陣席**Coro、ヴォールトにはカヴァリエーリ・ダルピーノのフレスコ画、壁面はグイド・レーニの『キリスト降誕』Nativitàやカラッチョロの「洗足式」Lavanda dei Piediで飾られている。後陣裏手から続く**テゾーロ礼拝堂**Cappella del Tesoroは一番の傑作と呼ばれ、ヴォールトにはすでに70歳になったルカ・ジョルダーノによる力作の『ユディットの勝利』Trionfo di Giudittà、祭壇に飾られているのはリベラによる『ピエタ』Pietà像。

象嵌保護のための入場制限あり

木彫りの内陣席Coro

さらに奥からは17世紀の列柱の続く、広々としたキオストロ・グランデが続く。

かつての修道院をしのばせるキオストロ・グランデの中庭

美術館

キオストロ・グランデを出た左側、やや暗い部屋が**プレゼーピオ部門**Sezione Presepiale。15世紀の大きな木像製、卵の殻などに入った精巧なものなどさまざまなものが並び、圧巻は壁一面を飾る『クチニエッロのプレゼーペ』Presepe Cucinielloで、300点以上の細工が見事に「キリスト降誕」を表現している。ちなみにクチニエッロは寄贈者の名前。近くの『リッチャルディのプレゼーペ』Presepe Ricciardiも中近東風の行列が見事だ。

18世紀のプレゼーピオの傑作。「キリスト降誕」を表現

さらに進んだ、通路を兼ねた**馬車Carozza**の展示場から**庭園**と**キオストロ・グランデ**Chiostro Grandeを取り巻くように展示室が続いている。美術館はナポリ独自の歴史、芸術、生活を数世紀に渡って俯

サヴォイア家女王の利用した馬車

ナポリの歴史を伝える特別展

瞰できる場として開設され、多岐の部門に渡る。

目を引く馬車で大きなものは17〜19世紀にナポリ公式行事に用いられたもの。華麗なもうひとつはサヴォイア家の女王が利用したものだ。この通路の端から、外部の人にも開放されていたという**修道会の薬局**Farmacia/Speziera、王族たちが利用した華麗な船などを展示する**船舶部門**Sezione Navale、馬車の通路をはさんで**クアルト・プリオーネ**Quarto del Prioneには修道院の歴史を伝える古い彫刻や絵画が並び、ベルニーニの傑作『聖母子とサン・ジョヴァニーノ』は必見。続いて修道院の生活を伝える**修道会博物館**Museo dell'Opera、**「イメージと追憶」**Immagini e Memorieは1400〜1800年代のナポリ絵画、**劇場部門**Sezione Teatrale（下の階）には18〜19世紀のサン・カルロ劇場の歴史や資料を展示。

海に向かって開けた奥の庭園や**テラスからの眺望**も見逃せない。左にアマルフィ海岸、中央にイスキア・カプリ島、右にプローチダ島とすばらしい眺めが広がる。

ナポリの眺望が見事

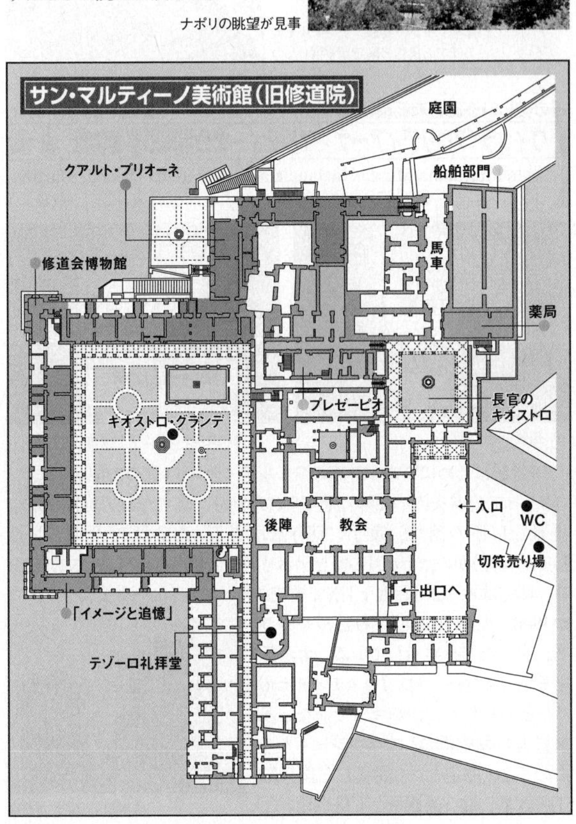

🖂 地下ツアー（→P.60）

ナポリの地下ツアーには二種類あり、両方訪れたのでヒントを付け加えておきます。一つは本書に紹介されているもので、スパッカ=ナポリにあります。地図アプリに住所を入力してしまうとたどり着けません。（イタリア人も迷子になっており、一緒に歩き回りました。）正解は、サン・パオロ・マッジョーレ教会の西隣りです。地図アプリを使う場合は、Napoli Sotterranea Percorso Ufficiale e Autorizzatoと入力すると、正しい場所が表示されました。12時の英語ツアーに参加しました。英語、フランス語、スペイン語ツアー客が同じ列で待機するので長く見えますが、後ほどちゃんと整理され、全員入れます。30人ほどのツアーでしたが、説明はよく聞こえました。2時間のうち半分が地下遺跡、残りが古代ローマ劇場の案内でした。これにまつわる話が面白いので、ぜひ訪れてみてください。

もうひとつはキアイア通りから北に入ったところにある、Napoli Sotterranea Tour Ufficiale（住 Vico S. Anna di Palazzo, 52）です。所要時間1時間、€10です。こちらでは、よりナポリ市民の当時の気持ちを伝えることを重視しており、他方とは異なる趣きのツアーで、両方楽しめました。

（在ドイツ　園本格士朗　'19）

🖂 サンテルモ城へ

スペイン地区近くのチェントラーレ線で終点下車。徒歩15分程度でサンテルモ城へ到着。入場料を払って中に入ると、ナポリの町、海、その先にヴェスーヴィオ火山が360度のパノラマで広がります。最高!!

（noname）

🖂 早めの見学を

国立サン・マルティーノ美術館の庭園からはナポリ湾、カプリやイスキア島を望むすばらしい眺めが広がります。ブドウ棚や緑も多く、ここで風景を見ながらくつろいでしまいました。午後（たぶん13:00過ぎ）には、入館時には開いていた絵画部門は閉鎖。係員に聞くと、「職員が少ないので……」ということ。早めの見学を。

（東京都　MSO）

要塞の上からの眺めが最高

MAP P.38 A2、P.75

サンテルモ城 ★★

Castel S. Elmo カステル・サンテルモ

ヴォメロの丘の頂上にある、6つの頂点をもつ星型の要塞。14世紀初めにアンジュー家が基礎を建てた場所に、16世紀に軍事総督トレドが星型の頑丈な要塞を築いた。要塞の上からの**ナポリ湾と旧市街の眺望**はすばらしい。

内部にはナポリの1900年代の美術を展示するMuseo del '900(ムゼオ・デル・ノヴェチェント)がおかれている。

切符売り場からは坂を上り、カルロ5世の紋章である鷹のレリーフのある門を抜け、さらに城砦内の坂道の通路を上がる。途中からの眺望もよく、ところどころに大砲が置かれ、当時の雰囲気を知ることもできる。城砦上部の堡塁を歩くことができ、町とナポリ湾、さらに遠くの半島や島影まで360度のパノラマを楽しめる。

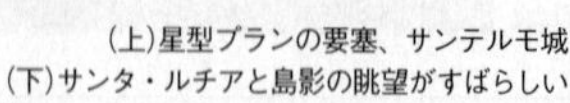

(上)星型プランの要塞、サンテルモ城
(下)サンタ・ルチアと島影の眺望がすばらしい

緑の美しい庭園と陶器博物館

MAP P.38 B1、P.74

ヴィッラ・フロリディアーナ／マルティーナ公爵陶磁器博物館 ★★

Villa Floridiana/Museo Nazionale della Ceramica Duca di Martina

ヴィッラ・フロリディアーナ／ムゼオ・ナツィオナーレ・デッラ・チェラミカ・ドゥーカ・ディ・マルティーナ

白い優雅な陶器博物館

庭園の奥にテラスがあり眺望がすばらしい

19世紀はじめにブルボン家のフェルディナンド4世の2番目の妻、フロリディア公爵夫人のために建てられた別荘。広大な緑の庭園に建つ優雅な白亜の館だ。裏手に回り階段を下った**テラス(見晴らし台Belvedere)からはナポリの町とナポリ湾のすばらしいパノラマ**が広がる。邸宅は地上2階、地下1階で構成され、マルティーナ公爵サングロが1800年代に収集した陶磁器やガラス、家具などを展示している。**カポディモンテ焼き**、ファブリカ・ディ・ナポリなどの当地ものからマイセンなど多岐に渡る**陶磁器コレクション**はもちろんのこと、邸宅とよく調和した**象牙細工の家具、扉、絵画**なども見事だ。

象眼細工の家具が見事

●サンテルモ城
住 Via Tito Angelini 20
☎ 081-2294401
開 8:30〜19:30
(入場18:30まで)

●1900年代美術館
開 9:30〜17:00
(入場16:15まで)
休 ㊋
※毎月第1㊐は無料
料 共通券€5
休 1/1、12/25
※自力で坂を上がるのが難しい方は、エレベーターが利用できる。切符売り場で係員に申し出よう。

サンテルモ城、サン・マルティーノ修道院への行き方

●地下鉄で
地下鉄2号線ムゼオ駅やダンテ広場駅などから地下鉄1号線でピアッツァ・ヴァンヴィテッリPiazza Vanvitelli下車。駅から坂を上り、徒歩約10分。途中の階段脇に2ヵ所あるエスカレーターを利用するのが便利。または地下鉄2線モンテ・サントMonte Santo下車。

●フニコラーレで
キアイア線CimarosaまたはPiazza Amedeo駅、チェントラーレ線Piazza Fuga駅、モンテサント線Morghen駅下車、バスV1で。

●ヴィッラ・フロリディアーナ陶器博物館
住 Via Cimarosa 77, Vomero
☎ 081-5788418
開 8:30〜19:00
庭園8:30〜18:30
7〜9月
9:30〜17:00
庭園9:30〜16:30
休 ㊋、1/1、12/25
料 €4
※切符売り場は17:30まで
※毎月第1㊐は無料
※庭園入口から博物館までは徒歩で5〜8分はかかる

麗しの邸宅博物館

建物、庭園、展示、調度、雰囲気、眺め……まさに贅を尽くした貴族の邸宅博物館だ。見学者も少なく、優雅な気分でゆっくり見学できる。2階のテラスからの眺めもすばらしい。地下には日本の伊万里焼をはじめとする日本と中国の陶磁器を展示。

海岸通りにある貴族の別荘 MAP P.34 C2、P.74

ヴィッラ・ピニャテッリ ★★

Villa Pignatelli/Museo Pignatelli ヴィッラ・ピニャテッリ

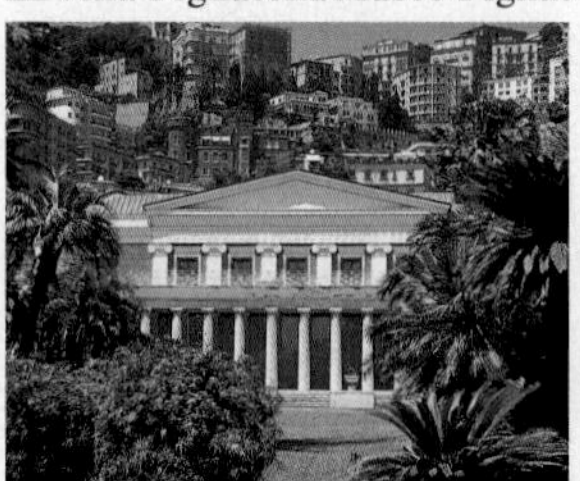
新古典主義の貴族の別荘

メルジェッリーナ港に向かう途中の海岸通りリヴィエラ・ディ・キアイアの奥にある。1826年にアクトン家の別荘として建てられ、1867年ピニャテッリ家の手に渡った。別荘内部は**居室と図書館からなる博物館**Museo Diego Aragona Pignatelli Cortes で1800年代の家具や陶器を当時のままに展示。庭園の一角には19世紀から20世紀初頭までの馬車の博物館Museo delle Carrozzeもある。

●ヴィッラ・ピニャテッリ
住 Via della Riviera di Chiaia 200
☎ 081-669675
開 8:30〜17:00（入場16:00まで）
休 ㊋
料 €5、庭園のみ€2
※毎月第1㊐は無料

エレガントな調度のサロン

洗練されたナポリ MAP P.38 C1·2、P.75

マルティーリ広場とキアイア通り ★★

Piazza Martiri e Via Chiaia ピアッツァ・マルティーリ・エ・ヴィア・キアイア

マルティーリ広場

ナポリ湾に面した市民公園の東端に近い、落ち着いた雰囲気の広場。**マルティーリ**Martiriとは殉死者／殉教者の意味で、中央のコロンナはナポリ革命の殉死者にささげたもの。周囲は美しい建物が取り巻き、現在は高級ブティックが1階を飾る。ここからプレビシート広場に向かって東に延びる**キアイア通り**Via Chiaiaは町の人のショッピングストリート。西の高台のアメデオ広場へと通じる**ミッレ通り**Via dei Milleは町一番の高級ショッピング街だ。

歩行者天国のキアイア通りは歩きやすい

✉ポジリッポの丘へ

S.Antonio駅を下車し駅を出たら左に坂を上がります。少し歩くと右下に分かれる道があり、下りたところに見晴らし台があります。朝は逆光となるのであまりおすすめできず、午後〜夕方のほうがより綺麗な景色を堪能できると思います。

夜景も観たいと思いタクシーに「Capo Posillipo」と伝えたらまったく違うところに連れて行かれました。帰国後に調べると、岬の先に「Capo Posillipo」という別な場所が存在していました。タクシー利用の際は必ず「Terazza di Sant'Antonio」と伝えましょう。

（東京都　杉山敦樹　'19）

ナポリの眺望　ベスト5

緩やかな稜線を描くヴェスーヴィオ山を背景に広がるナポリ湾、湾に浮かぶのはカプリ、イスキア、プローチダの島影、そして船の白い航跡……。まるで絵のようなすばらしい眺望が各所で楽しめるのがナポリだ。観光の途中で楽しめる、ナポリの眺望ベスト5をご紹介。

①**サンテルモ城**（→P.80）
②**ヴィッラ・フロリディアーナのテラス**（→P.80）
③**卵城**（→P.82）
④**国立サン・マルティーノ美術館の庭園**（→P.78）
⑤**サンタ・ルチアの海岸通り**（Via Sauro, Via partonope）

番外編

①世界三大夜景のひとつとして名高いのが**ポジリッポの丘**Posillipo（聖アントニオのテラスTerazza di Sant'Antonio）。唐傘松とナポリ湾が印象的な18世紀の風景画や古い絵葉書の風景として有名になった場所。現在、松の木はない。行き方はケーブルカー・メルジェッリーナ線でS.Antonio駅下車。Sighseeing社の観光バス（→P.44）でも近くまで行くことができる。ただし夜景を見に行く場合はタクシーで。

②優雅に楽しむなら、**サンタ・ルチア界隈のホテルのテラス**。特に卵城のほぼ正面にあるホテル・ヴェスーヴィオの10階のテラスレストラン・カルーソ（→P.90 要予約）または隣接するスカイラウンジ。

ラウンジからは卵城が眼下に

✉絶景なら

その1

卵城から望むナポリはすばらしかった!! ヴェスーヴィオ火山やナポリ湾が一望できます。しかも無料、城内にトイレもありました。(愛知県　中塚佐知子)

その2

トレド通りのケーブルカー乗り場からチェントラーレ線に乗り、終点下車。駅を背に左に道なりに歩いて行ったら、高台から夕日が沈むナポリが一望できました。(愛知県　中塚佐知子)

✉ナポリの蚤の市 Mercato Antico Viale Dohn

蚤の市は、第3㊏㊐、ナポリのドールン通り、水族館(現在改修工事中)の付近、海沿いのエリア(㊞P.34 C2)で、午前8時～午後14時の開催です。われわれの旅行時は雨天中止になりました。残念!

(東京都　ノリ山　'19)

✉治安は?

ナポリはあまり治安がよくありません。私たちはガイドツアーでポンペイに行ったのですが、午後ナポリで解散の際にも、スペイン地区などは危険なので近寄らないようにと念を押されました。

(大阪府　みかん　'19)

かつて漁港として栄えた

MAP P.38 C・D2、P.75

サンタ・ルチア

Santa Lucia　サンタ・ルチア

ヴェスーヴィオ火山を眺めながらひと泳ぎ

卵城に続く遊歩道

海岸から一本入った所にあるサンタ・ルチア通りが、かつては海岸通りだった。卵城に続く現在の海岸通りには5つ星クラスのホテルが軒を連ね、ナポリターノのお気に入りの散歩道として親しまれている。海に目をやれば老若男女の海水浴場。

海に突き出たお城

MAP P.38 D2、P.75

卵城

Castel dell' Ovo　カステル・デッローヴォ

サンタ・ルチアのシンボル、卵城

長い埠頭の先端の小島に建つ城。呼び名の由来は、城の基礎に埋め込まれた卵が壊れると同時に、町も城と滅びるという伝説に由来するといわれている。

12世紀にノルマン王によって建てられ、13世紀にはアンジュー家の王の住居となった。16世紀初頭のスペインとの戦いでほぼ完全に破壊され、その後17～18世紀に改装され、1975年に軍事施設としての役目を終えた。

かつての歴史をとどめるテラスの大砲

城の最上階テラス(幕壁)からは、すばらしい眺望が広がる。ヴェスーヴィオ山とナポリ湾と島影もちろんのこと、町の高台をも一望できる。メルジェッリーナ方向に向かい、左から半島のように見える岬の突端がポジリッポの岬、右に目を移すとヴォメオの丘。大きな屋根を持つ白い邸宅がヴィッラ・フロリディアーナ、より身近に見えるのがサンテルモ城だ。城の周りにはカフェやレストランが軒を連ね、港には豪華なヨットが停泊している。ゆったりとナポリ湾を眺めながら時を過ごしたい。

陶製タイルの案内板が親切

サンタ・ルチア海岸通り、高級ホテルが軒を連ねる

●卵城

住 Via Eldorado 1, Borgo Marinari

☎ 081-7956180

開 9:00～18:00　㊐㊗9:00～13:00

休 1/1、5/1、12/25

料 無料

M 地下鉄1号線Municipio駅下車

B 1、C12、C18、C28、R3、R7

※入場は閉場45分前まで

※12/24、12/30は～13:00の場合あり

✉夕暮れの卵城

19時まで開いていたので夕暮れ時の海面に夕日が反射している美しい風景を眺めることができました。昼間とはひと味違うのでおすすめです。ウエディングの写真撮影をしている人たちが何組もいました。

(神奈川県　Hero)

ナポリ1大きな広場 MAP P.36 C1、P.75

プレビシート広場 ★★

Piazza del Plebiscito　ピアッツァ・デル・プレビシート

かつては民衆の祭りなどにも使われた広場　パンテオンに似たパオラ聖堂

式典や民衆の祭りに使われていた広場。奥に置かれているのは、アントニオ・カノーヴァ作のブルボン（ハプスブルグ）家のカルロとフェルディナンド1世（馬だけカノーヴァ作）の騎馬像。中央には1846年に完成した、ローマのパンテオンに似た新古典様式の**サン・フランチェスコ・ディ・パオラ聖堂**Basilica di S. F. di Paolaがある。

●サン・フランチェスコ・ディ・パオラ聖堂
住 Piazza Plebiscito
☎ 081-7645133
開 8:30～12:00
16:30～19:00
地 P.36 C1

歴史的住居博物館のある MAP P.36 C1・2、P.75

王宮 ★★★

Palazzo Reale　パラッツォ・レアーレ

華麗なナポリの歴史を担った王宮

17世紀にスペインの王を迎えるため、建築家ドメニコ・フォンターナによって工事が着工された。しかしその王を迎えることのないまま、ブルボン家の王宮として1753年ルイジ・ヴァンヴィテッリによって改築・拡張工事が行われた。カゼルタの王宮によく似た3層に分かれた長い正面の前には、ナポリを統治した王の立像が置かれている。現在内部は**王宮歴史的住居博物館**Museo dell'appartamento storico di Palazzo Realeになっており、18世紀の豪華な室内装飾を見ることができる。

大理石で華麗に装飾された**大階段**を上った2階が見学コース。2階右手、コース最初の**宮廷劇場**Teatro di Corte はフェルディナンド4世の婚礼を記念し1768年に造られたもの。小さいながらも金色に塗られた音楽の女神などで装飾された華麗な空間だ。彫像のように見えるのはCartapesta（カルタペスタ）とよばれる紙の

博物館には王宮の中庭から

●王宮
（博物館・宮廷劇場）
住 Piazza Plebiscito 1
☎ 081-5808111
開 9:00～20:00
休 ㊌、1/1、12/25
料 €6
M 地下鉄1号線Municipio駅下車
B R2、R4、R1、E6、C24
※入場は19:00まで
※10～3月の第1㊐は無料

✉ 王宮は工事中

王宮は工事中でした。そのためか見学する人も少なく、華麗な雰囲気をゆったりと楽しむことができました。本文で説明されているものでは「王の書斎」と「図書館」は見学できませんでした。（東京都　豊子）
※'19年12月も一部工事中

スペイン王（ハプスブルグ家の）カルロ像

✉新発見! 鉄道博物館

列車内で知り合った元駅長さんに教えてもらったのですが、fs鉄道博物館がナポリにあります。広大な敷地に古い蒸気機関車や映画「鉄道員」に出てくるような電気機関車も展示されています。また、港に面し景色もよいので、鉄道ファンならずとも市内の喧騒に疲れた人にはいい気分転換になるかも知れません。行き方は、Pietrarsa - S.Giorgio a Cremano駅下車すぐ。私は、市内バスで往復しました。所要約30分。ガリバルディ広場からバス254または256番、San Giorgio a Cremano行きでPietrarsa-Croce Largo下車、徒歩5分。

Museo Ferroviario Nazionale Pietrarsa

住 Traversa Pietrarsa
☎ 081-472003
開 ㊍14:00～20:00
㊎ 9:00～16:30
㊏㊐㊗9:00～19:30
料 €7、18歳以下65歳以上€5
B 4、C95
URL www.fondazionefs.it
（福岡県　福田健司）['18]

✉ナポリの道の横断方法

片道2車線の道路だとしてもほとんど信号がない。一応渡り始めたら車は停まってくれるが、とても怖い。町の人が渡るときに一緒に渡るといいです。ちなみに走って横断しているのは旅行者だけで、現地の人は余裕で横断していました。
（岐阜県　Syaori）

王宮内部へと続く大階段

張子で当時はよく使われた手法だ。続いて、**「外交の間」** La Sala Diplomaticaは、ブルボン家のカルロと妻マリア・アマリアを擬人化した『徳のアレゴリー』Allegoria delle Virtùが描かれているすばらしい空間。**「玉座の間」** La Sala del Tronoは、壁面上部はナポリ王国が治めた14の県を象徴する金色の影像で飾られ、ひときわ豪奢な雰囲気だ。壁には王家の人々の肖像画が掛けられ、玉座の正面は「フェルディナンド1世の肖像」。このほか、**「王の書斎」** Lo Studio del Re、金箔と貴石で飾られた大祭壇が見事な**「王の礼拝堂」** La Cappella Realeなどが続く。室内装飾のほか、飾られた絵画や調度など、南イタリアの首都として君臨したナポリ宮廷の歴史を如実に物語る豪華な空間が続く。このほか、エルコラーノの遺跡から発掘された炭化したパピルス紙が展示される**国立ヴィットリオ・エマヌエーレ3世図書館**Biblioteca Nazionale Vittorio Emanuele IIIがある。

金色の影像で彩られた「玉座の間」

イタリア三大歌劇場のひとつ

MAP P.36 C1、P.75

サン・カルロ劇場 ★

Teatro San Carlo

テアトロ・サン・カルロ

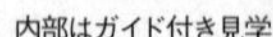

古きよき時代の劇場

ミラノのスカラ座、ローマのオペラ座に並ぶイタリア**三大歌劇場**のひとつで、1737年11月4日ブルボン家のカルロ3世によりこけら落としが行われた。

ファサードは19世紀に増築されたもの。ロッシーニの「モーゼ」「湖上の美女」、ドニゼッティの「ランメルモールのルチア」の初演がここで行われた。

ガイド付きで見学できる内部は華やかな新古典様式で、シャンデリアと緋色に彩られている。5層のバルコニー席が縁取り、天井には音楽の神アポロンと芸術の女神ミネルヴァ。正面にはブルボン家の紋章が飾られている。

内部はガイド付き見学

●サン・カルロ劇場
住 Via S. Carlo 98/F
☎ 081-7972412
URL www.teatrosancarlo.it
開 英語11:30、15:30
英語と伊語13:00、17:00
※ガイド付き見学。所要約30分。
料 €9、30歳以下、60歳以上€7
B R2、E6、C24
※見学ツアーの切符は、劇場正面左の切符売り場で販売。

ナポリのピッツェリア

PIZZERIA

ナポリを代表するピッツェリア

下町のスパッカ・ナポリを中心に、町中にピッツェリアがあふれるナポリ。ピッツァ発祥の地らしく、焼き立てのピッツァを店先でパクつくのがナポリっ子。時にはそんな食べ方にもトライ！！本書では、味が評判の店をセレクトした。

老若男女、テイクアウト用のピッツァをその場でパクつくのがナポリ流。焼き立てがおいしい！！値段も格安で€1～からで、びっくり

スパッカ・ナポリ地区

ディ・マッテオ P.36 A2

Di Matteo

ナポリの下町、スパッカ・ナポリにある、ピッツァとナポリ名物の揚げ物の店。店頭は食べる人、買う人でいつも大にぎわい。屈強な親父さんたちが店番する入口は狭いが奥と2階にテーブル席がある。ピッツァは生地の外側はやや厚めで、中心は薄くて、かなり大ぶり。ここは揚げピッツァPizza Frittaでも有名だ。具を詰めた円いピッツァを揚げた物で、黄金色にプックリ膨らみ、中からトロリとチーズが溶け、ボリュームも満点。

住 Via dei Tribunali 94
☎ 081-455262
営 10:00～23:30
休 ㊐（11～12月は除く）、8月1週間
予 €6～15（15%）、定食€9
C M.V.
交 ドゥオーモから徒歩2～3分

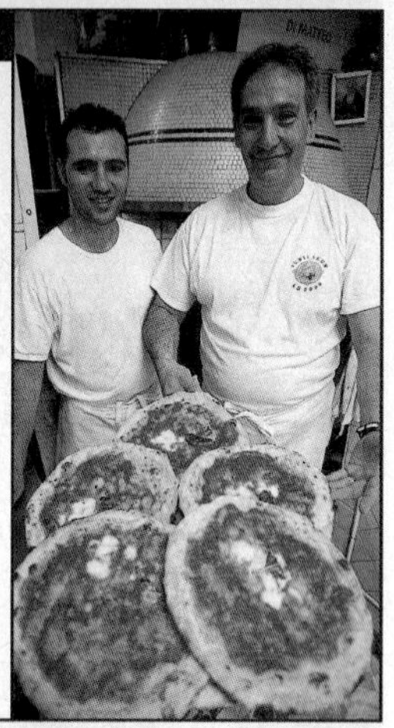

ソルビッロ P.36 A2

Sorbillo

スパッカ・ナポリでひときわ行列が目を引くピッツェリア。30分～2時間待ちもありとはナポリっ子の弁。1935年からの歴史を誇り、一族21人の息子全員がピッツァ職人というピッツァひと筋、生粋のピッツェリアだ。ピッツァ本来の個性を生かしながら種類豊富な味わいが揃う。レジで名前を告げて、外で待とう。

住 Via Tribunali 32/38
☎ 081-0331009
営 12:00～15:00、19:00～23:00
休 ㊐（10～12月、4～5月は除く）、8月2週間
予 €8～21
C J.M.V.
交 ドゥオーモから徒歩3分

チェントロ地区

ロンバルディ P.36 A2

Lombardi dal 1892

ドゥオーモからほど近い、町の人が忙しく行き交う界隈にある1892年創業のレストラン兼ピッツェリアで、地元の人にも観光客にも人気がある。お店のおすすめは、ピッツァのほか、ムール貝のソテーZuppa di Cozze、ナポリ湾の魚の揚げ物Fritturina del Golfoなど。

住 Via Foria 12/14
☎ 081-456220
営 12:00～15:30、19:00～翌1:00
休 ㊊
予 €15～50（コペルト€1.50）
C D.J.M.V.
交 地下鉄Cavour駅から徒歩3分

ダ・ミケーレ

P.37 B3

Da Michele

大理石のテーブルからピッツァの作り方まで130年以上続くスタイルを決して変えない頑固な老舗。ピッツァはマルゲリータとマリナーラなど4種類のみで大きさなどは3種類。レジで番号をもらって、番号を呼ばれたら入ろう。いつも長蛇の列なので覚悟を。

✉夕飯時間が遅いイタリア人の時間帯を外し、18:00前に行くと、並ばずに入ることができました。€5を切る値段も驚きですが、おいしいモッツァレッラのマルゲリータは忘れられません。節約したいが、ナポリらしいおいしい夕食を食べたいときにおすすめです。　（神奈川県　yt_tani）

住 Via Cesare Sersale 1/3
☎ 081-5539204
営 11:00〜23:00
休 ㊐(12月を除く)、8月2週間、12/25、1/1
予 €5〜7.50、定食€7.50　C M.V.
交 中央駅から徒歩10分。中央駅からウンベルト通りを150mほど進み、右手の奥が二股に分かれているColletta通りを曲がった左側。バス利用ならR5番で。

ラ・フィーリア・デル・プレジデンテ

P.36 B2

La figlia del Presidente

店名通り、先代の父から店を引き継いだ娘さん（フィーリアfiglia）の店。愛され続ける味を守り、相変わらずの人気を誇るピッツァの名店。イタリアのセレブもお忍びで通うこの店のいち押しは揚げピッツァのピッツァ・フリッタPizza Fritta。見た目に反した軽い口当たりに舌鼓だ。マルゲリータや白ピッツァもおいしい。店内は広々として清潔。スタッフも親切で感じがよい。

住 Via del Grande Archivio 23/24
☎ 081-286738
営 12:00〜15:30、19:00〜23:30(㊏24:00)
休 ㊊夜、㊐、8月
予 €10〜30
C V.
交 地下鉄Duomo(建設中)より徒歩3〜4分

ペッローネ

P.37 A4

Pellone

地元の家族連れなどでいつもにぎわう駅近くの老舗のピッツェリア。香ばしくもっちりした生地のピッツァは皿からはみ出るほどのビッグサイズ！でびっくり。一番人気はマルゲリータと揚げピッツァ。大混雑でも、店の裏手には落ち着く別サロンがある。

住 Via Nazionale 93
☎ 081-5538614
営 10:00〜24:00
休 ㊐
予 €5〜12
C 不可
交 中央駅から徒歩6〜7分

トリアノン ダ・チーロ　1923

P.37 A3

Trianon Da Ciro 1923

名前どおり、1923年から続くナポリっ子ご用達の老舗。ラザーニャをのせた物をはじめ、バリエーション豊富なピッツァが売り物。ピッツァを焼く釜近くのマヨルカ焼のタイル絵、アールヌーヴォー調のメニューの絵が格を感じさせる老舗。

住 Via Pietro Colletta 44
☎ 081-5539426
営 11:00〜15:30、19:00〜23:45
休 1/1、復活祭の㊐、12/25
予 €10〜18(15%)、定食€20
C J.M.V.
交 ダ・ミケーレの向かい、二股に分かれた道の右側

安くてうまい！ナポリの食堂

RISTORANTE

家庭料理とピッツァ＆B級グルメ

高くてうまいのは当たり前！！でもナポリにはお財布の心配がないのに、おいしいものが盛りだくさん。そんなお店を探してみた!!ナポリ初級者には少し敷居が高いかも？でも、お店の人は親切だし、メニューがわかれば心配はない。

庶民的な外観ながら実は地元グルメが集うので、料理の質の高さはお値段以上。ちょっと高級な魚介にもチャレンジする価値あり

マンジ・エ・ベーヴィ　P.36 B2

Trattoria Mangi e Bevi

いつも大混雑の安くておいしい庶民の食堂。シンプルで素材の味を生かした家庭料理。昼時には近くで働く人で混雑するので早めの入店がベター。ワイン、水、パスタ、メイン、つけ合せで1人€10ぐらい！相席、料理は自分で紙に書いて注文。メニューはイタリア語のみで値段表はない。

住 Via Sedile di Porto 92
☎ 081-5529546
営 12:00～16:30
休 ㊏㊐
予 €5～15
C 不可
交 地下鉄Università駅から徒歩2分

ボルゴ・オレフィチ　P.36 B2

Antica Pizzeria Borgo Orefici

ローカル、観光客の両方からコスパがよいと人気のピッツェリア兼トラットリア。店内にある大きな窯で焼かれる自慢のピッツァはもちろん、揚げ物やパスタなどもおすすめ。魚介などはメニューのなかでは安くはないが、うまい。

住 Via Luigi Palmieri, 13
☎ 081-5520996
営 9:00～16:00、18:30～23:00
休 ㊐
予 €4～13
C M.V.
交 地下鉄Università駅から徒歩4～5分

デ・フィリオーレ　P.37 A3

De Figliole

創業は1860年代。ナポリの下町っ子に味と安さが1番!!と太鼓判を押される揚げピッツァ専門のピッツェリア。各種の味わいの揃ったピッツァ・フリッタPizza Fritta（揚げピッツァ）は代々伝わるマンマの味。テイクアウトもやっているので街歩きしつつアツアツのピッツァを楽しむのも楽しい。

住 Via Giudecca Vecchia, 39
☎ 081-286721
営 10:00～22:30（㊏24:00）
休 ㊐
予 €5～
C M.V.
交 ダ・ミケーレ（→P.86）から2～3分

アンティカ・フリッジトリア・マサルドーナ　P.37 B4

Antica Friggitoria Masardona

ナポリ名物の揚げピッツァPizza Frittaの店。趣向を凝らした揚げピッツァが楽しめる。テーブル席とテイクアウトがあり、店頭は揚げたてをほおばる人たちでいっぱい。ナポリのB級グルメが味わえる。港近くのメルカート地区は雑多な地区なので、身軽な服装で。

住 Via Giulio Cesare Capaccio 27
☎ 081-5497830
営 7:00～16:00、㊏のみ19:00～23:30
休 ㊐、8/6～8/27
予 €15～19（サービス料11％）
C M.V.
交 ナポリ中央駅から徒歩5分

インソリート・ラ・ピッツェリア・グルメ　P.36 A2

Insolito La Pizzeria Gourmet

昔ながらのナポリらしいシンプルなピッツェリア。ピッツァのほか、揚げ物類も充実しており、フリッタテイーナFrittatina（パスタをホワイトソースであえた物）、ゼッポリーネZeppoline di Mare（ピッツァの生地にアオサを入れた揚げ物）などもおすすめ。ドゥオーモ側から出かけよう。

住 Via S. S. Apostoli 4
☎ 081-0153317
営 12:00～15:30、19:00～24:00
休 一部の㊗
予 €7～15
C A.M.V.
交 ドゥオーモから300m

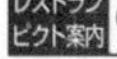
レストランピクト案内
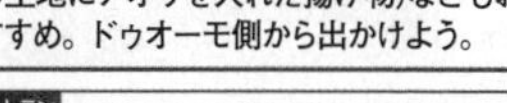

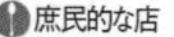
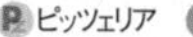

高級店　中級店　庶民的な店　ピッツェリア　ビッレリア　B級グルメ　ジェラテリア　カフェ

RISTORANTE

ナポリのレストラン

中央駅付近でのいち押店、ダ・ドナートの店内。すぐに席が埋まってしまうので、夜は予約がおすすめ

リストランテとトラットリア

海の幸を使ったナポリ料理は、日本人の味覚にぴったり。海を眺め開放的な雰囲気を楽しむならサンタ・ルチアへ。ナポリの下町、スパッカ・ナポリやチェントロでは地元客利用の店を。利便性の高い中央駅前周辺では、信用できる店を紹介。

チェントロ地区

ヴェリタス

P.34 C2

Veritas

中央駅前から続くヴィットリオ・エマヌエーレ2世通りが、旧市街を離れ風光明媚な場所になった所にある。生エビを使ったパスタなど、ナポリ料理に創意を加えたシェフのオリジナル料理が評判。ミシュランの一つ星。

住 Corso Vittorio Emanuele 141
☎ 081-660585
営 19:45〜23:00
休 夏季㊐、8月3週間
予 €87〜115、定食€68
C A.M.V.
交 地下鉄Amedeo駅から500m

アミチ・ミエイ

P.36 C1

Amici miei

魚介料理やピッツアが有名なナポリで、おいしい肉料理が食べたくなったらここへ。質のよい素材とていねいな料理で、地元の人にも人気店。牛肉のタリアータは絶品。クラシックな手作りデザートもおいしい。

住 Via Monte di Dio 77/78
☎ 081-7646063
営 12:30〜15:00、19:30〜23:30
休 ㊐夜、㊊、8月
予 €30〜50
C A.D.J.M.V.
交 プレビシート広場の脇の坂道を上り、徒歩5〜6分

エウロペオ・ディ・マトッツィ

P.36 B2

Europeo di A. Mattozzi

ウンベルト1世通りの端、ボヴィオ広場の近く。壁には小さな額縁とワインが並ぶ、伝統的ナポリ料理のお店兼ピッツェリア。1852年からの歴史を誇る。魚介類の前菜や魚介類のパスタPaccheri Pescatoreがお店のおすすめ。

住 Via Marchese Campodisola 4/10
☎ 081-5521323
営 12:00〜15:30、19:30〜23:30
休 8月末の2週間
予 €40〜60(コペルト€3)、定食€50
C A.D.J.M.V.
交 地下鉄Università駅から徒歩2分

タヴェルナ・デッラルテ

P.36 B2

Taverna dell'Arte

ナポリ大学のほど近く、懐かしいナポリの雰囲気と味わいを大切にした1軒。船員として世界中を旅したオーナーが目指すのは「マンマの味」。やさしい味わいのナポリの伝統的な家庭料理が味わえる。

要予約

住 Rampe S. Giovanni Maggiore 1/A
☎ 081-5527558
営 19:00〜22:30
休 ㊐、夏季休暇あり
予 €25〜40(コペルト€2)、定食€25、30
C D.M.V.
交 地下鉄Università駅から徒歩5分

レット

P.36 A2

l'Etto

店名のl'Ettoとは、イタリア語で100グラムのこと。オープンキッチンの明るい店内にはビュッフェスタイルで前菜から魚料理まで並び、料金は食べた量で払うシステム。実際に料理を見て選べるのがうれしい。

✉好きな物が好きなだけ選べるのがよかったです。場所はちょっとわかりづらい。ナポリ考古学博物館を背に通りの右側を探しましょう。　(愛知県　みよ)

住 Via S. Maria di Costantinopoli 103
☎ 081-19320967
営 12:30〜15:30、19:30〜22:30(㊎㊏24:00)
休 無休　予 €10〜18　C D.V.
交 ナポリ国立考古学博物館から300m

スパッカ・ナポリ地区

ベッリーニ P.36 B2

Bellini dal 1946

魚介類のおいしいレストラン。スパッカ・ナポリらしい庶民的な雰囲気。ピッツァなら魚介入りの"フルッティディマーレ"がおすすめ。紙包みのリングイーネ・カルトッチョやナポリの前菜も試してみたい。 できれば予約

住 Via S. M. di Costantinopoli 79/80
☎ 081-459774
営 12:00～16:30、19:00～24:30
休 ㊐夜、夏季の㊐昼、8月15日前後1週間 予 €10～40(コペルト€2、13%) C D.J.M.V.
交 ダンテ広場から1分。アルバ門の突き当たり

ロンバルディ・ア・サンタ・キアーラ P.36 B2

Lombardi a S. Chiara

スパッカナポリにあるピッツェリア兼レストラン。間口は狭いが、2・3階に広いサロンがある。町の人の利用も多く、パスタやナポリ料理も味わえる。おすすめは、前菜盛り合わせAntipasto alla Lombardiやプロヴォローネチーズを使ったピッツァPizza alla Lombardiなど。 できれば予約

住 Via Benedetto Croce 59
☎ 081-5520780
営 12:00～15:30、19:00～24:00
休 ㊋、8月中旬2週間
予 €20～35(15%)、定食€25
C M.V.
交 ジェズ・ヌオーヴォ広場から徒歩3分

中央駅周辺

ウナホテル・レストラン P.37 A3

Ristorante UNA

ナポリ駅前のウナホテルの屋上にあるレストラン。宿泊者以外でも利用でき、セットメニュー(€20ぐらい)は、量がたっぷりでおいしくてお値ごろ。屋上のテラス席からはナポリの町並みの眺望がよい。バール(食前酒)として使うのもよい。

住 Piazza Garibaldi 9/10
☎ 081-5636901
営 19:00～22:30(バール6:30～14:30、16:00～24:00)
休 一部の㊗
予 €20～35
C A.D.J.M.V.
交 中央駅から徒歩3分

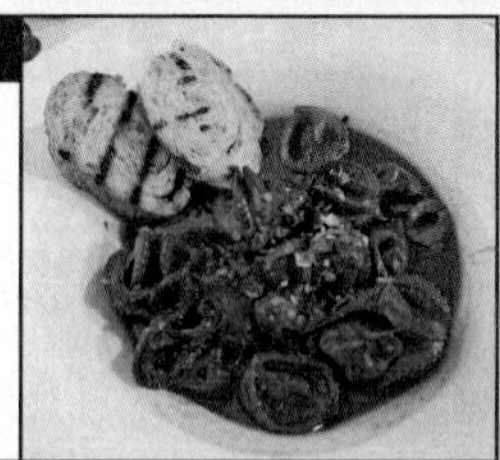

ダ・ドナート P.37 A3・4

Antica Trattoria e Pizzeria da Donato

手軽なピッツァから本格的なパスタや魚介料理が楽しめる人気店。料理のレベルが高いわりにお値頃で、魚介のパスタの豪華さにびっくり。ペンディーノPendinoなど、地元のワインがおいしい。スタッフも感じがいい。夜は 要予約

住 Via Silvio Spaventa 41
☎ 081-287828
営 12:30～14:30、19:30～22:00
休 ㊊、8月
予 €20～50(コペルト€1.50)
C A.J.M.V.
交 ガリバルディ広場西南。(UNAホテル側)から1本目の小路

フランコ P.37 A4

Ristorante Pizzeria Franco

✉私のおすすめは、レストラン兼ピッツェリアのフランコRistorante Pizzeria Francoです。ピッツァが€6～。2人でがっつり食べて€23!。味も満足、店員さんも気さく。8月も営業。
(福岡県 のぞみん)['20]

日本語メニュー

住 Corso Arnaldo Lucci 195/197
☎ 081-19138170
営 12:00～15:00、18:30～24:00
休 無休
予 €10～30(コペルト€1.50)
C A.J.M.V.
交 中央駅広場より徒歩2分

ラ・ブラーチェ P.37 A3

La Brace

中央駅前、ガリバルディ広場からちょっと小路を入った所にある、庶民的なレストラン。気取りのない雰囲気で地元の人や若者の利用が多い。ボリューミーなクリーム系のパスタやピッツァが人気。肉・魚料理も充実。

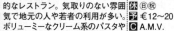

住 Via Silvio Spaventa 14
☎ 081-261526
営 12:00～24:00
休 ㊐㊗
予 €12～20
C A.M.V.
交 ガリバルディ広場すぐ

レストランピクト案内
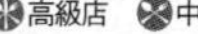 高級店 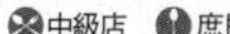 中級店 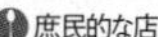 庶民的な店 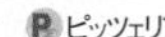 ピッツェリア  ビッレリア B級グルメ ジェラテリア カフェ

サンタ・ルチア地区

カルーソ・ルーフガーデン P.38 D2

Caruso Roof Garden

ナポリを代表する高級ホテル・ヴェスーヴィオの最上階にあるルーフガーデンレストラン。季節の花々が咲き、噴水が置かれた広々としたガラス張りのテラスレストランからはサンタ・ルチア湾や卵城はもとより、ヴェスーヴィオ山やソレントへと続く海岸線、カプリ島までを見渡すことができる。料理は魚介類を中心にした洗練されたナポリ料理。ナポリならではのすばらしい眺望を愛でながらの食事は思い出に残るはず。眺望を楽しむならランチ、ロマンティックな雰囲気を味わうならディナーがおすすめ。おしゃれして出かけよう。男性はジャケット着用のこと。なるべく2週間前には予約を。 要予約

住 Via Partenope 45、9階
☎ 081-7640044
営 13:00～15:00、20:30～23:00
休 ㊊、8月2週間
予 €50～100
C A.D.J.M.V.
交 グランドホテル・ヴェスーヴィオ9階(→P.98)

ラ・カンティネッラ P.38 C2

La Cantinella

卵城へ続く大通りに面し、ヨシズが使われた店内は地中海風でエレガントで優雅。ナポリ料理の真髄とナポリならではの骨太で細やかなサービスが楽しめる1軒。土地へのこだわりがひときわ強いナポリ、その郷土料理をシェフならではのレシピでアレンジした料理が味わえる。 日本語メニュー

住 Via Cuma 42
☎ 081-7648684
営 12:30～15:30、19:30～23:30
休 ㊐夜
予 €50～80(コペルト€3)、定食€60、70
C A.D.J.M.V.
交 サンタ・ルチア湾北西側

マリーノ P.38 D2

Marino

地元の人たちで夜遅くまでにぎわっているレストラン兼ピッツェリア。おすすめピッツァは、サンタナスターシャSant' Anastasia。フィオリーテ・ラッテがとろけておいしい。新鮮な魚介類も充実しており、ナポリ料理がおいしくておすすめ。㊐㊗は 要予約

住 Via Santa Lucia 118/120
☎ 081-7640280
営 12:30～15:30、19:30～23:30
休 ㊊、8月3週間
予 €20～50(コペルト€1、15%)
C A.M.V.
交 卵城の近く、サンタ・ルチア通り

ダ・エットーレ P.38 C2

Da Ettore

地元の人にも人気のトラットリア兼ピッツェリア。お店のおすすめは、イタリア風揚げ物盛り合わせFrittura Italiana、魚介類のリゾットRisotto Pescatore、魚介類の揚げ物Frittura Mista di Pesce、スカモルツァチーズのグリルScamorza Arrostina、カプリ風チョコレートケーキCapreseなどナポリ料理が勢揃い。

住 Via Santa Lucia 56
☎ 081-7640498
営 12:00～15:30、19:00～24:00
休 ㊐、8月3週間 予 €15～50(コペルト€2)、定食€35
C A.M.V. 交 卵城から5分

メルジェッリーナ

パラッツォ・ペトゥルッチ P.34 C1

Palazzo Petrucci

メルジェッリーナ近くの海に面したモダンなレストラン。土地の素材と料理にこだわった、軽やかな新感覚の料理が売り物。お店のおすすめのモッツァレッラの小さなラザーニャLasagnetta di Mozzarellaは新鮮なチーズとエビを生のまま使ったひと皿。ミシュランの1つ星。2016年に移転。 要予約

住 Via Posilipo 16b/c
☎ 081-5757538
営 12:30～14:30、19:00～22:30
休 ㊊昼、㊐夜、6～7月の㊐昼、8月3週間 予 €52～110、定食€90、120、150 C A.D.J.M.V.
交 メルジェッリーナ

ナポリのカフェとお菓子店

CAFE

ナポリのお菓子は、何といってもリコッタチーズにドライフルーツの入った貝の形のパイ「スフォリアテッラ」Sfogliatella。アツアツを食べるのが通。キノコ型のスポンジケーキのリキュール漬け「ババ」Babàは大人の味。最近はひと口サイズの物もあるので気軽に食べ比べてみよう。

名物のお菓子が並ぶストレーガ(→P.94)の店内

ガンブリヌス

P.36 C1

Gambrinus

ナポリで一番有名なカフェ。1890年の創業当時は、画家や作家など芸術家が集っていた。最高のエスプレッソにナポリのお菓子、そのほかジェラートなど種類が多い。サロンも豪華。サラダやスナック類も充実しているので簡単な食事もできる。

日本語メニュー

住 Via Chiaia 1/2
☎ 081-417582
営 12:00～22:00
休 無休
予 €4～20
C A.D.M.V.
交 プレビシート広場の右側

ラ・カフェティエーラ

P.38 C1

Gran Caffe La Caffettiera

ブランド店が並ぶマルティーリ広場の一角にある歴史あるカフェ。店内には、ナポリ名物のお菓子類やパスタなどが並び、ゆったりとお茶をするにも、簡単なランチを取るにも便利。

✉店内でエスプレッソを注文。1杯€3.50でした。 (ねこ '18)

住 Piazza dei Martiri 26
☎ 081-7644243
営 7:00(㊐8:00)～24:00(㊏翌1:00、㊊22:00)
休 8月中旬1週間
予 €2～、ランチ€10～55
C A.D.J.M.V.
交 マルティーリ広場の一角

ラ・スフォリアテッラ・マリィ

P.36 C1

La Sfogliatella Mary

スフォリアテッラやババなどナポリ菓子の専門店。小さな店舗の中で作っているのでいつでもできたてを食べることができる。地元の人にも大人気。テイクアウトのみ。

✉スフォリアテッラは1個€1.80でした。 (ねこ '18)

住 Galleria Umberto I 66
☎ 081-402218
営 8:00～20:30
休 1/1、8月中旬2週間、12/25
予 €1.80～
C 不可
交 ウンベルト1世のガッレリアの中、トレド通り側出口そば

アッタナーシオ

P.37 A3

Attanasio Sfogliate Calde

中央駅近く、1930年創業の地元の人に人気のスフォリアテッラの店。ナポリの冬の風物詩ともいえるのが、温かいスフォリアテッラをほお張る姿。パイ皮とクッキー生地の2種類が味わえる。ババやカプレーゼ(チョコレートケーキ)などのナポリ菓子も並ぶ。

日本語メニュー

住 Vico Ferrovia 2/3
☎ 081-285675
営 6:30～19:30
休 ㊊、8月
予 €1.20～
C M.V.
交 中央駅から徒歩3分

イントラ・モエニア

P.36 A2

Intra Moenia

店内からは気の利いたBGMが流れてくるおしゃれなカフェ。店の中のコーナーではナポリの若手写真家の撮った白黒の絵はがきなども売っている。奥の席もすてきで数十種類のハーブティーを揃えている。

住 Piazza Bellini 70
☎ 081-451652
営 10:00～翌2:00、食事12:00～16:00、18:30～23:00(12/24、12/31は18:00まで) 休 無休
予 €2～15(10%) C A.M.V.
交 ベッリーニ広場の中央

イル・ヴェーロ・バール・デル・プロフェッソーレ

P.36 C1

Il Vero Bar del Professore

上記ガンブリヌスの近く、コーヒーに精通したプロフェッソーレ(教授)の店。教授が考案した、香り高く濃厚なヘーゼルナッツ風味のコーヒーCafé alla Nocciolaが有名。

日本語メニュー

住 Piazza Trieste e Trento 46
☎ 081-403041
営 6:00～24:00
休 無休
予 €2～5
C D.V.

レストランピクト案内
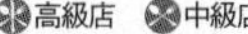 高級店
 中級店
 庶民的な店
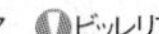 ピッツェリア
 ビッレリア
 B級グルメ
 ジェラテリア
カフェ

ナポリのショッピング通り

SHOPPING

経済低迷もなんのその、ナポレターノはお買い物が大好き！安くてよいもの探しがとても上手なナポリの人々は、何軒ものお店をまわってじっくり選ぶ。ナポリ人にとって買い物は、「あれが欲しいんだけど、どう思う？」「こんなの買っちゃった。いいでしょ！」なんて家族や友達との会話を弾ませるための重要なエッセンス。他の都市に比べて、ナポリの物価は確かに安い。また、商店の種類が地域ごとに分かれているので欲しいものを見つけやすい。さあ。買い物天国ナポリに繰り出そう！お買い物に夢中になりすぎて、無防備にならないようにご用心！

マルティーリ広場

広々とした広場の高級ブランド街。フェラガモ、アルマーニ、さらに広場から続くVia Calabrittoにはグッチも

フィランジェーリ通りとミッレ通り

町一番の高級ブランド街。緩やかな坂道に高級宝飾店からエルメス、モンクレール、プラダ、ホーガン、ルイ･ヴィトンなどが並ぶ

キアイア通り

道の左右にアクセサリー、靴、メンズ・レディースの衣服、子供服などを扱うブティックがぎっしり並ぶ、楽しい散歩道

トレド通り

町を代表するショッピングストリート。カジュアルブランドの大店舗もあり、買い物客でいつも大にぎわいの通り

サンテルモ城
Castel S.Elmo

サン・グレゴリオ・アルメーノ通り

スパッカ・ナポリの一角、イタリアのクリスマスに欠かせないプレゼーピオとその小物に特化した通り。一度はのぞいてみたい

ドゥオーモ通り

ウエディング関連の店が点在し、この通りでウエディングドレスからタキシード、参列用のドレス、靴までひととおり揃う

トリブナーリ通り

スパッカ・ナポリの中心。ピッツェリアが多く、その間にナポリならではのチョコやお菓子屋、食料品店(タラーリなど)、みやげ物屋が並ぶ。おみやげ探しに

ウンベルト1世大通り

広い道路の左右に商店が並ぶ、庶民的なショッピング街。目を疑うような安価なものもあり、掘り出し物が見つかるかも

ナポリでショッピング

SHOPPING

商店、市場、屋台などがところ狭しと並ぶナポリの町。その旺盛なショッピング熱とにぎわいには圧倒されるほど。庶民的な物なら、中央駅前から続くコルソ・ウンベルト1世通りやトレド通りVia Toledo、キアイア通りVia Chiaiaなど。ブランド品はマルティーリ広場Piazza Martiti周辺と高台のアメデオ広場へと続く通りVia dei Milleに集中している。

ナポリ発祥のブランド、カモミッラは手頃な価格で人気

ガイ・オーディン【チョコレート】 P.36 C1

Gay Odin

1894年創業のチョコレート専門店

防腐剤や保存料を使用していないチョコレートは地元っ子お墨付きの味。昔懐かしい量り売りから、箱入りまでタイプはさまざま。パッケージのデザインがレトロでかわいい。市内に8店の支店あり。

住 Via Toledo 214
☎ 081-400063
営 8:30～17:00
休 7/27～8/30、一部の祝
C A.M.V.
交 ウンベルト1世のガッレリアから徒歩1分

ストレーガ【リキュール・お菓子】 P.37 A4

Strega

南イタリアの雫を召し上がれ

1860年ベネヴェント発祥。70以上のハーブとスパイスを使った美しい黄色のリキュール、ストレーガStregaの販売直営店。オリジナルのリモンチェッロやグラッパ、菓子類も並ぶ。お洒落なおみやげとしても◎

住 Stazione Piazza G. Garibaldi
☎ 081-3419640
営 8:00～21:00
休 一部の祝
C A.M.V.
交 中央駅地下ガッレリア内

エノテカ・ダンテ【ワイン】 P.36 B1

Enoteca Dante

幅広い品揃いに満足

普段用から特別な日用までイタリア中のワインが幅広く揃う地元密着型エノテカ。知識豊富で親切なスタッフにおすすめを教えてもらうのもワイン好きには楽しいはず。南イタリアのさわやかなワインを楽しもう!

住 Piazza Dante 18/19
☎ 081-5499689
営 9:00～20:30
休 日
C A.M.V.
交 ダンテ広場すぐ

グラン・グースト【スーパー】 P.36 B2

Gran Gusto

ちょっと高級品を探すなら

港近くにある高級スーパーマーケット。イタリア中から吟味した食材やワインをはじめナポリらしいパスタやお菓子もあるので、おみやげ探しに最適。店頭にはバール、店内にはレストランを併設しているので便利。

住 Via Nuova Marina 5
☎ 081-5636377
営 7:00～23:30
休 一部の祝
C A.D.J.M.V.
交 地下鉄Università駅から徒歩5分

サポーリ・ディントルニ【スーパー】 P.37 A4

Conad Sapori & Dintorni

便利な中央駅のスーパー

コナドが営業するスーパーがナポリ中央駅構内(駅に向かって右側)に出店。生鮮食料品からお菓子やパスタまで、充実の品揃え。

✉けっこう大きく、野菜からチーズやおみやげなど、たいがいの物は手に入れることができました。
(東京都　マッシモ　'16)['20]

住 Stazione di Napoli Centrale Corso Arnaldo Lucci 156
☎ 081-5635323
営 8:00～20:30
休 無休　C A.M.V.
交 ナポリ中央駅から徒歩1分

プラダ【ブランド】

P.38 C1

Prada
カジュアル・シックな品揃え

店構えは小さいが、地下にもフロアが広がる。1階にバッグ、地下に靴、旅行用品、衣服などが並ぶ。鮮やかな色合いで華やかに装飾された新作バッグなども充実している。

住 Via G. Filangieri 26
☎ 081-413499
営 10:00～20:00
休 一部の㊗
C A.D.J.M.V.
交 マルティーリ広場から徒歩4分

トッズ／デーヴ【ブランド】

P.38 C1

Tod's/Dev
ナポリっ子の人気店

ブランドショップが並ぶマルティーリ広場からゆったりとした坂を上がるミッレ通りまではナポリ一番の高級ショッピングゾーン。その中ほど、風情あるパラッツォにある。トッズグループのトッズ、ホーガン、フェイの3ブランドのメンズ、レディス、キッズ、ベビーが並ぶ充実の品揃え。

住 Via G. Filangieri 29
☎ 081-410156
営 10:00～20:00
休 ㊊、一部の㊗
C A.D.J.M.V.
交 マルティーリ広場から徒歩4分

サルヴァトーレ・フェラガモ【ブランド】

P.38 C1

Salvatore Ferragamo
履きやすさに納得、伝説の靴職人

マルティーリ広場に面して広い店舗を構え、入口左側が婦人物、右が紳士物に分かれる。靴やバッグの皮革製品から衣服までの幅広い品揃えを誇る。ナポリのシニョーラに愛される1軒。

住 Piazza dei Martiri 56
☎ 081-415454
営 10:00～19:30
休 ㊐㊗
C A.D.J.M.V.
交 マルティーリ広場の一角

グッチ【ブランド】

P.38 C1

Gucci
最新デザインに注目

1階にバッグをはじめとする皮革製品やアクセサリー、地下に紳士物、旅行用品、靴などが並ぶ。ナポリっ子にも人気が高く、セール時期には店内はすごい人混み。店員のサービスもあたたかい。

住 Via Calabritto 4
☎ 081-7640730
営 10:00～20:00
休 ㊐㊗
C A.D.J.M.V.
交 マルティーリ広場から徒歩1分

マックス・マーラ【ブランド】

P.36 C1

Max Mara
イタリアならではの服作り

イタリアを代表する婦人服ブランド。着やすさと質の高さが、人気の秘密。ナポリに数軒ある店舗のなかでも幅広い品揃えの1軒。奥にドレス類やコート、新作ものなどが充実。

住 Piazza Trieste e Trento
☎ 081-406242
営 ㊊～㊏10:00～20:00、㊐10:00～14:00、16:00～20:00
休 ㊐㊗
C A.D.J.M.V.
交 トリエステ・エ・トレント広場の一角

カモミッラ【ナポリ・ブランド】

P.37 A4

Camomilla
ナポリファッションならココ!

ナポリを代表する、レディースファッション・ブランド。デイリーに使えるデザイン、価格帯なのがうれしい。特別セール(2つ購入で30%オフとか、今だけの価格提供など)をしていることもよくあるので、チャンスを活かして！　町の各所に店舗あり。

住 Stazione Piazza G. Garibaldi
☎ 081-0012327
営 8:00～21:00
休 一部の㊗
C A.D.J.M.V.
交 中央駅地下ガッレリア内

ナポリのホテル

経済的なホテルは中央駅周辺に集中している。ホテルまでタクシーを利用する必要もなく、鉄道やプルマンを利用するにも便利だ。ただ、駅周辺の乱雑なにぎやかさは否めない。ナポリならではの風情を楽しむなら、サンタ・ルチア湾やヴォメロやカポディモンテの丘周辺、あるいは最近注目のヴィッラ風のホテルなどがおすすめ。B&Bも増加中だ。

高級ホテルの建ち並ぶ、サンタ・ルチア地区

チェントロ地区

★★★★★L ロメオ P.36 C2

Romeo

ベヴェレッロ港のすぐ近く、丹下アソシエイツによる現代的な外観が美しい。ガラスと水、現代美術とアンティーク、東洋と西洋がマッチした新感覚のホテル。最新の設備を備えた客室の窓からはナポリ湾やヴェスーヴィオ山などの眺めが広がる。ミシュランの1つ星レストランIl Comandante(夜のみ)をはじめ、寿司バー、テラスレストラン(昼のみ)、スパなど設備も充実。

URL www.romeohotel.it

住 Via Cristoforo Colombo 45
☎ 081-0175001
Fax 081-0175999
SB €250/400(ツインのシングルユース)
TB €258/600
室 83室　朝食込み W-F
C A.D.J.M.V.
交 ボヴィオ広場から徒歩5分

★★★★L コスタンティノーポリ・チェントクワトロ P.36 A2

Costantinopoli 104

大扉の奥にひっそりとたたずむ、19世紀のヴィッラを改装したプチホテル。にぎやかなナポリの中心にあることを忘れさせる、静かな隠れ家的存在だ。小さな庭園には、プールが水をたたえ、レモンが実る。ロビーや客室はネオクラシック様式でまとめられ、エレガントでロマンティックな雰囲気。表にホテルの看板はない。インターホンを鳴らして大扉を開けてもらい、さらに奥に進んだ左側奥にホテル専用の門扉がある。エレベーターはないが、2階建てなので心配はない。

URL www.costantinopoli104.it

住 Via S. Maria di Costantinopoli 104
☎ 081-5571035
Fax 081-5571051
SB €89/300
TB €112/412
3B €170/560
室 19室　朝食込み W-F
C A.D.M.V.
交 国立考古学博物館から徒歩3分

★★★★ ラ・チリエジーナ P.36 C1

La Ciliegina

ムニチーピオ広場近くにある、プチホテル。ナポリの建築家が内装を手がけ、手造りのナポリ家具が配された白を基調にした客室はモダンでエレガント。テラスからは、ヴェスーヴィオ山からガッレリアまでナポリを一望することができる。

URL www.cilieginahotel.it
住 Via P. E. Imbriani 30
☎ 081-19718800
Fax 081-19718829
SB €61/235　TB €114/399
JS €153/651　室 13室　朝食込み
W-F　C A.D.M.V.
交 ヌオーヴォ城から200m

チェントロ地区

★★★ デクマーニ　P.36 B2

Decumani Hotel de Charme

17世紀の枢機卿の館を当時の豪奢な雰囲気を残したまま改装したホテル。朝食室のサロンは金色の漆喰で紋様が描かれた華麗なバロック様式。客室はクラシックでエレガントな雰囲気。

読者割引 5、10月を除き3泊以上10%
URL www.decumani.com

住 Via san Giovanni Maggiore Pignatelli 15、3階（2 piano）
☎ Fax 081-5518188
SB TB €139/204
室 39室　朝食込み W-F
C A.J.M.V.
交 地下鉄1号線Università駅から徒歩5分

★★★ キアイア　P.36 C1

Chiaia Hotel de charme

王宮やサンタ・ルチアへも近く、観光やショッピングにも便利な立地。大扉の奥に構える19世紀の貴族の館を改装したホテル。室内は明るく清潔で静か。スタッフも親切。看板はなく、インターホンを鳴らして中に入る。

URL www.hotelchiaia.it

住 Via Chiaia 216、1 Piano（2階）
☎ 081-415555
Fax 081-422344
SB €68/173
TB €68/201
室 27室　朝食込み W-F
C A.D.J.M.V.
交 プレビシート広場から徒歩3分

★★★ ピアッツァ・ベッリーニ　P.36 A2

Piazza Bellini

緑が茂り、個性的なカフェが並ぶベッリーニ広場近くにある16世紀の邸宅を利用したホテル。入口近く、緑が配された広い中庭が気持ちよい。客室は清潔で使い勝手がよい。周囲には飲食店が多く、見どころへも近くて便利。

URL www.hotelpiazzabellini.com
住 Via Santa Maria di Costantinopoli 101
☎ 081-451732
Fax 081-4420107
SB €66/166　TB €70/265
室 48室　朝食込み W-F
C A.M.V.
交 ナポリ国立考古学博物館から300m

★★★ ピニャテッリ　P.36 B2

Pignatelli

スパッカナポリにある15世紀の貴族邸宅の2階、全6室のプチホテル。格天井やフレスコ画など当時の建築様式の残る室内はシンプルでモダンな雰囲気。エレベーターはない。

URL www.hotelpignatellinapoli.com

住 Via S.Giovanni Maggiore Pignatelli 16, 2階
☎ 081-6584950
Fax 081-214356
SS €59　TS €69　TB €79
室 6室　朝食€3 W-F
C A.M.V.
交 中央駅からR2番のバスで

中央駅周辺

★★★ コロンボ　P.37 A3

Hotel Colombo

夕方、市場が終わると人気の少ない道に早変わりする。フロントが奥まっていて、入口もしっかり鍵がかかるので安心。モダンな内装で清潔、全室シャワー、TV付きで料金も格安。

Low 1/7〜3/31、11/2〜12/6
URL www.hotelcolombonapoli.it

住 Via Nolana 35
☎ 081-269254　Fax 081-264756
SS €37/61　TS €38/80
3S €54/123　室 22室　朝食込み
W-F　C A.D.J.M.V.
交 ウンベルト1世大通りを少し進み左に市場が立つ雑然とした道の100mほど先の左側

カンパニア州の滞在税と入島税

2020年現在、カンパニア州ではナポリをはじめサレルノ、ソレントなどに宿泊の際、滞在税が徴収される。

ホテルページの下欄で示した★はホテルのランク、税額はひとり1泊当たりのもの。また、カプリ島、イスキア島、プローチダ島では、滞在税に代わり入島税をフェリーなどの料金に上乗せする形で徴収（→P.13）。

格式や雰囲気だけでなく、眺望も楽しみたいカンパニア州のホテル

※ナポリの滞在税　B&B、YH、★ €1.50　★★ €2　★★★ €3　★★★★ €4　★★★★★ €4.50　★★★★★L €5　最長10泊、18歳以下免除

サンタ・ルチア地区

★★★★★L グランド・ホテル・ヴェスーヴィオ P.38 D2

Grand Hotel Vesuvio

サンタ・ルチア湾に面して建つ19世紀の館を改装した、ナポリならではのエレガントで洗練された雰囲気をもつ。世界中の要人に愛されているナポリを代表するホテル。

URL www.vesuvio.it

住 Via Partenope 45
☎ 081-7640044
Fax 081-7614483
SB €300/660
TB €340/780
JS €900〜
室 139室(スイート21室) 朝食込み W-F
C A.D.M.V.

★★★★ エクセルシオール P.38 D2

Excelsior

サンタ・ルチア湾に面して建つベル・エポックの雰囲気を残す優雅なホテル。ロビーは大理石の床にシャンデリアが輝く。客室やバルコニーからはナポリ湾と卵城の眺望が開け、屋上テラスのレストランLa Terazzaからの眺めもすばらしく、朝食はここでサービスされる。客室はクラシックなタイプと明るいモダンなタイプがある。

URL www.excelsior.it
住 Via Partenope 48
☎ 081-7640111 Fax 081-7649743
SB €109/288 TB €126/415
室 111室 朝食込み W-F C A.D.J.M.V.
交 プレビシート広場から徒歩10分

★★★★ サンタ・ルチア P.38 D2

Grand Hotel Santa Lucia

高級ホテルの並ぶ界隈でもひときわ目を引く、重厚感あふれるネオクラシック様式のホテル。凝った装飾が施された客室やサービスにも定評がある。スイートは6室。

URL www.santalucia.it

住 Via Partenope 46
☎ 081-7640666
Fax 081-7648580
SB €125/360
TB €150/410
室 88室 朝食込み W-F
C A.D.M.V.
交 卵城の前

★★★★ ミラマーレ P.38 C2

Miramare

20世紀はじめの邸宅を改装したホテル。サンタ・ルチア湾を一望するテラスでは日光浴も楽しめ、また客室の装飾にも、リゾート感覚があふれている。有料で空港間の送迎あり。

URL www.hotelmiramare.com

住 Via N. Sauro 24
☎ Fax 081-7647589
SB €99/179
TB €130/369
室 31室 朝食込み W-F
C A.D.J.M.V.
交 中央駅からバスN152、R32で

★★★ レックス P.38 D2

Hotel Rex

サンタ・ルチアの海岸近く。最近改装され、明るくモダンな地中海風のインテリアで清潔で落ち着いた雰囲気。一部の部屋で部分的に海が見える。駅前のように騒々しくないので安心して滞在できる地域。

URL www.hotel-rex.it

住 Via Palepoli 12
☎ 081-7649389
Fax 081-7649227
TB €68/200 3B €92/249
室 34室 朝食込み W-F
C A.D.J.M.V.
交 駅前広場からバス152番に乗り、サンタ・ルチア通りの中ほどで降りる

空港でカプセルホテル泊

✉ひとり旅かつナポリ到着が24:00だったので、booking.comで見つけたナポリ・カポディキーノ空港そばのBed＆Boadingを利用しました。イタリア初のカプセルホテルで24時間チェックイン可で、1泊€50。空港内と表示がありましたが、実際は空港を出て5分ほど歩きます。部屋の壁はやや薄く、向こう側のTVの音が漏れてきましたが、長旅の疲れですぐに寝てしまい、ほとんど気になりませんでした。 (大阪府 405 '17)['20]

Ben Bo Bed&Boading
住 Viale Fulco Ruffo di Calabria, Palazzo Pegaso, piano terra(1階)P2(駐車場2)
☎ 081-19730800
URL bednboading.com

★★★★ スターホテル・テルミヌス P.37 A4

Starhotel Terminus

中央駅を出て、すぐ左にある近代的で明るいホテル。客室は駅前広場に面しているが、内部は静か。より静かな部屋を望むなら、中庭側の部屋をリクエストしよう。ビュッフェの朝食には、ナポリ名物のスフォリアテッラなども並ぶ。駅至近の便利さは格別。レストラン併設。

URL www.starhotels.com
住 Piazza Garibaldi 91
☎ 081-7793111 Fax 081-206689
TB €104/278 JS €144/613
室 145室 朝食込み W-F
C A.D.J.M.V
交 中央駅前広場

★★★★ ウナホテル P.37 A3

UNA Hotel Napoli

ナポリ中央駅前のガリバルディ広場に面したホテル。1800年代の歴史ある大パラッツォを改装してできたもの。モダンな室内はナポリ風を意識したインテリア。ビュッフェの朝食が充実。レストラン併設。
✉屋上のレストランのセットメニューが安くておいしかった。(東京都 MMC)['20]

URL www.unahotels.it
住 Piazza Garibaldi 9/10
☎ 081-5636901
Fax 081-5636972
SB €80/294 TB €90/668
室 89室 朝食込み W-F
C A.D.J.M.V.
交 中央駅から徒歩3分

★★★ B&B ホテル・ナポリ P.37 A3

B&B Hotel Napoli

ナポリ中央駅前ガリバルディ広場北側に、かつての邸宅を改装してオープンしたモダンなホテル。白を基調にした部屋は清潔で、屋上には眺めのよいテラスがある。スタッフも親切。

URL www.hotel-bb.com
住 Piazza Garibaldi 32
☎ 081-283122
SB €34～
TB €42～
朝食込み W-F
C M.V.
交 中央駅から徒歩2分

★★★ ヌオーヴォ・レベッキーノ P.37 A3

Hotel Nuovo Rebecchino

駅前広場からコルソ・ガリバルディに出る右角のホテル。ビリヤード室もあり、全室TV、エアコン付き。清潔で、朝食は充実。

読者割引 10%
URL www.nuovorebecchino.it
住 Corso G. Garibaldi 356
☎ 081-5535327
Fax 081-268026
SB €50/140
TB €60/160
室 58室 ビュッフェの朝食込み W-F
C A.D.J.M.V.
交 中央駅前広場近く、駅から200m

★★ カサノヴァ P.37 A3

Hotel Casanova

中央駅からも近い、小さな静かな広場に面したツタのからまるホテル。家族経営のあたたかい雰囲気で、客室は広々として、清潔。無料インターネット、チェックアウト後の荷物預けも無料。

読者割引 直接予約の上、本書提示で10%
URL www.hotelcasanova.com
住 Via Venezia 2/Corso Garibaldi 333
☎ 081-268287 Fax 081-269792
SS €32/38 T €38/44
TS €45/49 3S €60/75
室 18室 朝食込み W-F
C A.D.J.M.V.
交 中央駅から約500m。大通りからは、看板を目印に商店の小路を入る

マンチーニ P.37 A3

Pensione Mancini

YH 駅近くのホステル。ドミトリーのほか、シングル、ツインの部屋もある。インターネットの利用も可。無料のロッカーあり、チェックアウト後も荷物を預かってくれる。キッチンの使用可。同建物1階にスーパーあり。

読者割引 直接予約で10%
URL www.hostelmancininaples.com
住 Via P. S. Mancini 33
☎ 081-200800
D €15/22 S €35/55
SS €50/70 T €40/70
TS €55/90
室 14室 朝食込み W-F
C A.D.J.M.V.

ポンペイ 世界遺産

Pompei

火山の噴火が時間を止めた古代都市

●郵便番号 80045

世界遺産

ポンペイ、エルコラーノ、トッレ・アンヌンツィアータの考古学地域
登録年1997年　文化遺産

●新市街の❶
住 Via Sacra 1
☎ 081-8507255
開 8:00～15:30　休 ㊐

NAVIGATOR

ポンペイへのおもな行き方は2とおり。日帰りで遺跡をじっくり見学するならヴェスーヴィオ周遊鉄道を利用しよう。ナポリ中央駅地下の周遊鉄道のGaribaldi駅から乗車、切符売り場と周遊鉄道の❶は改札手前にある。ソレント行きでポンペイ・スカーヴィ・ヴィッラ・ディ・ミステリ駅で下車し、右に100mも歩けば遺跡の入口がある。周遊鉄道でPOMPEIとつく駅は複数あるので、下車駅を間違えないように。

ポンペイに宿泊するならfs線のポンペイ駅下車が便利。駅を降りて真っすぐ進むと新市街の中心地マドンナ・デル・ロザリオ聖堂のある広場に出る。ホテルやレストランはこの地域にまとまっている。聖堂前の並木道を200mほど西に行くと右側の広場の奥に、円形闘技場側の入口がある。

無料荷物預けGuardaroba

マリーナ門Porta Marinaとアンフィテアトロ広場Piazza Anfiteatroの入口近くにあり
営 4～10月　8:30～19:30
　11～3月　8:30～17:00

ジェルマニコの凱旋門とフォロの柱廊

2000年以上も前に栄え、ヴェスーヴィオ火山の噴火によって火山灰の下に埋もれてしまったポンペイの町。スポーツジムや共同浴場、居酒屋そして売春宿……。日常生活の基本的な部分は、現代とほとんど変わらない。馬車のわだちが残る石畳の道を歩きながら誰の家を訪問しようかと考えれば、遠い国からやって来た自分もまるでこの町の住民であったような錯覚に陥る。そんなポンペイの遺跡は時間をかけてゆっくりと巡ろう。一都市を徒歩で回るのだからそれなりに疲れるが、考古学的な遺跡の魅力を味わい2000年前の空気の中にゆったりと溶け込みたい。

夏季は水を携帯しよう

入口から遺跡遠望

ポンペイ豆知識

●**災害直前のポンペイは**
人口：約1万5000人
（自由民60%、奴隷40%）。
城壁の長さ3km、8つの門。

●**道**
歩道の高さ30cm。
大きな溶岩のブロックで道路は舗装されていた。

●**水**
サルノ川から引かれていた。人口増加に伴い道路の下に水道管が引かれた。裕福な者には個人宅へ、庶民のためには町の噴水、公共浴場へ水道がつながる。

●**フォロ**
神殿、公共広場、裁判所など町の主要機関が集まっていた。本来は町の中心地にあったが、町が東側に拡張していったため西の端にある。

●**アトリウム**
家の中心にある雨水槽で、採光のために開けられた天井から落ちてくる雨水を貯めていた。中央には家内安全を見守る祭壇などが置かれていた。

●**彫刻**
装飾用、宗教・埋葬用、選挙宣伝用などの実用的な小さなものが多い。帝政期以降は、皇帝やその家族の像が造られるようになった。

マドンナ・デル・ロザリオ聖堂

遺跡の東端の野外闘技場の向こうには、新市街の中心にあるマドンナ・デル・ロザリオ聖堂Santuario della Madonna del Rosarioの尖塔が見える。毎年5月と10月にヴェスーヴィオ火山ふもとの村から巡礼者が、何時間もかけて徒歩でこの聖堂に集まる。主祭壇に祀られる宝石で飾られたマリア像"マドンナ・ディ・ポンペイ"は、ナポリ圏の人々に深く信仰されている。新市街を訪れると、過去と現在が共存するこの土地の運命的な生命力を感じる。

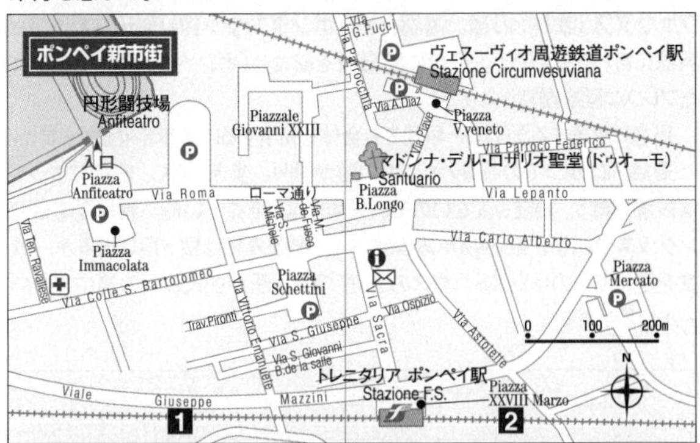

ポンペイへの行き方

鉄道で行くには

- ナポリ→ポンペイ・スカーヴィ・ヴィッラ・ミステリPompei Scavi Villa Dei Misteri駅　ヴェスーヴィオ周遊鉄道（ソレント行き）約40分（約30分に1便）€2.80
- ナポリ（ピアッツァ・ガリバルディ駅）→ポンペイ　地下鉄Metropolitano（fs線）38分（約30分に1便）　€2.80
- エルコラーノ→ポンペイ　ヴェスーヴィオ周遊鉄道（ソレント行き、一部トッレ・アンヌンツィアータTorre Annunziataで要乗り換え）　約20分（約30分に1便）
- サレルノ→ポンペイ　fs線 地下鉄Metropolitano 45分　€2.40

車で行くには

- ナポリ→（A3　サレルノ方面）→ポンペイ
- ナポリ→（SS18）→ポンペイ

下車駅に注意

CV線でナポリからポンペイ・ヴィッラ・ミステリ駅やエルコラーノ駅へはソレントSorrento行きの利用が便利。ただし、始発と終点が同じでも、経路が異なる場合がある。エルコラーノからポンペイ（またはその逆）へ向かう場合は、一部の直通列車を除き、トッレ・アンヌンツィアータでの乗り換えが必要。乗車前に自分の下車したい駅で停車するか確認しよう。ポンペイと告げただけで、ヴァッレ駅で下車したりすると、遺跡へはかなり遠回りになってしまう。

混雑を避けるなら

周遊鉄道の夏季限定列車カンパニア・エクスプレ（→P.40）で。ナポリからポンペイまで片道€6、往復€11。手前のエルコラーノでの途中下車もOKだ。

遺跡内トイレ情報

切符売り場そば、円形闘技場側出入口そば、秘儀荘出口そば、レストハウス2階、Via dell'Abbondanza（ステファノの洗濯屋そば）などにあり。

ポンペイ詳細情報をゲット

ポンペイ遺跡の地図、ガイド（日本語あり）、遺跡内見どころの最新の開場情報などは下記URLから検索可能。
URL www.pompeisites.com

見学前に

ポンペイは2～3時間くらいしか回る時間がない場合、前もって行きたい場所をチェックしておく必要があります。入口で入場券を購入するときに「マップが欲しい」と言わないともらえません。マップがないと見学は困難です。ネットでは日本語版もあります。また、常に修復工事中なので、臨機応変に対応しなければなりません。遺跡は石畳で歩きづらいです。11月では大丈夫でしたが、暑い時期は帽子と日よけ、水分補給が必須です。
（大阪府　みかん　'19）

History&Art

経済発展に伴ったポンペイの隆盛

ヴェスーヴィオ火山の過去の噴火によってできた溶岩の丘に最初に町を築いたのは、紀元前8世紀、カンパニア州の原住民であるオスク人だといわれている。後にサルノ川に近く、海までの距離が500m（現在は約2km）ほどで交通が便利であったことから、ギリシア人の植民地としてポンペイの町の商業活動は盛んになった。紀元前5世紀中頃は、出土品に書かれた文字などからエトルリア人が政権を握っていたことがわかる。その後山岳民族サムニテス人がこの町を支配するようになった頃、ポンペイはようやく城壁をもつ1都市の形を取るようになった。

ローマ帝国の支配を受けるようになったのは、彼らが紀元前343～290年のサムニテス戦争で勝利を収めてからだ。自由な商業活動が認められていたポンペイは、ワインやオリーブオイルの生産で経済的大発展を遂げ、紀元前2世紀には公共施設や私邸が次々と建設されていった。紀元前90年に始まったローマに対する市民権回復闘争（同盟市戦争）は、ローマのスッラ将軍によってローマの同盟市として市民権を与えられる形で沈着した。紀元前80年まではローマの4人の行政官によって治められ、円形闘技場や劇場が設立された。

帝政期に入り町は平和な繁栄を続けていたが62年、噴火の前ぶれともいえる大地震が起こった。その復興作業も終わらないうち、歴史的大惨事ヴェスーヴィオ火山の噴火により79年8月24日、ポンペイの時は止まった。

Pompei Scavi

古代都市へタイムスリップ

ポンペイ遺跡

●ポンペイの遺跡
☎ 081-8575111
URL www.pompeisites.org
開 4/1〜10/31
9:00(㊏㊐8:30)〜19:30
(入場18:00まで)
11/1〜3/31
9:00(㊏㊐8:30)〜17:00
(入場15:30まで)
休 1/1、5/1、12/25
料 €16、共通券€18(→P.109)
地 P.103

入口はCV線のポンペイ・スカーヴィ・ヴィッラ・ディ・ミステリ駅近くと、fs線ポンペイ駅から徒歩15分ほどのPiazza Anfiteatro(円形闘技場側)、マリーナ門の南東のエセドラ広場Piazza Esedraにある。

広大な遺跡の見学には、特に決まった順路はない。切符売り場横の❶で配布している地図や小冊子、本書の案内を参考に歩きはじめよう。まずは遺跡のハイライトと呼べる**フォロ周辺**へ。神殿のシルエットの先にはヴェスーヴィオ山がそびえ、いにしえのロマンを感じさせてくれる。その後、**ファウヌス(牧神)の家、浴場、アッボンダンツァ通り周辺**など予定と興味にあわせて回ろう。最後に**秘儀荘**を訪ね、「ポンペイの赤」で描かれたフレスコ画を鑑賞しよう。

丹念に見学するなら1日、早足でも全体を見学するには2時間程度必要だ。

遺跡内はかつての石畳とわだちの跡が残り、歩きづらく、季節によっては砂埃(すなぼこり)も舞う。日陰も少ないので、見学には歩きやすい靴、特に夏季はサングラスや帽子、飲み物があるといい。水飲み場は数ヵ所にあるが、飲食を提供するのはレストハウスの1ヵ所のみ。駅から遺跡への途中にはバールなどがある。

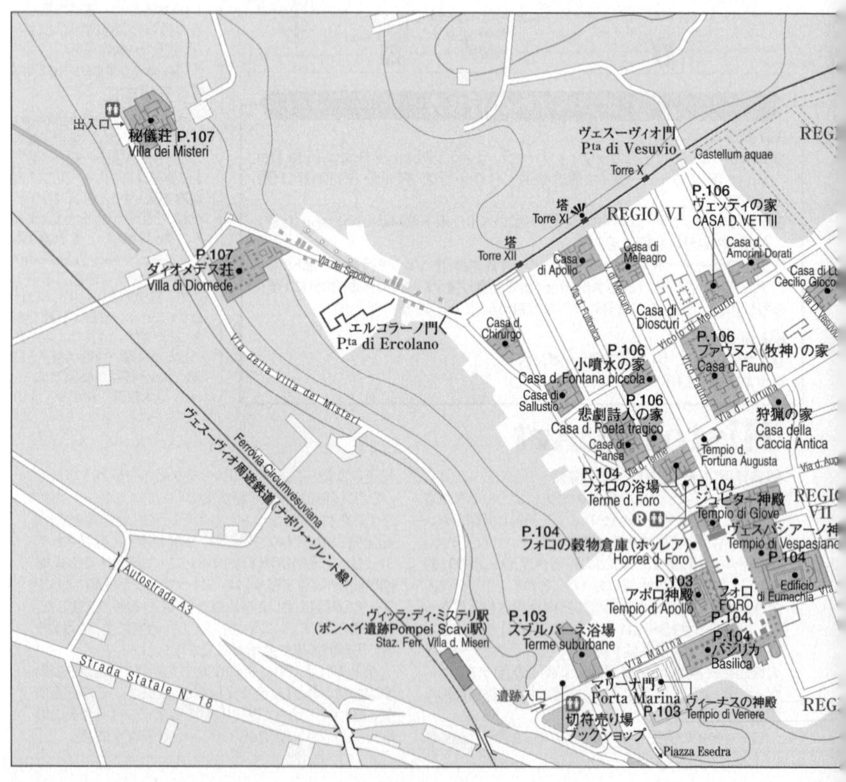

フォロ周辺

スブルバーネ浴場 ☆
Terme Suburbane

紀元前1世紀～1世紀に造られた個人所有の浴場。2階建てで、冷・温プール完備で、洞窟からは滝が流れた、当時の最先端の浴場。Sala Freddaにはポンペイ第4様式のフレスコ画が残る。

最近の修復でよみがえったモザイク

マリーナ門 ☆
Porta Marina

古代都市ポンペイの入口、マリーナ門

海側の町の西門。歩行者用と荷車用にふたつのアーチがある。ローマ時代には眺めのよさから城壁沿いに別荘が建てられた。

フォロに立ち、建物の位置を確認してから歩き始めよう。2020年1月現在、遺跡内の各所で修復工事が行われている。毎年新規に公開されるものがあるので、数年ごとに訪ねるのも興味深い

アポロ神殿 ☆
Tempio di Apollo

紀元前4世紀前半ギリシア植民地の影響を受けて独立して建築されたため、周辺の建物とは別の方向を向いている。ヘレニズム建築が用いられ、紀元後2年には城壁側の民家との間を隔てる高い壁が造られた。中庭に向いて出土されたブロンズのアポロ像のコピーが置かれる。48本のイオニア式円柱で囲まれていた本殿の前には、奉納者の名前が刻まれた大理石の祭壇がある（現在は、壁と金網で囲まれ見えにくい状況）。

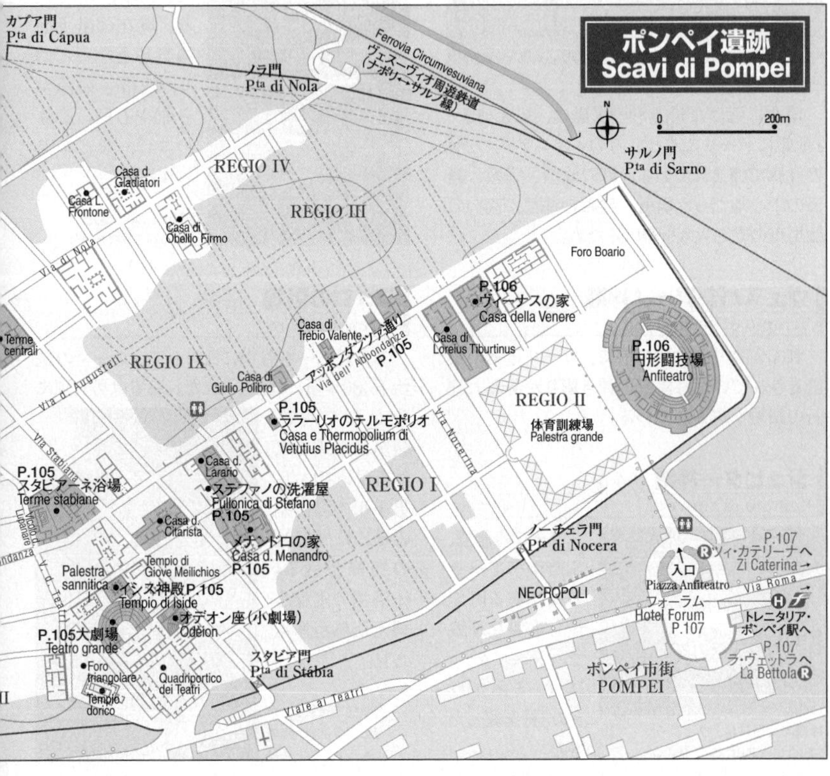

ポンペイ遺跡
Scavi di Pompei

N
0 200m

カプア門
P.ta di Cápua
ノラ門
P.ta di Nola
Ferrovia Circumvesuviana
ヴェスーヴィオ周遊鉄道（ナポリ↔サルノ線）
サルノ門
P.ta di Sarno
REGIO IV
Casa d. Gladiatori
Casa L. Frontone
Casa di Obellio Firmo
REGIO III
Foro Boario
Via di Nola
P.106
ヴィーナスの家
Casa della Venere
Casa di Trebio Valente
アッボンダンツァ通り
Via dell' Abbondanza
P.105
Casa di Loreius Tiburtinus
P.106
円形闘技場
Anfiteatro
Terme centrali
REGIO IX
Via d. Augustali
Casa di Giulio Polibro
P.105
ララーリオのテルモポリオ
Casa e Thermopolium di Vetutius Placidus
Via Nocerina
REGIO II
体育訓練場
Palestra grande
Via Stabiana
P.105
スタビアーネ浴場
Terme stabiane
Vicolo d. Lupanare
Casa d. Larario
ステファノの洗濯屋
Fullonica di Stefano
P.105
REGIO I
Casa d. Citarista
メナンドロの家
Casa d. Menandro
P.105
Tempio di Giove Meilichios
Palestra sannitica
イシス神殿P.105
Tempio di Iside
オデオン座（小劇場）
Odeion
P.105大劇場
Teatro grande
Foro triangolare
Quadriportico dei Teatri
Tempio dorico
スタビア門
P.ta di Stábia
Viale ai Teatri
ノーチェラ門
P.ta di Nocera
NECROPOLI
入口
Piazza Anfiteatro
P.107
ツィ・カテリーナへ
Zi Caterina→
Via Roma
フォーラム
Hotel Forum
P.107
トレニタリア・ポンペイ駅へ
P.107
ラ・ベットラへ
La Bettola
ポンペイ市街
POMPEI

バジリカ ☆☆
Basilica

裁判や重要な商取引の場として利用されていた建物。紀元前2世紀後半に建造され、採光のため屋根をもたない縦長の室内は、コリント式円柱を2段に重ねた外壁と内側の太い柱で囲まれていた。

鉄格子で囲まれているが外側から見学可能

フォロ ☆☆☆
Foro

公共広場、フォロ

南北に延びた長方形の広場は、紀元前2〜1世紀にドーリス式と上方のイオニア式の2層の柱廊で囲まれている。町の政治、宗教、経済の中心地だった場所。柱廊の基部が高いのは馬車の立ち入りを避けるため。

ヴェスパシアーノ神殿 ☆
Tempio di Vespasiano

れんが造りの神殿の前に、ローマ皇帝の象徴とされていた月桂樹の浮き彫りがある大理石の祭壇が置かれている。

ジュピター神殿 ☆☆
Tempio di Giove

神殿の背後には、ヴェスーヴィオ山(左)とソンマ山(右)が見える

フォロの北側、ふたつのアーチの間にある町で最も重要な神殿で、ジュピター、ユノ、ミネルヴァの3神を祀ったもの。

フォロ周辺図

N
フォロの穀物倉庫
ジュピター神殿
マケルム(市場) Macellum
守護神の神殿 Tempio dei Lari Pubblici
アポロ神殿
フォロ
ヴェスパシアーノ神殿
エウマキアの建物(羊毛商会館)
バジリカ
Comitium(投票所)
Uffici pubblici(政庁・役所)
0 40m

フォロの穀物倉庫
Horrea del Fora

住宅からの出土品と遺体の石こう型を保存

穀物倉庫と市場になるはずが、未完成のままれんがの8本の柱のみ残る。現在は出土品の倉庫となっており、鉄格子の間から壺や石臼、遺体のコピーなどが見られる。

フォロの浴場 ☆☆
Terme del Foro

スタビアーネ浴場にならって、ローマの統治下(80年頃)に設置された。浴室は男女別に分かれていて、暖房は旧式で火鉢を用いていた。男子用の温浴室の壁には男像柱の装飾が残る。沐浴用の水盤を備えた熱浴室も必見。

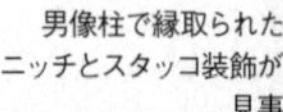
男像柱で縁取られたニッチとスタッコ装飾が見事

アッボンダンツァ通り周辺

アッボンダンツァ通り ☆☆
Via dell' Abbondanza

大規模な修復が続いている

フォロから円形闘技場などのある東側に延びる、活気のある商店街の並んでいた主要道路。通り沿いの壁には選挙のスローガンや落書きが残る。カウンターに壺を埋め込んだ居酒屋やパン屋も並んでいる。

スタビアーネ浴場 ☆☆
Terme Stabiane

紀元前2世紀に増築された

紀元前4世紀末に建設された最初の浴場施設。運動場として使われていた柱廊に囲まれた中庭の北側には、個室の浴室がある。

共同浴場は男女別になっており、中庭右側には冷浴室・更衣室・温浴室・熱浴室が設置されていた。中庭左側の中央にはプールがあり、両脇に更衣室があった。

イシス神殿 ☆
Tempio di Iside

地震後に復旧された神殿

三角フォロ入口の先にあり、女神イシスにささげられたもの。隣はサニウム時代の体育場。

大劇場 ☆☆☆
Teatro Grande

紀元前3～2世紀の物でギリシア劇場を手本に設置され、5000人を収容した。客席上部からは遺跡を見渡す美しいパノラマが広がる。

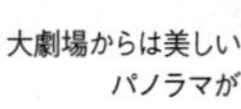
大劇場からは美しいパノラマが

オデオン座 ☆☆☆
Odèion

詩の朗読会なども開催された

小劇場Teatro Piccoloとも呼ばれ、音楽会のほかに政治の議会所としても使用されていた。

ステファノの洗濯屋 ☆
Fullonica di Stefano

布を洗浄した水槽跡

豪邸ともいえる大きな建物。奥には洗浄用の水槽があり、人や動物の尿を使って布を洗浄していた。

メナンドロの家 ☆☆
Casa del Menandro

富裕層の住宅の典型

奥のエクセドラに描かれているギリシヤ詩人メナンドロスの肖像画が名前の由来。紀元前3世紀に建てられ、後年手を加えられた浴場をもつ広大で贅を尽くした豪邸。トロイ戦争を扱った「トロイアの没落の3エピソード」をはじめとするフレスコ画やスタッコ装飾、モザイクなどがよく保存され、当時の優雅な生活が想像できる。

ララーリオのテルモポリオ ☆☆
Casa e Thermopolium di Vetezio Placido
Thermopolium di Vetutius Placidus

ポンペイに残る最も大きな居酒屋

テルモポリオとは居酒屋のこと。遺跡内に約90あったといわれ、その最大規模のもの。道路に面してカウンターが設けられ、穴の中には飲み物や料理が並んでいた。ララーリオとは神殿のような小礼拝堂のことで、後方の住居部分にあり、商業とワインの神、店主の守護神、店主の姿がフレスコ画で描かれている。

ヴィーナスの家 ☆
Casa della Venere

美しい庭園の奥の青の壁面に貝に乗ったヴィーナスと天使を描いたフレスコ画がある。

ヴィーナスと天使のフレスコ画

円形闘技場 ☆☆
Anfiteatro

紀元前80年建設の闘技場は、全市民(約2万人)が集うと予想され、混雑を避けるために町はずれに建てられた。ここでは猛獣や剣闘士の戦いが繰り広げられていた。59年には、熱狂したポンペイの市民と隣町のヌケリアの市民との間で流血事件が起きたとされる。

ポンペイの個人住宅

ファウヌス(牧神)の家 ☆☆☆
Casa del Fauno

広々とした「牧神の家」からは、傑作がナポリ考古学博物館に運ばれた

紀元前2世紀に造られたポンペイ最大の貴族の豪邸。入って左側が迎賓の間で右が私邸。大きなアトリウムの中央には、家の名前となった牧神のブロンズ像(コピー)が置かれている。その奥にはスタッコで飾られ彩色された28本の柱が並び、アトリウムに面して2つの庭園が広がり、その床は「ダリウスとアレキサンダー大王の戦い」のすばらしいモザイクで飾られていた。牧神のブロンズ像、「ダリウスとアレキサンダー大王の戦い」のモザイクはナポリ・国立考古博物館で見ることができる。

小噴水の家 ☆☆
Casa della Fontana Piccola

2015年5月に公開が開始

ポンペイでよく見られるアトリウム(貯水池のある中庭風の広間)のある家の典型的な構造がよく残っている。紀元前1世紀に建てられ、風景画のフレスコ画で飾られている。名前の由来となる小噴水は奥にある神殿のような形状で、モザイクとガラス粉で細密に装飾されている。

ヴェッティの家 ☆☆☆
Casa dei Vetti

生殖の神プリアポス

巨大な富を手にした商人、アウロ・ヴェッティオ・レスティトゥートとコンヴォーヴァの豪邸。入口の右の柱には巨大な男根と金貨の入った袋を天秤にかける生殖の神プリアポスの姿が描かれている。また、奥の部屋にある"ポンペイの赤"と呼ばれる独特な朱色の壁面を黒地の装飾帯で仕切り、神話などをテーマに描かれた第4様式のフレスコ画は必見。

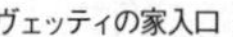
ヴェッティの家入口

悲劇詩人の家 ☆
Casa del Poeta Tragico

「猛犬に注意」の文字

帝政期の典型的なこぢんまりした家屋で、2軒の居酒屋の間に玄関がある。その床には番犬のモザイクがあり「猛犬に注意Cave Canem」の文字が書かれている。2階は宿屋で、食堂の床に監督が立ち会った演劇の稽古場面のモザイクがあるため、家にこのような名前がつけられた。

秘儀荘 付近

ダィオメデス荘
Villa di Diomede

奴隷から解放された自由民、ダィオメデスの邸宅。下方にある庭園で噴火の犠牲者の遺骨18体が発見されている。

秘儀荘 ★★★
Villa dei Misteri

紀元前2世紀前半に母体が建設され、その後今の姿に改築された。ここで注目したいのは、「ディオニュソスの秘儀」への入信の様子を描いたフレスコ画だ。背景には"ポンペイの赤"が使われ、左側の裸の少年が儀式の作法を読み上げる場面から始まる連続絵画。中央の玉座にいるのがディオニュソス。神秘的でスケールの大きな作品は、ヘレニズム絵画の影響を受けたカンパニア地方の画家が紀元前70〜60年の改築時に手がけたものといわれている。

秘儀荘

一種の宗教儀式「ディオニュソスの秘儀」への入信の様子を描いたフレスコ画

RISTORANTE HOTEL ポンペイのレストラン&ホテル

ツィ・カテリーナ
Zi Caterina P.103外

新市街の目抜き通りにあるピッツェリア兼レストラン。ピッツァもいいし、ズラリと並んだ前菜や新鮮な魚介類を選ぶのも楽しい。

住 Via Roma 20
☎ 081-8507447
営 12:00〜24:00
休 不定休
予 €18〜60(コペルト€1.50)
C J.M.V.

ラ・ベットラ・デル・グゥスト
La Bettola del Gusto P.103外

新市街にある、おしゃれな雰囲気のワインが充実したレストラン。町の人の人気が高く、土地の素材と伝統にこだわった新感覚の料理が楽しめる。

できれば予約

住 Via Sacra 48/50
☎ 081-8637811
営 12:00〜15:00、19:00〜24:00
休 ㊊、11月〜1月の1週目
予 €35〜45(コペルト€2)、定食€35
交 fs線ポンペイ駅近く

★★★★ フォーラム
Hotel Forum P.103

円形闘技場入口の近く。少し奥まったところにあるのでとても静か。部屋はモダンで、青緑色のインテリアはとても上品。朝食は中庭で。ゆっくり落ち着けるおすすめの一軒。

読者割引 10%、プレゼントあり
URL www.hotelforum.it

住 Via Roma 99/101
☎ 081-8501170
Fax 081-8506132
SB €80/120
TB €100/160
JS €130/500
室 19室 朝食込み W-F
C A.D.J.M.V.

※ポンペイの滞在税 YH、B&B、★〜★★★ €2 ★★★★ €3 ★★★★S〜★★★★★ €5 16歳以下70歳以上免除

✉ ポンペイ遺跡いろいろ

始発駅で乗車

ナポリ中央駅から乗車すると空席はなく、また切符購入のためにも並ばなければなりません。1つ手前のヴェスーヴィオ周遊鉄道の始発駅P.Nolanaから乗車すれば切符売り場も混雑はないし、座ることもできます。5月の車内は日本のラッシュアワーなみの混雑でした。(匿名希望)

ポンペイ遺跡のネット予約

購入に際し少しだけイタリア語になりますが、難しくはありません。オンライン予約者専用の窓口が、遺跡チケット売り場の左端にあります。季節にもよると思いますが、当日券の列を回避することができます。購入時のクレジットカードを持っていくことを忘れないように。(宮城県 いなぐま '19)

URL www.pompeionline.net

日本語パンフをゲット

ヴェスーヴィオ周遊鉄道のポンペイ・スカーヴィ駅から徒歩5分、マリーナ門の入場口から入ると、切符売り場の右隣にインフォメーションセンターがあります。そこで地図をもらえます。「日本語ガイドをください」Vorrei una guida giapponese(ヴォレイ ウナ グイダ ジャポネーゼ)と伝えてみてください。(東京都 ノリ山 '19)

ポンペイ遺跡内の見学時間

小噴水の家の見学時間は13:40〜19:30でした。他にも見学時間が限られている見どころがいくつかありました。(埼玉県 匿名希望 '19)

世界遺産 ポンペイ周辺の遺跡

ポンペイ周辺には古代遺跡が数多く残り、『ポンペイ、エルコラーノ、トッレ・アンヌンツィアータの考古学遺跡』として世界遺産にも登録されている。整備が進むトッレ・アンヌンツィアータのオプロンティスの遺跡のほか、ボスコレアーレ、スタビアの遺跡を紹介。いずれも、ポンペイの遺跡と同様にヴェスーヴィオ火山の噴火により一瞬に灰に覆われ、後年発掘されたもの。周囲の自然をとり込んだ別荘や邸宅のたたずまいは、当時の優雅な生活様式をヴィヴィッドに伝えてくれる。

ヴェスーヴィオ絵画がよく残るオプロンティスの遺跡

●オプロンティスの遺跡
住 Via Sepolcri, Torre Annunziata
☎ 081-8575347
開 4/1〜10/31 8:30〜19:30（入場18:00まで）
11/1〜3/31 8:30〜17:00（入場15:30まで）
休 1/1、5/1、12/25
料 共通入場券
2カ所券€7、3カ所券€18
ヴェスーヴィオ周遊鉄道ナポリ-ソレント線、ナポリ-ポッジョマリーノ線、ナポリ-トッレ・アンヌンツィアータ線のトッレ・アンヌンツィアータ駅下車。徒歩6〜7分。駅を左に出、標識に従い坂を下る。

オプロンティス（トッレ・アンヌンツィアータ）

Oplontis(Torre Annunziata) オプロンティス（トッレ・アンヌンツィアータ）

紀元前1世紀中頃のネロ帝の妃、ポッペアの別荘Villa di Poppeaと後に付属して拡張された貴族の別荘Villa Rusticaがひとつになった遺跡。当時の別荘の建築様式にならい、中庭や回廊に続いて広間、寝室、台所などが配され、大広間（アトリウム）には、赤を背景にした大胆なフレスコ画が描かれている。広い浴場やアンフォラが置かれたワイン蔵も備えられ、さらに奥に進むと、当時は彫像で飾られたという大理石の大きなプールが現われる。ところどころに残る繊細なフレスコ画や床モザイクも美しい。ここでは噴火による火砕流の犠牲者の炭化した遺体や大量の金・銀のコイン、繊細な装身具が発見され、その一部はナポリの考古学博物館に展示されている。

ゲーテもたたえた風光明媚な土地

迫力あるフレスコ画がよく保存されている大広間

●ボスコレアーレの遺跡
住 Via Settetermini 15, loc.Villa Regina, Boscoreale
☎ 081-8575347
開 4/1〜10/31 8:30〜19:30（入場18:00まで）
11/1〜3/31 8:30〜17:00（入場16:00まで）
休 1/1、5/1、12/25
料 共通入場券
2カ所券€7、3カ所券€18
ヴェスーヴィオ周遊鉄道ナポリ-ソレント線ヴィッラ・レジーナVilla Regina駅下車（ナポリから所要約35分）。駅から約600m。

ボスコレアーレ

Boscoreale ボスコレアーレ

当時を再現したブドウ畑

ヴェスーヴィオ火山の麓には、かつて農作業の場として使われた別荘Villa Rusticaが多くあり、ここもそのひとつで、唯一公開されているもの。別荘の周囲にはブドウ畑が広がり、荘

遺跡は団地建設の途中で発見された

ヴェスーヴィオの噴火により炭化した木々が今も残るブドウ畑

内にはブドウを絞る木製の道具が置かれた作業場、ワインを状態よく保存するために穴を開けた地面にワインの入った壺を埋め込んだ貯蔵場などが続く。

遺跡の手前の博物館Antiquariumには、ここで使われたワイン造りの道具をはじめ、周辺の遺跡で発掘されたフレスコ画や、小麦を挽く臼やパン作りの型、パン、ブタ(石膏型)などの生活感あふれる展示品が並ぶ。

スタビア
Stabia

スタビア

サン・マルコ荘のプール

その源を紀元前7世紀に遡るというスタビアは、大噴火までたいへん栄え、別荘や邸宅が多く建てられたという。ナポリ湾を見下ろす小高い丘に眺望のよい広々とした敷地が広がり、華やかな装飾と近くから引き込んだ温泉施設もある洗練された物だった。現在はふたつの別荘が公開されている。近年の地震の被害もあり、修復はあまり進んでいないが、周囲の田園風景と相まって当時の人々が愛した心地よい空間を実感できる。

サン・マルコ荘Villa S. Marcoは、1万1000㎡の広さを誇るローマ時代最大の別荘。ふたつの広い柱廊付き中庭を中心に各部屋、プール、浴場、体育室が続き、ところどころに小品のフレスコ画が残る。**アリアンナ荘Villa Arianna**はより古い別荘で、食堂奥の壁には名前の由来となったギリシア神話のアリアドネが描かれている。

✉ボスコレアーレの行き方

ヴェスーヴィオ周遊鉄道のナポリ～ソレント線のVilla Reginaで下車。歩いて10分で行けます。2019年3月に行ったら、villaは修復中で入れませんでした。博物館は見学できます。(神奈川県　すがまき　'19)

●スタビアの遺跡

住 Via Passeggiata Archeologica, Castellammare di Stabia
☎ 081-8575347
開 4/1～10/31　8:30～19:30 (入場18:00まで)
11/1～3/31　8:30～17:00 (入場15:30まで)
休 1/1、5/1、12/25
料 無料

ヴェスーヴィオ周遊鉄道ナポリ-ソレント線ノチェーラNocera駅からバス1 Rossoで。駅からは約3km。バスはCastellammareのP.za Sparcoからも運行。バスは1時間に1便程度で循環バスなのでやや時間がかかる。遺跡は2ヵ所に分かれ、約1km離れている。

共通券(入場は各所1回)

Biglietto comulativo 3 siti
3ヵ所共通券
€18　有効:3日
ポンペイ、オプロンティス、ボスコレアーレに共通

Biglietto comulativo 2 siti
2ヵ所共通券
€7　有効:1日
オプロンティス、ボスコレアーレに共通

サン・マルコ荘

優美なフレスコ画が各所に残るサン・マルコ荘

ヴェスーヴィオ登山
ポンペイなどから、標高1000mの登山口までバスが運行。
● ポンペイ発(EAV社が運行。ポンペイのPiazza Anfiteatro始発)8:00、8:50*、9:40、10:30、11:20、12:10、13:00、13:50、14:40、15:30*、所要55分。
*は4/1～9/30のみ

問い合わせ
EAV BUS社
☎ 800211388
URL www.eavsrl.it

Vesuvio Express社
住 エルコラーノ駅前
☎ 081-7393666
URL www.vesuvioexpress.it
エルコラーノ駅前からミニバスでの往復€10、学生€8。

●ヴェスーヴィオ山
開 4～6月、9月
9:00～17:00
7～8月
9:00～18:00
3・10月
9:00～16:00
11～2月
9:00～15:00
料 噴火口入場料€8
※光や気温の関係で午前中の登山がベター。夏は日焼け対策を心がけ、水やおやつを持参し、歩きやすい靴で出かけよう。

ヴェスーヴィオ *Vesuvio*

人間の住居圏のド真ん中にそびえるヴェスーヴィオ火山。その大きな噴火口は意外に早くから観光地として注目されていた。おなじみのナポリ民謡「フニクリ・フニクラ」は、1880年イギリス人トーマス・クックが世界で初めて火山観光用のケーブルカー(フニコラーレ)を開設したことで誕生したといわれている。現在この登山電車は残念ながら閉鎖されているが、火口には徒歩で登ることができる。

「フニクリ・フニクラ」に歌われた火山、ヴェスーヴィオ

各出発地からバスに乗って標高1000mの広場まで上がる。運転手さんは口笛を吹きながら信じられないような急カーブをスイスイと登っていく。途中、時間調整のためなどという理由でおみやげ屋で降ろされることもあるが、ここは怒らずにのんびりとしたナポリ式時間に従おう。ヴェスーヴィオワインで有名な**ラクリマ・クリスティ Lacryma Cristi**(キリストの涙という意味)のブドウ畑や緑の生い茂る山道が急に殺風景な山肌に変わると約40分のバスの旅が終わる。ここからは徒歩のみの登山道だ。木陰もない乾いた急な砂利の坂道が約1.5km続く。履きやすい靴とかなりの体力を要する。息を切らしつつ30分もすれば火口付近に到着だ。ここで入場料を払い、噴火口の中を見下ろすことができる。

深さ200m、直径600mの巨大な穴の縁を一周するには危険が伴うので、あるポイントからは見張り小屋で同伴ガイドを頼まなければならない。山頂は薄く霧がかかっている日が多いが、晴れた日にはカプリ島まで見渡すことのできる**最高のパノラマポイント**だ。

登山道

History&Art

ヴェスーヴィオ山が物語る
ナポリの歴史と生活

標高1281mのヴェスーヴィオ火山にはよく見るとふたつの山頂がある。最初は標高2000mほどあったソンマ山が79年麓に栄えていたエルコラーノ・ポンペイの町をのみ込む大噴火を起こした際に、現在の荒々しい山頂をもつヴェスーヴィオが誕生したと考えられている。当時の様子は小プリニウスが残した手紙に詳細に明記され、噴煙は松の木のようだったということから噴火のエネルギーのすさまじさが想像できる。この大噴火は30時間も続き、歴史上でも人間の住居圏を襲った最大の物と記録されている。その後14世紀初頭まで約100年ごとに噴火を繰り返した後、一時休止期間が続き山肌に緑を繁茂させ始めたものの、1631年に再び火山活動が開始した。現在カメオの生産で名高い港町トッレ・デル・グレコは、1794年と1944年に噴火の被害を受けた。休止期間が続いている今日、火山の調査が続けられながら、ブドウ畑が続くこの山は自然公園に指定され大きな噴火口をのぞくことができる。そして現在でもヴェスーヴィオ火山の麓には危険を知りつつも住宅地域が拡張している。

この山を見ていると、いつまた噴火するかわからないヴェスーヴィオ火山の麓で毎日生活してきたナポリや周辺都市の人々が、明日のことより今日を大切に楽しく生きることをモットーとする意味が少しわかるような気がする。

エルコラーノ 世界遺産

Ercolano

ポンペイとともに火山の噴火で時を止めた町

エルコラーノ全景

ナポリから約9㎞の海岸線上に位置するエルコラーノの町はギリシア人都市として生まれ、古代ローマ直属の自治都市として栄えた後、大都市ナポリに近く美しい景観が人気を集め**ローマ貴族の別荘地**となった。現在は無計画に建てられたアパートがひしめき合う典型的なナポリ近郊の住宅地であるが、その下には歴史の残したもうひとつの町が眠っていて、新市街を海に向かって下りて行くとまるで時間のヴェールをはがしたような**古代都市の一角**に出合える。

62年に地震の被害を受け復興作業を終える間もなく、79年ヴェスーヴィオ火山の噴火に見舞われたエルコラーノ。ポンペイのように農・商業が盛んではなかったが、港町であることから経済的に豊かで文化水準の高い町であったことが発掘された美しい家屋の装飾や彫刻からうかがえる。また、ポンペイが空から降ってきた火山灰によって埋め尽くされたのに対して、エルコラーノは流れてきた溶岩流に埋められてしまった。町を埋めた土は硬く固まり発掘は困難であったが、失われやすい木材がテーブルやベッドの形を留めたまま溶岩の下に残っており、布や食物なども発見され歴史を探る貴重な研究材料となっている。発掘された遺跡はポンペイの4分の1にも満たない広さだが、その保存状況と充実度はまったくひけをとらない。多くの出土品はナポリの考古学博物館に展示されている。

チケット売り場の門を抜け、右側に遺跡を見下ろし松の木陰から見え隠れする海の水平線を眺めながら坂道を下りていくと、南北に走る**3本のカルド**と呼ばれる大通りと東西を横切る**デクマーニ**と呼ばれる通りできれいに区画された遺跡に入る。チケットはここで切られる。

●郵便番号　80056

世界遺産

ポンペイ、エルコラーノ、トッレ・アンヌンツィアータの考古学地域
登録年1997年　文化遺産

エルコラーノへの行き方

■鉄道

ナポリ中央駅からヴェスーヴィオ周遊鉄道の、ソレントまたはトッレ・アンヌンツィアータ行きで約20分。エルコラーノにはErcolano ScaviとErcolano Miglio d'Oroの2つの駅があるが、遺跡へはErcolano Scavi下車。各駅停車で車内放送はないので降り遅れないように。

列車の切符

ナポリ→エルコラーノ　€2.50

●ℹAPT

住 Via IV Novembre 82
☎ 081-7881243
開 8:30～13:30
休 ㊏㊐㊗
地 地図外
駅前の道を100mほど下った右側。

✉偽装係員に注意

切符売り場手前の門付近に、ベストを着て首からカードキーを下げ、いかにも係員を装って寄付を募る人がいますが、無視しましょう。関係者ではありません。

切符売り場の建物内にトイレがあります。無料で、きれいでした。

（東京都　匿名希望）

ナポリ郊外の治安

ナポリ近郊の小さな町は、ナポリの中心地よりかえって危険だという声もある。町角には職にあぶれた若者が、昼間からたむろしていたりするので、観光地以外の住宅地域には踏み込まないほうがよい。

海を見渡す古代の夢の跡 エルコラーノの遺跡

松の木陰の先に青い海が広がり、絶好のロケーションにあるエルコラーノ遺跡。点在する邸宅も華やかなモザイクに彩られ、古代人の生活がどのようなものだったか想像力を刺激して止まない。遺跡はさほど広くないので、見どころを順に回り、公開されている内部を見学しよう。邸宅からの美しい風景や奥にひっそりと輝くモザイクなど、いたる場所で古代人の生活と美意識が身近に感じられる。

●エルコラーノの遺跡
住 Corso Resina 187
☎ 081-7324315
開 3/15〜10/15
8:30〜19:30
（入場18:00まで）
10/16〜3/14
8:30〜17:00
（入場15:30まで）
休 1/1、12/25
料 €13
駅前の道を真っすぐ500m下った突き当たり。

古代の夢に浸る幸福感 エルコラーノ

駅からの道を下り、遺跡入口を入ると松林の道が続く。遺跡内からは海も眺められ、ローマ貴族たちの別荘地であったすばらしいロケーションを実感できる。美しいモザイク、浴場跡、2階建ての家々などが点在する遺跡はさほど広くないので、ゆっくりと古代ローマの生活に思いをはせて回ろう。

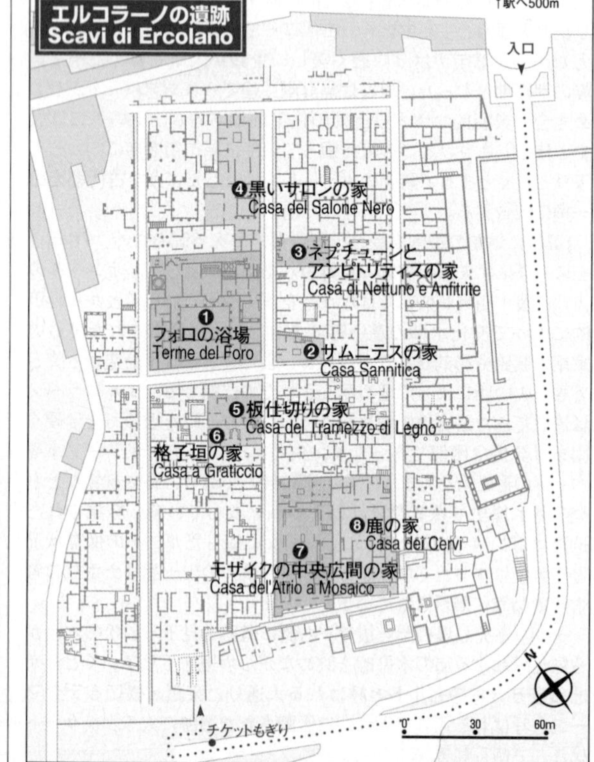

芸術性の高いネプチューンとアンピトリティスを描いたモザイク

フォロの浴場
Terme del Foro ❶

町の主要施設で、入口は男女別に分かれている。漆喰に波型の溝が付いた丸い天井の部屋が脱衣所で、上の棚は衣服置き場として使用されていた。ここにいると汗を流しに来た人々の談笑の声が響いてきそうだ。女性用の脱衣所の床にはトリトーンがキューピッドや海の生き物に囲まれたモザイクが施されている。

タコのモザイクが印象的

サムニテスの家
Casa Sannitica ❷

コリント式柱の入口を抜けると中央に雨水槽を置いたアトリウムがあり、それを囲んで各部屋の入口がある。壁上部には柱廊が装飾され、まるで二階建てであるかのようだ。

ネプチューンとアンピトリティスの家
Casa di Nettuno e Anfitrite ❸

アトリウムの奥には半円に彫り込んだ壁に狩りの様子を描いた噴水跡がある。その横には家の名となったふたりの神の姿がそれぞれ練りガラスのモザイクで華麗に描かれ、食堂の壁を飾っている。(写真P.112左下)

黒いサロンの家
Casa del Salone Nero ❹

中庭に面した部屋の一室が黒色で装飾されている。玄関には木の蝶つがいが残っている。道を挟んだ向かいの家(Casa di Bel Cortile)には埋もれていた遺体が展示されている。

黒色装飾が特徴

板仕切りの家
Casa del Tramezzo di Legno ❺

アトリウムと食堂を仕切っていた可動式の木板壁の両端部分が残っている。典型的な貴族の家が62年の地震後に商店に改装されたもの。

格子垣の家
Casa a Graticcio ❻

れんがの柱で支えられ、道に迫り出したバルコニーが特徴。民衆のために安い建築費用で建てられた3つの入口をもつ共同住宅。骨組みは木で、その中は石が積み重なっている。

かつての共同住宅

モザイクの中央広間の家
Casa del' Atrio a Mosaico ❼

約2000年前の壁画

玄関の床とアトリウムは幾何学模様などを施した白黒のモザイクで飾られている。2棟からなる中の一方には「ディアナとアクタエオン」の壁画やガラス窓などが残っている。

鹿の家
Casa dei Cervi ❽

裕福な貴族の家のひとつ。見晴らしのよいテラスは海に面している。庭園から猟犬に追われる鹿の彫刻が出土したことからこの名で呼ばれるようになった。

ポッツォーリ
Pozzuoli
硫黄の香り漂う歴史の町

●郵便番号　80078

●ポッツォーリの ℹ
住 Largo Matteotti 1
☎ 081-5265068
開 9:30〜15:42
休 ㊏㊐
地 P.114-1

NAVIGATOR

ナポリから地下鉄2号線で約40分、Pozzuoli駅下車。円形闘技場は地下鉄駅近く、ソルファターラへは駅を出て坂道を上る(約800m)、または市バスP9番で。

ナポリのCorso Vittorio Emanuele駅からは私鉄クマーナ線を利用して約25分。到着は港の近く。(プローチダ島→P.133へ便利。)

海辺から高台に広がる、かつての漁師町であり、今はナポリのベッドタウン。海岸沿いにレストランやバーが多く、おいしい魚料理と開放的な雰囲気を求めて訪れるナポリっ子が多い。

町は、紀元前6世紀のギリシア、サモスの植民都市としての歴史を持ち、ローマとの貿易の中継点として栄えた。また、その後ローマ時代には、歴代皇帝が風光明媚で温泉に恵まれたこの土地を愛し、一帯には多くの別荘が築かれたという。町なかには、神殿跡や円形劇場などが残り、華やかであっただろう2000年の昔をしのばせる。

MAP P.114 2

ソルファターラ
Solfatara　ソルファターラ

4000年前の噴火の際に形成された火口跡で、タテ×ヨコ、770m×580mの広さ。その温泉は不妊や潰瘍、リューマチなどに効能があり、19世紀まで硫黄泉やファンゴ(温泉泥)などを使った温泉施設として利用されていた。現在は、噴煙が上がる荒野という風情だ。緑の広がる公園の中心に荒涼とした噴煙地が広がる。現在は平らに見える中央部分は火口の底で、周辺を囲むやや小高い土地が火口淵だ。

荒涼とした火口跡と緑の火口淵

今も噴煙を上げるグランデ・フマローラ

●ソルファターラ
住 Via Solfatara 161
URL www.vulcanosolfatara.it/en/
☎ 081-5262341
※'20年1月現在、閉場中

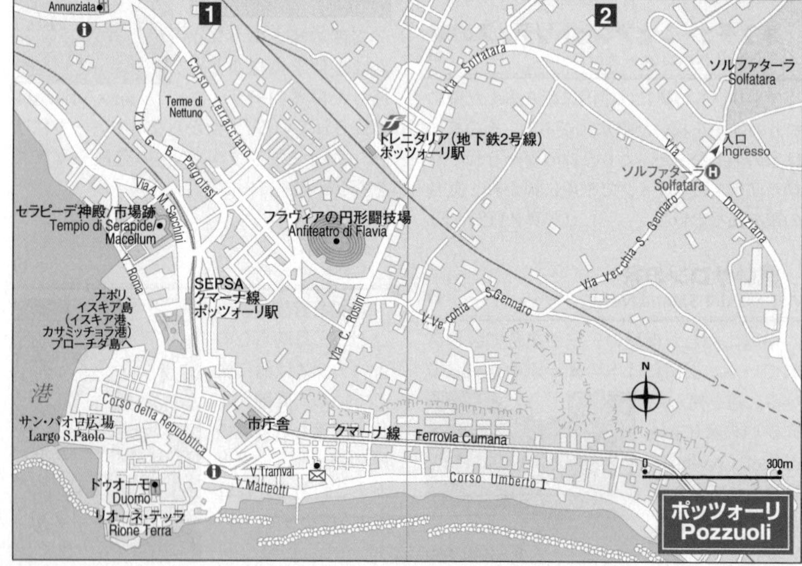

公園奥、ひときわ白煙が上がるグランデ・フマローラGrande Fumaroraでは、今も大地が赤黄色に燃える様子も観察できる。噴煙のそばや古代サウナ跡Stufe Antiche(入場不可)は、近くにいるだけで汗ばむほどで効能を実感できる。

中ほどの右側にある、石造りの円筒形の建物は、中世には効能が名高かった温泉を汲み上げた古代井戸。この中央左、ファンガイアFangaiaの無数の小さな穴からは140度の高温の温泉と泥炭が湧いている。

MAP P.114 1

フラヴィアの円形闘技場
Anfiteatro di Flavia アンフィテアトロ・ディ・フラヴィア

かつては血なまぐさい戦いの場だった闘技場

緑の木陰が影を落とす円形闘技場だ。69～79年頃、ネロ帝のもとで着手され、ヴェスパシアヌス帝の時代に完成された物。闘技場の広さは長径×短径、149m×116m、アレーナ部分が75m×42mで2万人を収容したという。構造的には小さなコロッセオといった風情だが、下部を見学できるのが珍しい。闘技場の形通りに楕円形に二重の通路がめぐらされ、アーチが続き、戦いのための動物を入れた檻や動物をアレーナへ引き上げた造作も残っている。305年、ディオクレティアヌス帝治世のキリスト教徒弾圧の時代には7人のキリスト教徒がここで動物たちと戦わされたという。

MAP P.114 1

セラピーデ神殿／市場跡
Tempio di Serapide/Macellum テンピオ・ディ・セラピーデ/マチェリュム

港近く、ちょっとさびしげな町並みから唐突に眼下に広がるのが、水に浮かぶセラピーデ神殿。1750年からの発掘途中にエジプト神の彫像が発見されたことから、神殿と考えられていたが、実際は1～2世紀の港に続く市場跡とされている。この地域の地盤沈下を示すかのように一部は水没し、楕円形に広がる中庭の周りに商店が並び、中央にはトロス tholosと呼ぶ円形の神殿が16本の柱で支えられ、後陣には3本(オリジナルは4本)の柱があったという。床部には大理石が張られ、後陣の左右には公衆トイレがあったというのも珍しい。内部には入れず、見学は上部からのみ。

まるで水に浮かぶような神殿は印象的

MAP P.114 1

リオーネ・テッラ
Rione Terra リオーネ・テッラ

住民が強制退去させられたリオーネ・テッラ地区。今も工事が続く

ポッツォーリの海岸を見下ろす高台にある考古学施設。数千年に渡る地層が残り、そこに約1500年前の古代の町並みが地下1階と2階に分かれて広がる。道の両側には商店や倉庫跡、井戸やパン屋の脱穀や製粉の機械、かまどなどが並び、古代の人々の暮らしを感じることができる。

リオーネ・テッラ地域は、紀元前7世紀には人が暮らしていたというポッツォーリでも最も歴史のある地域だが、地震被害などにより1970年頃からは無人となり、考古学施設以外は立ち入りできない。

●円形闘技場
住 Via Anfiteatro/Via Nicola Terracciano 75
☎ 081-5266007
開
1/2～2/15 9:00～16:40
2/16～2/28 9:00～17:00
3/1～3/15 9:00～17:20
3/16～3/31 9:00～17:40
4/1～4/15、9/16～9/30 9:00～18:00
4/16～4/30 9:00～18:20
5/1～8/31 9:00～20:00
9/1～9/15 9:00～18:30
10/1～10/15 9:00～16:40
10/16～10/31 9:00～16:15
11/1～11/30 9:00～16:00
12/1～12/31 9:00～15:45
※入場は閉場1時間前まで
休 ㊋、1/1、12/25
料 €4
※毎月第1㊐は無料

円柱などが無造作に置かれた、闘技場地下の通路

✉ ナポリからポッツォーリへ
地下鉄2号線で終点のPozzuoliまで行き、駅を出て右に進み、通りに出て坂を下るとすぐに円形闘技場が見えます。　(前　昌子)

●リオーネ・テッラ
☎ 081-19936286
開 ㊏㊐㊗9:00～17:00
料 €5
※要予約でガイド付き見学。
※予約は9:00～17:00に ☎ 081-19936286または081-19936287へ電話、または URL www.rioneterrapozzuoli.com/otari-e-costi/からメールで。

カゼルタ 世界遺産

Caserta

ブルボン家の豪壮な王宮と庭園

●郵便番号　81100

世界遺産

カゼルタの18世紀王宮、庭園、ヴァンヴィテッリの水道橋、サン・レウチョの複合建築
登録年1997年　文化遺産

NAVIGATOR

駅を降り、王宮の一部である芝が美しい広場を300mほど行くと王宮がある。切符売り場へは正面左の入口から入る。奥に進み右側の階段が宮殿の入口。長い池の脇を1km進むと、ヴェネレの噴水に到着。ここからは長い庭園と宮殿の美しいパノラマが楽しめる。噴水の右側がイギリス庭園。

●駅構内の i　Info Point
住 カゼルタ駅、出口ホール
☎ 0823-321137
開 8:30～12:00
15:30～17:00
休 ㊐㊗
地 P.119 B
※地図の配布、バスの時刻表調べ

●王宮内の i
☎ 0823-550011
開 王宮の開場時間
地 P.119 B
※バールなどがある建物向かい側奥

●バスターミナル
住 Piazza Vanvitelli
地 P.119 B
fsカゼルタ駅前。カゼルタ・ヴェッキア行きなどの市内バスとプルマンバスが運行。

ナポリからのバス
●ATC社
URL www.atcbus.it
※URLに時刻表、バス停表示あり。港近くや市内、中央駅そば、空港に停車。
●Sightseeing社のバスも運行(→P.44)

カゼルタへの列車運行頻度
2020年現在、ナポリ～カゼルタ間の列車は、ナポリ発は平日、日曜日・祝日ともに10時台の運行はない。また平日でも9時台は1便のみ。カゼルタ発は平日では、9時台、10～11時台の運行はあるが、休日は10時台の運行はない。事前にトレニタリアのホームページ等でスケジュールの確認をしたほうがよい。（編集部）

王宮外観

ナポリから内陸に約30km、肥沃な平野に広がるカゼルタの町。駅を出れば、ほぼ正面に1997年に世界遺産に登録された**レッジャ**Reggiaと呼ばれる**ナポリ王家の王宮**がその威容を見せる。1751年、ブルボン朝のシャルル王がヨーロッパの王国、特にヴェルサイユ宮殿に匹敵するような宮殿を望んで建てさせたもの。**豪壮な宮殿に豪華な部屋**が続き、その裏手には3kmに渡る**広大な公園**、美しい彫刻をあしらった噴水や滝……。建造物と緑がすばらしい調和をもたらす、まさに「王にふさわしい」場所であり、ため息が出てしまうほどの壮大なスケールで設計された王宮だ。また敵の侵入に備え、ダメージの少ない内陸に本拠地を構えるという意図もあった。王宮の窓からはナポリへ続く並木道を見渡すことができ、その思いを実感できる。ナポリ王国が当時ヨーロッパで強大な権力を振るい、莫大な富と財産に恵まれていたことが容易に想像できる。

四季の間「秋」

広い宮殿見学後は時間の許すかぎりゆっくりと庭園の散策を楽しみたい。庭園には観光馬車や小型バスが走り、自転車のレンタルも可能なので、楽しみ方はさまざまだ。

大滝と噴水の調和美

ナポリから列車で約1時間、日帰りでタップリ楽しめるスポットだ。周辺の世界遺産を訪ねるなら1泊するのがおすすめ。

カゼルタへの行き方

鉄道で行くには
●ナポリ→カゼルタ　fs線のRもしくはMetropolitanoで35分～50分（平日は1時間に約3便、㊐㊗は1時間に1～3便程度に減便）€3.40

バスで行くには
●ナポリ→カゼルタ　ATC社（高速道路経由）　40～50分（平日約30分～1時間間隔、㊐㊗2便）

車で行くには
●ナポリ→(E45)→カゼルタ　●ベネヴェント→アッピア街道→カゼルタ

おもな見どころ

ブルボン家の優雅な暮らしを垣間見る MAP P.117 B

王宮 ★★★

Palazzo Reale　パラッツォ・レアーレ

4つの中庭を囲んだ田の字型の王宮は5階建てで1200の部屋がある広大さ。公開されているのは主に1700年代と**1800年代翼面**(入口から中庭を抜けた左右)の2階部分。大階段入口の向かいにあるのはファルネーゼ・コレクション由来の**ヘラクレス像**だ。左右に勇ましいライオン像が置かれた**大階段**Scalone d'onoreを上がろう。壁面には色石が多用され、天井にはフレスコが輝く。階段の途中、壁面正面の王冠を被りライオンに乗るのはこの宮殿に着手したカルロ7世だ。

ライオン像と大階段

パラティーナ礼拝堂

階段を上がった大きな空間はエレガントな**玄関広間**Vestibolo superiore。イオニア式の柱が八角形の束ね柱でまとめられ、ドーム状の天井へと続き壮大さを実感する。正面が**パラティーナ(王宮)礼拝堂**Cappella Palatina。半円の高い天井は黄金に色付けされ、壁面を柱が飾り、床は色大理石の象嵌模様、奥に主祭壇が弧を描き、輝くような空間だ。2階には**王宮居室**Appartamenti realiが並ぶ。当時の家具やシャンデリアをはじめ、壁は金色に輝く漆喰やサン・レウチョの絹布で飾られ、床には華麗な象嵌細工と、ロココ様式と新古典様式の華やかな空間が続く。

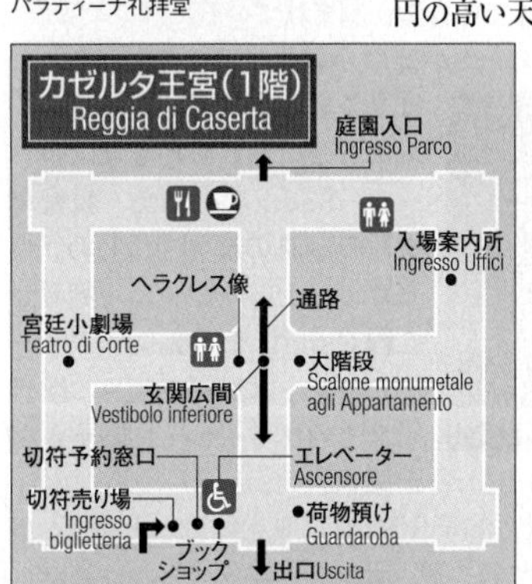

●王宮
住 Viale Douhet 2/a
☎ 0823-448084

王宮内部
開 8:30〜19:30
休 ㊋、1/1、12/25

王宮庭園
開 1月　8:30〜15:00 (閉園16:00)
2月　8:30〜15:30 (16:30)
3月　8:30〜16:00 (17:00)
4〜9月　8:30〜18:00 (19:00)
10月　8:30〜16:30 (17:30)
11〜12月　8:30〜14:30 (15:30)
休 ㊋、1/1、12/25

イギリス庭園
開 8:30〜王宮庭園閉園1時間前
料 王宮内部と王宮庭園、イギリス庭園　€14
王宮のみ(庭園閉園時のみ)　€10
王宮のみ(17:00以降) €3
2日券(15:00〜と翌日)　€17

※切符売り場は18:45まで
※毎月第1㊐は王宮内部は無料。庭園は€5
※特別展により料金変更の場合あり
※荷物預け
切符売り場で申し込み。無料で利用可。
※オーディオガイド
英・伊・仏・独・西語
1人€5
※庭園内を運行するミニバスの切符は、車内販売、往復で€2.50。公園内はかなり広いので、帰りだけ乗車するのもいい。ミニバスは庭園内、王宮を背にした右側からの発車。
※王宮の庭園側には、トイレ、バール、セルフレストランなども完備。

History&Art

優雅な宮廷文化を伝える緑あふれる世界遺産の町

ナポリ王国がヨーロッパで偉大な権力を振るっていた頃、カルロス3世は、敵の攻撃を直に受けない所に政府の本拠地をおこうと考えた。海からの攻撃を避けるため内陸であり、ナポリからそれほど遠くない肥沃な土地、という条件を満たしたのがここカゼルタであった。建設の指揮を命じられたのは建築家のルイジ・ヴァンヴィテッリLuigi Vanvitelli。彼はフランスのヴェルサイユ宮殿を参考に、ナポリから続く並木道から宮殿の内部をくり抜いたアーチをくぐり、庭園、大滝を一直線に結ぶ長大な透視図を用いた図面を1751年に披露した。工事は翌年から始まり、1773年ルイジ・ヴァンヴィテッリの他界後は息子のカルロ・ヴァンヴィテッリが引き継ぎ、1780年にほぼ完成した。19世紀にはブルボン家の貴族たちが春と秋の離宮として利用した。

ゲーテをはじめとする著名な旅行者をもてなし、有能な音楽家たちには宮殿内の劇場で演奏させ、優雅な時を過ごしていた。また、年に一度復活祭明けの月曜日には庭園を開放し、庶民にお菓子をふるまっていたともいわれている。新市街が拡大したのは19世紀後半のことであるが、現在でもその美しい庭園は観光スポットとしてだけでなく、市民の憩いの場所として大切にされている。

1997年、ユネスコの世界遺産に登録。

8
7 閉場 Terrae Motus
6
5
パラティーナ礼拝堂
4
玄関広間
3 2 1
四季の間
絵画館
図書館
プレゼーペ

カゼルタ王宮 2階［PRIMO PIANO］

矛盾兵の間 1 天井に絵が描かれているのは、ブルボン王家を礼賛するフレスコ画。

護衛の間 2 巨像と漆喰で飾られ、ファルネーゼ家礼賛のフレスコ画（カルロ7世の母はファルネーゼ家出身）が飾る。

アレッサンドロの間 3 （ここから見学は一方通行。正面側の部屋は南北で別に見学）天井にはムツィオ・ロッシによる見事なフレスコ画「アレッサンドロ大王とペルシャ王女の結婚」が描かれ、大きな窓からはナポリ方面へと続く美しい並木道を見ることができる。

軍神の間 4 ネオ・クラシック様式で金色に装飾されたレリーフやギリシアの叙事詩の正義の女神のフレスコ画。

玉座の間

玉座の間 5 長さ40m、この宮殿で最も広い部屋。正面に金色に輝く玉座が置かれ、飾り柱の横の6つの窓からは明るい日差しが差し込む。ナポリ王と王国の領地を顕示する間であり、天井近くの帯状装飾にはノルマン王朝のルジェッーロ王からフェルディナンド2世までの肖像が刻まれている。

議会の間 6 から右に入ると、小部屋が続き、当時の生活をしのばせる展示が楽しい。近代的な生活が感じられる**小さなエレベーター**Sedia Volante、**観覧車などの遊具の模型**をはじめ、豪華なカメオ飾りがついた**揺りかご7** Cullaなどが並ぶ。

四季の間「春」

ここからは順路を戻り、歴代王たちのプライベートな居室 8 が続く。

アレッサンドロの間からは1700年代翼面（見取り図下）へと続く。最初の4つの部屋は**四季の間**で**春**、**夏**、**秋**、**冬**と続き、天井は神話のアレゴリーで飾られている。寝室や浴室などに続く**図書館**Bibliotecaにはフェルディナンド4世の妻であるマリア・カロリーナ女王の蔵書14000冊を収めている。**絵画館**には1700～1800年代、126年間続いたブルボン王家の肖像画を中心に展示。見学の最後には1200体以上の人形が遠近感を持って配置され見事な**プレゼーペ**が展示されている。18世紀にナポリで製作され、人形の豊かな表情や当時の風俗が楽しい。

マリア・カロリーナの図書館

マリア・カロリーナって誰?
フェルディナンド4世の妻。ハプスブルグ家の女帝マリア・テレジアの十女で、マリーアントワネットの姉。莫大な相続財産でイギリス庭園が造られたとか。絵画館で彼女の肖像画を探してみるのも楽しい。

絵画館に残るフェルディナンド4世の肖像画

プレゼーペ

ヴェルサイユ宮殿からヒントを得た MAP P.119 A・B

王宮庭園 ★★★

Parco Reale パルコ・レアーレ

宮殿を出るとすぐに緑が美しい庭園が広がる。並木道と並行して、頂点の大滝まで3kmにわたり緩やかな傾斜を水が流れ落ち、途中に小さな滝、噴水、彫像が配置され、その整然とした透視法的な奥行きの深さが実に印象的だ。町なかにもかかわらず、うっそうとした森や池が広がり、この水のために山中から約40kmにわたり水路が築かれたというのも、驚きだ。

北側からの庭園の眺め

まずは、水路に沿って坂道を上がろう。

緑地帯のほぼ終わりの**マルゲリータの噴水**Fontana Margheritaの奥から水路がはじまり、長さ475mの人工池の**ペスケリア・スーペリオーレ**Pescheria Superiore、上部の**イルカの滝**Cascata dei Delfiniから水が流れ落ちて来る。さらに傾斜を上がると29体の風の精などが置かれた**エオロの噴水**Fontana di Eolo、農業の神**ケレスの噴水**Fontana di Cerere、**ヴィーナスとアドニスの噴水**Fontana di Venere e Adone。ヴィーナスと彼女に愛されたアドニスが天使や動物に囲まれたダイナミックな彫刻で装飾されている。さらに上部、小山の下、豪快に流れ落ちる**大滝**を受け止めるのは(月の女神)**ディアナと**(鹿に姿を変えられた)**アクタイオンの噴水**Fontana di Diana e Atteoneだ。

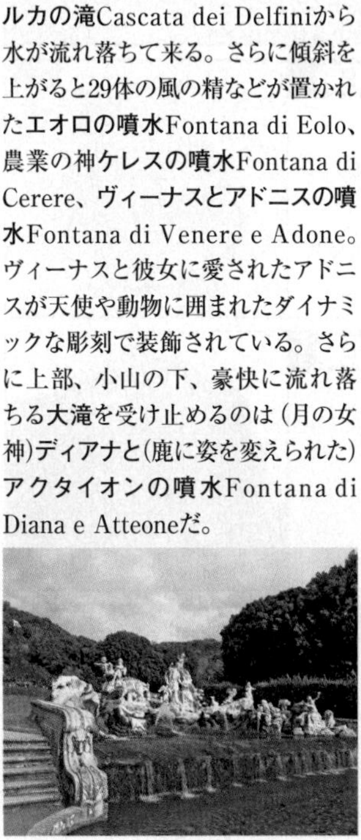

ヴィーナスとアドニスの噴水

✉ **天候に注意**

ナポリ中央駅から電車で約1時間かけてカゼルタ王宮へ。楽しみにしていた庭園がコンディションが悪いため閉園。理由は風。残念!帰りの電車は地下鉄2号線に乗り入れていて、ナポリ中央駅ではなく、地下のPiazza P.Garibaldi駅で下車しました。
(神奈川県　みーにゃん　'19)

公園内の馬車

約40分で€50の統一料金。1台4人まで。

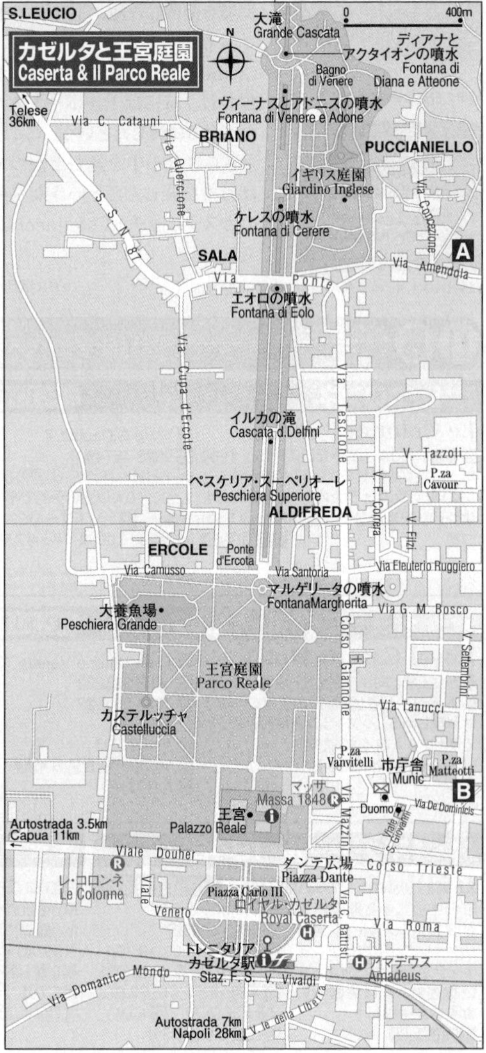

カゼルタと王宮庭園
Caserta & Il Parco Reale

S.LEUCIO
0 400m
大滝 Grande Cascata
ディアナとアクタイオンの噴水 Fontana di Diana e Atteone
Bagno di Venere
ヴィーナスとアドニスの噴水 Fontana di Venere e Adone
Telese 36km
Via C. Cataun
BRIANO
PUCCIANIELLO
Via Quercione
イギリス庭園 Giardino Inglese
Via Concezione
S. S. N. 87
ケレスの噴水 Fontana di Cerere
SALA
A
Via Amendola
Via Ponte
エオロの噴水 Fontana di Eolo
Via Cupa d'Ercole
Via Tescione
イルカの滝 Cascata d.Delfini
V. Tazzoli
P.za Cavour
ペスケリア・スーペリオーレ Peschiera Superiore
V. F. Correra
ALDIFREDA
V. Fizi
ERCOLE
Ponte d'Ercola
Via Camusso
Via Santoria
Via Eleuterio Ruggiero
マルゲリータの噴水 FontanaMargherita
Via G. M. Bosco
大養魚場 Peschiera Grande
V. Settembrini
王宮庭園 Parco Reale
Corso Giannone
Via Tanucci
カステルッチャ Castelluccia
P.za Vanvitelli
市庁舎 Munic
P.za Matteotti
マッサ Massa 1848
B
Duomo
Via De Dominicis
Viale S. Giovanni
王宮 Palazzo Reale
Via Mazzini
Autostrada 3.5km Capua 11km
Viale Douhet
ダンテ広場 Piazza Dante
Corso Trieste
レ・コロンネ Le Colonne
Viale
Piazza Carlo III
ロイヤル・カゼルタ Royal Caserta
Via C. Battisti
Veneto
Via Roma
トレニタリア カゼルタ駅 Staz. F. S.
V. Vivaldi
アマデウス Amadeus
Via Domanico Mondo
V. le della Libertà
Autostrada 7km Napoli 28km

自転車料金
1時間　€4
アシスト自転車　1時間€6
2人乗り自転車　1時間€7
※要身分証明書。ホテルなどの貸し自転車の持ち込み料€1

✉自転車ナニ借りる？

庭園内のレンタサイクルはアシスト(電動)のものがあり、なだらかな坂道が続く庭園では、こちらが便利。
（東京都　匿名希望）

馬車の経路は要相談

庭園を南北に走るミニバス

ディアナの噴水

ディアナの噴水に向かって右側から**イギリス庭園**Giardino Ingleseがエオロの噴水近くまで広がっている。イギリス庭園は当時のヨーロッパで流行しており、マリア・カロリーナ女王が望み、その代金は彼女の莫大な相続財産から支払われたという。英国からアンドリュー・グリファーを招き、世界中から珍しい植物が集められ、ゆったりとした起伏が広がる庭園に自然の風景が美しく広がっている。入ってすぐ左奥には**イタリア風神殿**、坂を下るとピラミッド、ローマ時代風の廃墟を配置した池、小神殿、礼拝堂などが点在している。

最初のマルゲリータの噴水の奥へ進むと、**大養魚場**Pescheria Grande。王宮の食卓への魚が飼われ、時には王がボートを浮かべ釣りに興じたという。ここからさらに森の中を進むとかつてはお茶を楽しんだという東屋風の**カステルッチャ**Cstellucciaがある。

イギリス庭園入口

RISTORANTE HOTEL　カゼルタのレストラン&ホテル

レ・コロンネ　P.119 B

Le Colonne

落ち着いたエレガントなレストラン。1950年から続く家族経営で、現在の女性シェフは「モッツァレッラ大使」。土地の素材を生かした料理が味わえる。ミシュランの1つ星。
できれば予約

住 Viale G.Douhet 7
☎ 0823-467494
営 12:00〜15:30、㊎㊏のみ19:30〜22:00、10人以上の予約で平日夜の営業あり　休 ㊋、1/7〜1/22
予 €50〜100(コペルト€7.50)、定食€70、100
C A.D.J.M.V.　交 駅から約800m

★★★★　ロイヤル・カゼルタ・ホテル　P.119 B

Royal Caserta Hotel

駅から王宮に向かって進むと右側にある大型ホテル。上階からは緑の王宮のパノラマが楽しめる。レストランも併設されていて便利。1人前€30前後。
URL www.royalcaserta.it

住 Viale Vittorio Veneto 13
☎ 0823-325222
Fax 0823-354522
SB €95/210
TB €109/231
室 107室　朝食込み W-Fi
C A.D.M.V.

マッサ・ダル・1848

Antica Hostaria Massa dal 1848　P.119 B

町の中心にある郷土料理が味わえるレストラン兼ピッツェリア。店内はアンティークが飾られたあたたかい雰囲気。夏は庭園での食事も気持ちよい。
できれば予約

住 Via Mazzini 55
☎ 0823-456527
営 12:30〜15:00、19:30〜23:00　休 ㊐夜、一部の㊗
予 €38〜67(コペルト€2.50)、定食€37.50、67　C A.J.M.V.
交 王宮から徒歩5分

★★★　アマデウス

Amadeus　P.119 B

駅から200m、王宮から500mと観光に便利な立地。18世紀の邸宅を改装した小規模ながら居心地のよい空間が広がる。
URL www.hotelamadeuscaserta.it

住 Via Giuseppe Verdi 72/76
☎ 0823-352663
Fax 0823-329195
SB €49/75　TB €69/93
室 12室　朝食込み W-Fi
C A.D.M.V.

カプリ島

Isola di Capri

アウグストゥス帝も恋した夢の島

古代ギリシア人は海から見た島の形から**カプロスCapros**（イノシシの意）と呼び、ローマ皇帝アウグストゥス帝は所有していたイスキア島とこの島を交換して「甘美な快楽の地」と呼んだカプリ島。古代から訪れる人を魅了してやまないこの小島の人口は約1万3000人。島は観光業を主とするが、自然保護地区であるため珍しい植物や動物、海中の生物が平和に共存している。

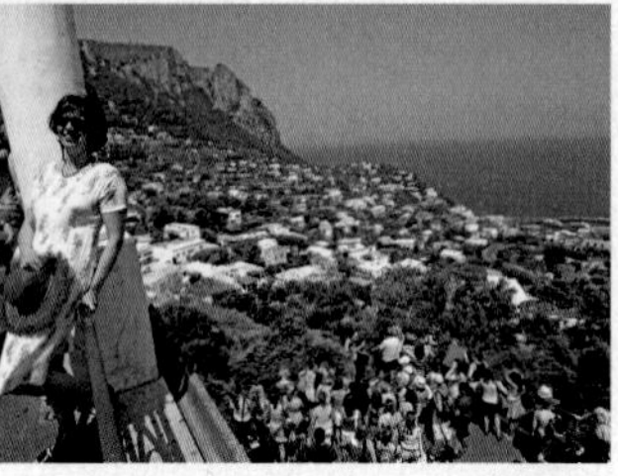
ウンベルト1世広場から

マリーナ・グランデの港には、青の洞窟の客引きが

ピアッツェッタPiazzettaと呼ばれるカフェが並ぶ広場を中心に小さな町が広がり、その奥の名所へは上り下りの坂道が続く。徒歩でしか行けない小道を息を切らしながら歩けば、たどり着いた先に必ず忘れられない風景が待っている。自然のあふれる島西部**アナカプリAnacapri**地区へは切り立った絶壁を小型バスで行く。こちらの地域はオフシーズンにはクローズする店が多いが、見どころは多い。

カプリ島へはナポリ、ソレント、サレルノから頻繁に船が周航しているため日帰りでも十分楽しめるけれども、できることなら宿を取ってじっくりとその自然美を堪能したい。

ソレント発の高速船

カプリ島への行き方

船で行くには

- ●ナポリ（ベヴェレッロ港）→カプリ島　CAREMAR、GESCAB-SNAV、GESCAB-NLGの各社が運航　フェリーTraghetti　約1時間25分　高速船Nave Veloce　1時間、水中翼船Aliscafi　50分（冬季1日計約14便、夏季30分〜1時間に1便）
- ●ソレント→カプリ島　NLG、ALILAURO　高速船40分、水中翼船20分（冬季1日約4〜11便、夏季15分〜1時間45分に1便）
- ●サレルノ→カプリ島　NLG、ALILAURO　高速船1時間30分（夏季1日約4便、一部アマルフィ経由）
- ●アマルフィ→カプリ島　LUCIBELLO　高速船約50分（1日2〜6便、一部ポジターノ経由）

※船舶代に入島税ひとり€2.50を加算

●郵便番号　80073

■各船会社連絡先
Caremar社
☎081-18966990
URL www.caremar.it
GESCAB-SNAV社
☎081-4285555
URL www.snav.it
GESCAB-NLG社
☎081-5520763
URL www.navlib.it

カプリ行きはおもにナポリのベヴェレッロ港Molo Beverelloから水中翼船、高速船、フェリーが運航、マッサ港Molo Calata Porta di MassaからはCAREMAR社の高速船やフェリーが運航。ベヴェレッロ港へは中央駅から地下鉄1線でMunicipio駅下車し、坂を下る。タクシーなら€12〜15程度。マッサ港へはムニチーピオ広場脇のPiazzale Angioinoからミニバスの運行あり。メルジェッリーナ港へは地下鉄2線のMergellina下車。メルジェッリーナ港は運航本数が少ない。

ナポリ・カプリ間の料金

フェリー	€14.80
高速船	€20.30
水中翼船	€21.70〜23

※入島税ひとり€2.50を加算済

●ℹメインオフィス
住 Piazza Umberto I
☎081-8370686
開 8:45〜13:30
15:30〜18:00
㊐9:00〜13:00
休 一部の㊗
地 P.122 D2

●アナカプリのℹ
住 Via G.Orlandi 59
☎081-8371524
開 夏季 8:30〜20:30
㊐㊗ 9:00〜15:00
冬季 9:00〜15:00
休 冬季㊐㊗
地 P.122 A1
※マリーナ・グランデの港にもインフォ・ポイントあり

●TAXI
カプリ ☎081-8370543
アナカプリ ☎081-8371175

●ナポリ・ベヴェレッロ港の荷物預け
営 8:30〜18:30
料 最初の2時間　€3
以降1時間ごとに　€1
※1個20kgまで

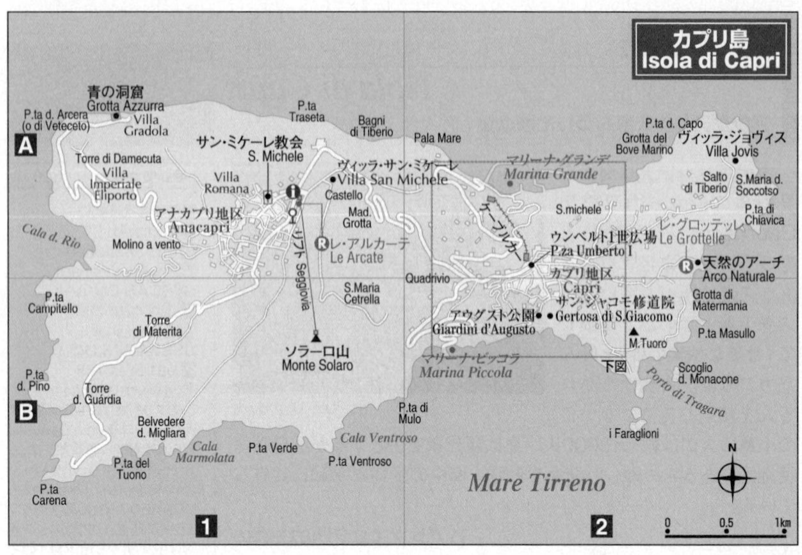

カプリ地区
Capri

0 150 300m
N
海水浴場
Via C. Colombo
ソレント、ナポリ行き船着場
マリーナ・グランデ
Marina Grande
港
Porto
S.Costanzo
Staz.
P.za Fontana
ケーブルカー
Funicolare
Via Marina Grande
S.Michele
Cimilero
Via Sopramonte
Via Tiberio
ヴィッラ・サラー
Villa Sarah
マンマー
Mammà
Munic.
Via Marina Grande
Via Anacapri
ウンベルト1世広場
P.za Umberto I
V. Botteghe
Via Fuorlovado
Via Croce
Via Matermania
S.Stefano
Campi di Tennis
ダ・ジョルジョ
Da Giorgio
バス停
ブオノコーレ
Buonocore
Pal. Cerio
Via Roma
Quadrivio
Via Camerelle
V.Vitt.E.
Via Serena
V.Castello
ラ・トスカ
La Tosca
Via Marina Piccola
Via Mulo
イル・ジェラニオ
Il Geranio
Via Matteotti
ヴィッラ・クルップ
Villa Krupp
サン・ジャコモ修道院
Certosa di S.Giacomo
Via Tragara
il Castiglione
Belvedere Cannone
アウグスト公園
Giardini d' Augusto
Grotta d.Castiglione
Via Krupp
Grotta d.Arsenale
Torre Saracena
Scoglio Unghia Marina
Belvedere di Tragara
Grotta d.Marinaio
マリーナ・ピッコラ
Marina Piccola
展望台
Belvedere
C
D
1
2

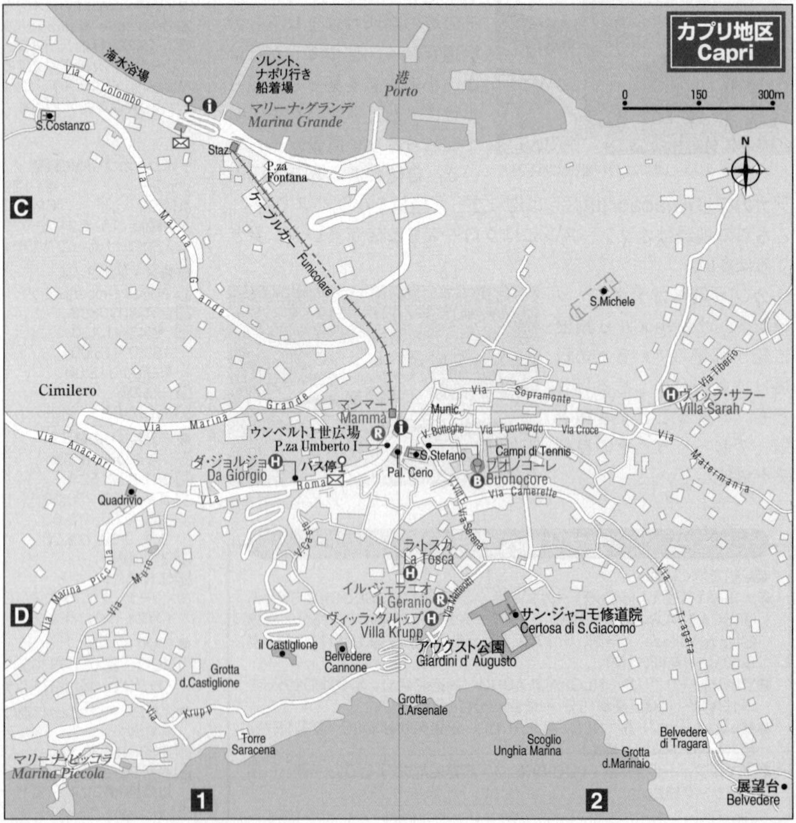

おもな見どころ

カプリ地区

カプリの中心「小広場」 MAP P.122 D1

ウンベルト1世広場 ★

Piazza Umberto I ピアッツァ・ウンベルト・プリモ

時計台にⓘがある

こぢんまりした造りの市役所、時計塔とカフェに囲まれているこの広場は、カプリに憧れて世界中からやって来た観光客や芸術家の社交場。小さな階段を上るとアラブ風クーポラをもつバロック様式のサント・ステファノ教会Chiesa di S. Stefano、その向かいはアンジュー家のジョヴァンナ1世の城を改造して現在はカプリの歴史を紹介する**カプリ・センター**になっているチェリオ館Palazzo Cerio。

また、ケーブルカーの駅前にはマリーナ・グランデを見下ろすバルコニーもあり、広場の奥には高級ブティックやおみやげ屋が並び、そぞろ歩きするだけでも楽しい一角。

話題のカプリウオッチのショップも

さまざまな種類の美術品が展示される MAP P.122 D2

サン・ジャコモ修道院 ★★

Certosa di S. Giacomo チェルトーザ・ディ・サン・ジャコモ

高台から修道院を望む

典型的な中世の建築物。1371～74年にアンジュー家のジョヴァンナ1世王妃の秘書であったジャコモ・アルクッチの希望により建てられた。

教会の入口扉には14世紀の浅浮き彫りとフレスコ画、内部には17世紀のものが装飾されている。そのほか大小のキオストロ、食堂跡にあるドイツの画家ディーフェンバッハの作品と青の洞窟から発見されたローマ時代の彫刻を展示する**美術館Museo Diefenbach**などが興味深い。

修道院からの眺望もすばらしく、また、周囲は緑濃い散歩道になっている。散歩道の一角にはカプリ名産の**香水工房**とその販売所があり、運がよければ製造作業を見学することもできる。

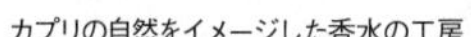
カプリの自然をイメージした香水の工房

NAVIGATOR

ナポリなどからの船はマリーナ・グランデ港に到着する。すぐにボートで「青の洞窟」へ向かう場合は、船を降りるとすぐに各会社の客引きがいるので申し込めばいい。埠頭に切符売り場もある。

散策する場合はまずバスやケーブルカーの切符を購入しよう。切符は共通だ。港を背に右に切符売り場があり、バスは切符売り場のほぼ前から、ケーブルカーは港を背にした左側が乗り場。ケーブルカー乗り場で切符は販売していない。ケーブルカーなどで中心地のカプリ地区に向かい、ウンベルト1世広場、アウグスト公園などを訪ねよう。アナカプリへはバスで。駅を上り、右へ進むと小さなバスターミナルがある。

ケーブルカー乗り場には行列ができていることが多いが、一度に60人乗れるので待ち時間は少なく、バスより早く到着。

●**ケーブルカーSIPPIC社**
マリーナ・グランデ↔カプリ
切符€2
6:00～21:20頃まで約10～30分間隔の運行
1～2月は休止、この期間はバスでの代行運行。
共通券
60分券（ケーブルカー1回＋バス）€2.70
1日券（ケーブルカー2回＋バス1日券）€8.60
荷物券€1.80

バスのルート
●**ATC社**
カプリ↔アナカプリ
カプリ↔マリーナ・ピッコラ
アナカプリ↔マリーナ・グランデ
各所要時間は15～20分
バスの切符1回券€2
（車内購入€2.50）
●**STAIANO社**
アナカプリ↔青の洞窟
アナカプリ↔カレーナ灯台
青の洞窟、灯台へは所要約30分。夏は約20分に1便、冬は約40分に1便程度。
バスの切符€1.80
カプリ↔マリーナ・グランデ €1.50

●**サン・ジャコモ修道院**
住 Via Certosa
☎ 081-8376218
開 5月 10:00～18:00
6～8月 10:00～19:00
9～10月 10:00～17:00
11～4月 9:00～15:30
休 ㊊、1/1、12/25
料 €6、オーディオガイド込み（アウグスト公園との共通€5。アウグスト公園で購入のみ）
※切符売り場は閉場30分前まで。10～3月の第1㊐は無料

手入れの行き届いた美しい庭園 MAP P.122 D2

アウグスト公園 ★★

Giardini d' Augusto ジャルディーニ・ディ・アウグスト

19世紀末カプリに住んでいたドイツ人大富豪フリードリッヒ・アウグスト・クルップによって整備され、現在は**市民公園**になっている。噴水や色とりどりの花が咲き乱れる美しい庭園の奥の階段を上ると、天然のアーチをもつファラリオーニの岩島群Faraglioniを見下ろすパノラマが広がる。

ファラリオーニの岩島群が眼下に

美しい庭園でひと休み

小さな海水浴場 MAP P.122 D1/B2

マリーナ・ピッコラ

Marina Piccola マリーナ・ピッコラ

アウグスト公園からマリーナ・ピッコラを遠望

小さな自然のアーチとローマ時代の港の跡が残るセイレンの岩礁Scoglio delle Sireneを中心に、東にペンナウートの浜、西にムーロの浜と呼ばれる小さな砂浜が広がる。夏は海水浴場としてにぎわう。

カプリ島の手荷物預け
Deposito Bagagli
ウンベルト1世広場のケーブルカー駅構内にある。

✉どこに泊まる?
カプリからアナカプリへはバスやタクシーで15〜20分かかります。ホテルはカプリ地区がおすすめです。移動で予想外にタクシー代を使ってしまいました。
（東京都　ピヨピヨ2015）

●アウグスト公園
開 3/16〜10/15 9:00〜20:00
10/16〜3/15 9:30〜17:00
料 €1
※サン・ジャコモ修道院との共通券€5、有効1日。アウグスト公園での販売のみ

✉おすすめのお店
パスティチェリア・ブオノコーレ
Pasticceria Buonocore
お菓子屋兼ジェラテリア兼ターボラ・カルダです。焼きたてのコーンに入れるジェラートが人気でいつも行列ができています。奥ではお総菜を販売しています。店内でも食べられますし、テイクアウトしてお気に入りの風景を見ながら食べるのもいいです。僕はフリッタータ（イタリア風オムレツ）とポルペットーネ（大きいミートボール）をパニーノにしてもらいました。1個€5くらい。
ウンベルト広場からヴィットリオ・エマヌエーレ通りを進んだ左側。広場から徒歩1〜2分。
（大阪府　YASU）['19]

カプリ島でトレッキング column

絶景に感激！

自然美があふれるカプリ島、各所にトレキッグロードが広がっている。美しい海とファラリオーニを見下ろす、島南東部の見どころを中心にグルリと回るコースがおすすめだ。

カプリ・ウンベルト1世広場→アウグスト公園→トラガラの展望台→フランギーニの見晴らし台→マテルマニアの洞窟→（レストラン）→天然のアーチ→ウンベルト1世広場を回ると約2時間。道路は全体によく整備され、この順路は下りが多い。ただ、フランギーニの見晴らし台→マテルマニアの洞窟→（レストラン）の間はやや荒れ、上り坂と階段が続く。トラガラの展望台〜マテルマニアの洞窟近くまではバールなどはないので、必ず水の持参を。

トレッキングロードは舗装されている

アナカプリ地区

珍しいマヨルカ焼の床のある教会 MAP P.122 A1

サン・ミケーレ教会 ★
San Michele サン・ミケーレ

17世紀女子修道院として建てられた物を基礎に、18世紀バロック様式を用いて完成させた教会。内部には「アダムとイヴの楽園追放」をテーマにしたマヨルカ焼の床がある。1761年フランチェスコ・ソリメーナの下絵で、ユニコーンをはじめ人間の耳をもったワニ（右端）などさまざまな珍獣が壮大なスケールで描かれている。一見大理石造りに見える木でできた両脇の祭壇（中央祭壇のみ大理石）も興味深い。入口のらせん階段を上ると上から床一面を見渡すことができる。

真白なサン・ミケーレ教会

マヨルカ焼の床が見事

テラスからの眺望が美しい美術館 MAP P.122 A1

ヴィッラ・サン・ミケーレ ★★
Villa San Michele ヴィッラ・サン・ミケーレ

医師でありアンティーク家具の収集家でもあったスウェーデン人作家アクセル・ムントが1876年にここを旅行で訪れた際に気に入り、ローマ時代の別荘を改築し居住していた所。

現在は17～18世紀の家具などを展示する美術館になっている。ここでは藤棚のある庭園やテラスからのパノラマを楽しみながらゆっくり時を過ごしたい。

趣のある美術館

パノラマがすばらしい

カプリで一番高い山 MAP P.122 B1

ソラーロ山
Monte Solaro モンテ・ソラーロ

カプリで一番高い標高589mのソラーロ山へはリフトなら約10分、徒歩でゆっくり登って行けば約1時間半の道のり。南側が断崖の岩壁になっている頂上からは、遠くにナポリ湾やサレルノ湾が眺望でき、すがすがしい。

リフト乗り場

ソラーロ山へのリフト

NAVIGATOR

アナカプリへはカプリのケーブルカーの駅から真っすぐRoma通りを30m、右側にあるターミナルからバスに乗る。Vittoria広場（ほとんどの人が下車。タクシーが停車、みやげ物屋が並ぶ広場。正面にPalace Hotel）からOrlandi通りを200mほど行き右に曲がるとサン・ミケーレ教会。広場に戻り広い階段を上り右側のリフト乗り場からはソラーロ山に登ろう。階段左側の道は眺めの美しいヴィッラ・サン・ミケーレに続く。

●サン・ミケーレ教会
住 Piazza S. Nicola
☎ 081-8372396
開 4～9月 10:00～19:00
10月 10:00～17:30
11～3月 10:00～14:00
休 11/27～12/8
料 €3

●ヴィッラ・サン・ミケーレ
住 Viale Axel Munthe 34
☎ 081-8371401
開 11～2月 9:00～15:30
3月 9:00～16:30
4・10月 9:00～17:00
5～9月 9:00～18:00
休 無休 料 €8

✉ カプリ島の楽しみ方

「青の洞窟」ばかり注目されがちですが、ほかにも見どころがたくさんあります。私のおすすめは、ウンベルト1世広場→天然のアーチ→マテルマニアの洞窟→トラガラの展望台を巡るコースです。非常に狭い道のため、バスやタクシーは乗り入れておらず、移動手段は徒歩のみです。ハイキングコースのように整備されているので、道に迷う心配はないでしょう。多少のアップダウンはありますが、ゆっくり景色を眺めながらのウォーキングはとてもいい思い出になりました。途中、レストランなどは数軒しかないので、歩き始める前に広場周辺で水を用意しておくことを忘れずに。
（東京都　きなこ）

●ソラーロ山へのリフト
Seggiovia Monte Solaro
住 Via Caposcuro 10
☎ 081-8371428
URL www.capriseggiovia.it
開 3～4月 9:30～16:00
5～10月 9:30～17:00
11～2月 9:30～15:30
休 無休
料 片道€9、往復€12
地 P.122 A・B1
山頂まで15分。季節により休止の場合あり。

Grotta Azzurra

太陽光線の魅惑

青の洞窟

マリーナ・グランデのⓘ
住 Banchina del Porto
☎ 081-8370634
開 夏季8:30〜20:30
　㊐㊗9:00〜15:00
　冬季9:00〜15:00
休 冬季㊐㊗
地 P.122 C1

青の洞窟
開 9:00〜17:00
料 洞窟へのボート代＋入場料 €14
●マリーナ・グランデからはモーターボート代€14〜15、洞窟へのボート代＋入場料€14が必要
●モーターボート、洞窟へのボート代、入場料込みのツアーは1人€31
地 P.122 A1

青の洞窟オープンの目安

ハイシーズンの6〜9月は9:00〜15:00または16:00頃。冬季は9:00〜13:00頃。やはり、美しいといわれる午前中の観光がベターだ。また、冬よりも春、春よりも夏が入れる可能性が高い。ただし、天気がよくても凪いでいても大潮の時は入れない。

いまやカプリ随一の名所であるこの洞窟は古代ローマの時代にすでに発見され、ローマ皇帝がプライベートプールとして利用していた、あるいは古代神殿の一部だったといわれている。

青の洞窟前まではモーターボートで

後年の地盤沈下で海面下に潜った開口部から透き通った水を通して太陽光線が入るため、洞窟内は下から照らされたような不思議な青い光に満ちている。入口の高さは僅か1m、内部は長さ54m高さ15m水深は14〜22mほど。ボートが洞窟内を一周するのはたった数分であるが、一瞬で脳裏に焼きつくほど美しい空間に出合える。

手漕ぎボートに乗り換え、青の洞窟へ。入るときにはスリル満点！

青の洞窟への行き方

青の洞窟は入口が狭く、満潮や波のある日は船が出ない。青の洞窟へはマリーナ・グランデから海路(グループ・ツアー)、バスで陸路から行くこともできる。洞窟への船のツアーはMotoscafisti Capri社とLaser Capri社が運航。このほか、島を一周したり、島の周囲に小島のように点在する岩礁を巡るツアーもある。マリーナ・グランデの船着場で「グロッタ」、「ジーロ」と客引きをしているので迷うことはない。洞窟へは、モーターボートから手漕ぎボートに乗り換え、全員が仰向けの体勢になり、船頭がチェーンをたぐって入る。モーターボートでは波しぶきも浴びるので、濡れてもいい格好で出かけよう。青の洞窟の内部は、光の関係で午前中のほうがきれいといわれている。

■海路

①青の洞窟だけ行くツアー
　Grotta Azzurra e ritorno
　中型のモーターボートで洞窟前に行き、手漕ぎボートに乗り換える。所要約1時間。€15〜17。

②青の洞窟とカプリ島を一周するツアー
　Giro dell'Isola
　所要約2時間。①の後、カプリ島を一周。季節によっては泳ぐ時間もある。料金€18〜19。
青の洞窟へはほかに、入場料とボート代が必要。

■陸路

アナカプリ(Viale De TommazoまたはPiazza Vittorio)から青の洞窟行きのバスで所要約15分。徒歩なら約1時間。岩場の階段を下ると、洞窟へのボートが客待ちしている。洞窟へはボート代、入場料が必要。港からのツアーが出ない日は入れない。

大潮の日や海が荒れた日には天気がよくても「青の洞窟」には入れない。11〜3月は入れる確率は低い。青の洞窟の入場情報(→P.127)を参照。

■ツアー催行会社

Motoscafisti Capri社
URL www.motoscafisticapri.com
☎ 081-8375646
Laser Capri社
URL www.lasercapri.com
☎ 081-8375208
※各社URLからの予約で割引あり

階段を下りて、青の洞窟に向かう

その他の地区

自然が生み出した芸術作品 MAP P.122 A2

天然のアーチ ★★
Arco Naturale
アルコ・ナトゥラーレ

アーチからのぞく海は真青だ

町の中心から約1km、島の南東部にある。海面からの高さは約200m、弓形の岩でできた壮大なアーチの間から見える透き通った海は絶景。来た道をレストランがある所まで戻り急な階段を下りて行けばマテルマニアの洞窟Grotta di Matermaniaへ、さらに進むとトラガラの展望台Belvedere di Tragaraに出る。

ひっそりとある天然のアーチ

トラガラの展望台にて

ティベリウス帝の別荘 MAP P.122 A2

ヴィッラ・ジョヴィス ★
Villa Jovis
ヴィッラ・ジョヴィス

島内一保存状態のよいローマ皇帝の別荘。ティベリウス帝は26年、ここに住居をおきローマ帝国を統治していた。入口を入ってすぐ右側は皇帝がいけにえを突き落としたといわれる**投身の展望台Belvedere del salto di Tiberio**。階段を上ると遺跡のある広い敷地に出る。中央の4つの大きな井戸を取り囲み浴場・台所・洗面所などの土台が残る。出土品はナポリの国立考古学博物館などに展示されている。

緑のなか、海を見下ろす
ローマ皇帝の別荘

Ⓡ Trattoria Le Grottelle
トラットリア・レ・グロッテッレ

天然のアーチのすぐ手前というちょっと変わったロケーションにある。自然の洞窟を利用してキッチンにしている。眺めのよいテラスでの食事は気持ちがよい。 要予約

住 Via Arco Naturale 13
☎ 081-8375719
営 12:00～15:00
19:30～22:30
休 ㊋、11/1～4/15
予 €35～70(コペルト€3)
C V.
地 P.122 A2

✉ **天然のアーチへの道**

町の中心から1キロですが行きは上り坂も多く歩くと40分位かかりました。往復だけで1時間以上かかるので体力に自信のある人向けかもしれません。
(神奈川県 Hero)

●ヴィッラ・ジョヴィス
開 4～5、10月 10:00～18:00
6～9月 10:00～19:00
11～12、3月 10:00～16:00
休 ㊊、1～2月
料 €6(オーディオガイド込み)
※10～3月の第1㊐は無料

✉ **当日の入場情報はフェイスブックで**

Facebookのinfo Grotta Azzurraでは当日の入場情報を確認可。
(在ドイツ KSR '19)

✉ **カプリ島トレッキング**

トレッキングのために、カプリ地区の案内所で地図をもらうといいでしょう。わかりやすい地図です。(匿名希望 '17)

✉ カプリ島を賢く旅する!

青の洞窟の入場情報

青の洞窟の入場は天気や波、風などの影響を受け当日になってみないとわからないことが多いのですが、下記のHPにおおよその2週間先までの確率がわかりますので、臨機応変に計画を立てられるようにしていくことをおすすめします。
URL //italiaexpress.net/taiken/ao-no-doukutsu.html

青の洞窟へは陸路がおすすめ

青の洞窟へ行くなら陸路をおすすめします。バスは頻繁に走っています。海路の場合、青の洞窟まで船で揺られる+入場まで待つのに海上で揺られる+小舟に乗り換えて揺られる、の3重苦です。またツアーの場合、混雑するときは2時間も揺られて待つようです。陸路なら自分が見終えたら即退散できますし経済的です。 (宮城県 いなぐま '19)

カプリ島のレストラン&ホテル

カプリ地区

マンマー
P.122 D1

Mammà

ウンベルト広場❶を背にした右の階段を上った、細い路地にある。リゾート感満点の店内からは海と集落を見下ろすすばらしい眺めが広がる。料理は郷土料理をアレンジした創作料理。ミシュランの1つ星。

住 Via Madre Serafina 6
☎ 081-8377472
営 12:30～14:30、19:30～23:30
休 10月中旬～4月上旬
予 €65～120 (10%)、定食€85～160
C A.D.M.

ブオノコーレ
P.122 D2

Pasticceria Gelateria R. Buonocore

ジェラートは焼きたてのコーンに入れてくれて、おいしさ2倍。カプリの中心、フェラガモとホテル・ラ・パルマとの間。あたりに漂う香ばしい香りが目印。ジェラートのほか、カウンターで食事もできる。テイク・アウトも可。

住 Via Vitt. Emanuele 35
☎ 081-8377826
営 8:00～22:00(8/1～9/15は翌2:00)
休 11～3月中旬　夏季以外の㊋
予 ジェラート€2.50～、パスタ€8～
C M.V.

イル・ジェラニオ
P.122 D2

Il Geranio

海に面したテラスからは天然のアーチをもつファラリオーニの岩島群が眼下に広がる。見晴らしのよい1列目の特等席に座るなら、予約を。

住 Parco Augusto, Viale G.Matteotti 8
☎ 081-8370616
営 12:00～15:00、19:00～23:00
休 11～3月
予 €50～70(15%)
C A.J.M.V.

アナカプリ地区

レ・アルカーテ
P.122 A1

Le Arcate

ヴィットリア広場近くにある、地元の人にも愛されるピッツェリア兼レストラン。ピッツァはテイクアウトもできる。

住 Viale T.De Tommaso 24
☎ 081-8373325
営 12:00～15:00、19:00～23:30
予 €20～40 (コペルト€3)、定食€25、45
C A.D.J.M.V.
交 ヴィットリア広場から徒歩2分

カプリ地区

★★★ ヴィッラ・サラー
P.122 C2

Hotel Villa Sarah

'60年代の邸宅を利用した、落ち着いた家庭的なホテル。緑あふれる庭園にプールもあり、静かなバカンスに最適。海を見下ろすテラス付きの部屋もある。

URL www.villasarahcapri.com
住 Via Tiberio 3/A
☎ 081-8377817
Fax 081-8377215
SB €160/180　TB €195/310
室 20室　朝食込み W-Fi
休 11月～復活祭　C A.D.M.V.

★★★ ヴィッラ・クルップ
P.122 D2

Hotel Villa Krupp

アウグスト公園の側、高台の上にあるホテル。レーニンが滞在していたことで有名。青を基調にしたシックで清潔なインテリア。

読者割引 4泊以上で10%
URL www.villakrupp.com
住 Via G. Matteotti 12
☎ 081-8370362
Fax 081-8376489
SB €120　TB €160 (シャワー付)、€190/220 (バス付)　室 12室 W-Fi
休 11～3月　C M.V.

★ ラ・トスカ
P.122 D2

Hotel La Tosca

中心広場から徒歩約10分、サン・ジャコモ修道院近くの静かな一角にある。眺めのよいテラス付きの部屋もある。

URL www.latoscahotel.com
住 Via Dalmazio Birago 5
☎ 081-8370989
Fax 081-8374803
SB €50/105
TB €75/165
室 11室　朝食込み W-Fi
休 11月中旬～3月中旬
C D.J.M.V.

★ ダ・ジョルジョ
P.122 D1

Da Giorgio

岩壁に建っていて地下2、3階が部屋になっている。港と海の眺めは最高。全室眺めがよいが、テラスのある部屋がおすすめ。

URL www.dagiorgiocapri.com
住 Via Roma 34
☎ 081-8375777
Fax 081-8370898
TB €80/180
室 9室　朝食込み
休 11～4月上旬
C A.M.V.

カプリのおみやげナニにする!?

カプリみやげの定番は、カプリ産の花やハーブから作った**香水**。サン・ジャコモ修道院そばに工房兼売店があり、近くに行くだけでよい香りが漂ってくるほど。特産のレモンを使ったリキュールの**レモンチェッロ**/リモンチェッロ、レモンで風味付けしたアーモンドプードルの**クッキー**は手頃なおみやげ。有名な**カプリ・サンダル**もオーダーして当日仕上げてくれるし、日本への発送OKの店も多い。

✉おみやげに華やかでおしゃれな**カプリウォッチ**がおすすめ。マリーナ・グランデとVia Camerelleにお店があり、ここでしか買えない商品がたくさんあります。　（東京都　三森泉）

イスキア島

Isola d'Ischia

温泉の湧き出る保養地

ナポリ湾内に浮かぶ一番大きな島、イスキア島。古代ローマ皇帝、アウグストゥスが所有していたという、緑あふれる温泉の島だ。山がちな島を一周すると35km。ほぼ中央に最高峰のエポメオ山（788m）がそびえ、その山裾にはローマ人が植えたというブドウ畑が広がる。

美しい風景を楽しみ、イタリア風の温泉にゆったりとつかり、バカンスを楽しみたい。

イスキア島への行き方

船で行くには

- **ナポリ(ベヴェレッロ港)→イスキア島(ポルト)** CAREMAR、ALILAURO、SNAV、フェリーTraghetti 約1時間30分 高速船Aliscafi 1時間（冬季1日計約10便、夏季30分〜1時間に1便、一部プローチダ島経由）
- **ナポリ(ベヴェレッロ港)→イスキア島(カサミッチョラ)** SNAV 高速船 約1時間(1日4便)
- **プローチダ島→イスキア島（カサミッチョラ）** CAREMAR、SNAV、ALILAURO 高速船 30〜50分(1日5便)
- **ソレント→イスキア島(プローチダ島、カプリ島などで要乗り換え。夏季のみ)**
- **カプリ島→イスキア島** Capitan Morgan/RUMORE、ALILAURO高速船 40分(夏季のみ1日2便)

※船舶代に入島税ひとり€1.50を加算

●郵便番号 80077

イスキアへの船

イスキア島への船は、ナポリのベヴェレッロ港（水中翼船）、マッサ港(フェリー)、ポッツォーリから出航（ベヴェレッロ港発が一番多い)。島には、イスキア・ポルト、カサミッチョラ・テルメ、ラッコ・アメーノ、フォリーオの各港があり、船により到着する港が異なる。宿泊ホテルが決まっていれば、ホテル最寄りの港で下船するのが便利だ。日帰りなら、港の前がバスターミナルになっているイスキア・ポルト下船が便利。

島内のバスやタクシーは頻繁に運行しているので、移動をいとわなければ、自分の都合のよい時間に乗船すればよい。

船の料金

ナポリ(ベヴェレッロ)→イスキア・ポルト€18.90〜26、荷物1個€2.10 ※入島税加算済

島の交通

バス網がよく整備され、夏季は早朝から深夜まで頻繁に運行している。タクシーは軽のミニバンでメーターはない。乗車前に料金を確認しよう。港やホテル近くで客待ちをしている。

バスの切符UNICO ISCHIA

- **●1回券 Corsa Singola** €1.50
- **●100分券 100minute** €1.80
- **●1日券 Giornaliero** €4.50（当日24:00まで）
- **●3日券 3 Giorni** €11（3日目の24:00まで）
- **●1週間券 Settimanale** €14.50（7日目の24:00まで）

●バスターミナル

地 P.130 A

ⓘの裏の広場。観光に便利なのはIschia Portoから島を右回りに走るCDと左回りのCS。

History&Art

ギリシア植民地への足がかり、伝説のイスキア島

周囲34kmのイスキア島の東から南側の海岸は断崖で船の停泊も許さない雄大な自然美を誇り、西の海岸には砂浜が続いている。この西側の地域に紀元前8世紀半ばティレニア海遠征にやってきたギリシア人が移住し、ここを拠点としてナポリ北部のクーマの町を築きあげた。島の最高峰エポメオ山Mt. Epomeo（788m）は、1302年に大噴火を起こし、住民は溶岩から逃れるために現在の城のある小島に避難したといわれている。また、島の守護聖女サンタ・レスティトゥータは数奇な伝説をもつ。304年5月17日島西部、サンタ・モンターノの岬に1体の亡きがらが流れ着いた。それはキリスト教を信仰したために島流しにされ、途中船の中で火あぶりにされたカルタゴの乙女レスティトゥータであった。島では亡きがらの奇蹟的な漂流をあがめ、守護聖女として祀ったという。

●ⓘAACST
住 Via Iasolino 7
☎ 081-5074211
開 8:00〜15:45
㊊㊗ 9:00〜13:00
15:00〜20:00
休 ㊏
地 P.130 A
港の真ん中あたり。

●カサミッチョラ・テルメ
地 P.129 A1·2

おもな見どころ

イスキア地区

イスキア島の玄関 MAP P.130 A

イスキア・ポルト ★

Ischia Porto
イスキア・ポルト

小さな入口から大きなフェリーが何隻も出入りする島の玄関口であるこの港は、1854年フェルディナンド2世が火山湖を利用して造らせたもの。この付近は20世紀に入り急発展した新市街で、レストランや温泉付きのホテルが軒を連ねている。

イスキア地区
Ischia
ロカンダ・スル・マーレ
Locanda sul Mare
イスキア・ポルト
Ischia Porto
S. Maria di Porto Salvo
S. Pietro
Terme Comunali
市庁舎
Municipio
ヴィッラ・エルモーサ
Villa Hermosa
Nuove Terme Comunali
S. Pietro
アルベルト
Alberto
フェリックス
Felix
P.za d. Eroi
Campeggio
エウローパ
Europa
S. Antonio
Spiaggia dei Pescatori
スピリト・サント教会
Spirito Santo
イスキア・ポンテ
Ischia Ponte
アッスンタ教会
Assunta
Marina Pescatori
ココー
Cocò
アラゴン家の橋
Ponte Aragonese
Torre di Michelangelo
Immacolata
アラゴンの城
Castello Aragonese
0 400m

岩礁の小島に偉容を誇る MAP P.130 B

イスキア・ポンテとアラゴンの城 ★

Ischia Ponte e Castello Aragonese
イスキア・ポンテ・エ・カステッロ・アラゴネーゼ

アラゴンの城

海岸沿いに広がる、かつての漁師町。どこかノスタルジーを感じさせる細い路地が広がり、町の突端からは300mもの長い橋がアラゴンの城へと続いている。

高さ200mの城は遠くからも偉容を誇り、船上からの眺めはまるで1枚の絵のよう。紀元前5世紀に礎が築かれた城は砦の役目を果たし、15世紀以降しばしば手が加えられ、城塞、住居、修道院、牢獄などに転用されてきた。200mへの高みへはエレベーターで一気に昇ることができる。いくつもの教会跡や神殿跡が残り、周囲には南国の植物が生い茂る庭園が続いている。とりわけ、オリーブのテラスTerazza degli Uliviからはナポリ湾と島々を望む大パノラマが広がる。

アラゴンの城から
アラゴン家の橋を望む

アラゴンの城への行き方
イスキア・ポルトからバスNo.7で5〜8分。時間帯により途中下車となった場合は、道なりに真っすぐ進み、徒歩10分程度。帰りのバスは橋手前の広場から乗車可。

●城
☎ 081-992834
URL castelloaragoneseischia.com
開 夏季9:00〜20:00
冬季9:00〜16:00
休 無休
料 エレベーター使用、武器博物館を含め、€10

その他の地区

緑のブドウ畑に広がる保養地 MAP P.129 A1

フォリーオ ★

Forio フォリーオ

緩やかな丘にブドウ畑が連なり、蛇行する緑の道の先には輝く海岸線が広がる。にぎやかなフォリーオ港の北側にはキアイアの浜、南にはチターラの浜が続き、海水浴場としても人気が高い。岬の突端には16世紀に創建されたサンタ・マリア・ソッコルソ教会Santa Maria Soccorsoが建ち、近くの15世紀の航海に利用された塔とともにすばらしい見晴らしが広がる。教会までの道のりには、緑が茂る庶民的な商店街が続き、そぞろ歩きも楽しい界隈だ。

港のすぐ脇から続いているフォリーオの海岸

最南端の景勝地 MAP P.129 B1

サンタンジェロ ★★★

S. Angelo サンタンジェロ

島の南端に小島のように浮かぶサンタンジェロ岬。青い海原と岩礁に打ち寄せる波、そして緑の島影。まさに1枚の絵はがきのようなすばらしい風景が広がる。かつては漁村だった集落だが、現在は中心広場にはカフェがパラソルを広げ、ブティックが並ぶ。

サンタンジェロ岬へと通じる海岸

サンタンジェロ岬遠望。バスを降りると、眼下にずっとこの風景が続く

NAVIGATOR

イスキア・ポルトから城のある旧市街までは約2.5kmの道のり。海岸沿いにゆっくり歩いてもよいし、バスならNo.7か8で約10分。その他の町へは港からバスで。最南端の町サン・タンジェロへは右回りのCD番で約1時間。山の上を通るので車窓からのパノラマを楽しめる。左回りのCS番なら約45分。海岸沿いの町ラッコ・アメーノ、フォリーオを経由する。また島周遊の船を利用すれば、陸からはたどり着けない断崖を望める。

島最高峰のエポメオ山(788m)のトレッキングはバスCD番で港から約40分、Fontanaの町で下車。

サンタンジェロへの行き方

イスキア・ポルト、カサミッチョラ・テルメ、フォリーオなどからバスNo.2で。イスキア・ポルトから約40分、フォリーオから約20分。小さなバスターミナル(終点)で下車したら、道なりに20分ほど坂を下る。

●温泉公園ポセイドン
Parco Termale Giardini Poseidon

住 Via Giovanni Mazzella, Forio d'Ischia
☎ 081-9087111
開 9:00～19:00(10月～18:30)
料 1日券　€33(7･8月€35)
半日券(13:00～)
€28(7･8月€30)
休 11/1～4月中旬
C A.D.J.M.V.
URL www.giardiniposeidonterme.com
交 イスキア・ポルトなどからバスNo.2番で終点下車。バス停から海岸沿いに徒歩約5分。

イスキア島の温泉事情

温泉の島として有名なイスキア島。純粋な療法を求める人は最初に医師の診察が義務づけられている。しかし、温泉やエステを楽しむだけなら、診察は必要ない。3つ星ホテルくらいから温泉プールやエステサロンを備えているので、ホテルで手軽に楽しむのもいい。もっと自然を満喫したいなら、島に10ヵ所以上あるという温泉公園に出かけよう。広い敷地には緑と花が茂り、いくつもの温泉プール、整備された海岸、エステやマッサージ施設、レストランやバールなどもあり、一日いても不自由なく快適に過ごすことができる。

温泉公園の温水プール

温泉は水着、水泳キャップの着用が義務だ。温泉公園は4月中旬から10月末頃の営業。

●温泉公園
●ネゴンボ
Negombo(ラッコ・アメーノ)
☎ 081-986152
●アフロディーテ-アポロン
Aphrodite—Apollon(サンタンジェロ)
☎ 081-999219

✉ イスキア島天然温泉！

イスキアポルトからCSのバスに乗りPanzaで下車。15分ほど歩いたところにあるSorgentoという所にイスキア唯一の自然温泉が湧いています！　Panzaの先、S.Angeloからも船で来ることも可能だそうです。料金は€5でした。
(東京都　yamanori0711)

イスキアのレストラン&ホテル

ダニー・メゾン (イスキア地区)

Danì Maison

P.130 B外

アラゴン城から南に2kmほど。美しい庭園が広がる、3代続く家族経営のレストラン。モダンな雰囲気のなか土地の素材と味にこだわった創造的な料理が味わえる。ミシュラン2つ星。

住 Via 1 Travesta Montetignuso 4
☎ 081-993190
営 19:30〜23:30
休 11〜3月
予 €78〜158、定食€70〜200
C A.D.M.V.

アルベルト (イスキア地区)

Alberto

P.130 A

浜辺から海にせりだしたガラス張りのテラスは開放感いっぱい。まるで海に浮かんでいるようだ。新鮮なシーフードをふんだんに使ったイスキアの伝統料理が自慢。夜は 要予約

住 Lungomare Cristoforo Colombo 8
☎ 081-981259
営 12:00〜15:00、19:00〜24:00
休 冬季 予 €50〜80、定食€50(コペルト€2)
C A.D.J.M.V.

ココー (イスキア地区)

Cocò

P.130 B

城に続く橋の脇にあり魚料理のおいしいレストラン。前菜の種類が多い。おすすめは小さなイカの入ったスパゲッティ・コン・カラマレッティ。 要予約

住 Piazzale Aragonese 1 ISCHIA
☎ 081-981823
営 12:30〜15:00、19:30〜23:00
休 冬季の㊌、2月
予 €30〜100、定食€45、50(コペルト€2.50)
C A.D.J.M.V.

ウ・グアラッチーノ (C・テルメ地区)

U'Guarracino

P.129 A2

海に面し、気持ちのよいテラスが広がるホテル兼レストラン。グリルやアクアパッツァなどシンプルな伝統的魚料理が味わえる。

住 Via Castiglione 62, CASAMICCIOLA TERME
☎ 081-982527
営 12:00〜17:00、19:00〜翌1:00
休 ㊐夜、冬季
予 €38〜90(コペルト€2.50〜3.50)、定食€30 C A.D.M.V

★★★★ フェリックス

P.130 A

Felix Hotel Terme

温泉設備のある大型ホテル。宿泊客以外でも温泉利用可。部屋は近代的で、長期滞在の中年層の利用者が多い。
✉ プールは3つあり、全身マッサージは最高でした。熟睡できますよ。
(埼玉県 ジェシカ)['20]

URL www.hotelfelix.it

住 Via A.De Luca 48, ISCHIA PORTO
☎ 081-991201
Fax 081-981238
SB €60/160
TB €100/270 朝食込み
室 52室 朝食€13
C A.D.M.

★★★ ヴィッラ・エルモーサ

P.130 A

Villa Hermosa

大通りから横道にそれた所にあるので静か。青を基調とした涼しげなインテリア。併設の宿泊者専用のレストランでの、ハーフペンショーネ(2食付き)で1人€55〜75、フルペンショーネ(3食付き)で1人€65〜85。

URL www.villahermosa.it

住 Via Osservatorio 42/, ISCHIA PORTO
☎ 081-992078
Fax 081-992427
TB €45/155
室 20室 朝食込み
交 港から徒歩で約10分

★ ロカンダ・スル・マーレ

P.130 A

Locanda sul Mare

港から一番近いホテル。アーティストであるオーナーのジュセッペさんの作品が、インテリアと調和していてとてもすてき。清潔で居心地のよい一軒。

URL www.locandasulmare.it
e-mail info@locandasulmare.it

住 Via G.Iasolino 80, ISCHIA PORTO
☎ Fax 081-981470
SB €30/60
TB €50/125
室 9室 朝食込み
C M.V.

★★★ ホテル・エウローパ

Hotel Europa

P.130 B

室内は明るく、リゾート気分がいっぱい。温泉プール、エステ、レストラン、眺望のよいテラスなど施設も充実。

URL www.hoteleuropaischia.it

住 Via A. Sogliuzzo 25, ISCHIA PONTE
☎ 081-991427
Fax 081-984246
TB €54〜、海側€88〜
室 34室 朝食込み W-F
休 11〜3月 C A.M.V.

リング・ホステル

Ring Hostel

P.129 A1

YH ビーチが近く、グループでの利用が多いホステル。経済的にリゾート気分を味わうのに最適。夕食€20。

URL www.ringhostel.com
e-mail info@ringhostel.com

住 Via Gaetano Morgera 80, FORIO
☎ 081-997531
D €16〜23 S €23/48
T €40/58 TB €40/75
朝食込み W-F
C A.D.J.M.V.

※イスキア島の滞在税 4〜10月 ★〜★★★ €2 ★★★★ €3 ★★★★★ €4 11〜3月は半額。最長7泊、18歳以下免除

プローチダ島

Isola di Procida

パステル調の家々がかわいい

グランデ港、ドームのある教会の海沿い広場がバスのターミナル

ナポリ湾で人が暮らす一番小さな島、プローチダ島。カンピ・フレグレイの火山活動でできた島で、入り組んだ海岸線に深い緑が広がる。とりたてた見どころはないが、地中海が作り出した自然美とのんびりとした時間が流れる。映画**「イル・ポスティーノ」**の舞台にもなり、主人公マリオが亡命詩人に贈るために集めた『波の音』、『風の音』……、そんな場面に共感してしまうだろう。

船は**グランデ港**Porto Grandeに到着する。ミニバスが頻繁に走っているので、これを利用しよう。20分もバスに揺られれば、島のどこへでも行くことができる。

船の発着するグランデ港。ミニバンのタクシーはここで客待ちし、バス停はこの先

まずはこの島一番の高台から島を眺めよう。バスC2番は白く細い坂道を上り、レモンやオレンジの果樹の間をすり抜け、車窓からは海を見下ろす。**ヴァスチェッロ城**Castel Vascello／**サン・ミケーレ修道院**Abbazia di S.Michele(バスはここから折り返し運転)手前の見晴らし台 Belvedereからは、コッリチェッラの浜が一望できる。カラフルな家並み、青い海、岬の先に広がる緑の林など、プローチダらしい風景が広がる。

※船舶代に入島税ひとり€2を加算

●郵便番号　80079

●プローチダのℹ
イスキアのℹが兼務する。

プローチダへの行き方

■**ナポリ↔プローチダ島**
ナポリから船と水中翼船が運航。船で約1時間、水中翼船で約40分。
ナポリでは船はCalata di Massa（ベヴェレッロ埠頭北東側）、水中翼船はベヴェレッロ埠頭からの発着。
ナポリ発の水中翼船7:30～21:05の間に8～11便、(一部イスキア・カサミッチョラ行き)。船は6:15～21:55の間に6便、Caremar社、SNAV社。ナポリ行きの最終は20:15('20年1月)。
料金€13.30～17

■**ナポリ↔ポッツォーリ↔プローチダ島**
ナポリからはクマーナ線を利用しクマーナ駅下車後徒歩で港へ。ナポリのモンテ・サント駅からクマーナ駅まで約25分。駅を出てほぼ真っすぐ5分ほど進めば港。人や車の流れがあるのですぐわかる。数社が運航しているので、出航の近い切符を該当会社の窓口で購入しよう。
料金 ポッツォーリ→プローチダ島€9.90～
ポッツォーリを観光しない場合は、ナポリから直接船で向かうのがベター。または帰路にポッツォーリへの船を利用し、ポッツォーリの観光後地下鉄などでナポリへ戻るのもいい。所要時間は船で35分。
ポッツォーリ発の船は4:10～19:00に約6便。

※Caremar社、Gestur社が運航。切符売り場は運航会社により異なり、ポッツォーリでは港の乗船場近く、プローチダ島では船の到着するグランデ港の乗船場近くの切符売り場または港の旅行会社。
※帰りの船の時間を確認してから出かけよう。
※上記料金は入島税加算済

Caremar社
URL www.caremar.it
SNAV社
URL www.snav.it

NAVIGATOR

港を出て右に進むと、船の切符売り場。ミニバスのバス停は港を出た坂道の下にある。テッラ・ムラータ地区へはC2番、ヴィーヴァラ小島へはL1番。小島からの帰り道には海側を走るL2番を利用して車窓からの眺めを楽しもう。ワゴンタイプのタクシーも数人で利用すればお得。

プローチダ島のバス

港を出た、ほぼ正面の坂道の下にバス停がある。また、下船後海岸を左に見て進んだサンティッシマ・マリア・デッラ・ピエタ教会Ss.Maria della Pietà前の小さな広場がバスターミナル。ここからなら、ほぼ座れる。全経路（4線）のバスが集合している。バスは約20分間隔で運行され、町のいたるところにバス停がある。バスが来たら、手を上げて乗車の意思を示そう。運転手さんは親切なので、行きたい場所を告げれば、下車地や乗り換え場所などを教えてくれる。

L1番はグランデ港↔キャイオレッラへ。L2、C1、C2は循環バスなので、グランデ港から島を回って港へ戻る。

時間がない場合や、何人かで利用できるならタクシー（ミニバン）の貸切も便利。島を一周するなら、約1時間30分で€30～40程度。最初に時間と料金を確認してから利用しよう。

バスはミニバス。細い坂道をかなりのスピードで進む

バスの切符

1回券€1.50
100分券€1.80(100分有効)
1日券€4.50（当日の24:00まで）
3日券€11(3日目24:00まで)

おもな見どころ

パステルカラーの町並み

MAP P.133 A2

コッリチェッラ地区 ★★

Corricella　コッリチェッラ

見晴らし台から眺めた、絵のようなコッリチェッラの浜

見晴らし台から坂と階段を下ると、コッリチェッラの浜Marina di Corricellaへ到着する。海岸には小さな漁船やレジャーボートが浮かび、魚網が広がる。カラフルに塗られた家々は、島特有の造りで小さなベランダと外階段があるのが特徴だ。この海岸通りを少し進むと、映画「イル・ポスティーノ」の舞台となったタベルナが今も営業している。入口近くに撮影地の表記があるのですぐにわかるはずだ。舞台となったこの店をはじめ、あたりにはパラソルを広げた飲食店が並び、観光客や長逗留のバカンス客で夏はにぎわいを見せる。

海辺の定番、魚介のフライ。安さも魅力

素朴な島を好む観光客も多い。港のトラットリア

映画の舞台へ

若きアラン・ドロンによる「太陽がいっぱい」(1960年)から同じ原作で再映画化された「リプリー」(1999年)、そして「イル・ポスティーノ」(1994年)などの映画が撮影されたプローチダ島。カラフルな町並みや美しい海岸線は実に絵画的でフォトジェニック。近隣のカプリ島やイスキア島に比べて観光客も少なく、物価も安めでどこか素朴な雰囲気だ。映画のひとコマを見つけに出かけてみよう。

nel 1994
in questo locale
Massimo Troisi
girò il suo
ultimo capolavoro
"IL POSTINO"

コッリチェッロの浜の一角にある、撮影地を示す看板。「M.トロイージの遺作」とある

古い教会の残る旧市街　MAP P.133 A2

テッラ・ムラータ地区

Terra Murata　テッラ・ムラータ

1563年に建てられた城跡がある旧市街。サン・ミケーレ教会付近からは海を見下ろすパノラマが開ける。ここからのコッリチェッラ地区の眺めはすばらしい。絶好のビューポイント。

16世紀の城の前からの眺めを楽しもう

人気の砂浜と自然保護地区　MAP P.133 B1

キャイオレッラの浜とヴィーヴァラ島 ★

Marina di Chiaiolella & Isola di Vivara

マリーナ・ディ・キャイオレッラ&イソラ・ディ・ヴィーヴァラ

右側、桟橋でつながるヴィーヴァラ島はWWFの保護区。通常、立ち入りは不可

バス通りまで戻って再びバスC2に乗り、途中でL2に乗り換えてキャイオレッラの浜Marina di Chiaiolellaへ向かおう。長い砂浜に海の家が並び、カラフルなパラソルが花盛り。夏にはたいへんなにぎわいを見せる。砂浜の左手、桟橋が続く深い緑が覆うのがヴィーヴァラ島Isola di Vivara。18～19世紀のブルボン王朝の時代にプローチダ島は王室専用の狩猟公園とされるほど自然に恵まれていた。なかでも、ヴィーヴァラ島は貴重な地中海性の植生や動物保護のため入島は規制されている。

イタリア人の家族連れが多い、庶民的な海水浴場キャイオレッラの浜。浜のすぐ近くにバスは停車するし、海の家やレストランもあるので「ひと泳ぎ」してみようか!?

散策は歩き慣れた靴で

坂が多いプローチダ島。特にコッリチェッラ地区から見晴らし台への道はかなりの急勾配の石畳と階段が続く。スニーカーなどで出かけよう。また、宿泊の際に大きな荷物がある場合はタクシーが便利。坂道と階段の多い島なのでスーツケースの車輪はほとんど機能しないようだ。ホテルによっては、港からの送迎サービスを実施。

プローチダ島のホテル

★★★
ラ・カーサ・スル・マーレ
La Casa sul Mare

18世紀の邸宅を改装したプチホテル。見晴らし台の近くにあり、コッリチェッラの浜を眼下に見下ろす、すばらしい景色が楽しめる。

URL www.lacasasulmare.it
住 Via Salita Castello 13
☎ Fax 081-8968799
SB €80/160
TB €82/170
室 10室　朝食込み W-Fi
地 P.133 A2

★★★★
ラ・ヴィーニャ
La Vigna

海岸近く、ブドウ畑に囲まれた小さなお城のようなプチホテル。エステ施設もあるので、ゆったりとした滞在に。

URL www.albergolavigna.it
住 Via Principessa Margherita 46
☎ 081-8960469
Fax 081-8101736
SB €63/151
TB €82/170
室 13室　朝食込み W-Fi
地 P.133 A2

海水浴シーズンは6月末～9月上旬

✉ プローチダ島で

プローチダ島へはポッツォーリから

プローチダ島の見晴らし台からの景色は本当にきれいで、私にはアマルフィよりも美しかったと思います。ぜひ訪れて欲しいところです。プローチダ島へは船酔いが苦手な方なら、ポッツォーリから行くことをおすすめします。ナポリから船で行くより半分くらいの船の時間です。ポッツォーリまでは地下鉄2号線で終点までなので乗ってるだけです。船の時間があるなら、ポッツォーリ駅から港までの途中で、円形闘技場やセラピーデ神殿も見てから行けます。ちなみに帰りの船は決めておかないで、プローチダ島を好きに観光した後港で、ポッツォーリ行きかナポリ行きのどちらかを選択すれば便数は多いです。（宮城県　いなぐま　'19）

徒歩のすすめ

プローチダ島では、港からVia Romaを教会まで進み、教会入口正面あたりのVia Vittorio Emanuele（坂道）を教会（右手に見える）まで進んで左折し、そのままVia P. Umbertoをずっと上って行くと、サン・ミケーレ修道院前の見晴らし台へ着きます。ゆっくり歩いて約15分。バスを待つ時間が惜しい場合、徒歩をおすすめします。

ナポリ→ポッツォーリ→プローチダ(～13時頃)→ナポリ(14時着)というコースで回りました。(まめ　'17)

アマルフィ海岸
Costiera Amalfitana

世界遺産

アマルフィ海岸
登録年1997年　文化遺産

最初の目的地は？

アマルフィ海岸への玄関口になるのはソレントとサレルノ。どちらかの町に宿を取れば、身軽に動くことができる。中間地点のアマルフィに泊まるのもよい。春～秋の観光シーズンのバスは非常に混雑するので、バスの時間を確認し早めに乗車すること。また、切符の検札が厳しいので注意。

アマルフィ海岸の共通切符ウニコ・コスティエーラUNICO COSTIERAを購入しておくと便利(→P.137)。

✉バスは早めに待とう

バスは時刻表の時間よりも早く出ることもあるので注意。Ravelloからのバスは10分前に出発して危うく乗り過ごすところでした。よくあるようで特に始発のところは注意です。また、曜日によってバスの運行が変わるので、時刻表を見るときには曜日を確認してください。

(宮城県　いなぐま　'19)

✉おすすめの切符 Unico Costiera

ソレントからサレルノまでのアマルフィ海岸を、バスと船で移動しました。ソレント駅前のプルマンの乗車口でバスと船を利用できる切符Unico Costiera €15を購入。ソレントからポジターノの上のバス停で下車し下まで歩き、下のバス停から乗車し、バスでアマルフィへ移動。アマルフィからは、船でサレルノまで行きました。海岸線を船で見る景色は最高でした。すべてバスで周遊するのではなく、船もおすすめです。

(大阪府　大谷敏之　'19)

✉サレルノ滞在がおすすめ

サレルノはアマルフィ海岸散策の拠点に最適です。ナポリと違い、治安が大変よく、観光案内所によると、防犯カメラも多く設置されていて、女性の夜のひとり歩きも問題ないとのこと。親切な人が多く、物価もナポリより安くて、普段着のイタリアに接するには最適な町です。ホテルは11月からローシーズンになるそうです。

サレルノからアマルフィ海岸を散策しましたが、船を利用する場合は、晴天でも波次第で運休になりますので、要注意です。バスも船も早めに乗り場に行くことをおすすめします。出発15分前でも満員になれば、断られます。

(大阪府　シュートのパパ　'19)

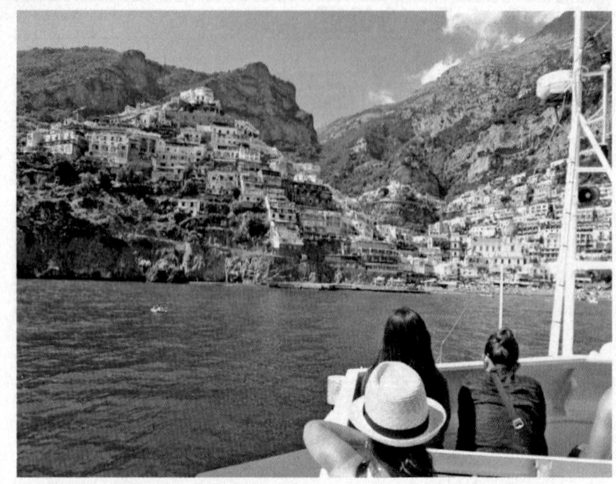

高台から海へと色とりどりの家が続く、ポジターノ。海路ならではの風景が美しい

●碧い海と岸壁上の町を巡る

ソレントからサレルノまでの約40kmの海岸線はコスティエラ・アマルフィターナと呼ばれ、世界で最も美しい海岸線のひとつといわれている。入り組んだ岩壁の下には透き通る碧い海が広がり、谷間の段々畑ではレモンやオリーブの木が風にそよぐ。急カーブの手前で派手にクラクションを鳴らしながらバスは見事に突っ走り、車窓からは飽きる暇もない美しい風景が流れていく。電車は両端の町、ソレントとサレルノまで。そこからは、プルマンか船で向かうしかないアマルフィの町々。交通が不便なぶん、遠い過去からその美しさは変わることなく保たれ続けている。1997年世界遺産に登録された。

ソレント駅前広場の下が始発地のSITA社のプルマンバス。夏はほぼ満員

アマルフィ海岸への行き方

鉄道で行くには

●ナポリ→サレルノ　fs線 FR FB IC 37～42分 €9.50～18
R Metropolitano 42分～1時間36分 €4.70

●ナポリ→ソレント　ヴェスーヴィオ周遊鉄道 約1時間10分(→P.40)

バスで行くには

●ナポリ→アマルフィ　SITA 2時間(平日のみ1日2～4便)

●アマルフィ→ポジターノ→ソレント　SITA 1時間40分(30分～1時間に1便)
アマルフィ→ポジターノ 約40分　ポジターノ→ソレント 約1時間

車で行くには

●ナポリ(A3)→カステッラマーレCastellamare→(SS145)→メータMeta→(SS163)→アマルフィ→ソレント

●ナポリ(A3)→サレルノ→ヴィエートリ・スル・マーレ→(SS163)→アマルフィ

船で行くには

※ナポリ・ベヴェレッロ港から、水中翼船がナポリ↔ソレント↔ポジターノ↔アマルフィ間を運航。夏季の週末に1日6便(→P.45)

●ナポリ→(40分～１時間)ソレント→(40分)ポジターノ→(20分)アマルフィ→(35分)サレルノ　カプリ→ソレント(25～30分、30分間隔)

町からすぐにビーチが広かるアマルフィ。散策やひと泳ぎも自由自在

アマルフィ海岸の玄関口は**ソレント**または**サレルノ**。ナポリからソレントへは**ヴェスーヴィオ周遊鉄道**で約1時間10分。サレルノへは**fs線**で約40分〜1時間30分。ふたつの町からアマルフィ海岸へは**SITA社のプルマンバス**がふたつの町の中ほどにある**アマルフィ**を経由して走る。本誌掲載の町で示すと、ソレント↔ポジターノ↔アマルフィを約1時間30分。アマルフィ↔アトラーニ↔ミノーリ↔マイオーリ↔チェターラ↔ヴィエートリ・スル・マーレ↔サレルノを約1時間15分。駆け足なら、1日で回ることも可能だ。

●特別列車や船で

ヴェスーヴィオ周遊鉄道は便利だが、車両は古く混雑するので、夏季限定でナポリ・ソレント間を運行する**カンパニア・エクスプレス**（→P.40）が冷房が効いていておすすめだ。

2018年7月は古い列車で運行中

船なら移動時間を短縮でき、ナポリからソレント（所要約40分）、サレルノからアマルフィ（所要35分）、このほか隣接する町などへも船が運航しているので、海遊びの気分で移動がてら楽しむのもいい。

またソレントとカプリ島は**高速船**で約30分。ナポリから出かけるよりも時間短縮だ。Sightseeing社のバスもSITA社とほぼ同様の路線を運行している。SITA社に比べ本数は少ないが、混雑を避けるならおすすめ。ソレント→アマルフィ　1回乗り€10、往復€15、アマルフィ→ラヴェッロ　1回乗り€5、往復€10など。

船利用の場合は

サレルノの港はfs駅から徒歩7〜10分程度。ソレントの港はやや距離があるので、ミニバスやタクシー利用がベター。そのほかの町では、町の中心近くに港があるので、船の利用も便利だ。夏季（4〜10月）は頻繁に運航している。（詳細はP.153参照）

アマルフィ海岸巡りに便利な切符

SITA社のプルマンバスを乗り降り自由で24時間利用できる1日券Costierasitaは€10。ソレントではバス乗車口で、サレルノでは駅構内のキオスクなどで購入。ただし、ソレント→アマルフィは€2.90、ソレント→サレルノは€3.40なので、途中下車しない場合は1回券の購入が経済的。また、切符は車内購入できず、持っていないと乗車拒否されるので事前の入手を。乗車したら、検札機に通そう。

新登場の切符
Costiera Terra & Mare

SITA社のプルマンバスとTravelmar社の遊覧船（サレルノ↔ポジターノ間の各ルート1回のみ）に利用できる24時間券€15。

プルマン・バスの時刻表
URL www.sitasudtrasporti.it/orari

Sightseeing社
URL www.city-sightseeing.it

遊覧船情報
Travelmar社
URL www.travelmar.it

プルマンバスは時刻表通り!?

始発地のソレント、アマルフィ、サレルノの発車時間はほぼ時間通り（満員になると早目の出発もあり）。しかし、狭い道路でのすれ違いや渋滞で途中からはかなり遅れ気味。途中から乗車する場合は、繁忙期には増便もあるので、時刻表をあまりアテにせずにバス停で待とう。

アマルフィとアルベロベッロ、マテーラを1泊2日で効率的に周遊するナポリ発着のバスツアーJOYBUS
【企画・実施】ミキ・ツーリスト
URL //www.myushop.net/options/detail/2641

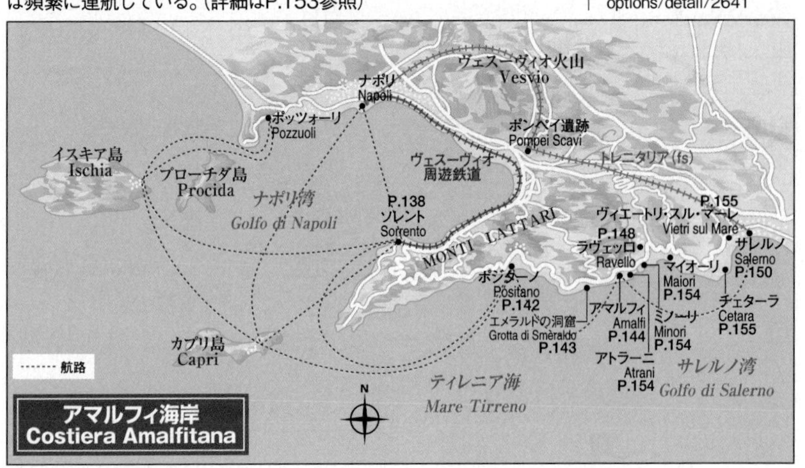

●郵便番号　80067

NAVIGATOR

駅前広場の階段を下り、坂道を下ると大通り。大通りを左に進むと、タッソ広場。広場を右に曲がれば海岸へ通じる坂道で先にⓘがある。

タッソ広場からⓘへ向かう途中、左(西方向)に道なりに進むと眺望のよい市民公園。市民公園を出たら、正面奥あたりに広がる路地に入って、商店が並ぶ界隈を楽しもう。特に、サン・チェーザレオS. Cesareo通りは旧市街の目抜き通りでおみやげ屋が並ぶ。ドゥオーモはコルソ・イタリアの先左側にある。

●ソレントのⓘAAS
住 Via L. De Maio 35
☎ 081-8074033
開 夏季8:30～20:00
　㊐　9:00～18:00
　冬季8:30～16:00
休 冬季㊏㊐㊗
地 P.138 A2

プルマンバス乗り場
ヴェスーヴィオ周遊鉄道のソレント駅を出て、ほぼ正面の一段下がった道路上。切符は乗車口で係員が販売。夏季は始発地点ですでに満員のことも多い(増便の場合あり)。時間に余裕があれば、次便を待つのもいい。

船乗り場
市民公園のエレベーターを利用して港Portoへ。またはミニバスで。

ソレント
Sorrento

落ち着いて滞在できるリゾート地

ソレントはナポリ方言で「スッリィエント」と発音され、有名な民謡「帰れソレント」(トルナ・スッリィエント)に歌われる町。アマルフィ海岸への出発地でもあり、眼下に紺碧の海、眼前にナポリ湾の絶景が広がり、ナポリからソレントまで続く海岸線が美しい。

リゾートホテルのテラスからの眺めが絶景

おもな見どころ

町の中心地　MAP P.138 B2

タッソ広場 ★★
Piazza Tasso　ピアッツァ・タッソ

1544年にこの地に生まれた詩人タッソの名前を冠した、町の中心広場。ヤシの木が茂り、周囲には劇場、ホテルやカフェなどが並び、観光用の馬車やトレイン型のバスが客待ちをする。リゾートならではのにぎやかさと華やかさがあふれている。

ソレントの中心、タッソ広場

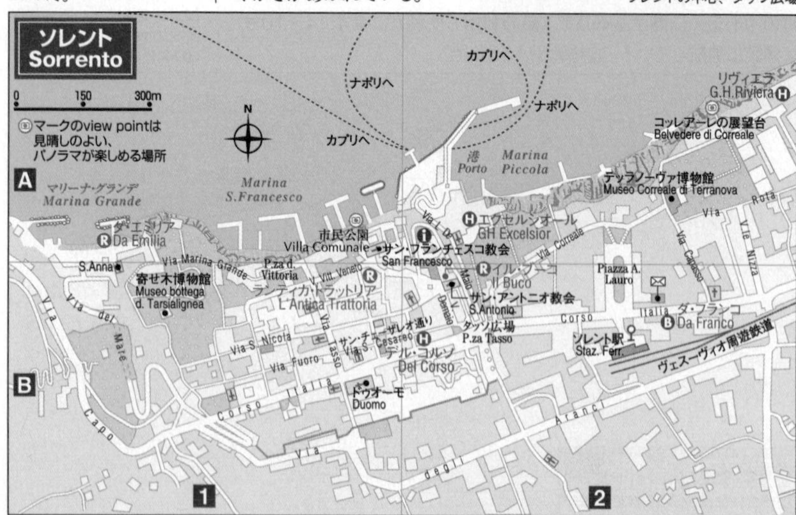

ナポリ湾を一望　MAP P.138 A1

市民公園　★★★

Villa Comunale　ヴィッラ・コムナーレ

眺望を楽しみに、市民公園へ行こう

タッソ広場の橋を越えて、右に曲がり、緩やかな坂を下ると市民公園。緑が茂るオアシスで、すばらしい眺望が楽しめる。海に面したバルコニーからは、眼下に海岸や港、眼前にはカプリ、イスキア島の島影とナポリ湾を一望する絶景が広がる。公園入口の右に建つ18世紀のサン・フランチェスコ教会S. Francescoの内部には14世紀の小さなキオストロが残り、緑と季節の花々の調和が美しい。

キオストロでは結婚式が

寄せ木細工をより知るなら　MAP P.138 B1

寄せ木博物館　★★

Museo Bottega Tarsialignea　ムゼオ・ボッテーガ・タルシアリネア

マリーナ・グランデへ向かう住宅街の一角、18世紀のフレスコ画などが残る邸宅にある。1800年代にソレント周辺で発展した**寄せ木細工**＝インタルシオを知る博物館だ。テクニックやモチーフの解説をはじめ、著名作家による家具、絵画、調度品などから現代作家の作品を展示。特に名品の前にはモニターが設けられ、細部を詳細に見られ、興味をそそられる。

寄せ木細工の芸術作品を展示

その他の見どころ

にぎやかなタッソ広場のすぐ北側に建つのが**サン・アントニオ教会**S.Antonio。14世紀の創建で町の守護聖人を祀る教会。内部はバロック様式で、天井・壁面にはフレスコ画が描かれ、18世紀のプレゼーピオが置かれている。

タッソ広場からやや薄暗い小路へ入ると、まるでお祭りのような風景が広がる。特に**サン・チェーザレオ通り**Via S.Cesareo周辺には、小さな通りにぎっしりとみやげ物屋、特産のリモンチェッロの製造販売の店などが並び、お店を眺めながらのそぞろ歩きが楽しい。

人込みに疲れたら、**マリーナ・グランデ**Marina Grandeへ。昔ながらの漁村の雰囲気が残り、港に沿ってトラットリアが並ぶ。海越しにヴェスーヴィオ山の雄姿が広がる。

漁村の雰囲気の残るマリーナ・グランデ

港へのエレベーター登場

市民公園に港へ降りるエレベーターがある。海岸や港へのアクセスもラクラク。

営 4・10月　7:30～23:00
6～9月　7:30～翌1:00
5月　7:30～24:00
11～3月　7:30～20:30
料 片道€1、往復€1.90、車椅子利用者€0.50、大人が同伴する身長1m以下の子供は無料

おすすめスポット

市民公園やテッラノーヴァ博物館の庭園からはすばらしいパノラマが広がる。ゆっくりと座って美しい海岸線を楽しむなら、❶奥のテラス・レストランがおすすめ。時間帯によっては飲み物だけでもOKだし、手頃な値段で食事も楽しめる。

●寄せ木博物館
Museo Bottega Tarsialignea
住 Via S.Nicilo 28,Palazzo Pomarici Santomasi
開 4～10月　9:30～13:00
15:00～19:00
11～3月　9:30～13:00
16:00～20:00
休 ㊐㊗
料 €8

●寄せ木工房
Botteghiamo
作品や製作過程の見学可
住 Via degli Aranci 22
開 7～8月のみ 10:00～13:00
19:00～23:00

マリーナ・グランデへの行き方

市民公園のエレベーターでは行けない。市民公園西のヴィットリア広場P.za d.Vittoriaから続く小路を進み、階段を下ろう。途中には高級ホテルやヴィッラが並び、眺めがよい道が続くので散歩にもおすすめ。

ショッピングが楽しい
サン・チェーザレオ通り

伝統工芸の寄せ木細工の装飾のある

MAP P.138 B1

ドゥオーモ

Duomo　ドゥオーモ

鐘楼が目印の堂々たる聖堂。15世紀に再建され、その後もたびたびの改築が施された。再建当時から残るのが入口右側の大理石の扉口、ファサードは1924年に改修されている。

町の人の信仰の中心、ドゥオーモ

内部はこの地の名高い寄せ木細工＝インタルシオで装飾され、これを見るだけでも訪れたい。入口の内扉は寄せ木細工で、43年頃にこの地訪れたサン・ピエトロから1849年の教皇ピオ9世の来訪までの教会の歴史が描かれている。主祭壇周りも寄せ木細工で装飾され、主祭壇奥の**聖職者の祈祷席Coro**は芸術性が高い。また、主祭壇手前の説教壇には「キリストの洗礼」、その下の小祭壇には「聖母子とふたりの聖ヨハネ」の16世紀のレリーフが刻まれている。

内陣の椅子は寄せ木細工

ソレントの歴史を物語る

MAP P.138 A2

テッラノーヴァ博物館

Museo Correale di Terranova　ムゼオ・コッレアーレ・ディ・テッラノーヴァ

邸宅を利用した博物館

この地を治めた貴族コッレアーレ一族のコレクションを展示する博物館。建物がある土地も、当時のナポリ王室アラゴン家から15世紀に寄贈されたもので、かつての邸宅を利用した博物館。階段の踊り場からは海を望み、また、緑が茂る庭園奥の展望台からはヴェスーヴィオ山とナポリ湾のすばらしい眺めが広がる。展示品や各所に置かれた家具、邸宅のたたずまいや庭園からも当時の豊かなソレントの雰囲気が感じられる。

第1室はコッレアーレ家の歴史に当てられ、一族の肖像画や紋章、家系図などを展示。1階から4階に広がる展示室には、古代ギリシアやローマの発掘品、絵画、陶磁器、時計、ガラス製品、当時の騎士の装束、植物画など多岐にわたる。

庭園奥の展望台からの眺め

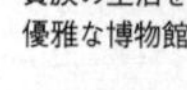

貴族の生活を知る優雅な博物館

●ドゥオーモ
開 8:00～12:30
16:30～20:00

✉楽しいリゾート

町を散策するだけでもリゾート気分に浸れます。街路樹の緑が美しく、メインストリートには手頃な屋台やお店からブランド店、家庭用品の店も多くウインドーショッピングが楽しい。タッソ広場には観光馬車やトレイン型のバスが客待ちし、周囲のカフェではたくさんの人が夜遅くまでくつろいでいます。タッソ広場から続くチェーザレオ通りやニコラ通りのみやげ物屋の続く小路は市場みたい！　市民公園、タッソ広場から下った坂道、テッラノーヴァ博物館の先の道沿いからはすばらしい風景が広がります。リゾートらしく整然と美化されお洒落な雰囲気ですが、物価が思ったほど高くないのもいいです。ただ、冬は多くのホテルが休業し、とても寂しくなるようです。
（東京都　次は豪遊）

●テッラノーヴァ博物館
住 Via Correale 50
☎ 081-8781846
URL www.museocorreale.it
開 9:30～18:30
㊐㊗9:30～13:30
休 ㊊、1/1、12/25
料 €8

手荷物預け
駅の2階のバールで手荷物を預かってくれる。
開 8:30～20:00
休 ㊐㊗
料 1個€5

ソレントのB級グルメ
ダ・フランコ
Da Franco
生ハムが天井からズラリと下がり、長テーブルが並ぶカジュアルな店。天板に乗せられて運ばれるピッツァとプラスチックのお皿とフォークだが、歴史ある1軒で、味は本格的で種類も豊富。定番のマルゲリータ、一番人気は白ピッツァに生ハムとモッツァレッラをのせたフォカッチャ。
住 Corso Italia 265
☎ 081-8772066
営 9:00～翌2:00
休 一部の㊗
予 €10
C 不可
地 P.138 B2

RISTORANTE HOTEL ソレントのレストラン&ホテル

イル・ブーコ P.138 B2

Il Buco

町の中心、かつての修道院を改装したエレガントなレストラン。創造的なソレント料理の繊細な飾りつけと味わい、給仕係のあたたかいサービスが思い出に残る1軒。ミシュランの1つ星。
夜は 要予約
URL www.ilbucoristorante.it

住 2° rampa Marina piccola 5/ Piazza S.Antonio
☎ 081-8782354
営 12:30〜14:30、19:30〜22:30
休 ㊌、1月
予 €65〜100(コペルト€3)、定食€85〜120
C A.D.M.V.

ランティカ・トラットリア P.138 B1

L' Antica Trattoria

季節には花があふれる庭園が広がるロマンティックで落ち着いたトラットリア。手打ちパスタや魚料理が充実し、手をかけた郷土料理が味わえる。ベジタリアンメニュー対応。
✉18時までの入店で格安ランチ(€19.50)が食べられました。コペルト等込みで€24.5。味もよかったのでおすすめです。(すうりん '16)

URL www.lanticatrattoria.com
住 Via Padre Reginaldo 33
☎ 081-8071082
営 12:00〜23:30
休 ㊊、冬季
予 €39〜70 (コペルト€3)、定食€60、90 C A.D.J.M.V.

ダ・エミリア P.138 A1

Da Emilia

マリーナ・グランデにある地元客と観光客で大にぎわいの人気店。海に突き出すようにあるテラス席から眺める夕暮れは美しく、ロマンティック。お値頃な価格ながらシーフードをふんだんに使った料理は味、量ともに大満足!
URL www.daemilia.it

住 Via Marina Grande, 62
☎ 081-8072720
営 12:00〜15:00、18:30〜22:00
休 不定休
予 €30〜50(コペルト€2)、定食€50
C A.M.V.

★★★★★ GH エクセルシオール・ヴィットリア P.138 A2

GH Excelsior Vittoria

世界的なリゾート、ソレントを代表する歴史あるホテル。ノスタルジックで優雅な雰囲気に豪華なインテリア、すばらしいフレスコ画、緑に囲まれたプール、カプリ島にも手が届きそうな開放感あふれるテラスなど、特別な滞在を約束してくれる。
✉タッソ広場の前にあり、ロケーションも抜群。朝食も充実。港へのエレベーターがあるのも便利でした。(千葉県 コジー)['20]

URL www.excelsiorvittoria.com
住 Piazza Tasso 34
☎ 081-8777111 Fax 081-8771206
SB €305/850 TB €310/910
室 99室 朝食込み W-F
休 1〜3月 C A.D.J.M.V.

★★★★ グランド・ホテル・リヴィエラ P.138 A2

Grand Hotel Riviera

目の前にナポリ湾が広がる眺めのよい歴史あるエレガントなホテル。海に開けたテラス、重厚な雰囲気のラウンジ、屋外プール、エレベーターつきのプライベートビーチなどリゾートとしての設備と雰囲気、朝食やサービスも充実。ベビーシッターサービス対応。

URL www.hotelriviera.com
住 Via Califano 22
☎ 081-8072011
Fax 081-8772100
SB €170/280 TB €190/450
室 107室 朝食€17 W-F
休 11〜4月上旬
C A.D.M.V.

★★★ ホテル・デル・コルソ P.138 B2

Hotel del Corso

タッソ広場の少し先の右手。ソレントの中心にある、家族経営の小さなホテル。朝食も取れる広いテラスには自由に出入りできるので、本など読みながらくつろぎたい。木調の内装で落ち着く。3つ星にしては朝食もよい。
読者割引 現金払いで€10
URL www.hoteldelcorso.com

住 Corso Italia 134
☎ 081-8071016
Fax 081-8073157
SB €70/110 TB €70/160
3B €100/220
室 28室 朝食込み W-F
休 12〜2月
C A.M.V.

※ソレントの滞在税 YH ★〜★★★ €1.50 ★★★★ €3 ★★★★★ €4 最長7泊、18歳以下免除

NAVIGATOR

ポジターノの町にはふたつのバス停がある。ソレント側から来て最初に止まる(事前にバスの運転手に降りたい場所を伝えておくこと)のが、キエーザ・ヌオーヴァChiesa Nuova。ここからは小さな階段を下りて行くと町に出る。谷を回って、町の北側がスポンダSponda。いずれも町の中心から坂道で1kmほど離れており、本数は少ないが市内を走るミニバスもある。(切符は車内販売)

●ポジターノのⓘ

住 Regina Giovanna 13
☎ 089-875067
開 4/1～9/30　8:30～20:00
　 10/1～3/31　9:00～17:30
休 10/1～3/31の㊐

プルマンバス停

町から上を目指し、海岸線を右に見て坂道を上り国道と交差する、少し先がスポンダのバス停。切符は事前に町なかのタバッキなどで購入を。

船乗り場

にぎやかな浜辺に向かった右側。切符は乗船口そばで販売。

✉バス停とバスの切符

最初のバス停のキエーザ・ヌオーヴァで下車し、町を散策してスポンダから乗るのがいいです。バス停まで美しい海岸線を眺めながら行くことができます。バス停はその先の国道にある。
(東京都　いつか豪遊)

✉エメラルドの洞窟へ

アマルフィへの途中、エメラルドの洞窟(入場料€5、チップ€1)へ。中の一部は輝き、鍾乳洞の形が様々で、水の中にキリスト像があります。オールを水面に打ちつけると、それが青く輝き、「青の洞窟」とはまた、違う楽しさがありました。私たちのときは日本語がペラペラの船頭さんで、伊・英・日本語でおもしろおかしく案内してくれました。「青の洞窟」が入れなかった場合は、こちらもおすすめです。(島根県　衣央ママ　'17)

ちょっと不気味な海中の像

ポジターノ *Positano*

華やかなリゾート地

スポンダを下ってポジターノを望む

紺碧の海からカラフルな家々が段丘へと連なる独特の景観が美しいポジターノ。世界中のVIPが休暇を過ごす**イタリア屈指のリゾート地**だ。白い細い路地には緑があふれ、ギャラリーやカフェ、1960年代に一世を風靡した**ポジターノ・ファッション**の流れを汲むリゾート・ファッションの店が華やかさを添える。

歴史はローマ時代に遡り、9～11世紀にはアマルフィ共和国の一部として繁栄し、16～17世紀には絹や香辛料の交易でより栄えた。

ポジターノ・ファッションの店で

取り立てた見どころはないが、地中海風の**白い路地**をそぞろ歩き、リゾート気分を満喫しよう。

ハイビスカスでピンク色に染る路地

高台のスポンダSpondaへと向かう通りからは町と海のすばらしい**眺望**が楽しめる。

町を背にした浜辺の右からはアマルフィなどへの船が運航している。ソレント寄りのバス停、キエーザ・ヌオーヴァからホテルのある中心部まではかなり急勾配なので、スーツケースなど荷物がある場合は、アマルフィ側のスポンダで下車を。

おもな見どころ

町の伝説「黒聖母」を飾る MAP P.142 B2

サンタ・マリア・アッスンタ教会 ★★

Santa Maria Assunta　サンタ・マリア・アッスンタ

町の風景のアクセント、鮮やかなマヨルカ焼きのクーポラを頂く教会。10世紀の修道院の付属教会で、見逃せないのが主祭壇のビザンチン風の板絵の聖母子像=「黒聖母」la Madonna Nera。12世紀のある大嵐の日に遭難した船の船員に「Posa! Posa!!（止まれ!）」と叫び、その命を救ったという伝説があり、Posaポーザが転じてポジターノになったという説もある。身廊右の部屋からは浜辺を一望するパノラマが広がる。

真白な教会と鐘楼

●サンタ・マリア・アッスンタ教会
開 8:00～12:00
　16:00～20:00

「黒聖母」

RISTORANTE HOTEL　ポジターノのレストラン&ホテル

ラ・カンブーサ　P.142 B2

Ristorante La Cambusa

青いポジターノの海にオレンジ色のテントが映える、リゾート感たっぷりのフォトジェニックなレストラン。海を眺めながらゆったり魚介料理を楽しもう。アクアパッツァやサクッと揚げたシーフードの盛り合わせが人気。

住 Piazza A.Vespucci Spiaggia Grande
☎ 089-875432
営 11:30～23:00
休 不定休
予 €25～60
C A.M.V.

★★★★ ホテル・パラッツォ・ムラート　P.142 A2

Hotel Palazzo Murat

ポジターノの中心に位置し、ビーチまでも歩いてすぐという好立地。アマルフィ海岸のリゾートらしい優雅で明るい雰囲気の客室、よく手入れされた庭園など、各所にゲストへの気遣いを感じられる。スタッフも親切。

URL www.palazzomurat.it

住 Via dei Mulini, 23
☎ 089-875177
SB €188/425
TB €230/661
朝食込み W-F
休 11～3月
室 23室
C A.D.J.M.V.

★★★★ ヴィッラ・ローザ

Hotel Villa Rosa　P.142 A2

ポジターノらしい斜面にあるホテル。花々の競い咲く庭園と白でまとめられたインテリアの客室はハネムーナにもおすすめ。スタッフはフレンドリーで親切。朝食は各客室で美しいポジターノの景色を眺めながら。

URL www.villarosapositano.it
住 Via C.Colombo 127
☎ 089-811955
SB €100/300　TB €115/365
休 11～3月　朝食込み W-F
C A.M.V.

★★★ カリフォルニア

Hotel California　P.142 A2

期待以上!お値段以上!との声も。落ち着いたクラシックな内装に、広く清潔な客室、朝食もおいしいと評判。テラスからの景色はまさに絶景。

URL hotelcaliforniapositano.it

住 Via C. Colombo, 141
☎ 089-875382
TB €150/190
SU €220/250
休 冬季休暇あり
室 15室　朝食込み W-F
C A.D.J.M.V.

エメラルドの洞窟 Grotta dello Smeraldo

有名なカプリ島の「青の洞窟」ならぬ、こちらは「エメラルドの洞窟」。内部はカプリよりもやや広く、白い鍾乳石の柱が目の前に迫り、水深10mの海中にはマリア像やキリスト誕生の像が置かれていたりと楽しさ満点! 小さな入口から内部には手漕ぎのボートで行き、オールをかきあげると水しぶきが光に反射し、洞窟内には歓喜の声が響きわたる。

行き方　ポジターノからアマルフィへ向かう途中、コンカ・ディ・マリーニ-グロッタ・スメラルドConca di Marini-Grotta Smeraldoでバスを下車し、エレベーターか階段で海岸に下り、待機しているボートで洞窟内を巡る。アマルフィからは船（約30分、往復€10）とバス便(約15分)がある。

●エメラルドの洞窟　開 9:00～16:00　料 €5

アマルフィ

海洋共和国として栄えた

Amalfi

海と山の間に家々がひしめき、白い路地が続く、アマルフィ海岸の観光の中心地。イタリア最初の海洋国であり、東方貿易で栄え、コーヒー、紙、絨毯などをイタリアに伝えた最初の町でもある。かつての栄光は、光り輝くモザイクで飾られた美しいドゥオーモに残されている。

港からドゥオーモへ続くアマルフィのメインストリート

おもな見どころ

大階段の上から町を見下ろす

MAP P.144 A2

ドゥオーモ ★★★

Duomo

ドゥオーモ

見上げるばかりの急な階段の先、白と黒の縞模様とアーチ、上部の輝くばかりのモザイク画、マヨルカ焼の鐘楼のクーポラが美しい調和を見せる。町の守護聖人である聖アンドレアにささげられた大聖堂で、10世紀頃に創建され、その後たびたび改修が施され、現在見られるのは18世紀のバロック様式。

海洋共和国の誇り、ドゥオーモ

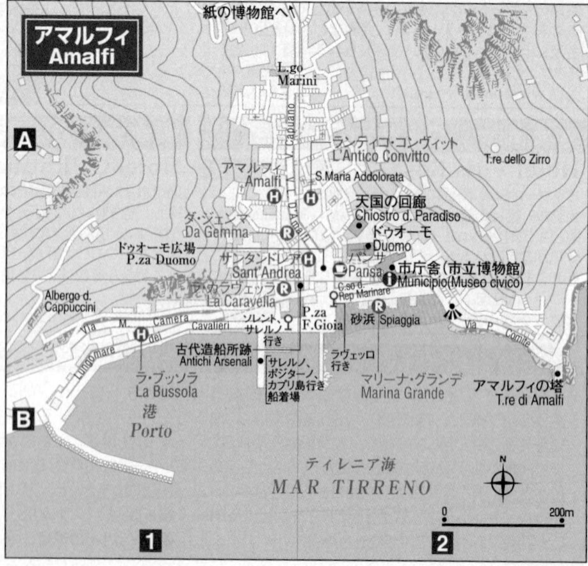

●郵便番号　84011

NAVIGATOR

ソレントとサレルノから来るバスの終点がここアマルフィ。バスターミナルは港の前のフラヴィオ・ジョイア広場Flavio Gioiaにある。海を背にして左側の埠頭からサレルノやポジターノ、エメラルドの洞窟行きの船が発着する。

●アマルフィのⓘ
住 Corso delle Repubbliche Marinare 27
☎ 089-871107
開 9:00〜18:00
休 ㊐㊗、㊏午後
地 P.144 A·B2

●ドゥオーモ
開 3〜6月　9:00〜18:45
7〜9月　9:00〜19:45
10〜2月　10:00〜13:00
14:30〜16:30
※10:00〜17:00は扉は閉まり、天国の回廊からの入場

バス乗り場

海に面した広場Piazza F.Gioiaがバスターミナル。ソレント、サレルノ行きの青いプルマンは、広場の中央に停車している。ラヴェッロ、スカーラ行きのオレンジ色のバスは海を背にした右側の屋根つきバス停から。

✉ アマルフィの絶景スポット2ヵ所

朝は、庁舎東のトンネルの突き当たりの無料エレベーターで行ける共同墓地からの街と海の一望が美しい。午後は、ドゥオーモ前の広場から狭い階段を上り、山の中腹にあるホテルへの旧道を歩いて行くと、太陽に照らされて輝くアマルフィの街と遠くの崖が見えます。

(岐阜県　川瀬喜生　'19)

✉ 共同墓地への行き方

絶景が広がる共同墓地Cimitero Monumentaleへはエレベーターを使って楽に行けるようになりました。Piazza Municipioから地下道をまっすぐ進んだところから乗れます。帰りは墓地を背にして右方向へ下りていけば、途中何ヵ所か絶景ポイントがあります。

(宮城県　いなぐま　'19)

知ってる!?

プルマンバスが行き交う広場に立つのはフラヴィオ・ジョイア像。1090年頃に羅針盤を発明し、海洋王国の発展に寄与した人物だ。広場の名前も彼に由来している。

ブロンズ製の正面扉はコンスタンティノープルで鋳造された物で1065年に取り付けられた。当時のアマルフィの覇権と経済力を示している。

ドゥオーモの見どころ

■ 天国の回廊 Chiostro del Paradiso ★★★

階段を上がったドゥオーモの正面左から入る。1266〜1268年に建設されたアマルフィの貴族たちの墓地。2本の柱が対になり120本もの柱が交差したアラブ様式の空間が広がり、その内側の地中海風庭園が緑を添えている。静謐で印象的な空間だ。通廊部分にはギリシア彫刻家による2世紀頃の石棺、モザイクで飾られたビザンチン様式の説教壇などが並ぶ。

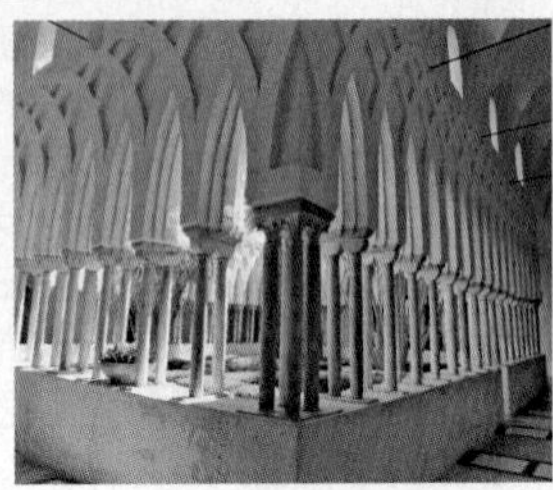
静かな時が流れる回廊

■ 十字架上のキリストの聖堂 Basilica del Crocifisso ★★

シンプルな構造のかつての大聖堂

「天国の回廊」の右側から続いている。1100年に現在の大聖堂が建てられたため付属教会となり、その後の改修工事で階上に尖塔アーチの窓のついたビザンチン様式の歩廊をもつ中世の様式に戻された。アマルフィ共和国の富と繁栄を示す、数々の**聖具**、**聖遺物箱**、宝石で飾られた**司教の胸飾り**、**銀の祭壇飾り**などを展示。

■ 地下礼拝堂 La Cripra ★★

大聖堂に入ってすぐの階段を下る。17世紀にスペイン王によって修復された豪華で重厚なバロック様式の空間。きらびやかに装飾された交差ヴォールトの下、大理石で飾られた中央祭壇はドメニコ・フォンターナの手によるもので巨大な**聖アンドレア像**はミケランジェロの弟子のナッケリーノ・ミケランジェロによる。聖アンドレアはイエスのはじめての信徒でパトラスでの殉教の後、遺骸はここに運ばれた。頭部は祭壇の後ろ、その他の骨は祭壇下(非公開)に収められている。アマルフィの人々にとって信仰のよりどころだ。

堂々とした聖アンドレア像

荷物預け

バスが到着する港の切符売り場を兼ねたバールの隣(海を背に左)にある旅行社Divira Costieraで預かってくれる。1個€5。季節により営業時間が異なるので、最初に確認を。

✉ どこで切符を購入?

船やバスの切符は港前の広場の旅行会社、バスの切符はバールで販売。でも、港の船の出る埠頭の船会社のカウンターでの購入がおすすめ。クレジットカードの利用ができます。旅行会社では利用不可。バスの切符はラヴェッロ行きのバスが発着するバス停前のタバッキがおすすめ。親切でした。　(東京都　良子)

ドゥオーモの見学順路

階段を上り、教会正面左に進むと「天国の回廊」で、ここからドゥオーモ内部へと続き、「十字架上のキリストの聖堂」(現在は博物館)へ。続いてドゥオーモに入り、階段を下って地下礼拝堂へ。再び階段を上って最後にドゥオーモ内部(10:00〜17:00閉場)を見学しよう。

●天国の回廊
開 3〜6月　9:00〜18:45
7〜9月　9:00〜19:45
11〜2月　10:00〜13:00
14:30〜16:30
料 €3

✉ カプリ島からの帰路いろいろ

本数は少ないながらも、カプリ島からポタジーノ経由アマルフィ行きのフェリーが出ています。€20強、90分です。私はそのフェリーでアマルフィへ行き、帰りはソレント経由で帰りました。❶の方のオススメはサレルノ経由だそうです。
(在ドイツ　KSR　'19)

History&Art

かつての大海運共和国
アマルフィの今昔

農耕の土地に恵まれなかったため、人々は大海原に出ていった。そのため4大海運共和国(アマルフィ・ヴェネツィア・ジェノヴァ・ピサ)のうち最古の町であるアマルフィは、10〜11世紀に大繁栄した。しかし商業発展はそう長く続かず、ピサ人の侵略を受け低迷する。その後地震と津波で砂浜は浸食され、広範囲の土地が海中に沈没してしまった。近代に入ると、温暖な気候と美しい風景が多くの人を魅了し、イタリア屈指のリゾート地としての人気を集め、現在にいたる。

✉サレルノで「ホッ」

人があふれるアマルフィ海岸の町。ホテルは予約が取れにくい上にシーズン中は値段も高い。アマルフィのホテルに夕方まで荷物を預け、SITA社の1日券をフル活用して観光し、最後にサレルノで宿泊しました。サレルノは落ち着いた町で、駅前から歩行者オンリーのショッピング街が広がり、20:00（一部は21:00）まで営業しているので、夕飯がてら買い物もできて楽しい町でした。ホテルも手頃でおすすめです。速いRの列車を利用すれば、ナポリまで約40分で戻れます。

（東京都　ICM　'18夏）

●紙の博物館
住 Via delle Cartiere 23
☎ 089-8304561
開 3～10月、12/27～1/6 10:00～18:30
11～1月 10:00～16:00
休 11～1月の㊊、12/24～12/26、1/22～2/28頃
料 €4
※15～20分のガイド付き見学のみ

アマルフィの紙を使ったしおり

●アマルフィ共和国の古代造船場跡
住 Largo Cesareo Console 3/Via Cameraとの角
☎ 089-871170
開 11:00～20:00
料 €2

その他の見どころ

リゾート感いっぱい　MAP P.144 B2

ビーチ／海岸通りとアマルフィの塔 ★★

Spiaggia/Lungomare e Torre di Amalfi　スピアッジャ／ルンゴマーレ・エ・トッレ・ディ・アマルフィ

海岸を背に右に進むとビーチが広がり、一段高く遊歩道が続く。遊歩道から坂道を上がるとホテル・ルナ・コンヴェント。その前に16世紀のアマルフィの塔が立つ。高台のこのあたりからはアマルフィを眼下に見下ろすすばらしいパノラマが広がる。

後方右にアマルフィの塔が見える

アマルフィ紙の歴史を知る　MAP P.144 A1外

紙の博物館 ★

Museo della Carta di Amalfi　ムゼオ・デッラ・カルタ・ディ・アマルフィ

ドゥオーモ前の通りを山側に約1km、地下から水音が響き始めると到着だ。紙作りは海洋王国として栄えた時代にアラブ圏との貿易を通して中国から伝えられたもの。渓谷からの豊富な水を利用して12世紀中頃に**手すきの製紙業**が盛んになり、かつてはこの渓谷に16もの製紙小屋があったという。そのひとつを利用した博物館。内部には水路や水車が残り、木綿や麻などを素材とした中世からの手すき紙の製造工程を詳しい説明とともに見ることができる。手すきの作業は実演も可。

手すき紙の作業

海洋王国の基礎　MAP P.144 B2

アマルフィ共和国の古代造船場跡 ★

Antichi Arsenali della Repubblica di Amalfi　アンティキ・アルセナーリ・デッラ・レプッブリカ・ディ・アマルフィ

プルマンバスの発着するにぎやかな広場の一角、城壁沿いに隠れるようにある。天井はれんががアーチを描き、ところどころに古代造船場の名残が見られる。アマルフィが海洋王国として君臨した時代の船の歴史や羅針盤などを展示。

市庁舎前には復元された船が

アマルフィで食べたい!

アマルフィではいたるところで特産のレモンの黄色が鮮やかだ。レモンの**グラニータ**Granita di Limoneは暑い夏にはマストの味わい。冷たい舌ざわりと爽やかなレモン味が涼を運んでくれる。

アマルフィのお菓子屋やレストランで目にする、名物菓子が**デリツィア・アル・リモーネ**Delizia al Limone。小型のドーム型のスポンジケーキにレモンの皮で風味をつけたカスタードクリームを挟み、さらにその上からレモンクリームをかけて全体を覆ったもの。フワフワのスポンジと滑らかで爽やかな香りのクリームが作り出す優しい味わいだ。

アマルフィなら、ドゥオーモ前の名店パスティチェリア・パンサ(→P.147)へ。広場のテーブルやクラシックで落ち着いた店内で味わうことができる。

右がレモンケーキのデリツィア・アル・リモーネ。奥はババ

RISTORANTE HOTEL アマルフィのレストラン&ホテル

マリーナ・グランデ P.144 B2

Marina Grande Ristorante Lounge Bar Marina Grande

ビーチに面した眺めのよいおしゃれな雰囲気のレストラン。開放的なランチ、ロマンティックな夜もおすすめ。€25の昼定食は日替わりで、1皿にサラダ、パスタ、魚料理などを盛り合わせ、デザートは別に運ばれる。観光途中のランチにおすすめ。

できれば予約

住 Viale delle Regione 4
☎ 089-871129
営 12:00〜15:00、18:30〜22:00
休 ㊌、11〜2月
予 €53〜77(コペルト€3)
C A.J.M.V.

ラ・カラヴェッラ P.144 B1

La Caravella

魚中心のアマルフィ伝統料理。おすすめはリコッタと甲殻類を詰めたイカスミのラヴィオリ、デザートにはティラミスーを。ミシュランの1つ星。 要予約

住 Via Matteo Camera 12
☎ 089-871029
営 12:00〜14:30、19:00〜23:00
休 ㊋、夏季㊊㊋昼
予 €50〜100、定食€60(平日昼のみ)、€100〜200
C A.M.V.

ダ・ジェンマ P.144 A1

Da Gemma

✉中心地にあり、通りから見ると2階にあります。魚料理をはじめ、すべてが絶品でした。接客もフレンドリー。テラス席がおすすめ。(東京都　ピヨピヨ2015)['20]

要予約

住 Via Frà Gerardo Sasso 11
☎ 089-871345
営 12:00〜15:00、19:00〜23:00
予 €55〜80、定食€55、70(コペルト€3)
C A.M.V.

アンドレア・パンサ P.144 A2

Pasticceria Andrea Pansa

1830年創業の老舗菓子店。歴史的建造物に指定されている店内の雰囲気もいい。一番のおすすめはレモンケーキDelizia al Limone。

✉名物デリツィア・アル・リモーネはスポンジの中にレモンクリームが入っていて、おいしかった。　(東京都　ピヨピヨ2015)

住 Piazza Duomo 40
☎ 089-871065
営 7:30〜24:00
休 ㊋
予 €3〜
C A.D.J.M.V.

★★★ ランティコ・コンヴィット P.144 A2

L'Antico Convitto

ドゥオーモ前の道を進んだ右の小路奥、いくつかのホテルやB&Bが入った建物内にある。だれかの家庭に招かれたような、シンプルだが居心地のよい空間が広がる。屋上テラスがあり、朝食や日光浴も可。港からの無料の荷物運搬サービス(要事前予約)もあり。スタッフもフレンドリー。入口手前にスーパーがあって便利。

URL www.anticoconvitto.com
住 Via Salita dei Curiali 4
☎ 089-8718490
Fax 089-94931159
SB €51/139　TB €69/174
JS €91/228
室 16室　朝食込み W-F　C A.D.J.M.V.

★★★★★L コンヴェント・ディ・アマルフィ P.144 B1外

NH G.H. Convento di Amalfi

海岸を見下ろす高台に建つ、13世紀の修道院を改装したホテル。風情あるキオストロ、眺めのよいテラスや散歩道、明るくモダンな客室など、思い出に残る滞在に。

URL www.ghconventodiamalfi.com
住 Via Annunziatella 46
☎ 089-8736711
SB €300/2000
TB €321/2500
室 53室　朝食込み W-F
休 11〜3月末
C A.D.J.M.V.

★★★★ ラ・ブッソラ P.144 B1

La Bussola

海岸沿いに位置し、部屋によってはテラスからすばらしいパノラマが望める。部屋やバスルームも快適で、すがすがしい。

URL www.labussolahotel.it
住 Lungomare dei Cavalieri 16
☎ 089-871533
Fax 089-871369
SB €80/220　TB €110/240
JS €120/350　室 63室　朝食込み W-F　休 11月、1〜2月　C A.D.J.M.V.

★★★ ホテル・アマルフィ P.144 A1

Hotel Amalfi

観光に最適な立地。アマルフィらしい雰囲気の客室は清潔で快適。最上階のテラスで取る朝食は充実。家族経営で親切。

URL www.hamalfi.it
住 Via dei Pastai,3
☎ 089-872250
SB €115/360
TB €140/470
室 40室　朝食込み W-F
休 11〜3月末
C A.M.V.

★★ アルベルゴ・サンタンドレア P.144 A2

Albergo Sant'Andrea

町の中心にあり観光にとてもよいロケーションのホテル。ドゥオーモが眺められる客室もある。アットホームなサービスが好評。

URL www.albergosantandrea.it
住 Piazza Duomo Amalfi
☎ Fax 089-871145
SB €60/70　TB €80/100
3B €120/150
室 7室　朝食込み W-F
C A.M.V.
交 ドゥオーモ広場の一角

※アマルフィの滞在税　★〜★★★ €1.50　★★★★ €3　★★★★★ €5　4泊目以降半額、10歳以下免除

●郵便番号　84010

●ラヴェッロのℹ
住 Piazza Fontana Moresca 10
☎ 089-857096
開 9:00～17:00
休 1/1、5/1、12/25
地 P.148 A

アルテカードでお得に入場
Campaniartecardで見学の場合、ラヴェッロは5ヵ所で1カウント。(ヴィッラ・ルーフォロ、ヴィッラ・チンブローネ、ドゥオーモ博物館のほか、音楽ホールAuditorium Oscar Niemeyerなどに共通)。

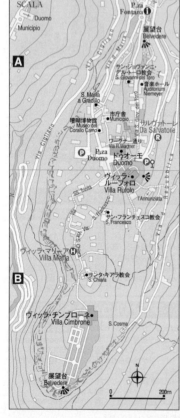

ラヴェッロ
Ravello

クラシック音楽の似合う静寂の町

アマルフィからのバスは緑の山道を上ること約30分。標高350mの切り立った断崖の上に広がる小さな集落、ラヴェッロに到着だ。季節の花々が咲き乱れるヴィッラの庭園の先には、アマルフィ海岸の息をのむような絶景が広がり、誰をもロマンティックな気分に誘う。

波の音さえ届かないこの静かな町で、ワーグナーは歌劇「パルシファル」の"クリングゾルの魔法の花園"を作曲した。毎年7月にはヴィッラ・ルーフォロの海の見える庭園でワーグナー音楽祭が開催される。眺めを楽しみながらたっぷり半日は観光したい町。

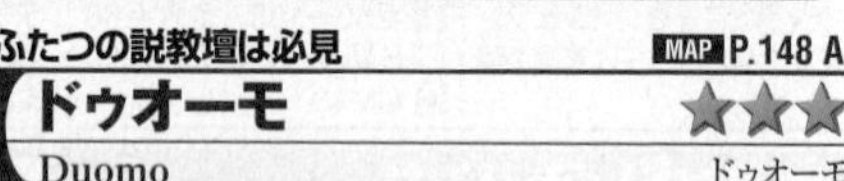

おもな見どころ

ふたつの説教壇は必見　MAP P.148 A

ドゥオーモ ★★★
Duomo　ドゥオーモ

簡素なドゥオーモのファサード

カフェがテーブルを広げる伸びやかな広場の一角に建つ。11世紀に町の守護聖人を祀るために建立されたもので、正面のブロンズ扉はアマルフィのドゥオーモと同じく12世紀にコンスタンティノープルで鋳造された物。内部は3廊式でとりわけ目を引くのが2つの説教壇。右側は基部に置かれた6体のライオン像がモザイクで装飾された柱を支えている。左は「ドラゴンに飲み込まれる人」が描かれたビザンチン様式のもの。付属博物館には、古代から現代までの彫刻、絵画などを展示。

説教壇の美しいモザイクの柱

ビザンチン様式の説教壇

●ドゥオーモ
開 9:00～12:00
17:30～19:00

●ドゥオーモ博物館
開 9:00～19:00
(冬季18:00)
料 €3
地 P.148 A

色とりどりの花が咲き乱れる MAP P.148 B

ヴィッラ・ルーフォロ ★★★

Villa Rufolo　ヴィッラ・ルーフォロ

13世紀にルーフォロ一族によって建てられた物で、**回廊付きの中庭**などに東方文化の影響が見られる。木々が茂る緑豊かな庭園や静かでどこか慎ましい中庭や階段を抜けると見事な植栽の庭園が広がり、ここの舞台で**ワーグナー音楽祭**が行われる。海に面したテラスからはすばらしいパノラマが広がる。

音楽祭の行われるテラス

ヴィッラ・ルーフォロの四角い塔

胸像の並ぶテラスからパノラマが広がる MAP P.148 B

ヴィッラ・チンブローネ ★★★

Villa Cimbrone　ヴィッラ・チンブローネ

20世紀、イギリス人により建てられた広大な庭園と邸宅（現在は5つ星ホテル）で、見学は**庭園**と入口近くの**回廊**のみ。アジサイやラベンダー、バラなど、よく手入れされた季節の草花が茂る広い庭園の各所には彫像が置かれ、その先端には**見晴らし台のテラス**が続く。彫像で飾られたテラスからは、アマルフィ海岸とサレルノ湾を見下ろす絶景が広がる。切符売り場で配布している地図を手に、豊かな自然とロマンティックな眺望を楽しもう。

異国趣味の回廊

胸像が続くテラス

その他の見どころ

ドゥオーモ脇から、夏には夾竹桃が咲く**ワーグナー通り**Viale Wagnerを上がり、高級ホテルが連なるSan Giov. del Toro通りを歩くのもいい。ホテルのガラス越しに海がのぞいている。この先に音楽ホールAuditoriumや**展望台**Belvedereが続いている。興味に応じて珊瑚博物館Museo del Collaroへ。

NAVIGATOR

アマルフィのバスターミナルの港を背にした右側の屋根付きバス停から、ラヴェッロまたはスカラScala行きのバスに乗り、所要20〜30分、約30分ごとの運行。切符€1.30（1回券）、€10(24時間券)。ラヴェッロで下車。バス停の先にあるトンネルを抜けると左にヴィッラ・ルーフォロの入口、右にはドゥオーモがある。ドゥオーモの左側には旧市街が広がる。

ヴィッラ・ルーフォロの先を左に曲がると500mほどの坂道がヴィッラ・チンブローネに続いている。途中ふたつの教会の前を通り過ぎる。眺めのよいカフェからはワーグナーの音楽が聴こえてくる楽しい散歩道。

●ヴィッラ・ルーフォロ
☎ 089-857621
URL www.villarufolo.it
開 夏季9:00〜21:00
（入場20:30まで）
冬季9:00〜17:00
（入場16:45まで）
料 €7

海岸線を一望するパノラマ
ヴィッラ・ルーフォロにて

●ヴィッラ・チンブローネ
☎ 089-857459
開 夏季9:00〜20:00
冬季9:00〜日没
料 €7

✉ ぜひ、ラヴェッロへ

アマルフィからラヴェッロへぜひ足を延ばしてください。私はオープンバスで移動。小さな町のたたずまいとヴィッラ・チンブローネからの絶景が見ものです。　（東京都　カズミ）

RISTORANTE HOTEL　ラヴェッロのレストラン&ホテル

サルヴァトーレ

Da Salvatore　P.148 A

眺めのよいレストラン。アマルフィ海岸を見下ろしながら、地元の料理に舌鼓を打つ。ここまで来たならそんな贅沢もしてみたい。魚料理がおすすめ。ホテルも併設。　㊐㊗は 要予約

住 Via della Repubblica 2
☎ 089-857227
営 12:30〜15:00、19:30〜22:00
休 ㊊、11〜12月
予 €40〜60
C M.V.

★★★★ ヴィッラ・マリーア

Villa Maria　P.148 B

広い部屋の天井は高く、大きな窓からの眺めは最高。レストランも最上級で思い出深い滞在に。

URL www.villamaria.it

住 Via S. Chiara 2
☎ 089-857255
Fax 089-857071
SB €140/229
TB €146/302
室 23室　朝食込み Wi-Fi
C A.J.M.V.

※ラヴェッロの滞在税　B&B、★〜★★ €1　★★★ €2　★★★★ €3　★★★★★ €4(7〜9月、他の時期は50〜70%に減額)
最長5泊、15歳以下免除

●郵便番号　84100

●ℹメインオフィス
住 Via Lungomare Trieste 7/9
☎ 089-231432
開 9:00～13:00
16:00～19:00
休 ㊐　地 P.150-1
※入口はローマ通り側

●ヴィットリオ・エマヌエーレ通りのℹ
住 Corso Vittorio Emanuele 193
☎ 089-662951
開 ㊊㊌㊎10:00～14:00
15:30～19:30
㊋㊍　10:00～13:00
16:30～19:30
㊏　9:00～13:00
休 ㊐㊗　地 P.151-2
※ショッピングアーケードGalleria Capitol内、バーガーキング隣

プルマンバス停

アマルフィ海岸行きのSITA社のプルマンバスは、駅前広場の駅を背にした右から発車。切符は駅構内のキオスクや旅行会社で。マテーラ行きなどのfreccialink（fs線の代行バス）やイタロのバスもほぼ同じ場所から。アマルフィ海岸からのプルマンは駅へは入らないので、海岸通りのバス停で下車し、大通りを渡ってほぼ真っすぐ進めば右が駅。

ペストゥムへは海岸通りからバス34番Acciaroli行きで。所要約1時間、ペストゥム駅前下車。

サレルノ

Salerno

中世の海洋都市

11～12世紀にノルマン人の支配下で黄金期を迎えたサレルノ。海岸通りには長い遊歩道が続き、港には大きなタンカーが何隻も停泊している。旧市街ではナポレターノよりも少しおっとりしたサレルニターノたちが、観光客を笑顔で迎えてくれるはず。

バロック様式のクリプタは必見　MAP P.151-2

ドゥオーモ

★★★

Duomo

ドゥオーモ

1079年、聖マタイの遺物を祀るために創建された教会。階段を上がると、入口手前には28本の円柱がアーチを描くアトリウム（前庭）が広がり、右にはクーポラを頂く12世紀の**鐘楼**が見え、アラブ的雰囲気だ。どこか、ガランとした印象だが、内部は貴重な美術品やモザイクで飾られている。

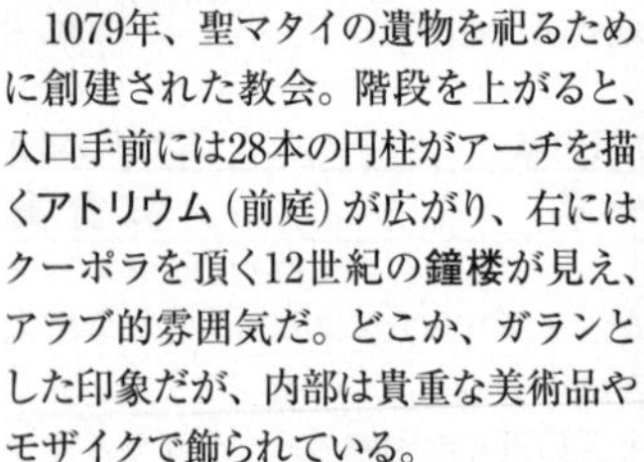

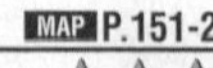

鐘楼と柱廊の美しいドゥオーモ

内部は堂々とした3廊式。まず目を引くのがモザイクで飾られた大きな**説教壇**。右は13世紀のもので、手前の復活祭用の大きな**燭台**も同時代のもの。左はさらに古く12世紀のもので、細やかな装飾の施された柱頭飾りが見事だ。

左右の説教壇が見事な内部

後陣のモザイクは大迫力で、特に主祭壇右の**十字軍の礼拝堂** Cappella di Crociate（またはグレゴリウス7世の礼拝堂）は出征前の十字軍の兵士が神のご加護を願ったと言われ、大天使ミカエルの輝くような13世紀モザイク画が飾る。この他、翼廊の大理石製の**多翼祭壇画**や中央祭壇左手前の古代ローマの石棺を用いた**マルゲリータ王妃の墓碑** Sepolcro di Margherita di Durazzoなども必見だ。

地下のクリプタCriptaは17世紀のバロック様式で再建され、大理石の象嵌細工とフレスコ画で華やかに装飾され、大きな「**聖マタイ像**」は、17世紀のもの。

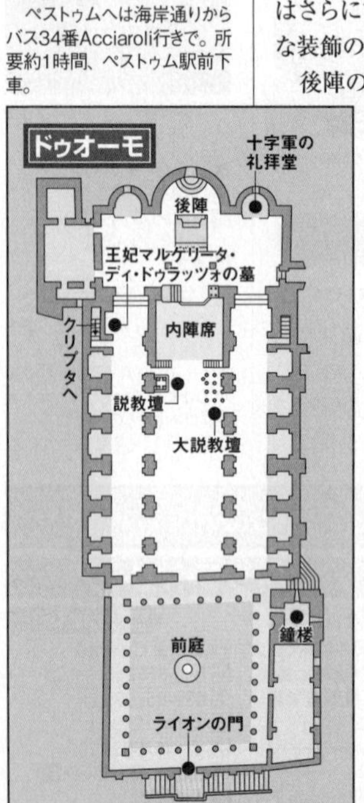

広場へ続く、美しい海岸通りと市民公園へ MAP P.150-1

アメンドラ広場とトリエステ海岸通り ★★

Piazza Amendola è Lungomare Trieste　ピアッツァ・アメンドラ/ルンゴマーレ・トリエステ

町の西側、トリエステ海岸通りLungomare Triesteのほぼ終わりに位置する広場。市庁舎と県庁舎が建ち、広場は駐車場と化しているが、ほぼ正面にヴェルディ劇場、高台にはアレキ城の姿が見える。ローマ通りには庶民的な飲食店も多く、夜はにぎわいを見せる。広場から**市民公園**Villa Comunaleに続いており、バロック様式の噴水で飾られた、よく整備された緑のオアシスが広がる。

市民が集う、夕暮れの海岸通り

トリエステ海岸通りは駅近くの海沿いから約1kmに渡って続く遊歩道。緑陰が続き、西側には小さなビーチもあり、夏には海水浴を楽しむ人たちでにぎわう、市民の憩いの場だ。

中世の趣が残る MAP P.151-1 2

メルカンティ通り ★★

Via Mercanti　ヴィア・メルカンティ

海岸通りに並行し、旧市街を東西に走る中世の通り。中世の建物や邸宅、みやげ物屋やブティック、古いカフェなどが続く楽しい散歩道だ。通りの突き当たりにはロンゴバルド族の領主の館のアレキ門の名残が見られる。残念ながら、後年の建物に取り込まれ、かつての姿は想像で。

雰囲気のあるメルカンティ通り

●ドゥオーモ
開 8:30〜20:00
　㊐㊗ 8:30〜13:00
　　16:00〜20:00

●クリプタ
開 9:00〜19:45
　㊐㊗ 8:30〜13:00

NAVIGATOR

駅前広場のヴェネト広場Piazza Venetoから、ホテルやブティックの並ぶVittorio Emanuele 通りが続く。信号のある交差点をふたつ渡り、3つめのVelia通りを右に行き、緩い坂道のS.Benedetto 通りを左に行くと考古学博物館がある。そのまま真っすぐ進めばドゥオーモの裏側に出る。ドゥオーモ正面を通るドゥオーモ通りVia Duomoは、中世の趣が残るメルカンティ通りにぶつかり、右に行き、中央にアーチのある建物がアレキ門。その先のS.Giovanni di Procida通りの両脇には、手作りの革製品や陶器のお店が並び見るだけでも楽しい。路地を左に曲がればヴェルディ劇場や市民公園のあるRoma通りに、さらに海側に渡れば海岸通りの遊歩道に出る。丘の上のアレキ城へは、劇場の前から19番のバスに乗る。15〜30分に1便程度。夕方に出かける場合は、帰りの最終バスの時刻を確認のこと。城までは片道10〜15分。

サレルノ発着の船便の情報は
URL www.livesalerno.com/it/collegamento-via-mare で検索可

●サン・ジョルジョ教会
住 Via Duomo 19
☎ 089-228918
開 10:00～12:00
18:00～20:00
㊐10:00～14:00
休 ㊊

町の人の信仰の中心の教会

●県立絵画館
住 Via Marconi 63
☎ 089-2583073
開 9:00～19:45
休 ㊊、一部の㊗
料 無料

アマルフィ海岸のスケッチ

●考古学博物館
住 Via San Benedetto 28
☎ 089-231135
開 9:00～19:00
休 ㊊、一部の㊗
料 €4、学生€2

館内はすっきり美しい展示方法

●アレキ城
住 Località Croce
☎ 089-2964015
開 9:00～17:00
㊐9:00～15:30
休 ㊊
料 €4
※バス19番で、所要10～15分。1～2時間に1便

●植物園
住 Via Ferrante Sanseverino 1
☎ 089-252423
開 9:00～13:00
夏季は午後も開場の場合あり
料 €3

サレルノからナポリへ
サレルノからはfs線、Metro politana線が運行。どちらもfsの運行で、所要時間が列車によりかなり異なるので、事前の時刻表調べがベター。Metro politanaは1番線脇から続く1Tr～3Tr番ホームからの発車。

華やかなバロック教会  P.151-1

サン・ジョルジョ教会 ★★
San Giorgio　サン・ジョルジョ

華やかなフレスコ画で飾られている

メルカンティ通りと交差するドゥオーモ通りを少し南へ（海側）入った教会。歴史はロンゴバルドの時代に遡り、町最古の女子修道院と教会が置かれていた。教会は17世紀にバロック様式で改築され、金色に彩色された漆喰細工、**天井や壁面**はアンジェロ・ソリメーナと息子のフランチェスコによりフレスコ画で華やかに装飾が施されている。

昔のアマルフィ海岸の風景を MAP P.151-2

県立絵画館 ★★
Pinacotca Provinciale　ピナコテーカ・プロヴィンチャーレ

修復を終えた祭壇画がすばらしい

メルカンティ通りに面して建つ、20世紀初頭の邸宅にある。15～18世紀の祭壇画や絵画などを展示。特に興味深いのが、奥の部屋に展示された外国人画家による**アマルフィ海岸の風景画**。グランドツアー（18世紀、イギリスの良家の子弟による教養ツアー）にも組み込まれたという当時の風景と自分たちが見てきた風景を比べてみるのも面白い。

海から引き上げられた「アポロ」 MAP P.151-2

考古学博物館 ★★
Museo Archeologico Provinciale　ムゼオ・アルケオロジーコ・プロヴィンチャーレ

「アポロの頭部」が美しい

かつてのサン・ベネデット修道院の一角にある博物館。紀元前8～1世紀のサレルノ県のネクロポリなどで発掘された埋葬品を展示。細かな細工や紋様が美しく、当時の文明の高さを感じさせる。2階の**「アポロの頭部」**Testa Bronzea Apolloはサレルノ湾から1930年に引き上げられた紀元前1世紀のカンパニア製。この博物館のシンボルだ。

その他の見どころ

高台のアレキ城を望む

高台にはサレルノ湾を一望する中世の**アレキ城**Castello Medievale di Arechiがそびえる。内部には中世の陶器やコインを展示。**ミネルヴァ神の庭園**Giardino della Minervaは13～14世紀には薬草を育てたヨーロッパ最古のサレルノ医学学校の付属植物園。

サレルノのレストラン&ホテル

トレディチ・サルメリア　P.151-2

13 Salumeria e Cucina

サルメリアとは、サラミやハムなどを扱う食料品店のことだが、ここはカジュアルな雰囲気ながら本格的料理も楽しめるレストラン。夏は外のテーブルでの食事も楽しい。ランチの格安な定食(3品付き)が充実。

住 Corso G.Garibaldi 214
☎ 089-8851350
営 13:00〜15:00、20:00〜23:00
予 €35〜50、定食あり
C D.M.V.
交 駅から500m

ペスケリア　P.151-2

Pescheria

海をテーマに鮮やかなブルーとホワイトを基調にしたおしゃれなレストラン。ていねいに調理された新鮮なシーフード料理は、見た目も美しく美味。季節によって変わるデザートにファンが多い。

要予約

URL www.pescheriasalerno.it

住 Corso Garibaldi 227
☎ 089-955823
営 13:00〜15:30、20:00〜23:30
休 不定休
予 €20〜50(コペルト€3)
C A.M.V.

★★★ ホテル・プラザ　P.151-3

Hotel Plaza

駅前広場に建つ、19世紀の館を近代的に改装したホテル。客室は天井が高く、広々としている。2017年に全面リニューアル。朝食のビュッフェは、3つ星ホテルとしては非常に充実。

URL www.plazasalerno.com

住 Piazza Vittorio Veneto 42
☎ 089-224477
Fax 089-237311
SB €62〜
TB €88〜
室 47室　朝食込み W-Fi
C A.D.J.M.V.

★★★ モンテステッラ　P.151-2

Hotel Montestella

町なかに位置し、港や駅、見どころへも近くて便利。イタリア人のビジネス客の利用も多い。室内は居心地よくまとめられている。

住 Corso Vittorio Emanuele 156
☎ 089-225122
Fax 089-229167
SB €60/140　TB €80/200
室 46室　朝食込み W-Fi
C A.D.M.V.
交 駅から約500m

★ アヴェ・グラティア・プレナ　P.151-1

Ave Gratia Plena

YH 町の中心、ドゥオーモの近くにあり便利な立地。家族的雰囲気のYH。

URL www.ostellodisalerno.it
住 Via dei Canali
☎ 089-234776
Fax 089-0971149

料 D €20　SB €34/45
TB €43/69
朝食込み W-Fi
C M.V.
受付8:00〜24:00、門限翌2:00。YH会員のみ。
交 駅から約1km

※サレルノの滞在税　B&B €1.50(1)、★〜★★★ €3(2)　★★★★〜★★★★★ €4(3)　最長7泊、12歳以下免除。( )内は2/1〜9/30

アマルフィ海岸　遊覧船情報

船はサレルノとポジターノ間をサレルノ↔チェターラ↔マイオーリ↔ミノーリ↔アマルフィと進む(直通もあり)。ポジターノへはアマルフィで要乗り換え。サレルノは鉄道駅から徒歩7〜10分程度にMolo Masuccio/Piazza dellaConcordiaがあり、多くの船の発着地。もうひとつ町の西側にMolo manfredi/Porto Commercialeがあり、バスなどでの移動が必要なので、帰りの船では下船地をチェックして乗り込もう。アマルフィはプルマンバスの発着する広場脇から。そのほかの町は、町の中心近くの小さな埠頭からの発着なので迷う心配はほぼない。

サレルノ→アマルフィ

8:40、9:40、10:40、11:40、13:00*、14:10、15:30、16:40*発
所要70分　切符€14　*はチェターラ、マイオーリ、ミノーリ経由、ポジターノへはアマルフィで乗り換え

アマルフィ→サレルノ

9:00、10:35、12:45、14:10、16:15、17:45、19:10発
9:00発のみチェターラ、マイオーリ、ミノーリ経由。チェターラまで所要15分、切符€5、マイオーリまで所要15分、切符€3、ミノーリまで所要10分、切符€3、サレルノまで所要35分　切符€9

※スーツケースなどの大型荷物には1個に付き€1.50の追加料金あり。
※上記は、2020年冬季スケジュール
時刻表はURL www.travelmar.itで検索可

✉サレルノ駅から港の船乗り場まで徒歩で10分程度。アマルフィ方面へは船がおすすめ。渋滞はないし、便数もかなりありました。　(東京都　カズミ)

アマルフィ海岸その他の町

Altri Paesi della Castiera Amalfitana

海岸沿いの個性的な町

アマルフィから南へ約25km。サレルノまでの海岸には大小の砂浜があり、多くの地元の若者が海水浴にやって来る。そのなかでも**ミノーリ**と**マイオーリ**のビーチは人気があり、海岸通りにはヤシの木が植えられ遊歩道になっている。小さな漁村**チェターラCetara**、陶器で有名な**ヴィエートリ・スル・マーレ**の町を通り過ぎれば、アマルフィ海岸の旅も終わる。

アマルフィの隣、静かなビーチへ

MAP P.137

アトラーニ ★★

Atrani

アトラーニ

アマルフィから約1km、隣町のアトラーニ。アマルフィから海を背に右へ進めば徒歩で10～15分で到着だ。トンネル前の小路を右に入ってビーチへ下ろう。

かつてアマルフィの貴族が館を構えた地で、垂直に切り立った高い岩壁に挟まれ、小さな入り江が続く。高台からの風景は1枚の絵のようだ。アマルフィに比べ人は少なく、喧騒を避けてゆっくりしたい人におすすめ。夏は庶民的な海水浴場だ。

庶民的な海水浴場、アトラーニ

ビーチとレモン、古代遺跡の町

MAP P.137

ミノーリ ★★

Minori

ミノーリ

アマルフィから約3km、ラヴェッロを下った海岸線に位置する。海水浴に適したビーチと丘の上にはアマルフィ海岸で一番の収穫量を誇るレモン畑が広がる。温暖で風光明媚なこの町は古代よりリゾート地として知られ、紀元前1世紀の広大な**ローマ時代の別荘**Villa Romanaも残る。浴場跡やモザイクが今も見られ、考古学資料館もおかれている。手作りパスタ、とりわけフジッリFugilliでも有名な町だ。

レモン畑が海に迫る、風光明媚なリゾート

砂浜が1km続く、近代的リゾート

MAP P.137

マイオーリ ★

Maiori

マイオーリ

アマルフィから約5km、バスは近代的なビーチの入口に到着。アマルフィ海岸一番という1kmにわたる砂浜が続く、庶民的なリゾート。背後には急勾配の岩がちの山がそびえる。町を見下ろすのは12世紀の教会**サンタ・マリア・ア・マーレ**Santa Maria a Mare。健脚派は高台の**城塞跡**Castello di Toro Planoへ。海岸線と町を見下ろすすばらしいパノラマが楽しめる。

船遊びも楽しい、ちょっとモダンなリゾート

行き方

アマルフィのバスターミナルからSITA社のプルマンバスのサレルノ行きやマイオーリ行きに乗車。

サレルノ行きはアマルフィ→アトラーニ→ミノーリ→マイオーリ→チェターラ→ヴィエートリ・スル・マーレと進む。

アマルフィからミノーリへは約15分、マイオーリへは約20分、ヴィエートリ・スル・マーレへは約1時間。30分～1時間間隔の運行。

また、Sightseeing社のバスがマイオーリ↔ミノーリ↔アマルフィ↔ラヴェッロを1日4便運行。

バス停

ラヴェッロ行きやSightseeing社のバスは港を背にした右側、国道そばの屋根付きのバス停から。

SITA社のバスは港前のバスターミナルのほぼ中央辺りから。たくさんのバスが整然と並んで停車し、1列目のバスが発車時間の少し前になると扉を開いて乗車させる。バス上部の行き先や係員に確認して乗り込もう。夏季は渋滞でバスの到着は遅れるものの、発車はほぼ時間通りの模様。

SITA社

URL www.sitasudtrasporti.it

Sightseeing社

URL www.city-sightseeing.it

ゆったり滞在におすすめ

ややホテルが高めに設定されているアマルフィ海岸。そのなかでミノーリ、マイオーリには手頃なホテルやB&B、レストランがあるのがうれしい。長期滞在してゆっくり海岸巡りを楽しみたい人にはおすすめの滞在地。

おすすめのお菓子

海岸通りでひときわ目を引くのがパスティチェリア・サル・デ・リーゾ。ここの名物がリコッタチーズと洋ナシのケーキTorta di ricotta e pere。濃厚でクリーミーなリコッタチーズと洋ナシの酸味が絶妙。食事もできるので、ひと休みに最適。

Pasticceria Sal De Riso
住 Via Roma 80
☎ 089-877941
営 7:00～翌1:00(無休)

●ローマ時代の別荘
住 Via Capo di Piazza 28, MINORI
☎ 089-852893
開 9:00～日没1時間前
休 1/1、5/1、12/25
料 無料
※ミノーリの町のバス停は2ヵ所。最初のバス停で下車し、道を渡って目の前の駐車場脇を抜けてすぐ。

昔日の風景を求めて MAP P.137

チェターラ

Cetara チェターラ

漁村の雰囲気が残る素朴なリゾート

ソレントからサレルノへ向かうアマルフィ海岸のほぼ終わり、昔ながらの漁村の雰囲気が残るチェターラ。バス停前の階段を下れば、海岸へと小路が続き、目の前の海で水揚げされた魚を出すレストランや小さな飲食店が並び、この町ならではの魚醤＝コラトゥーラColaturaを売る店が目を引く。コラトゥーラは小イワシを発酵させて作る、古代ローマにルーツを持つ調味料。他の町ではなかなか味わえないので、ランチにコラトゥーラで味付けしたパスタを味わってみよう。

名物を売る魚醤の店がいくつもある

陶器の町でおみやげ探し MAP P.137

ヴィエートリ・スル・マーレ ★★

Vietri sul Mare ヴィエートリ・スル・マーレ

「陶器の町」として有名

アマルフィから20km、サレルノから約8km。小さな田舎町だが、「陶器の町」として知られている。アマルフィ海岸のみやげ物屋でしばしば目にする、カラフルなマヨルカ焼の主要生産地。小路にはいくつもの陶器店が並び、店の外壁、通りの壁もマヨルカ焼で装飾されてそぞろ歩きが楽しい。店をのぞきながら品定めをして歩くと、時間も忘れそうだ。特別な見どころはないが、ちょっと坂道を上がった教会サン・ジョヴァンニ・バッティスタSan Giovanniのクーポラもマヨルカ焼のタイルで飾られている(クーポラを眺めるにはサレルノ行きのバス停近くの開けた広場のマッテオッティ広場Piazza Matteottiからがベター)。

カラフルな陶器店が並ぶ

特産品が並ぶ店内

チェターラのレストラン

海岸通りにはカジュアルなお店が並ぶが、ゆったりと食事するなら、バス停を下りてすぐのアル・コンベントへ。夏は緑陰のテラスがすてき。この地の名産、コラトゥーラを使ったスパゲッティSpaghetti con colaturaを味わってみよう。スパゲッティ・アーリオ・オーリオ・ペペロンチーノに、海のエキスがギュと凝縮したコラトゥーラをほんの一匙加えたシンプルなパスタ。ほかの町では味わえないひと皿だ。

Al Convento
住 Piazza San Pietro 16
☎ 089-261039
営 12:00〜15:00、19:30〜23:00
休 10〜5月の㊌

昼休みは避けたい ヴィエートリ・スル・マーレ

陶器店の多くは13:00〜15:30に昼休み。日曜日に営業している店も多い。

芸術的な作品も多い

RISTORANTE HOTEL **ヴィエートリ・スル・マーレのレストラン&ホテル**

★★★★ **ロイズ・バイア** 地図外

Lloyd's Baia Hotel

サレルノから約2km、サレルノ湾を見下ろす眺めのよいホテル。客室やテラス、レストランなどから美しい海岸線が見渡せ、バカンス気分を盛り上げてくれる。プライベートビーチへのエレベータ、プールなども完備。客室はシンプルだが明るく開放的。

URL www.lloydsbaiahotel.it
住 Via Benedetto Croce snc, Vietri Sul Mare
☎ 089-763311
SB €54/300 TB €58/309
室 143室 朝食込み W-F
C A.M.V.

カンパニア州の料理とワイン

ピッツァ、シーフード、揚げ物がカンパニア州の定番3品！

まずは、ナポリ名物のピッツァの店Pizzeriaへ行って見よう。店頭には焼きたてのピッツァが4つ折りになって€1程度の格安で売られ、その隣には揚げ物が山を築く。ナポリっ子にとって**ピッツァの前の前菜は揚げ物だ**。ピッツァ生地を丸めて揚げた**ゼッポリ**Zeppolli（小型のものはZeppollini、海藻入りはcon Alghe）、パスタとホワイトソースを和えて揚げた**フリッタティーナ**Frittatina、シンプルで小さな**ポテトコロッケ**Crocche、**ライスコロッケ**のAranciniなどがその代表選手。

庶民的なトラットリアで。ゼッポリ一皿€1なり

なんと言っても、「マルゲリータ」が定番

ナポリ・ピッツァの皮は厚めでモチモチとした口当たりが特徴。味わいは日本のものにくらべかなりシンプル。代表的な**マルゲリータ**Margheritaは生地の上にトマトソースとモッツァレッラチーズをのせて焼き、バジリコの葉を載せたもの。イタリア国旗の色だ。また、ナポリでは**揚げピッツァ**Pizza Frittaもよく食べられる。茹でた野菜とサラミ、リコッタチーズなどをはさみ、2つ折りにして揚げたもの。皿からはみ出すほどの大きさにもビックリだ。

ナポリ湾の新鮮な魚が揃う、ナポリ・下町の魚屋

生ダコとムール貝のサラダ風前菜。絶品！

前菜では南イタリア各地で見られるような**野菜料理**、**魚介類のサラダ風前菜**Insalata di Frutta di Mare、**ムール貝の蒸し煮の胡椒風味**Impepata Cozzeなど。

カンパーニャ州は乾燥パスタの生産でも知られ、特にグラニャーノGragnanoはイタリアを代表する高品質の生産地。見かけたら、おみやげに1袋買って帰ろう。パスタ料理は魚介類を使ったもの。**アサリのスパゲッティ**Spaghetti alle Vongole、**魚介類のスパゲッティ**Spaghetti ai Frutta di Mareなどが日本人好みの味わいだ。ちなみに、カンパニア州でよくメニューで見かけるパスタ、**パッケリ**Paccheriは極太のマカロニだ。

魚介類のパスタ。これは自家製のパスタを利用して、ちょっと高級

カンパニア州のワイン

カンパニア州の最高格付けワインのDOCGは、**アリアーニコ・デル・タブルノ**Aglianico del Taburno（赤・ロゼ）、**フィアーノ・ディ・アヴェリーノ**Fiano di Avellino（白）、**グレコ・ディ・トゥーホ**Greco di Tufo（白）、**タウラージ**Taurasi（赤）の4種類。

このほか、その名の通り火山性土壌で作られる**ヴェスヴィオ**Vesuvio（赤・白・ロゼ）もよく知られ、そのうちの「キリストの涙」**ラ・クリマ・クリスティ**La Cryma Chiristiはその名前から根強い人気がある。近年、手ごろな価格帯で人気の**ファランギーナ**Falanghina（白）はフルーティーでフレッシュな白。

かざらない
海の幸が盛りだくさん

あっさりしていて、いくらでも入るムール貝。それに安い！

ナポリをはじめカンパニア州の海岸沿いで**ムール貝**Cozzeを売る姿が見られ、前菜やメインとしてもよく食べられる。**ムール貝のソテーのレモン風味**Cozze al Limoneや**胡椒風味**Cozze al Pepeはその代表。手軽な**魚介類のフライ**Fritto Mistoは小イカや小魚のミックスフライ。**魚のグリル**＝グリリャータGrigliataは魚1尾の重さで値段が決まるちょっと高級品。最初にだいたいの値段を聞くのが、後悔しない注文法だ。

カンパニア州の魚介のフライは、フレッシュ（冷凍ではない）。最高に旨い

魚のグリルは高級品と心得よう

ナポリを代表するお菓子は、リキュール入りのシロップをタップリ浸み込ませた**ババ**Babà、ドライフルーツの入ったリコッタチーズを包んだ**スフォリアテッラ**Sfogliatella。パイ生地の貝殻型が有名だが、実は2種類ある。貝殻型でパイ皮が層になっているのは**リッチャ**ricciaとか**スフォリア**sfogliaと呼ばれ、タルト（ビスケット）生地で包んだ丸型のものは**フロッレ**frolle。

ナポリの人は貝が大好き！各種さまざまな貝が並ぶ専門店

朝食のパンとしても供される、スフォリアテッラ（手前）

ナポリっ子は実はフロッレが好みとか……。カプリのお菓子で世界的に有名なのが、その名も**カプリ風トルタ**Torta Caprese。松の実が入ったチョコレートケーキだ。

チーズも忘れてはならない。ピッツァに欠かせない**モッツァレッラ**Mozzarellaは、ミルキーで真っ白、本場の出来立てはしっかりした口当たりだ。トマトとチーズを交互に重ねた**カプレーゼ**Mozzarella alla Capreseは前菜や軽いランチにもピッタリ。モッツァレッラは牛乳製と水牛Bufalo製があり、水牛製のDOP（原産地呼称保護＝品質管理と製品保護のため産地を指定し、一定基準を満たすものが特定原産地名を名乗れる認証制度）は高品質の証。ぜひ、現地で食べたい1品だ。ピッツァに使われる場合はメニューにDOPと表記され、€2～3程度高くなる。カプレーゼもいいし、そのままで、または好みでオリーブ油や塩をかけて食べよう。ほぼ同様の製法ながら、熟成方法などが異なるのが大きな洋ナシ型の**カッチョカヴァッロ**Cacciocavalloやひょうたん型の**スカモルツァ**Scamorza。こちらは熟成期間や燻製により生でも焼いても食べられるものだ。

モダンなプレゼンのカプレーゼ

●郵便番号　84063

世界遺産

チレント、ディアーナ渓谷国立公園とペストゥムとヴェリアの考古学地域およびパドゥーラ修道院
登録年1998年　文化遺産

●ℹAAST
住 Via Magna Grecia 887
☎ 0828-811016
開 9:00～13:00
　14:00～19:00
地 P.160 A

ナポリからの日帰り
ナポリ中央駅からペストゥムへ向かう普通列車（レジョナーレ）は1日10便ほどの運行はあるが、8:50～11:45は運行がないので注意しよう。ペストゥムからナポリ中央駅へ向かう普通列車は14時～19時台まで1時間に1～2便程度の運行はある。サレルノからペストゥムへ向かう普通列車も9:33～12:22は運行がないので注意しよう。
['20]

ペストゥム／パエストゥム

世界遺産

Paestum

世界屈指の保存状態を誇るギリシア神殿

マーニャ・グレーチャ（大ギリシア圏）の中でも屈指の神殿が残る

サレルノから約50㎞、ほぼ各駅停車しか停まらない小さな町にシチリアに残る物に並ぶ**古代ギリシア建築の最高峰といえる遺跡**がひっそりとたたずんでいる。紀元前にギリシアの植民地としてこの地に建設された後、3世紀にはローマ人の侵略、洪水、マラリアの被害に遭いサラセン人の侵入で廃虚と化したにもかかわらず、その保存状態のよさは世界的にも貴重なもの（1998年世界遺産に登録された）。また、この地域は水牛の飼育が盛んで、国道沿いに車を走らせれば、大きな角を持った黒い水牛の家畜場をあちこちで目にすることができる。ここではしぼりたての水牛の乳で作った、できたてのチーズ、**モッツァレッラ・ディ・ブーファラ Mozzarella di Bufala**の本場の味も試してみたい。

NAVIGATOR

駅を背にして真っすぐ進むとすぐに城壁の間の小さなシレーナ門Porta d.Sirenaが見えてくる。両側に畑が広がる松の並木道を800mほど行くとマーニャ・グレーチャ通りVia Magna Greciaにぶつかり、目の前に遺跡が広がる。バジリカ側にも入口があるが、おみやげ屋が並ぶマーニャ・グレーチャ通りを右に行き博物館前の入口利用が一般的。

ペストゥムへの行き方

鉄道で行くには
●ナポリ→ペストゥム　fs線 IC　1時間2～5分 €12.50　R　1時間11分～1時間21分（1日10便）€6.50
●サレルノ→ペストゥム　fs線 R　約30分（1日約15便）€2.90

バスで行くには
●サレルノ→ペストゥム　CSTP（34番）　約1時間（平日1時間に1便、㊐㊗1～4時間に1便）

車で行くには
●ナポリ→（A3）→サレルノ→（A3）→バッティパリアBattipaglia→（SS18）→ペストゥム

History&Art

マラリアとノルマン人に破れた古代都市ペストゥム

ペストゥムの遺跡は、18世紀半ばブルボン王朝時代に、土地の図面測量士によって灌木と沼地の間で発見された。本格的な発掘作業は後の1907年から7年間と1928年以降に行われ、古代の神秘の謎が少しずつ解明されていった。

この都市の古代ギリシア名はポセイドニアPoseidoniaといい、紀元前6世紀初頭に富と贅沢・快楽主義で有名な古代ギリシアの植民都市シバリ（現在のカラーブリア州の都市）によって建設された。シバリの町とは陸路でつながり、ティレニア海での交易を基盤に、紀元前５世紀までこの町での商業の繁栄は続いた。

母市シバリが紀元前510年に勢力を弱め、紀元前400年にはルカニア人に征服されその名をパイストンPaistonと改められた。紀元前237年ローマが商業の繁栄を保護しながらラテン人植民都市ペストゥムを設立し、ローマ式の浴場や円形闘技場などが建設された。ローマ帝国の衰退後、土地の地盤沈下のため湿地化しマラリアが流行。また、北方からの侵略者ノルマン人がこの地まで到達し、サレルノのドゥオーモ建築のため石材を持ち去り遺跡は廃虚と化していった。

おもな見どころ

ケレス神殿

ギリシアの神々の声が聞こえてきそうな MAP P.160

ペストゥム／パエストゥムの遺跡 世界遺産 ★★★

Scavi スカーヴィ

遺跡は4.5kmにも及ぶ外壁が二重構造になった城壁に囲まれ、東西南北に4つの門が配置されている。駅近くのシレーナ門Porta di Sirenaをくぐり、国立博物館前の入口から遺跡の見学を始めてみよう。

右側のこぢんまりした神殿が**ケレス神殿Tempio di Cerere**。別名アテナの至聖所Santuario di Atenaまたはアテナ神殿Tempio di Atenaとも呼ばれ、女神アテナを祀る神殿として紀元前6世紀に建築された。正面が6円柱の**ドーリス式神殿**でアーキトレーブも典型的ドーリス式。南へ真っすぐ延びる聖なる道Via Sacraを少し進むと、左側に長方形の囲いの中に低い傾斜した屋根が見える。これは**地下神殿Sacello Ipogeo**と呼ばれ、発掘された青銅器や陶器の壺（国立博物館所蔵）から、紀元前6世紀頃に建てられた物と推定されている。町の創立者シバリ人の墓という説、女神ヘラにささげられたものという説に分かれ、何のために使われていたかは未解明。さらに進むと開けた空間**フォロForo**が見えてくる。

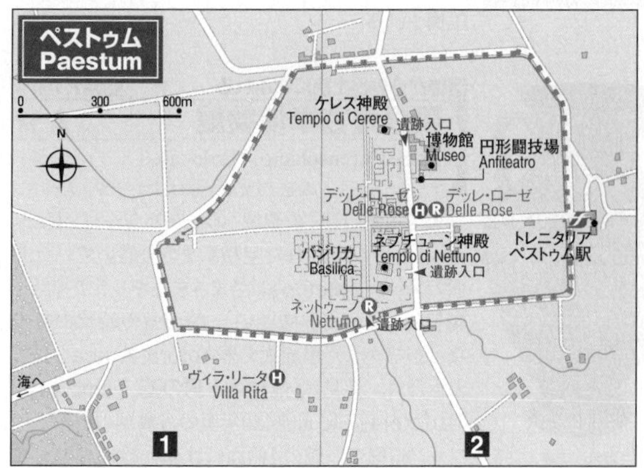

●ペストゥムの遺跡
住 Via Magna Grecia 919
☎ 0828-811023
開 8:30～19:30
休 1/1、12/25
料 12～2月
遺跡＋博物館 €6
上記家族券（大人2人＋子供） €10
遺跡のみ（博物館の休館日のみ） €5
3～11月
遺跡＋博物館 €12
上記家族券（大人2人＋子供） €20
遺跡のみ（博物館の休館日のみ） €8
※日没後は見学区域の制限があり、バジリカとネプチューンの神殿付近のみでライトアップあり。
※博物館前の切符売り場に荷物預けあり
※切符売り場は閉場40分前まで
※10～3月は北側入口Porta Cerereは日没で閉門。ネプチューン神殿前の入口Porta Principaleは18:50まで開門
※10～3月の第1㊐は無料。ただし、ネプチューン神殿への入場不可

クーリア集会所

ナポリからの直通列車

ナポリ中央駅発8:50→ペストゥム着10:01。または11:45→12:47（IC）。帰りはペストゥム発14:18→ナポリ中央駅15:38、15:18→16:38、16:13→17:38、17:51→19:08などが便利。現地で再度確認を。 ['20年1月]

切符は事前に往復購入で出かけよう

fs線ペストゥム駅は無人駅、自動券売機はあるものの故障していないとも限らない。駅近くでは切符の購入はできず、遺跡近くのバールBar Annaでの販売。駅から戻るのは距離もあって大変なので、出発地で往復購入しておこう。

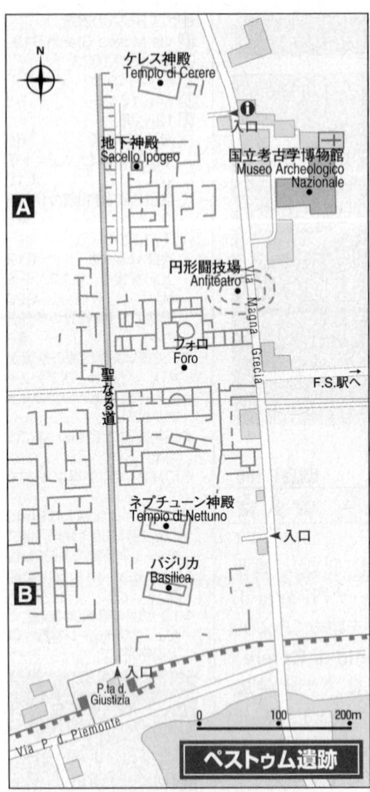

バジリカ

古代ローマに支配されていた頃の公共広場で、周囲には市場Macellumや**集会所Curia**、ラテン人植民地の信仰の場ユピテル神殿Capitoliumなどがある。また、フォロの背後にはその半分が道路の下に埋まっている**古代劇場Anfiteatro**がありローマ時代の面影を感じさせる。

聖なる道を下ると、遺跡のメインである2大神殿がある。手前がドーリス様式の代表作**ネプチューン神殿Tempio di Nettuno**。ファサードは6円柱、側面は14円柱構成、内部は3廊に分かれ正面中には祭壇がある。隣の**バジリカBasilica**は、母市シバリを建設したアカイア人の女神ヘラにささげられた物といわれている。真ん中に膨らみをもったドーリス式の太い9本の円柱のある正面に圧倒される。

ネプチューン神殿

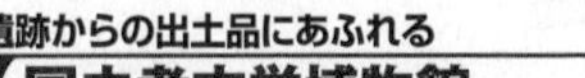

遺跡からの出土品にあふれる MAP P.160 A

国立考古学博物館 ★★

Museo Archeologico Nazionale

ムゼオ・アルケオロジコ・ナツィオナーレ

セレ川河口近くの聖域ヘラ・アルジーヴァHera Argivaで発見された宝物庫を取り巻いていた33面の**メトープMetope**はさまざまなギリシア神話を題材にしていて興味深い。アッティカ時代の戦士などが描かれた**黒絵式の壺Anfora Attica**も見ておきたい。必見は「**飛び込み男の墓 Tomba del Tuffatore**」。紀元前480年頃の古典期の石棺上のフレスコ画で、棺の4側面には葬礼絵画の題材に

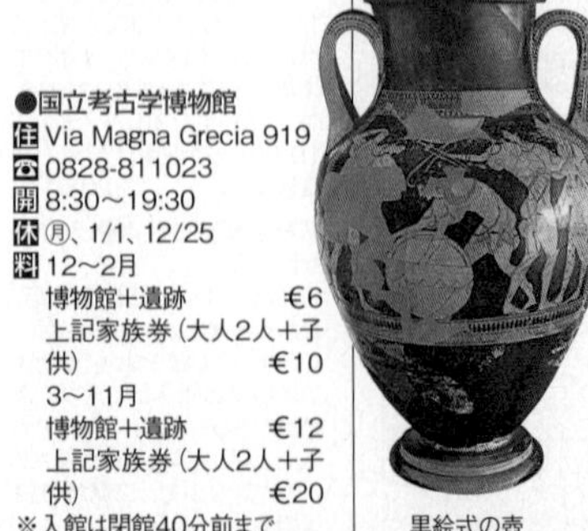

黒絵式の壺

●国立考古学博物館
住 Via Magna Grecia 919
☎ 0828-811023
開 8:30～19:30
休 ㈪、1/1、12/25
料 12～2月
博物館+遺跡 €6
上記家族券（大人2人+子供） €10
3～11月
博物館+遺跡 €12
上記家族券（大人2人+子供） €20
※入館は閉館40分前まで

よく使われる宴会の絵が施されているが、その蓋には黄泉の国へと飛び込む男性の姿が生きいきとどこかユーモラスに描かれている。この時代の死生観を知る貴重な物だ。

飛び込みの絵が不思議

RISTORANTE HOTEL ペストゥムのレストラン&ホテル

ネットゥーノ

P.159-2

Nettuno

バジリカ入口の近く、神殿を望むロケーション。オープンエアの席とすてきなインテリアの室内の席がある。前菜にはモッツァレッラを、メインには魚料理を頼みたい。バールも併設。テラスでゆっくりお茶が飲める。

住 Via Nettuno 2/Via P. di Piemonte 2
☎ 0828-811028
営 12:00～15:00、19:45～23:00（夜は夏季のみ）
休 ㊊、冬季
予 €22～70（コペルト€3）、定食あり
C A.D.J.M.V.

ホテル&ピッツェリア・デッレ・ローゼ

P.159-2

Hotel&Pizzeria delle Rose

駅と遺跡に最も近いホテル兼ピッツェリア。ホテルは経済的な2つ星でTB€40～100。全11室なので予約がベター。1階はピッツェリア。おすすめは、オレッキエッティ・コン・リコッタ・エ・フンギ。モッツァレッラチーズはもちろん水牛から取れた物。手打ちパスタは自家製。

URL www.hotelristorantedellerose.com
住 Via Magna Grecia 943
☎ 0828-1890778
営 12:00～14:30、19:30～21:30
休 無休
予 €20
C D.M.V.

★★★ ヴィラ・リータ

P.159-1

Villa Rita

緑あふれる考古学地区にあり、プールもある、広い敷地内の静かなプチ・ホテル。レストランも併設。食事もおいしく、家庭的な雰囲気で落ち着ける。

URL www.hotelvillarita.it
住 Via Nettuno 9
☎ Fax 0828-811081

SB €70/120(ツインのシングルユース)
TB €90/130
室 22室　朝食込み W-F
C A.M.V.
休 11～3月
交 遺跡のバジリカ側の入口から海側へ150m先を左へ入る。頼めば駅へ送迎してくれる。海まで約900m

※ペストゥムの滞在税　YH、B&B、★～★★ €1　★★★ €1.50　★★★★～★★★★★ €2　★★★★★L €2.50
10～4月と5～9月の8泊目以降は半額、15泊まで。8～16歳以下70歳以上免除

✉ペストゥム情報

✉列車でペストゥムへ

ペストゥム行きの切符はタバッキで購入できました。しかし、ペストゥムでは通じずパエストゥムで通じました。サレルノで乗り継ぎの悪い便になってしまいましたが、駅の時刻表には各駅の到着時間があり、安心して行くことができました。ちなみにサレルノからペストゥムへのタクシーは€60と言われました。遺跡は観光客が少なく、ややさびしい雰囲気でした。　（千葉県　ありこ）

※「ペストゥム」は古来からの呼び方ですが、現在は綴りのままにパエストゥムと呼ばれることも多いようです。　（編集部）

✉サレルノからはバスより電車!?

サレルノ発のバスは以前の投稿で「遺跡の近くに停車」とあったので、バスで行くことを計画。ⓘで時刻表をもらい聞いてみると、今はバス1社のみの運行で海岸通りから出ていて、ペストゥムではfs駅に停車だそうです。バスより電車が便利と言われました。ⓘはとても親切でした。

（東京都　忍　'18）

✉レンタカー利用なら

駅周辺にはなんにもありません。ホテルも実際は海水浴客向けで、冬季は休業ホテルも多く、現地に着いてから探すのは難しいです。でも、レンタカー利用でオフシーズンなら、4つ星Lや5つ星ホテルが格安で利用できるメリットもあります。私のおすすめはビーチ近くのSavoy Beach Hotel (Via Poseidon 41,Carpaccio Paestum ☎ 0828-720100)です。　（匿名希望）

ベネヴェント 世界遺産

Benevento

伝説の魔女の町

●郵便番号　82100

世界遺産

イタリアのロンゴバルド族の繁栄を伝える地「サンタ・ソフィア教会の複合建築」
登録年2011年　文化遺産

●ベネヴェントの❶EPT
住 Via Nicola Sala 31
☎ 0824-319920
開 9:00〜12:00
15:00〜15:30
休 ㊏㊐㊗
地 地図外

●トライアーノ通りの❶
住 Via Traiano 3
☎ 0824-1664383
開 9:00〜19:00
休 一部の㊗
地 P.163 B

ナポリから日帰りするなら
fs線、EAV社がナポリから列車を運行。fs線は右記参照。EAV社（ヴェスーヴィオ周遊鉄道）はナポリ中央駅からの発車。ナポリ発7:18、8:21、12:27、13:34、14:40、15:47、16:55、18:06、19:19、20:23、21:23。所要約1時間50分、ベネヴェント・アッピア駅Benevento Appia下車。ドゥオーモまで約600m。ベネヴェント・アッピア発4:40、5:05、5:50、6:56、8:04、9:12、12:11、13:17、14:25、16:39、17:47、18:55。いずれも平日のみの運行で、最終便は12/24〜12/31、6/28〜8/31は休止。('20)

EAV BUS社
URL www.eavsrl.it
☎ Fax 081-200991

トラヤヌス帝の凱旋門

サバト川とカローレ川に挟まれた平野の高台に位置するベネヴェント。その歴史は紀元前8世紀に遡り、古代ローマの時代にはイタリアを南北に結んだアッピア街道の恩恵に浴し、南イタリア屈指の経済都市として栄えた。

当時の名残は今もほぼ完璧に残る**トラヤヌス帝の凱旋門**や**ローマ円形劇場**に見ることができる。また、中世にはアッピア街道を通り、ロンゴバルド族が南に歩を進め、571年にはこの地に公国を築き、再び繁栄を治めたのだった。2011年にはこの**ロンゴバルド族の遺品**がユネスコの世界遺産として登録された。

リキュールのストレーガ（魔女）やアーモンド入りヌガーのトロンチーノの産地としてもイタリア中に名前を知られた町でもある。

ロンゴバルド芸術のキオストロ

ベネヴェントへの行き方

鉄道で行くには
●fs線ナポリ（中央駅）→ベネヴェント　fs線 R、R+FA、IC　1時間30分〜1時間53分（カゼルタでFA、ICなどに要乗り換え、直通のR＝所要1時間46分〜1時間53分は平日のみ12:06、13:57、15:57発）

●EAV社ナポリ→ベネヴェント　EAV社Linee Suburbane L3 Napoli-Benevento　L3線ナポリ-ヴェネヴェント線　約1時間50分（㊊〜㊏のみ）

車で行くには
●ナポリ→（A16 バーリ方向）→ベネヴェント
●カゼルタ→（アッピア街道）→ベネヴェント

History&Art

「魔女伝説」と言い伝えが残るベネヴェント

紀元前8世紀サムニウム族の町として始まり、紀元前3世紀後半ローマの植民地となる。ローマを起点とするアッピア旧街道がこの町を通過し港町ブリンディシに到達したことから商業が大繁栄し、凱旋門など数々の壮麗な建築物を残した。571年ロンゴバルド族の最南端の公国として治められていた頃に領土が広がり、現在の町の中心地にある教会や城壁が建設された。1077年小専制君主国になった後、1860年まで教皇の支配下におかれ、その間1266年にイタリア半島におけるアンジュー家と教皇の初めての衝突がこの地で起こった。

また、この町には少し変わった言い伝えがあることでも有名。ダンテの神曲に「ベネヴェントに近き橋詰に、石山の重みに守られて……」という一節がある。この「橋」とはカローレ川に架かる物ではないかといわれ、「石山の重み……」は、13世紀アンジュー家との戦いに破れたシチリア王マンフレディの遺体がこの橋の下に20ヵ月もの間放置されていたことを指している。また、この近くにあったクルミの木の下で悪魔の宴会が催されそこで魔女と悪魔が交わった、という言い伝えから奇妙なベネヴェントの魔女伝説が広がっていったようだ。

おもな見どころ

小さいが保存状態のよい　MAP P.163 B

トラヤヌス帝の凱旋門 ★★

Arco di Traiano　アルコ・ディ・トライアーノ

夜のライトアップも美しい

ローマからブリンディシまで開通したアッピア街道の完成を祝って114年から117年にかけて建てられた門。ローマのフォロ・ロマーノのティトゥス帝の凱旋門をモデルにした物という。高さ15.6m、幅8.6mの全面にトラヤヌス帝の業績やその栄光の場面などが刻まれている。夜、ライトアップされた姿も美しい。

NAVIGATOR

EAV社のアッピア駅からは駅前から延びるVia Munazio Plancoを進み、突き当たったVia Torre della Catenaを左に150mほど進み、Corso Dante Alighieriを右折して300mほどでドゥオーモ。

fs駅から町の中心までは約1km。駅前から1番のバス(1回券€1)でトラヤヌス帝の凱旋門そばで下車。バスの車内から右前方に見える。トラヤヌス帝の凱旋門を抜けて坂を上がり、左に進めば目抜き通りのガリバルディ通り。

●ローマ円形劇場
住 Piazza Caio Ponzio Telesino
☎ 0824-47213
開 9:00～日没1時間前
休 1/1、5/1、12/25
料 €2

現在でも活用されている　MAP P.163 B

ローマ円形劇場 ★

Teatro Romano　テアトロ・ロマーノ

今も現役の劇場

2世紀、ハドリアヌス帝の時代に築かれた、半円状の劇場。直径90mの大きさで1万人を収容した。一部に床モザイクや大理石の床板が残り、現在もコンサートなどで使用されるため、その構造がよく残されている。

ロンゴバルド建築の残る　MAP P.163 B

サンタ・ソフィア教会 世界遺産 ★★

Santa Sofia　サンタ・ソフィア

調和のとれた教会内部

8世紀後半、ロンゴバルド族のアリキス2世の個人的な礼拝堂として、またロンゴバルド王国の聖所として建てられたもの。複雑なロンゴバルド建築の特色がよく保存されている。内部はさほど広くないが、高い

●サンタ・ソフィア教会
住 Piazza S.Sofia
☎ 0824-21206
開 通年 8:00〜12:00
夏季16:30〜20:00
冬季16:00〜19:00
※宗教儀式の際は観光客の入場不可

サンタ・ソフィア教会正面

ベネヴェントの味わいを
黄色く甘く香るリキュールのストレーガStregaやこれを使ったチョコレート、特産のヌガーのトロンチーノTroncinoなどがこの地の名物。おみやげにもいい。ストレーガの工場跡にあるEuro Liquori（住 Corso Garibaldi 95）がおすすめ。

クーポラを支えるようにアーチを描く列柱が中央に六角形、さらに同心で十角形が描かれ、どこか幻惑されるかのような空間だ。正面、祭壇後ろの壁にはキリストの生涯を描いた絵の断片が残っている。右は福音書の場面、左は聖ザッカリアの生涯といわれている。

ロンゴバルド芸術で知る MAP P.163 B

サンニオ博物館 世界遺産 ★★★

Museo del Sannio ムゼオ・デル・サンニオ

サンタ・ソフィア教会の裏手、かつての教会付属修道院を利用し、19世紀に設立された博物館。ベネヴェント周辺から発掘された先史時代からの展示品が並ぶ。紀元前8〜3世紀のギリシア植民地時代の色絵壷、イシデ神殿からの彫像、トライアーノ帝と妻の彫像などが続く。展示室の最後にロンゴバルドの遺品を展示。レリーフ彫刻、剣や槍の武具、金、銀、動物の骨から作られたアクセサリー、ロンゴバルド王国とその王女の造幣局が作った金貨などが並ぶ。キオストロは、ロマネスク時代に再建された物だが、47本の柱に1本として同じ物がなく、柱基、柱頭飾りにロンゴバルドらしい彫刻が刻まれている。レリーフは農作業や狩りの様子などで、明るく大らかで骨太なエネルギーに満ちている。

町の長い歴史を物語る博物館

ロンゴバルド族兵士の衣装を再現

ひとつずつ丹念に見たい、キオストロの柱に刻まれた彫刻

●サンニオ博物館
住 Piazza S.Sofia
☎ 0824-774763
URL www.museodelsannio.it
開 9:00〜19:00
休 月
料 €4（博物館とキオストロ）
キオストロのみ€2
※博物館入口はサンタ・ソフィア教会正面右奥

RISTORANTE HOTEL ベネヴェントのレストラン&ホテル

ダ・ジーノ・エ・ピーナ

Da Gino e Pina P.163 B

1940年から続く家族経営のレストラン兼ピッツェリアでエノテカも併設。肉・魚料理のどちらも充実。野菜が中心のビュッフェや特産豚のフリットや子羊のオーブン焼きなどがおすすめ。

住 Viale dell'Universita 2
☎ 0824-24947
営 12:00〜15:30、19:00〜24:00
休 日夜、8月2週間
予 €18〜50（コペルト€1.50）、定食€16 C A.D.M.V.

ダ・ヌンツィア

Da Nunzia P.163 B

家族経営の気取らない雰囲気のトラットリア。メニューはなく、口頭で説明してもらって注文。各種前菜やこの町名物のチーズたっぷりのトマトソースのパスタ=スカルパリエッロScarparielloがおすすめ。

住 Via Annunziata 152
☎ 0824-29431
営 13:00〜23:00
休 8月、日
予 €20〜35（コペルト€1）、定食€25 C A.J.M.V.

★★★★ グランド・ホテル・イタリアーノ

Grand Hotel Italiano P.163 A

1920年から続く家族経営のホテル。駅に近く、近代的で快適な過不足ない部屋。スタッフも親切。無料駐車場あり。€12追加でハーフボード（2食付き）あり。
URL www.hotel-italiano.com

住 Viale Principe di Napoli 137
☎ 0824-24111 Fax 0824-21758
SB €50/70 TB €70/100
室 71室 ビュッフェの朝食込み W-F C A.D.J.M.V.
交 駅前の道を町に向かって100mほど行った右側

★★★★ ヴィッラ・トライアーノ

Villa Traiano P.163 B

トライアーノ帝の凱旋門近く、19世紀のヴィッラを改装したクラシックな雰囲気のホテル。外観はピンクに彩られ、朝食室をはじめ、内部は光と緑にあふれた広々とした気持ちよい空間が広がる。
URL www.hotelvillatraiano.com

住 Viale dei Rettori 9
☎ 0824-326241
Fax 0824-396196
SB €72/133
TB €105/178
室 38室 朝食込み W-F
C A.D.M.V.

プーリア州

PUGLIA

プーリア州の魅力

Pùglia

面積　：19,347km^2
人口　：約409万人
州都　：バーリ
行政区：バーリ、ブリンディシ、フォッジア、レッチェ、ターラント県

緩やかな大地に広がる豊かな農業地帯

ガルガーノ半島近くのプーリアらしい風景

イタリア半島の先端、ちょうど長靴のかかと部分に、細長に広がるプーリア州。アドリア海とイオニア海に囲まれ、山が少なく平坦な地形だ。プーリア州を車で走ると、どこまでも続くオリーブの巨木と緩やかな丘陵に広がる麦畑に、どこかトスカーナの地を思い起こしそうになる。イタリアでも最も農業の盛んな州として知られ、オリーブ、パスタ用の小麦の生産とともに、ワイン用のブドウ、アーモンド、一般野菜などの生産高は抜きんでている。また、海に恵まれたこの地は、シチリアに次ぐ漁獲高を示し、アドリア海沿いの町では、おいしい魚介料理が楽しめる。

プーリア州を代表する観光地としては、バーリの南に広がるトゥルッリ地帯が有名だが、ガルガーノ半島のモンテ・サンタンジェロにある洞窟には、大天使ミカエルが姿を現したという伝説が残り、中世の時代から巡礼地として発展してきた。

トレミティ諸島
Isole Tremiti
Parco Naz.D.Gargano
ガルガーノ半島
Promontorio del Gargan
A24
E35
A25
A14
E55
Parco Naz.D.Gargano
モンテ・サンタンジェロ
Monte S.Angelo
P.204
モルフェッタ
Molfetta
P.27
モリーゼ州
トラーニ
Trani
P.24
フォッジア
Foggia
Lucera
バルレッタ
Barletta
P.28
A1
カステル・デル・モンテ
Castel del Monte
P.206
A16
プーリア州
Puglia
Altamura
E847
A3
ティレニア海
MARE TIRRENO
カンパニア州
E45
バジリカータ州

フリードリッヒ2世とプーリア・ロマネスク様式

イトリアの谷には生活に使われるトゥルッリが残る

紀元前8世紀にターラントがスパルタの植民都市として発展を遂げ、紀元前2世紀にはローマの覇権がイタリアの東端にまで及ぶようになる。アウグストゥス帝の時代には、すでにアッピア街道によってローマと結ばれ、現在でもアッピア街道の終点の石碑を、ブリンディシの港付近で見ることができる。

アッピア街道の記念碑

レッチェに残る円形闘技場もローマ支配の証である。ビザンチン帝国の支配の後、バーリなどの沿岸の都市は海洋国として東方貿易に乗り出し繁栄を続ける。その後、ノルマン王国の支配が続き、ホーエンシュタウフェン家のフリードリッヒ2世の時代(13世紀後半)は、プーリア州一帯は繁栄の時代を迎え、芸術の隆盛期を迎える。世界遺産のカステル・デル・モンテなどに当時の面影を残すほか、11世紀から14世紀には、この地にプーリア・ロマネスク様式の花が咲き、現在でもバーリのサン・ニコラ教会やカテドラーレにその姿を見ることができる。

オートラントの大聖堂をうめつくすモザイク

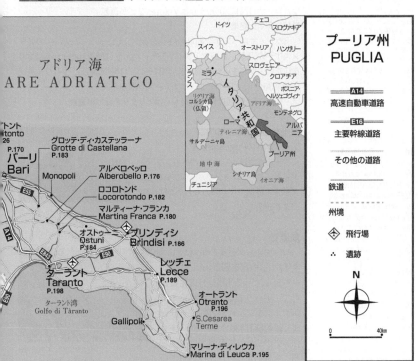

アドリア海
ARE ADRIATICO

グロッテ・ディ・カステッラーナ
Grotte di Castellana
P.183

P.170
バーリ
Bari

Monopoli

アルベロベッロ
Alberobello P.176

ロコロトンド
Locorotondo P.182

マルティーナ・フランカ
Martina Franca P.180

オストゥーニ
Ostuni
P.184

ブリンディシ
Brindisi P.186

レッチェ
Lecce
P.189

ターラント
Taranto
P.198

ターラント湾
Golfo di Tàranto

オートラント
Otranto
P.196

S.Cesarea
Terme

Gallipoli

マリーナ・ディ・レウカ
Marina di Leuca P.195

ドイツ
チェコ
スロヴァキア
スイス
オーストリア
ハンガリー
フランス
ミラノ
スロヴェニア
クロアチア
ボスニア・ヘルツェゴヴィナ
イタリア共和国
リグリア海
コルシカ島(仏領)
アドリア海
モンテネグロ
ローマ
アルバニア
ティレニア海
サルデーニャ島
プーリア州
地中海
シチリア島
イオニア海
チュニジア

プーリア州
PUGLIA

A14 高速自動車道路

E16 主要幹線道路

その他の道路

鉄道

州境

飛行場

遺跡

N

0 40km

プーリア州の交通事情

■航空会社連絡先
アリタリア ALITALIA
URL www.alitalia.com
格安航空会社LCCについて
下記のライアンエアーとイージージェットなどは格安航空会社。通常の航空会社とは手続き、利用上の違いがあるので慣れていない場合は注意が必要。
運賃は安いものの、受託手荷物（オンラインで事前予約が割安）、優先搭乗、予約変更(不可の場合も）などに別料金がかかること、航空会社によっては独自の必要手続きがあることや出発空港がやや不便など、制約も多いことを考えて選ぼう。
■格安航空会社連絡先
ライアンエアー RYANAIR
URL www.ryanair.com
イージージェット EASYJET
URL www.easyjet.com
■空港バス
プーリアバスPugliaairbus
URL www.aeroportidipuglia.it/bus-pugliaairbus-

✉ FLIXBUSもおすすめ
料金は基本的に約€10でクーポンやスペシャルオファーの利用をすれば€5以下にすることも可能。イタリア国内はもちろんヨーロッパでよく見かける緑色のバスなので、一度登録すれば次に利用するときも便利。バーリからナポリへの出発バス停は、バーリ駅の南側に出て道路を渡らず左側へ。道路にうっすら「BUS STOP」とオレンジで表示されているのでその周辺へ。道路を渡った広場で待っていると、FLIXBUSの係員（緑の上着を着用）から声をかけられ反対側で待つように言われました。（ねこ '18）

■プルマン会社連絡先
マロッツィ社 Marozzi/FLIXBUS
URL www.marozzivt.it
マリーノ社 MARINO
URL www.marinobus.it
シータ社 SITA
URL www.sitasudtrasporti.it
ミッコリ社 MICCOLI
URL www.miccolis-spa.it
フリックスバス社 FLIXBUS
URL www.flixbus.it
■鉄道会社連絡先
トレニタリア(fs線)
URL www.trenitalia.com
スド・エスト鉄道
URL www.fseonline.it
Ferrotramviaria
URL www.ferrovienordbarese.it
アップロ・ルカーネ鉄道
URL //ferrovieappulolucane.it

プーリア州および南イタリアの交通の中心はバーリ。バーリ以南が旅の目的地なら、日本からバーリ空港へ到着するのがベター。バーリ空港から南イタリア各地へのプルマンバスも運行している。また、バーリ中央駅近くからは有名観光地への私鉄各線をはじめイタリア各地へのプルマンも運行している。

空路で

日本から直接訪ねるなら、航空機の利用が便利。ローマ・フィウミチーノ空港、ミラノ・マルペンサ空港などの主要空港からはアリタリア－イタリア航空が運航。

そのほかの地方空港からは、おもに格安航空会社LCCのライアンエアーとイージージェットが運航。プーリア州のおもな空港はバーリとブリンディシ、空港から町へのアクセスは容易。( )内は所要時間。

バーリ空港から市内への地下鉄入口

バーリ空港へ

ミラノ・マルペンサ空港（1時間35分）からはライアンエアー社が運航。ローマ・フィウミチーノ空港（約1時間）からはアリタリア。ボローニャ(1時間20分)、パリ(2時間35分)、ピサ(1時間30分)からは、ライアンエアー。ミラノ・リナーテ空港(1時間30分)からはアリタリア。そのほか、ヴェローナ(1時間20分)からはVoloteaなどが運航。

ブリンディシ空港へ

ミラノ・マルペンサ空港(1時間45分)からはイージージェット、ライアンエアーが運航。ローマ・フィウミチーノ空港（1時間10分）からはアリタリア。ベルガモ(1時間45分)、ボローニャ(1時間30分)、トレヴィーゾ(1時間30分)、ローマ・フィウミチーノ空港からはライアンエアー。ミラノ・リナーテ空港(1時間30分)からはアリタリアなどが運航。

空港から便利なプルマン

プーリアバスPugliaairbus

プーリア州の各空港（バーリ、ブリンディシ、ターラント、フォッジア）からはプーリア各地やマテーラなどへプルマンバスが運行している。

プルマンと言ってもミニバスで運行する場合も

鉄道で

ローマからプーリア州へはトレニタリア(fs)の高速列車FA（フレッチャルジェント）を利用。1日3往復運行で、バーリまでは約4時間、ブリンディシまでは約5時間、レッチェまでは約5時間30分。ターラントへは、ナポリから長距離列車ICを利用。直通のICは1日2往復運行で所

トレニタリア(fs)の高速列車FA(フレッチャルジェント)

要時間は約4時間、Rで4時間31分。サレルノからは直通のFR、ICやR、fsバスで3時間8分〜3時間48分。FRとICは全席指定制の列車。

プルマンで

ローマなどからプルマンで

最近台頭しているFLIXBUS。ホームページで安いチケットを販売

ローマをはじめ、イタリア各地から南イタリアへプルマンが運行している。時間はかかるが、経済的。長距離バスは日に数便あるものから、1週間に数便というのもある。

ローマからバーリ(5時間20分〜6時間40分)、ターラント(6時間)、ブリンディシ(7時間40分〜8時間)、レッチェ(8時間)などへはマロッツィ社やFLIXBUS社が運行。またFLIXBUS社はイタリア各地からバーリなどを結んでいる。事前に出発日、時間を確認しよう。

ナポリからバーリへはシータ、マリーノ、フリックスバスの各社が約3時間25分〜3時間45分で結んでいる。ナポリからレッチェ(約5時間)、ブリンディシ(4時間30分)、マテーラ(約4時間30分)はミッコリ社とマリーノ社が結んでいる。

プーリア州の交通

マテーラに向かうFAL線は清潔

交通の中心のバーリではfs線をはじめ、多くの私鉄が町が結んでいる。アルベロベッロやターラント方面へは**スド・エスト線**Ferrovie del Sud-est (FSE)、バジリカータ州のマテーラへ向かう**FAL線**、カステル・デル・モンテへの最寄り駅のアンドリアへはFerrotramviaria線。

ただし、ナポリからバーリへのfs線は距離に比べ、時間がかかり、乗り換えが必要な便が多い。鉄道のほか、プルマンバスを上手に利用しよう。

夏季限定　サレント・イン・トレーノ・エ・バス SALENTO IN TRENO E BUS

夏季(6月下旬〜9月初旬、'19年は6/1〜9/30の運行)限定で、レッチェやオートラント、州の北部のサレント半島を結ぶサレント・イン・バスが運行。

URL www.provincia.le.it/web/provincialecce/trasporti/orari-lineeから路線・時刻表の検索可。

マテーラへ

マテーラへはバーリからFAL線の利用が便利。プルマンはナポリ(MICCOLI社、MARINO社、所要約4時間)、バーリから(FLIXBUS社　所要1時間10分)が運行している。ただし、いずれもマテーラのバス停は町はずれなので、手前で下車して列車を利用するか、終点からタクシーを利用せざるを得ないのが、難点だ。

fs線のサレルノ→マテーラ間はバスFreccialinkによる運行で所要約3時間(1日2便)、FAL線のマテーラ・チェントラーレ駅前広場に到着。

ナポリ↔バーリ間のバス

MARINO、SITA、FLIXBUSの3社が運行。

ナポリ発 1:15、3:00、6:00、7:15、7:45、8:30、9:10、10:30、10:45、12:00、13:15、13:55、14:00、15:00、15:30、16:40、17:00、17:45、19:10

バーリ発 1:20、4:50、5:15、6:30、7:30、7:35、9:00、9:10、10:30、10:40、10:55、11:35、13:00、13:40、13:55、14:25、15:45、17:15、17:30、18:25、21:10、23:10

一部曜日により運休あり。

ナポリでの発着地は中央駅(向かって)右側の駐車場奥にあるバスターミナルNapoli Metro park Staz.FS Terminal Bus(地 P.37 A4)。切符売り場は乗り場手前にある建物内にある。

バーリの発着地は中央駅裏(南側、駅構内の通路利用が便利)の広場Largo Sorrentina(地 P.173 B1)や路上から。切符売り場はLargo SorrentinoのバールVia G.Capruzzi 224(駅に向かって左に進む)にある。さまざまなルートのバスが発着するので、間違えずに乗り込もう。

バーリのナポリ行きのチケット売り場

発車場所に注意

バーリ中央駅裏(正面のアルド・モーロ広場側から駅構内の地下道で)からの発車。'19年12月現在、駅工事のため広場Largo Sorrentinoからではなく、近くの路上からの発車なので時間になったら、注意しよう。

お得にプルマンを利用するなら

プルマンバスは、時間帯により料金が異なることがあり、またネットでの事前予約で割引になる場合も。経済的に旅行するなら、URL のチェックを。

サレント半島のツアー

レッチェのⓘではサレント半島の町を巡るツアーを実施。催行人数3人からで、1人€60、9:00〜18:00でオートラント、レウカ岬などを周遊。申し込みはⓘで。

バーリ

Bari

南イタリアの玄関口

●バーリの❶
Tourist Help
住 Piazza A. Moro
☎ 080-9909341
開 9:00〜13:00
15:00〜19:00
㊐9:00〜13:00
休 ㊐午後、㊗ 地 P.173 B1
駅を出た広場のすぐ右にあるブース。観光情報のほか、ホテル予約や貸しバイク、レンタカーなどの手配も可。

●バーリの❶
Puglia Turismo
住 Piazza A. Moro 33/A
☎ 080-5242244
開 8:00〜14:00
休 ㊏㊐ 地 P.173 B1
駅前の広場右奥。

NAVIGATOR

バーリは大きくふたつの地区に分けられる。鉄道駅周辺に開かれた新市街と、北部の旧市街。新市街は区画整理され、街区が整然と並び、都市機能が詰まっている。カヴール大通りCorso Cavourやスパラーノ通りVia Sparanoは高級ブティックが軒を連ねる華やかな通りだ。

駅から北へ1kmほどのエマヌエーレ2世通りCorso V. Emanuele IIを境に、街はがらりと表情を変える。狭い半島に迷路のような路地が走り、民家が建て込む旧市街になる。旧市街の中心にカテドラーレCattedrale、北側には古くから巡礼者の絶えないサン・ニコラ教会San Nicola、東側にはノルマン時代の城塞がそれぞれあり、歴史的な見どころが多い。

旧市街入口、海に近いメルカンティーレ広場には飲食店をはじめ揚げ物の屋台が並び、バーリっ子の集いの広場。時間があったら、のぞいてみよう。

●郵便局 POSTA
住 Piazza Umberto I 33/A
☎ 080-5200111
地 P.173 B1

おもな行事

町の守護聖人
聖ニコラ祭(5月)
Festa di S. Nicola
東方見本市(9月)
Fiera di Levante

シュロの美しい駅前のプロムナード

アドリア海に面したプーリア州の州都、バーリ。青い海とオリーブの巨木がどこまでも続く美しい風景が広がるプーリア州の**交通の要所**、**観光拠点**だ。この町からは幾重にも鉄道が延び、アルベロベッロをはじめ、マテーラなどへと続いている。

駅前の広場はシュロの美しいプロムナードで、南国の雰囲気満点。その先には南イタリアでも屈指の華やかなショッピングストリートが広がる。さらにその先の町北側は、細い小路に古い町並みが続く**旧市街**だ。路地にぎっしりと商店や家々が並び、昼間でもやや薄暗く、新市街を見た目にはまるでタイムスリップしたような気分。海岸通りLungomareへ出れば、紺碧の海が広がり、南イタリアの陽光があふれている。ほんの数百m歩いただけなのに、まるで別世界へ旅したような気分にさせてくれるバーリの町だ。

旧市街の路地で遊ぶ子どもたち

海岸通りのメルカンティーレ広場には屋台が出て活気がある。新鮮な魚介類を使った料理をはじめ、プーリア州はおいしいものの宝庫でもある。

メルカンティーレ広場で

バーリへの行き方

飛行機で行くには
●ミラノ→バーリ　1時間30分
●ローマ→バーリ　1時間

鉄道で行くには
●ローマ→バーリ　fs線　FA　約4時間　IC　約6時間30分
●ナポリ→(カゼルタ乗り換え)→バーリ　fs線　R+FA　約4時間　R+IC　約5時間　IC+bus+R　約7時間

バスで行くには
●ナポリ→バーリ　SITA/MARINO　FLIXBUS　3〜4時間(1日17便、約30分〜1時間に1便)

車で行くには
●ナポリ→(A16/A14)→バーリ
●ブリンディシ→(S379/S160)→バーリ
●ターラント→(A14)→バーリ

バーリの交通

南イタリアの交通の要、バーリ

バーリ中央駅

バーリは空港から大規模な港湾施設、私鉄も含めた鉄道、バスなど、南イタリアの交通の要所だ。都市機能が充実しているし、近隣への小旅行の拠点にするのにちょうどよい。(→P.168)

空港

町から約9㎞に位置する**バーリ・バレーゼ空港**Aeroporto Bari Bareseはミラノやローマ、ボローニャをはじめヨーロッパ各地を結んでいる。空港からバーリの中心へは**私鉄**フェッロトラムヴィアリアFerrotramviaria(FT)が運営している**鉄道**と**バス**の2つの方法がある。バスは**空港バス**(ナヴェッタNavetta)と**市バス**の2種類ある。所要時間は地下鉄で14分。バスで25分〜40分程度である。

バーリ中央駅

バーリの鉄道ターミナル駅は**バーリ中央駅**Bari Cetrale。トレニタリアをはじめとして、空港線Ferrotramviariaや世界遺産カステル・デル・モンテの最寄り駅であるアンドリアAndriaやバルレッタBarlettaへの近郊線を運営する**FT社**、アルベロベッロへ向かう**スド・エスト鉄道**Sud-est (FSE)、マテーラへ向かう**アップロ・ルカーネ鉄道**Ferrovie Appulo Lucaneの駅も隣接する。中央駅を背にした左にある近代的な建物がFerrotramviariaの駅、さらに隣接する1階にバールがある建物の2階がアップロ・ルカーネ鉄道駅である。スド・エスト鉄道のホームはトレニタリア駅舎の逆側(南側)にある。

左がFerrotramviaria(バーリ・ノルド線)の建物。右はマテーラ行きのアップロ・ルカーネ線の入口

長距離バスPullman

バーリからアルベロベッロ、マテーラ、ナポリなどを結ぶ長距離バス(プルマン)がある。ナポリへの乗り場は、**鉄道駅の南側**(スド・エスト鉄道のホーム側) の**小さな広場**Largo Sorrentino周辺から出発する。切符は広場のバールや駅前通り沿いのATS社の切符売り場 (住 Via G.Capruzzi224/C-226) で購入する。バスは広場に発車直前に到着する。様々なルートのバスがあるので注意しよう。

●郵便番号　70100

空港から市街へのアクセス

●空港線Ferrotramviaria

空港駅Aeroportoからバーリ中央駅まで所要時間は約20分。約30分〜1時間に1便。料 €5.00
URL www.ferrovienordbarese.it

●空港バス(Navetta)

空港発5:35〜24:10
中央駅発5:10〜20:30
所要時間は30分。
料 €4.00。市内2〜3ヵ所に停車するので、ホテルの近くでの乗降車が便利。切符は車内購入。約50分間に1便。
URL www.autoservizitempesta.it

●市バス16番

空港発6:00〜21:10
中央駅発6:00〜21:15
料 €0.90(車内購入は€2.50)

市バスの切符
1回券　€0.90
(車内購入は€2.50)
75分券　€1.00
1日券　€2.50
URL www.amtab.it

空港での乗り場

空港ロビー、左の出入口からフェッロトラムヴィアリアへの階段が続く。駅まではすこし距離があるが車両はきれいで、渋滞の心配はない。空港バスや市バス、各地へのバスは階段そばの路上から発着。

ナポリ〜バーリ間のバス
(→P.169)

バーリ中央駅は改装中

バーリ駅は改装中で各ホームにエレベーターのほかエスカレーターも整備され、スーツケースを持っての移動が容易になった。また、南側の駅舎も大幅な改装工事中。アルベロベッロへ向かうスド・エスト線のホームも改装中で、近くに切符の自販機も増設。

スド・エスト線は利用前に時刻表の確認を

2020年1月現在、レール敷設工事のため一部運行休止の部分がある。バーリからはプティニャーノまでバス、あるいは目的地までバスの代行となり、乗り場の多くがバーリ中央駅南口前の広場周辺ながら、目的地あるいは時間帯によっては他の場所の場合もあるので注意を。乗り場は時刻表に明記されているので参考に。

URL www.fseonline.itから出発地Da・目的地A、日付を入れれば時刻表の検索は容易。

スド・エスト線はトレニタリアfs線の傘下。ただし、ユーレイルパスなどの利用は不可。

おもな見どころ

●サン・ニコラ教会
住 Largo Abate Elia 13
☎ 080-5737111
開 7:00〜20:30（日22:00）

3つのアーチが渡る、教会内部

✉サン・ニコラの祭
Festa di S.Nicola

5月の第1週目の金土日に、サン・ニコラ守護聖人にささげられるお祭りが行われます。屋台や美しいイルミネーションなどで町は盛り上がります。
（群馬県　木内保江）

旧市街の心

サン・ニコラ教会
San Nicola

MAP P.173 A1

★★★

サン・ニコラ

聖ニコラ（サンタクロース）を祀る教会

石灰岩で造られ、天に向かって力強く立つ堂々とした教会。

小アジアで伝道に尽力したサン・ニコラ（サンタクロースの起源）を祀る場として名高く、地下のクリプタには遺骨を聖遺物として安置した**聖ニコラの祭壇**がある。バーリの守護聖人であるとともに、漁師や東方教会の守護聖人などであることから、東方からの巡礼者が熱心に祈る姿に驚かされる。

1087年に1人の修道士が建築に着手し、完成は1197年。正面扉口や左右の**牝牛の彫像**に見られるように、内部は**プーリア・ロマネスク様式**で飾られている。とりわけ注目したいのは、主祭壇の天蓋が飾る**聖体用祭壇**Ciborioとその前に置かれた大理石製の**エリア大司教の司教座**Cattedra marmoreal del Vescovo Elia。特に1098年製の司教座はプーリア・ロマネスクの傑作と、その表現力が高く評価されるもの。足元の獅子、座面を男たちが支え、美しくもロマネスク的だ。奥のボナ・スフォルツァの墓は16世紀後半のもの。翼廊右には17世紀の銀製の**サン・ニコラの祭壇**がある。

階段から続く地下のクリプタは柱廊がアーチを描き、主祭壇下に聖遺物が収められている。

教会の向かいには、巡礼の柱廊Portico dei Pellegriniが再建されている。

サン・ニコラ教会
ボナ・スフォルツァの墓
聖体用祭壇
↑聖ニコラの祭壇へ
鐘楼
鐘楼
牡牛の像

聖体用祭壇の左に司教座が

History&Art

十字軍遠征で栄えた11〜12世紀、プーリア・ロマネスク様式の花が開いたバーリ

良港に恵まれ、地中海貿易の拠点として栄えたバーリ。紀元前3世紀頃にローマ帝国の支配下におかれ、西ローマ帝国の滅亡後はベネヴェント公国のロンゴバルト族とビザンチン帝国が覇権を競い、875〜1071年までビザンチン帝国の支配下におかれ、南イタリアにおける東ローマ帝国の首都となった。1071年にはノルマン人の支配下となり、十字軍遠征の基地として町はより栄え、この時期に**サン・ニコラ教会**や**カテドラーレ**が築かれた。その後のホーエンシュタウフェン家の時代に、守りの要として**ノルマンの城**に大幅な修復が施された。その後もアンジュー家、アラゴン家など次々に異民族支配を受けたが町は次第に衰退していった。

碁盤目状の新市街の近代的な町造りが行なわれたのは、19世紀になってから。町の拡張は経済の成長をもたらし、戦後の経済発展とともに、町は拡張していった。

バーリ最古の教会 MAP P.173 A1

サン・グレゴリオ教会 ★

San Gregorio

サン・グレゴリオ

　サン・ニコラ教会前の広場に面した10世紀に創建されたバーリ最古の教会。ファサードはプーリア・ロマネスク様式。古代ローマ時代からの古色蒼然たる円柱が、静かな堂内を支えている。

古代ローマの円柱が印象的

●サン・グレゴリオ教会
住 Piazza LXII Mariani
☎ 080-573700
開 ㊐9:00〜13:00

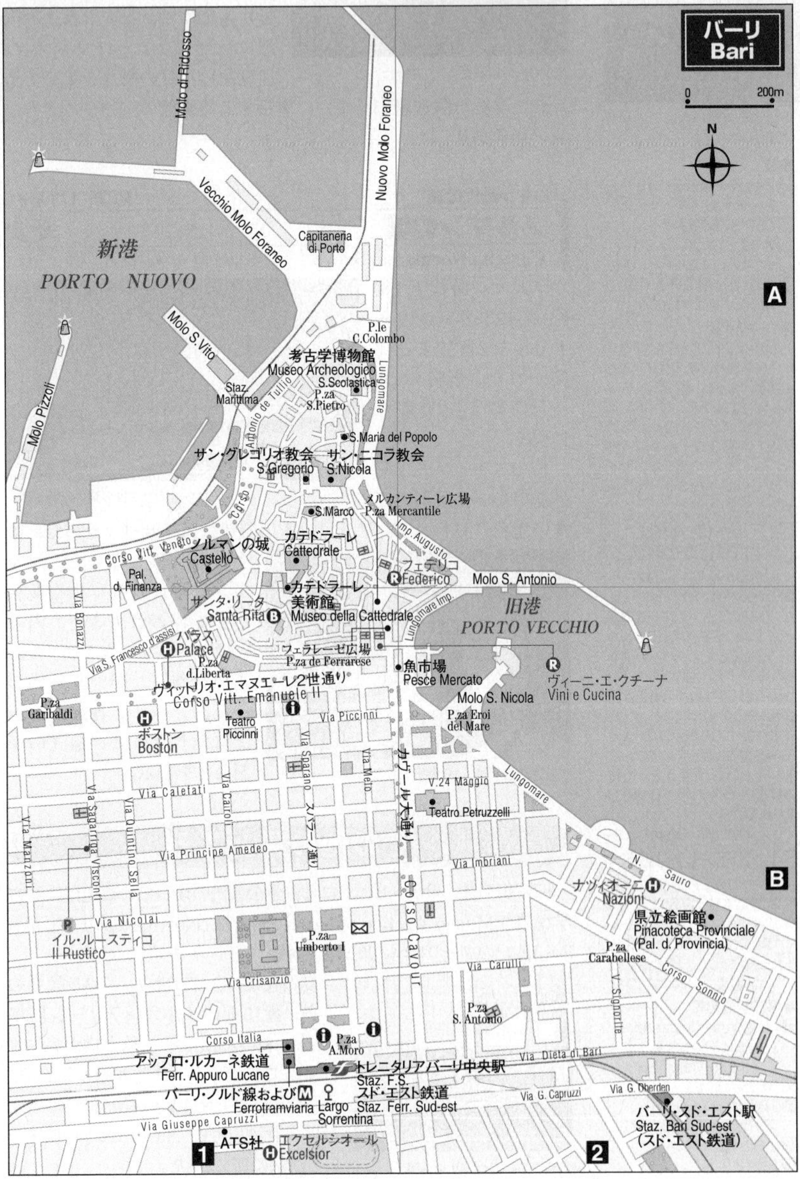

●カテドラーレ
住 Piazza dell'Odegitria 1
☎ 080-5210605
開 8:00～12:30
16:00～19:30
日 8:00～12:30
17:00～20:30

円柱と三連窓の内部の調和がすばらしい

●城
住 Piazza Federico Ⅱ di Svevia 4
☎ 080-5754201
開 8:30～19:30
休 火、5/1、12/26
料 €6（特別展の場合€9）
※切符売り場は～18:30

楽しい新市街
新市街、駅前から延びるスパラーノ通りは南イタリアでも屈指のショッピングストリート。グッチ、エルメス、ヴィトンなどの高級ブランド店から骨董品店、宝石店などがめじろ押し。南イタリアの豊かな一面を見せてくれ、ウインドーショッピングが楽しい。

✉アルベロベッロ、ナポリ行きのバス
私が出かけた時期は線路工事のためバスの代行運転でした。南口のスド・エスト線のホームそばに切符の自販機があり、道を渡ったスーパーの前からの乗車です。別の日にナポリへ戻るSITA社のバスもほぼ同じ場所からの発車でした。ただ、いずれもバス停表示はありません。時間になると会社のマークをつけた係員が現れて、切符の確認や荷物の積み込みをしてくれました。
（神奈川県　雨女　'19）

✉カテドラーレへは地下へ
バーリのカテドラーレには地下遺跡があり、古代ローマ時代の古道や、タコや魚のモザイク画があり、なかなか見応えがある展示でした。見学料€1。
（宮城県　いなぐま　'19）

●考古学博物館
住 Lungomare Imperatore Augusto-Piazzale Cristoforo Colombo
☎ 389-2331645
開 10:00～17:00
日10:00～14:00
休 月祝　料 €5
地 P.173 A1

プーリア・ロマネスク美術の重要例

MAP P.173 A·B1

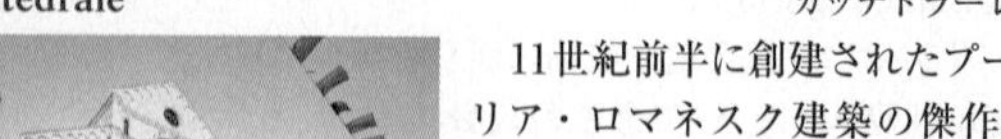

カテドラーレ
Cattedrale
カッテドラーレ
★★

まぶしい光に映えるドゥオーモ

11世紀前半に創建されたプーリア・ロマネスク建築の傑作。旧市街を分け入ってたどり着く。ファサードのバラ窓の周囲には、怪物や空想上の生き物が彫り込まれている。三廊式の内部にはプーリア・ロマネスク。13世紀の用材の断片を集めて造られた身廊の**説教壇**が見事だ。隣接する**美術館**の宝物や写本も一見の価値あり。

ノルマン時代の城
MAP P.173 A·B1

ノルマンの城
Castello Normanno Svevo
カステッロ・ノルマンノ・スヴェーヴォ
★★

フリードリヒ2世の築いた塔が残る

ノルマン時代（11世紀）の1235年にフリードリッヒ2世によって築かれた。当初4基あった塔のうち2基が今に残る。

後のスペイン人支配の影響が、**矢尻形の四角い堡塁**に見られる。アラゴン家の時代にはイザベッラのための豪華な宮殿となった。ブルボン家時代には牢獄や兵舎として使われてきた。内部には、バーリのカテドラルの正面を飾った彫刻や建物の一部、プーリア各地から運ばれたロマネスク様式の彫刻などを展示。

矢尻形の堡塁は、16世紀のもの

その他の見どころ

旧市街の先、サン・ピエトロ考古学公園内のかつての修道院に**考古学博物館**Museo Archeologico di Santa Scolasticaがあり、紀元前7～3世紀のプーリア州の歴史を展示。

夕暮のメルカンティーレ広場

夏の夜には、ぜひサン・ニコラ教会の手前、港に近い**メルカンティーレ広場**Piazza Mercantileへ。飲食店が集中する界隈で揚げポレンタPolenta fritteや小さな揚げパン=Popizze (Pettole)の屋台は大行列。町中では見られないにぎわいと活気にビックリだ。

RISTORANTE HOTEL バーリのレストラン&ホテル

ラ・ロカンダ・ディ・フェデリコ P.173 A1

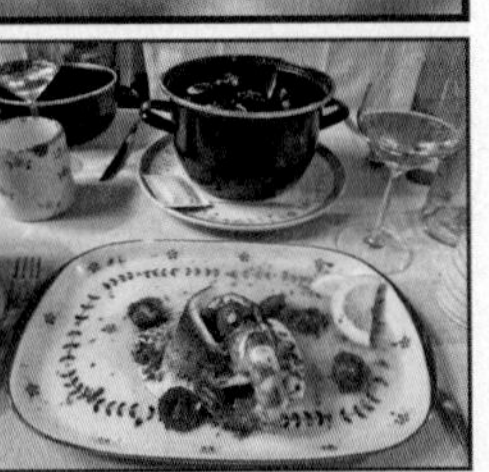

La Locanda di Federico

活気あるメルカンティーレ広場にあり、サクサクでむっちりした身のカラマーリと新鮮なシーフード料理がお手頃価格で食べられると人気。濃厚な味わいの魚介スープ、プリプリのムール貝などのシーフード以外にも、プーリア州産のモッツァレラは自慢の一品。

住 Piazza Mercantile 63.
☎ 080-5227705
営 13:00〜15:00、20:00〜24:00
休 無休
予 €35〜50(コペルト€2.50)、定食€40、60
C A.D.J.M.V.
交 サン・ニコラ教会から徒歩3分

ヴィーニ・エ・クチーナ P.173 B1

Vini e Cucina

フェッラレーゼ広場から入った小路にある昔ながらのオステリア。飾らない郷土料理が味わえ、肉または魚が選べる定食が主流。前菜、プリモ、セコンド、果物、飲み物、コペルト込みで€25(魚)。
✉お任せ定食で食べるのが一番安いよ!（デリコ '19）

住 Via Vallisa 23
☎ 330-433018
営 12:00〜15:00、19:15〜23:00
休 ㊐夜、一部の㊗
予 €20〜25（コペルト€1）、定食€25
C M.V.

P B イル・ルースティコ P.173 B1

Pizzeria Trattoria il Rustico

町の人に人気のいつも激混みの庶民的なピッツェリア。ピッツァと飲み物（ビール、ワインなど選択可）で€6。ピッツァと約10種類の前菜、飲み物込みで€10という値段が魅力。プラスチックのコップはご愛敬。

住 Via Quintino Sella 95
☎ 080-5216727
営 20:00〜翌1:00
休 ㊐
予 €6、€10
C 不可

B サンタ・リータ

Panificio Santa Rita P.173 B1

✉地元の人のおすすめで行ってみたら本当においしい。アツアツのピッツァ1/4カットが€0.50。（神奈川県 Hero）14:30〜18:30頃は休憩時間。混雑時は入ってすぐ左にある番号札を引くこと。（ねこ '18）

住 Strada Bianchi Dottula 8
☎ 080-5211480
営 8:00〜14:30、18:30〜22:00（㊏〜22:40）
休 ㊍夜、㊐ 予 €0.50〜
C 不可 交 旧市街

★★★★★ グランド・アルベルゴ・デッレ・ナツィオーニ

iH Hotels Bari Grande albergo delle Nazioni P.173 B2

バーリでリゾート気分に浸りたい人に。朝食室をはじめ部屋によってはテラスからシービューが楽しめる。内部は明るくモダンな雰囲気。プール、レストラン、スパ併設。駐車場あり。

URL ih-hotels.com
住 Lungomare Nazario Sauro 7
☎ 080 5920111
TB €152/260 SU €450/1000
朝食込み W-F
C A.D.M.V.
交 駅から徒歩10分

★★★★ パラス P.173 B1

Palace Hotel

食事がおすすめ！ バーリ旧市街の観光スポットに近く、駅へも荷物がなければ徒歩圏。屋上のレストランからは、町が一望でき、味も好評。改装済みのモダンな客室が快適。
URL www.palacehotel-bari.com/

住 Via Francesco Lombardi 13
☎ 080-5216551
SB €70/161
TB €102/200
室 195室 朝食込み W-F
C A.D.J.M.V.
交 駅から800m。バスなら駅から3番

★★★★ エクセルシオール・バーリ

Hotel Excelsior Congressi Bari P.173 B1

バーリ中央駅南側。ナポリ行きのプルマン乗り場近く。観光にもアクセスよし。客室はシンプルモダンで、過不足なく過ごしやすい。朝食は品数多く満足という声が多い。

URL www.excelsiorbari.it/it
住 Via G. Petroni, 15
☎ 080-5564366
SB €80/180 TB €110/250
室 150室 朝食込み W-F
C A.D.J.M.V.
交 駅から徒歩3分

★★★ ボストン

Hotel Boston P.173 B1

駅からは少し離れているが、ゆったりとくつろげる洗練された、快適で清潔なホテル。レストランやバールなどが多い界隈。目の前にスーパーがある。
URL www.bostonbari.it

住 Via Piccinni 155
☎ 080-5216633
Fax 080-5246802
SB €92/149 TB €113/180
室 69室 朝食込み W-F
C A.D.M.V. 交 駅から約800m。バスなら駅から3番、空港からは16番で

イトリアの谷を歩く

アルベロベッロからロコロトンド、マルティーナ・フランカの周辺は**イトリアの谷**Valle d'Itriaと呼ばれ、緩やかな丘にオリーブの林とブドウ畑が続き、**トゥルッリ**が点在する。丘の上には**「白い町」**が広がり、町の遠望、さらに町からの眺めは絵画的な美しさに満ちている。さらに足を延ばして、「白い町」のひとつのオストゥーニへ。

アルベロベッロ 世界遺産

Alberobello

おとぎの国のような世界遺産の町

●郵便番号　70011

世界遺産

アルベロベッロのトゥルッリ
登録年1996年　文化遺産

●ⓘInfo-Point
住 Villa Comunale
☎ 080-4322060
開 1月日祝　10:00〜13:00
2月日祝　10:30〜12:00
16:00〜18:00
3月土日祝10:30〜13:00
16:00〜18:30
4〜6月金土日祝
10:00〜13:00
14:30〜17:30
7月火〜日祝
10:00〜13:00
16:00〜19:00
8月月〜日祝
10:00〜13:00
16:00〜19:00
9月木〜日祝
10:30〜13:00
16:30〜19:00
10月金土日祝
10:30〜12:30
16:30〜18:30
地 P.177 B2
※教会テラスの下の公園内

●バスターミナル
Autostazione
住 Piazza F. lli Kennedy
地 P.177 A2
駅前広場を背にして左側。

おもな行事

トゥルッリの町・国際民族フォークロアフェスティバル(8月)

SHOPPING

オリーブ油、耳たぶの形をしたオレッキエッテのパスタ、そしてトゥルッリ模様の入った木綿の布や、紙細工の人形などが有名。

季節の花が美しいリモーネ・モンティ地区のおみやげ屋

とんがり屋根と白い壁の「**トゥルッリ**」の町として名高い、アルベロベッロ。町全体にトゥルッリが広がる貴重な景観から1996年には世界遺産に登録された。

まるでおとぎの国に迷い込んだような愛らしい外観のトゥルッリながら、その歴史は古く、有史以前からの建築技法を受け継ぐものだという説もある。モルタルなどの接合材を使わずに石を重ね、屋根も平らな石を積み上げただけ。この簡素な構造は領主が好きなときに壊して小作人を追い出すことができたから好都合だった、あるいは税の徴収人が来たときに屋根を外して課税を逃れる農民の功利手段だったともいわれている。それはまた、アラゴン朝、続くスペイン圧制下の厳しい時代の産物でもあった。ちなみに「アルベロベッロ」とはラテン語でSilva Arboris Belli=「戦いの木の森」という意味だそうだ。

現在のトゥルッリはみやげ物屋やレストラン、ホテルなどに転用され、旧市街はいつも観光客の絶えない一大観光地だ。気ままに坂道を上り下りし、トゥルッリの並ぶ町並みを楽しもう。

トゥルッロ・ソヴラーノ付近は
最近人気のスポット

アルベロベッロへの行き方

鉄道で行くには

●バーリ→アルベロベッロ　私鉄スド・エスト(Sud-est)鉄道　約1時間10分〜3時間　€4.30〜5(約1時間に1便、日祝はバスの代行運転で1日約6便)

●ターラント→アルベロベッロ　私鉄スド・エスト(Sud-est)鉄道　3時間8分〜3時間43分　€7.70(1日約5便、マルティーナ・フランカ、プティニャーノPutignanoで要乗り換え。日祝は運休)

車で行くには

●バーリ→(A14)→アルベロベッロ

おもな見どころ

トゥルッリの集中する MAP P.177 B1・2

旧市街 ★★★
Centro Storico チェントロ・ストリコ

駅から続く道の突き当たりが、木々が四角く茂るポポロ広場。木曜の午前中には市場が店開きする。この広場の先の教会テラスはトゥルッリの町並みを一望する**展望台**だ。まずは、ここからの眺めを楽しもう。西（右）側が**リオーネ・モンティRione Monti**地区で、約1000のトゥルッリにみやげもの屋などが連なるにぎやかな商業地区。東側は約400のトゥルッリが集中する**アイア・ピッコラAia Piccola**地区。階段を下ればリオーネ・モンティ地区、教会を左に回り込めばアイア・ピッコラ地区だ。階段が続くリオーネ・モンティ地区、ほぼ平らで道が蛇行するアイア・ピッコラ地区と、景観の違いも楽しい。アイア・ピッコラ地区にはB&Bも多く、またトゥルッリの外や内部で昔ながらの農民の生活風景をパフォーマンスする姿があったりする。

坂道の続く
商業地区リオーネ・モンティ地区

生活のためのトゥルッリが残る
アイア・ピッコラ地区

NAVIGATOR

駅前は閑散としていて何もないが、坂道ヴィアーレ・マルゲリータ通りViale Margheritaを真っすぐ歩くと10～15分で、町の大通りヴィットリオ・エマヌエーレにぶつかる。

この通りの突き当たりがポポロ広場だ。広場の先に続く教会のテラスからはトゥルッリが密集した旧市街が一望できる。丘の斜面に広がる白いトゥルッリの集落は、印象的な風景だ。

スド・エスト鉄道(FSE)
URL www.fseonline.it
バーリ中央駅（→P.171）の本駅舎とは逆側（南側）のfs線10番線の隣にスド・エスト鉄道の乗り場と切符売り場、自販機がある。乗車の際には、切符を自動刻印機での刻印を忘れずに。

アルベロベッロへ
プティニャーノPutignano↔アルベロベッロ間は路線工事は終了。バーリ↔プティニャーノ間は工事が続いているので、バーリ中央駅南口（スーパー前）から直通のバスの代行（所要1時間5分）、またはバスを利用しプティニャーノで列車への乗り換え（約2時間）やカステッラーナ・グロッテでのバスへの乗り換え（約2時間）などで。平日は1時間に1～2便の運行、10時台の運行はない。㊐は9:57～12:57、12:57～16:27は運行はない。時刻表をチェックして所要時間を考えて選ぼう。スケジュールを事前にURLにて確認すること。バーリ～アルベロベッロ間の料金は€4.30～5。ユーレイルパスなど鉄道パスでは利用できない。　（'20年1月）

✉切符は往復購入を
バーリからの日帰りで帰り（15:00頃）にアルベロベッロ駅で切符を購入しようとしたら、無人で切符が買えませんでした。バーリ、アルベロベッロ共に自動券売機があるものの使っている人はおらず。急いでスマホで電子チケットを購入。バーリで往復分購入することをおすすめします。　（ねこ　'18）

2階建てトゥルッリ

MAP P.177 A1

トゥルッロ・ソヴラーノ ★★

Trullo Sovrano トゥルッロ・ソヴラーノ

2階建てのトゥルッロ・ソヴラーノ

18世紀に建てられた、トゥルッリのなかでも唯一2階建ての物。内部は邸宅博物館Casa Museoとなっており、サロン、キッチン、寝室、ゲストルーム、中庭が続く。家具や調度も当時のままなので、裕福な生活を垣間見ることができる。

トゥルッリ建築の教会

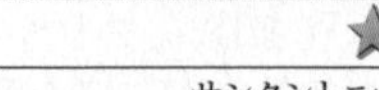

MAP P.177 B1

サンタントニオ教会 ★

S. Antonio サンタントニオ

トゥルッリの教会として有名なサンタントニオ教会

坂道を上がったリオーネ・モンティ地区の頂にある教会。かつては貧しく不便だった、この地に礼拝の場を提供するために1926～1927年に建てられたもので、トゥルッリの技法で造られ、円錐形の屋根が並ぶ堂々としたもの。内部はややガランとした印象ながらプーリア出身の画家によるフレスコ画で飾られている。

封建制からの解放のシンボル

MAP P.177 A2

カーサ・ダモーレ ★

Casa d'Amore カーサ・ダモーレ

アルベロベッロで最初の小邸宅

1797年、この町でモルタルを用いた最初の建造物。初代町長の名前から「カーサ・ダモーレ」と呼ばれ、封建制度からの解放のシンボル。トゥルッロの伝統建築から小邸宅への建築技術の変化が見られるのが興味深い。

●トゥルッロ・ソヴラーノ
住 Piazza Sacramento 10
☎ 080-4326030
URL www.trullosovrano.eu/alberobello
開 10:00～13:15
15:30～19:00
(11～3月18:00)
料 €1.50

知ってる?

トゥルッロ・ソブラーノは裕福なカタルド・ペルタ司祭によって建てられたもので、かつてはこの町の守護聖人の聖遺物と聖体を保管していた。玄関(寝室)横の訪問者を確認するのぞき窓は盗賊に抵抗する銃眼を兼ねたもの。当時のままの内部も興味深い。

●サンタントニオ教会
住 Piazza A. Lippolis/
Via Monte Pertica 18
☎ 080-4324416
開 8:00～13:00
16:00～19:30

✉おすすめスポット

トゥルッリが見渡せるおすすめスポット。写真撮影にぜひ!! ①Via Monte SabotinoのVia Cuccoと交わる所にあるテラス。1階はおみやげ屋さん。②Via Monte S.Micheleの坂を上がった右側。大きなおみやげ屋で無料のテラスの看板を大きく掲げています。
(神奈川県　Hero)

✉昼休みはいろいろ

もちろん昼休みを設けているお店もありましたが、気になるお店何ヵ所かに営業時間を尋ねたところ、すべてのお店で昼休みなく営業との返事。客引きはいなくなるが、営業しているお店が多かったです。
(ねこ　'18)

●カーサ・ダモーレ
住 Piazza Ferdinando Ⅳ
開 10:00～18:30
料 無料

トゥルッリ断面図

(単数形でトゥルッロTrullo)

A.小尖塔
B.屋根の閉じ目
C.環状屋根
D.中空層
E.半円筒天井(ヴォールト)
F.井戸への雨水導入口
G.入口
H.屋根裏部屋(物置や寝室)
I.アルコーブ(壁の切り込み)
J.井戸

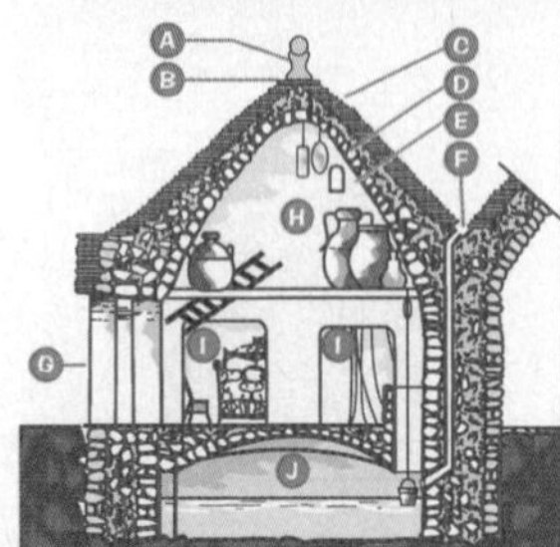

アルベロベッロのレストラン&ホテル

トゥルッロ・ドーロ
P.177 A1

Trullo d'Oro

ヴィットリオ・エマヌエーレ大通りの裏にある古いトゥルッリを改装したレストラン。ライトとトゥルッリがマッチしていてかわいい内装。フレッシュパスタや郷土料理、土地のワインも充実。

できれば予約

住 Via Felice Cavallotti 27
☎ 0804-321820
営 12:00～15:00、20:00～23:00
休 ㊊、㊐夜、1月2週間
予 €35～70(コペルト€3)、定食€60、€70
C A.J.M.V.
交 ポポロ広場から2分

アラトロ
P.177 B1

L' Aratro

ソムリエのオーナー、ドメニコ氏もおすすめのアニェッロ(子羊の肉)は香ばしくて定評の一品。リオーネ・モンティ地区にあり、情緒ある小さなトゥルッリでの食事が体験できる。

日本語メニュー　要予約

住 Via Monte San Michele 25/29
☎ 0804-322789
営 12:00～15:00、19:45～22:30
休 無休
予 €30～60(コペルト€3)、定食€45
C A.D.J.M.V.
交 マルテロッタ広場Largo Martellotta から2分

ラッテ・エ・フィエーノ

Latte e Fieno
P.177 B1

✉マルテロッタ広場Largo Martellotta近くにあるLatte e Fienoのブッラータチーズがすごくおいしかった。1個€1.20で、その場で食べてもいいかと聞くと、プラスチックの小皿とフォークを付けて出してくれました。(埼玉県　SATOMI　'16)

住 Largo Trevisani 5/ Via Cisternino 74
☎ 333-9705456
営 ㊊～㊏8:00～21:00
休 ㊐

アマトゥッリ

Amatulli
P.177 A2

駅からも遠くないトラットリア。気取らない雰囲気で、値段も手頃な家庭料理が充実。前菜盛り合わせがおすすめ。ツーリストメニューあり。

住 Via Giuseppe Garibaldi 13
☎ 0804-322979
営 12:00～14:45、20:00～22:30
休 ㊊　予 €20～30
C M.V.　交 ポポロ広場から徒歩1～2分

★★★★ アストリア
P.177 A2

Hotel Astoria

駅から近く、モダンなインテリアと機能性がともなっている。ゆったりと落ち着けるホテル。駐車場あり。

✉駅から近く、大きなスーツケースを持っていたが便利でした。トゥルッリの密集地からは離れていますが、近隣の町への観光には非常によい立地。清潔で朝食も充実していました。(兵庫県　こうべっこ)['20]

URL www.astoriaweb.it
住 Viale Bari 11
☎ 0804-323320
Fax 0804-321290
SB €45/68　TB €70/94
室 59室　朝食€10 W-Fi
C A.M.V.　交 駅から2分

★★★★ ランツィッロッタ
P.177 A1

Hotel Lanzillotta

ポポロ広場が目と鼻の先。シンプルな内装、4階最上階の部屋の大きなテラスからのトゥルッリの眺めはなかなかよい。バスタブ付きの部屋も5室あり。隣は、同ホテルのレストランになっている。

URL www.hotellanzillotta.it
('20年1月現在、休業中)

住 Piazza Ferdinando IV 33
☎ 0804-321511
Fax 0804-325355
SB €60/75
TB €90
室 30室　朝食込み W-Fi
C A.D.J.M.V.
交 ポポロ広場すぐ裏

★★★★ レ・アルコーヴ

Hotel Le Alcove
P.177 A1・2

✉トゥルッロを利用したホテルで、おしゃれで快適なホテル。土地の素材とビオ(有機)にこだわった朝食はホテルの自慢。
(神奈川県　のりっぺまぐろ)['20]

URL www.lealcove.it
住 Piazza Ferdinando Ⅳ 7
☎ 0804-323754
Fax 080-2140999
SB €113/201
TB €203/307
室 9室　朝食込み W-Fi
C A.D.M.V.

ティピコ・リゾート・イン・トゥルッリ

Tipico Resort in Trulli
P.177 B2

✉スタッフは親切で。またトゥッルッリの中もとてもかわいい家具でまとめられ、夢のような時間を過ごしました。(愛知県　terabe)['20]

URL www.tipicoresort.it
住 Via Brigata Regina 47
☎ 0804-4324108
SB €45/65
TB €70/120
朝食込み W-Fi
C A.D.J.M.V.

※アルベロベッロの滞在税　B&B、★～★★★★ €0.80　★★★★★ €1　最長3泊、12歳以下免除

マルティーナ・フランカ
Martina Franca

バロック建築が花開いた町

町全体は広いが、見どころは**旧市街**に集中している。まずは、緑が広がる9月20日広場から**サンタントニオ門**を抜けて旧市街へ向かおう。

迷路のように曲がりくねった道にバロック様式の建物が点在し、まるで舞台風景のような美しい景観を作り上げている。バロックの町並みを少し外れると、小路に白い家々が続くのも驚きだ。**「バロックの町」**と**「白い町」**のふたつの顔を持ち、そぞろ歩きが楽しい。

また、町はひときわ高い丘の上にあるため、町外れの通りのVia LocorotondoやViale de Gasperiなどからはトゥルッリが建つイトリアの谷が見渡せる。

マリア・インマッコラータ広場

マルティーナ・フランカへの行き方

鉄道で行くには

- **バーリ→マルティーナ・フランカ**　私鉄スド・エスト(Sud-est)鉄道　1時間30分～2時間30分(20～40分に1便、㊐㊗は減便)　€5～6.40
- **ターラント→マルティーナ・フランカ**　スド・エスト(Sud-est)鉄道　直通で約1時間(1時間～4時間に1便、㊐㊗はバスの代行運転)　€2.10～2.50

バスで行くには

- **ローマ→マルティーナ・フランカ**　FLIXBUS　6時間45分～7時間45分(1日2便)
- **ターラント→マルティーナ・フランカ**　Sud-est　約1時間(約1時間ごと)　€2.10

車で行くには

- **バーリ→(A14/S172)→マルティーナ・フランカ**
- **ターラント→(S172)→マルティーナ・フランカ**

●郵便番号　74015

●マルティーナ・フランカの❶
住 Piazza XX Settembre 3
☎ 080-4116554
開 5月㊊～㊍10:00～13:00
㊎～㊐ 9:00～22:00
6月㊊～㊍10:30～12:30
16:00～18:00
㊎～㊐ 9:00～22:00
7/1～9/16 9:00～23:00
地 P.180 A2

ドゥカーレ宮殿の正面入口の右側に設けられている。

ローマ行きのプルマン

Circonvallazione De Gasperi (FIAT) のバス停に発着する。切符はその前にある代理店(MERIDIONALSUD社)で購入。または URL から。1日2～4便、€22.99～25.99
URL www.flixbus.it

最適なバスや列車を選ぼう

'20年1月現在、スド・エスト線の一部路線が休止のため、バーリからはバスの代行運転。マルティーナ・フランカのViale Europa、Corso Italiaでバスを下車して、町まで徒歩(約20分)、またはプティニャーノ、アルベロベッロなどで乗り換えて。

ターラントからの直通(列車またはバス)は1日約6便、他の便はバスの代行でViale EuropaまたはCorso Italiaで下車して徒歩。10～30分間隔の運行。㊐㊗は減便。徒歩での移動時間を加えても、所要時間は直通便とさほど変わらない。

NAVIGATOR

1km以内に見どころが詰まっているので、ゆっくり歩いても2時間くらいで見終える。❶からスタートし、旧市街中に点在する建物を観光して、旧市街外のカルミネ教会からVia Belliniを戻って終了。鉄道駅は❶から1kmと少し離れている。
バスの切符1回券€1。また私鉄スド・エスト(Sud-est)鉄道は㊐㊗はバスの代行運転となり、かなり減便となるので注意。

✉マルティーナ・フランカ駅から旧市街へ

駅を出て左に真っすぐ進み、突き当たりを右へ(Corso dei Mille)。再び突き当たったら左に直進するとPiazza XX Settembreに出ます。途中、細い道がいくつかありますが、この行き方が一番迷わないです。　(神奈川県　Hero)

おもな見どころ

堂々たる外観
MAP P.180 A2

ドゥカーレ宮殿 ★★
Palazzo Ducale　パラッツォ・ドゥカーレ

ℹから回り込むと入口がある

1668年に着工されたバロック様式のファサードをもつ宮殿。現在は市庁舎になっているが、**貴族の間**Sala Nobileは見学可能。**貴族の間**へは階段で2階へ。ドメニコ・カレッラによる聖書や神話を題材にした18世紀のフレスコ画で飾られた小部屋が続き、当時の美しい装飾を身近に感じることができる。

華麗な時計塔をもつ
MAP P.180 A1・2

サン・マルティーノ教会 ★★
San Martino　サン・マルティーノ

ヴィットリオ・エマヌエーレ大通りCorso Vittorio Emanueleを進んだ先にある18世紀後半の教会。正面の左隣に建つ時計塔は1734年製。

階段の上に約40mの高さを誇る堂々としたバロック様式の教会。正面扉口上部のサン・マルティーノの彫像も見事だ。内部はバロックとロココ様式で華やかに装飾されている。

教会と時計塔

その他の見どころ

サン・マルティーノ教会から少し進むと、半円を描くバロック様式の**マリア・インマッコラータ広場の柱廊**Portici di Piazza Maria Immacolata。ここから左に小路を入ると「白い家」が細い路地に続いている。**ラーマ地区**Quartiere Lamaには切妻屋根の白い家が珍しい景観を作り出している。

旧市街とまったく異なる風景が広がる、白い家々が続くラーマ地区

おもな行事
イトリアの谷フェスティバル(7～8月)
Festival della Valle d' Itria

貴族の間のフレスコ画

●ドゥカーレ宮殿
住 Piazza Roma 32
☎ 080-4836111
貴族の間
開 6/16～9/30
9:00(㊏㊐10:00)～20:00
10月～12月
㊊～㊎9:00～13:00
㊋㊍㊎は16:00～19:00も
㊏㊐10:00～12:00
17:00～19:00
1/1～6/15
㊊～㊎9:00～13:00
㊋㊍㊎は15:00～18:00も
㊏㊐10:00～12:00
17:00～19:00
休 ㊗
料 無料

●サン・マルティーノ教会
住 Via Masaniello
☎ 080-4306536
開 9:30～12:00
17:00～18:00
休 ㊏㊐㊗

✉ **マルティーナ・フランカのバス停**
時刻表ではViale Europeとあります。ここも確かにバスは停まりますが、ドゥカーレ宮殿前の広場前に最初に停まります。単なる広場前でバス停サインがないので注意。反対側の車線にバス停マークがあります。　(田中玄一　'17)

RISTORANTE HOTEL　マルティーナ・フランカのレストラン&ホテル

ラ・ターナ
Trattoria La Tana　P.180 A2

ドゥカーレ宮殿正面右側にある、かつての税務事務所を利用したトラットリア。アーチを描く天井の下に広がるテーブルは田舎風ながらどこか洗練された雰囲気。土地の素材を生かした郷土料理が味わえる。
住 Via Mascagni 2/6
☎ 080-4805320
営 12:30～14:45、20:00～23:00
休 ㊌(冬季のみ)
予 €26～50(コペルト€2)、定食€50　C M.V.

★★★★ パーク・ホテル・サン・ミケーレ
Park Hotel San Michele　P.180 B2

町の中心からやや離れた市民公園そば、緑のなかに建つ近代的なホテル。夏は庭園での食事や緑の広がるプールが気持ちよい。レストラン併設。
URL www.parkhotelsanmichele.it
住 Viale Carella 9
☎ 080-4807053
SB €75～
TB €95～
3B €120～
室 81室　朝食込み W-Fi
C A.D.J.M.V.

●郵便番号	70010

NAVIGATOR

アルベロベッロから1駅で約10分、マルティーナ・フランカから2駅で18分。駅から町へは徒歩約10分。駅を出たら右に進み、アルド・モーロ広場Piazza Aldo MoroからCorso XX Settembreの坂道を上がる。Centro Storicoの表示に従おう。坂を上がった右側が市民公園。左の門を入ると、旧市街で手前にⓘがある。

ロコロトンド

Locorotondo

イトリアの谷の「最も美しい」バルコニー

遠くから見る風景は**「白亜の城」**のようにロマンティック。イトリアの谷を見下ろす**「最も美しいバルコニー」**と称され、高台からは自然のなかに点在するトゥルッリや周囲のすばらしい景観が広がる。美しき迷宮の「白い町」は魅力的。特筆する見どころはないが、光に満ち、白く輝く穏やかな旧市街は小さく、迷う心配もないので、ゆったり散策にしよう。

「白い町」の下にはトゥルッリが

旧市街Centro Storicoへ続く、9月20日通りCorso Via XX Settembreを上がると、右に緑が広がる**市民公園**Villa Comunaleだ。高台に位置し、眼下には小麦畑やオリーブ畑が広がりそのなかにのどかにトゥルッリが点在する風景を眺めることができる。写真撮影にも絶好のスポットだ。

市民公園からトゥルッリを眺める

市民公園入口に面したナポリ門から旧市街へ入ると、「白い町」が続いている。**クンメルセ**Cummerseと呼ばれる特徴的なとがった屋根に石灰で白く塗られた家々が迷路のような路地に続く。「**イタリアの最も美しい村** I Borghe più belli d'Italia」に加盟する町でもあり、道は掃き清められ、バルコニーには花々が飾られてすがすがしい。

クンメルセの家

花々が美しい

町の中心のサン・ジョルジョを祀った教会の周囲に、12世紀にloco(場所)rotondo(丸い)に集落が円状に形成されたことが、この町の名前の由来だ。町の基礎となった**サン・ジョルジョ教会**Madre di S.Giorgioは1790～1825年に再建されたもので、12世紀と17世紀のふたつの教会が基礎となり、内部はバロック様式で飾られている。

この町は**辛口の白ワイン**Locorotodoでも有名だ。ぜひ味わってみよう。

バロック様式のサン・ジョルジョ教会

駐車場は?

新市街の旧市街に続く道沿いの駐車場(小さな広場か路上の縦列駐車)は狭く、満車のことが多く、駐車違反の取り締まりも厳しい。市民公園と旧市街を挟んだ、反対側のLargo A.Mitranoに広い駐車場あり。旧市街や市民公園側からは車の通行不可なので、SS134からアクセスを。

バーリから

'20年1月現在、直通列車はあるものの便数は少ない。バーリ→プティニャーノまではバス移動し、プティニャーノから列車利用またはバーリからバスで。(→P.177)

ロコロトンドへの行き方

鉄道で行くには

●バーリ→ロコロトンド　私鉄スド・エスト(Sud-est)鉄道　約2時間　€5.70

バスで行くには

●バーリ→ロコロトンド　私鉄スド・エスト(Sud-est)のバス利用で1時間20分～1時間45分。10分～1時間に1便　€5。

●アルベロベッロ→ロコロトンド　私鉄スド・エスト(Sud-est)鉄道　約10～15分(1時間に1～3便程度)　€1.10

車で行くには

●バーリ→A16/SS16→Fasano→SS177

●バーリ→SS100→Turi→SS172

●ターラント→SS172

● プーリア州そのほかのおすすめの見どころ ●

グロッテ・ディ・カステッラーナ(カステッラーナ洞窟)

Grotte di Castellana

●夏でもひんやり。自然が造り出した造形美を楽しもう!

地下の様子がわかる模型がある博物館がおもしろい

石灰質を含んだカルスト台地のムルジェ高原には、地下水脈によって浸食され、空洞化した巨大な天然の洞窟がいくつも存在する。バーリの南東40km、カステッラーナの洞窟はそのなかでも最大の鍾乳洞だ。

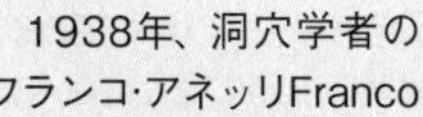

1938年、洞穴学者のフランコ・アネッリFranco Anelliが実態調査をして広く知られるようになった。現在は観光用の通路が整備され、ガイド付きで容易に出入りが可能だ。

グロッタ(鍾乳洞)案内

美しくライトアップされた洞窟内

コースはふたつ。まずは**「断崖の洞窟Grotte」**までのコース。こちらは全1km(約50分)ほどで、エレベーターでの昇降で、気軽に洞窟探険が味わえるコースだ。石の筍(たけのこ)が天に向かって伸び、巨大な空洞の天井が地上に小さな口を開け、洞内に静かに光を差し込ませている光景は圧巻だ。

もうひとつは**「白の洞窟Grotta Bianca」**までのコース。全長3km(約2時間)の道程の間、「黒の洞窟Grotta Nera」や「天使の廊下Corridoio dell' Angelo」、「フクロウの洞穴Caverna della Civetta」など、いくつものスポットを過ぎて(特に成長過程にある石筍が「聖母子像」に似ていると評判の「洞窟の小聖母Madonnina delle Grotte」がおもしろい)、最後に"世界一豪華な洞窟"と定評のある地下70mの「白の洞窟」にたどり着く。純度の高い水晶が一面に露出して、照明光をまばゆく反射し、白っぽく輝いている。洞内の気温は15度に保たれ、袖なしでは少し寒いくらい。靴は歩きやすい物を。冬季以外は英語のガイド付き見学あり。

洞窟の入口の先(高いタワーの近く)には**洞窟博物館**Museo Speleologicoがあり、洞窟や洞窟を形成した石灰岩の浸食現象のパネル展示や洞窟写真、洞窟探索の様子を再現した模型が展示されている。

グロッテ・ディ・カステッラーナへの行き方

■バス
'20年1月現在、バーリから私鉄スド・エスト線の列車は運休中。同社のバスで約1時間15分(1時間に1～3便€2.80)。乗り場は便により異なるので、時刻表で確認を。最寄り駅のGrotte di Castellanaには停車しないので、Castellana Grotteで下車し、洞窟までは約2km。

■車
ナポリからA1→SS16。
ターラントからA14。

●グロッテ・ディ・カステッラーナ

住 Piazza Anelli, Castellana-Grotte
☎ 080-4998211(予約)
開 ガイドつきでイタリア語ほぼ毎正時発。英語の*はショートコース
1/7～3/13
10:00、12:00、13:00
3/14～3/28
9:00～15:00、
英語9:30*、11:00、
13:30*、15:00、16:00*
3/29～7/24、9/7～11/1
9:00～17:00、
英語9:30*、11:00、
13:00*、14:30*、16:00、
18:00*(夏季のみ)
7/25～9/6
9:00～19:00、
英語9:30*、11:00、
13:30*、14:30*、16:00、
18:30*
11/2～12/4、12/9～12/24
10:00、12:00、13:00
12/5～12/8、'21年1/2～1/6
10:00～16:00
休 12/25～1/1
※希望時間の30分前には切符を購入。
料 2時間コース€16、約50分のショートコース€12
URL www.grottedicastellana.it

周辺は緑の多い公園

行く前に、開場時間と列車の時間の確認を

洞窟はガイド付きツアーのため入場時間が限定されるので注意。洞窟の周囲には広い公園、洞窟博物館、トラットリア、バール、みやげ物屋などもある。

●郵便番号	72017

NAVIGATOR

駅からのバスを旧市街で下車しよう。傾斜のある広場とオベリスクが目印だ。広場の手前、少し坂を下ると❶がある。広場から北へ向かうカテドラーレ通りが旧市街へと通じ、そのまま坂を上がれば、カテドラーレだ。迷路のような路地を散策しながら、町を縁取るオロンツォ・クアランタ大通りViale Oronzo Quarantaへ下ろう。町の一部を下から眺められ、遠くに海とオリーブ林の開けた風景が広がる。

●オストゥーニの❶
住 Corso G.Mazzini 6
☎ 0831-339627
営 5月㈪～㈭10:00～18:00
　　㈮～㈰ 9:00～22:00
　6月㈪～㈭10:00～21:00
　　㈮～㈰ 9:00～22:00
　7/1～9/9 9:00～23:00
休 9月初旬～4月
地 P.184 B1

レンタカーで

旧市街は細い道が続き一方通行が多い。小型車かつ道をよく知らないと通行は難しい。町に入る手前に広い駐車場があるので徒歩で観光を。ホテルによっては駐車場からの送迎サービスを実施しているところもある。

✉オストゥーニから鉄道駅へのバス

帰りのバス停はリベルタ広場近くのサン・オロンツォのオベリスクから坂を200mくらい上がった所、警察署の隣、手前です。屋根付きの停留所です。バスの時刻表の表示はないけれど、鉄道時刻に合わせ運行しているよう。バスはリベルタ広場へは行かずに、バス停近くの坂を下って鉄道駅へ戻ります。日帰りなら往復切符を鉄道駅のバールで買っておくのがおすすめ（切符の売り場を探す手間が省ける）。それと、❶での最新情報の確認は必要です。
（静岡県　美佐子1952　'19）

オストゥーニ
Ostuni

海とオリーブ林を見下ろす「白い町」

町全体が「白い家」であふれる

ムルジェ高原がアドリア海へ向かって緩やかに傾斜する、3つの丘に広がる**「白い町」**、オストゥーニ。町へと続く下の道から見上げる姿は堂々とした城砦のようであり、砂色のカテドラーレの下に広がる蜃気楼のように美しい。旧市街は坂と細い路地が続き、小さな踊り場からは、遠くにアドリア海とオリーブの林が望める。

夏はリゾートとして華やいだ雰囲気に包まれ、小路に並んだみやげ物屋を眺め、おしゃれなカフェでアペリティーヴォが楽しい。

オストゥーニへの行き方

鉄道で行くには
●バーリ→オストゥーニ　fs線　R　44～52分　€5.80（1時間に1～2便）
●ブリンディシ→オストゥーニ　fs線　R、RV　約20分　€2.90（1時間に1～2便）
●一部スド・エスト社バスの代行運転。約1時間。
オストゥーニ駅から町へは約2km。列車に合わせて運行しているバスで町の中心のリベルタ広場Piazza Libertà下車、所要約15分。切符は駅構内のバールで。

車で行くには
●バーリS16→S379→Ostuni-Villanova→SS16

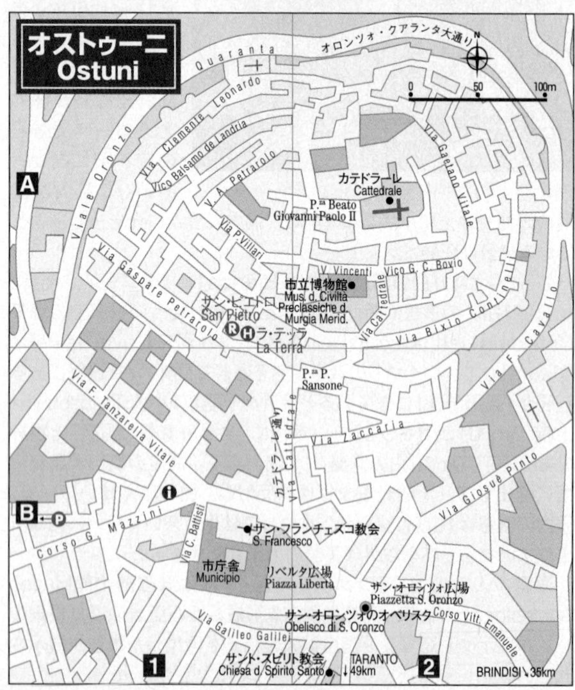

おもな見どころ

町の頂に建ち、バラ窓が印象的　MAP P.184 A2

カテドラーレ ★★

Cattedrale　カテッドラーレ

旧市街の中心を通るカテドラーレ通りVia Cattedraleの坂道の頂上にあり、バラ窓と羽を広げたようなファサードが特徴的だ。15世紀に建てられ、サンタ・マリア・アッスンタにささげられた教会で、後期ゴシック様式。バラ窓は12使徒と天使の彫像で二重円を描き、その下(中央扉上)の「聖母子」も繊細で美しい。内部はたびたびの改装が行われているが、構造はほぼオリジナルのまま。入口近くのフレスコ画は15世紀、天井は16世紀、祈祷席は17世紀のもの。

ファサードの曲線が美しい

●カテドラーレ
住 Piazza Beato Giovanni Paolo Ⅱ 1
開 9:00～12:00
15:30～19:00

バロックの天井が美しい

ムルジア2万4500年の歴史を展示　MAP P.184 A2

南ムルジア前古典期文明博物館 ★

Museo di Civiltà Preclassiche della Murgia Meridionale
ムゼオ・ディ・チヴィルタ・プレクラッシケ・デッラ・ムルジア・メリディオナーレ

教会のような外観

大聖堂へ向かう坂の途中の左側、18世紀の旧修道院に置かれている小さな博物館。内部にはオストゥーニ周辺からの発掘品を展示。とりわけ貴重なのが、2万4500年前の女性の骸骨だ。死亡当時妊娠していたとされ、骨格の保存状態が見事だ。

●南ムルジア前古典期文明博物館
住 Via Cattedrale 15
☎ 0831-336383
開 10:00～17:00
㊏㊐10:00～19:00
料 無料

町の中心広場　MAP P.184 B1・2

リベルタ広場 ★

Piazza Libertà　ピアッツァ・リベルタ

車と人が行き交う町の中心広場。サン・フランチェスコ教会と市庁舎に囲まれ、地続きのサン・オロンツォ小広場Piazzetta S. Oronzoのオベリスクが目を引く。1711年に建てられ、高さ21m、頂点を飾るのは町の守護聖人の聖オロンツォだ。

教会と市庁舎に囲まれた広場

✉ プーリア州のおすすめスポット オストゥーニ

バーリからトレニタリアで約40分(€5.60)、かつてロコロトンド、アルベロベッロと並んで「イトリアの盾」と呼ばれた、アドリア海に面した中世の丘の上の要塞都市。どこまでも続くオリーブ畑の中、青い空を背景に真っ白な建物が折り重なるように丘の斜面に密集し、そびえたつ美しい姿に思わず声をあげてしまいました。チェントロ・ストリコと呼ばれる旧市街地には古い教会やすてきなレストラン、ホテル、おみやげ屋さんがあります。ここに2泊し、ここからレッチェ日帰りなどをしました。
(広田克枝　'18)

RISTORANTE HOTEL　オストゥーニのレストラン&ホテル

サン・ピエトロ

San Pietro　P.184 A1

ホテル・ラ・テッラからすぐ近くの魚介が自慢のレストラン。地元客でにぎわう店内はシンプルモダン。接客は温かい雰囲気。地元産の食材をふんだんに使って調理された料理が美味。

住 Via Giovanni Antonio Petrarolo 20
☎ 083-1336652
営 12:00～15:00、20:00～23:45
休 無休
予 €25～40
交 リベルタ広場から徒歩4～5分

★★★★ ホテル・ラ・テッラ

Hotel La Terra　P.184 A1

旧市街の白い街並みの中心に位置する品格あるホテル。13世紀の建物を改築した館内は、伝統的なオストゥーニらしさを残し、各階にあるバルコニーからの眺めが最高。

URL www.laterrahotel.it

住 Via Gaspare Petrarolo, 16
☎ 083-01336651
SB €70/156
TB €75/278
室 17室　朝食込み W-F
C A.M.V.
交 リベルタ広場から徒歩4～5分

ブリンディシ Brindisi

アッピア旧街道の最終点

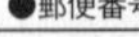

●郵便番号　72100

●ⓘIAT
住 Viale Regina Margherita 43
☎ 0831-523072
開 ㊊10:00～18:00
㊋～㊐8:00～20:00
休 一部の㊗
地 P.186 A2

●バスターミナル
駅前広場とその周辺
　ウンベルト通りの噴水のある広場。

ブリンディシへの行き方

■飛行機
ローマから1時間15分。

■鉄道
バーリからfs線の直通便は平日で1時間に1～2本程度運行。ただし10:01～12:08の運行はない。㊐㊗は減便する。所要時間は53分～1時間12分。
　ターラントからfs線の直通便は平日10便、㊐㊗は運休。所要時間約1時間10分。

■バス
ナポリからMiccolis社で5時間20分～5時間40分（1日3便）€25.90

■車
ターラントからSS172→SS379。
ターラントからSS7。

ブリンディシ空港から町へ
　市バスSTP社のミニバスAP番が空港↔fs線駅前↔港（地A2、Costa Marena）を循環。5:30～7:45、21:15～23:45は空港↔fs線駅前のみ。駅前まで所要10～15分、港まで25～30分。切符€1は空港内の書店で販売（車内購入€1.50）。運行時間は5:30～23:45に30分毎の運行。
URL www.stpbrindisi.it

　左右の腕（入江）を広げた海に、優しく包み込まれるブリンディシの町。その天然の良港は、ローマから南東へ延びるアッピア街道の終点であり、東地中海への玄関口だ。

　ローマ兵はここへ歩を進め、十字軍はここから南下し、英国からの列車を降りた人々は植民地インドへと旅立って行った。今もギリシア行きの船が出港するこの町は、港町らしい雑多な雰囲気と長い歴史に培われた美しい風景と歴史の遺物、あたたかいホスピタリティーにあふれている。

メインストリートのガリバルディ通り

　にぎやかな駅周辺からメインストリートを抜けて海へ向かおう。古代ローマの円柱の先には穏やかな青い海が広がる。円柱のある小広場から階段を下りた海岸通りには、16世紀の歴史あるパラッツォ（邸宅）が連なり、町の人々が愛する散歩道が続いている。

ブリンディシ湾と「水兵の記念碑」

おもな見どころ

アッピア旧街道の終点を示すシンボル MAP P.186 A2

古代ローマの円柱 ★

Colonne Romane　コロンネ・ロマーネ

急な階段の上、アッピア街道の終点を示す円柱。高さ18.74m、8つの大理石を重ねて海を見下ろす姿はまさに「女王の道」の終点にふさわしい堂々としたたたずまいだ。現在見られるのはレプリカで、オリジナルはグラナフェイ・ネルヴェーニャ宮に展示。

町の重要な広場 MAP P.186 A2

ドゥオーモ広場 

Piazza del Duomo　ピアッツァ・デル・ドゥオーモ

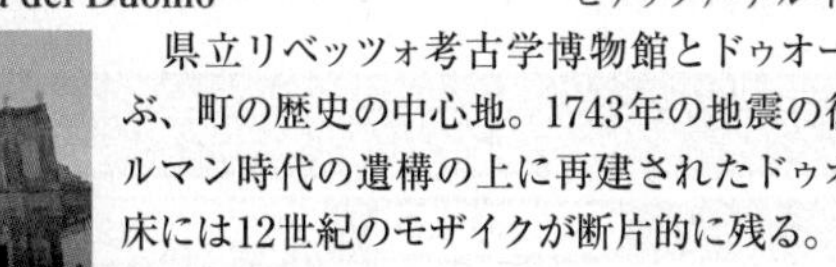

県立リベッツォ考古学博物館とドゥオーモが並ぶ、町の歴史の中心地。1743年の地震の後に、ノルマン時代の遺構の上に再建されたドゥオーモの床には12世紀のモザイクが断片的に残る。

ドゥオーモ広場。左手には考古学博物館

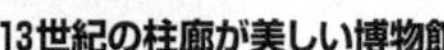

13世紀の柱廊が美しい博物館 MAP P.186 A2

県立リベッツォ考古学博物館 ★★

Museo Archeologico Provinciale F. Ribezzo

ムゼオ・アルケオロジコ・プロヴィンチャーレ・F. リベッツォ

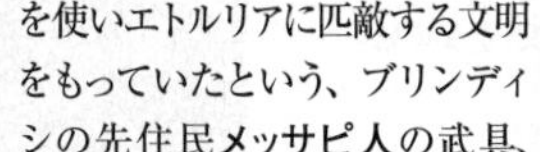

見事なコレクションを誇る博物館

2色の石積みのポルティコが正面を飾る、ブリンディシ近郊からの発掘品を収めた博物館。紀元前6〜3世紀の色絵壺、サレント半島で作られていた陶器、彫像、ローマ時代の石碑や彫像などを展示。2階は、独自の文字を使いエトルリアに匹敵する文明をもっていたという、ブリンディシの先住民メッサピ人の武具、陶器、石碑などを展示。3階の船をかたどってアンフォラなどが置かれた展示は、航海と漁に深く結びついたこの町の歴史を感じさせる。

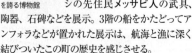

プーリア・ロマネスクの遺品も多い

オリジナルの「古代ローマの円柱」を展示 MAP P.186 A2

グラナフェイ・ネルヴェーニャ宮 ★★

Palazzo Granafei-Nervegna Ex Palazzo Corte d'Assisi　パラッツォ・コルテ・ダッシージ

新見どころのコルテ・ダッシージ宮

かつての裁判所がおかれた館の中庭奥に、神々が刻まれたローマの円柱の柱頭が荘厳な姿を見せる。約1.5mの柱頭は、アカンサスの葉に支えられ、海神ポセイドンの息子である8体のトリトンの間に、ローマの守護神であり主神のユピテル、海の神ネプチューン、知恵の神パラス、戦いの神マルスが彫り込まれている。この館および前のヴェルディ劇場周辺はローマ時代の浴場跡。この建物にもモザイクなどが残っている。

オリジナルの円柱装飾部分が保存される

NAVIGATOR

駅から正面に延びるウンベルト1世通りCorso Umberto Ⅰを進もう。道は途中でガリバルディ通りと名前を変えるが、道なりに下れば海が見えてくる。突き当たったら左折して海岸沿いのレジーナ・マルゲリータ通りVia Regina Margheritaを進むと、左の階段上にローマの円柱が見えてくる。階段を上がってそのまま進めばドゥオーモ広場だ。

復元されたアッピア街道の記念柱のレプリカ

●ドゥオーモ
住 Piazza del Duomo
☎ 0831-544257
開 8:30〜12:30
16:30〜20:30

●県立リベッツォ考古学博物館
住 Piazza del Duomo
☎ 0831-565501
開 ㊊〜㊎8:00〜17:00
料 無料

おもな行事

飾り馬の祭り
Festa del Cavallo parato

●水兵の記念碑
Monumento al Marinario
開 通年 9:00〜13:00
16:20〜19:00
休 ㊍
料 無料
※内部に入場可。海岸通りから入江を横切る連絡船が❶前の岸辺から運航(10:30〜17:10)。切符€1.50。徒歩でも行くことができる。

●グラナフェイ・ネルヴェーニャ宮
☎ 0831-229647
開 8:00〜20:30
休 一部の㊗
料 無料

裏の入口にある
貴重なロマネスクの図柄

●S.G.アル・セポルクロ教会
住 Piazza di S.Giovanni al Sepolcro
開 8:00〜14:00、14:30〜20:30
休 ㊍ 料 無料

旧市街にたたずむ教会

MAP P.186 A・B2

サン・ジョヴァンニ・アル・セポルクロ教会 ★★

Tempio di San Giovanni al Sepolcro テンピオ・ディ・サン・ジョヴァンニ・アル・セポルクロ

当時の面影が復元された内部

11〜12世紀のロマネスク様式の教会。十字軍の騎士や巡礼者たちが訪れた、聖地エルサレムの建築様式をまねたという集中式プラン。ファサードの柱を支える2体のライオン像、柱頭や扉上にはロマネスクならではのレリーフが刻まれている。内部は8本の円柱で支えられ、壁面にわずかに当時のフレスコ画が残る。

プーリアの初期ロマネスクを代表する教会

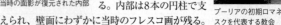

RISTORANTE HOTEL ブリンディシのレストラン&ホテル

パンタグルエーレ

P.186 A2

Trattoria Pantagruele

愛らしい雰囲気の店内では、手作りパスタや自家製デザートなど土地の家庭料理が味わえる。プーリアならではの多種多様な前菜が楽しめるAntipasto della Casaや、魚介類の料理がおすすめ。盛りつけも美しい。

できれば予約

住 Salita di Ripetta 1/3
☎ 0831-560605
営 12:30(㊐12:00)〜15:00、19:00〜22:45
休 ㊏昼、㊐夜、8月末〜9月上旬
予 €21〜59(コペルト€2)
C A.M.V.

ベティ

P.186 A2

Café Betty

夏は海に面したオープンエアのテラスが気持ちよい。カフェ兼ジェラテリア兼レストラン兼ピッツェリア。朝食からおやつ、夕食までと幅広く使える便利な店で、町の人でいつもにぎわっている。

住 Viale Regina Margherita 6
☎ 0831-563465
営 7:00〜24:00
予 食事€25〜30、定食€35
C A.D.M.V.

★★★★ インテルナツィオナーレ

P.186 A2

Grande Albergo Internazionale Brindisi

海岸通りに建つ、イタリア国王やガンジーも滞在した歴史あるホテル。クラシックなサロンや客室には19世紀の優雅な時代の雰囲気があふれている。サービスもあたたかく親切。

URL www.albergointernazionale.it

住 Lungomare Regina Margherita 23
☎ 0831-523473
Fax 0831-523476
SB €75/123
TB €95/166
室 67室 朝食込み W-F
C A.D.M.V.

★★★★ パラッツォ・ヴィルジリオ

Palazzo Virgirio

P.186 B1

駅前広場を渡った角に建つ、まだ新しい近代的なホテル。ミニマムモダンなロビーや客室には自然光が差し込んで、明るく気持ちよい。レストラン併設。

住 Corso Umberto I 137/149
☎ 0831-597941
Fax 0831-524071
SB €110/200
TB €120/230
室 63室 朝食込み W-F
C A.D.M.V.

★★★ バルソッティ

Barsotti

P.186 B2

町の中心に位置しているが、静かな家族経営のホテル。客室はモダンで明るい。ガレージ(1日€10)もあり。

URL www.hotelbarsotti.com

住 Via Cavour 1
☎ 0831-560877
Fax 0831-563851
SB €80、95(ダブルのシングルユース)
TB €110 JS €140
室 60室 朝食込み W-F
C A.D.M.V.

レッチェ
Lecce
ロマンティックで壮大なバロック都市

バロックの町、レッチェ。華麗で壮大なバロック建築が町を彩り、**サンタ・クローチェ聖堂**をはじめとするファサードを飾る彫像は圧倒的なスケールでこちらに迫って来る。強い太陽の下では白や砂色に、夜の灯りには金色に輝いて神々しく、そしてロマンティックだ。これらのバロック建築に用いられているのが「蜂蜜色」と称される、近郊産のレッチェ石。水分の多い石灰石で軟らかく細工が容易なことから、華麗な彫刻を生んだのだ。

サンタ・クローチェ聖堂

レッチェは県庁所在地であり、南イタリア有数の町。紀元前から商業都市として栄え、ローマ時代には**円形闘技場**が築かれ、その後ノルマン朝、アンジュー、アラゴン家、16世紀のスペイン支配を経て、各所に歴史の残り香が漂う美しい町だ。見どころへ通じる道筋にはおしゃれな店も多く、**市民公園**はよく整備された緑のオアシスでそぞろ歩きも楽しい。

よく整備された市民公園も訪ねたい

ほとんどの見どころは円形闘技場から続く**サントロンツォ広場**周辺に集中している。まずはこの広場を目指そう。fs駅からは徒歩で7～8分、バスターミナルからは10分程度だ。

レッチェへの行き方

鉄道で行くには
- ローマ→レッチェ　fs線　FA　約5時間18分～27分　IC＋FA　8時間22分
- バーリ→レッチェ　fs線　FA　約1時間20分　IC　約1時間40分～2時間43分　R　約1時間55分
- ブリンディシ→レッチェ　fs線　IC　R　27～32分

バスで行くには
- ナポリ→ターラント→ブリンディシ→レッチェMICCOLIS／MARINO　約6時間(1日3便)　€19.50～22.50

●郵便番号　73100

●カルロ5世の城のℹ
住 Viale XXV Luglio Castello Carlo V内
☎ 0832-246517
開 9:00(㊏㊐㊗9:30)～21:00
7～8月
9:00(㊏㊐㊗9:30)～23:00
休 一部の㊗

●レッチェのℹ Infopoint
住 Via V. Emanuele II 24
☎ 0832-332463
開 夏季　9:30～13:30
15:30～19:30
冬季　9:00～13:00
16:00～20:00
地 P.190 B1
案内一般。

●サントロンツォ広場のℹ
住 Piazza S.Oronzo
☎ 0832-242099
開 9:00(㊏㊐㊗9:30)～21:00
7～8月
9:00(㊏㊐㊗9:30)～23:00

ブリンディシ空港からのバス
空港発5:55～24:15、レッチェ発5:05～23:10の間に、1～3時間間隔の運行で1日9便。所要35～45分。切符€7.50は車内購入、URLから可。空港ではBoutique Fluxaで販売。レッチェでは、バスターミナルからの発車。
URL www.aeroportodipuglia.it/bus-pugliairbus

SHOPPING
昔の人の生活風景や聖母マリアの誕生を紙人形にした**カルタペスタCartapesta**やレッチェの凝灰石を使った**彫刻**。

History&Art
スペイン・カルロ5世による バロックの町、レッチェ
細い路地の左右に豪壮なバロックの館が続くレッチェの町。紀元前12世紀からの歴史を誇り、アッピア旧街道の終点ブリンディシとはトラヤヌス街道で結ばれ、商業都市として栄えた。長いローマ帝国時代の後、紀元1000年以降500年ほどの間にはノルマン、ホーエンシュタウフェン、アンジュー家、アラゴン家、スペインとさまざまな支配者がこの地を支配したのだった。バロックが花咲いたのは、スペイン統治の時代16世紀から17世紀にかけてのこと。カルロ5世がトルコ軍の来襲に備えて、城塞と城を築いたことが発端だった。続いて、迫力あふれるサンタ・クローチェ教会、サンティレーネ教会をはじめ、ドゥオーモ周辺が整備された。豊かな装飾で飾られたバロックが発展していったのはスペインの影響が色濃いほか、建物やその装飾に多用された細工の容易な凝灰岩が近郊から採石されたことも特筆される。ゆっくりと散策気分で歩いて、建物やそこここに残るバロックの残り香を感じたい町だ。

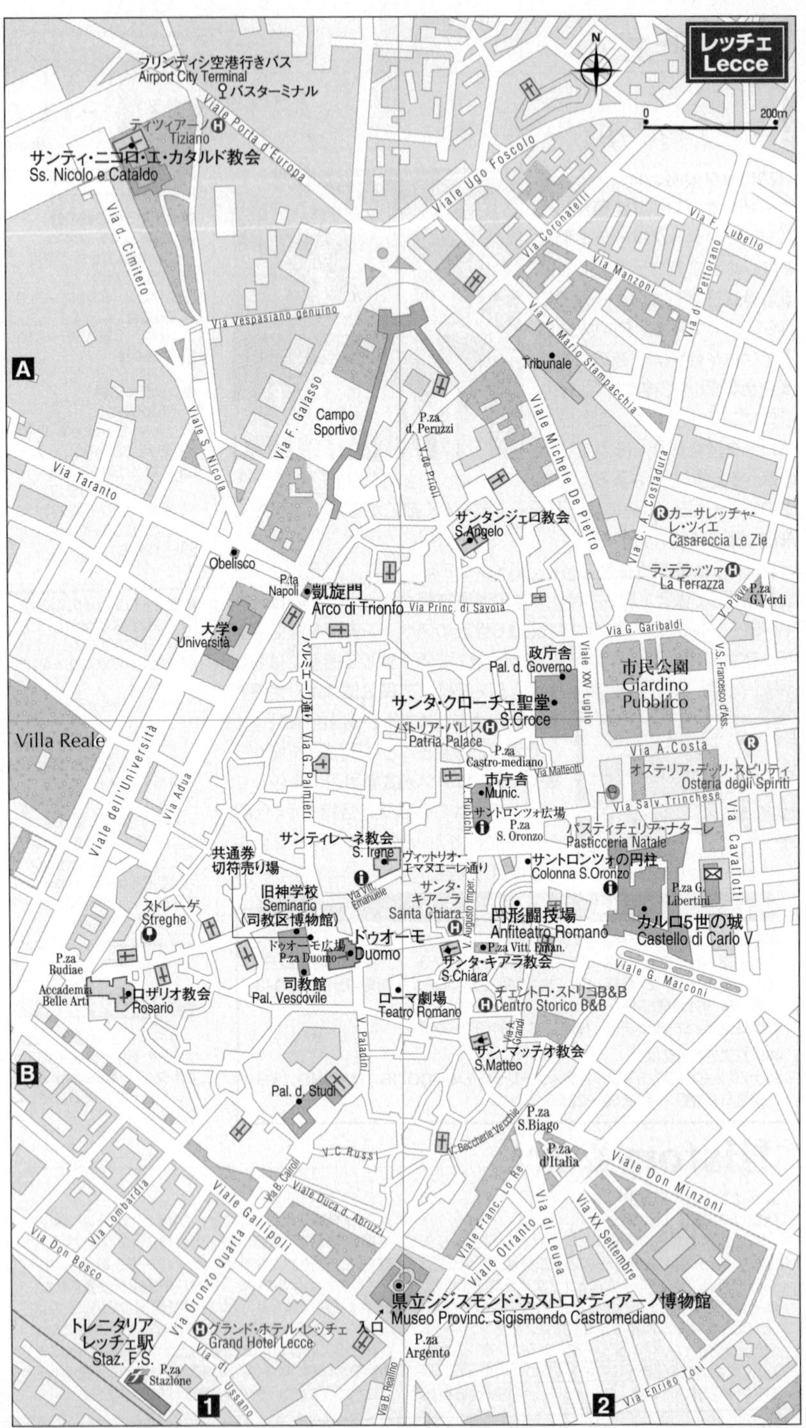

レッチェ
Lecce
ブリンディシ空港行きバス
Airport City Terminal
バスターミナル
ティツィアーノ
Tiziano
サンティ・ニコロ・エ・カタルド教会
Ss. Nicolo e Cataldo
Viale Porta d'Europa
Viale Ugo Foscolo
Via Coronatelli
Via F. Lubello
Via Manzoni
Via d. Cimitero
Via Vespasiano genuino
Via V. Mario Stampacchia
Tribunale
Campo Sportivo
P.za d. Peruzzi
Via F. Galasso
Viale S. Nicola
Via Taranto
Viale Michele De Pietro
Via C. A. Costadura
V. de Prioli
サンタンジェロ教会
S.Angelo
カーサレッチャ・レ・ツィエ
Casareccia Le Zie
ラ・テラッツァ
La Terrazza
Obelisco
P.ta Napoli
凱旋門
Arco di Trionfo
Via Princ. di Savoia
V. Piave
P.za G.Verdi
大学
Università
Via G. Garibaldi
政庁舎
Pal. d. Governo
市民公園
Giardino Pubblico
Viale XXV Luglio
V.S. Francesco d'Ass.
パルミエーリ通り Via G. Palmieri
サンタ・クローチェ聖堂
S.Croce
パトリア・パレス
Patria Palace
Villa Reale
P.za Castro-mediano
Via A. Costa
オステリア・デッリ・スピリティ
Osteria degli Spiriti
Viale dell'Università
Via Adua
Via Matteotti
市庁舎
Munic.
V. Rubichi
サントロンツォ広場
P.za S. Oronzo
Via Salv. Trinchese
Via Cavallotti
パスティチェリア・ナターレ
Pasticceria Natale
サンティレーネ教会
S. Irene
共通券切符売り場
ヴィットリオ・エマヌエーレ通り
Via Vitt. Emanuele
サントロンツォの円柱
Colonna S.Oronzo
旧神学校
Seminario
(司教区博物館)
サンタ・キアーラ
Santa Chiara
円形闘技場
Anfiteatro Romano
P.za G. Libertini
カルロ5世の城
Castello di Carlo V
ストレーゲ
Streghe
ドゥオーモ広場
P.za Duomo
ドゥオーモ
Duomo
V. Augusto Imper.
P.za Vitt. Eman.
サンタ・キアラ教会
S.Chiara
Viale G. Marconi
P.za Rudiae
Accademia Belle Arti
ロザリオ教会
Rosario
司教館
Pal. Vescovile
ローマ劇場
Teatro Romano
チェントロ・ストリコB&B
Centro Storico B&B
Via A. Grandi
サン・マッテオ教会
S.Matteo
V. Paladini
Pal. d. Studi
P.za S.Biago
V. Beccherie Vecchie
V.C.Russi
P.za d'Italia
Via B. Cairoli
Viale Duca d. Abruzzi
Viale Gallipoli
Via Lombardia
Viale Franc. Lo Re
Viale Otranto
Via di Leuca
Via XX Settembre
Viale Don Minzoni
Via Don Bosco
Via Oronzo Quarta
県立シジスモンド・カストロメディアーノ博物館
Museo Provinc. Sigismondo Castromediano
入口
トレニタリア
レッチェ駅
Staz. F.S.
グランド・ホテル・レッチェ
Grand Hotel Lecce
Via di Ussano
P.za Stazione
Via B. Realino
P.za Argento
Via Enrico Toti
A
B
1
2
N
0
200m

おもな見どころ

レッチェの応接間 MAP P.190 B2

サントロンツォ広場 ★★
Piazza S.Oronzo
ピアッツァ・サントロンツォ

円形闘技場

周辺にはカフェやホテルが並ぶ、町の中心広場。ひときわ高くそびえるのが、町の守護聖人のサントロンツォの円柱。17世紀にペストの終焉を祝って建立されたもので、ブリンディシにあったアッピア旧街道の終点を示す円柱を利用したもの。広場下には2世紀に完成し、2万5000人を収容したという円形闘技場を見ることができる。

バロック様式の傑作 MAP P.190 A2

サンタ・クローチェ聖堂 ☆☆☆
Santa Croce
サンタ・クローチェ

レッチェ・バロックの傑作がサンタ・クローチェ聖堂だ。隣に建つ県庁（旧修道院）と美しい調和を見せる。1548年に建設に着手し完成は1646年のこと。ファサードを見れば、長い歳月が必要だったことが実感される。バラ窓の上には華麗な三角破風、左右には円柱、下には女性柱像とグリフォン（ワシとライオンの獣像）ら、さらに帯状彫刻が刻まれ、扉口は聖人像が飾る……。圧倒されるほどに華麗で壮大だ。

驚嘆するバロック空間

内部もレッチェ石で華麗に飾られている。各礼拝堂の草花や天使を刻んだ柱飾りなど、重厚かつ軽やかで繊細な彫刻装飾が美しい。とりわけサン・フランチェスコの礼拝堂や十字架の礼拝堂は必見だ。

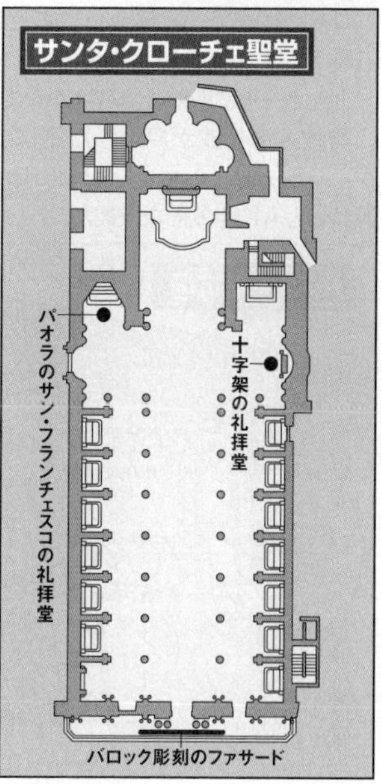

サン・フランチェスコの礼拝堂

NAVIGATOR

駅前の通りオロンツォ・クアルタ通りを真っすぐに約1km行けばドゥオーモだ。

fs駅から市内へ
駅から旧市街へは、町の雰囲気を感じながら歩くのが楽しい。バスに乗るなら、24〜27、34番などで。降りる場所は運転手さんに教えてもらおう。

バスの切符
1回券€1
　車内購入€1.50
90分券€1.30

レッチェの教会は有料に 切符売り場
住 Piazza Duomo 5
☎ 0832-1827289
開 4〜10月　9:00〜21:00
　11〜3月　9:00〜18:00
※ドゥオーモ広場の旧神学校入口（地 P.190 B1）
URL www.chieselecce.itからも購入可
共通券各種
①Antico Seminario、Museo Diocesano、Santa Croce　€5
②Cattedrale di Santissima Maria Assunta、Antico Seminario、Museo Diocesano、Santa Croce　€6.50
③Duomo（Cattedrale di Santissima Maria Assunta）、Antico Seminario　€5
④Duomo（Cattedrale di Santissima Maria Assunta）、Antico Seminario、Museo Diocesano、Santa Croce、Chiesa di San Matteo、Chiesa di Santa Chiara　€9
⑤④の家族券（大人2人+子供）Ticket complete famiglia　€19
※「歩き方」の見どころなら①を。

●サンタ・クローチェ聖堂
住 Via Umberto I 13
☎ 0832-241957
開 4〜10月　9:00〜21:00
　11〜3月　9:00〜18:00
料 共通券€5〜9

✉ レッチェからナポリへのバス
MARINO社のバスを利用しました。バスは11時30分発、16時30分着、日中はつぶれるがアドリア海を北上し景色はあきない。2階建てバスでトイレあり、革張りシートと快適。しかもバーリでトイレ休憩あり。レッチェのバス停はシティ・ターミナル、駅からは29#番のバスで行ける。チケットはターミナルで購入。
（和義君 1950　'18）

●カルロ5世の城
住 Piazza XXV Luglio
☎ 0832-246517
開 6/1〜7/15、9月
9:00(日祝9:30)〜21:00
7/1〜8/31
9:00(土日祝9:30)〜23:00
10〜5月
9:00(日祝9:30)〜21:00
休 一部の祝
※切符売り場は閉場1時間前まで
料 €3(特別展の場合は別途加算)

カルタペスタってナニ?

張り子/紙粘土細工のこと。厳しい生活のなかから生まれた民衆芸術のひとつ。誕生は17世紀頃にさかのぼり、麦わらと針金で枠組みを作り、そこに紙を貼り、キリスト像などを作ったのが始まりといわれている。貧しさのなか、身近にある素材と敬虔な心から生まれたものだ。現在も町なかには、カルタペスタの工房があり、現代的な作品も生まれている。

カルタペスタの聖人像

ノルマン様式の城 MAP P.190 B2

カルロ5世の城 ★

Castello di Carlo V カステッロ・ディ・カルロ・クイント

堅固な城塞、カルロ5世の城

カルロ5世により1539〜1549年に建造されたもの。当時たびたび襲来したトルコ軍からの防御のために町の東側に築かれた堅固な城砦。今も中世の塔が残り、中庭からもその雰囲気を知ることができる。内部にはレッチェの伝統工芸品である**カルタペスタ美術館**Museo della Cartapestaが置かれている('20年1月現在、休館中)。

バロック様式に囲まれた広場 MAP P.190 B1

ドゥオーモ広場 ★★★

Piazza del Duomo ピアッツァ・デル・ドゥオーモ

ローマ時代にはフォロ(市場)が置かれた広場で、入口には彫像が飾る門、左に**鐘楼**、正面に一段高く**ドゥオーモ**、右に**旧神学校**Antico Seminarioが置かれ、バロック様式で飾られた広大な中庭の風情だ。

ドゥオーモと鐘楼

ドゥオーモは、1659〜1670年に建立。サンタ・クローチェ聖堂の建設にも携わった**ジュゼッペ・ジンバロの傑作**と称され、バロック様式で華麗。ファサード上部に鎮座するのは、町の守護聖人サントロンツォだ。内部は抑制されたバロック様式で、一部金色に彩色されたレッチェ石や大理石の象嵌細工で装飾されている。

ドゥオーモ内の祭壇

ドゥオーモに向かった右はかつての旧神学校(セミナリオ)で、現在は**司教区博物館**が置かれた建物の中庭にあるのが**セミナリオの井戸**。レッチェ石の華麗な彫刻で飾られ、時が止まったような中庭の風情とともに印象的な空間だ。

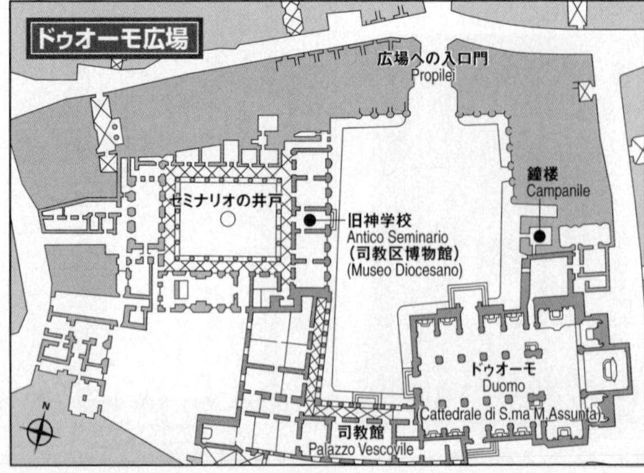

●ドゥオーモ
住 Piazza Duomo
☎ 0832-308557
開 4〜10月 9:00〜21:00
11〜3月 9:00〜18:00
料 共通券€5〜9

●旧神学校
司教区博物館
開 4〜10月 9:00〜21:00
11〜3月 9:00〜18:00
料 共通券€5〜9

セミナリオと井戸

緑の霊園に建つ、荘厳な教会 MAP P.190 A1

サンティ・ニコロ・エ・カタルド教会 ★★

Santi Nicolo e Cataldo　サンティ・ニコロ・エ・カタルド

広大な敷地にあるサンティ・ニコロ・エ・カタルド教会

城壁外の町の北西、豊かな緑が広がる墓地の敷地内にある教会。手前に広いスペースが広がる教会と塔の姿は、町中のバロック建築とはまた異なった趣で、伸びやかで荘厳な雰囲気だ。教会のファサードを飾るバラ窓は12世紀の創建当時のまま、その後バロック様式の豪華な彫刻が18世紀の改築の際に加えられた。特に、扉上部の繊細なフリーズに注目したい。

教会左側からは墓地へと通じている。この地ならではの凝灰岩に彫刻を施した豪華で華麗な墓碑は、この町の歴史と豊かさを感じさせてくれる。

サレント半島で発見された陶器類 MAP P.190 B1・2

県立シジスモンド・カストロメディアーノ博物館 ★★

Museo Provinciale Sigismondo Castromediano

ムゼオ・プロヴィンチャーレ・シジスモンド・カストロメディアーノ

ら旋を描くようにスロープが配され、サレント半島で発掘された青銅時代からローマ時代の遺物を展示。とりわけ紀元前6〜3世紀の壺のコレクションが充実している。また、1階奥の2世紀頃のトルソーはバックに再現シーンが描かれ、当時の様子を知ることができる楽しい展示となっている。

トルソーの再現画が楽しい

その他の見どころ

サンティレーネ教会内部

教会や邸宅などを眺めながらのそぞろ歩きが楽しいレッチェ。このほか、サントロンツォ広場とドゥオーモの間にある、重厚な装飾で中も外も飾られたサンティレーネ教会S.Irene、サントロンツォ広場の南にある、曲線使いが美しいサン・マッテオ教会S.Matteoなどを訪ねてみよう。

バロックの宝石箱のようなサン・マッテオ教会

●サンティ・ニコロ・エ・カタルド教会
住 Via di Cimitero
開 ㊐ 9:00〜13:00
㊏15:30〜19:30

おもな行事

聖オロンティウスの祭り(8/24〜26)
Festa di S. Oronzo

操り人形と羊飼いの市(12月)
Fiera dei pupi e dei pastori

●パスティチェリア・ナターレ
Pasticceria Natale
✉サントロンツォ広場近くにあるおしゃれなお菓子屋さん。ジェラートも絶品ですし、おみやげに最適なお菓子も各種揃っています。
(東京都　ドルチェ娘)['19]
住 Via Salvatore Trinchese 7
☎ 0832-256060
営 8:30〜24:00
休 1月　予 €2〜
C D.M.V.　地 P.190 B2

昼休みに注意

多くの商店が13:00〜16:00は昼休み。昼休みでもバールやカフェは店開きをしている。ゆっくりお昼を食べたり、外観見学にあてよう。

●県立シジスモンド・カストロメディアーノ博物館
住 Viale Gallipoli 28
☎ 0832-683503
開 9:00〜20:00
休 ㊊、1/1、5/1、12/25
料 無料
※入口は駅側の大通りにある。旧市街からは通りをグルリと回り込もう。

●サンティレーネ教会
住 Via Vittorio Emanuele Ⅱ /Via Regina Isabella 9
☎ 0832-308107
開 9:00〜13:00
夏季16:00〜20:00
冬季15:30〜19:30

●サン・マッテオ教会
☎ 0832-245035
開 4〜10月　9:00〜21:00
11〜3月　9:00〜18:00
料 共通券€5〜9

RISTORANTE HOTEL レッチェのレストラン&ホテル

オステリア・デッリ・スピリティ P.190 B2

Osteria degli Spiriti

市民公園のすぐ脇、かつての貴族の農場の建物を利用したクラシックでエレガントな店。古いレシピを大切にした土地の素材を生かした料理が味わえる。 要予約

住 Via Cesare Battisti 4
☎ 0832-246274
営 13:00～15:30、20:00～23:30
休 ㊐夜、㊊昼、10月の2週間
予 €26～77(コペルト€2)
C A.J.M.V.

カーサレッチャ・レ・ツィエ

Trattoria Cucina Casareccia Le Zie P.190 A2

気取りのない雰囲気で種類豊富なレッチェの伝統的な家庭料理が味わえる。手作りパスタ、自家製デザートなどは特に人気。ワインやオリーブ油ももちろんプーリア産のこだわり。

住 Via C. A. Costadura 19
☎ 0832-245178
営 12:30～14:30、19:45～22:30
休 ㊐夜、㊊、12/24～1/6、復活祭期間、8月下旬2週間
予 €25～30(コペルト€2)、定食€35 C A.D.J.M.V.

ストレーゲ

La Cantina delle Streghe P.190 B1

レッチェらしい古い中庭が広がるワインバー。ワインとクラフトビール(小規模の醸造所で職人が造るビール)Birre Artigianaliといっしょにプーリアの郷土料理が味わえる。

住 Piazzette Duca d'Atene 7
☎ 0832-243859
営 12:00～16:00、18:30～翌1:00
休 不定休
予 €30～60(コペルト€2)
C M.V.

★★★★★ パトリア・パレス P.190 B2

Patria Palace Hotel

玄関正面にはすばらしいサンタ・クローチェ聖堂が目の前に。室内、大理石の浴室、ロビーともに落ち着きのあるエレガントな内装。レッチェで最も優美なホテル。

URL www.patriapalacelecce.com

住 Piazzetta Gabriele Riccardi 13
☎ 0832-245111
Fax 0832-245002
SB €91/136.50
TB €117/202
室 67室 ビュッフェの朝食込み W-Fi
C A.D.J.M.V.
交 サンタ・クローチェ聖堂から1分

★★★★ サンタ・キアーラ P.190 B2

Suite Hotel Santa Chiara

町の中心にある1700年代の邸宅を改装したブティックホテル。朝食が好評で、ルーフガーデンからの眺めがすばらしい。スタッフも親切。

URL www.santachiaralecce.it

住 Via degli Ammirati 24
☎ 0832-304998
TB €90/140、120/160(バス付)
室 21室 朝食込み W-Fi
C D.J.M.V.
交 ドゥオーモから徒歩2分

★★★★ グランドホテル・ティツィアーノ

Grand Hotel Tiziano P.190 A1

広々とした清潔でモダンな客室、明るいダイニングルーム、プールなど設備も充実のリピーターが多い大型ホテル。レンタカー派にうれしい無料駐車場あり。市内観光用の貸自転車もあり。

URL www.grandhoteltiziano.it
住 Via Porta d'Europa
☎ 0832-272111
SB €54/136
TB €63/148
室 273室 朝食込み W-Fi
C A.D.J.M.V.

★★★★ グランド・ホテル・レッチェ

Grand Hotel Lecce P.190 B1

駅そばで便利。fs駅から大通りを約150m。1900年代はじめの古きよき時代の雰囲気を残し、最近の改装で新しい設備が整ったホテル。木々の繁る庭園にはプールも完備。

URL www.grandhoteldilecce.it
住 Via Oronzo Quarta 28
☎ 0832-309405
SS SB €48/82
TS TB €61/156
室 53室 朝食込み W-Fi
C A.D.M.V.

B&B ラ・テラッツァ

B&B La Terrazza P.190 A2

市民公園近く、風情ある邸宅内にあるB&B。エレガントなリビングと明るい客室は、雰囲気もよい。日光浴にもピッタリの緑のテラスもある。

URL www.laterrazza-beb.com

住 Via di Casanello 39
☎ 0832-301747、343-3169952
SB €35/50 TB €65/75
室 5室 朝食込み W-Fi
休 10月上旬～11月末
C 不可

チェントロ・ストリコ B&B

Centro Storico B&B P.190 B2

中心街のサントロンツォ広場近くにあるB&B。町を見下ろすルーフガーデンや、エアコン、無料パーキングなど設備も充実。1ベッド追加につき€20

読者割引 本書呈示で€5、3泊で€10

URL www.bedandbreakfast.lecce.it
住 Via A.Vignes 2/B
☎ 328-8351294、0832-242727
SB €45/60 TB €80/90
3B €110/140
室 6室 朝食込み W-Fi
C A.D.J.M.V.

※レッチェの滞在税 5～9月にYH €1 B&B ★～★★★★€2 ★★★★★€3 10～4月は半額。最長5泊、12歳以下免除

美しい海岸線を求めてレウカ岬へ
Capo S.Maria di Leuca

長靴型と呼ばれるイタリア半島。その踵部分に広がるプーリア州の南側かかとのヒールの部分が、サレント半島だ。イオニア海とアドリア海に挟まれ、入江や切り立った崖が続き、見張りの塔が点在する。オリーブの林、独特の文化、優しい人々、素朴で豊かな食など。夏のリゾートとして最近人気のエリアだ。

断崖とエメラルドグリーンに透き通る海。どこまでもすばらしい景観が続くサレント半島

美しい海岸線が続く、州の先端のレウカ岬からオートラントまでの海岸線を楽しもう。夏季限定のサレント・イン・バスもほぼ同じ経路を運行する。

■マリーナ・ディ・レウカ Marina di Leuca

灯台のある広場から見た、マリーナ・ディ・レウカの町。下の埠頭などから洞窟クルーズが出航

イオニア海とアドリア海を分ける最端の岬がサンタ・マリーナ・ディ・レウカ岬Capo S.Marina di Leuca。眼下にはイオニア海とアドリア海が交わり、入江の先には、色とりどりの家が並ぶマリーナ・ディ・レウカの町が広がっている。言い伝えによれば、東方から流れ着いた使徒ペテロがここからイタリアでの布教を始め、「生涯に一度、否、霊魂になってからでもこの町を訪れるように」と説いたとされる美しい場所だ。

サンタ・マリーナ・ディ・レウカ岬の灯台

紺碧の海を見守るかのように高台には高さ47mの灯台とサンタ・マリア・レウカ聖所祈念堂が堂々と建つ。祈念堂前の広い広場の脇から階段を下ると、海へ下りることができ、階段の途中に建つ円柱はプーリア水道の終点を示している。

聖所祈念堂の広場や町の海岸線（夏は海水浴場）近くからは、洞窟巡りの遊覧船が運航している。時間があれば、美しい海と自然がよく残された洞窟巡りを楽しみたい。庶民的なリゾートでもあるマリーナ・ディ・レウカの町は、夕方には海岸通りにみやげ物や日用品などの屋台が並び、そぞろ歩きも楽しい。

レウカ岬で洞窟クルーズ
Escursioni in barca alle grotte marina di leuca

イオニア海とアドリア海の洞窟をボートで訪ねるツアー。9:00〜18:00頃、ほぼ1時間間隔の運航、所要1時間30分、料金€15。聖堂近くや海岸通りの小屋で申し込む。URL www.levcagrotte.com/

サレント半島への行き方

夏季ならばサレント・イン・バスを利用するのが便利。バスの起点はレッチェが便利。それ以外の季節ならレンタカーがおすすめ。大きな町の中心部へ入らなければ、難しいことはない。宿泊地も自由に選べるし、すばらしい海岸線を眺めながらのドライブは楽しい。車利用で宿泊する場合は、町のやや外で駐車場完備のところを選べば安心。ブリンディシ空港をはじめ、各空港にはレンタカー各社が揃っている。

幹線道路とサレント・イン・バス路線、私鉄Sud-est線の中継点が内陸のマリエMaglieの町。車でブリンディシやレッチェから走る場合は、マリエの標識を目印に(町に入らず)走ろう。サレント・イン・バスもマリエの町で乗り換えた方が時間の短縮になる場合もある。

夏季限定
便利なサレント・イン・バス

夏季のみサレント半島を回る便利なバスが運行している。このバスを使えば町や海辺のアクセスが容易。'19年の運行期間は6/1〜9/30、例年この期間頃に運行される。年により、運行ルートは変更になる場合もあるので、ホームページなどで確認を。

このバスの主要始発地となるのがレッチェ(→P.189)とマリエMaglie。レッチェからサンタ・マリア・ディ・レウカ(Linea 107、1日2〜7便、€5)まで約1時間30分。

URL www.provincia.le.it
☎ 344-2274620

民族舞踊、「タランテラ」で使われるタンバリン

いたる場所で見られる海の洞窟。先史時代には住居として利用され、絵が残るものもある

オートラント

Otranto

イタリア最東端の町

●郵便番号　73028

オートラントへの行き方

■**鉄道**
レッチェから私鉄スド・エスト(Sud-est)の列車で1時間30分〜2時間42分。直通はなくZollino、Maglieで要乗り換え。1日6〜10便。切符€3.50
私鉄スド・エスト(Sud-est)鉄道
URL www.fseonline.it
時刻表の検索可

■**夏季限定サレント・イン・バス**
レッチェからサレント・イン・バスのLinea110で所要約1時間、1日8便、€2.80

海に迫るオートラントの町

イタリア半島の最も東に位置する町で、迷路のような路地にはカラフルな地元産の陶器を売る店が並び、坂道の先には美しい海が広がる。

町を守る堅牢な城塞がのどかな港町に不釣合いな気がするが、大聖堂へ出かけると、その謎も解ける。1480年、トルコ軍が嵐を避けて、オートラントに上陸。町の人々は2週間もの間、抵抗を続けたものの町は壊滅的に破壊され、イスラム教への改宗を強制された。そして、これを拒んだ住人800人が殺害されたのだった。この凄惨な戦いを契機に、町を防御する城壁が築かれ、大聖堂の祭壇右側にはこの時の犠牲になった人たちの頭蓋骨が今も祀られている。

現在の城塞からは、白いヨットが浮かぶ美しい海が広がり、その脇には海水浴やダイビングに興じる人たちを眺められる平和な光景が広がっている。

●オートラントのⓘI.A.T.
住 Piazza Castello 5
☎ 0836-801436
開 夏季　9:00〜13:00
　　　　16:00〜19:30
　冬季　8:00〜14:00
休 ㊐㊗

●バスターミナル
Autostazione
住 Via Giovanni Paolo Ⅱ

おもな行事
殉教聖人の祭り(8月)
Festa dei Santi Martiri

夏はSalento in Bus
夏季にはレッチェやオートラント、州の北側のサレント半島を結んでバス「サレント・イン・バス」が頻繁に運行する。(→P.169)

プーリア州で最大規模を誇る MAP P.196 A1

大聖堂 ★★★

Cattedrale　カテドラーレ

簡素なプーリア・ロマネスク様式のファサード

アラブ・ゴシック様式の大きなバラ窓が正面を飾る大聖堂。プーリア州で最大の聖堂であり、ロマネスク様式の傑作と称されている。

円柱が並ぶ内部の床一面には**モザイク**が残され、これも南イタリア最大規模のモザイクだ。1163〜1166年に修道士により描かれたモザイクは、聖堂中央の床に、「生命の木」と呼ばれる寓意画を中心に、聖書やブルターニュ騎士道物語、星座の十二宮にまつわる暮らしが描かれている。回廊部分は、アレクサンダー大王とアーサー王の物語で縁取られている。ビザンチン、ギリシア、ノルマンと、さまざまな要素が組み合わされ、壮大な物語を刻んだモザイクはこの町でしか見ることができない貴重なものだ。

聖堂内の正面右の礼拝堂に、オートラントの殉教者Martiri di Otrantoの聖遺物（頭蓋骨）が納められている。さらに地下には11世紀のクリプタがあり、美しい柱頭を持つ68本もの柱が密に並んだ荘厳な空間。一部にビザンチン時代のフレスコ画を見ることができる。

左）広大な床一面を覆うモザイク。中央扉近くから「生命の木」が枝を伸ばす　中）殉教者の礼拝堂。窓のように見える部分に殉教者の骨が祀られている　右）力強い「生命の木」の一部分

アドリア海を見下ろす MAP P.196 B2

アラゴン城 ★

Castello Aragonese　カステッロ・アラゴネーゼ

町を縁取る堅牢な城壁と城塞

1480年のトルコ軍の襲来を機に、アラゴン家が町の防御のために建設した城塞。5角形の平面に3つの塔を従えた独特のフォルムで、テラスからはアドリア海のすばらしい眺めが広がる。

ビザンチン時代のフレスコ画が残る MAP P.196 A2

サン・ピエトロ教会 ★

San Pietro　サン・ピエトロ

ビザンチン時代に建てられ、内部は三廊式のギリシア十字架形。8本の円柱が並び、そのうちの4本がクーポラを支える。左側廊には、ビザンチン時代のフレスコ画が残る。

NAVIGATOR

オートラント駅から市内へは駅前の道Via Stazioneを約100m進み、右に曲りすぐ左の坂道をひたすら下りていくと、海岸通りに出る。海沿いから町へ入ろう。または、城壁沿いに歩けば城塞手前に町への入口がある。ⓘは駅から町へ向かう道沿いと城塞下の近代的な建物の一角にある。

●大聖堂
住 Piazza Basilica
開 7:00〜12:00
15:00〜19:00
（冬季17:00）

✉ 海に面したリゾート

お城の前には海が広がり、小高い小さな丘に旧市街が広がります。海を感じる白い坂道におみやげ屋やレストラン、B&Bが続き、そぞろ歩きが楽しい町です。ⓘの近くに路上駐車のスペースがありますが、町に入る少し手前に広い駐車場があります。旧市街には車は入れません。
（東京都　純子　'18）

●アラゴン城
☎ 0836-210094
開 10:00〜13:00
15:00〜20:30
（日祝22:00）
料 €5（特別展の場合€7）、地下部分のみ€3

●サン・ピエトロ教会
開 6/1〜9/30のみ
10:00〜13:00
16:30〜19:30

ターラント

Taranto

交錯する古代ギリシアの影

●郵便番号　74100

●ターラントの ⓘ
Puglia Promozione
住 P.za Castello
Castello Aragonese内
☎ 334-2844098
開 9:00～18:00
休 1/1、12/25
地 P.198 B2
※住 Corso Umberto 113
にもあり

NAVIGATOR

見どころは小さな範囲内なので、徒歩での観光が可能だ。新市街から鉄道駅までは距離があるのでバスを利用するとよい。駅前からは1、2、3、8番などほとんどのバスが新市街までを結んでいる。旧市街は軽々しくは入り込めない雰囲気がある。一般的な警戒は怠らないで気を引き締めて歩こう。

市内バス
1回券€1（車内購入€1.50）
1日券€2.60

新市街からアラゴン城を眺める

日曜日・祝日の鉄道移動

プーリア州内のトレニタリア、スド・エスト鉄道は、日曜日、祝日の運行は大幅な減便となる。バスの代行運行もあるが、本数は多くないので、鉄道での移動を考える場合は、日曜日・祝日は避けたほうがよいだろう。

おもな行事

聖劇の行列（聖金曜日）
Processione dei Misteri

聖カタルド祭（5月）
Festa di S. Cataldo dei pastori

ステッラ・マリス祭（9月）
Festa della Stella Maris

フォンターナ広場から旧市街を望む

ふたつの海に挟まれ、東西に広がるターラント。その歴史は紀元前8世紀にまでさかのぼる。ギリシア人たちが住んだ時代、アテネ文化が大輪の花を咲かせ、この町は**マーニャ・グレーチャ**の中心地として栄えたのだった。その栄華はすでに地下に埋没しているが、大量の遺品が出土し、はるかいにしえの繁栄をしのばせる品々には**国立考古学博物館**で出会うことができる。

町はいくつもの顔を見せる。**旧市街**はどこか人を寄せ付けないよう

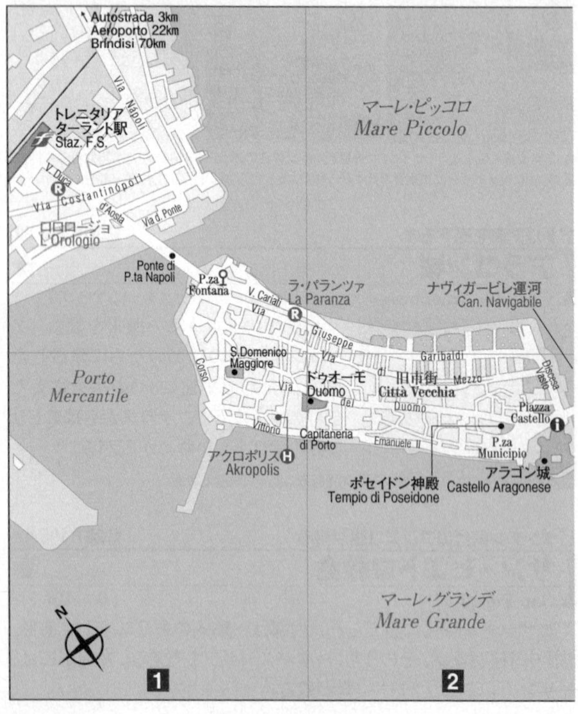

な古い町並みが続き、小路には光が届かず、日中でもやや薄暗い。しかし、ドゥオーモ内部には美しい至宝が残る。新市街へ向かう途中には、紀元前6世紀に築かれた**ポセイドン神殿の名残**が見られ、確かにここがマーニャ・グレーチャの地であったことを教えてくれる。

城砦として機能したアラゴン城を越えて、ジレヴォレ橋を渡ると**新市街**だ。アラゴン城を見下ろし、磨かれたような敷石が広がる海岸通り、1860年代に整備された碁盤目状の道には街路樹が続き、散策が楽しい。

ターラント駅

軍港を抱えたターラントは**水兵の町**でもあり、白いセーラ服姿が闊歩する。旧市街のマーレ・ピッコロではムール貝の養殖が盛んで、屈強な若い漁師が忙し気に働く姿が見られる。

ターラントへの行き方

鉄道で行くには

- ナポリ→ターラント　fs線　直通便は1日3便(IC 2便、R 1便)　所要時間4時間～4時間30分
- ブリンディシ→ターラント　fs線　直通便は平日7便　日・祝日は3便　所要時間56分～1時間13分
- バーリ→ターラント　fs線　直通便は平日15便　日・祝日は10便　所要時間1時間6分～1時間22分

バスで行くには

- ナポリ→ターラント　MICCOLIS　約4時間30分～5時間(1日2便)€11.50
- マテーラ→ターラント　MICCOLIS　約2時間(1日2便)€10.40

車で行くには

- バーリ→(A14)ターラント　●レッジョ・ディ・カラーブリア→(S106)→ターラント

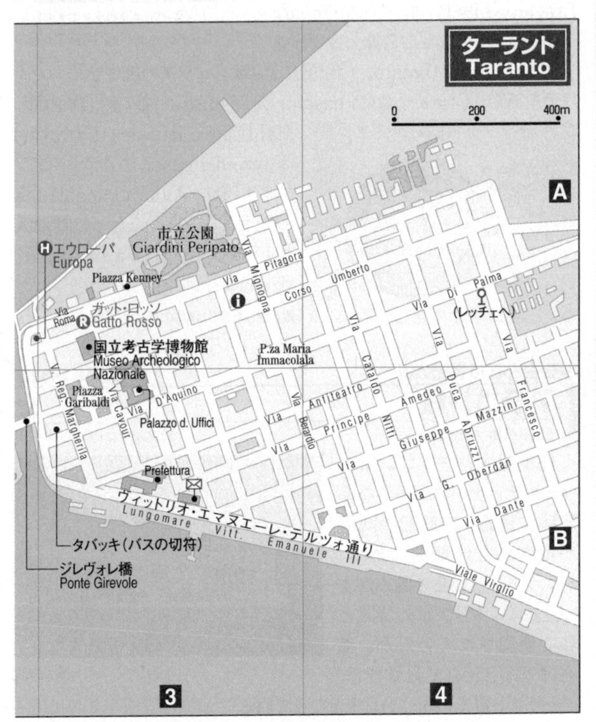

✉ターラントからマルティーナ・フランカへ

平日でも電車はほとんど運行されておらず、移動はバスが便利。ターラントの旧市街に宿を取っているなら旧市街入口の噴水広場P.za Fontanaからの乗車が便利、バス停は鉄道駅から旧市街入口の噴水広場を正面にして左側。ここには市内バスの案内しかないが、毎時1本くらいの頻度で運行されているよう。バスに行き先表示があり、手を挙げると停まってくれる。ここからマルティーナ・フランカまでは約40分、運転手に降りたい付近(例えば9月20日広場など)を伝えておけば教えてくれる。バスはポートマーレからも出ているが頻度が少ないうえ、他の都市へのバスが頻繁に出てるためわかりづらい。ただ、切符はここの販売店で購入できるし売っている人は親切に時刻表などを教えてくれる(ただし、どこから乗車したいのかの意志を伝えること)。
(静岡県　美佐子1952　'19)

✉バーリからターラントへ

バーリからfs線を利用してターラントへ向かいました。私たちは歩いて町へ。駅前通り右側の「歩き方」記載のトラットリア・ロロロージョのメニューを見るとプリモが€3～でセコンドが€5～この町の物価の安さにビックリ。橋を渡ると、旧市街が広がり、ドゥオーモへはこの古色蒼然とした町並みを歩きます。少し荒れた雰囲気ですが、ドゥオーモの象嵌細工の美しさに感嘆しました。続いて、新市街へ。アラゴン城周辺から近代的な雰囲気になり、海の美しさも格別。海辺の散歩道は日差しと海風がとても気持ちよい場所でした。国立考古学博物館は、近代的で展示品も見事な物ばかり。その後はゆっくりおいしい魚介類中心のランチをして、海沿いを歩いて駅へ向かいました。海沿いではムール貝がたくさん水揚げされていました。バーリからの楽しいショートトリップでした。(東京都　夏美　'16)

●国立考古学博物館
MARTA
住 Via Cavour 10
☎ 099-4532112
URL www.museotaranto.biniculturali.it
開 8:30～19:30
　㊐㊗ 9:00～13:00
　　　15:30～19:30
休 ㊊、1/1、5/1、12/25
料 €8
※切符売り場は18:45まで、退出は19:15～
※第1㊐は無料

海辺の散歩道
地 P.199 B3・4
ヴィットリオ・エマヌエーレ・テルツォ通り
Lungomare Vittorio Emanuele Ⅲ
ルンゴマーレ・ヴィットリオ・エマヌエーレ・テルツォ

新市街のマーレ・グランデ沿いの850mほどが海辺の散歩道になっている。ヤシの木が立ち並び、ちょうどよい木陰の下に家族連れやカップル、水兵らが散歩を楽しんでいる。広々とした眺めが格別だ。特に夕暮時は凪の海が黄昏色に染まり、ドラマチックと呼べるほどの美しい空が広がる。

眺めのすばらしい海辺の散歩道

●アラゴン城
住 Piazza Castello
☎ 099-7753438
　(㊊～㊎9:00～12:00)
URL www.castelloaragonesetaranto.com
開 9:30、11:30、14:00、16:00、18:00、20:00、22:30、24:00、1:30
料 無料
※ガイド付き見学。所要1時間～1時間30分
※新市街に入る手前、旧市街側に入口あり

おもな見どころ

かつての繁栄を垣間見る
MAP P.199 A3

国立考古学博物館 ★★★

Museo Nazionale Archeologico di Taranto　ムゼオ・ナツィオナーレ・アルケオロジコ ディ・ターラント

斬新な展示が迎えてくれる入館入口

1887年、かつての修道院を改装して誕生した博物館で、**南イタリア屈指のもの**。ターラントとその周辺地域からの出土品を展示し、先史時代から栄華を誇ったマーニャ・グレーチャの歴史と高い芸術性を知るには必見の見どころだ。

見学は、2階（1° Piano）と3階（2° Piano）。見逃せないものは以下の通り。とりわけ、11～12室の2～4世紀の女性の副葬品である一連の**金細工**は名高いもの。2階（11室）**「小舟のイヤリング」**Orecchino a navicella、「腕がクロスするクルミ割り」Nucifrangibulum(sciaccianoci)、(12室)**「金の王冠」**Diadema in oroや「宝石入れ」Teca portagioi。(13室)「ヘラクレスの頭部像」Testa di Eracle、(14室)「メトープ」Metopaなど。3階（第1室）**「ゼウス像」**（ウジェント出土）Zeus di Ugento、(第2室)「ディオニュソスの誕生を描いたクラテル（壺）」Cratere della nascita di Dionisio、(第7室)**「魚を配した杯」**Coppa laconica(Kylix) del pittore dei pesci、「アテナのアンフォラ（壺）」Anfora Panate、**「海の精セイレンをかたどった精油入れ」**Balsamario a forma di sirenaなど。

金細工は副葬品と考えられる。「小舟のイヤリング」の細工が見事

「魚を配した杯」は傑作のひとつ

今も生きる15世紀の城
MAP P.198 B2

アラゴン城 ★

Castello Aragonese　カステッロ・アラゴネーゼ

15世紀末にアラゴン家のフェルディナンドが小さな要塞跡に建造。円筒形の隅塔が配された伝統的な形で、ジレヴォレ橋からの眺めがよい。長くイタリア軍の施設として使用されていたが、現在はガイド付きで見学でき、ターラント観光の新しい目玉となっている。

今、注目の観光施設

旧市街の至宝 MAP P.198 B1・2

ドゥオーモ ★★

Duomo ドゥオーモ

サン・カタルド礼拝堂

さまざまな時代の痕跡を随所に見せる11世紀の教会。町の守護聖人サン・カタルドを祀ってあることから、サン・カタルド教会とも呼ばれる。ファサードはバロック様式、側面にはロマネスク、クーポラはビザンチン風と、時代の遍歴を多方面から見ることができる。内部は3廊式で、右奥のサン・カタルド礼拝堂Cappella di S. Cataldoの大理石の象嵌細工は華やかで見事のひと言に尽きる。

●ドゥオーモ
住 Via Duomo
☎ 099-4608268
開 8:00～12:45
（日祝12:30）
16:30～19:30

バロック様式のファサード

ギリシア植民の礎の地 MAP P.198 B1・2

旧市街 ★

Citta Vecchia(Tarant Vecchia) チッタ・ヴェッキア(ターラント・ヴェッキア)

全長1km足らずの小島。もとは現在の新市街と陸続きであったが、ナヴィガービレ運河が開通したため孤立した。ギリシアの植民都市としてここから繁栄を始め、往時には新市街Via Leonida（ヴィア レオニダ）付近まで町は拡大した。現在の旧市街は、のんきな顔では入り込めない独特の雰囲気がある。フォンターナ広場Piazza Fontanaからマーレ・ピッコロへと魚屋や小さな漁船の波止場が並んでいる。

マーレ・ピッコロ沿いには、魚市場や直売所が

RISTORANTE HOTEL ターラントのレストラン&ホテル

ガット・ロッソ P.199 A3

Trattoria Gatto Rosso

国立考古学博物館近くの歴史のあるトラットリア。新鮮でおいしい、ターラント(魚介)料理が手頃な値段。生の赤エビやカキなどが揃い、町の食通が集う店。アドリア海の魚介を食べるならターラントに行け！と思うぐらい充実。

住 Via Cavour 2
☎ 0994-529875
営 12:30～15:00、19:30～24:00
休 月、9月の2週間
予 €25～60
C M.V.
交 国立考古学博物館から1分

ラ・パランツァ P.198 A1

La Paranza

旧市街にあるターラント料理の店。マーレ・ピッコロの波止場に面して建つ。ターラント湾から水揚げされた新鮮な魚介料理が味わえる。グリルや揚げ物がおすすめ。 日本語メニュー

住 Via Cariati 68
☎ 0994-608328
営 12:00～14:30、19:30～22:00
休 無休
予 €20～45(コペルト€2)、定食€27、30
C A.D.J.M.V.

ロロロージョ P.198 A1

Trattoria L'Orologio

1983年から続く家族経営のトラットリア・ダ・ウーゴがfs駅近くに移転し、名前も変更。規模が大きくなったが、町の食堂という雰囲気はそのままで、ターラントの海の幸が手頃な料金で味わえる。

住 Via Duca d'Aosta 27
☎ 0994-608736
営 12:00～14:30、20:00～22:30
休 土夜、日祝 予 €10～20 C 不可

★★★★ ホテル・エウローパ P.199 A3

Hotel Europa

ジレヴォレ橋を渡ってすぐ、新市街の入口に位置し、観光に便利な立地。海を望む、エレガントな雰囲気。郷土料理を味わえるレストラン併設。

URL www.hoteleuropataranto.it

住 Via Roma 2
☎ Fax 0994-525994
SB €90～
TB €100～
室 43室 朝食込み
C A.D.M.V.

★★★★ アクロポリス P.198 B1

Hotel Akropolis

町の歴史を物語る19世紀の館にあるホテル。テラスからはマーレ・グランデとマーレ・ピッコロのふたつの湾のパノラマが広がり、春から夏にかけて郷土料理とワインが楽しめる。

読者割引 土日15%

URL www.hotelakropolis.it
住 Vico I Seminario 3
☎ 0994-704110
Fax 0994-761539
TB €100～ JS €135/165
室 14室 朝食込み W-F
C A.D.M.V.

プーリア州の料理は、豊かな前菜と魚介の生食、そして揚げ物

一般的なトラットリアの前菜。いろいろな食材がたっぷりでプーリア州の前菜の典型

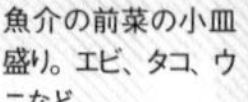
魚介の前菜の小皿盛り。エビ、タコ、ウニなど

みごとな前菜が並ぶのがプーリア州の食卓だ。**サラミ**Salamiや**生ハム**Prosciuttoなどの加工肉系、**フォカッチャ**、**ブルスケッタ**などのパン系をはじめ、**キノコ**Funghi、**ナス**Melanzane、**ズッキーニ**Zucchiniなどの季節の採れたて野菜を使ったグリルやパン粉をかけた**グラタン**Gratinatiや**詰め物**ripieno、保存食の**野菜のオイル漬け**sott'olioや**酢漬け**sott'aceto、これに**魚介類のサラダ**Insalata di frutta di Mare、フレッシュな**ブッラータチーズ**Burrata、焼いた**スカモルツァチーズ**Scamorza、**カボチャの花のフライ**Fritti di fiori di Zuccaなどなど。特産の緑・黒・茶色の**オリーブ**も欠かせない。さらに生＝クルードCrudoの**カキ**Ostriche、**ウニ**Riccio di Mare、**貝類**、**エビ**、**魚**なども並ぶ豪華さだ。

刺身のような生（クルード）が食べられるのが日本人好みだ

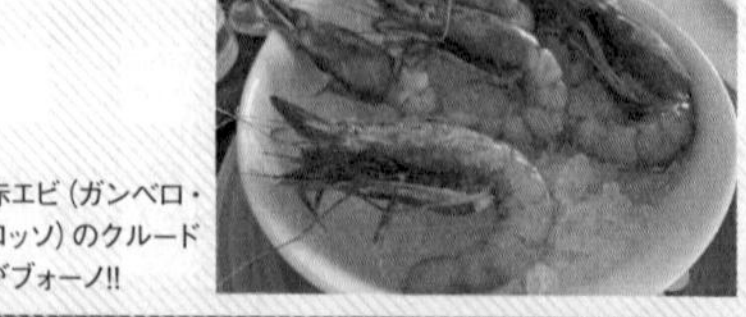
赤エビ（ガンベロ・ロッソ）のクルードがブォーノ!!

ズラリと並んだプーリアの前菜。バンケットのひとこま

パスタは手作りパスタで有名だ。今では工場生産されイタリア中で目にするが、本来は自家製で指や小さな器具で形作ったもので、耳タブのような**オレキエッテ**Orecchietteや小さな巻貝のような**カヴァテッリ**Cavatelliがよく見られる。いずれもシンプルなソースで和えられ、オレキエッテはニンニクとアンチョビーで風味をつけ、菜の花に似た野菜のチーマ・ディ・ラーパで和えたオレキエッテ・コン・チーマ・ディ・ラーパOrecchiette con cima di rapaが最もポプュラーな1皿。カヴァテッリはムール貝とトマトを合わせた**カヴァテッリ・コン・レ・コッツェ**Cavatelli con le Cozzeなどに料理される。

トマト味のシンプルなオレキエッテの一皿

カヴァテッリ（巻貝のような形）はトマトソースをはじめ、魚介と合わせることが多い

ソラマメFaveの料理は中部イタリアから南イタリアで見られ、**チコリア・コン・ラ・プーレ・ディ・ファーヴェ**Cicoria con la purea di faveはゆでたチコリアと乾燥ソラマメのピューレを盛り合わせたもので、前菜またはプリモとして食べられる地元の人に人気のある1皿だ。生のソラマメと塩豚を蒸し煮にしてパスタと合わせた**パスタ・エ・ファーヴェ**Pasta e faveは初夏限定の飾らない料理。

タップリの前菜がサービスされるためか、セコンドではあまり目立った料理はないが、山がちな町では豚、羊やヤギ、臓物類、海沿いでは魚介類が主流だ。

サルシッチャ(生ソーセージ)の串焼きは定番のセコンド

豚肉はハムやサラミ、生ソーセージ=**サルシッチャ**Salsicciaなどに加工される。サルシッチャは焼いたりgrigliata、煮込みin umidoなどに料理される。**羊**をオーブンでローストした**アニエッロ・アル・フォルノ**Agnello al forno、トマトソースで煮込みローズマリーやサルヴィアなどのハーブで香り付けした**アニエッロ・アッレ・エルベ**Agnello alle erbeも人気の料理。

子羊のグリルはやさしい一皿

フレッシュチーズはぜひ味わってみよう。**モッツァレッラ**Mozzarellaをはじめモッツァレッラに生クリームを詰めた**ブッラータ**Burrata、さらにこのふたつが混然となった**ストラッチャテッラ**Stracciatellaはこの土地でしか味わえないものだ。

プーリア州のチーズいろいろ

アペリティーヴォのおつまみにぴったりなタラーリ

カンパニア州やバジリカータ州でも見られるリング状の**タラーリ**Taralliはバリエーションが豊富で前菜やおやつにも欠かせないもの。オリジナルは小麦粉とオリーブ油、塩を混ぜで練り、リング状にしてから、一度ゆでてから焼いたもの。塩味のほかフェンネル、炒めた玉ねぎ風味などの塩味系は**おつまみ**に。**菓子系**は大き目に作られ、チョコで風味付けしたり、砂糖をまぶした物はおやつにピッタリ。日持ちもするので、おみやげにも最適だ。

デザートのお菓子としての大型タラーリ

カスタードクリームやリコッタチーズなどをつめた小型のタルトは**ボッコノッテ**Bocconottoや**パスティチョット**Pasticciottoは、サクサクとしたアッサリとした味わい。

プーリア州のワイン

イタリアを代表する最高格付けのDOCGワインは、**カステル・デル・モンテ・ボンビーノ・ネーロ**Castel del Monte Bombino Nero (ロゼ)、**カステル・デル・モンテ・ネーロ・ディ・トロイア・リセルヴァ**Castel del Monte Nero di Troia Reserva (赤)、**カステル・デル・モンテ・ロッソ・リセルヴァ**Castel del Monte Rosso Riserva (赤) などの4種類。いずれも世界遺産のカステル・デル・モンテ周辺で産出される。

また一大観光地のアルベロベッロ近くの**ロコロトンド**Locorotondoや**マルティーナ・フランカ**Martina Francaも白ワイン産地として知られている。生産地の真ん中ではその地のワインを飲んでみよう。

また、プーリア州特にサレント半島の町ではたくさんのテーブルで**ロゼワイン**=ロサートrosatoが飲まれていることに驚かされる。イタリア産ロゼの半分以上がプーリアで産し、色合いもオレンジ、薄ピンク、薄ガーネットとさまざまで、味わいも複雑な果実味を感じさせるものから軽やかなものがあり、今までのロゼのイメージを変えてくれる。

また、固有(土着)品種の宝庫でもあるプーリア州は今後注目のワイン産地だ。

モンテ・サンタンジェロ 世界遺産

Monte Sant'Angelo

大天使ミカエルが舞い降りた地、モンテ・サンタンジェロ。プーリア州西側、アドリア海に面した**ガルガーノ半島**Promontorio del Garganoの高台に位置し、遠く海を見下ろし、段丘上に切妻屋根の白い家々が続く風景は1枚の絵画のように美しい。

切妻屋根の白い家が続く独特の屋並み

この町には490、492、493年の3度にわたり大天使ミカエルが現れたという。「最も神に近い天使」として、中世から南イタリアをはじめ、ヨーロッパでは**「大天使ミカエル」**＝サン・ミケーレへの信仰があつく、以降、町は一大巡礼地として発展していった。今も門前町の風情を残し**聖所祈念堂**Santuario de San Michele Arcangeloへ通じる路地には露店が店を並べにぎわいが楽しい。フランスのモン・サンミッシェルから続く「ロンゴバルドの聖なる道」の巡礼路の最終地でもある。

大天使が出現したとされるのは、聖所祈念堂の地下の礼拝堂の**「大天使の洞窟」**Grotta dell'Arcangeloだ。5～8世紀、当時この地を治めいていたロンゴバルド族が聖域とし、さらに13世紀にはシチリア王カルロ1世＝シャルル・ダンジューにより「サン・ミケーレの聖域」として整備され、2011年には**世界遺産として登録**された。洞窟手前部分はカルロ1世によるゴシック様式で、世界遺産に登録されたのはアーチを描く地下部分だ。

聖所祈念堂のファサードを飾る「大天使ミカエル」

ロターリの墓から坂を下れば、白い家々が続き、フォトジェニックな風景が広がる。そのまま階段と坂道を下りVia Panoramica手前のダウノ広場あたりまで散策してみよう。見上げれば、南イタリアならではの太陽の下、白い家々が圧倒的なスケールで迫ってくる。

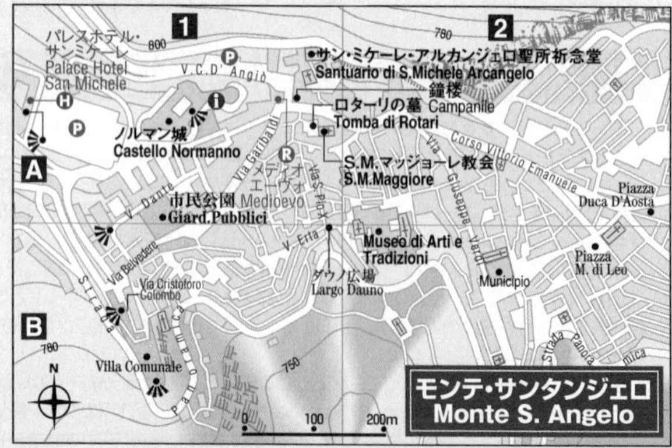

世界遺産

イタリアのロンゴバルド族の繁栄を伝える地

「サン・ミケーレの聖域」

登録年2011年　文化遺産

モンテ・サンタンジェロへの行き方

■列車＋バス

最寄り駅はfs線フォッジアFoggia。バーリ中央駅からFBフレッチャビアンカで1時間4分、ICで1時間15分、RVで1時間23分～1時間29分、Rで1時間32分～1時間42分。1時間に1～3便。

フォッジア駅前からSITA Sud社のプルマンバス741番でマンフレドニアManfredonia乗り換えで所要1時間45分。一部直通あり。バスのほとんどは新市街入口のPiazza Marconeが終始点。旧市街の聖所祈念堂までは約600m坂を上る。平日は1時間に1便程度、㊐㊗はフォッジア発7:45、14:00、22:10のみ。モンテ・サンタンジェロからフォッジア行きは平日の早朝（6:45発）のみ旧市街のドゥーカ・ダオスタ広場Piazza Duca d'Aostaからの発車あり。

URL www.sitasudtrasporti.it

■プルマンバス

夏季（2019年は5/31～9/22）のみ、METAUROBUS社のGargano Easy to Reachと名付けた夏季特別便がバーリ空港からマンフレドニアのモンテ・サンタンジェロ行きのバス停そば（Via Gargano /Via Monte Baroneの角）まで1日4便（空港発9:30、12:45、17:15、24:15）運行。所要1時間40分。下車後、上記バスに乗り換えて、約30分。

●モンテ・サンタンジェロのⓘ

住 Largo Roberto il Giuscardo 2 ノルマン城内

☎ 0884-562062

開 9:00～13:00 14:30～19:00

※Via Reale Basilicaにもあり

絶景ポイントは？

絶景スポットは、ホテル・パレスの玄関手前のテラスやその手前の駐車場から坂を下った緑地帯のVia Cristoforo Colomboの先や、その手前を左折したVia Belvedereとその先の市民公園Giardino Pubbliciなど。ゴツゴツとした石灰岩の岩肌の下、白い家並みとタヴォリエーレ平野の先に弧を描くマンフレドニア湾が広がっている。

●サン・ミケーレ・アルカンジェロ聖所祈念堂
Basilica Santuario di S.Michele Arcangero

入口右に建つ塔はカルロ1世がカステル・デル・モンテ(世界遺産)をモデルに建てさせた八角形。高みから大天使が見守る祈念堂は入口から大階段が続き、導かれるままに到着するのが『**大天使の礼拝堂**』だ。天然の洞窟をそのまま利用した内部は横に広がり、薄暗く、ゴツゴツした岩肌が天蓋のようで神秘的で荘厳な空間だ。ここに大天使が現れたとされている。正面の祭壇にはA.サンソヴィーノによる『**聖ミカエル**』が剣を手に黄金の羽を広げ、左にはライオンの台座に支えられた司教座が鎮座している。

大天使が舞い降りた洞窟。ミサの時間は熱心な信者で立すいの余地もない

洞窟を出た右のエレベーター近くからは**付属博物館**Musei TECUMへと続き、祈念堂からの彫刻、金細工、フレスコ画をはじめ大天使にまつわるさまざまなものを展示。この入口そばから扉を開けて階段を下ると、ロンゴバルド時代の遺物が展示され、さらに奥にロンゴバルドおよびそれ以前に遡る**オリジナルのクリプタ**を見ることができる。

●ロターリの墓
Tomba di Rotari

ロターリの墓外観。左が入口

ロンゴバルド王の墓と呼ばれているが、一部を残し12世紀に再建された洗礼堂。入口には**聖母子のレリーフ**が刻まれ、内部は石を積み上げた見上げるほどの高いドームの下に広々としたスペースが広がり、まさにロンゴバルド的空間だ。壁面には「十字架刑」のフレスコ画が描かれ、アーチを描く飾り柱の**柱頭彫刻**はそれぞれが異なる。隣の**サンタ・マリア・マッジョーレ教会**の**扉口の彫刻**にも注目を。いずれもプーリア・ロマネスクならではの大らかな彫刻が楽しい。

祈念堂入口。白い塔が南イタリアの太陽に映えて美しい

●聖所祈念堂
Basilica Santuario di San Michele Arcangelo
住 Via Reale Basilica 127
☎ 088-4561150
開 4〜6月、10月
7:00〜13:00
14:30〜20:00
㊐㊗ 7:30〜12:30
14:30〜19:00
7〜9月
7:00〜20:00
㊐㊗7:30〜19:30
11〜3月
7:30〜13:30
14:30〜19:00
㊐㊗ 7:30〜12:30
14:30〜17:00

●ロターリの墓
住 Largo Tomba di Rotari
☎ 0884-562062
開 10:00〜13:00
15:15〜19:00
料 €1

天に届くかのようなクーポラに陽が差し込むロターリの墓

RISTORANTE HOTEL モンテ・サンタンジェロのレストラン&ホテル

メディオエーヴォ
Medioevo P.204 A1

祈念堂のすぐ近く、にぎやかな階段の途中にあるモダンな雰囲気の1軒。郷土料理(肉料理が中心)のほか、魚介類もメニューに並ぶのがうれしい。

住 Via Castello 21
☎ 0884-565356
営 12:00〜14:30、20:00〜22:00
休 8〜9月以外の㊊、11/15〜11/30 予 €25〜50
C A.D.J.M.V.

★★★★ パレス・ホテル・サン・ミケーレ
Palace Hotel San Michele P.204 A1

客室はやや古く、季節によっては価格設定がやや高いが、庭園のテラスや朝食室からは絶景が広がる。駐車場、スパ、プール併設。レンタカー派には町に入ってすぐにあって便利。

URL www.palacehotelsanmichele.it
住 Via Madonna degli Angeli
☎ 0884-565653
Fax 0884-565737
TB €70/250 (滞在税€2)
室 55室 朝食込み W-F
C A.D.M.V. 休 11/5〜3/27

世界遺産
カステル・デル・モンテ
登録年1996年　文化遺産

カステル・デル・モンテへの行き方

■鉄道
バーリ中央駅から私鉄Ferrotramviariaで最寄りのアンドリアAndriaまで約1時間40分～2時間（Ruvoで要乗り換え）。約1時間に1便。
列車の時刻表
URL www.ferrovienordbarese.it

■アンドリア駅前からのバス
モンテ城へは一番近いアンドリアAndriaの鉄道駅から約18㎞陸路を行かなければならない。通年のバス（切符€1）はなく、3/31～11/3（'19）のみの運行。アンドリア駅前発　バス6番Linea 6平日9:00、10:00、11:30、13:30、15:40、㊐㊗9:00、10:00、13:30、カステッロ発平日12:10、14:00、16:20、16:40*、18:00**、19:30***、㊐㊗14:00、16:40（*4・5・7・9月、**3/1～3/31、10/1～11/3、***4/1～9/30のみの運行）、所要30～40分。これ以外はタクシーやレンタカーに頼るしかない。レンタカーの場合はモンテ城敷地内に入れないので、国道沿いの専用駐車場に停めてバス（バス・駐車場込みで€3）で向かう。バスは9:15～19:45まで15分ごとの運行。タクシーの場合はアンドリア駅前から€50程度。
バスの時刻表
URL www.autolineeandriesi.it

■車
バーリからS98→SS170。
バルレッタからSS170d.A。

●カステル・デル・モンテ
☎ 0883-569997
開 4～9月　10:15～19:45
　10～3月　9:00～18:30
休 1/1、12/25
料 €7（特別展の場合€10）
※切符売り場は閉場30分前まで

●アンドリアの ℹ Pro Loco
住 Via Vespucci 114
☎ 0883-592283
開 9:30～12:30
　16:30～19:30
休 ㊐㊗

✉ バス便は？
アンドリア駅前から6番Linea N.6で、切符（€1）は駅前広場突き当たりから右に50mくらい行ったタバッキで。切符は乗車時に運転手が半券を切り取ります。
（宮城県　石川明）['19]

カステル・デル・モンテ（モンテ城）　世界遺産

Castel del Monte

●八角形の世界遺産

荒野にひっそりと建つ

ユネスコの世界遺産に登録されているモンテ城は、レ・ムルジュ高原の中に奇妙に孤立している。オリーブやぶどうの丘をいくつも越えると、緩やかな起伏の上に松林に囲まれて八角形の城が姿を現す。まるで宇宙から下りてきたような不思議な形だ。この城は1229～49年に皇帝フリードリッヒ2世が建造させた軍事施設。

細部にまでこだわった精緻な造りはドイツ的な性格が随所に表れていて、非常に興味深い。また、内部は八角形にこだわり中庭も見事な正八角形である。上から見ると、八角形の各角にまた八角形の高さ24mの隅塔が付属している。かつて壁面を埋め尽くしていたと思われる色大理石はほとんど持ち去られ、柱の一部に残存しているのみで、現在は黄褐色の石壁がさらされて寒々しい。

階段の天井

ドイツ、ホーエンシュタウフェン家のフリードリッヒ2世は1220年、神聖ローマ帝国皇帝に即位する。6ヵ国語を巧みに操り、建築、土木、航海術、数学、天文学など学問に秀でていた彼は一生のほとんどを南イタリアで過ごし、プーリア各地に200余りの城を残した。その背景には、当時の一大勢力だったサラセンの脅威に対する防衛のためという事情があったが、娯楽用の城として、狩猟の際に立ち寄っては酒宴を開くといった性格の物であったらしい。1260年のホーエンシュタウフェン朝滅亡後、モンテ城はおもに牢獄として使用された。

八角形なのは、フリードリッヒ自身がエルサレムに入城し、エルサレム王に戴冠された事実があり、岩のドームをもつイスラム教寺院が八角形の建物だったため、それに触発されたのではないかと考えられている。

内部は2階建ての構造で、1階には部屋が8つある。2階にはらせん階段で上る。隅塔それぞれは、手洗所か物置として使われていた。内部には雨水を貯水槽や手洗所に貯められるように、二重勾配を用いた巧みな仕掛けがある。

中庭

SOUTH ITALY

バジリカータ州とカラーブリア州

BASILICATA E CALABRIA

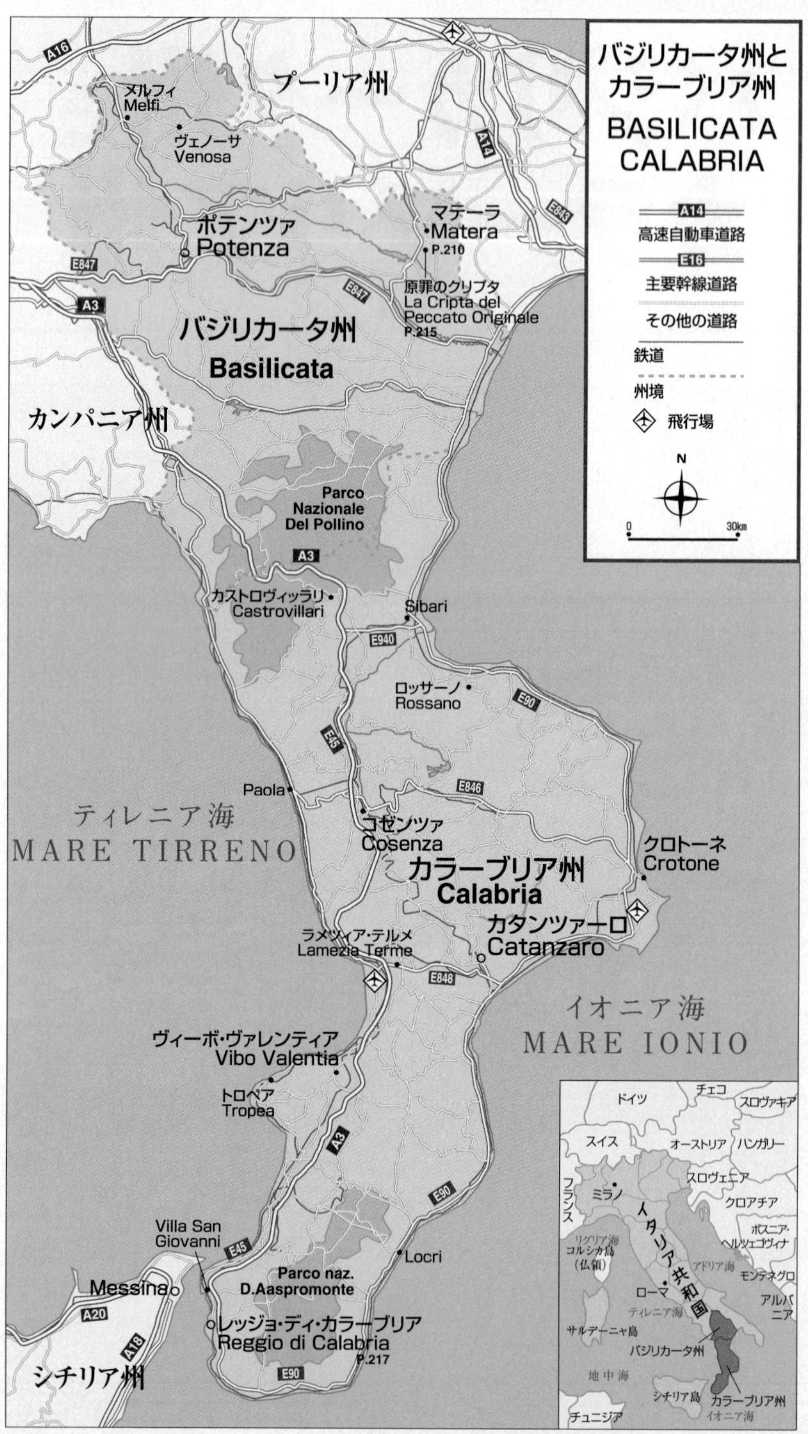
バジリカータ州と
カラーブリア州
BASILICATA
CALABRIA
A14
高速自動車道路
E16
主要幹線道路
その他の道路
鉄道
州境
飛行場
N
0
30km
プーリア州
メルフィ
Melfi
ヴェノーサ
Venosa
ポテンツァ
Potenza
マテーラ
Matera
P.210
原罪のクリプタ
La Cripta del
Peccato Originale
P.215
バジリカータ州
Basilicata
カンパニア州
Parco
Nazionale
Del Pollino
カストロヴィッラリ
Castrovillari
Sibari
ロッサーノ
Rossano
Paola
コゼンツァ
Cosenza
ティレニア海
MARE TIRRENO
カラーブリア州
Calabria
クロトーネ
Crotone
カタンツァーロ
Catanzaro
ラメツィア・テルメ
Lamezia Terme
イオニア海
MARE IONIO
ヴィーボ・ヴァレンティア
Vibo Valentia
トロペア
Tropea
Villa San
Giovanni
Messina
Locri
Parco naz.
D.Aaspromonte
レッジョ・ディ・カラーブリア
Reggio di Calabria
P.217
シチリア州
A16
A14
E843
E847
A3
E940
E90
E45
E846
E848
A20
A18
ドイツ
チェコ
スロヴァキア
スイス
オーストリア
ハンガリー
フランス
スロヴェニア
ミラノ
クロアチア
イタリア共和国
ボスニア・
ヘルツェゴヴィナ
リグリア海
コルシカ島
(仏領)
アドリア海
モンテネグロ
ローマ
ティレニア海
アルバニア
サルデーニャ島
バジリカータ州
地中海
シチリア島
カラーブリア州
チュニジア
イオニア海

バジリカータ州 カラーブリア州 の魅力

Basilicata Calabria

●バジリカータ州
面積：9,992km²
人口：約58万人
州都：ポテンツァ
行政区：ポテンツァ、マテーラ県

●カラーブリア州
面積：15,080km²
人口：約198万人
州都：カタンツァーロ
行政区：コゼンツァ、クロトーネ、ヴィーボ、ヴァレンティア県

力強い南イタリアの農民の生活を知る

乾いた大地とマテーラの洞窟教会

南イタリアの州のなかでは最も小さいバジリカータ州。平野の占める面積は総面積の10%以下と山がちだ。農業人口は多いものの、乾いた大地と降水量の少なさで、その生産性の低さが、農民を苦しめてきた。紀元前6世紀には、ギリシア人を倒した勇敢なルカニア人を先祖にもつこの一帯は、ルカニア地方と呼ばれるが、山によって閉ざされた土地ゆえに、近世の時代には政治犯の流刑地であった。

しかし、中世期には、建築、彫刻などで、プーリア、カンパニア、シチリアなど周辺の地域、フランスからの影響を受け、独自の文化の花を開かせた。プーリア・ロマネスクの影響は、マテーラのドゥオーモなどに見ることができる。また、小作農民の生活の場であった、マテーラの洞窟住居(サッシ)地区は、第二次世界大戦後には南イタリアの「悪夢」として、法律により無人化されたが、現在では文化遺産として見直され、1993年には世界遺産に登録された。カルロ・レーヴィの小説「キリストはエボリにとどまりぬ」では、カンパニア州のエボリの村までしか神の恩恵は届かない、転じて神に見放された土地といわれたルカニア地方だが、力強い南イタリアの農民の生活を感じられる土地でもある。

国立博物館所蔵のリアーチェのブロンズ像

雄大な自然美を彩る、古代ギリシア植民都市の面影

イタリア半島の最南端、長靴の爪先部分を占めるカラーブリア州は、ティレニア海とイオニア海に囲まれた半島だ。内陸部には、2000m級の峰をもつ山岳地帯が広がり、南にあっても冬にはスキーができるほどだ。一方平野部は狭く、州の面積の9%ほどにとどまっている。農業従事者が多いのだが、その生産性は低く、カラーブリア州の平均所得の低さは、イタリア1といわれている。そのため、多くの移民を国内外に送り出していることでも知られている。現在は、大規模な資本が投入されたワイン用のブドウの栽培とワイン製造、柑橘類、オリーブの生産が盛んになっている。沿岸部には高速道路が走り、カラーブリアの海へのリゾート客の増加も目立ち始めた。芸術作品としては、レッジョ・ディ・カラーブリアの国立博物館に展示されるリアーチェのブロンズ像やマーニャ・グレーチャの品、カラーブリア出身のマティア・プレーティの絵画作品に見るべき物が多い。

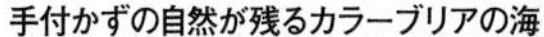
手付かずの自然が残るカラーブリアの海

マテーラ 世界遺産

Matera

セピア色の町マテーラ

●郵便番号　75100

世界遺産

マテーラのサッシ
登録年1993年　文化遺産

●マテーラの❶
Info Point Comunale
住 Viale Aldo Moro 32
☎ 0835-2411
開 9:00～13:00
地 地図外
※町の各所にみやげ物屋を兼ねた私営の❶もあり

時刻表調べ
私鉄FAL鉄道のバスや電車は、URL //ferrovieappulolucane.it で検索可

ナポリからプルマンで
MICCOLIS社とMARINO社が運行。
※2社ともナポリの発着地はナポリ中央駅横駐車場奥にあるバスターミナル。マテーラのMICCOLIS社のバス発着地は、マテーラ・ヴィッラ・ロンゴ駅(Matera Villa Longo)。マテーラ中央駅まではFAL線で1駅(所要時間4分)。MARINO社とFLIXBUS社のバスの発着地は、San Paolo教会前(住 Via Don Luigi Struzzo)。町へはタクシーで。

MICCOLIS社
URL www.busmiccolis.it

MARINO社
URL www.marinobus.it

NAVIGATOR

バーリ北駅Bari-Nordから発着する私鉄アップロ・ルカーネ(FAL)鉄道の列車に乗る。マテーラ中央駅FAL Matera Centrale(Piazza)下車。アルタムーラ駅で車両を切り離す場合があるので行き先の確認を。

マテーラ中央駅は地下。階段またはエレベーターで上がろう。まずはヴィットリオ・ヴェネト広場を目指そう。展望台からはサッシが一望でき、階段を下ればサッソ・バリサーノだ。

サッシ内はMICCOLIS社のバスや観光用の三輪車など走っている。ただし、徒歩で十分。

一面に広がるサッシが残るカヴェオーソ地区

1993年からユネスコ世界遺産として登録されている、マテーラの洞窟住宅“サッシSassi”。南イタリアの日差しに、さびし気で奇妙な色を映し出す。旧市街は、グラヴィーナ渓谷の崖や斜面を利用して作られたサッシ群となっている。迷宮のようなサッシの住宅は、この渓谷の岩山を掘り抜いて作られた物だ。

新市街は、町の西側。駅左横のマッテオッティ広場Piazza Matteottiから噴水のあるヴィットリオ・ヴェネト広場Piazza Vittorio Veneto付近が特ににぎやか。人の動きと店が並び、タイムスリップしてしまったかのようなサッシ地区の光景とは違い少しほっとする。

にぎやかなV.ヴェネト広場の夕暮れ

マテーラへの行き方

鉄道で行くには
●バーリ→マテーラ　アップロ・ルカーネ鉄道(FAL)　約1時間50分(平日約17便、㊐㊗は運休)　€5
※日曜日・祝日はバスによる運行で1日6便　1時間30分～1時間40分
●サレルノ→マテーラ　fs線Freccialink (バスの代行運転)　約3時間(1日2便 14:26、16:26発)　マテーラ中央駅前広場が終点

バスで行くには
●ナポリ→マテーラ　MICCOLIS社　MARINO社　3時間40分～4時間35分(3～5便運行)
●バーリ→マテーラ　FLIXBUS社　1時間10分　€4.99～9.99(1日3便)

車で行くには
●バーリ→(S96/S99)→マテーラ

おもな見どころ

サッシの眺望が広がる

MAP P.211 A・B2

ふたつのサッシ地区 ★★★

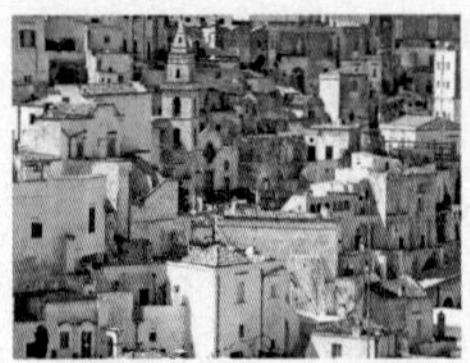

サッシが密集したバリサーノ地区

サッシ地区は、Duomoドゥオーモを挟みサッソ・バリサーノSasso Barisano、サッソ・カヴェオーソSasso Caveosoに分かれている。サッソ・バリサーノはヴィットリオ・ヴェネト広場の展望台から眺めると、密集したサッシの住居が不揃いに建てられている。

サッソ・カヴェオーソはすり鉢状になった地形に、張り付いているように広がっている。町のふもとに延びるサッシ地区のパノラマ道路からは2つの窪地に広がるサッシ地区の眺めが楽しめる。

おもな行事

守護聖母ブルーナの祭(7月2日)
Festa della Madonna della Bruna

✉マテーラへ

マテーラ行きのFAL線は2両編成です。途中アルタムーラで切り離しの場合があります。進行方向の後ろの車両がマテーラ行き。車内には電子掲示板があるので、必ず確認してください。
(大阪府　キャッキエーレ　'19)

マテーラ中央駅の切符売り場はわかりにくいので、バーリで往復切符を購入しておくのがおすすめです。中央駅は新たに建設工事中でした。
(神奈川県　aki1　'19年1月)

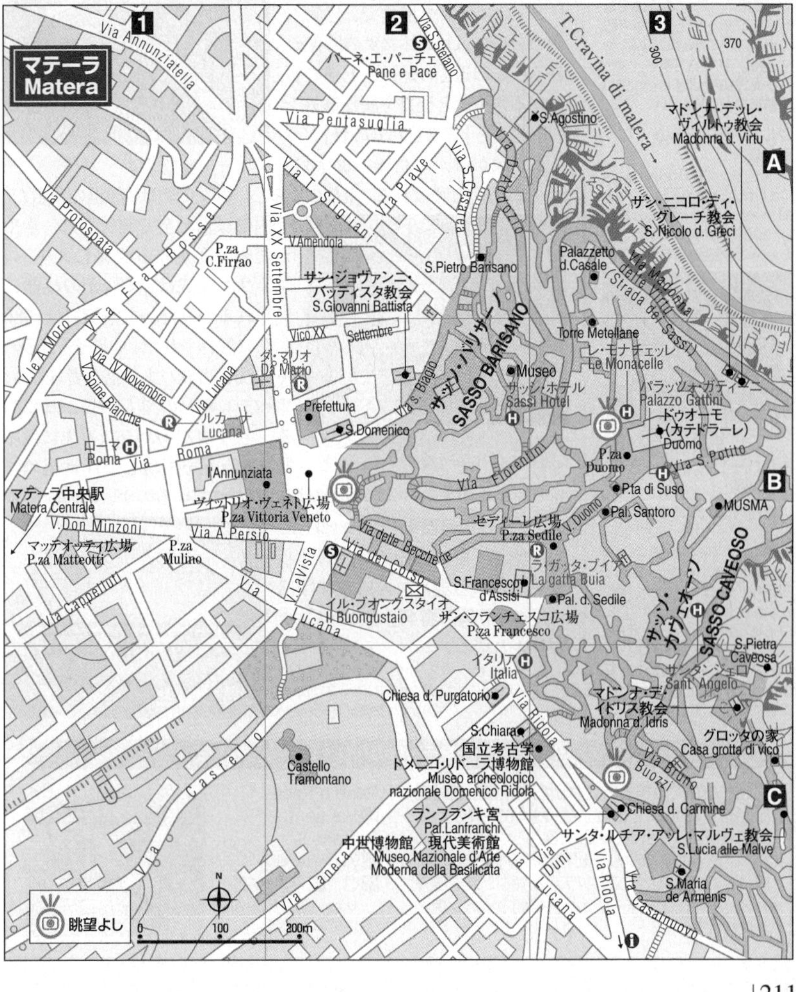

マテーラ
Matera
1
2
3
A
B
C
Via Annunziatella
Via S.Stefano
パーネ・エ・パーチェ
Pane e Pace
T.Cravina di matera
300
370
Via Pentasuglia
S.Agostino
マドンナ・デッレ・ヴィルトゥ教会
Madonna d. Virtu
Via Protospata
Via Fra Rosselli
Via XX Settembre
Via T. Stigliani
Via Piave
Via S.Cesarea
Via D'Addozio
サン・ニコロ・ディ・グレーチ教会
S. Nicolo d. Greci
P.za C.Firrao
V.Amendola
S.Pietro Barisano
Palazzetto d.Casale
Via Madonna delle Virtù
(Strada dei Sassi)
サン・ジョヴァンニ・バッティスタ教会
S.Giovanni Battista
Vico XX Settembre
Torre Metellane
レ・モナチェッレ
Le Monacelle
サッソ・バリサーノ
SASSO BARISANO
V.le A.Moro
Via IV Novembre
V.Spine Bianche
Via Lucana
ダ・マリオ
Da Mario
Museo
サッシ・ホテル
Sassi Hotel
パラッツォ・ガッティーニ
Palazzo Gattini
Via S. Biagio
Prefettura
ルカーナ
Lucana
S.Domenico
ドゥオーモ(カテドラーレ)
Duomo
ローマ
Roma
Via Roma
l'Annunziata
Via Fiorentini
P.za Duomo
Via S. Potito
マテーラ中央駅
Matera Centrale
ヴィットリオ・ヴェネト広場
P.za Vittoria Veneto
P.ta di Suso
Pal. Santoro
MUSMA
V.Don Minzoni
Via A.Persio
セディーレ広場
P.za Sedile
V. Duomo
マッテオッティ広場
P.za Matteotti
P.za Mulino
Via delle Beccherie
Via del Corso
ラ・ガッタ・ブイア
La gatta Buia
S.Francesco d'Assisi
Pal. d. Sedile
Via Cappelluti
V.LaVista
Via Lucana
イル・ブオングスタイオ
Il Buongustaio
サン・フランチェスコ広場
P.za Francesco
サッソ・カヴェオーソ
SASSO CAVEOSO
S.Pietra Caveosa
イタリア
Italia
サンタンジェロ
Sant' Angelo
Chiesa d. Purgatorio
マドンナ・デ・イドリス教会
Madonna d. Idris
Via Ridola
S.Chiara
グロッタの家
Casa grotta di vico
Castello Tramontano
国立考古学ドメニコ・リドーラ博物館
Museo archeologico nazionale Domenico Ridola
Via Castello
Via Bruno Buozzi
Chiesa d. Carmine
ランフランキ宮
Pal.Lanfranchi
サンタ・ルチア・アッレ・マルヴェ教会
S.Lucia alle Malve
中世博物館　現代美術館
Museo Nazionale d'Arte Moderna della Basilicata
Via Duni
Via Ridola
Via Lanera
Via Lucana
Via Casalnuovo
S.Maria de Armenis
眺望よし
N
0
100
200m

町の人々の信仰の中心

MAP P.211 B3

ドゥオーモ(カテドラーレ) ★★

Duomo (Cattedrale)

ドゥオーモ

装飾が美しいドゥオーモ

セディーレ広場Piazza Sedileから、右へ緩やかな細い坂道をのぼりきると、どっしりと構えたドゥオーモが建つ、ドゥオーモ広場へとたどり着く。ここからのサッソ・バリサーノSasso Barisano地区のパノラマは必見。

ファサードには、幸運のルーレットと呼ばれるバラ窓がのり、その上からドラゴンを踏む大天使ミカエルが見守っている。1230〜1270年頃にかけて建立された**プーリア・ロマネスク様式**で、建物右側の扉口にはロマネスクの彫像が飾る。入口近くの扉は、上部の祈祷する修道士と聖書を読む修道士の彫刻から**「アブラハムの扉」**、ライオン像が置かれた奥の扉は**「レオーニの扉」**と呼ばれる。上部の愛らしい少女の顔は、純潔の象徴だ。

プーリア・ロマネスク様式の柱頭

内部は白と金で装飾され、華やかだが、度重なる改修により、ロマネスク様式はいくつかの**柱頭**に見られるのみだ。主祭壇には1580年頃に製作された「聖母子」、その下に洗礼者ヨハネ、福音者ヨハネ、聖ペテロなどの聖人が描かれている。主祭壇左のガラスの先にはキリスト降誕を再現した16世紀のプレゼーピオがある。入口右の祭壇に置かれているのが、町の守護聖人**「ブルーナの聖母」**で、いつも灯明が絶えず町の人のあつい信仰心が感じられる場だ。入口左には13世紀の**「最後の審判」**のフレスコ画が描かれいる。

中央のベールをまとった女性が、マテーラの守護聖人『ブルーナの聖母』

マテーラではよく見られるロマネスクの扉飾り。少しずつ表情が違う少女たち

●ドゥオーモ/カテドラーレ
住 Piazza del Duomo
開 9:00〜19:00
※日本語オーディオガイド€2

マテーラへの交通

バーリからアップロ・ルカーネ線、ナポリなどからはfs線とプルマンバスが運行している。一番手軽でわかりやすいのがバーリからのアップロ・ルカーネ線(切符€5)。ナポリからのプルマンは経済的だが、所要約4時間と表記されているが、交通状況によっては30分〜1時間程度遅れる場合があり(切符€10〜22)。また、町からやや外れた場所での乗降なので、町へはタクシー利用(€10〜15)となる。fs線利用の場合は、ナポリからFRでサレルノへ移動し、サレルノからfs専用バスFreccialinkがアップロ・ルカーネ線のマテーラ駅前まで運行。1日2便のみ(所要約4時間)でナポリからの料金は€41とやや割高。'20年2月現在、マテーラ最寄りのfs駅Ferrandinaに停車する列車はない。

プルマンのチケットの購入場所

マテーラではBiglietteria Carlucci Bruna(住 Via Don Minzoni 13 ☎0835-670039)、ナポリではバスターミナルの切符売り場で。

フレスコ画「最後の審判」

✉ バーリ・マテーラの列車

直通列車はとてもきれいでビックリ。スピードはゆっくりですが、冷房もきいていて快適でした。マテーラ行きはMatera Sudと表示してあります。ひとつ手前がMatera Centraleで、ここで下車。観光だけなら、どちらで降りても、サッシへは同じくらいです。バーリ駅は自動改札なので、降りるまで切符はなくさないように。(東京都 トンコ)

マテーラのパン

ひとかかえもある大きな山型または三日月型で、1個1〜2kgという大型。この土地で栽培された小麦を用い、今も薪で焼かれることが多い。ふんわり、もっちりでクリスピー。おみやげ用には、同じ釜で焼かれたビスコッティが並ぶ、製造販売所のパーネ・エ・パーチェへ。早朝ならパン焼きが見られるかも。

Pane e Pace
住 Via santo Stefano 37
開 7:00〜14:30
休 日 地 P.211 A2

マテーラのパンをどうぞ!
Pane e Paceにて

サッシに当時の農民の暮らしを訪ねる　MAP P.211 C3

グロッタの家 ★★

Casa Grotta di Vico Solitario　カーサ・グロッタ・ディ・ヴィーコ・ソリタリオ

高さがあるベッドの下では鶏が飼われ、親鳥は卵を抱いた

見晴らしのよいサン・ピエトロ・カヴェオーソ教会横から小路を進んだ場所にある、**農民の家**。岩を掘って造られたサッシ家屋の典型例で、1700年代初頭に造られたものだ。小さな玄関から中に入ると、天井は丸いカーブを描き、壁は白く、入口左に台所がある。

サッシ家屋の特徴は**上下水道がなく、家禽との同居**スペースがあること。水は雨水、トイレはなく夜間はベッド脇のテラコッタの壺で処理した。雨水は室内の**井戸**に引き込んで利用され、入口そばの床下には室内の井戸への引き込み構造が見られる。

農機具が置かれた左奥にロバが飼われていた

19世紀まではそこそこ快適な住環境が保たれていたといわれるが、20世紀の人口増加にともない、住環境は劣悪化し、実際ここで暮らした最後の家族はこのワンルームほどのスペースに、タンスの上部や引き出しを子供のベッド代わりにして11人が暮らしたと聞くと、暮らしの知恵と生活の厳しさが実感される。1952年に強制移住の法律が制定され、この家族も1956年に新住宅へと移住した。

先住民族の神秘的な陶器　MAP P.211 C3

国立ドメニコ・リドーラ博物館 ★

Museo Nazionale Domenico Ridola　ムゼオ・ナツィオナーレ・ドメニコ・リドーラ

1階と地下の合計8つのサロンに分かれている展示品はマテーラ近郊からの出土品で、民俗学者のドメニコ・リドーラのコレクションが多く集められている。サロン1の旧石器時代、新石器時代の発掘品は、当時の優れたデザインで彫り込まれた石や壺の数々が展示されている。博物館は紀元前800年頃の陶器のコレクションが充実している。また工夫を凝らしたさまざまな形の壺や、当時使っていた調理器具などは大変興味深い。

古代マテーラ時代の陶器が充実

バジリカータの芸術を知る　MAP P.211 C3

ランフランキ宮 ★

Palazzo Lanfranchi　パラッツォ・ランフランキ

かつての修道院の上に、17世紀後半に建てられた神学校。現在は**中世博物館**とバジリカータの**現代美術館**Museo Nazionale d'Arte Medioevale e Moderna della Basilicataがおかれている。

美術館が入るランフランキ宮

●グロッタの家
Casa Grotta di Vico Solitario
住 Vicinato di Vico Solitario 11(Sasso Caveoso)
☎ 0835-310118
開 9:30～20:00
料 €3(日本語ガイド約8分)

✉ **サングラスを**

周りが岩で囲まれているので風が吹くと砂ぼこりがすごかった。日よけだけでなく砂ぼこりが目に入らないようにサングラスはあったほうがいいと思います。
(ねこ　'18)

✉ **散策は午後に**

月曜でなくても14時オープンのお店が多い印象。博物館など多くを見て回らないのならば、朝早くより午後に町歩きをしたほうが楽しいかも。(ねこ　'18)

✉ **マテーラはZTLあり**

マテーラへ車で行って宿泊する場合、サッシ地区などは荷物の積み下ろしのみ車の通行を許可する、交通規制区域が設定されています。宿泊場所の確認をする際に事前に駐車場の場所を聞くこと。ナンバープレートの写真を送っておくと、通行の登録をしてくれると思います。
(宮城県　いなぐま　'19)
※一般的に通行登録はチェックイン後でも可。

✉ **絶景スポットへ**

マテーラへ車で行くのなら、先に渓谷対岸のビューポイントBelvedere di Murgia Timoneに行くことをおすすめします。マテーラの町からも徒歩＋つり橋で渡ることはできるようですがしんどいです。マテーラの全体を見渡せるすばらしい絶景パノラマを楽しめます。タクシーでも15分くらい。私たちはちょっとした昼食を持って行き、しばらくの間眺めていました。マテーラは車の通行が制限されているのでチェックインの後から行くのは面倒だと思われます。
(宮城県　いなぐま　'19)

●国立ドメニコ・リドーラ博物館
住 Via Ridola 24
☎ 0835-310058
開 9:00～20:00
㊊14:00～20:00
休 ㊊午前、1/1、12/25
料 €2.50

●ランフランキ宮
住 Piazza Giovanni Pascoli
☎ 0835-256211
開 9:00～20:00
㊌11:00～20:00
休 1/1、12/25
料 €3

3つの洞窟教会

大きな洞窟に築かれた洞窟教会　MAP P.211 C3

サンタ・マリア・マドンナ・デ・イドリス教会 ★★

S. M. Madonna de Idris　サンタ・マリア・マドンナ・デ・イドリス

サッソ・カヴェオーソ地区の高台に建ち、どこからでも巨大な岩に十字架が載る風変わりな姿を見ることができる。正面の祭壇には『聖母子』のフレスコ画、その足元に描かれた「水入れ」＝イドゥリアIdriaがこの教会の名前の由来とされている。その横、鹿に向かって手を差し出しているのが、マテーラの守護聖人「聖エウスタキオの改宗」。

まるで巨大な岩のよう。サッシ地域のどこからでも眺められる

祭壇左から、サン・ジョヴァンニ・イン・モンテローネ教会へと続いている。壁には11〜12世紀の美しいフレスコ画が残っている。

美しいフレスコ画が残る洞窟教会　MAP P.211 C3

サンタ・ルチア・アッレ・マルヴェ教会 ★★

S. Lucia alle Malve　サンタ・ルチア・アッレ・マルヴェ

写真は右の側廊部分。奥の身廊と左の側廊は、1960年までは民家に転用されていた

ひとつだけ洞窟教会を見るならここがおすすめだ。8世紀創建。細かに分割された部屋が奇異な印象を受けるが、これは後年の改築によるもの。住居として転用された際に柱は切られ、壁の一部はかまどを作るために切り取られた。入口左には今もかまどが残されている。

フレスコ画は修復が施され、美しい姿をとどめている。入口左の壁には13世紀の『授乳の聖母』と『大天使ミカエル』。中央の柱には『聖グレゴリウス』。右の祭壇奥の左には「聖女ルチア」。

『授乳の聖母』のフレスコ画が美しい

パノラマ通りにある大規模な複合サッシ　MAP P.211 B3

マドンナ・デッレ・ヴィルトゥ教会とサン・ニコロ・デイ・グレーチ ★

Madonna delle Virtù e S.Nicolo dei Greci

マドンナ・デッレ・ヴィルトゥ／サン・ニコロ・デイ・グレーチ

パノラマ通りに面して建つ、洞窟教会と修道院の2階建ての大きな複合建築。11世紀頃に石灰岩を掘って造られたもの。1階は3廊式の聖堂で、柱の上部にはアーチが大きく弧を描く。さらにクーポラが載り、十字架が彫り込まれた祭壇が置かれている。天井は高く、滑らかな柱や壁面に、人力で掘られたことに感嘆するほどだ。後陣には17世紀の『磔刑図』、その脇には聖母マリアと聖ヨハネが描かれている。

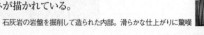

石灰岩の岩盤を掘削して造られた内部。滑らかな仕上がりに驚嘆

『聖母子』が描かれた主祭壇

サッソ・カヴェオーソの洞窟教会 Circuito Urbano delle Chiese Rupestriの共通券と開場時間

①マドンナ・デ・イドリス教会 Madonna de Idris
サン・ジョヴァンニ・イン・モンテッローネ S.Giovanni in Monterrone
②サンタ・ルチア・アッレ・マルヴェ教会 S.Lucia alle Malve
③サン・ピエトロ・バリサーノ教会 San Pietro Barisano

開 3/22〜11/4　9:00〜19:00
11/5〜3/21　9:00〜16:00
休 一部の㊗
料 3ヵ所券€6、2ヵ所券€5、1ヵ所券€3
①は2ヵ所で1カウント
問い合わせ
Oltrel'arte
☎ 327-9803776
URL www.oltrelartematera.it

✉ プルマンで着いたら

宿泊ホテルに依頼して、プルマンの到着時間にタクシーを依頼しました。ところが、バスは45分遅れて到着。タクシーを大幅に待たせてしまいました。バスの運転手さんが、「タクシーを呼んであげようか?」と聞いてくれたので、到着前に運転手さんに頼むのがいいです。町まで歩ける距離かと思いましたが、かなり遠いです。タクシーで中央駅まで約10分、ホテルまで約15分でした。プルマンの所要時間は長いですが、足元も広く、トイレもあるのでさほど苦痛ではありませんでした。車内ではバリバリにフリーWi-Fiが使えました。以前はバーリからアップロ・ルカーネ線で行きましたが、電車が一番かも。
（東京都　シゲシゲ　'16）

●マドンナ・デッレ・ヴィルトゥ・エ・サン・ニコロ・デイ・グレーチ
住 Rioni Sassi
☎ 377-4448885
開 6〜9月　10:00〜20:00
10月　10:00〜13:30
15:00〜18:00
11〜3月　10:00〜13:30
4〜5月　10:00〜13:30
15:00〜18:00
料 €5、11〜18歳、24歳までの学生、70歳以上€3.50

洞窟へは、崖に切られた階段を下りる。足元に注意を

マテーラで注目一番の見どころ!

マテーラのシスティーナ礼拝堂 「原罪のクリプタ」 *La Cripta del Peccato Originale* ☆☆☆

マテーラ市内から約15㎞、ブドウ畑を抜けると、緑深い**ピッチャーナ渓谷**に到着だ。この険しい渓谷の**隠れるような洞窟**に「**原罪のクリプタ**」がある。南イタリアにおける**最古の洞窟壁画**で、ベネヴェント(→P.162)にロンゴバルト族が栄えた8世紀から9世紀に、かの地から逃れた僧たちにより描かれたといわれている。

左から、「サンタンドレア、サン・ピエトロ、サン・ジョヴァンニ」

渓谷に面した階段を下って内部に入ると、明るい外から来たためか、闇の世界が広がる。ガイドに導かれて洞窟内の地面に腰を下ろすと、厳かな聖歌が流れ、壁面が明かりに照らされる。このプレゼンテーションが見事なのか、誰からも驚きの声がもれる。壁面には赤いケシの花が散りばめられ、大きな目の聖人やその鮮やかな衣装、バンザイをするような姿など、おおらかな明るさに満ち、幸福感に包まれた壁画が広がる。

「王女マリアとふたりの聖女」。王女の美しい衣装に注目

座った正面には、**小さなアーチが3つ**続いている。ひとつ目のアーチには、**3人の聖人像**が描かれ、中央、指で三位一体を示しているのがサン・ピエトロ、左にサンタンドレア、右手を挙げているのがサン・ジョヴァンニ。続いて、**王女聖マリアとふたりの聖女**La Vergine Regina Santa Maria tra due Santeで、中央の聖マリアは、幼子を抱き、ゆったりとした美しい衣装を身に着け、神々しく威厳ある姿。3つ目のアーチには**大天使ガブリエル、ミカエル、ラファエル**が描かれ、上部にはその名前が書かれている。

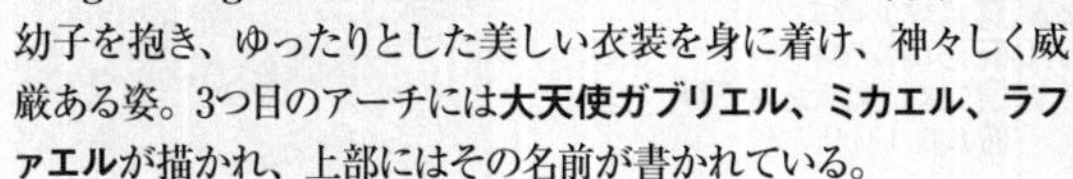

大天使3人。左から、ガブリエル、ミカエル、ラファエル

右の壁面は旧約聖書の創世記の「**原罪**」Il peccato delle originaleが描かれ、これが**マテーラのシスティーナ礼拝堂**といわれるゆえんだ。創世記とは、神が世界を最初に作ること。神は、まず光を作り、昼と夜ができ、空・大地・動物など、そして最後に人を創造し、アダムとエヴァが生まれた。ふたりが暮らしたエデンの園には命の木と善悪の木があり、神は善悪の木の実は食べてはならないと命令された。しかし、蛇がエヴァに善悪の木の実を食べることをそそのかし、食したふたりはエデンの園を追放され、人類は多くの苦しみを味わうことになる……。

「原罪」全体図。テーマとは異なり、明るい色調がおおらかな雰囲気

左上から、バンザイする姿で描かれているのが、**光**でその横に**闇**、木に続いて**男女の創造**、蛇が巻き付いた木の横には3人の姿があり、右のエヴァは禁断の実に手を伸ばしている。禁断の実がリンゴではなく、**イチジク**なのはこの地にはリンゴは実らないからといわれる。

原罪のクリプタ
La Cripta del Peccato Originale
への行き方

住 Contrada Pietrapenta ☎ 320-3345323(予約)
開 4~9月 9:30、11:00、12:30、15:30、17:00、18:30
10・3月 9:30、11:00、12:30、15:30、17:00
11~2月 9:30、11:00、12:30、15:30
休 ㊊(㊗は除く)、1/、1/2、12/25 地 P.208 料 €10.70、7~18歳€8.56(ガイド付き見学。伊・英・独・西語のオーディオガイド込み)
URL www.criptadelpeccatooriginale.it

上記☎(4~9月 10:00~13:30、16:00~19:30、10~3月10:00~13:30)またはURLから要予約。予約時間の30分前に切符を購入のこと。時間になるとワイナリーFratelli Dragone内でガイドが切符を販売。その後、約700mを車で移動し、階段を下る。マテーラ市内から車で約20分、タクシー利用で見学時間待ちを含め、往復€50程度。レンタカーの場合は、SS7をBasentana/Potenza方向へ行き、Azienda Agricola-Vitivinicola Dragoneの標識を目印に進む。国道を外れると農道のなかを進むので、事前に行き方の確認を。公共交通はない。
※ホテルで見学・タクシーの予約をしてもらうのが簡単。予約は前日までにするのがベター。

RISTORANTE HOTEL マテーラのレストラン&ホテル

ラ・ガッタ・ブイア　P.211 B3

La gatta Buia

ドゥオーモから2～3分のモダンなワインバー兼レストラン。土地の食材を生かした郷土料理を洗練させた一皿は、地元の食通にも好評。ワインもバジリカータ産を中心に見事な品揃え。工夫あるデザートもおすすめ。

住 Via Margtherita 90/92
☎ 0835-256510
営 13:00～15:00、20:00～23:00
休 冬季㊍、11～2月
予 €20～55(コペルト€3)、定食€45、55
C A.D.J.M.V.
交 セディーレ広場の一角

トラットリア・ルカーナ　P.211 B1

Trattoria Lucana

町の中心にあって便利。野菜を使った「農夫風前菜」や肉のグリルSpedino di Carne Mistoなどマテーラの郷土料理がおすすめ。

日本語メニュー

住 Via Lucana 48
☎ 0835-336117
営 12:30～15:00 20:00～22:30
休 冬季の㊐、7月の10日間
予 €25～35(コペルト€2)
C A.D.J.M.V.

ダ・マリオ　P.211 B2

Ristorante Da Mario

ヴィットリオ・ヴェネト広場近くの建物の裏にある、サロンは活気にあふれている。アンティパスト（前菜）のモッツァレッラや生ハムは新鮮で自慢の一品。

日本語メニュー

住 Via XX Settembre 14
☎ 0835-336491
営 12:30～15:30、19:30～24:00
休 ㊐、8/1～8/10
予 €30～40(コペルト€2)、定食€40　C A.D.M.V.
交 V.ヴェネト広場から2分

★★★★★ パラッツォ・ガティーニ　P.211 B3

Palazzo Gattini

領主の館ホテル。旧市街の高台に建つ、かつてこの地を治めたガティーニ家の館を利用したホテル。部屋は優雅で洗練され、地元産の食材を使った朝食が好評。カヴェオーソ地区のサッシを一望できるテラスからの眺めは印象的。

URL www.palazzogattini.it

住 Piazza Duomo, 13
☎ 0835-334358
Fax 0835-240100
SB €170/475
TB €183/594
室 20室　朝食込み W-F
C A.D.J.M.V.

★★★ アルベルゴ・イタリア　P.211 C2

Albergo Italia

貴族出身のオーナーのコレクションが飾られた上品なインテリア。モダンな造りの室内には、TV、ミニバー、ドライヤー、電話、エアコンが設置。プルガトリオ教会前に位置している。サッシのパノラマが楽しめる部屋がおすすめ。

URL www.albergoitalia.com

住 Via Domenico Ridola 5
☎ 0835-333561
Fax 0835-330087
SB €75/133
TB €135/189　SU €170～
室 46室　朝食込み W-F
C A.D.J.M.V.
交 サン・フランチェスコ広場から1分

★★★★ サンタンジェロ　P.211 B3

Sant'Angelo Luxury Resort

サッソ・カヴェオーソ内にある、いくつかのサッシを複合的に利用したホテル。
✉サッシの雰囲気満点なのに、設備は完璧。朝食も充実。近くに駐車可。（神奈川県　のりっぺまぐろ）['20]

URL www.hotelsantangelosassi.it
住 Piazza S.Pietro Caveoso
☎ 0835-314010
Fax 0835-314735
SB TB €197/366
室 22室　朝食込み W-F
C A.D.M.V.

★★★ サッシ・ホテル　P.211 B2

Sassi Hotel

サッソ・バリサーノ地区にある、18世紀のサッシを改装したホテル。
✉Via S.Biagioにサッシ・ホテルの案内(マーク)があります。ここから下るのが段差も少なくて楽です。（東京　KIYO）['20]

読者割引 3泊以上で15%

URL www.hotelsassi.it
住 Via S.Giovanni Vecchio 89
☎ 0835-331009
Fax 0835-333733
SB €74/86　TB €98　JS €126
SU €144　室 33室　朝食込み W-F　C A.D.J.M.V.

★★★ アルベルゴ・ローマ　P.211 B1

Albergo Roma

駅前の広場から一番左の道を行って少し下ると左側に看板がある。駅から近い。マテーラのなかで一番手頃なホテルだが、清潔で親切。

読者割引 4泊目から10%

URL www.albergoroma-matera.it

住 Via Roma 62
☎ Fax 0835-333912
SS €35/55
TS €55/90
3S €75/120
室 11室　朝食込み W-F
C A.D.J.M.V.

B&B レ・モナチェッレ　P.211 B3

B&B Casa del Pellegrino-Le Monacelle

16世紀の女子修道院を利用した広々とした宿泊施設でYHも併設。かつての僧房を利用した客室は、エレガントな雰囲気。テラスからは起伏あるグラヴィーナ平野の眺めが広がる。

住 Via Riscatto 9/10
☎ Fax 0835-344097
SB €75（ダブルのシングルユース）
TB €98　SU €150～
朝食込み W-F
C A.D.M.V.

※マテーラの滞在税　B&B、★～★★★ €2　★★★★～★★★★★ €4　3泊まで、15歳以下免除

レッジョ・ディ・カラーブリア

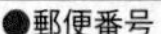

Reggio di Calabria

イタリア半島の爪先、海峡の町

ブーツ型をしたイタリア半島のちょうど爪先の部分にあたるレッジョ・ディ・カラーブリアは、メッシーナ海峡を挟んでシチリア島と向かい合う町だ。シチリアへはここから連絡船が渡る。町は1908年の大地震で倒壊し、新たに造り直された。海岸線と平行に道路が敷かれ、整然と都市が整備されている。海からの風が街路をさわやかに吹き抜けて、いかにも海峡の町らしい。また、この町の背後には、モンタルト山(1955m)がそびえ、冬にはスキーも楽しめる。

海峡の町

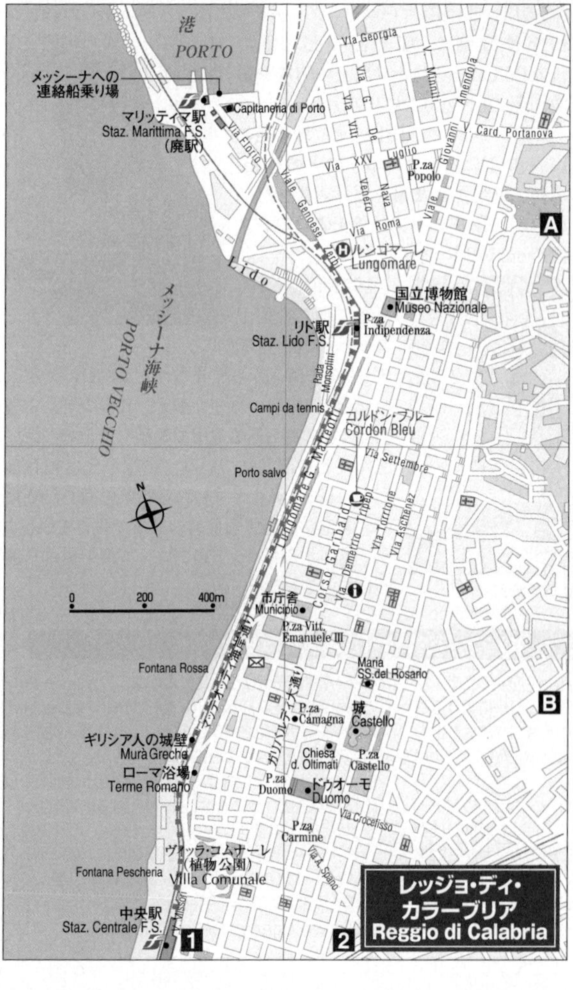

レッジョ・ディ・カラーブリア
Reggio di Calabria
港 PORTO
メッシーナへの連絡船乗り場
Capitaneria di Porto
マリッティマ駅 Staz. Marittima F.S.（廃駅）
Via Florio
Via Georgia
Via G. Vitr
De Nava
V. Minniti
Amendola
V. Card. Portanova
Via XXV Luglio
P.za Popolo
Vanero
Viale Genoese Zerbi
Viale Giovanni
Via Roma
ルンゴマーレ Lungomare
Lido
国立博物館 Museo Nazionale
リド駅 Staz. Lido F.S.
P.za Indipendenza
メッシーナ海峡 PORTO VECCHIO
Rada Monsolini
Campi da tennis
コルドン・ブルー Cordon Bleu
Via Settembre
Porto salvo
Lungomare G. Matteotti
Corso Garibaldi
Via Demetrio Tripepi
Via Torrione
Via Aschenez
0 200 400m
市庁舎 Municipio
P.za Vitt. Emanuele III
Fontana Rossa
マッテオッティ海岸通り
ガリバルディ大通り
Maria SS.del Rosario
P.za Camagna
城 Castello
ギリシア人の城壁 Murà Greche
Chiesa d. Oltimati
P.za Castello
ローマ浴場 Terme Romano
P.za Duomo
ドゥオーモ Duomo
Via Crocefisso
P.za Carmine
ヴィッラ・コムナーレ（植物公園） Villa Comunale
Via A. Spano
Fontana Pescheria
中央駅 Staz. Centrale F.S.

●郵便番号 89100

●レッジョ・ディ・カラーブリアの🛈
住 Via Fata Morgana 13
☎ 0965-3622344
開 8:00～20:00
休 ㊐
地 P.217 B2

レッジョ・ディ・カラーブリアへの行き方

■飛行機
ローマから1時間10分。
※空港から中央駅まではシャトルバスが運行。

■鉄道
ローマからFA(直通)で約5時間、FB（直通）6時間35分、IC(直通)で7時間29分。
ナポリからFB（直通）で4時間31分、ICで約5時間。

■車
ローマからA1→A3。
ナポリからA3。
ターラントからS106。

NAVIGATOR

中央駅、リド駅、マリッティマ駅(連絡船乗り場)のいずれからも町の中心へはやや距離があるが徒歩圏内。海岸通りは潮風が気持ちのよい開けた散歩道。国立博物館からドゥオーモへ続くガリバルディ通りは商店やカフェ、バールなどが並ぶ、町一番の目抜き通り。どちらも、楽しい通りなので徒歩で散策を。

おもな行事

慰めの聖母
(9月8日直後の土曜)
Madonna della Consolazione

●国立博物館
住 Piazza De Nava 26
☎ 0965-898272
開 9:00～20:00
休 ㊊、1/1、5/1、12/25
料 €8
※切符売り場は～19:30

リアーチェのある展示室への入室は1回20人まで。ただし、随時係員が扉を開いて開けてくれ、最初に文化財保護のためのフィルター室に約2分とどまり、すぐに入室可。

リアーチェの展示室に直行する場合は、1階の切符売り場から入口へ戻り、左に進もう。

✉ 鉄ちゃん必見!!

メッシーナ(→P.275)のフェリー乗り場で、本土から来るフェリーから電車が出てくるのを目撃することができました。12両も入っていて驚きました。見入ってしまい後の予定が大変なことになりましたが、お好きな方はどうぞ。ただし、駅や港周辺は治安があまりよくないので昼間に行ったほうが無難でしょう。　(たかちゃん　'19)

おもな見どころ

「リアーチェのブロンズ像」と対面　MAP P.217 A

国立考古学博物館 ★★★

Museo Archeologico Nazionale di Reggio Calabria

ムゼオ・アルケオロジーコ・ナツィオナーレ・ディ・レッジョ・カラーブリア

改装された館内は、モダンで美しい

南イタリアで最も重要な考古学博物館のひとつで、改築と展示の大幅変更が行われ、2016年春に再オープンした。新たな建物は階別にLivello A～Eの4階建てで、見学順路は上階からとなっている。4階のLivello Aはマーニャ・グレーチャ以前の線描画や壺、武器、3階のLivello Bはマーニャ・グレーチャの都市と聖域からの彩色された神殿飾り、埋葬品など、2階のLivello Cはネクロポリ出土の陶器や彫像、1階のLivello Dにリアーチェのブロンズ像、モザイク、彫像など、地下階のLivello Eにはネクロポリ出土の柱頭、墓碑、再現された墓を展示。最も有名なのが、1階奥のリアーチェのブロンズ像Bronzi di Riaceだ。

リアーチェのブロンズ像

リアーチェのブロンズ像(2体)は、特別室で展示

1972年にイオニア海に面した町リアーチェの沖合150メートルの海底から発見されたこの2体の像は、紀元前2世紀頃のローマ船が、ギリシアから戦利品として持ち帰る途中で難破したために海に沈んだと推測されている。製作年代は紀元前450年前後。戦士と思われる威厳に満ちた表情や、解剖学に忠実な肢体はまるで生きているよう。現存するギリシアのブロンズ像の傑作と謳われているものだ。

シチリアへの渡り方　「速さ」or「珍風景」どっちを選ぶ!?

fs線を利用した場合はレッジョ・ディ・カラーブリアからシチリアへは列車ごと**フェリーに乗り込む**ことになる。ゆっくりと船の中を進む様子はひとつの珍風景だ。ただし、この場合、カターニアへは4時間もかかるのが難点だ。

速さを選ぶならレッジョ・ディ・カラーブリアとメッシーナ間は**連絡船**を利用しよう。1時間に1便程度の運航で、メッシーナまで約30分、カターニアまでfs線利用で約2時間30分、かなりの時間短縮だ。連絡船乗り場はレッジョ・ディ・カラーブリアでは、緑が続くVia Genoveseを下ったかつてのマリッティマ駅そばにターミナルがある。メッシーナでは中央駅から200mほどの港内にターミナルがある。ターミナルは2ヵ所に分かれ、リパリ行きもあるので、間違えないように。

レッジョ・ディ・カラーブリア発6:45～20:55に約1時間に1便、㊏㊐㊗は8:40～17:40に1時間30分～2時間40分に1便

メッシーナ発6:00～20:15に約1時間に1便、㊏㊐㊗は8:00～17:00に1時間30分～2時間40分に1便

切符　片道€3.50　当日往復€6.50

URL www.traghettiperlasicilia.com

美しい3廊式の大聖堂 MAP P.217 B

ドゥオーモ ★★

Duomo ドゥオーモ

近年修復を終え、その白亜の全体像が見られるようになったロマネスク様式の大聖堂。正面入口の両側に、フランチェスコ・イェラーチェ作の聖パウロと聖ステファヌスの石像を配している。3廊式の内部は広々として、ステンドグラス越しに差し込む光が柔らかで心地よい。ドゥオーモ前の広場は三々五々人々が集まる社交場になっている。

信仰の中心、ドゥオーモ

ドゥオーモ裏手のVia A. Ciminoを北へ進んだところにあるアラゴン時代の城。円筒形の塔と外壁の一部が残っている。城の周囲は緑の多い公園になっていて、ひと休みにちょうどよい。

古い聖堂時代の
2本のヤシに注目

●ドゥオーモ
開 夏季 7:00〜12:15
16:00〜20:00
冬季 7:00〜12:15
15:30〜19:00

海風の吹く散歩道 MAP P.217 A・B

マッテオッティ海岸通り ★

Lungomare Matteotti ルンゴマーレ・マッテオッティ

中央駅から北へ海岸沿いに延びる1.5kmほどの眺めのよい大通り。メッシーナ海峡を挟んでシチリアのエトナ山までも見渡せる。沿道には珍しい熱帯性の植物が並ぶ。陸側にはローマ時代の浴場跡Terme Romaneやギリシア人の城壁Mura Grecheが残っており、柵越しに見ることができる。

マッテオッティ海岸通りがすがすがしい

ローマ時代の浴場跡

町のメインストリート MAP P.217 A・B

ガリバルディ大通り

Corso Garibaldi コルソ・ガリバルディ

町の中心を貫く町一番のストリート。主要な公共機関から銀行のATM、スーパーマーケット、ブティックの類まで何でも揃っている。カフェやバールが長い通りの間に点在するので、ひと休みにもよい。

海も望めるガリバルディ通り

コルドン・ブルーでひと休み。
つまみがたっぷり付いた食前酒

RISTORANTE HOTEL レッジョ・ディ・カラーブリアのレストラン&ホテル

コルドン・ブルー

Cordon Bleu P.217 B2

趣向を凝らしたケーキから、伝統的な南イタリアのお菓子までなんでもある町1番の老舗カフェ。カウンターには、おいしそうな料理も並び、地元の人にも観光客にも人気。充実した定食€18、食前酒€7くらい。

住 Corso Giuseppe Garibaldi
☎ 096-5814907
営 6:30〜23:30
休 無休 夏季休暇あり
予 €5〜18

★★★ ルンゴマーレ

Hotel Lungomare P.217 A2

リド駅のすぐ近くのホテル。国立博物館にも近い。海沿いに建ち、テラスからは海岸通りとシチリアの島影が間近に望める。

読者割引 3泊以上で5%
URL www.lungomarehotelrc.com

住 Viale Genose Zerbi 13/b
☎ 0965-20486
Fax 0965-21439
SB €40/60
TB €60/90
室 31室 朝食込み W-Fi
C A.D.J.M.V.

※レッジョ・ディ・カラーブリアの滞在税 B&B、YH、★〜★★ €1、★★★ €2、★★★★ €2.50 5泊まで

バジリカータ・カラーブリア州の料理とワイン

ペペローニ(唐辛子)を多用する素朴な料理

ブーツの形をしたイタリア半島の南に隣り合う、カラーブリア州とバジリカータ州。観光地としてはバシリカータ州の世界遺産マテーラが最もよく知られている。この2つの州の料理の特徴は**唐辛子を多用**すること。料理はどちらの州も南イタリアの各州に共通するものが多い。

マテーラの料理を見て行こう。マテーラはプーリア州に近い山がちな土地だ。この町で1番有名なのが**マテーラのパン**だ。1個1～2kgもある大きな山型または三日月型でこの地で栽培された小麦を使い、今も薪で焼かれることが多い。ふんわりもっちりで皮はパリッとクリスピーだ。すぐ近くのアルタムーラのパンもよく知られているが、マテーラの人は「アルタムーラにパン作りを教えたのは我々だ」と胸を張る。

ひと抱えもあるマテーラのパン

マテーラの名物が盛られた一皿。ペペローニ・クルスキ、ソラマメのピューレとチコリア、パンのコロッケ、ナスのロトリーニなど

前菜の定番はプーリア州でも見られる**乾燥ソラマメのピューレとチコリア**Fave e cicoria。揚げパンの**ペットレ**Pettoleもプーリア州でも同じものがありカンパニア州では**ゼッポリ**と呼ばれるもの。クリーミーな**リコッタチーズ**Ricottaも前菜に欠かせない。**ペペローニ・クルスキ**Peperoni cruschiは10cm以上もある大型な唐辛子。軽くオリーブ油で揚げて、食前酒のお供や前菜、付け合わせとされる。辛味はなく、ほんのり甘くて香ばしい。

食料品店に並んだ当地の食材。中央の赤いものがペペローニ・クルスキ。プロヴォローネやカチョカヴァッロなどの特産チーズはさまざまな熟成具合でスタンバイ

食前酒のおつまみのペペローニ・クルスキ

パスタの定番は硬質小麦粉と水、オリーブ油で作られた**手作りパスタ**。**オレキエッテ**や**カヴァテッリ**などはプーリア州と同様に料理される。パスタの横にチーズのほかにパン粉が置かれているかも。これは「**貧者のチーズ**」Formaggio dei Poveriと呼ばれるもので、パン粉をオリーブ油、ニンニク、パセリ、唐辛子で香ばしく炒めた伝統的な南イタリアの調味料のひとつだ。パスタにかけてみよう。

パスタの上にかかっているのが「貧者のチーズ」

セコンドでは**羊**Agnello、**豚**Maialeの**グリル**や**ロースト**など。ムルジア渓谷特産のキノコの**カルドンチェッリ**cardoncelliが付け合わせにあれば最高だ。

羊のチーズも特産だが肉もよく食べられる。仔羊を使った素朴な料理

バジリカータ・カラーブリア州のワイン

イタリアを代表する最高格付けのDOCGワインはバジリカータ州では**アリアーニコ・デル・ヴルトゥーレ・スペリオーレ**Aglianico del Vuluture Superiore(赤)、カラーブリア州にはDOCGはなく、最も知られているのは**チロ**Cirò(赤・白・ロゼ)だ。

シチリア州

SICILIA

シチリア州の魅力

Sicilia

面積　：25,708km²
人口　：約509万人
州都　：パレルモ
行政区：パレルモ、アグリジェント、カルタニセッタ、カターニア、エンナ、メッシーナ、ラグーザ、シラクーサ、トラーパニ県

北からの旅人が憧れた、花咲き、レモンが実る土地

シチリアのシンボルマーク、3つの岬を表す足

地中海最大の島、シチリア島は、イタリアの州のなかでも最大の面積を誇る。古くは、三つの岬を意味する「トリナクリア」と呼ばれ、シチリアのシンボルマークは、3本の足(3つの岬)をもつメドゥーサである。島の大半は、山地と丘陵地で覆われ、平野部はわずかにカターニアの周辺に見られる程度。エトナ山、エオリエ諸島のヴルカーノなどは、現在も活動を続ける活火山だ。柑橘類の生産と、ワイン用のブドウ栽培とワインの生産量が群を抜いている。また三方を海に囲まれ、漁獲量はイタリアの州のなかで第一位。

タオルミーナ、シラクーサ、アグリジェント、パレルモなどは、北ヨーロッパからの旅人たちの憧れの地として、200年以上の歴史を誇る成熟した観光地である。現在は、島の周辺の小島や、北東部の海岸も人気がある。宿泊施設や交通網が発達し、開発された東部地区に比べると、島の西部地区はいまだに素朴な昔ながらの雰囲気を残している。

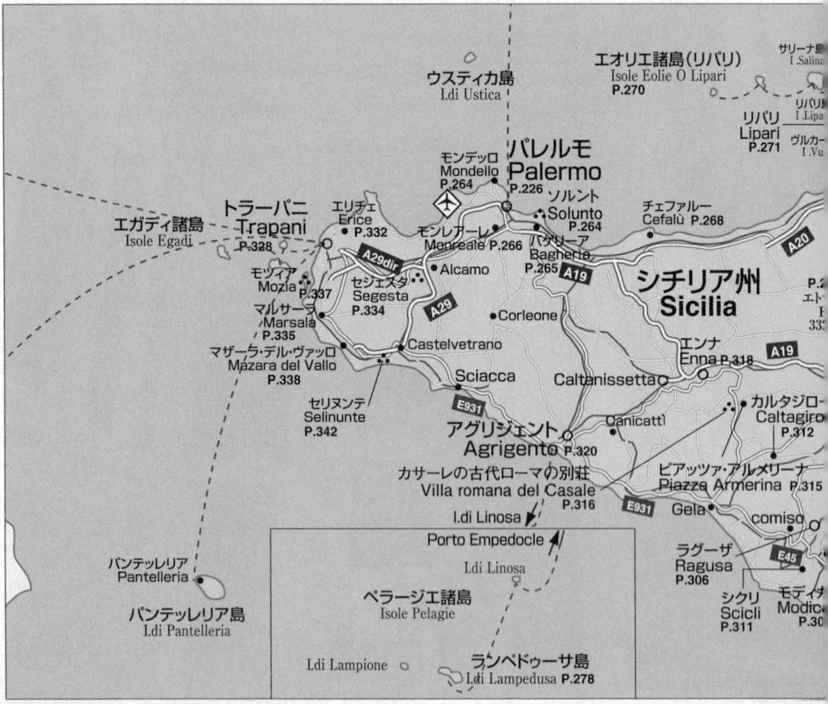

ウスティカ島 I.di Ustica
エオリエ諸島(リパリ) Isole Eolie O Lipari P.270
リパリ Lipari P.271
パレルモ Palermo P.226
モンデッロ Mondello P.264
ソルント Solunto P.264
チェファルー Cefalù P.268
トラーパニ Trapani P.328
エガディ諸島 Isole Egadi
エリチェ Erice P.332
モンレアーレ Monreale P.266
バゲリーア Bagheria P.265
モツィア Mozia P.337
セジェスタ Segesta P.334
Alcamo
マルサーラ Marsala P.335
Corleone
シチリア州 Sicilia
マザーラ・デル・ヴァッロ Mazara del Vallo P.338
Castelvetrano
エンナ Enna P.318
Sciacca
Caltanissetta
セリヌンテ Selinunte P.342
カルタジローネ Caltagirone P.312
アグリジェント Agrigento P.320
Canicattì
カサーレの古代ローマの別荘 Villa romana del Casale P.316
ピアッツァ・アルメリーナ Piazza Armerina P.315
I.di Linosa
Gela
comiso
Porto Empedocle
ラグーザ Ragusa P.306
I.di Linosa
パンテッレリア Pantelleria
パンテッレリア島 I.di Pantelleria
ペラージエ諸島 Isole Pelagie
シクリ Scicli P.311
I.di Lampione
ランペドゥーサ島 I.di Lampedusa P.278

複雑な歴史が作り出した魅力的な観光遺産

海岸線の続くシチリアではどこでも泳げる

地中海の要衝として、さまざまな異民族に支配されたシチリアは、独特な文化を花開かせた。ギリシア支配の時代、覇権を競ったシラクーサにはアルキメデスが住み、ローマとの戦いの武器を考案したといわれる。その後、6世紀にはビザンチン勢力が300年にわたって覇権を握り、次にアラブ人がやってくる。11世紀には、偉大なる指導者ルッジェーロ1世の下、黄金時代を築く。そして、13世紀には、ホーエンシュタウフェン家のフリードリッヒ2世が、当時の先進的であったイスラム文化も取り入れて、南イタリア王国の首都としてのパレルモに、エキゾチックな大輪の花を開花させる。

これらの複雑な歴史は、今なおすばらしい傑作を島のいたるところに残している。ギリシア時代の壮大な神殿は、アグリジェント、セリヌンテ、セジェスタなどに。その後のローマ時代の傑作は、ピアッツァ・アルメリーナの別荘のモザイク。アラブ・ノルマンの傑作は、パレルモのパラティーナ礼拝堂やモンレアーレのドゥオーモに。その後も、17～18世紀のバロックの時代には、メッシーナ、カターニア、ラグーザなどでバロックの建築家による都市計画が進み、現在に残る。

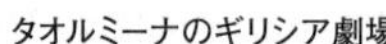
タオルミーナのギリシア劇場

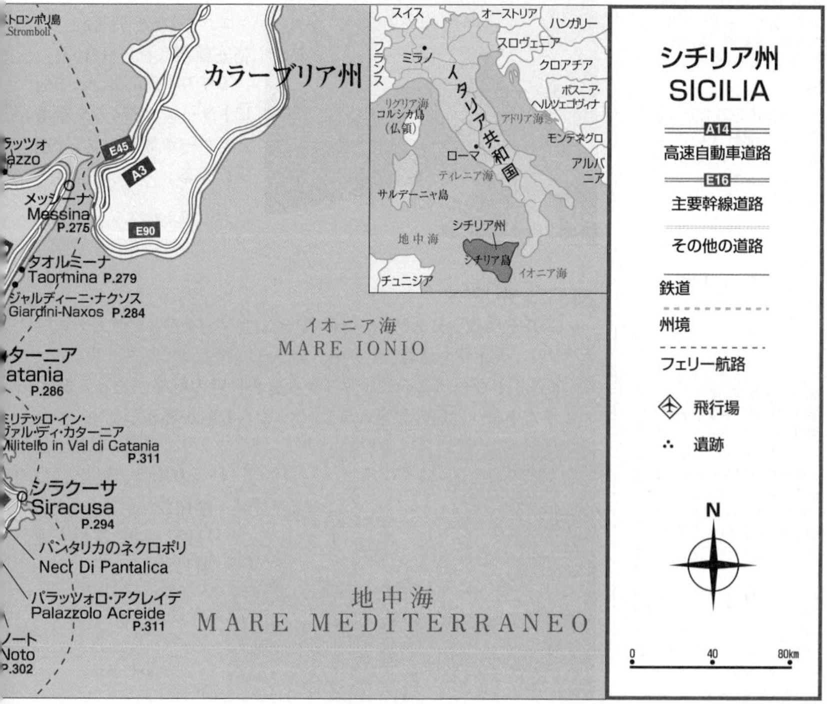

ストロンボリ島
Stromboli
カラーブリア州
E45
A3
E90
メッシーナ
Messina
P.275
タオルミーナ
Taormina P.279
ジャルディーニ・ナクソス
Giardini-Naxos P.284
カターニア
Catania
P.286
ミリテッロ・イン・ヴァル・ディ・カターニア
Militello in Val di Catania
P.311
シラクーサ
Siracusa
P.294
パンタリカのネクロポリ
Necr Di Pantalica
パラッツォロ・アクレイデ
Palazzolo Acreide
P.311
ノート
Noto
P.302
イオニア海
MARE IONIO
地中海
MARE MEDITERRANEO

スイス
オーストリア
ハンガリー
フランス
ミラノ
スロヴェニア
クロアチア
イタリア共和国
ボスニア・ヘルツェゴヴィナ
リグリア海
コルシカ島（仏領）
アドリア海
モンテネグロ
ローマ
アルバニア
ティレニア海
サルデーニャ島
シチリア州
地中海
シチリア島
イオニア海
チュニジア

シチリア州
SICILIA
A14 高速自動車道路
E16 主要幹線道路
その他の道路
鉄道
州境
フェリー航路
飛行場
遺跡
N
0 40 80km

シチリア島の交通事情

■航空会社連絡先

アリタリア
ALITALIA
URL www.alitalia.com
☎892010(コールセンター)
ミラノ・マルペンサ、ミラノ・リナーテ、ローマ・フィウミチーノなどから

ライアンエアー
Ryanair
URL www.ryanair.com
ピサ、ローマ、ヴェローナ、ベルガモ、トリノ、トレヴィーゾ、パリなどから

ヴォロテア
VOLOTEA
URL www.volotea.com
ナポリから

イージージェット
easyJet
URL www.easyjet.com
ロンドン、ミラノなどから

ダニッシュエアー・トラスポルト
Danish Air Trasport
URL //dat.dk
パンテレリア、ランペドゥーサから

切符購入は?

プルマンの切符を除き、航空券、船、鉄道fs線の切符は各地の旅行会社でも販売している。また、一部のプルマンの切符、航空券、船の切符はURL上から予約や購入もできる。

✉パレルモのホテル選び

列車で到着したので、中央駅近くのホテルに宿泊しました。しかし、このあたりの治安はあまりよくなく、ポリテアーマ劇場付近のホテルがおすすめです。劇場近くに空港行きのバス停あり。
(東京都　yamato　'16)

メーターがない!? 南イタリア、シチリアのタクシー

南イタリアでは、町によっては車体にタクシーの表示があってもメーターが付いていなかったり、メーターがあっても行き先別の定額料金の場合がある。最初に料金を確認して乗り込もう。不安なら、ホテルの人などに料金交渉をしてもらうといい。また、白タク(無認可タクシー)も多く、空港や大きな駅では客引きも盛んだ。長距離を乗る場合は必ず事前にしっかり交渉しよう。

シチリア島の交通拠点となるのが、パレルモとカターニア。イタリア各地からの空路、海路をはじめ、シチリア島内のプルマンも多く発着している。島の西側の拠点をパレルモ、東側をカターニアとして最初に交通情報を集めて、旅を始めると効率的だ。

空路でシチリアへ

シチリア島のおもな空港はパレルモとカターニア。ヨーロッパの各都市やローマで乗り継げば、日本を出発したその日にシチリアに到着できる。日本からはアリタリアやヨーロッパ系の航空会社を利用し、途中乗り継ぎのスルーチェックインが便利。イタリア各地やヨーロッパの都市からは格安航空会社LCCも運航しているが、十分な乗継時間が確保できる場合のみ利用しよう。ローマ・フィウミチーノ空港からはアリタリア、ライアンエアー*など、ミラノ・マルペンサ空港からはアリタリア、イージージェット*など、ナポリからはヴォロテア*、イージージェット*など、地方空港からはライアンエアー*などが運航。*は格安航空会社(→P.168)

小型飛行機も大活躍のシチリアの空

シチリア島には、この他にトラーパニ・ビルジ空港とラグーザ郊外のコミソ空港がある。

エトナ山が見え始めたらシチリアだ！

海路でシチリアへ

パレルモへはジェノヴァ、ナポリ、サレルノ、チヴィタヴェッキア、カリアリ、エオリエ諸島などから。カターニアへはマルタ、サレルノなどから。トラーパニへはナポリから夏季限定の航路がある。また、エオリエ諸島へは島の北東のミラッツォからも船が運航している。エオリエ諸島をはじめ島への船は、夏季には増便され、フェリーのほか、水中翼船も運航している。

メッシーナ海峡を渡る列車を積んだフェリー

プルマン(長距離バス)

カターニア↔パレルモ間はプルマンが便利

高速道路が整備され、主要幹線道路が海岸線をグルリと囲むシチリア島では、プルマンの旅は鉄道に比べ効率的だ。特に内陸部を横断する場合などは、トレニタリア(fs)のレッジョナーレReggionale(R)の列車に比べて速く、車窓からの風景もすばらしい。**パレルモからは**カターニア、アグリジェント、トラーパニ、エンナ、メッシーナ、タオルミーナ、ラグーザなど各地へ。**カターニアからは**パレルモ、タオルミーナ、シラクーサ、メッシーナなどへ(→P.233)。各空港からも各地へのプルマンが運行しており、上手に使いこなせば、かなり効率的だ。

プルマンの荷物置き場

鉄道

ローマやナポリなどからの列車は、シチリアの玄関口メッシーナ海峡を渡る。列車はイタリア半島の爪先にあたるカラーブリア州のヴィッラ・サン・ジョヴァンニ駅Villa San Giovanni で2～3両ずつ切り離されて、連絡船に積み込まれる。対岸のメッシーナ港駅Messina Marittima駅まで約40分。列車の連結作業後、メッシーナ中央駅Messina Centraleへと向かう。ここで列車は、**北海岸方面**(パレルモ)と**東海岸方面**(タオルミーナ、カターニア、シラクーサ)に分かれる。メッシーナ→パレルモ(3～4時間)、メッシーナ→タオルミーナ(30分～1時間)、メッシーナ→カターニア(1時間30分)、メッシーナ→シラクーサ(2時間30分～4時間)。

ミラノ、ヴェネツィアなどのイタリア北部からは、FRやFAなどの高速列車でローマ、ナポリに行き、そこから夜行列車もしくはICなどの長距離列車でシチリア島へ向かう。

夜行列車ICNはローマ、ナポリとメッシーナ、パレルモ、シラクーサを結んでおり、1～3人部屋の寝台車、4人部屋のクシェット(簡易寝台)の編成となっている。

シチリア島内の普通列車(R)は、メッシーナ～パレルモ、メッシーナ～シラクーサ、パレルモ～アグリジェント、パレルモ～トラーパニを結んでいるが、休日、祝日は大幅に減便となる。

■主要フェリー会社の予約配信ネットワーク
URL www.aferry.jp
世界中のフェリー情報が検索でき、イタリア航路はGrimaldi、TTTLines、SNAV、TIRRENIAなど各社の情報が検索可。日本語あり。

■船会社連絡先

ティレニア
TIRRENIA
住 Calata Marinai d'Italia
URL www.tirrenia.it
☎ 800-804020
(予約センター)
ナポリなどからパレルモへ

スナッヴ
SNAV
住 港内切符売り場
(パレルモ、カターニア)
URL www.snav.it
☎ 081-4285555(ナポリ)
ナポリからパレルモへ

リバティラインズ
LIBERTYlines
URL www.libertylines.it
住 Via Serraino Vulpitta 5
(トラーパニ)
☎ 0923-873813
コールセンター
e-mail callcenter@libertylines.it
エオリエ諸島へ
※夏季のみの運航

✉ バスは往復割引がずっとお得

電車とバスは片道だとあまり値段が変わらないことがありますが、シチリアでは往復の場合はバスがずっと安いです。日帰り旅行を考えているなら事前にオフィスにて往復切符を購入しましょう。バスの車内だとずっと高くなります。
(神奈川県　Hero　'19)

●パレルモ中央駅の荷物預け
開 7:00～23:00
料 最初の5時間　€6
6～12時間　1時間ごと€0.80
13時間以降　1時間ごと€0.40
※8番線ホームの先。5日以内、20kgまで。

ホテル代わりに利用!?　ナポリ・パレルモ間の船

ナポリ発20:00(SNAV社)と20:15(Tirrenia社)でパレルモ着6:30。ホテル代わりに船の客室を利用し、寝ている間に目的地に到着するというのは時間もお金も節約になる。ただし、到着は早朝なのを覚悟しておこう。7:00頃からは港内の手荷物預けがオープンするので、まず荷物を預けて、ゆっくり朝食を取って時間調整をして町へ出かけよう。

✉ パレルモ・ナポリ間の夜間フェリーは簡単・便利

パレルモ20:15発→ナポリ6:20着のティレニア社のフェリーを利用。ネットで日本から予約、発券していたので当日はパレルモ港に横着け(港に入って右側)されているフェリー前にチェックイン2時間前に行き、係員に予約書を見せ、指示を受ける。船内にはバール、レストランがありロビーはホテルを思わせる。使用したメインキャビンにはトイレ、シャワー室があり快適でよく眠れた。このフェリーは利用価値が高いと思います。
(和義君1950　'18)

美しきカルチャー・ミュージアム

Palermo パレルモ

パレルモは大きく3つの地区に分けられる。クアットロ・カンティを中心に、**1ノルマン王宮と旧市街**、その東側が、**2プレトーリア広場東地区**、北側の、**3新市街と考古学博物館**。見どころは比較的旧市街地区に集中しているが、それ以外にも見逃せない物が四散しているので、すべてを見ようと思ったらバスなどを利用して積極的に移動しよう。最低でも丸1日、確実に見たければ2日はほしいところ。

午前中に多くの見どころがオープンしている代わりに、午後になると閉鎖したり休憩時間などで見学できないことが多くなるのに加え、夏季の午後は動くのがおっくうになるほど暑いので、早起きして午前中に済ませるのが観光のコツだ。午後は公園などの涼しい所や、郊外へ小旅行に出るのも一案。

アラブ・ノルマンの宝石箱、パラティーナ礼拝堂

シチリア州最大の都市パレルモ。人口は68万人を数え、シチリアの商工業の中心地だ。地中海の中心地という地理的な条件から、アラブやノルマンといった南北からの度重なる侵略の結果、異文化の入り混じった興味深い文化が創造された。ドイツの文豪ゲーテをして「世界一美しいイスラムの都市」と言わしめ、北ヨーロッパ人をときめかせた魅力的な町である。

しかし、一般的な「美しい」という感覚で初めてパレルモを訪れたとき、特にそれが夜であったら少し「恐い」と感じるかもしれない。心細く弱々しい街灯、煤けた旧市街の町並み……。けれど日中の太陽の下ではゲーテの言葉も大いに納得。並ぶ棕櫚(しゅろ)の木、快い蹄鉄(ていてつ)の音を響かせて走る馬車、活気のある市場。数多くの美術館や博物館、劇場などを抱えるパレルモは一大文化都市でもある。

アラブ風のドォームとキオストロが調和したエレミティ教会

パレルモは空路、航路、鉄道、バスなどあらゆる交通の要(かなめ)。シチリア観光の拠点として情報収集に大いに利用しよう。特に、各地へのプルマンバスは、多くの路線が用意されている。

パレルモへの行き方

飛行機で行くには

- ミラノ→パレルモ　1時間30分～1時間45分
- ローマ→パレルモ　1時間～1時間10分

鉄道で行くには

- ローマ→パレルモ　fs線　IC　約11時間～約13時間(1日3～4便)
- ナポリ→パレルモ　fs線　IC　約9時間20分～約10時間10分(1日3～4便)　ICN(夜行)約10時間
- メッシーナ→パレルモ　fs線　R.RV.IC　2時間51分～3時間15分(1～3時間に1便)
- カターニア→パレルモ　fs線　R　約3時間(2～3時間に1便)
- アグリジェント→パレルモ　fs線　R　約2時間(1～2時間に1便)

バスで行くには(→.P233)

- カターニア→パレルモ　SAIS　2時間40分(平日約1時間に1便、㊐㊗1～3時間に1便程度)　€14、往復€24
- アグリジェント→パレルモ　CUFFARO　2時間(平日1日7便、㊏5便、㊐㊗3便)　€9、往復€14.20
- シラクーサ→パレルモ　INTERBUS　3時間15分(平日2便)　€11～13.50

船で行くには

- ナポリ→パレルモ　TIRRENIA SNAV　約10時間(1日2便)

車で行くには

- メッシーナ→(A18)→カターニア
- メッシーナ→(A20)→パレルモ

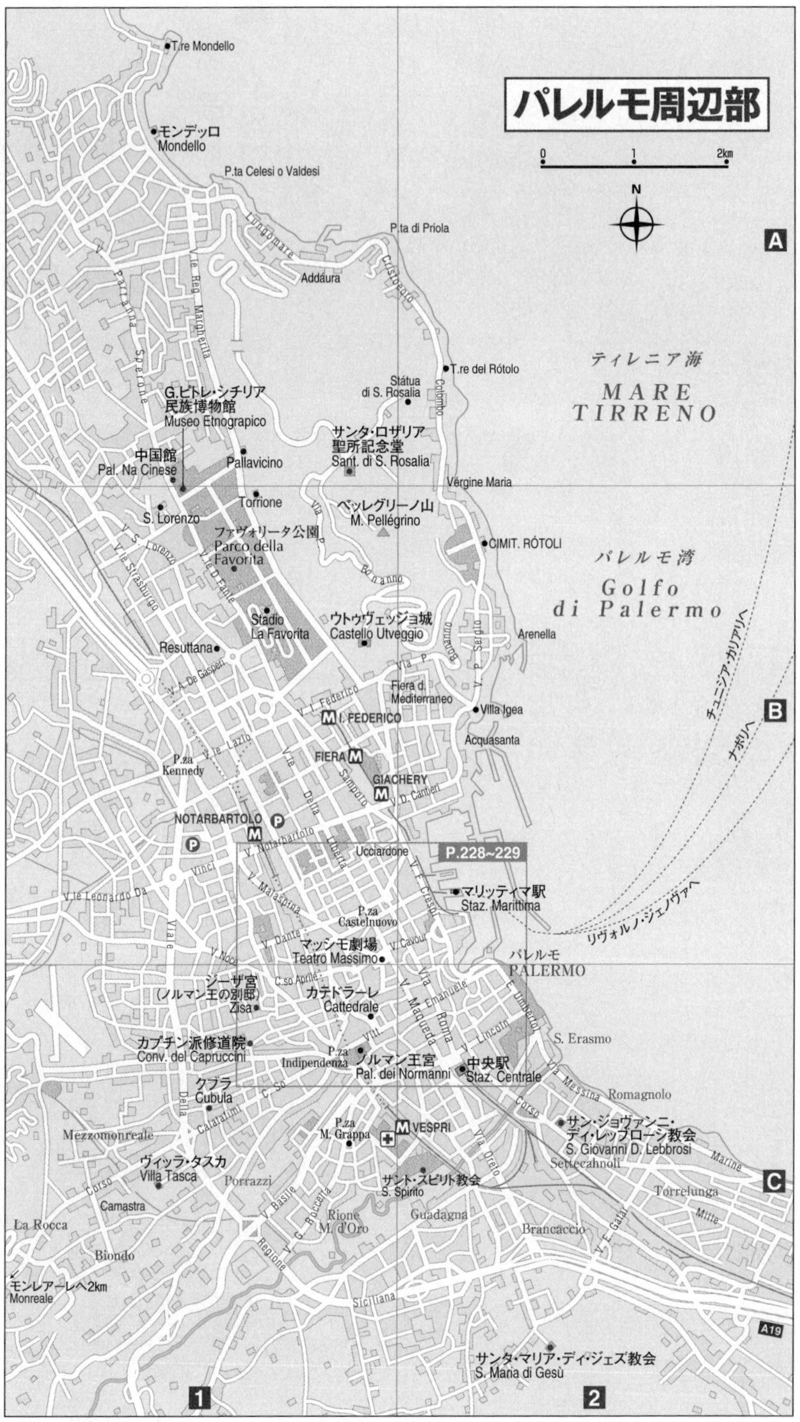
パレルモ周辺部
0 1 2km
N
T.re Mondello
モンデッロ
Mondello
P.ta Celesi o Valdesi
Lungomare
P.ta di Priola
Addaura
Cristoforo
Colombo
T.re del Rótolo
Státua
di S. Rosalia
ティレニア海
MARE
TIRRENO
G.ピトレ・シチリア
民族博物館
Museo Etnograpico
サンタ・ロザリア
聖所記念堂
Sant. di S. Rosalia
中国館
Pal. Na Cinese
Pallavicino
Vérgine Maria
Torrione
S. Lorenzo
ペッレグリーノ山
M. Pellégrino
ファヴォリータ公園
Parco della
Favorita
CIMIT. RÓTOLI
パレルモ湾
Golfo
di Palermo
Stadio
La Favorita
ウトゥヴェッジョ城
Castello Utveggio
Arenella
Resuttana
Fiera d.
Mediterraneo
Villa Igea
I. FEDERICO
Acquasanta
チュニジア・カリアリへ
ナポリへ
FIERA
GIACHERY
P.za
Kennedy
NOTARBARTOLO
Ucciardone
P.228~229
マリッティマ駅
Staz. Marittima
リヴォルノ・ジェノヴァへ
P.za
Castelnuovo
マッシモ劇場
Teatro Massimo
パレルモ
PALERMO
ジーザ宮
(ノルマン王の別邸)
Zisa
カテドラーレ
Cattedrale
カプチン派修道院
Conv. del Capruccini
S. Erasmo
P.za
Indipendenza
ノルマン王宮
Pal. dei Normanni
中央駅
Staz. Centrale
クブラ
Cubula
Romagnolo
Mezzomonreale
P.za
M. Grappa
VESPRI
サン・ジョヴァンニ・
ディ・レッブローシ教会
S. Giovanni D. Lebbrosi
Settecannoli
ヴィッラ・タスカ
Villa Tasca
Porrazzi
サント・スピリト教会
S. Spirito
Torrelunga
Camastra
Rione
M. d'Oro
Guadagna
La Rocca
Brancaccio
Biondo
モンレアーレへ2km
Monreale
A19
サンタ・マリア・ディ・ジェズ教会
S. Maria di Gesù
A
B
C
1
2

Villa Gonzaga
Villa Bordonaro
Via d. Croci
Villa Trabia
P.za F. Crispi
P.za Mordini
リベルタ大通り
Viale della Libertà
Via Terrasanta
Via G. La Farina
Via Archimede
Via Carini
Via P. Calvi
フォカッチェリア・バ
Focacceria
Via Mazzini
Via Q. Sella
Via Malaspina
P.za D.Siculo
Via Catània
Via Agrigento
Via Princ. di Villafranca
Via Siracusa
Via XX Settembre
Via Messina
P.za Busacca
Via Gen. Cantore
Via G. Aurispa
Via G. Cusmano
Via Sammartino
Via G. Marconi
マックス・マーラ
Max Mara
トッズ
Tod's
ルイ・ヴィトン
Louis Vuitton
空港バス乗車所
P.252 ポリテアーマ劇
Teatro Politea
ポリテアーマ広場
P.za Politeama
カステルヌオーヴォ広場
P.za Castelnuovo
マックス
Max & C
Via F. Parlatore
Villa Malfitano
Via Dante
P.za Virgilio
V. Latini
P.257
イ・クオキーニ
I Cuochini
P.261
ラ・コッポラ
La Coppola
Via d.Giostra
Via P. Paternostro
P.za S.Oliva
クーマ
Cuma
P.258
オルティージャ
Ortigia
P.261
P.za Amendola
S.Francesco di Paola
Via Mariano Stabile
P.za Ungheria
Via Cluverio
Via Re Federico
Via A. Veneziano
Via Goethe
Villa Filippina
V.Pignatelli Aragona
P.258
オリオリ
Orioli
ブリオッシ
Brio
P.252
マッシモ劇場
Teatro Massimo
P.za Principe di Camporeale
P.za N. Turrisi
P.za Vitt.Eman. Orlando
Via Volturno
トラットリア・デル・マッシ
Trattoria del Massim
P.ta Carini
C.so Alberto Amedeo
裁判所
Pal.di Giustizia
Via Pta Carini
P.za Concezione
P.za Stigmate
P.za d Aragonesi
Monte di Pie
Corso Finocchiaro Aprile
V.Guglielmo il Buono
V.Cantù
ジーザ宮
Zisa
P.za Zisa
P.243
Via C. Lascaris
V.Contessa Giuditta
P.za Noviziato
ア・クックマ
A'Cuncuma
P.256
P.za Beati Paoli
Via Papireto
メルカート・ディ・ブルチ
(蚤の市)
P.za Papireto
P.za Ingastone
Via d'Ossuna
P.za Peranni
P.za dei 7 Angeli
P.238
カテドラーレ
Cattedrale
P.za Cattedrale
Via G. Mosca
大司教館(司教区博物館)
Pal.Arcivescovile(Museo Diocesiano)
C.so Vitt. Emanuele
ヴィットリオ・エマヌエーレ大通り
P.243
カプチン派のカタコンベ
Catacombe d.Cappuccini
Piazza Danisinni
P.239
ヌオーヴァ門
P.ta Nuova
Villa Bonanno
Pal. Sclafani
切符売り場
ヴィットリア広場
P.za d.Vittoria
P.239
ノルマン王宮
Pal.d.Normanni
入口
P.za del Parlamento
Via G. Mosca
Via Cappuccini
P.za Indipendenza
ルッジェーロ王の間
Sala di re Ruggero
P.240
パラティーナ礼拝堂
Cappella Palatina
P.240
Via Pta di Castro
P.242
サン・ジョヴァンニ・デッリ・エレミティ教会
S.Giov.d.Eremiti
V. Mongitore
Via d.Benedettini
Via Pindemonte
Corso Calatafimi
P.234-235

パレルモ中心部
0 150 300m
N
港
PORTO
ティレニア海
MARE TIRRENO
Pontile S. Lucia
Pontile Piave
Pontile vitt. Vèneto
Banchina Francesco Crispi
Banchina Sammuzzo
Banchina Trapezoidale
Diga Foranea
Molo Sud
マリッティマ駅
Staz.Marittima
カリアリ、ジェノヴァ、ナポリ行き船乗り場
Capitaneria di Porto
トラーパニから下車バス停
P.251
P.230
P.246
P.262 アルテミシア・パレス Artemisia Palace
P.261 カルタジローネ・チェラミケ Caltagirone Ceramiche
P.262 エ・デ・パルメ Et Des Palmes
トニック Tonic P.263
ワーグナー Wagner P.262
P.261 デ・シモーネ De Simone
P.253 シチリア州立考古学博物館 Museo Archeologico Regionale
サン・ジョルジュ・ディ・ジェノヴェーゼ教会 S.Giorgio d.Genovesi
サンタ・チータ教会 S.Cita
ロザリオ・イン・サンタ・チータ祈祷堂 Oratorio del Rosario in S.Cita P.254
サンティニャツィオ・アッロリヴェッラ教会 S.Ignazio all'Olivella
ロザリオ・イン・サン・ドメニコ祈祷堂 Oratorio del Rosario in S.Domenico P.255
サン・ドメニコ教会 S.Domenico P.254
P.za S.Domenico
Pal. Pietratagliata
Madonna d. Soccorso
サンタントニオ・アバーテ教会 S.Antonio
P.255 ヴッチリアの市場 La Vucciria
ヴィットリオ・エマヌエーレ大通り C.so Vitt. Emanuele
マクエダ通り Via Maqueda
ローマ通り Via Roma
P.248 サンタ・マリア・デッラ・カテーナ教会 S.Maria d.Catena
フェリーチェ門 Porta Felice
サント・スピリト広場 Piazza Santo Spirito
国際マリオネット博物館 Museo Internazionale d.Marionette P.248
P.257 ニ・フランコ Nni Franco
サンタ・マリア・ディ・ポルト・サルヴォ S.Maria Porto Salvo
マリーナ広場 Piazza Marina
ガリバルディ庭園 Giardino Garibaldi P.247
キアラモンテ宮 Pal.Chiaramonte P.248
フォロ・イタリコ P.250
Foro Umberto
Foro Italico
ヴィラ・ア・マーレ Villa a Mare
ピエタ教会(ラ・ピエタ) La Pietà
ペッレドーカ Pelledoca P.257
ラ・ガンチャ La Gancia P.250
シチリア州立美術館 Galleria Regionale della Sicilia P.249
P.za Kalsa
サンタ・テレザ教会 S.Teresa
P.236 クアットロ・カンティ Quattro Canti
サン・マッテオ教会 S.Matteo
S.Ninfa d.Crociferi
サン・ロレンツォ祈祷堂 Oratorio di S.Lorenzo
サン・フランチェスコ・ダッシジ教会 S.Francesco d'Assisi P.247
P.262 ボルサ Borsa
P.za Cassa di Risparmio
Fontana Pretoria
P.236 プレトーリア広場 P.za Pretoria
Sant'Anna
P.243 近現代美術館 Galleria Arte Moderna
ベッリーニ広場 P.za Bellini P.237
サン・ジュゼッペ・ディ・テアティーニ教会 S.Giuseppe d.Teatini
マルトラーナ教会 Martorana P.237
P.za Bologni
Università
サン・カタルド教会 S.Cataldo P.237
Piazza dello Spasimo
P.ta Reale
S.Maria d.Spasimo
ヴィラ・ジュリア Villa Giulia
マジオーネ教会 La Magione
アユタミクリスト館 Pal. Ajutamicristo
ヴィッラ・アルキラーフィ Villa Archirafi P.263
植物園 Orto Botanico P.250
Giardino Tropicale
P.za Casa Professa
S.Chiara
P.242 ジェズ教会 Gesù
P.242 バッラロの市場 Mercato Ballarò
カルミネ教会 Carmine
P.za Giulio Cesare
トラム
モンレアーレ行き
トレニタリア パレルモ中央駅 Staz. Centrale F.S.
Porta Vicari
S.Antonino
バスターミナル Autostazione Piazzetta Cairoli
サンタガタ門 P.ta S.Agata
Via Cavour
Via Lincoln
Corso Tukory
Via Francesco Crispi

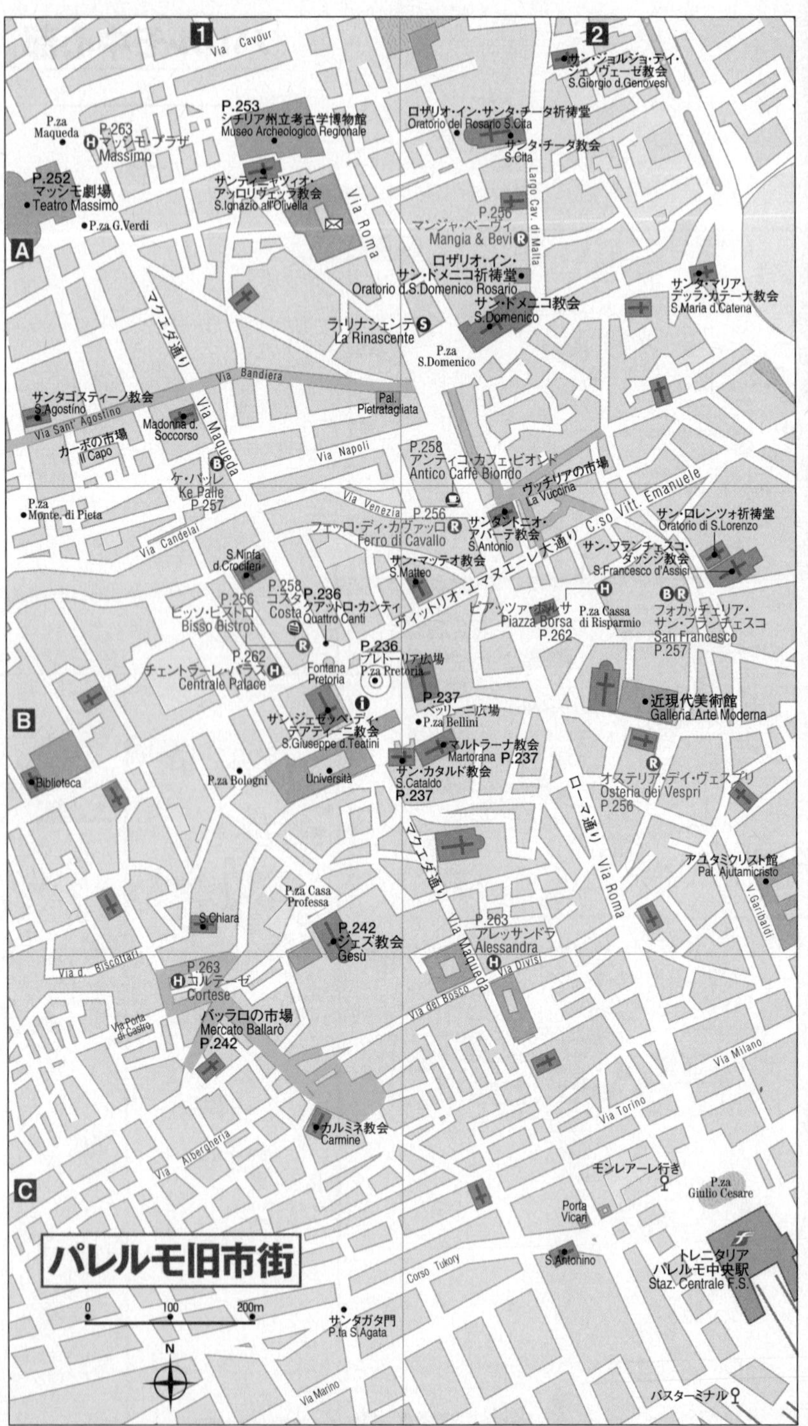
パレルモ旧市街
Via Cavour
サン・ジョルジョ・デイ・ジェノヴェーゼ教会
S.Giorgio d.Genovesi
P.253
シチリア州立考古学博物館
Museo Archeologico Regionale
ロザリオ・イン・サンタ・チータ祈祷堂
Oratorio del Rosario S.Cita
サンタ・チータ教会
S.Cita
P.za Maqueda
P.263
マッシモ・プラザ
Massimo
P.252
マッシモ劇場
Teatro Massimo
サンティニャツィオ・アッロリヴェッラ教会
S.Ignazio all'Olivella
Via Roma
P.za G.Verdi
P.256
マンジャ・ベーヴィ
Mangia & Bevi
Largo Cav. di Malta
ロザリオ・イン・サン・ドメニコ祈祷堂
Oratorio d.S.Domenico Rosario
サン・ドメニコ教会
S.Domenico
サンタ・マリア・デッラ・カテーナ教会
S.Maria d.Catena
マクエダ通り
ラ・リナシェンテ
La Rinascente
P.za S.Domenico
Via Bandiera
Pal. Pietratagliata
サンタゴスティーノ教会
S.Agostino
Via Sant' Agostino
Madonna d. Soccorso
カーポの市場
Il Capo
Via Maqueda
Via Napoli
P.258
アンティコ・カフェ・ビオンド
Antico Caffè Biondo
ケ・パッレ
Ke Palle
P.257
ヴッチリアの市場
La Vuccina
C.so Vitt. Emanuele
P.za Monte. di Pieta
Via Venezia
P.256
フェッロ・ディ・カヴァッロ
Ferro di Cavallo
サンタントニオ・アバーテ教会
S.Antonio
サン・ロレンツォ祈祷堂
Oratorio di S.Lorenzo
Via Candelai
ヴィットリオ・エマヌエーレ大通り
サン・フランチェスコ・ダッシジ教会
S.Francesco d'Assisi
S.Ninfa d.Crociferi
サン・マッテオ教会
S.Matteo
P.258
コスタ
Costa
P.236
クアットロ・カンティ
Quattro Canti
P.256
ビッソ・ビストロ
Bisso Bistrot
ピアッツァ・ボルサ
Piazza Borsa
P.262
P.za Cassa di Risparmio
フォカッチェリア・サン・フランチェスコ
San Francesco
P.257
P.236
プレトーリア広場
P.za Pretoria
P.262
チェントラーレ・パラス
Centrale Palace
Fontana Pretoria
P.237
ベッリーニ広場
P.za Bellini
近現代美術館
Galleria Arte Moderna
サン・ジェゼッペ・デイ・テアティーニ教会
S.Giuseppe d.Teatini
マルトラーナ教会
Martorana
P.237
Biblioteca
P.za Bologni
Università
サン・カタルド教会
S.Cataldo
P.237
ローマ通り
オステリア・デイ・ヴェスプリ
Osteria dei Vespri
P.256
マクエダ通り
アユタミクリスト館
Pal. Ajutamicristo
V. Garibaldi
P.za Casa Professa
S.Chiara
P.242
ジェズ教会
Gesù
P.263
アレッサンドラ
Alessandra
Via Maqueda
Via Divisi
Via d. Biscottari
P.263
コルテーゼ
Cortese
Via del Bosco
Via Porta di Castro
バッラロの市場
Mercato Ballarò
P.242
Via Milano
Via Torino
カルミネ教会
Carmine
Via Albergheria
モンレアーレ行き
P.za Giulio Cesare
Porta Vicari
S.Antonino
トレニタリア パレルモ中央駅
Staz. Centrale F.S.
Corso Tukory
0
100
200m
サンタガタ門
P.ta S.Agata
N
Via Marino
バスターミナル
A
B
C
1
2

i パレルモのインフォメーション

パレルモのi

パレルモのiはにぎやかなベルモンテ通り、ポリテアーマ劇場、ベッリーニ広場、空港、港などにある。町歩きの途中に立ち寄るのに便利だ。

ベッリーニ広場のi

●シティ・サイトシーイング・パレルモ City Sightseeing Palermo

イタリア中でおなじみのオープントップの2階建て観光バス。パレルモ市内を周る2コースとパレルモ郊外のモンレアーレ(→P.266)行き(所要1時間)とモンデッロ(→P.264)行きを運行。順路は、Aコース　ステーリィ宮→植物園→中央駅→クアットロ・カンティ→王宮→カテドラーレ(所要60分)。Bコース　ポリテアーマ劇場→イギリス庭園→マルフィターノ宮→ジーザ宮→カーポの市場→マッシモ劇場→港(所要50分)。始発地はポリテアーマ劇場脇(Via Emerico Amari 138)。

モンレアーレ行きはAコース途中の王宮で乗り換えが必要。4～10月に1日8便、11～3月は1～4便、午前・午後の各1便がコース始発のポリテアーマ広場からの直通。モンデッロ行き(Dコース)は夏季のみの運行。

切符は24時間乗り降り放題で、乗り降り自由。日本語のイヤフォンガイド付き。A+Bで€20、モンレアーレ行き(王宮からの乗車)のみ€10。3路線すべてで€25。家族券(大人2人、子供3人)はA+B €50、3路線　€60。

シティ・サイトシーイングのバスを活用しよう

●パレルモのi ポリテアーマ劇場
住 劇場1階(Via E.Amari側)
営 月～金8:30～13:30

●パレルモのiメインオフィス
住 Via P.Belmonte 92
☎ 091-585172
開 8:00～13:30
火木15:00～17:00
休 土日祝
地 P.229 A3

●ベッリーニ広場i
住 Piazza Bellini/Largo Cavalieri S.Sepolcolo
☎ 091-7408021
営 月～金8:30～18:30
土 9:30～17:30
日 9:00～19:00
休 祝
地 P.229 C3

●カヴール通りのi
営 8:30～18:30

●マッシモ劇場のi
開 月～金9:00～13:30

●空港のi
住 到着ロビー1階
☎ 091-591698
営 8:00～20:00
土8:00～18:00
休 日祝
地 地図外

●シティ・サイトシーイング・パレルモ
切符は直接車内で。ホテル、旅行会社などで。
問い合わせ
住 Via Ruggero Settimo 55
☎ 091-589429
URL www.city-sightseeing.it/en/palermo-en/
※冬季は運行間隔が長く、早めに終了する。切符購入前に時間が有効に使えるか確認を。日曜は歩行者天国のためTeatro Massimoは通過。

History&Art

多様の文化の洗礼を受け花開いたパレルモ

紀元前8世紀、フェニキア人が町を造り、天然の良港をもつパレルモには直径1kmほどの都市が出現した。紀元前254年、第1次ポエニ大戦でローマが勝利し、700年間にわたって古代ローマ時代が続く。5世紀頃からローマは衰退を始め、535年、ビザンチン帝国(東ローマ帝国)が支配し、のち300年ほどビザンチンの文化が爛熟してゆく。831年、サラセン人が侵入し、948年にパレルモを首都としてイスラム人支配が始まる。1072年、ノルマン人が制覇、1130年に高名なるルッジェーロ2世が戴冠。ノルマン王宮など、北ヨーロッパの息吹をパレルモに根付かせた。政権はホーエンシュタウフェン家に継承され、「中世最初の近代人」と評されるフリードリッヒ2世のもとで、シチリアは文学をはじめ豊かな芸術文化が開花する。パレルモに多く残るイスラム文化との融合様式は、ノルマン王朝が破壊よりも融合を図ったことによるところが大きい。1266年アンジュー家、1442年アラゴン家、1712年サヴォイア家、1718年ハプスブルグ家、1735年ブルボン家と、近世は目まぐるしく時代が移り変わり、1860年のガリバルディの独立統一戦争によってイタリア統一がなされるまで、シチリアは数多くの支配を受け続けることになった。

海と山を抱くバロック都市、パレルモ

パレルモの交通

●郵便番号　90100

●空港からのプルマン
料 €6(車内購入€6.30)、往復€11
車内または空港内の窓口で販売。
URL www.prestaecomande.it
※ポリテアーマ広場では、広場南側が下車地。空港行きバス停は広場をはさんだ北のプラダ前。発車時間の少し前に係員が切符を販売する。

●空港からの列車
空港地下からTrenitalia社の列車が、パレルモ中央駅まで再運行開始。空港発5:15～24:25、5:42以降は毎時27、42分発で所要50分～1時間5分。料金€5.90

パレルモ空港から
ほかの町へのアクセス
●アグリジェントへ LICATA社
㊊～㊏10:00、12:30、16:30、20:30発、所要約3時間
料 €12.60
URL www.autolineesal.it

空港発着のバスの切符
車内購入or切符売り場?
空港発・バスターミナル発のいずれも、切符は車内購入ができるが、切符売り場で購入するより€0.30割高となる。

✉パレルモのスリ
中央駅前とパラティーナ礼拝堂近くのバス停からバスに乗車した際に2回スリに遭いました。同じスリだったので、最初から狙われていたのかもしれません。スリは1人ではなく、4～5人で取り囲んで体を触ってきます。どこに現金や財布があるかを確認しているようでした。そして、監視役のように警官のような格好をした人間が近くにいました。
（東京都　yamato　'16）

✉1日券は「ここ」で
（「1日券が買えない」と口コミの多い市バス券ですが）私は空港からのプルマンを ポリテアーマ広場で降りる直前に目に入った緑のブースで滞在期間の4日券€10.20を買ったので、無駄なく使えました。（モンレアーレもNo.389で行けます）1日～7日まであります。
（愛知県　YOU-KO　'17）

■タクシー会社
Alex Travel社
☎ 320-9254108
Radio taxi社
☎ 091-513311

空港からのアクセス

パレルモ市内から約30kmに位置するファルコーネ・ボルセッリーノ空港Aeroporto Falcone-Borsellino(プンタ・ライジ空港Punta Raisiとも呼ぶ)。パレルモ市内へは、プルマンと鉄道で結ばれている。

プルマンは、空港発は05:00～24:30、パレルモ中央駅発は04:00～22:30の時間帯で30分間隔での運行をしている。所要時間は空港から中央駅までは50分。ポリテアーマ広場までは35分。パレルモ中央駅の発着地は駅西口のバスターミナル。

鉄道はfs線が空港ターミナル地下から、パレルモ中央駅を約1時間で結んでいる。

市内のバス

市内を走るAMATのバス

路線バスは充実している。特に乗客の多いローマ通りやマクエダ通りには2両連結車両。中心部を走る無料の循環バスも上手に利用しよう。また、モンデッロなどの郊外とも結ばれている。

パレルモ市内のバス・トラムAMATチケット

料 1回券€1.40（90分有効）：車内購入の場合は€1.80。1日券€3.50、2日券€5.70、3日券€8、4日券€10.20、5日券€12.50、6日券€14.60、7日券€16.80まであり。

観光に便利な路線は以下のとおり。

●**101番往路**：中央駅→ローマ通り→ストゥルツォ広場Piazza Struzo→リベルタ通り→ヴィットリオ・ヴェネト広場Piazza V.Veneto→クローチェ・ロッソ通りViale Croce Rosso→P.za Papa Giovanni Paolo Ⅱ→クローチェ・ロッソ通り→サレルノ門→スタディオ

●**101番復路**：スタディオ→P.za Papa Giovanni Paolo Ⅱ→クローチェ・ロッソ通り→ヴィットリオ・ヴェネト広場→リベルタ通り→ポリテアーマ広場→ルッジェーロ・セッティモ広場→カヴール通り→ローマ通り→中央駅

※㊏15:00～20:00、㊐㊗8:00～20:00はリベルタ通り以降は歩行者天国のため一部経路を変更し、終点へ向かう。

●**109番**：バジーレ駐車場→Via E.Basile→Corso Tukory→サン・ジョヴァンニ・デッリ・エレミティ教会→Corso Tukory→Via Arcoleo→中央駅→Corso Tukory→サン・ジョヴァンニ・デッリ・エレミティ教会→インディペンデンツァ広場Piazza Indipendenza→Corso Re Ruggero→バジーレ駐車場P.za Papa Giovanni Paolo Ⅱ

タクシー

ほかの町と同様、タクシースタンドから乗車しよう。空港、中央駅前、マッシモ劇場前、ポリテアーマ劇場脇などに乗り場がある。メーターはついているものの、メーターではなく運転手との交渉で料金が決まることが多い。最初に確認を。空港からのタクシーは、市内まで荷物込みで€40～50(人数、車種、時間帯などによる)。

パレルモからシチリア各地へ

新しくなったパレルモのバスターミナル

パレルモのバスターミナルは**パレルモ中央駅の奥、正面に向かって右側**(Via T.Fazello)にあり、シチリア各地(アグリジェント行きを除く)と、空港行きのプルマンバスが発着する。ターミナル内には切符売り場、待合室、トイレなどがある。切符売り場には時刻表が掲載されているので、前日に確認がベター。日帰りの場合は、帰りの便も確認しておこう。一部のプルマンバスはポリテアーマ劇場そばにも停車(→P.233欄外)するので、便利なバス停を選ぼう。空港行きはターミナル脇の車道からの発車(切符は切符売り場で)。アグリジェント行きは駅をはさんだ反対側の旧バスターミナル奥からの発車。切符は車内で。

アグリジェント行きは旧ターミナル発

■プルマン各社連絡先
各社の時刻表は下記URLで検索可。各逆コースも運行。

窓口は各社別々
近代的に生まれ変わったパレルモのバスターミナル。ただし、切符売り場は各社ごとに分かれているので該当の窓口へ。最近は紙の時刻表の配布は少なくなり、「スマホで撮影を」と言われることが多い。

ポリテアーマ広場からのプルマン
トラーパニ行き、マルサーラ、マザッラ・デル・ヴァッロ行きのプルマンはポリテアーマ広場(空港行きバス乗り場から港寄り)からも乗車可(中央駅始発)。切符売り場は乗り場そば。トラーパニ行きはSEGESTA社の窓口、マルサーラ、マザッラ・デル・ヴァッロはさらに港へ向かった右側のタバッキ兼ロット売り場(Tabacchi Ricevitoria Quadrifoglio 住 Via D.co Scina 176)で販売。

パレルモ発のプルマン —各社の時刻表はURLで検索可—

トラーパニ行き　SEGESTA
月〜土6:00、6:30*、7:00、8:00、9:00、10:00、11:00、12:00、13:00、13:30、14:00、15:00、16:00、16:30、17:00、17:30*、18:00、19:00、20:00　*土運休
日祝8:00、9:00、10:00、11:00、12:00、14:00、16:00、18:00、19:00、20:00
所要 約2時間(トラーパニでは5ヵ所に停車)
料金 €9.60、同日往復€15.10 乗り場 バスターミナル(上記時間)、ポリテアーマは10分後
切符売り場 ポリテアーマ広場ではVia Turati 3 (→P.229 A2)
URL www.trapanistruzioniperluso.com
☎ 091-6167919

マルサーラ行き　SALEMI
月〜土6:00、7:30、9:30*、10:30*、11:00、12:00*、13:00、13:15*、14:00、14:30、15:00、16:00*、16:30*、17:00、18:00*、19:00、19:30、21:15　*土運休
日祝8:15、9:00、10:00、10:30、12:30、14:30、16:00、18:30、19:30、20:00
※パレルモ空港、トラーパニのビルジ空港経由
所要 2時間15分〜2時間45分　料金 €11、往復€16.75　乗り場 バスターミナル、ポリテアーマは約10分後　切符売り場 ポリテアーマではTabacchi Ricevitoria Quadrifoglio (Via D.co Scina 176) (→P.229 A2)
URL www.autoservizisalemi.it
☎ 0923-981120

アグリジェント行き　CUFFARO
月〜金8:15、10:30、12:00、13:00、14:00、15:30、18:00
土8:15、10:30、14:00、15:30、18:00
日祝8:00、12:00、15:30
※同場所からCAL社もアグリジェント行きを運行
所要 約2時間　料金 €9　往復€14.20
乗り場 バスターミナル(中央駅東側)
切符売り場 車内購入
URL www.cuffaro.info
☎ 091-6161510

シラクーサ行き　INTERBUS
8:00、14:00
所要 3時間20分　料金 €13.50(ネット予約で€11、車内購入€13.50)

ラグーサ行き　AST
7:30(土は運休)、11:45、14:45、18:15、日祝8:45、18:15(一部乗り換えあり)
乗り場 切符売り場 ターミナル
URL www.astsicilia.it
☎ 091-6167919

カターニア行き　SAIS
9:00、10:00、11:00、12:00、14:00、15:00(月〜金のみ)、16:00、17:00、18:30、20:00
所要 2時間40分　料金 €14、同日往復€24
乗り場 切符売り場 バスターミナル
URL www.saisautolinee.it
☎ 800211020
※日祝の表記があっても、より重要な祝日の1/1、復活祭の日、5/1、8/15、12/25〜12/26などはすべて運休、または半減の場合あり
('20年2月現在)

1.ノルマン王宮と旧市街

Palazzo dei Normanni e Città Vecchia

パレルモの旧市街の中心、クアットロ・カンティ

パレルモの見どころが集中した旧市街からスタートしよう。旧市街の中心クアットロ・カンティからは、主要な通りが四方へと延びる。ノルマン王宮から海へと続くヴィットリオ・エマヌエーレ大通り、マッシモ劇場から駅へと通じるマクエダ通りは車の通行が規制され、カフェやみやげ物屋などが並ぶ楽しい散歩道だ。世界遺産のパラティーナ礼拝堂へは、途中の公園に入り緑のなかを進むと切符売り場がある。パラティーナ礼拝堂は肌を出したタンクトップや半ズボンでは入館できない場合があり、また入口でセキュリティチェックがある。(所要時間約4～5時間)

●おもな見どころ

① クアットロ・カンティ

マクエダ通りとヴィットリオ・エマヌエーレ大通りが交差する旧市街の中心に17世紀に造営された「四つ辻」。周囲の4つの建物の壁面を利用した彫刻が印象的。

★★ P.236

② プレトーリア広場

ルネッサンス様式をパレルモに持ち込んだのは、フィレンツェの彫刻家フランチェスコ・カミリアーニ。彼によるプレトーリアの噴水とその像が名高い。

★★ P.236

③ マルトラーナ教会

ベッリーニ広場に面して建つノルマン時代の教会。内部を覆い尽くすきらびやかなビザンチン様式のモザイクは必見の価値がある。

★★★ P.237

④ サン・カタルド教会

ベッリーニ広場に面し、マルトラーナ教会と並んで建つ、3つの赤いドームが印象的な小さな教会。12世紀中頃のノルマン時代に建設された。

★★ P.237

ッシモ劇場
tro Massimo
P.za G.Verdi
サンティニャツィオ・アッロリヴェッラ教会
S.Ignazio all'Olivella
Via Roma
マクエダ通り
ロザリオ祈祷堂
Oratorio d.Rosario
サン・ドメニコ教会
S.Domenico
P.za S.Domenico
フェリーチェ門
Porta Felice
サンタ・マリア・デッラ・カテーナ
S.Maria d.Catena
サンタ・マリア・ディ・ポルト・サルヴォ
S.Maria Porto Salvo
P.za Stigmate
サンタゴスティーノ教会
S.Agostino
Via S. Angostino
Madonna d. Soccorso
Via Maqueda
Pal. Pietratagliata
Via Napoli
マリーナ広場
Piazza Marina
キアラモンテ宮殿
Pal.Chiaramonte
C.so Vitt. Emanuele
サンタントニオ・アバーテ教会
S.Antonio
ヴィットリオ・エマヌエーレ大通り
●P.za Monte. di Pietà
Via Candelai
Via Celso
S.Ninfa d.Crociferi
サン・マッテオ教会
S.Matteo
Fontana Pretoria
サン・ロレンツォ祈祷堂
Oratorio di S.Lorenzo
サン・フランチェスコ・ダッシジ
S.Francesco d'Assisi
P.za Cassa di Risparmio
ラ・ガンチャ
La Gancia
P.236
クアットロ・カンティ①
Quattro Canti
P.236
②プレトーリア広場
P.za Pretoria
ベッリーニ広場
P.za Bellini
Sant'Anna
近現代美術館
Galleria Arte Moderna
P.za Sant'Anna
za dei Angeli
サン・ジェゼッペ・ディ・テアティーニ教会
S.Giuseppe d.Teatini
Biblioteca
P.za Bologni
Università
④サン・カタルド教会
S.Cataldo
P.237
③マルトラーナ教会
Martorana
P.237
Piazza dello Spasimo
Via d.Spasimo
ローマ通り
マジオーネ教会
La Magione
V. Garibaldi
アユタミクリスト館
Pal. Ajutamicristo
P.za Cattedrale
P.za Casa Professa
S.Chiara
P.242
ジェズ教会⑧
Gesù
Via d. Biscottari
Pal. Sclafani
Via Roma
Via Porta di Castro
バッラロの市場
Mercato Ballarò
V.Milano
Via Lincoln
P.za Carmine
V.Torino
V. Mongitore
Via Albergheria
カルミネ教会
Carmine
P.za Giulio Cesare
Porta Vicari
トレニタリア パレルモ中央駅
Staz. Centrale F.S.
Corso Tukory
S.Antonino
Via Marino
Via T.Fazello
バスターミナル

⑤ カテドラーレ

1184年にシチリア・ノルマン様式で建てられたものの、以後の外国支配の歴史を通して度重なる改築を重ねることになった教会。歴代ノルマン王の墓がある。

★★★ P.238

⑥ パラティーナ礼拝堂

ノルマン王ルッジェーロ2世が建設した礼拝堂で、ノルマン王宮の2階にある。全体が金色に輝くモザイクで覆われその豪華さでパレルモ最大の遺産といわれる。

☆☆☆ P.240

⑦ S.G.d.エレミティ教会

5つの赤い丸屋根が印象的な12世紀アラブ・ノルマン様式の教会。簡素な教会内部と対照的な南国の風情が漂う美しい小回廊が特徴だ。

★★ P.242

⑧ ジェズ教会

イエズス会がパレルモで最初に建立した教会。スタッコ細工や華麗な壁画によって装飾された典型的なシチリア・バロック様式の教会。

★★ P.242

NAVIGATOR

まずはクアットロ・カンティまで行き、ここを起点にスタートしよう。すぐ北側に噴水が並ぶプレトーリア広場があり、その奥にあるベッリーニ広場に並んで建つのがマルトラーナ教会とサン・カタルド教会だ。ヤシの木を背景に建つふたつの教会の異国的な情緒はパレルモらしさの象徴だ。ヴィットリオ・エマヌエーレ大通りを海と反対側に10分ほど歩くと右側にあるのがカテドラーレ。その先の左側にはヤシの木が並ぶヴィットリア広場が現れ、その後ろに威容を誇るのがノルマン王宮だ。公園から続くヴィットリア広場に切符売り場があり、正面の階段を上がれば王宮とパラティーナ礼拝堂の入口だ。またノルマン王宮の南側の旧市街入口に、赤い5つの丸い屋根がシンボルのサン・ジョヴァンニ・エレミティ教会がある。入口はVia Benedittiniから。Via Porta di Castroを北へマクエダ通りに向かって歩いてゆくとパレルモでも有数の食料品市場、バッラロのにぎわいにぶつかる。その奥にはシチリアン・バロックの雄、ジェズ教会が建っている。ここからマクエダ通りに出て左へ行くとクアットロ・カンティに戻ることができる。

✉まずは マルトラーナ教会へ

マルトラーナ教会で€2払って切符を受け取ると、裏面に大聖堂も含めた教会の入場券が割引になると書いてありました。大聖堂など先に訪問した際は、割引の記載はなかったので、マルトラーナ教会に滞在の初めに訪れるとよいようです。又結婚式で開場時間が変更になっていました。日程が限られている場合、事前に確認されたほうがよいかと思います。

（たかちゃん　'19）

おもな見どころ

パレルモのへそ

MAP P.229 C3、P.235

クアットロ・カンティ ★★
Quattro Canti　クアットロ・カンティ

シチリア・バロックの極み

四つ辻(十字路)の意。マクエダ通りVia Maquedaとヴィットリオ・エマヌエーレ大通りCorso Vittorio Emanueleが交差する地点に17世紀に造営された小さな広場Piazza Viglienaが起源。スペイン総督らによりバロック都市計画の一環として造られた物。広場に面した4つの建物はその角を均等に弧を描くように丸く切り取られた形になっており、各壁面に3段ずつの装飾が施されている。

クアットロ・カンティの壁面

一番下には四季を表現した噴水、2段目には歴代スペイン総督(カルロ5世、フィリッポ2世、3世、4世)、3段目には町の守護聖女(クリスティーナ、ニンファ、オリーヴァ、アガタ)がそれぞれ見下ろしている。

一陣のルネッサンスの風

MAP P.229 C3、P.235

プレトーリア広場 ★★
Piazza Pretoria　ピアッツァ・プレトーリア

彫像が美しい

クアットロ・カンティのすぐそばにある、噴水を中心にもつ広場。ここには30を超える裸体彫刻が噴水の周りに置かれている。エレガントでなまめかしいこの彫刻群、とくに中央のプレトーリアの噴水Fontana Pretoriaはフィレンツェの職人フランチェスコ・カミリアーニの手により、もとはフィレンツェのある屋敷のために制作されたもの。

1570年代に当地に移築、アラブ色の濃いパレルモにルネッサンスの作例が並ぶこととなった。夜間は照明に映し出されてたいへん美しい。

プレトーリアの噴水

パレルモの顔を抱える　MAP P.229 C3、P.235

ベッリーニ広場 ★

Piazza Bellini　ピアッツァ・ベッリーニ

プレトーリア広場の南に隣接した小さな広場。今は観光客が集うⓘのあるがらんとした広場になっているが、注目すべきはパレルモを象徴するような作例といえる、広場の南側の高台に並んで建つふたつのノルマン時代の教会だ。

ノルマン時代の遺産　MAP P.229 C3、P.235

マルトラーナ教会 世界遺産 ★★★

Martorana/Santa Maria dell'Ammiraglio　マルトラーナ/サンタ・マリア・デッラッミラリオ

マルトラーナ教会内部

1143年に海軍提督(アンミラリオ)の要請で建設されたが、後に隣のマルトラーナ修道院に接収され、現在の名となった。ファサードは16世紀のバロック様式(出入りは鐘楼の下から)。

内部の壁は金色に輝くモザイクで覆い尽くされ、パラティーナ礼拝堂と並ぶシチリア最古のビザンチン様式で、息をのむすばらしさだ。中央ドームに「全知全能の神キリスト」を抱き、その周りを大天使や預言者、福音史家、聖人などが取り囲む構図になっている。また正面に向かって右の身廊壁面(入口そばの左右壁面)には当時の王ルッジェーロ2世がキリストから王冠を授けられる場面、左側には海軍提督ジョルジョ・ディ・ダンティオキアが亀のようになって聖母マリアの足元にひざまずく姿は傑作として名高い。

マルトラーナ教会

亀のようになった提督と聖母マリアのモザイク

イスラム人支配を今に伝える　MAP P.229 C3、P.235

サン・カタルド教会 世界遺産 ★★

San Cataldo　サン・カタルド

ベッリーニ広場から向かって右側にある。ノルマン時代(1160年頃)に建設された3つの赤い丸屋根が特徴の小さな教会。装飾といえばファサードの窓が幾何学模様を映し出すように施された透かし細工になっているぐらいで、あとはいたって簡素な造り。堂内は10×7mの長方形、壁面には何の装飾もなく、ガランとしている。だがクーポラの半円形ドームを見上げると、1000年前のイスラム人支配が史実であったことを実感する。この赤い半円形ドームは、ハーレムに仕える「宦官の帽子」を模した物だそうだ。

赤い丸屋根が目印

おもな行事

- 町の守護聖人聖ロザリア祭(7月11～15日) Festa della S. Rosalia
- ミステーリ(復活祭前の聖金曜日と聖土曜日) Misteri
- 地中海フェア(5～6月) Fiera del Mediterraneo

●マルトラーナ教会
住 Piazza Bellini 3
☎ 39-3458288231
開 9:30～13:00
15:30～17:30
㊐㊗9:00～10:30
料 €2、学生、65歳以上€1
※Circuito di Arte Sacraに加盟している教会などの切符を見せると拝観料€1に。該当見どころは、サン・カタルド教会、カテドラーレ、ロザリオ・イン・サンタ・チータ祈祷堂など。

●サン・カタルド教会
住 Piazza Bellini
☎ 091-6077111
開 10:00～18:00
休 8/15、12/25
料 €2.50、学生、65歳以上€1.50

サン・カタルド教会の内部

●カテドラーレ
住 Corso Vittorio Emanuele
☎ 091-334373
開 7:00～19:00
㊐㊗ 8:00～13:00
16:00～19:00

●宝物庫／皇帝と王の霊廟、クリプタ、屋根 Tetti
開 9:00～14:00
㊐㊗9:00～13:00
料 宝物庫、霊廟、クリプタの共通券 €6
宝物庫とクリプタ €5
霊廟のみ1ヵ所 €1.50
4ヵ所券 €10
屋根(屋上)のみ €5
※閉場30分前までの入場

✉ カテドラーレは後ろも必見

大聖堂の正面姿は有名ですが、外後方(東側)に回り込めば、アラブ・ノルマン様式のすばらしい外壁装飾が見られます。モンレアーレの大聖堂だけではなく、ここでも見られるんだ!?と感激でした。
(愛知県 YOU-KO '17)
大聖堂は雨だと屋上には行けません。教会部分は無料ですが、喜捨はしたいものです。
(たかちゃん '19)

✉ マルトラーナ教会

静かで落ち着ける教会です。青地に金の星のモザイクがすてきでした。サン・カタルド教会隣のマルトラーナ教会の切符を見せると€1割引きになりました。 (のりたま '18)

✉ パレルモ中心街の無料循環バス

市バスを運営しているAMAT社が走らせている 無料バスがあります。駅前→王宮→大聖堂→マッシモ劇場→港→駅を約1時間で回ります。運行は約11分ごと。ミニバスなので、大型の市バスが入り込めない細い路地も通って楽しいです。市バスの停留所と同じ場所で乗降できます。インフォやバスチケット売場でくれる地図や路線バスマップの裏面にルートは載ってます。
(愛知県 YOU-KO '17)

パレルモの代表的建築物

MAP P.228 C2、P.234

カテドラーレ／大聖堂 世界遺産 ★★★

Cattedrale カッテドラーレ

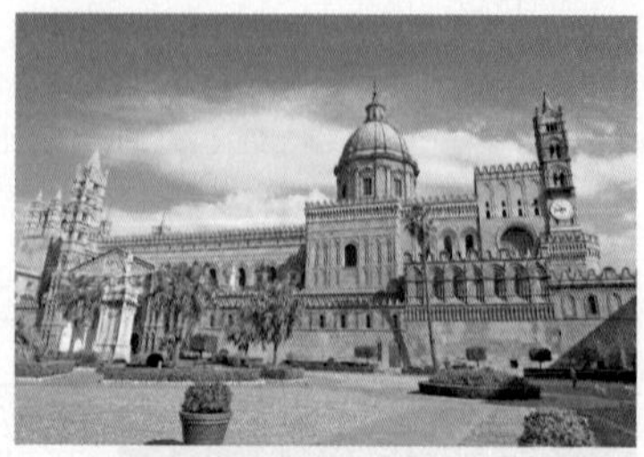
2つの鐘楼とドームが乗る堂々たる大聖堂。17世紀の改装により現在の姿に

ヴィットリオ・エマヌエーレ大通りに面した公園Piazza Cattedraleの背後に構える広大な大聖堂。創建は1184年のシチリア・ノルマン様式。以後600年にわたる外国支配のなかで、さまざまな建築様式が複合してできた「パレルモ的」ともいえるこの町の代表的建築物だ。14、15世紀を中心とした度重なる増改築の果てに、しいて言えばイスラム色が濃い折衷様式となった。後陣に辛うじて幾何学装飾紋が残り、創建当時のノルマン様式を見ることができる。中央の印象的な丸屋根は18世紀後半に建設されたもの。

皇帝と王の霊廟

内部は1781年～1801年に改装された新古典様式。内部装飾や天蓋は、外観とは裏腹に不評とか。入口から入ってすぐ左の第1、第2礼拝堂は**皇帝と王の霊廟Tombe Imperiale e Reali**になっている。アラゴン家のコンスタンツァ2世、(フリードリッヒ2世の妻)、エンリーコ(ハインリッヒ)6世、フリードリッヒ2世、コンスタンツァ1世（フリードリッヒ2世の母）、アテネ公グリエルモ、ルッジェーロ2世の石棺がそれぞれ飾り天蓋の下に並べられている。内陣左にはガジーニによる「キリスト磔刑」と「被昇天の聖母マリア」のレリーフ、右の礼拝堂には町の守護聖人ロザリアとその聖遺物が祀られている。見落とせないのは右側廊前部より続く**宝物庫Tesoro**だ。式典に用いられた聖具、金細工、細密画写本(祈祷書）などのほか、**コンスタンツァ2世の王冠 Corona Imperiale**が間近に見られる。美しい貴金属で飾られたたいへん豪華な物だ。宝物庫から下に下りてゆくと円柱列に支えられた2廊式の納骨堂 Criptaがあり、ローマ時代の石棺やガジーニの浮き彫りが施された棺などを見ることができる。

コンスタンツァ2世の王冠

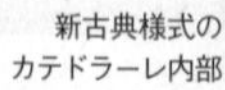
新古典様式のカテドラーレ内部

16世紀をくぐる　MAP P.228 C2、P.234

ヌオーヴァ門 ★

Porta Nuova　ポルタ・ヌオーヴァ

ヴィットリオ・エマヌエーレ大通りの終点、ノルマン王宮の脇にかけられたルネッサンス・アラブ・ノルマン混合様式の門（1583年造）。今は自動車が排気ガスをぶんぶん巻き上げて通り過ぎてゆく。オーストリアから招かれたカール5世のパレルモ入城を記念した物だ。西側と東側、どちらも違う個性的な表情の人物像が彫り込まれていておもしろい。

ヌオーヴァ門の人物像に注目

歴代王が住んだ　MAP P.228 C2、P.234

ノルマン王宮 世界遺産 ★★★

Palazzo dei Normanni (Reale)　パラッツォ・デイ・ノルマンニ(レアーレ)

シチリア州議会がおかれているノルマン王宮。「王家の居室」は曜日限定

現在はシチリア州議会堂として使われているかつての王宮。11世紀にアラブ人が築いた城壁の上に、12世紀に入ってノルマン人が拡張、増改築してアラブ・ノルマン様式の王宮となった。現在はシチリア州会議場として使われているため、入口は守衛によってガードされている。ホーエンシュタウフェン家の時代に隆盛を極めたものの放棄され、16世紀のアラゴン家によって再び手厚く改装された。ノルマン時代の名残はファサードの右にあるピサーナの塔Torre Pisanaに見られる。

内部の3階は、かつての**王家の居室**Appartamenti Reali部分で、世界遺産登録を機に公開範囲が拡大した。シチリア州議会場となっている**ヘラクレスの間**Sala di Ercoleには、G.ヴェラスケスにより、「ヘラクレスの物語」の力強いフレスコ画が施されている。**ルッジェーロ王の間**Sala di re Ruggeroには、狩や寓話のシーンが描かれ、洗練されたモザイクで埋めつくされている。ほかにも、ブルボン朝のシチリア王国を統治した「**副王の間**」、東洋風のインテリアの「**東洋の間**」などが公開されている。1階には、16世紀のシチリア島総督の名を冠した「**マクエダの中庭**」がある。外に出ると**王宮庭園**の緑が広がり、亜熱帯性の花々と植物の中で小休止できる。2階には、パラティーナ礼拝堂Cappella Palatinaがある。

シチリア州議会場、「ヘラクレスの間」

「マクエダの中庭」とパラティーナ礼拝堂（左側）

王宮庭園

●ノルマン王宮
パラティーナ礼拝堂
（王宮付属礼拝堂）
住 Piazza Indipendenza
☎ 091-7055611
URL www.federicosecondo.org
開 8:15～17:40
（入場17:00まで）
㊐㊗8:15～13:00
（入場12:15まで）
休 1/1、12/25
王宮　㊋～㊍
礼拝堂　1/1、復活祭の翌㊊、12/25
料 ㊊㊎㊏㊐㊗　共通券€10
（特別展の場合€12）
㊋㊌㊍　礼拝堂のみ€8
（€10）
庭園€2
※入口はパルラメント広場（→P.236、240）
※短パン、タンクトップなど肌の露出が多い服装での入場不可。入口でセキュリティチェックあり。

パラティーナ礼拝堂は自由見学。混雑時は入場制限あり。パラティーナ礼拝堂の見学後、階段で3階に上がる。3階は議会堂として現在も使用されているため、議会のない日（㊊㊎㊏㊐）のみ見学可能。

パラティーナ礼拝堂は㊐9:30～11:30頃はミサのため入場不可の場合あり。

庭園入場券は共通券などと同時に購入を。庭園入口での販売はない。

✉ ノルマン宮で

ノルマン王宮は空港並みのセキュリティチェック。ほとんど団体客で、30分ごとの入場制限でしたが、ひとりであることを告げると前の団体と入場できました。
（インセニャンテディムジカ　'17）

特別展との共通券を購入しましたが、王宮庭園へは入場不可。庭園を見たい場合は購入時に確認を。（のりたま　'18）

ルッジェーロ王の間

世俗的なモザイク空間

MAP P.228 C2、P.234

ルッジェーロ王の間 世界遺産 ★★★

Sala di re Ruggero　サーラ・ディ・レ・ルッジェーロ

ノルマン王宮3階の王の居室のなかにある、美しいモザイクで飾られた部屋。ルッジェーロ2世のために、息子であるグリエルモ1世が造らせた。パラティーナ礼拝堂のモザイクが、キリストとその弟子たちを描いたキリスト教美術であるのに対し、ここのモザイクは狩猟のシーンや寓話の世界など世俗的なシーンが作品の中心。

不思議な世界が広がるモザイク

植物、動物、人物などがシンボライズされ精巧に描かれる一方、その背景は架空の楽園のようでもある。ノルマン朝の権力を象徴する寓話的な場面は、ノルマンの王に好まれた主題だと言われ、理想としたイスラム教の楽園である「ジェノアルドの庭園」の光景を描いたものではないかとも言われる。

架空の楽園か?

パレルモ観光のハイライト

MAP P.228 C2、P.234

パラティーナ礼拝堂(王宮付属礼拝堂) 世界遺産 ★★★

Cappella Palatina　カッペッラ・パラティーナ

高見から見下ろす「全知全能の神」。
その下には「祝福のキリスト」が描かれている

ノルマン王宮の2階に設けられたアラブ・ノルマン様式の礼拝堂。歴史的価値からいっても、その華麗さからいってもパレルモ観光のハイライトといえる。入口はパルラメント広場Piazza del Parlamentoから。王宮の2階に大階段で上がると、正面にある中庭に面して左側の壁面に施されたモザイク画が目に入る。ここが礼拝堂入口。ここだけでもすでに相当インパクトがあるのだが、これは1800年に新しく加えられた比較的新しい物だ。

内部は大理石のアーチにモザイク画がちりばめられ、まるでモザイクのプラネタリウムだ。コンスタンティノープル、ラヴェンナと並びキリスト教美術の最大傑作に称されている。

「聖ペテロと聖パウロを従えた玉座のキリスト」(玉座の上方)は14世紀の物。内陣の上にある半球形の円蓋には、12世紀の「天使に囲ま

㊊㊎㊏㊐に出かけよう

パラティーナ礼拝堂の切符売り場はパルラメント広場P.za Parlamento手前に変更。ノルマン王宮はパラティーナ礼拝堂から続いている。パラティーナ礼拝堂へ行くなら、階上の「ルッジェーロ王の間」のモザイクも見逃せない。より近くでヴィヴィッドなモザイクを見ることができて、感激もひとしお。日程が合えば両方見学できる、㊊㊎㊏㊐に出かけよう。

バスは中央駅前から109番、ローマ通りから104番、このほか110、118番などがインディペンデンツァ広場へ行く。

カテドラーレから パラティーナ礼拝堂へ

カテドラーレ前のV.エマヌエーレ大通りは車の入らない歩行者天国。カフェやバールも多く、歩いていても楽しい。カテドラーレ前の広場を右に出てV.エマヌエーレ大通りをさらに進み、公園中に入りノルマン王宮前のパルラメント広場の入口から入場する。

ノルマン王宮裏手の バス停から

このバス停にモンレアーレ行きのバスが停車する。また、無料の循環バスに乗れば、ドゥオーモ脇→マッシモ劇場→V.エマヌエーレ通り→海沿いのサント・スピリト広場(地 P.229 B4)の終点まで移動が容易だ。

「玉座のキリスト」

れた**全知全能の神キリスト**」が、その下には「**ダヴィデ**」「**ソロモン**」「**ザカリア**」「**洗礼者ヨハネ**」が、祭壇の背後には「**祝福のキリスト**」が、それぞれ描かれている。

側廊には「聖ペテロと聖パウロの物語」など、聖書の世界が鮮やかに描かれていて目を奪われる。向かって右側には一面にモザイクがちりばめられた豪華な説教壇もあり圧倒される。

大理石の玉座にもコズマーティ様式のモザイクがみられる

豪華でまばゆいモザイクに目を奪われて忘れがちだが、イスラム建築の特徴である**鐘乳石模様の天井**(ムカルナス)や**床のコズマーティ様式**(イスラムとビザンチンの融合した様式)**のモザイク**も見過ごせない。

パラティーナ礼拝堂は、11世紀末の**イスラムやビザンチン文化の影響を今に伝える独特な物だ**。この礼拝堂はノルマン王朝のルッジェーロ2世が1132年に着工し、8年後の1140年に聖ペテロに献堂した。12世紀の贅を尽くした空間に酔いしれること間違いなしだ。

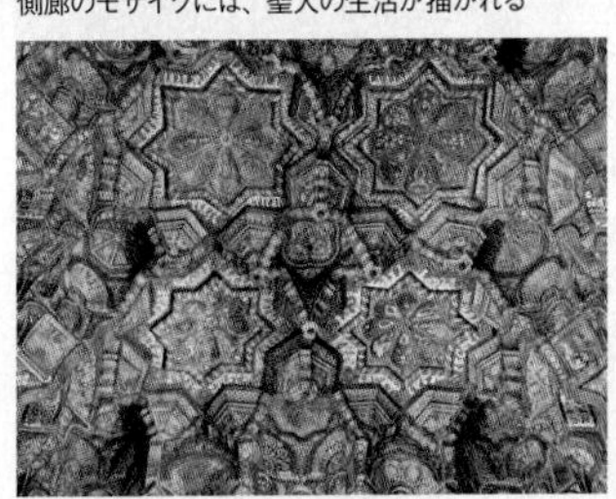
側廊のモザイクには、聖人の生活が描かれる

イスラム建築の特徴、鍾乳石模様の天井(ムカルナス)。日常風景が描かれ、興味深い

コズマーティ様式の床モザイク

説教壇の手前には、浮き彫りが美しい復活祭用の燭台。12世紀のもの

✉ カタコンベ(→P.243)にご注意!!

地図だと簡単に見えますが、階段を上ったり細道を通ったりとカタコンベに徒歩で行くのは至難の業です。現地の人に聞かないと不可能なレベルでした。また、お化け屋敷にありそうな表情の骸骨がところ狭しと並んでいて、繊細な方は夜眠れなそうだと思いました。安易な気持ちでいかないほうがいいと思いました。

(神奈川県　Hero　'19)

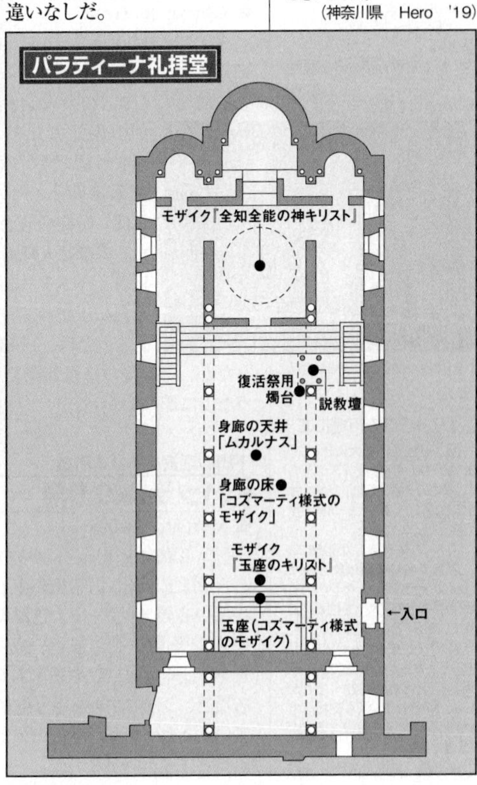

●サン・ジョヴァンニ・デッリ・エレミティ教会
住 Via dei Benedettini
☎ 091-6515019
開 9:00〜19:00
㊐㊗9:00〜13:30
料 €6、ジーザ宮、モンレアーレのキオストロとの共通券€12(2日間有効)
※切符売り場は閉場30分前まで
※毎月第1㊐は無料

南国ムードの小回廊からドームを眺める

●ジェズ教会
住 Piazza Casa Professa 21
☎ 091-332213
開 9:30〜13:30
㊏9:30〜17:30
料 €6
※ミサや宗教行事の際は拝観不可。
※ガイド付き見学

シチリア・バロックの豪華な内部

✉ バッラロの市場にて

屋台も飲食店も大にぎわい。果物は1kg€1程度。スモモのようなものを購入しましたが、甘くておいしくてあっという間に食べきってしまいました。
(東京都　小池清二)

屋台で名物の揚げ物を挟んだパニーノがおいしそうでした。おじさんがアツアツを挟んでくれて「€5」とのこと。「エッ〜、高過ぎ!!」と言ったら€2になりました。からかわれたのかは不明ですが、油断大敵!!　それからは、町の人がいくら支払ったかを確認してから注文することにしました。
(東京都　油断セズ子　'17)

アラブの空気が沈澱する　MAP P.228 C2、P.234

サン・ジョヴァンニ・デッリ・エレミティ教会 世界遺産 ★★

San Giovanni degli Eremiti　サン・ジョヴァンニ・デッリ・エレミーティ

ノルマン王宮をぐるりと回った先、南側の旧市街の入口に位置する典型的なアラブ・ノルマン様式の教会。何より、5つの赤い丸屋根が異国情緒にあふれ印象的だ。庭園を上がっていき最初に入るのは単廊式の教会。積石がむき出しの壁に囲まれたきっちりとした長方形の内部や、見上げると広がる半円形のドームが遠くイスラム時代を思わせる。

教会内部には遺構が残り、庭園には珍しい草木が茂る、静かな空間

がらんどうといってよいこの教会の右翼廊は、モスクの遺構と思われる長方形の部屋につながっている。ここも何もない部屋だが、壁に今にも消え入りそうになりながら、かすかに12世紀の壁画「聖母子と諸聖人」が残っている。隣接する中庭には13世紀の小回廊Chiostro(キオストロ)が残る。ここはオレンジやヤシが茂る南国ムードに包まれていて、ほっとさせるような空間だ。

シチリア・バロックの豪奢な装飾に思わず唸る　MAP P.229 C3、P.235

ジェズ教会 ★★

Chiesa del Gesù　キエーザ・デル・ジェズー

マクエダ通りVia Maquedaから旧市街に入り込んだ所にあるシチリア最初のイエズス会教会。1564年の創建で比較的地味な外観だが、内部は豪華絢爛そのもので、しばし時間を忘れそうだ。内部は大理石の象嵌細工やスタッコ細工、天井のフレスコ画などが重層に華麗に広がっている。このシチリア・バロックの好例といえる教会は、1943年の戦禍により一度は破壊されてしまったが、その後の修復作業で見事によみがえった。その不死鳥のような姿に驚くばかりだ。

地味な外観のジェズ教会

下町の活気あふれる市場　MAP P.229 C3、P.235

バッラロの市場 ★

Mercato Ballarò　メルカート・バッラロ

ジェズ教会を出て左に歩いていくと一帯に広がる、旧市街の中心の食料品中心のメルカート。色鮮やかな果物や野菜が並ぶ屋台、威勢よく魚をさばく魚屋、豆や香辛料を扱う店など、シチリアらしさと庶民の活気にあふれている。下町の何気ない風情とにぎわいが魅力だ。

活気ある市場だ

シチリアの歴史を絵画で知る　MAP P.229 C3、P.235

パレルモ近現代美術館 ★★

Galleria d' Arte Moderna Palermo　ガッレリア・ダルテ・モデルナ・パレルモ

サンタンナ・ミゼルコルディア教会と隣接する近現代美術館は、1480年代に商人の館として建設され、その後の貴族邸宅のモデルとなった建物。美術館開館のために近代的に改装され1～3階に分かれて展示室が続く。

展示品は約100年もの間、ポリテアーマ劇場の数室で展示されていた。「シチリアのよき時代のシンボル」ともいえる芸術作品の数々だ。

いにしえの『トラーパニの塩田』Saline di Trapaniやパレルモの風景、鉱夫や水汲みする子供たちの労働の様子。パレルモやシチリアを語るときに欠かせないエポック・メーキングな歴史を描いた、アンジュー家に反旗を翻した1282年の『晩鐘の乱』I Vespri Siciliani。主にシチリアの1800～1900年の歴史を切り取り、キャンバスの上でドキュメントのように見せてくれて興味深い。

『トラーパニの塩田』

死者との会話に眈る場所　MAP P.228 C1

カプチン派のカタコンベ ★

Catacombe dei Cappuccini　カタコンベ・デイ・カップチーニ

カプチン会修道院の地下墓地には、17世紀から1881年まで、聖人の傍らにと願った人々を受け入れた結果約8000の遺体が安置されている。死体を見にいく、と聞くと少々戸惑いがちだが、死者との対面は自らの生を顧みるのと同じ行為。キリスト教的価値観での瞑想の場なのだ。立てかけられた者、横たわる者。白骨化した者、ミイラ化した者。乾燥した空気のために、死臭が鼻をつくことはないが、ずらりとひしめく死体群を眺めるのは少し勇気がいるかも。

地下墓地を一周した所に、剥製化された2歳の少女の棺がある。将軍の娘だったロザリア・ロンバルドの遺骸だ。1920年以来、命を宿したままのような色艶で保存されている。

ロザリアのミイラ(現在は撮影不可)

ノルマン王の別邸　MAP P.228 B1

ジーザ宮 世界遺産 (→P.245) ★★

Palazzo Zisa/Castello della Zisa　パラッツォ・ジーザ／カステッロ・デッラ・ジーザ

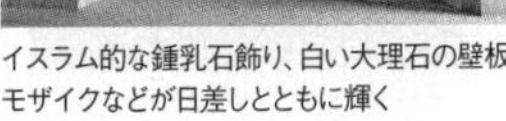

イスラム的な鍾乳石飾り、白い大理石の壁板、モザイクなどが日差しとともに輝く

ノルマン時代に建てられたイスラム建築の宝石とたたえられる建造物。長方形の堅固な建物で、角塔と三層のアーチが当時をしのばせる。狭間の上部飾りは後世に加えられ、改造や転用が繰り返されてきた。1階「噴水の間」には当時の面影が残る。

●パレルモ近現代美術館
住 Via Sant' Anna 21
☎ 091-8431605
開 9:30～18:30
休 ㊊㊗
料 €7、19～25歳、65歳以上€5
※毎月第1㊐は無料

✉おすすめ
旧フランチェスコ派修道院を改装した建物で、中庭には雰囲気のよいバールもあります。地元のシチリアの芸術家の作品のなかに日本人女性画家でパレルモに住んでいたラグーサお玉の絵画もありました。
(のりたま　'18)

●カプチン派のカタコンベ
住 Piazza Cappuccini 1
☎ 091-6524156
開 9:00～13:00
15:00～18:00
料 €3
休 10月下旬～3月下旬の㊐午後
中央駅からバス109番でPiazza Indipendenzaへ。バス327番に乗りかえて、6つ目のPitre Pindemonteで下車。

✉カタコンベへの行き方
387番のバス停はパラティーナ礼拝堂西側のインディペンデンツァ広場にあります。バスで10分ほどでここに着きますが、車掌さんとおぼしき人が「ここだよ」と教えてくれました。人気の観光地からか、ほとんどの人がここで降りました。来た道を少し戻り、左に曲がると教会が見え、その左奥が入口です。
(東京都　たまち)

ジーザ宮への行き方
インディペンデンツァ広場からバス110、170番はポリテアーマ劇場から106番。ジーザ宮から、124、475、106番などがポリテアーマ劇場へ。所要20～30分。

●ジーザ宮
住 Piazza Guglielmo il Buono
☎ 091-6520269
開 ㊊～㊏9:00～19:00
㊐㊗　9:00～13:30
料 €6
※毎月第1㊐は無料

水が流れるすがすがしい空間はまさにイスラム的。1階「噴水の間」

世界遺産

パレルモ、モンレアーレ、チェファルーの アラブ・ノルマン遺産

2015年7月、『**パレルモのアラブ・ノルマン様式建築群とチェファルー、モンレアーレの大聖堂** Palermo arabo-normanna e le cattedrali di Cefalù e Monreale』がユネスコの世界遺産に登録された。

以下の1～5はパレルモの中心地、6と7はやや郊外だが、バスなどの交通機関が利用できる。8と9はパレルモから公共交通で30分～1時間程度。半日から1日の遠足気分で出かけるのが楽しい。

1 ノルマン王宮とパラティーナ礼拝堂 (→P.239～241、P.21)

アラブ起源の壮大な建物で、ノルマン王により拡張された。ノルマン王国の証が残っているのは王族の住居であった王族の間の「**ルッジェーロ王の間**」や付属する「**パラティーナ礼拝堂**」。まばゆいほどの**黄金のモザイク**で装飾されたパラティーナ礼拝堂はルッジェーロ2世が着手。アラブ・ビザンチン風の**床モザイク**、イスラムの職人による**鍾乳石模様の天井**など各文明の融合がすばらしい。

側廊のモザイクには、聖人の生活が描かれる

ノルマンの王に好まれた主題の描かれる「ルッジェーロ王の間」

2 サン・ジョヴァンニ・デッリ・エレミティ教会 (→P.242)

赤いドームが5つ並ぶイスラム風の教会。ルッジェーロ2世の下、修道院跡に建てられた物で、隣接する**キオストロ**はアラブ風井戸(貯水槽)を囲むように2重に列柱が並ぶ。周囲の緑とともに静かで美しいたたずまいを見せている。

南国の木々と重なりあうイスラム風の赤いドームがパレルモ的風景を作り出している

3 サンタ・マリア・デッラミラリオ教会／マルトラーナ教会 (→P.237)

ベッリーニ広場から見上げると左に3右に4が並んでいる。赤いドームと周囲の棕櫚の木が異国情緒を感じさせる。3はルッジェーロ2世の海軍大将(教会名のアンミラリオとは海軍大将の意味)が建てたもの。外観ではノルマン時代の名残は鐘楼のみだが、内部は**ビザンチン様式のモザイク**画で飾られ、ほかにはない一風変わった題材がおもしろい。

ビザンチンの典型様式によるクーポラのモザイク。中央に「全能の神」

後陣右の「イエスによって戴冠するルッジェーロ2世」

4 サン・カタルド教会 (→P.237)

3の隣に建つ。グリエルモ1世の時代に建立され、19世紀に大幅に改修された。赤いドーム、窓付きのはめ込みアーチや透かし細工にノルマン風の特徴が見られる。

シンプルながらアラブ風の色彩が色濃く、印象的なサン・カタルド教会

5 大聖堂／カテドラーレ (→P.238)

7世紀に創建、その後モスクとして利用され、現在の建物はグリエルモ2世の時代のもの。15世紀以降たびたび改修が施され、**さまざまな建築様式が複合**した様子は、まさに「パレルモ的」。内部は18世紀後半に新古典様式に改装された。右側廊の第1、第2礼拝堂が**皇帝と王の霊廟**となっている。

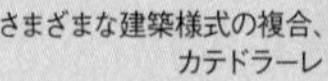
さまざまな建築様式の複合、カテドラーレ

6 ジーザ宮 (→P.243)

グリエルモ1世（ルッジェーロ2世の息子）の別邸として着手され、子のグリエルモ2世が完成。石造りの堅牢な館で2つの角塔が立ち、アーチで3分割されている。当時は周囲に王家の狩猟場としての広大な庭園が広がり、建物の後方にはクッチョ山、前方には当時は海を見渡していたという。**「噴水の間」**と呼ばれる迎賓の間は鍾乳石飾りとモザイクで飾られ、流れる水は宮殿前の池へと流れる仕組みだ。やや調和を欠くフレスコ画は17世紀のもの。

堅牢な宮殿は、一時牢獄として利用された時代もあり、上階内部は簡素

7 アンミラリオ橋 Ponte dell' Ammiraglio

3の海軍大将により建てられた石造りの橋。左右の緩やかな勾配を大小の11のアーチが支える。ノルマン時代の高水準の建築技術を見られる数少ない場所。一部後年部分的に埋め立てられている。

行き方 中央駅からトラム1番で4つ目 Ponte dell' Ammiraglio下車

美しいアーチ構造の橋は800年以上の時を経て健在

8 モンレアーレの大聖堂／ドゥオーモ (→P.266)

パラティーナ礼拝堂よりさらに広い壮大な**大聖堂**。王家の菩提寺にするつもりでグリエルモ2世により建立された。**「全能の神キリスト」**がモザイクで描かれパラティーナ礼拝堂と似ているが、より豪華できらびやかな印象。付属の**キオストロ**にはコズマーティ様式で彩られた列柱が囲み、角には噴水が置かれ、アラブの楽園の趣だ。

圧倒されるほど大きな「全能の神キリスト」、その下に「天使と使徒に囲まれた聖母子」

9 チェファルーの大聖堂／カテドラーレ (→P.269)

ルッジェーロ2世が嵐の海で助かったことに感謝して神にささげられた**大聖堂**。ノルマン時代の重要な記念碑的建築物。内部は壮大な**「全能の神キリスト」**のビザンチン時代のモザイク、イスラム風の尖塔型アーチ、内陣のバロック様式の装飾などで飾られている。付属の**「キオストロ」**にはロマネスク風の装飾が施された列柱が並ぶ。

高台に位置し、舞台装置のように美しいフォトジェニックな大聖堂

2.プレトーリア広場東地区

Oriente della Piazza Pretoria

プレトーリア広場の東側にあるサン・フランチェスコ・ダッシジ教会から、シチリア州立美術館など各種の見どころを経てさらに東に海岸沿いまで進むコース。外観のみの見学もあるので、それほど時間はかからない。朝一番に州立美術館からスタートし、フランチェスコ・ダッシジ教会を経て海沿いの公園や植物園などでくつろぐのもよいだろう。（所要時間 約4時間程度）

MARE TIRRENO
フェリーチェ門
Porta Felice
サンタ・マリア・デッラ・カテーナ教会
S.Maria d.Catena
国際マリオネット博物館
Museo d.Marionette
サンタ・マリア・ディ・ポルト・サルヴォ
S.Maria di Porto Salvo
ヴィットリオ・エマヌエーレ大通り C.so Vitt. Emanuele
フォロ・イタリコ Foro Italico
Foro Umberto
P.248
②キアラモンテ宮
Pal.Chiaramonte
P.247
マリーナ広場
Piazza Marina
ガリバルディ庭園
Giardino Garibaldi
P.247
サン・ロレンツォ祈祷堂
Oratorio di S.Lorenzo
ミルト宮
Palazzo Mirto
ピエタ教会（ラ・ピエタ）
La Pietà
ヴィラ・ア・マーレ
Villa a Mare
P.249
③シチリア州立美術館
Galleria Regionale della Sicilia
①サン・フランチェスコ・ダッシジ教会
S.Francesco d'Assisi
P.247
ラ・ガンチャ④
La Gancia
P.250
P.za Kalsa
サンタ・テレザ教会
S.Teresa
Piazza dello Spasimo
Via d.Spasimo
S.Maria d.Spasimo
P.ta Reale
マジオーネ教会
La Magione
ヴィラ・ジュリア
Villa Giulia
V. Garibaldi
アユタミクリスト館
Pal. Ajutamicristo
Via Lincoln
植物園
Orto Botanico
Giardino Tropicale
V. Milano
Via Lincoln
Via Archirafi
P.za Giulio Cesare
トレニタリア パレルモ中央駅
Staz. Centrale F.S.
0 100 200m

① サン・フランチェスコ・ダッシジ教会

ヴィットリオ・エマヌエーレ大通りから旧市街に入った所にある1277年創建のロマネスク様式の教会。セルポッタやガジーニの彫刻でも知られる。

★★ P.247

② キアラモンテ宮

中世の時代からさまざまな目的に使われた広大なマリーナ広場の中心はガリバルディ庭園。その東側には14世紀のキアラモンテ宮がそびえる。

★★ P.248

③ シチリア州立美術館

15世紀に建てられたアバテッリス宮殿を使ったエレガントな美術館。なかでもルネッサンス期の傑作「死の勝利」とアントネッロ・ダ・メッシーナの「受胎告知」は必見。

★★★ P.249

④ ラ・ガンチャ

アバテッリス宮の隣に建つ16世紀に建てられたゴシック様式の教会。アントネッロ・ガジーニの彫刻やセルポッタの装飾などで知られる。

★★ P.250

おもな見どころ

華麗な礼拝堂をもつ　MAP P.229 B3・4、P.246

サン・フランチェスコ・ダッシジ教会 ★★

San Francesco d'Assisi　サン・フランチェスコ・ダッシジ

ジャコモ・セルポッタの壁面は必見だ

商店の並ぶヴィットリオ・エマヌエーレ大通りから旧市街に少し入った所にあるロマネスク様式の教会。目立たないが、パレルモでも重要な教会のひとつだ。創建は1277年、後に地震や戦争で被害を被ったが、再三の修復作業で復元された。

内部は3廊式で広々としているが、静謐な雰囲気に包まれている。**パレルモ生まれの彫刻家、ジャコモ・セルポッタGiacomo Serpotta製**作の寓意像(1723年) が身廊を飾り、**第2礼拝堂にはアントネッロ・ガジーニの大理石の群像**があり、名高い芸術家の作品を目のあたりにすることができる。

風情ある教会前の広場

かつての中心地　MAP P.229 B4、P.246

マリーナ広場とガリバルディ庭園 ★★

Piazza Marina/Giardino Garibaldi　ピアッツァ・マリーナ／ジャルディーノ・ガリバルディ

ガッラーフォの噴水とマリーナ広場

ヴィットリオ・エマヌエーレ大通りを海に向かって歩いて行くとぶつかるのが大きなマリーナ広場だ。繁華街から離れ、人影も少ないが、このあたりまで来ると海の香りがして港町の風情が色濃く漂う。

マリーナ広場の入口には、パオロ・アマート作の小さな**ガッラーフォの噴水**fontana del Garrafoが風情を添えている。

パレルモの**ストリートフード**(B級グルメ) が有名になり、この広場は今や注目の的。B級グルメの名店、ニ・フランコ・ウ・ヴァスティッダルが広場の入口近くにあり、緑陰の下にテーブルを広げている。パレルモ名物の牛の肺のハンバーガーやアランチーニなどのフリットを味わう人で連日大にぎわいだ。広場の奥に進むと、手頃な飲食店やトラットリアがさらに広がり、新しい食のスポットとして注目の界隈になっている

この広場の中心にあるのが1863年に整備された**ガリバルディ庭園**。園内は静かで美術館や教会を回るのに疲れた足をひととき休めるのにも格好の場所だ。庭園の東側に向き合う茶色い建物がキアラモンテ宮殿だ。

大木が見事なガリバルディ庭園

NAVIGATOR

旧市街の中心クアットロ・カンティ(地P.229 C3)から、ヴィットリオ・エマヌエーレ大通りを海の方へ300mほど行った先、右側にあるVia Paternostroの緩やかな坂を上る。この先の広場に面してあるのがサン・フランチェスコ・ダッシジ教会で、教会の向かって左側がサン・ロレンツォ祈祷堂。教会に沿って正面右の細い道Via Merloを道なりにまっすぐ歩いていくと突き当たるのがマリーナ広場、その中央にあるのがガリバルディ庭園だ。庭園の北東側に建つのがキアラモンテ宮殿。宮殿前の道を左に歩いてゆくと階段の上に建つサンタ・マリア・デッラ・カテーナ教会が見える。教会を左に見てまっすぐ歩いてゆくと突き当たるのがフェリーチェ門だ。その手前右の建物には国際マリオネット博物館が入っている。一方キアラモンテ宮殿の前を反対側の右へ歩いてゆくと100mほどでラ・ガンチャとその隣のシチリア州立美術館に到達する。

●サン・フランチェスコ・ダッシジ教会
住 Piazza San Francesco d'Assisi
☎ 091-582370
開 7:00～11:30
16:00～18:00
㊐㊗ 7:00～13:00
16:00～18:30
※ミサなどの宗教行事の際は拝観不可

✉ ジーザ宮(→P.243)前の教会に注意

ジーザ宮入口の手前に、アラブ・ノルマン様式のドームを持つ教会があります。手招きされたので近づいたところ、日本語の案内書もくれて、中をていねいに屋上まで案内してくれましたが、終わって外へ出たところ、4～5人の男性に取り囲まれて「No Ticket」と言われお金を請求されました (金額は言いませんでした)。案内書の最後の「オファーを受け取ります」と書かれた部分を指さして騒いでいましたが、意味がわからないふりを通したところ、怒っていましたが2分ほどで解放してくれました。他の観光客にも親切を装って同じ手口を使っていました。注意が必要です。
(匿名希望　'19)

●キアラモンテ宮
住 Piazza Marina 61
☎ 091-6075306
開 10:00〜18:00
休 ㊊㊗
料 €8
※サーラ・マーニャは'20年1月現在修復中のため見学不可

要塞のような宮殿

●サンタ・マリア・デッラ・カテーナ教会
住 Piazzetta delle Dogane /Corso V. Emanuele
☎ 091-321529
開 10:00〜18:00
料 €2.50
※宗教行事の際は拝観不可

✉スーパー発見

マリーナ広場そば、ミルト宮の向かいにスーパーのカルフールがあります。店舗はかなり広く、品揃えも豊富です。
住 Via Salita Partanna 1
営 8:00〜21:00
㊐8:00〜20:30
（埼玉県　大西慎一郎）

●国際マリオネット博物館
住 Piazzetta A. Pasqualino 5
☎ 091-328060
開 ㊋〜㊏10:00〜18:00
㊐㊊　10:00〜14:00
休 ㊗、1〜5月、8/11〜8/18、12/25
料 ガイド付き見学
イタリア語€3
英語€4
ガイド付き見学＋公演（50分）　€6
※見学はガイド付きのみ

博物館入口（展示室は3階）

アラゴン時代の貴族邸宅 MAP P.229 B4、P.246

キアラモンテ(ステリ)宮 ★★

Palazzo Chiaramonte(Steri) パラッツォ・キアラモンテ

シチリア封建領主の有力家系、キアラモンテ一族のマンフレディにより1307年に建設に着手された城塞宮殿。石を積み上げた堅牢な外観ながら、内部は尖塔アーチの続く中庭、3連窓が飾る回廊、絵が描かれた木の梁が飾る大広間などが広がる。特に興味深いのは、イスラム様式の意匠と14世紀の画家たちの手で彩られた木製天井を持つ大広間サーラ・マーニャSala Magnaだ。マンフレディ3世によって、1377〜1380年に当時の画家の手で描かれた。現在パレルモ大学の建物の一部になっているため、見学が制限されることがある。1階のSala delle Armiには1950年代にシチリアで活躍した画家レナート・グットゥーゾの生活感あふれる「ラ・ヴッチリアLa Vucciria」を展示。15世紀中頃にはスペイン総督府がおかれ、17世紀には異端審判所として使われた。異端裁判により犠牲になった者たちの落書きが残るフィリッピーネの牢獄には当時の残忍な記憶が刻まれ、現在は**異端裁判所博物館**Musao dell'Inguisizioneになっている。

入江に寄り添う16世紀の教会 MAP P.229 B4、P.246

サンタ・マリア・デッラ・カテーナ教会 ★

Santa Maria della Catena サンタ・マリア・デッラ・カテーナ

入江沿いの階段の上に建つ、16世紀初頭建造のカタロニア・ゴシック様式の教会。建築家マッテーオ・カルネリヴァーリが、当時のルネッサンス様式に、それまでのゴシック様式を巧みに組み合わせようと試みた跡が見られる作例で興味深い。柱廊玄関の奥の扉にはヴィンツェンツォ・ガジーニの浮き彫りが残っている。教会入口付近から眺める港の風景も情緒たっぷりだ。

S.M.カテーナ教会

世界の操り人形が一堂に MAP P.229 B4、P.246

国際マリオネット博物館 ★★

Museo Internazionale delle Marionette
ムゼオ・インテルナツィオナーレ・デッレ・マリオネッテ

世界の操り人形Marionetteや糸繰り人形Pupi、指人形Burattini、影絵Ombra、その背景の小道具など3000点以上が集められている。パレルモ、カターニア、ナポリの伝統的な人形のコレクションでは有数の物を誇っている。なかでも注目はシチリア伝統の人形劇に使われたプーピPupiと呼ばれる人形が道具立てとともに展示されているものだ。

パレルモの操り人形は有名

シチリア芸術の集積地 MAP P.229 B・C4、P.246

シチリア州立美術館 ★★★

Galleria Regionale della Sicilia　ガッレリア・レジョナーレ・デッラ・シチリア

15世紀後半に建築されたアバテッリス宮殿Palazzo Abatellisを利用している。中庭をもつ2階建てのエレガントな美術館。1階はおもに彫刻、2階に絵画を展示している。まず注目は1階第2室の大フレスコ画『死の凱旋』Trionfo della Morte（15世紀半ば、作者不詳）だ。もともと市内のスクラファーニ宮の壁画だったものをパネルに装した物。頭部だけ骸骨の奇怪な馬にまたがった骸骨の死神が、誰かれかまわず死の矢を射る不気味な姿が描かれている。

エレガントな逸品揃いの美術館

『死の凱旋』

次に見るのは『アラゴン家のエレオノーラの胸像』Busto di Eleonora d'Aragona（1471年頃、フランチェスコ・ラウラーナ）。アラゴン家のジャン・ガレアッツォ・スフォルツァの妻、イザベッラの胸像だといわれている。滑らかな大理石彫が、彼女の優美で上品な趣を具現している。

第5・6室のアントネッロ・ガジーニの『若者の肖像』、ドメニコ・ガジーニの『授乳の聖母』Madonna del latteなどの彫像が見逃せない。

2階第10室の『受胎告知のマリア』Annunziata（1473年、アントネッロ・ダ・メッシーナ）の、柔らかで細密な描写はルネッサンス芸術の高度さを実感させる。第13室ではフランドル絵画の傑作、ヤン・ホッサールトの『マルヴァーニャの三幅対祭壇画』Trittico di Malvagnaも鑑賞したい。このほか、館内には14～17世紀の絵画が多数展示されている。

ダ・メッシーナ作
『受胎告知のマリア』

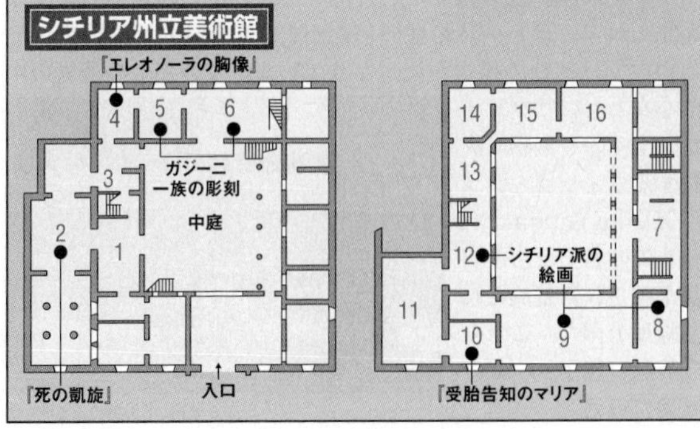

●シチリア州立美術館
住 Palazzo Abatellis, Via Alloro 4
☎ 091-6230011
開 9:00～18:30
㊏㊐㊗9:00～13:00
休 ㊊、1/1、12/25
料 €8
※入場閉館30分前まで。毎月第1㊐無料

✉ シチリア州立美術館にて

入館料は€8と高めですが、見応えがあり、おすすめです。『受胎告知のマリア』はミラノに貸し出し中で見ることはできず。これが目的であれば入場前に要確認です。美術館には対外貸し出しがよくありますので。
（たかちゃん　'19）

『アラゴン家の
エレオノーラの胸像』

✉ B級グルメを探すなら

NHKの世界街歩きでも紹介されていましたが、トマトとアンチョビをパンに塗ったスフィンチョーネやパネッレとコロッケをパンに挟んだ食べ物は典型的なB級グルメとして現地の人に人気があります。前者は聖ドメニコ広場やベネチア通りの屋台などで、又後者は州立美術館の海側のほうに店があります。人だかりがしているので見つけやすいと思います。
（たかちゃん　'19）

✉ パレルモ市内のドライブ

パレルモでレンタカーを利用しました。電気自動車でナビ付きを利用できました。ガソリンを入れる必要がなく便利でしたが、ナビは一方通行の逆走を指示するなど、日本と比べるとまったくあてになりません。なにより、パレルモの人たちは交通ルールをあまり気にせず、自由に運転するので怖かったなぁ。（福島県　もんじろう　'19）

●ラ・ガンチャ
住 Via Alloro 27
☎ 091-6165221
開 ㈪〜㈯9:30〜13:30
料 €2.50

✉ パレルモの
おすすめスポット

ミルト宮Palazzo Mirto

マリーナ広場のすぐそば。パレルモの有力貴族のひとつだったフィランジェリー家の宮殿です。19世紀頃までの貴族の生活ぶりがわかります。映画「山猫」のサリーナ家もこんな感じだったのかと思いをはせました。
（兵庫県　M子）

私もおすすめ。貴族の生活がよくわかりました。（匿名希望）

住 Via Merlo 2
☎ 091-6164751
開 ㈫〜㈯9:00〜18:00
　㈰　9:00〜13:00
休 ㈪
料 €6、18歳以下65歳以上無料
※毎月第1㈰は無料

ミルト宮

✉ 海を眺めて

プレートリア広場東、フォロ・ウンベルト（地 P.229 B·C4）を越えた公園からのティレニア海の眺めは美しい。その昔海戦が繰り広げられたことが想像できない穏やかで静かな海が広がり、おすすめスポットです。（インセニャンテディムジカ　'17）

●植物園
住 Via Abramo Lincoln 2b
☎ 091-23891236
開 3·10月　9:00〜18:00
　4·9月　9:00〜19:00
　5〜8月　9:00〜20:00
　11〜2月　9:00〜17:00
休 1/1、12/25
料 €5、4〜9歳、65歳以上€3

ゴシック様式の歴史ある教会　MAP P.229 B·C4、P.246

ラ・ガンチャ ★★
La Gancia
ラ・ガンチャ

エレガントでかわいらしい内部

シチリア州立美術館を擁するアバテッリス宮殿の隣に位置する。またの名をSanta Maria degli Angeliといい聖マリア・デッリ・アンジェリにささげられた教会。もともとは16世紀初めにスペインの影響を受けたゴシック様式で建てられたが、その後バロックの時代に改装されセルポッタのスタッコなどで飾られた。内部は単廊式でその両側に全部で16の礼拝堂をもつ。アントネッロ・ガジーニの彫刻やセルポッタのスタッコ装飾、パレルモ最古とされる16世紀のオルガンなど見るべき物も多い。

海辺の散歩道　MAP P.229 B·C4、P.246

フォロ・イタリコ ★
Foro Italico
フォロ・イタリコ

開放感のあるフォロ・イタリコ

パレルモの東側を走るのが1582年に造られた「フォロ・イタリコ」と名づけられた海辺の散歩道。ヴィットリオ・エマヌエーレ大通りの終点フェリーチェ門Porta Feliceからヴィッラ・ジュリアの先まで続いている。現在はこの広くゆったりとした道路を車がひっきりなしにスピードを上げて行き交い、横断するのもままならない感じだが、海辺らしい開放感にあふれた場所だ。

都会のオアシス。酸素を吸いに　MAP P.229 C4、P.246

植物園 ★
Orto Botanico
オルト・ボタニコ

中央駅前から東に延びるVia Lincolnに面して広がる10ヘクタールの植物園。設立はなんと1789年。世界中の植物のサンプルが見られる。珍しい熱帯性の植物が大きな根を広げ、園内の建物の中では植物の標本が展示されている。できたての酸素の中で心身ともにリフレッシュするのを実感。隣接するヴィッラ・ジュリアVilla Giuliaはパレルモの名士たちの胸像が配された整然とした緑地公園だ。こちらも静寂に包まれ、気分転換に最適。

18世紀からの歴史ある植物園

3.新市街と考古学博物館

Nuova Città e Museo Archeologico Regionale

新市街に堂々とたたずむマッシモ劇場から南側を回るコース。観光の見どころだけでなく、カフェやブティックが軒を連ね、広々とした緑の街路が広がる新市街では、ゆったりとした散策も楽しみたい。南に下ると、町はしだいに庶民的な雰囲気となり、圧巻はヴッチリアだ。薄暗い路地に入ると、屋台や飲食店が続き、一種独特の雰囲気を醸し出している。新市街へは中央駅からはバス101番で。徒歩でも20分程度。（所要時間 約4時間程度）

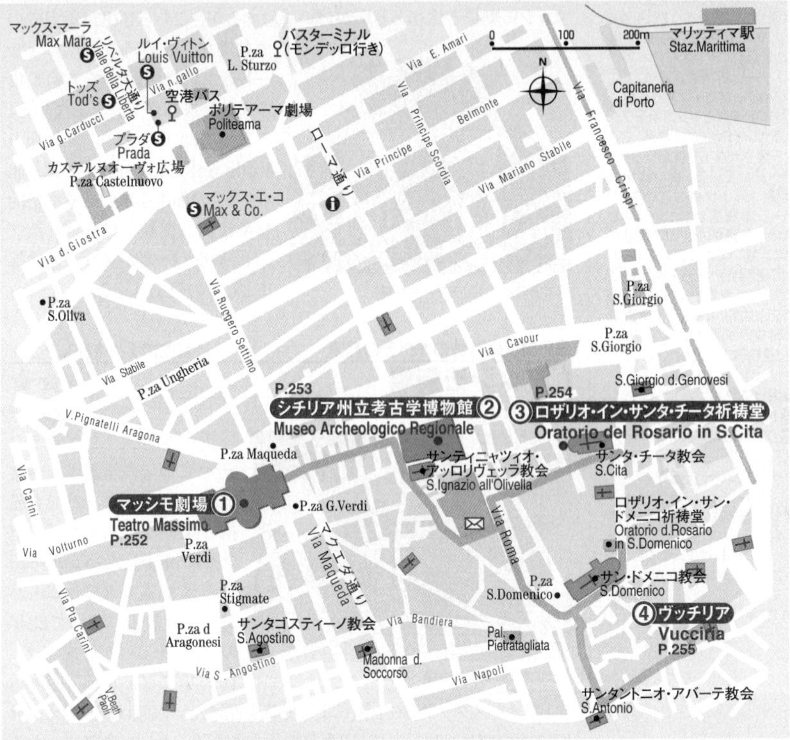

マックス・マーラ
Max Mara
リベルタ大通り
Viale della Libertà
ルイ・ヴィトン
Louis Vuitton
トッズ
Tod's
Via n.gallo
空港バス
プラダ
Prada
Via g.Carducci
カステルヌオーヴォ広場
P.za Castelnuovo
P.za
L. Sturzo
バスターミナル
(モンデッロ行き)
ポリテアーマ劇場
Politeama
マックス・エ・コ
Max & Co.
Via E. Amari
Via Principe Scordia
Via Principe Belmonte
ローマ通り
Via Mariano Stabile
Via Francesco Crispi
0　100　200m
マリッティマ駅
Staz.Marittima
Capitaneria
di Porto
Via Giostra
P.za
S.Oliva
Via Ruggero Settimo
Via Stabile
P.za Ungheria
Via Cavour
P.za
S.Giorgio
P.za
S.Giorgio
S.Giorgio d.Genovesi
P.253
シチリア州立考古学博物館②
Museo Archeologico Regionale
P.254
③ロザリオ・イン・サンタ・チータ祈祷堂
Oratorio del Rosario in S.Cita
V.Pignatelli Aragona
P.za Maqueda
サンティニャツィオ・アッロリヴェッラ教会
S.Ignazio all'Olivella
サンタ・チータ教会
S.Cita
Via Carini
マッシモ劇場①
Teatro Massimo
P.252
P.za G.Verdi
マクエダ通り
Via Maqueda
Via Roma
ロザリオ・イン・サン・ドメニコ祈祷堂
Oratorio d.Rosario
in S.Domenico
Via Volturno
P.za
Verdi
P.za
Stigmate
P.za
S.Domenico
サン・ドメニコ教会
S.Domenico
④ヴッチリア
Vucciria
P.255
Via Pta Carini
P.za d
Aragonesi
サンタゴスティーノ教会
S.Agostino
Via Bandiera
Pal.
Pietratagliata
Madonna d.
Soccorso
Via S. Angostino
Via Napoli
V.Beati
Paoli
サンタントニオ・アバーテ教会
S.Antonio

① マッシモ劇場

19世紀の新古典様式でヨーロッパ屈指の大きさと設備を誇る劇場。長年の修復を経て1997年より再び公演や展示の会場として使われている。

★★ P.252

② シチリア州立考古学博物館

セリヌンテ、シラクーサなどシチリア各地のギリシア神殿から出土した彫刻などを展示。貴重な作品の宝庫となっていて、シチリアの歴史を今に伝える重要な場。

★★★ P.253

③ ロザリオ・イン・サンタ・チータ祈祷堂

内部の壁面全体がパレルモ出身の彫刻家ジャコモ・セルポッタの数々のすばらしいスタッコ装飾で覆われている華麗で豪華な礼拝堂。

★★ P.254

④ ヴッチリア

パレルモを代表する食材市場だったが、最近は観光地化してトラットリアや食材店、雑貨店などが並ぶ。市場の機能よりも観光名所のひとつ。

★ P.255

おもな見どころ

もうひとつの大劇場　MAP P.228 A2、P.251

ポリテアーマ劇場 ★

Teatro Politeama　テアトロ・ポリテアーマ

劇場前のルッジェーロ・セッティモ広場は美しい石畳で整備され近代的な雰囲気。一方、リベルタ大通りを挟んで続くカステルヌオーヴォ広場にはヤシが葉陰を落とし、東屋とともに南国的な雰囲気を醸し出し、旧市街とは異なる伸びやかな空間が広がる。ポリテアーマ劇場は、マッシモ劇場と比べると影が薄い感はあるが、こちらも1874年完成の大劇場だ。凱旋門のようなファサードの上には四頭立て二輪馬車のブロンズ像が見下ろしている。これより北のリベルタ大通りViale della Libertàからは、北イタリアの都市を思わせる本格的な新市街。街路にはしゃれたブティックやバールが並び、近代都市としての顔を見せる。

新市街の華、ポリテアーマ劇場

ヨーロッパ有数のオペラの殿堂　MAP P.228 B2・3、P.251

マッシモ劇場 ★★

Teatro Massimo　テアトロ・マッシモ

シチリアを代表する劇場

新古典様式（ネオ・クラシック）の堂々たる劇場。客席数3200、ヨーロッパでも屈指の規模を誇っている。コンペに優勝したパレルモ出身の建築家フィリッポ・バジーレの設計によって22年の歳月をかけ完成され、1897年にヴェルディのオペラ「ファルスタッフ」の上演によって幕を開けた。当時はパリのオペラ座に次いでヨーロッパでは2番目の大きさを誇った。20余年にわたる修復を終え、1997年より再開されている。

内部は5層のボックス席と最上階桟敷を備えるたいへん豪華な物だ。木材を多用し、音響も抜群、舞台は客席と同面積という奥行をもち、オペラ上演の条件がすべて揃っているといえる。公演のない間、1時間に1回、内部のガイド付き見学ツアーが行われている。もともとサヴォイア家のために造られたという豪華なロイヤルボックスは今でもVIP専用だが、ツアーではその内部や華麗な休憩室なども見学できる。

豪華な内部にうっとり

NAVIGATOR

ポリテアーマ劇場から出発しよう。中央駅からはバス101番で。ポリテアーマ劇場を出たら、ルッジェーロ・セッティモ通りを真っすぐ進めば右にマッシモ劇場が見える。劇場と反対側のVia Bara all'Olivellaを150mほど行った先の広場に面しているのが州立考古学博物館だ。博物館を出てマッシモ劇場とは反対方向に歩いて行くと車がひっきりなしに行き交うローマ通りへぶつかる。それを渡りVia Valverdeを100mほど進むと左側にロザリオ・イン・サンタ・チータ祈祷堂がある。ここからもう一度ローマ通りへ戻り、左方向へ行くとヤシの木がそびえるサン・ドメニコ広場だ。ここから緩やかな下り坂がヴッチリアへ続いている。細い路地の両脇には、トラットリアやワインバー、雑貨店が並び、小さな広場に魚屋やスナックの屋台がある。続いてカステルヌオーヴォ広場のほうへ行ってみよう。ここからリベルタ通りにかけては旧市街とはまったく異なる雰囲気の町並みが広がり、ショッピングや散策にぴったりだ。

●ポリテアーマ劇場
住 Piazza Ruggero Settimo
☎ 091-6072532
切符売り場
㊊～㊏9:30～16:30
㊐　9:30～13:30
※公演日は開演1時間30分前から
11～5月にはコンサート、バレエなどを開催。催時のみオープン。
※'20年1月現在、見学不可

●マッシモ劇場
住 Piazza Giuseppe Verdi
☎ 091-6053267（見学予約）
休 リハーサル時
※㊊～㊐9:30～18:00の間1時間毎のガイド付きの見学。所要約30分、€8、25歳以下€5。
URL www.teatromassimo.it
演目などの検索可。

料金の目安

コンサート	€15～30
バレエ	€22～85
オペラ	€22～125

シチリア考古学の最高峰 MAP P.229 B3、P.251

シチリア州立考古学博物館 ★★★

Museo Archeologico Regionale 'A.Salinas' ムゼオ・アルケオロジコ・レジョナーレ・ア・サリナス

ローマ通りVia Romaに面しているが、入口は裏側のPiazza Olivellaから。16世紀の修道院を利用した、あたたかな趣の博物館だ。3階建ての構成で、展示は1階に集中している。

かつての修道院の面影を残す入口の回廊

中庭を抜けた先の奥の大広間には**セリヌンテの神殿遺跡の彫刻Sculture dei Templi Selinuntini**の展示があり見逃せない。C神殿のフリーズを飾っていた**メトープが3点**(ヘリオスの四頭立て馬車、メドゥーサを退治するペルセウス、ヘラクレスとケルコプス)。F神殿の**メトープ2点**(エウデゥトスを倒すディオニュソス、エンケラドスと戦うアテナ)、E神殿の**メトープ4点**(ヘラクレスとアマゾン族の戦い、ゼウスとヘラの結婚、ディアナとアクタイオン、アテナとエンケラドス)。紀元前6世紀半ばから紀元前4世紀半ばの物だ。メトープとは、ギリシア発祥のドーリア式建築において、神殿の屋根の下を飾った四角い装飾壁面。3本の垂直の溝で区切られた間に浮き彫りが刻まれている。同室には紀元前5世紀のブロンズ「**セリヌンテの青年**」Efebo di Selinunte像が置かれている。

「セリヌンテの神殿遺跡の彫刻」の展示場

C神殿のフリーズを飾っていたメトープ浮き彫り

2階にあるシラクーサ出土の青銅の「**牡羊像**」L'Ariete 2体や、3階にあるローマ時代の舗床モザイク「オルフェウスと動物たち」Mosaico con Orfeo e gli Animaliなども名高い。

噴水が涼やかな雰囲気を醸し出している中庭もゆったりとしていて、しばし外の喧騒を忘れそうな静寂に包まれている。

青銅の「牡羊像」

いつもにぎわう、楽しい通り

マッシモ劇場から中央駅へと続く、長い**マクエダ通り**Via Maqueda。ほぼ車両の進入が規制され、ゆったりとした散策にピッタリ。マッシモ劇場周辺は緑が多く、おしゃれなショップやオープンカフェが並び、どこか心華やぐ通りだ。以前はクアットロ・カンティから中央駅までは暗くどこか寂しげだったが、現在はアランチーニやカンノーロの専門店をはじめ各種の飲食店やおみやげ屋がオープンしてにぎやか。路上にテーブルが並び、ベンチも各所に設置されているので、人通りを眺めてみたり、気になったものを味わってみたり、明るく開放的な雰囲気を楽しもう。

●**シチリア州立考古学博物館**
住 Piazza Olivella 24
☎ 091-6116806
開 9:30～18:00
　㊐㊗9:30～13:30
休 ㊊
料 €3
※'20年1月現在、見学は1階Piano Terraのみ。
※毎月第1㊐は無料
※全館リニューアルが進行中。1階部分は明るく見やすく改装されてオープン。多くの傑作が集中しているので、見応え十分。

パピルスの茂る中庭は静寂に包まれている

✉ 考古学博物館にて

1階のみの公開ですが、セリヌンテの神殿については詳細に展示してあり、復元された物もきれいにわかりやすく展示してあり、十分に学べます。アグリジェントの発掘品もあります。ギリシア神話を勉強して行くと、いっそうわかって楽しいと思います。(埼玉県　岡部篤子　'17)

●ロザリオ・イン・サンタ・チータ祈祷堂
住 Via Valverde 3
☎ 091-332779
開 4～10月
㈪～㈮9:00～18:00
㈯ 9:00～15:00
11～3月
㈪～㈯9:00～15:00
休 ㈰㈷
料 €4、共通券€6(→P.255)

見落としがちな
サンタ・チータ祈祷堂の入口

すばらしいセルポッタの彫刻に出合える MAP P.229 B3、P.251

ロザリオ・イン・サンタ・チータ祈祷堂 ★★

Oratorio del Rosario in Santa Cita　オラトリオ・デル・ロザリオ・イン・サンタ・チータ

セルポッタによる壁面左右に並ぶ女性寓意像や絵画との調和を見せる漆喰装飾はより優美な印象

ここは何といってもパレルモ出身の彫刻家ジャコモ・セルポッタのすばらしい作品群で知られている。セルポッタはスタッコ彫刻で名高く、内部の四方が彼の彫刻による装飾で埋め尽くされ圧巻だ。

内部を覆うスタッコ細工は、プット(天使転じて子供たちの寓意像)、女性寓意像、ロザリオの三奥義。入口の壁面には、武器やプットを描いた「レパントの海戦」がある。祭壇脇のスタッコで飾られたバロック様式の聖歌隊席も見事。彫刻全体が優雅さとリズミカルな軽やかさにあふれている。入口から入って左側の壁にある金色の蛇に注目。蛇(serpente＝セルペンテ)はセルポッタがその名字にちなんで使ったサインであるという。

セルポッタ作「レパントの海戦」

●サン・ドメニコ教会
住 Piazza San Domenico
☎ 091-589172
開 5月～10月 8:00～12:30
17:00～19:00
㈰ 8:30～12:30
17:00～19:00
11月～4月 8:00～13:30
㈯㈰ 8:30～13:30
17:00～18:00
キオストロ
㈭㈮ 9:30～13:30
休 5～10月以外の㈪
料 キオストロ€3

町なかの無料Wi-Fiゾーン
Piazza Bologni（クアットロ・カンティそば）、デパートのリナシェンテ(Via Roma 289)、マクドナルド(Piazza Castelnuovo)など。

バロック様式に改装されたファサード

たくましい円柱が支える MAP P.229 B3、P.251

サン・ドメニコ教会 ★★

San Domenico　サン・ドメニコ

静かなキオストロでひと休み

ローマ通りに戻り、駅方向へ歩いて行くと左側にヤシの木が印象的なサン・ドメニコ広場がある。ここに面して建つのがサン・ドメニコ教会で14世紀創建のバロック様式。両側に大きな鐘楼を持つファサードは1726年のもの。

内部はひときわ堂々たる円柱に支えられた三廊式だ。シチリア名士の廟墓や記念碑が並んでいて、「パレルモのパンテオン」の異名を持つ。最近では、マフィア撲滅運動の先頭に立ちテロに倒れた、当時の検事総長ジョヴァンニ・ファルコーネ氏の墓碑ができ、花を手向けお参りをする人が絶えない。右の礼拝堂にガジーニ派のピエタ像と、アントネッロ・ガジーニの「聖母マリアと天使たち」が飾られている。内陣にある金箔を張ったロココ調のオルガンにも注目。教会付属の回廊(キオストロ)にも入れるので、緑に囲まれた落ち着いたたたずまいを堪能してみたい。

ファルコーネ氏の墓碑

セルポッタ円熟期の作品が残る　MAP P.229 B3、P.251

ロザリオ・イン・サン・ドメニコ祈祷堂 ★★

Oratorio del Rosario in S.Domenico　オラトリオ・デル・ロザリオ・イン・サン・ドメニコ

ファン・ダイクの『ロザリオの聖母』

サン・ドメニコ教会のすぐ裏にある、教会付属の礼拝堂。内部には彫刻家ジャコモ・セルポッタのスタッコ（漆喰）装飾が残っている。パレルモにあるセルポッタのスタッコ装飾の中でも、特に繊細で優美な空間になっている。プットたちが踊り女神が優雅にたたずむ真っ白な世界。「漆喰のパガニーニ」と称せられたセルポッタの異名通りに音楽的な高揚感をも与えてくれる空間だ。祭壇を若き日のアンソニー・ヴァン・ダイクによる「ロザリオの聖母と聖ドメニコとパレルモの守護聖人」が飾る。ペストが流行したシチリアを離れ、1628年にジェノヴァで完成させた作品。

優美な空間が広がる

衣類の屋台が多い　MAP P.229 B3

カーポの市場

Il Capo　イル・カーポ

掘り出し物が見つかるかも

ローマ通りを挟んで、サン・ドメニコ広場の対面あたりから奥に続く細長い市場。入口付近は衣類や雑貨関係の店。マッシモ劇場の裏側に当たるカリーニ門近くには食料品や市場の素材を使った飲食店が軒を並べる。エプロンやシチリアの特産品のチョコなどおみやげに格好なものが見つかるかも。

かつてのパレルモの食材発信地　MAP P.229 B3、P.251

ヴッチリア

Mercato della Vucciria　メルカート・デッラ・ヴッチリア

パレルモ市内で最も古い市場といわれている。

近年は観光地化して、市場の周囲にはトラットリアや食材店、雑貨店などが続く。バッラロの市場（→P.242）などに比べ、規模は小さく、市場としての機能は廃れ気味だが、ゆでたてのタコを食べさせる屋台があったり、島の伝統的な食材であるカジキマグロの頭が飾られていたりと、日本人の私たちには驚きの光景が広がっている。

カジキマグロの頭も並ぶ、簡易食堂兼魚屋

●ロザリオ・イン・サン・ドメニコ祈祷堂
住 Via dei Bambinai 2/ Piazza S. Giorgio dei Genovesi
☎ 091-332779
開 ㊊～㊎9:00～18:00
㊏　9:00～15:00
休 ㊐㊗
料 共通券€6

お得な共通券
Ticket I Tesori della Loggia
　ロザリオ・イン・サンタ・チータ祈祷堂、ロザリオ・イン・サン・ドメニコ祈祷堂をはじめ、サン・カタルド、カテドラーレなどから2ヵ所を選んで€6

✉ 蚊対策は必須
　パレルモのB&Bでは冷房がなく、夜も窓を開けていたので気づかないうちに蚊に刺されていました。日本のものより強烈なのか大きく腫れてなかなか跡がきえませんでした。蚊取りマットを備えている所もありましたが、蚊対策は必須です。
（のりたま　'18）

✉ 経済的に過ごすならスーパーLIDL
　滞在中、毎日のように利用しました。ビール、水、量り売りのパンや果物が安く買えます。タコのマリネがレストラン並みにおいしかった。お店を出た左にテイクアウトのピッツァ屋があり、1枚€1でお腹いっぱいになります。
住 Via Roma 59
開 8:00～22:30
㊐8:30～22:00
（のりたま　'18）

どこの市場に行く??
　ヴッチリアの市場は露店の数が少なくなり、代わりにトラットリアやワインバーが出店。市場の風情は残るものの、食事の場になりつつある。露店が軒を並べ、市場ならではのにぎやかさと活気があるのはバッラロの市場。カーポの市場は衣料品や雑貨の露店が多く、奥に行くに従って、野菜などの市場や飲食店が続く。

旧市街の
プルマンバス下車地
　多くは中央駅そばのバスターミナルが終点だが、空港からのプルマンバスは、ポリテアーマ劇場そば（南側）にも下車バス停あり。また、トラーパニ、マルサーラなどからのプルマンはポリテアーマ劇場から下った港近くの小さな広場に停車する。旧市街に宿泊している場合は、こちらでの下車が便利。

パレルモのレストラン

ア・クンクマ　P.228 B2

A'Cuncuma

古い小路にある注目のリストランテ。こじんまりした家族経営の店。伝統的なシチリア料理をシェフの手で、色彩の美しいモダンな軽いものへと変化させたコース料理が評判。シチリア名物イワシのパスタの繊細さにびっくり。

要予約

住 Via Judica 21
☎ 091-8872991
営 19:30～23:00
休 ㊐、㊊、1月3週間
予 €45～65、定食€40～
C M.V.
交 マッシモ劇場から徒歩5分ほど

オステリア・デイ・ヴェスプリ　P.230 B2

Osteria dei Vespri

ヴィスコンティの「山猫」のワンシーンにも登場したという由緒ある館の一角にあるエノテカ兼レストラン。シンプルな店内ではシチリア料理をアレンジした、目にも舌にも独創的な料理が味わえる。要予約

✉料理はとても洗練されていておいしく、滞在中に2度行きました。サービスも問題ありません。(栃木県　弾丸ツーリスト)['20]

URL www.osteriadeivespri.it
住 Piazza Croce dei Vespri 6
☎ 091-6171631
営 12:30～14:30、19:30～22:30　休 ㊐
予 €35～90(コペルト€3.50、サービス料5%)、定食€35、40(昼のみ)、€70～90　C A.D.J.M.V.
交 クアットロ・カンティから徒歩5分

オステリア・マンジャ・ベーヴィ　P.230 A2

Osteria Mangia&Bevi

どこかあたたかみを感じるおしゃれなインテリアにBGM。ユニークでフォトジェニックな「新世代のパレルモ料理」は感度の高い地元客、観光客に人気。パスタ、スープ、肉、魚介から、ベジタリアンメニューまで、個性的で幅広い品揃え。夏は屋外席がすてき。

住 Largo Cavalieri di Malta, 18
☎ 091-5073943
営 13:00～15:00、20:00～23:00
休 ㊊
予 €15～25(コペルト€2)、定食€20
C D.J.M.V.
交 サン・ドメニコ教会から徒歩2～3分

ビッソ・ビストロ　P.230 B1

Bisso Bistrot

お手頃価格でおいしい!と地元客に大人気の有名店。元々書店だった店舗を改装したユニークな店構えの楽しいカジュアルダイニング。席はツメツメで相席ながら、いつも大混雑。予約は取らないので早めに行くのが吉。

住 Via Maqueda, 172A
☎ 328-1314595
営 9:00～23:30 (ランチ12:30～、ディナー19:00～)
休 ㊐
予 €15～25
C M.V.
交 クアットロ・カンティの一角

フェッロ・ディ・カヴァッロ　P.230 B2

Ferro di Cavallo

1944年創業の家族経営のパレルモ料理が味わえるトラットリア。前菜、プリモが€4～、セコンド€8という料金と家庭的な味わいが人気で、いつも地元の人やツーリストで大にぎわい。開店まもなくに出かけるのがおすすめ。

住 Via Venezia 20
☎ 091-331835
営 12:00～14:45、19:00～22:45
休 ㊐、㊊㊋夜(8月を除く)、年末年始
予 €10～25(コペルト€2)、定食€20
C A.D.M.V.
交 サン・ドメニコ教会から200m

トラットリア・デル・マッシモ・アマート　P.228 B2

Trattoria del Massimo Amato

マッシモ劇場の裏手、わかりやすい場所にある、地元の人の食堂的なトラットリア。ランチの手頃なコースが用意されている。シチリア料理の前菜など、家庭料理が充実している。自家製パスタがおすすめ。店内は広くゆったりしている。

住 Piazza Giuseppe Verdi 25/26
☎ 091-326155
営 12:00～15:00、19:00～22:45
休 不定休
予 €10～25(コペルト€1)、定食€22、24、30、40
交 マッシモ劇場の裏手の角

RISTORANTE パレルモのB級グルメ

Ⓑ アンティーカ・フォカッチェリア・サン・フランチェスコ P.230 B2

Antica Focacceria SanFrancesco

サン・フランチェスコ・ダッシジ教会の正面にある1834年創業の歴史あるカフェ兼レストラン。ここの名物はモツのスライス煮込みとチーズを挟んだフォカッチャ・マリタータFocaccia maritata。ほかにもアランチーニなどのスナックが豊富。

✉軽食のみならずしっかり食事もできます。レストランのディナーは20:00～、バーで食前酒を飲みながら待つこともできます。夜はかなり混みます。（愛知県　真知子）['20]

住 Via Alessandro Paternostro 58
☎ 091-320264　営 11:00～23:00
休 ㊋(6～9月を除く)、1月
予 €5～、定食€18　C A.D.M.V.

Ⓑ ペッレドーカ・ディ・ナポリ・アドリアーナ P.229 B4

Pelledoca di Napoli Adriana

マリーナ広場の一角にあるローストチキンの専門店。昔からの名物店がオープンエアのテーブルを出して連日の大にぎわい。パレルモでは珍しい素朴なチキンがおいしい。旅の途中のたんぱく質の確保におすすめ。ローストチキンとポテトの大盛りの一皿は、女性では食べきれない!!

住 Piazza Marina 32/35
☎ 091-588426
営 19:00～24:00
休 ㊋
予 €10～18
C M.V.
交 マリーナ広場の一角

Ⓑ ニ・フランコ・ウ・ヴァスティッダル P.229 B4

'Nni Franco u' Vastiddaru

マリーナ広場の近く、屋台風のカウンターがいつも地元の人でにぎわっているのが目印。パレルモ名物のストリート・フード、モツ(牛の肺)のパニーノやアランチーニなどの揚げ物などが味わえる。地元っ子に倣って食べ歩きもいいが、カウンターの奥や店頭にテーブル席があるのがうれしい。

住 Corso Vittorio Emanuele 100/102
☎ 091-325987
営 9:00～翌1:00
休 一部の㊗
予 €3～15
C 不可
交 マリーナ広場から100m

Ⓑ フォカッチェリア・バジーレ P.228 A2

Foccaceria Basile

✉パレルモのB級グルメの定番、モツ(肺)のパニーノをはじめ、揚げ物や日替わりパスタなどがある。男性主体の独特な店内に最初はとまどうものの、お店の人は親切で料理は安くて量もタップリ。地元の人で混んでいるので、ちょっと気が引けたら、時間をずらすといい。（東京都　ガッテン系女子）['20]

住 Piazza Francesco Nascè 5
☎ 091-6110203
営 12:00～15:30
休 ㊐、8月
予 €3～　C M.V.
交 ポリテアーマ劇場裏から徒歩5～6分

Ⓑ ケ・パッレ P.230 A1

Ke Palle

歩行者天国に生まれ変わったマクエダ通りの、にぎわいが楽しい界隈にあるアランチーニ(ライスコロッケ)の専門店。Arancine d'autoreの文字が目印。伝統的な味わいからビーガンまでと各種あり迷ってしまうほど。衣はカリッと、素材が生きている中身の具材。アランチーニのおいしさに開眼!

住 Via Maqueda 270
☎ 091-6112009
営 10:00～翌1:00
休 一部の㊗
予 €2～
C 不可
交 クアットロ・カンティから徒歩3～4分

Ⓑ イ・クオキーニ P.228 B2

I Cuochini

1826年から続く、パレルモの伝統的スナックの揚げ物やパニーノの店。いつでも出来たてがガラスケースに並んでいる。ちょっと小ぶりで1個どれでも€0.70。中庭に面しているのでやや見つけにくいが、にぎやかなベルモンテ通りと道を挟んで向かい合う、ルイザ・スパニョーリの右の門を入った右側。

住 Via Ruggero Settimo 68
☎ 091-581158
営 8:30～14:30、㊏は7:00～19:30も
休 ㊐㊗、8/15前後20日間
予 €3～6
C D.M.V.
交 カステルヌオーヴォ広場から徒歩1分

レストランピクト案内 高級店 中級店 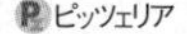庶民的な店 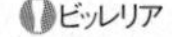ピッツェリア 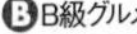ビッレリア 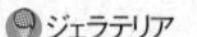B級グルメ ジェラテリア カフェ

アンティーコ・カフェ・スピンナート P.228 A・B2

Antico Caffe Spinnato

高級感あふれるカフェ。ナッツでコーティングされたカップCoppa Realeに好みのアイスクリームを盛り合わせてもらえばボリューム満点。また店内で売っているシチリアらしいアーモンドを使ったお菓子やマルトラーナの詰め合わせなどは美しくおみやげにも最適。

住 Via Principe del Belmonte 107/115
☎ 091-329220
営 7:00～翌1:00(冬季21:30)
休 12/25
予 €5～
C A.D.J.M.V.
交 ルッジェーロ・セッティモ広場から2分

ブリオッチャ P.229 B2

Briocià

大きなブリオッシュにたっぷりのジェラート、コーンにはチョコをコーティング。生クリームも添えられた“映え”系スイーツといえばここ。お味はもちろんお店の大混雑が保証済み！　スタッフも感じよく親切。
✉ブォーノ！パレルモ1のおいしさと評判。　(チカ　'19)

住 Via Mariano Stabile 198
☎ 091-7219085
営 11:00～翌0:30(金翌1:30土翌2:00)
休 一部の祝
予 €3～7
C 不可
交 マッシモ劇場から徒歩3分

オリオル P.228 B2

Gelateria Oriol

夏は狭い店内からはみ出すほどお客が並ぶ人気のジェラテリア。コーンやカップのほか、シチリアならではのブリオッシュもあり、パンナ（生クリーム）込みの値段がうれしい。おすすめはカッサータやピスタチオ。冬季はチョコレートも店頭に並ぶ。

住 Piazza Ungheria 6/10
☎ 3381320772
営 夏季9:00～翌1:00、日～24:00、月9:00～21:00、冬季10:00～19:00
休 2月
予 €2～
C 不可
交 ポリテアーマ劇場から徒歩3分

アンティコ・カフェ・ビオンド P.230 B2

Antico Caffè Biondo

ケーキなどのスイーツだけでなく、揚げ物などのスナック、サラダ、パスタなどあり簡単な食事にピッタリ。ガラスケースの中にずらりと並べられた総菜はおいしい。アランチーニの大きさにはビックリ！スタッフも感じよく説明してくれて旅行者にも親切。

住 Via Roma 252/254
☎ 091-322726
営 6:30～23:00
休 無休
予 €5～15
C M.V.
交 ヴッチリア市場の前

クーマ・ナチュラル・バー P.228 B2

Cuma Natural Bar

おしゃれでアンテナの高い人が集まるグルテンフリー、ビーガンのお店。新鮮な野菜や果物を使った身体思いのメニューがうれしい。見て選べるテイクアウト用メニューが豊富。スムージーは旅行中の野菜不足にも◎

住 Via G.B. Guccia 26
☎ 091-334338
営 9:00～23:30(土24:00)
休 無休
予 €15～25
C A.M.V.
交 カステルヌオーヴォ広場から徒歩3～4分

コスタ P.230 B1

Costa

パレルモ一番のパティストリーと町で評判。リコッタチーズたっぷりのカッサータや宝石のように輝くフルーツがたくさんのったタルトなど、さまざまなスイーツが並ぶ。持ち帰り、おみやげやホテルでのオヤツにも。店内でも簡単な飲食可。

住 Via Gabriele d'Annunzio 15
☎ 091-345652
営 7:00～21:30
休 月
予 €4～
C A.M.V.
交 クアットロ・カンティの一角

パレルモのB級グルメとお菓子

●パレルモのB級グルメ

東西の文化の交流地であるシチリアでは、その歴史的な地位と海に囲まれた位置関係からさまざまな味わいの料理が発展した。まず前菜をはじめ揚げ物が多いのがシチリアの特徴だ。ひよこ豆を平らにのばして揚げた**パネッレPanelle**はパンに挟んでハンバーガー風にしてよく食べられる。これなどは昔貧しかったシチリアの住民が安い素材で満腹になるよう工夫したものだと考えられる。

市場で売られる。パネッレのハンバーガー風。懐かしい味でおいしい！

揚げ物で有名なのは丸いボール状のライスコロッケ、**アランチーニArancini**。おむすび程度の大きなものから、リストランテで出されるひと口大のものまであり、味わいもミートソースで味をつけて中にチーズを詰めたものや、サフラン風味でグリーンピースを詰めたもの、ハムとモッツァレッラチーズを詰めたものなどさまざまなものがある。前菜やスナックとして食べるとけっこうボリュームがある。

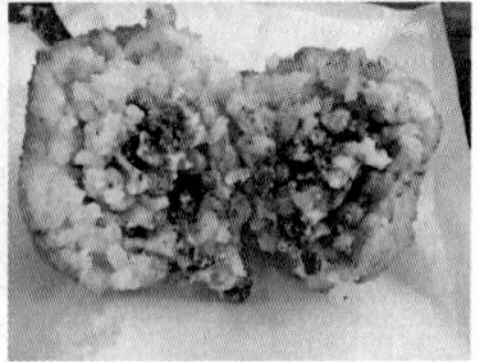
サフラン風味にはグリーンピースが定番。さっぱり味

パレルモのストリートフードとして、一番有名なのは「牛の肺のバーガー」だ。市場や道端でも売られているが、市内にはいくつかの専門店があり味を競っている。熱湯で処理された肺はさっぱりとしたおいしさでやみつきになる。

「牛の肺のバーガー」はくせになる味

揚げ物はアランチーニやパネッレの他、クロスティーニCrostini（パンにベシャメラソースとハムを挟んで揚げたもの）、クロッケCroccheなどが定番だ。

揚げ物盛り合わせのひと皿

●パレルモのお菓子

パレルモの市内ではバールや美しいお菓子をショーウインドーに並べたお菓子屋さんが多く目に付く。朝から朝食代わりにケーキを食べている人も見かけるぐらいだ。ぜひここで試したいのは、フルーツの果汁と果肉から作られたシャーベット、**グラニータGranita**。リモーネ（レモン）、マンドルレ（アーモンド）、フラーゴレ（いちご）などがポピュラーだ。

シチリア名物、グラニータ。レモンとアーモンド

また、シチリアで最も有名なお菓子は**カンノーロCannolo**。筒状のビスケットの中にリコッタチーズやドライフルーツを詰めたもので、あまり甘くないさっぱりとした味が日本人好みと言えるかもしれない。

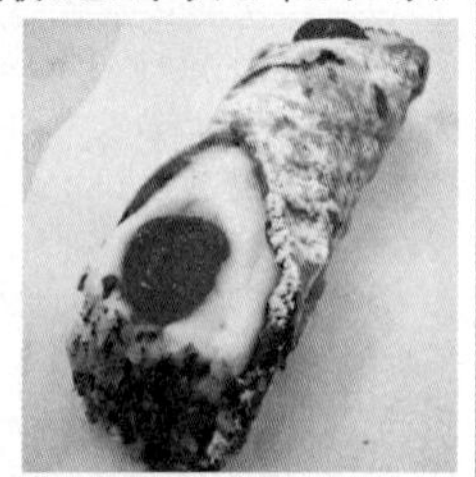
カンノーロ

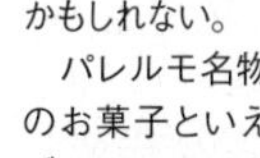

パレルモ名物のお菓子といえば、マルトラーナ教会の修道女たちによって生み出された**フルッタ・ディ・マルトラーナFrutta di Martorana**だ。マジパンで作った本物同様の果物。きれいでおみやげにもピッタリだ。クッキーもアーモンド粉を使ったリッチな口あたりのものが多い。

おみやげ用にカゴにコンパクトに詰められ、持ち運びも便利。空港にて

アイスクリームのフレーバーは種類豊富で見ているだけでも楽しい。中でもリコッタチーズを使った**カッサータCassata**のアイスクリームはシチリアらしさにあふれている。現地ではブリオッシュなどのパンにアイスクリームを挟んで食べるのが定番だ。

ブリオッシュに挟んだアイスクリーム

パレルモのショッピングと市場

●ショッピング街

リベルタ通りの始点にあるポリテアーマ劇場が新市街の目印

中央駅からほぼ北へ延びる大通りがパレルモのショッピング・ストリートだ。駅に近い、**ローマ通り**Via Roma、**マクエダ通り**Via Maquedaは個人商店が多く、やや庶民的。緑が多い新市街の**リベルタ通り**Viale della Libertaから**ルッジェーロ・セッティモ通り**Via Ruggero Settimoにかけては、ルイ・ヴィトン、プラダ、トッズ、マックス・マーラなどの有名高級ブランドが並ぶ。商店の営業時間は9：00～13：00、16：00～20：00。日曜と月曜午前を休業とする店が多い。一部のブランド店などでは昼休みなしで、通しで営業する。

●パレルモの市場Mercato

イタリアのなかでも、とりわけ活気あふれる、大規模な市場が広がるパレルモ。ぜひ、足を延ばして、生き生きとした現地の生活を感じてみたい。

カーボの市場 Il Capo(地 P.229 B2･3)

規模が大きく、衣服、生鮮食品、古着、台所用品、日用品など幅広い品揃え。

ヴッチリアの市場 Vucciria(地 P.229 B3、P.230 AB･2)

狭い路地に屋台が並び、どこかノスタルジーを感じさせる歴史ある中心街の市場。近年はカフェやレストランが進出。

バッラロの市場 Ballarò(地 P.229 C3、P.230 C1)

青空の下、縦横に屋台が広がり、生活感があふれる市場。生鮮市場が中心。

営業時間と注意点

市場は平日の午前中から夕方まで営業。バッラロの市場のみ、午後早い時間に店じまいするが、日曜も営業している。市場を訪ねる際には、貴重品はホテルに置いて、小銭程度を持って出かけよう。誰が見ているかわからないので、大きなお札を出すのは避けるのが賢明。クレジットカードは使えない。

このほか、町の各所でも日替わりの市やアンティーク市Mercato Antiquariato(ウニタ・イタリア広場Piazza Unita d'Italiaで第一㊐に)なども開かれる。

細い路地の左右に飲食店が軒を並べるヴッチリアの市場

かけ声がひときわ響く、オリーブ売りのおじさん。バッラロの市場の名物おやじ

マリーナ広場(P.229 B4)周辺の骨董市。調度品から日用品まで並び、玉石混交

シチリアらしいおみやげを探す

人々が伝統的な生活を大事にしているパレルモには、昔からの民芸調のおみやげが残っている。有名な操り人形やシチリアの伝統馬車などの民芸品は、マッシモ劇場前の3本の小路の真ん中、Via Bara all'Olivellaをのぞいてみるといい。カテドラーレ前のCorso V.Emanueleが歩行者専用道路になり歩きやすくなったので、ここものぞいてみよう。

チェラミケ・デ・シモーネ【陶器】 P.229 B3

Ceramiche De Simone

シチリアらしい題材のサボテンやロバなど、個性的な絵柄にファンが多い陶器店。デ・シモーネ氏はピカソなどとも親交のあった芸術家でパレルモ出身。今では世界中に出店しているパレルモ陶器を代表する名店。チャーミングな絵柄の陶器はひと味違うおみやげ！

住 Via Cavour 38
☎ 095-7910053
営 9:30～20:00
休 ㊐、㊊午前
C D.M.V.
交 マッシモ劇場から徒歩4～5分

カルタジローネ・チェラミケ【陶器】 P.229 A・B3

Caltagirone Ceramiche

シチリア1の陶器の産地であるカルタジローネの品を扱う店。小さな店舗だが、クラシックな絵柄の品を中心にさまざまな用途の陶器が並ぶ。値段も手頃で買いやすい。カルタジローネ風のデザイン模様の小鉢がおすすめ。マダムも親切で買い物しやすい。

住 Via Roma, 473
☎ 091-586047
営 10:00～13:00、16:00～19:00
休 ㊐
C A.D.M.V.
交 カステルヌオーヴォ広場から徒歩4～5分

オルティージャ・パレルモ【フレグランス】 P.228 B2

Ortigia Palermo

シチリア生まれのフレグランス、オルティージャが人気上昇中！パレルモの有名ホテルやレストランでは、ここの製品を使用してるところが多い。シチリアらしいレモンやオレンジの柑橘系の香りがさわやか。ルームフレグランスはシチリアらしい香りで特におすすめ。

住 Via Principe di Belmonte 82A
☎ 091-460891
営 10:00～20:00
休 ㊐
予 €18～50
C A.D.M.V.
交 カステルヌオーヴォ広場から徒歩3～4分

ラ・コッポラ【帽子】 P.228 B2

La Coppola.

シチリアで今流行のおみやげ物といえば、「コッポラ帽」。シチリアの男性に愛されてきたハンチング帽が、モダンによみがえって女性に支持されている。パレルモでは各店で、デザインや生地・柄を競っているが、ラ・コッポラのものはシックで、男女兼用のデザインも洗練されている。

住 Via Di Stefano 14
☎ 320-7013044
営 10:00～20:30
休 無休
C A.D.J.M.V.
交 カステルヌオーヴォ広場から徒歩3～4分

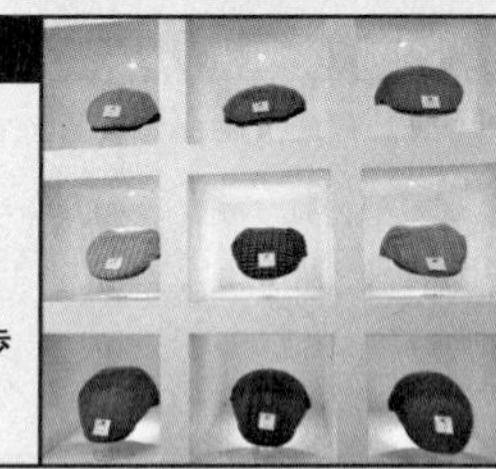

市場でのおみやげ探しがおもしろい！

おみやげ探しなら**カーポの市場**がおすすめ。ローマ通りから入るとイタリアらしい絵柄のエプロンやキッチンタオルが1枚€3！イタリア中で同じものを見かけるが、どこよりも安いかも!?　カリーニ門Porta Cariniの入口あたりには食料品店が多いが、モディカのチョコレートやエトナ山麓のブロンテ村産のピスタチオなど、シチリアの名産品も売られている。

エプロン1枚€3。安い!!

HOTEL パレルモのホテル

大都市だけあってホテルの数は多い。観光やショッピングの便を第一に考えるなら、多少高くてもポリテアーマ広場周辺のホテルを選ぶのがよいかもしれない。静かで落ち着いた滞在を望むなら新市街のリベルタ通り付近や郊外のホテルがおすすめだ。駅の周辺やローマ通り付近には比較的規模の小さい安いホテルがある。また旧市街には古いパラッツォ(邸宅)を利用した雰囲気のあるホテルが多い。ホテルの値段も北イタリアと比べると割安感があるので、予算と目的に応じて選ぶことが可能だ。読者割引 →P.9参照

★★★★★ グランド・ホテル・ワーグナー P.229 B3

Grand Hotel Wagner

20世紀はじめの貴族の大パラッツォを改装したホテル。ロビーやバーはスタッコ細工やフレスコ画で飾られ、古きよき時代を感じさせる重厚なクラシックスタイル。バーのシャンデリアは映画「山猫」の舞踏会シーンで使われたもの。

URL www.grandhotelwagner.it

住 Via Wagner 2
☎ 091-336572
Fax 091-335627
SB €85.50/201.50
TB €111/253 SU €261/777
室 58室 朝食込み W-F
C A.D.J.M.V.
交 ポリテアーマ広場から徒歩3分

★★★★ グランド・ホテル・ピアッツァ・ボルサ P.230 B2

Grand Hotel Piazza Borsa

16世紀に修道院として誕生し、後に銀行として利用されていた歴史ある大パラッツォを全面改装して誕生したホテル。入口からは広々とした中庭が続き、19世紀のフレスコ画の残るサロンGiardino d'Invernoやベルエポック様式のレストランなどパレルモの伝統にならった贅を尽くした空間が広がる。客室はモダンでエレガントな雰囲気。

URL www.piazzaborsa.com
住 Via dei Cartari 18
☎ 091-320075
SB €108/205
TB €108/225
SU €337/580
室 127室 朝食込み W-F
C A.D.J.M.V.

★★★★ チェントラーレ・パラス P.230 B1

Centrale Palace

旧市街の中心、クアットロ・カンティにあるので観光に便利。17世紀のパラッツォを改造した内部はクラシックなヨーロッパの雰囲気。

✉内装や設備は新しくはありませんが、駅やバス停、見どころへも近く、どこでも徒歩で便利でした。出発が早かったのでその旨を伝えると、出発の時にサンドイッチと飲み物を用意してくれました。(カズミ)['20]

URL www.centralepalacehotel.it
住 Corso Vittorio Emanuele 327
☎ 091-8539 Fax 091-334881
SB €31.50/170 TB €45/210
室 102室 朝食込み W-F
C A.D.M.V. 交 駅よりバス101番、クアットロ・カンティからすぐ

★★★★ アルテミシア・パレス P.229 A3

Hotel Artemisia palace

観光に便利な町の中心に位置する、クラシックな外観のホテル。シンプルだがラグジュアリーな内装がすてき。親切なスタッフと清潔で居心地のよい客室、おいしい朝食など、満足度が高い。

住 Via Roma 499
☎ 091-7790874
Fax 091-8430415
SB €56/211 TB €65/459
室 18室 朝食込み W-F
C A.D.J.M.V.
交 駅からバス122、107、101、102でBelmonteで下車すぐ

★★★★ グランド・ホテル・エ・デ・パルメ P.229 B3

Grand Hotel et des Palmes

豪華な大理石のロビーにはシャンデリアがきらめき、クラシック。明るい朝食ルームは美しく、古きよき時代の雰囲気を感じるホテル。(2020年夏季まで改装工事中)

URL www.grandhoteletdespalmes.it

住 Via Roma 398
☎ 091-6028111
Fax 091-331545
SB €78/153
TB €90/177
室 98室 朝食込み W-F
C A.D.J.M.V.
※改装前の参考値段

★★★★ マッシモ・プラザ P.230 A1

Massimo Plaza Hotel

マクエダ通りに面した建物の3階、マッシモ劇場の正面にあるプチホテル。旧市街へも新市街へも徒歩圏なので便利なロケーション。

URL www.massimoplazahotel.com

住 Via Maqueda 437
☎ 091-325657 Fax 091-325711
SB €105.60/189 TB €122/291
室 15室 朝食込み W-Fi
C A.D.M.V.
交 マッシモ劇場正面
交 駅またはポリテアーマ広場よりバス101番

★★★ トニック P.229 B3

Hotel Tonic

港や空港からのバスの停車するポリテアーマ広場からも近く、観光やショッピングにも便利な立地。こぢんまりした外観ながら、客室は広くて清潔。ホテルの人も感じよく、親切。

読者割引 HPにて割引コード"GLOBE TROTTER"で10%

Low 11～3月
URL www.hoteltonic.it
住 Via Mariano Stabile 126
☎ 091-581754 Fax 091-585560
SB €60/80 TB €70/100
室 39室 朝食€7 W-Fi
C A.D.M.V.
交 マッシモ劇場から5分

★★ ヴィッラ・アルキラーフィ P.229 C4

Hotel Villa Archirafi

駅から東側に位置する植物園を眺めながらの部屋は、バルコニーからの景色が楽しめる。近代的な造りではないが、こぢんまりとした家庭的なホテル。

URL www.hotelvillaarchirafi.com

住 Via Lincoln 30
☎ Fax 091-6168827
SS €60
TB €75
3B €90 4B €105
室 50室 朝食込み W-Fi
C A.D.M.V.
交 植物園Orto Botanicoそば

★★ アリストン P.229 B3

Hotel Ariston

シンプルながらも必要なものは全部揃う。オーナーやスタッフのあたたかい人柄で居心地がよい。エレベーターがあるのもうれしい。

住 Via Mariano Stabile 139
☎ 091-332434
SB €35/50
TB €36/60
室 12室 朝食込み W-Fi
C M.V.
交 マッシモ劇場まで300m

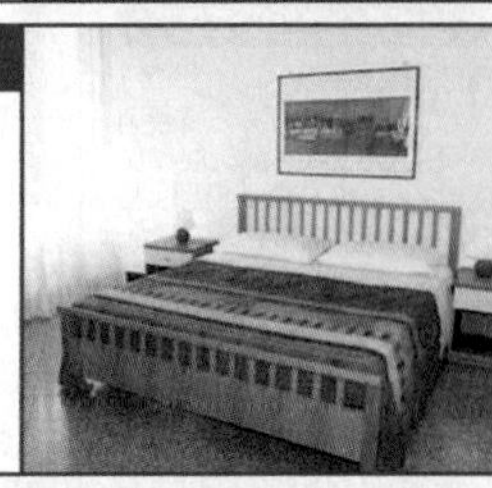

★★ コルテーゼ P.230 C1

Hotel Cortese

ジェズ教会の西、市場の立つバッラロ広場のすぐ近く。市場に近くて何かと便利ながら、ホテルの周囲は静かな界隈だ。室内は清潔でエアコンも完備。長く続く家族経営らしい落ち着いたホテル。フロントは建物の2階にある。

High 4/1～9/30頃

URL www.hotelcortese.info
住 Via Scarparelli 16
☎ Fax 091-331722
S €23/28 SB €26/34
T €36/42 TB €46/54
3B €66/69 室 27室 朝食込み
W-Fi C A.M.V.
交 ジェズ教会から徒歩2～3分

★★ アレッサンドラ P.230 C2

Hotel Alessandra

パラッツォの3階(2° piano)にある家庭的なプチホテル。簡素な造りだがフロントも親切。駅やローマ通りに行くのにも便利な立地。エレベーターがないのが難点。夏は海水浴場への無料ミニバスあり。

URL www.hotelalessandrapalermo.com

住 Via Divisi 99
☎ 091-6173958
Fax 091-6165180
SB €48.90/61.40
TB €65/73.40
3B €77.90/92
室 15室 朝食込み W-Fi
C A.D.J.M.V. 交 駅から徒歩約5分

※パレルモの滞在税 YH ★€0.50、★★€1、★★★€1.50、★★★★€2、★★★★★€3、★★★★★L€4、4泊まで、11歳以下免除

モンデッロへの行き方

■バス
パレルモのPiazza PoliteamaまたはVia della Libertàなどから806番のバスで20～40分。
夏季はサイトシーイングバスも運行(→P.231)。

モンデッロ
Mondello
パレルモから近いマリンブルーの海

パレルモの北西11㎞、ガッロ山とペッレグリーノ山に囲まれ、弓形を描く白い砂浜と美しい海原が広がり、海岸沿いにアールヌーヴォー様式の建物が点在するおしゃれなリゾートだ。周囲には高級ホテルもあるが、気軽なバールやレストランも多い。海岸の名物は、揚げ物の屋台。ポテトや野菜を目の前で揚げてくれる。パレルモや近郊のホテルでは、夏季には宿泊者に海水浴のチケットを配布。着替え室やシャワーなどの設備も整っているので、機会があれば利用してみよう。手入れが行き届いた砂浜は有料(要チケット。その場での購入も可)だ。チケットがない場合は無料の砂浜Spiaggia Liberaの利用を。

美しい半円形のビーチ

パレルモっ子お気に入りの海水浴場

ソルントへの行き方

■鉄道
パレルモ中央駅から普通列車(R)でS.Fravia-Solunto-Porticello駅下車。所要約20分。1～2時間に1便。

NAVIGATOR

S.Flavia Solunto Porticello駅から遺跡の発掘現場へは、駅を背に右へ進み、踏切りを渡り、真っすぐ歩いて行くと、左側にSOLUNTOと書いた看板が見えてくる。そこからレモン畑の道を通って山方向に登っていく。30分の坂道の後、遺跡の発掘現場に到着。

●遺跡の発掘現場
住 Via Collegio Romano
☎ 091-931706
開 9:00～17:30
㊐㊗9:00～13:30
休 ㊊
料 €4

ソルント
Solunto
カタルファノ山にそびえる古代ギリシアの遺跡

レモン畑が続き、サボテンがいたるところに茂っているカタルファノ山を登って行く。紀元前4世紀半ばに造られた古代カルタゴ人の植民地でギリシアの影響を受けた遺跡が、ザッフェラーノ岬Capo Zafferanoとティレニア海を見下ろし広がっている。この遺跡の発掘現場Scavi Archeologiciには当時の住居や体育場Ginnasio、水を集めるための貯水槽が残っている。また貴族出身のペリステリウムの家があった場所には、ドーリス式の円柱が建っていて豪華な広い部屋の跡が残っている。これらの貴族の家々は3階建てのものが多く1階は商店、2階は倉庫代わり、そして3階は住居になっていたと考えられている。

遺跡と海の調和がすばらしい

●バゲリーアにバロック様式のヴィッラを見に行こう！●

バゲリーア

Bagheria

ヴィッラ・パラゴニア

奇妙な怪獣像

バゲリーアBagheriaはパレルモの東約15km、コンカ・ドーロ盆地の中央にある人口4万6000人の町である。現在は、パレルモへ通勤する人たちのベッドタウンだ。パレルモからは鉄道の利用が便利。R利用でひと駅または2駅だ。駅から怪獣のヴィッラがある、町の中心のガリバルディ広場Piazza Garibaldiまでは約1.5km、徒歩で15～20分だ。バゲリーア駅の切符売り場は時間帯により閉まっているので、パレルモで往復切符の購入を。

バゲリーアは17世紀の半ば頃当時のブテラの君主によって建てられたヴィッラから発展した町で、現在でもいくつかのヴィッラが残っているが、最も有名なのは**「怪獣のヴィッラ Villa dei Mostri」**と呼ばれる**ヴィッラ・パラゴニアVilla Palagonia**だ。この名前はこのヴィッラを叔父である君主から譲り受けたフェルディナンド・グラヴィーナ・アッリアータが屋敷の周囲の壁の上を砂岩でできたさまざまな像で埋め尽くしたことによる。塀の上には音楽師や動物や人物像だけでなく、ちょっと不気味でユーモラスな怪獣(?)がずらりと並んで圧巻だ。今は町なかの小さなヴィッラになってしまい、周囲にはためく洗濯物の中でその怪獣たちが静かにこちらを睨んでいるようだ。ヴィッラの中には、壁が鏡で埋め尽くされた**鏡の間Salone degli Specchi**などがあり、往時の華やかさが偲ばれる。バロック時代の装飾過多ともいえる趣味がそこここに見られて興味深い。

個人所有のヴィッラなので突然の閉館がある。事前確認がおすすめ。

鏡の間

ヴィッラへの行き方

■鉄道
パレルモ中央駅からアグリジェント行きRで所要11～17分。15分～1時間に1便。駅からヴィッラまでは約1.5km。

■鉄道
パレルモ中央駅前広場からAST社のバスで所要約1時間15分。30分～2時間に1便。

●怪獣のヴィッラ
(ヴィッラ・パラゴニア)
住 Piazza Garibaldi 3
90011 Bagheria(PA)
☎ 091-932088
開 4/1～10/31 9:00～13:00
16:00～19:00
11/1～3/31 9:00～13:00
15:30～17:30
料 €5

屋敷の壁の上からは
音楽師たちの彫刻が見下ろす

知ってる!?
怪獣のヴィッラは、ゲーテの『イタリア紀行』にも記述があり、『ニュー・シネマ・パラダイス』のトルナトーレ監督の映画『シチリア!シチリア!』(原題Baaria＝方言でのバゲリーアの呼び方)の撮影地のひとつ。

●郵便番号　90046

モンレアーレへの行き方

■バス
中央駅前Via Lincolnから AST社のプルマン利用で。平日のみ6:10〜19:45に1時間〜1時間30分に1便程度の運行、所要40分。切符€1.90、往復€3（車内購入可）。または王宮前のインディペンデンツァ広場から市バス389番(日祝も運行)で終点下車。
■車
パレルモからS186。

●モンレアーレの❶
Comune Monreale
住 P.za Guglielmo Ⅱ 1
☎ 091-6564651
開 9:00〜13:00
火〜木15:00〜17:00
休 日祝
地 P.266-2

✉バス停は?!
プルマンは中央駅前Lincoln通りとVia Romaの角からの乗車。終点は地図外でドゥオーモまで5〜6分歩きます。運転手が行き方を教えてくれました。かなり古い車両でした。帰りは市バス389番でインディペンデンツァ広場（終点）へ。ドゥオーモの広場から海を右に見ながら坂を下った小さなロータリーの左側にバス停があります。市バスは冷房が効いていて快適でした。切符はモンレアーレのバールなどでも購入できますが、パレルモであらかじめ購入しておくといいです。パレルモの❶にバスの時刻表が貼ってあります。
（東京都　OSA）['20]

モンレアーレ

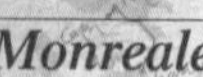

Monreale

美しきモザイク芸術の町

パレルモから内陸に約8km。標高310mのカプート山に広がるモンレアーレの町は緑のコンカ・ドーロ盆地とその先に紺碧の海を見下ろす。イタリアでも屈指の美しいモザイクと回廊付き中庭（キオストロ）が残り、イスラム、ビザンチン、ロマネスクを融合したノルマン芸術の至宝として、2015年ユネスコの世界遺産に登録された。

おもな見どころ

巨大なパントクラトールのモザイクが見事　MAP P.266-2

ドゥオーモ／大聖堂　☆☆☆

Duomo　ドゥオーモ

ドゥオーモのファサード

豪壮華麗にモザイクで飾られたドゥオーモは、グリエルモ2世によって1174〜1182年に、修道院、王宮などを含めたひとつの建築群として建てられた。とりわけドゥオーモはパレルモのパラティーナ礼拝堂に続いて建設されたため、より一層豪華で贅を尽くしたもの。正面には堂々とした2つの塔が並び、ファサードの青銅扉はボナンノ・ピサーノによる12世紀の物で聖書の場面が描かれている。

側面の16世紀の柱廊から内部へ入ろう。三廊式の内部には16世紀の床モザイクが広がり、古代の円柱がアーチを支える。高い天井のより高みの後陣（丸天井）には巨大なキリスト像『パントクラトール

テラスからは、海とコンカ・ドーロのパノラマが

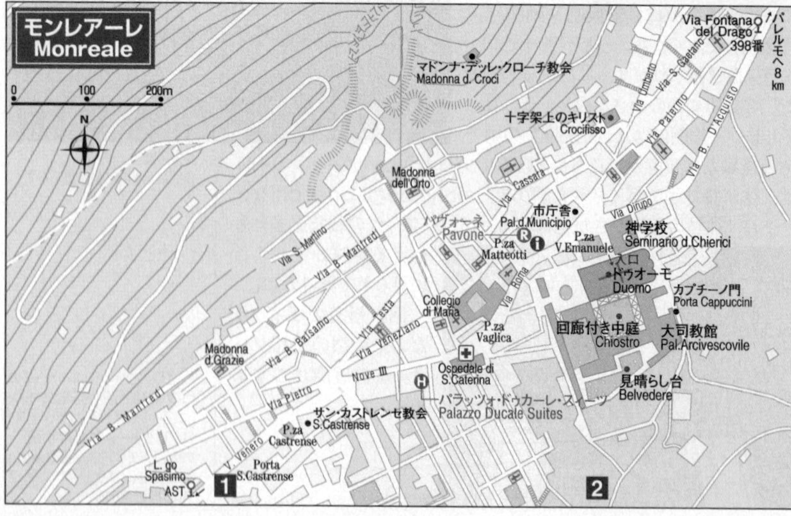

=全能のキリスト』、その下には『**玉座の聖母と諸天使**』、その下に『**十二使徒**』。やや見づらいが、玉座の上の壁には「**キリストに王冠を授かるグリエルモ2世**」、「**聖母に大聖堂をささげるグリエルモ2世**」。圧倒されるほどのモザイクだ。身廊には旧約聖書が描かれ、後陣に向かって左には『アダムとイブ』『カインとアベル』『ノアの箱舟』などが続き、**物語性の高いモザイク**はその美しさとともにいつまでも見飽きることがない。

全能のキリストが描かれるモザイクは圧巻

堂内後方右側から**屋上テラス**への階段が続いている。キオストロを見下ろして上がると、海とコンカ・ドーロ、パレルモの町を見下ろすすばらしいパノラマが広がる。

静かな時の流れる回廊 MAP P.266-2

回廊付き中庭 ★★★

Chiostro Monreale di S.M.La Nuova　キオストロ・モンレアーレ・ディ・サンタ・マリア・ラ・ヌオーヴァ

光と影が美しい回廊

12世紀にドゥオーモ付属のベネディクト派修道院として建設された。中庭には金色に輝く柱がアーチを支えて整然と並び、シチリアの光と影が美しい。2本ひと組となった228本の柱が尖塔アーチを支えて47×47mの中庭を囲み、ひとつおきに金色のモザイクが幾何学模様を描く。身近で詳細に見るモザイクは、いかに手のかかった物かを再認識させてくれる。柱頭には動物、植物、聖書の場面などが彫り込まれ、一本ずつ異なる装飾が施されている。中庭の一角の囲みには、シュロの木をモチーフにした柱が立つアラブ風の噴水が置かれている。

中庭の一角にはアラブ風の噴水

●ドゥオーモ
住 Piazza Duomo
☎ 091-6402424
開 8:30〜12:30
14:30〜16:45
日祝 8:00〜9:15
14:30〜16:30
休 1/1、5/1、12/25
料 屋上テラスと礼拝堂€4
※屋上テラスへは主祭壇に向かって一番手前の右側入口から。

✉ 主祭壇に向かって左前方の礼拝堂では豪華なシチリアンバロック様式の装飾を見ることができます。床モザイクのデザインが花や植物のようですてきでした。この有料ゾーンからドゥオーモの天井のキリスト像が近い距離でよく見えました。
(のりたま '18)

●回廊付き中庭
住 P.za Guglielmo il Buono
☎ 091-6404403
開 月〜土9:00〜18:30
日祝9:00〜13:00
休 日祝午後、1/1、5/1、12/25
料 €6
※ドゥオーモを出て、左に回りこんだ柱廊中庭に切符売り場がある。
※第1日は無料

その他の見どころ
ドゥオーモ外壁後方(後陣)の装飾側面もすばらしい。ドゥオーモ正面から門を抜けて進むと見晴らし台。ドゥオーモのテラスへ行けなかったら、ここからパノラマを楽しもう。

✉ 事前に開場確認を
大聖堂はお祭りなどがあると閉まってしまいます。折角行ったのに空振りでした。事前に開場時間を確認を。(たかちゃん '19)
URL www.monrealeduomo.it→visitaci→orari di visitaで検索可

パレルモのインディペンデンツァ広場バス停(パラティーナ礼拝堂入口近く)バス389番の発車時間
7:30、8:45、10:00、11:15、12:30、13:50、15:00、16:15、17:30、18:50、20:10、21:20
※モンレアーレ発の最終は21:45

RISTORANTE HOTEL　モンレアーレのレストラン&ホテル

パヴォーネ
Taverna del Pavone P.266 2

ドゥオーモ近く、1979年から続く家族経営のトラットリア。歴史ある建物を生かした落ち着いた雰囲気のなか、シチリアの名物料理が味わえる。
住 Vicolo Pensato 18
☎ 091-6406209
営 12:00〜15:30、19:00〜23:30
休 月、6/15〜6/30
予 €30〜45(コペルト€2)、定食€35
C A.M.V.
交 パレルモからバス389番で

B&B パラッツォ・ドゥカーレ・スィーツ
Palazzo Ducale Suites P.266 2

町の中心にある、明るくモダンなB&B。客室のほとんどに庭を見下ろすテラスがあり、テラスでの朝食が気持ちよい。
読者割引 10%、3泊以上15%
URL www.palazzoducalesuites.it
住 Via Duca degli Abruzzi 8
☎ 091-6404298
Fax 091-7481884
SB €50/140
TB €60/170
室 10室　朝食込み W-Fi
C A.D.J.M.V.

※モンレアーレの滞在税　YH€0.50　B&B€0.50〜1.50　★€0.50　★★€1　★★★€1.50　★★★★€2　★★★★★€3　★★★★★L€4　最長4泊

チェファルー 世界遺産 Cefalù

ティレニア海と岩山に挟まれたリゾート

パレルモから約80㎞、岩山を背景に弧を描く美しい砂浜が広がり、舞台装置のようなドゥオーモが町並みにアクセントを添える。石畳が続く昔ながらの通りには、商店やレストラン、島めぐりを誘う旅行会社の看板が並び、砂浜では人々が海水浴に興じる庶民的なリゾートだ。天然の良港に恵まれ、紀元前2世紀にはフェニキア人との交易で栄えた、歴史ある町でもある。

城砦から海と町のパノラマを楽しもう！

ルッジェーロ2世により建立された大聖堂は、アラブ・ノルマン様式の建築群のひとつとして、2015年に世界遺産に登録された。

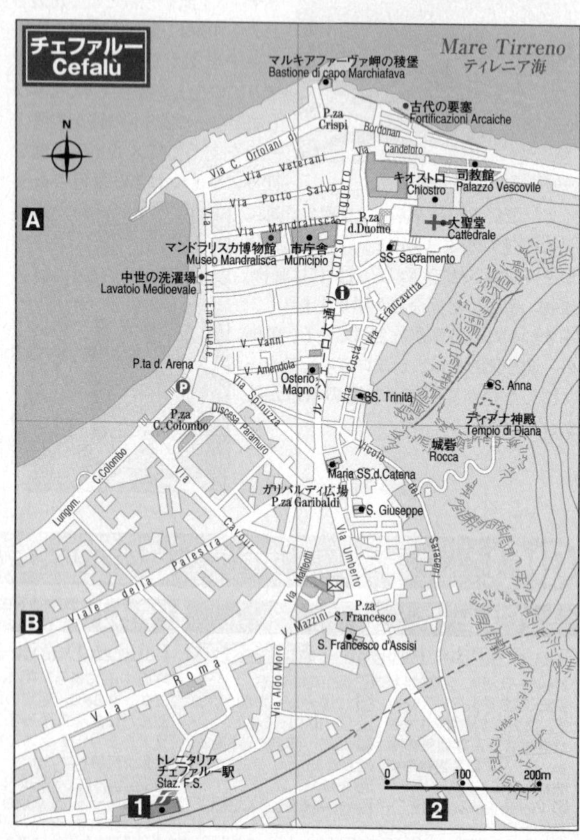

■郵便番号 90015

チェファルーへの行き方

■鉄道
パレルモから、IC、RV、Rで42分～1時間。約1時間に1便、€6.20。メッシーナからIC、RV、Rで約2時間。1～3時間に1便、€10.90。㊐㊗は減便。

■車
パレルモからS113。
メッシーナからS113。

NAVIGATOR

駅を背に右に道なりに坂を下りそのまま進むと5分ほどでメインストリートの入口。通りはVia MatteottiからCorso Ruggeroと名前を変える、緩やかな坂を上がる左右にバールや商店が並ぶ楽しい通りだ。ⓘはこの通りにある。この通りの途中、ディアナ神殿へは標識に沿って右に入る。メインストリートをさらに進むと右側に大聖堂、さらに進み突き当たりの左右に海岸が広がる。左へ進み、海岸を見て、中世の洗濯場、マンドラリスカ博物館へ。

●チェファルーのⓘ
住 Corso Ruggero 77
☎ 0921-923424
開 8:30～14:00
休 ㊐㊗
地 P.268 A2
※夏季は駅前にⓘの簡易デスクあり

●郵便局 Posta
住 Via Vazzana 2
地 P.268 B2

✉チェファルーの絶景ポイント

崖（岩山）から見下ろす旧市街は絶景です。ディアナ神殿から海側へ下りの道をとると、十字架のすぐ両側が展望台になっています。相当な上りが続きますので、ぜひスニーカーで。（兵庫県　レオ）['20]

✉おすすめ、チェファルー

眺望もすばらしく町の雰囲気もおすすめです。ぜひパレルモから足を延ばすか移動途中に立ち寄り、できれば1泊をおすすめします。（たかちゃん　'19）

おもな行事

国際フォークロアフェスティバル(8月5日)
Festival Internazionale del Folclore

救世主の祭り(8月6日)
Festa del SS.Salvatore

おもな見どころ

伸びやかな構図のモザイクを　MAP P.268 A2

大聖堂／カテドラーレ　★★★

Cattedrale　カッテドラーレ

カフェがパラソルを並べる広場の上、2つの塔を従えた砂色の堂々とした**大聖堂**。町並みに不釣合いなほどの大聖堂がここに建てられたのは、1131年アマルフィ制覇からパレルモへ戻る途中のルッジェーロ2世の艦隊は嵐にあい、無事に帰還できたらその地で、神にささげる大聖堂を建立すると誓ったところ、チェファルーにたどり着いたから、といわれている。

モンレアーレのドゥオーモとほぼ同時期の1131～1145年に建設され、後陣、連続する尖塔型アーチ、三身廊のプランなどよく似ている。ノルマンの時代には完成をみなかったため、金色に輝くモザイクは後陣に見られるだけ。きらびやかさは少ないが、より信仰心を感じさせる。高い柱が6つのアーチを支え、ひときわ高い後陣に描かれているのは『**パントクラトール=全能のキリスト**』、その下に両手を広げた『**聖母と大天使**』、さらに下に2段に分かれて十二使徒。キリストの上の奇妙な鳥のような図は**セラフィム**。最上級の天使で、神の周りにいつも仕える天使だ。

ノルマン時代のシチリアを代表する建物である大聖堂

冷たい水と海風が心地よい　MAP P.268 A1

中世の洗濯場　★

Lavatoio Medioevale　ラヴァトイオ・メディオエヴァーレ

ドゥオーモを望むメインストリートのルッジェーロ大通りを北に進み、突き当たりを左に進んだ砂浜に一部面した通りVia V.Emanueleの中ほど、階段を下った所にある。勢いよく冷たい水が流れ、夏でも涼しい。仕切られた水槽に岩を削った洗濯板が設けられた、洗濯場だ。山からの水が洗濯場を通って海へと注いでいる。

青銅器時代の出土品が収められている　MAP P.268 A1

マンドラリスカ博物館　★

Museo Mandralisca　ムゼオ・マンドラリスカ

海から大聖堂に抜ける小路にあるマンドラリスカ博物館。展示品は、19世紀のエンリコ・ピライノ・ディ・マンドラリスカ男爵の美術や考古学、科学分野のコレクション。なかでもシチリアの古い貨幣や、アントネッロ・ダ・メッシーナの傑作『**男の肖像**』**Ritratto d' ignoto**は必見。

どこにもない絶景が楽しめる　MAP P.268 B2

城砦　★★

Rocca　ロッカ

町並みと海を見下ろす、チェファルーのシンボルともいえる**岩山**=La Rocca。海と町を見下ろして登山道が続いている。切符売り場から標高150mの**ディアナ神殿の跡**Tempio di Diana(Edificio Megalitico)まで約20分、さらに高台の標高270mの**城跡**Castelloまで約20分。神殿跡近くの海に開けた展望台からは、海と町を一望する特筆すべきパノラマが望める。

●大聖堂
住 Piazza del Duomo
☎ 0921-922021
開 4～10月　9:00～18:30
　㊐㊗　9:00～18:00
　11～3月　9:00～13:00
　15:30～17:00
※㊐㊗の閉場時間は宗教行事により変更あり

全能のキリストとセラフィム

●キオストロ
開 4～10月　10:00～13:00
　15:00～18:00
　11～3月
　㊊～㊎10:00～13:00
料 €3、65歳以上€2
※大聖堂の階段下から大聖堂へ向かって左の路地を入る

海風の涼しい中世の洗濯場

●マンドラリスカ博物館
住 Via Mandralisca 13
☎ 0921-421547
開 9:00～19:00
　7・8月9:00～23:00
　1/1、復活祭の㊐、翌㊊、12/25
　9:00～12:30、15:30～19:00
休 11～2月の㊊
料 €6

●ディアナ神殿
開 4～10月　9:00～19:00
　11～3月　9:00～16:00
休 雨天　料 €4
※岩がちで滑りやすいので、運動靴などで。

ディアナ神殿の跡

エオリエ諸島 世界遺産

Isole Eolie

風の神アイオロスの島

世界遺産

エオリエ諸島
登録年2002年　自然遺産

エオリエ諸島へ
船は水中翼船Aliscafo、フェリーNave Tragettoが運航。
島へ最も近いミラッツォからは水中翼船はLIBERTY LINES社(夏季のみ)、フェリーはSIREMAR社、NGI社が運航。
レッジョ・カラーブリア、メッシーナからは水中翼船LIBERTY LINES社(冬季1日1便)、パレルモからは水中翼船LIBERTY LINES社(夏季の毎日2便)、ナポリから水中翼船SNAV-ALILAURO社(6～9月の毎日)、フェリーSIREMAR社(通年週2便)

島での注意
火山の噴火口や硫黄の噴気孔などへかなり近付くことができる。ただし、入場禁止のロープなどがある場合はそれ以上近付かないこと。ストロンボリ島の火口登山をはじめ、ガイド付きのみで許可されるものもある。活火山の島であることを忘れず、慎重な行動を。

ミラッツォ港行きのバス
カターニア空港、メッシーナ駅前、ミラッツォ駅前から水中翼船乗り場そばまで運行。
時刻表は
URL www.giuntabustrasporti.com

ナポリからの船
ナポリ↔エオリエ諸島↔ミラッツォをSNAV社の船が運航している。
ナポリ発14:30→ストロンボリ島19:10→パナレーア島19:35→サリーナ島20:05→ヴルカーノ島20:40→リパリ島21:00　料 €49
※6～9月頃の運航。夏季の㊏は増便あり

島への移動
●リパリ島→ヴルカーノ島
水中翼船Aliscafo　10分
●リパリ島→ストロンボリ島
水中翼船Aliscafo　約1時間
フェリーNave　1時間40分

船代に加算
※島への船代金には入島料Ticket Ingresso€2.50 (6～9月は€5) が加算。このほか、追加荷物代Bagagli Extra (€2～6)、前売り券加算Pre Vendita (€1.50) などが場合により加算される。

シチリア島の北東約30㎞に位置するエオリエ諸島。リパリ諸島とも呼ばれ、リパリ島、ヴルカーノ島、サリーナ島、フィリクーディ島、アリクーディ島、パナレーア島、ストロンボリ島の7つの島並みが続く。

今から70万年以上前の噴火から生まれた島々は、今も噴煙を上げ、地球の進化を知る貴重な場として2002年にはユネスコの世界自然遺産として登録された。

島巡りの船は青い海原を走り、ひっそりとした入江や温泉、溶岩が流れ落ちる海岸へと向かう。どこまでも、ゆったりと時間が流れるリゾート・アイランドだ。

エオリエ諸島への行き方

船で行くには

●メッシーナ→リパリ島　LIBERTY LINES　高速船1時間30分～1時間50分(夏季1日約5便、冬季1便)　料 €37～58.50
※メッシーナ駅前から港へはトラムで3つ目下車

●ミラッツォ→リパリ島　LIBERTY LINES　高速船50分～1時間5分 (1日5～16便)　料 €37～58.50
フェリー2時間(夏季1日約6便、冬季5便)
※ミラッツォ駅前からAST社のバスが港行きを20分～1時間間隔で運行(所要50分)
※ミラッツォへはカターニア空港やメッシーナからGIUNTA BUS社のプルマンが運行。

●多くの船は、ミラッツォ→リパリ島→ヴルカーノ島→サリーナ島→ストロンボリ島と、各島へ寄港して進む。また、ナポリ、パレルモ、チェファルーなどからも出航する

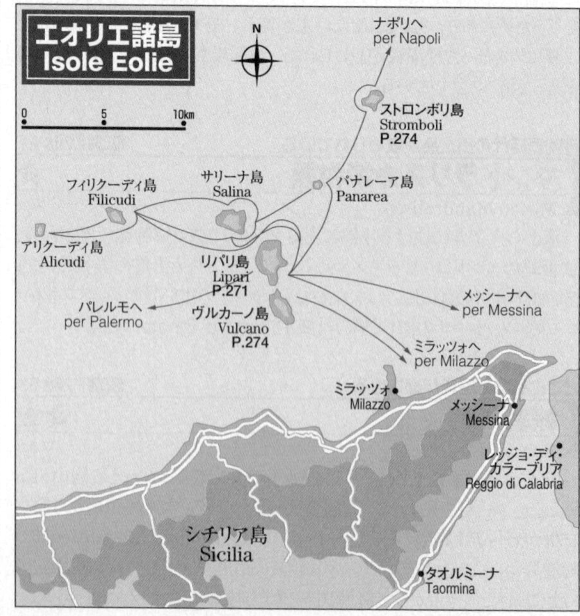

リパリ島

Lipari

一番のリゾート・アイランド

エオリエ諸島で一番大きく、観光の拠点となる島。高台には城塞が威風堂々とそびえ、町の中心には島の歴史を伝える博物館や古代遺跡が残る。港を結ぶ小路には、特産の黒曜石やケッパーを売るみやげ物屋がにぎやかに軒を並べる。

自然美を満喫するなら、島巡りのバスや観光船に乗ってみよう。白く輝く軽石の採石場Cave di Pomice（カーヴェ ディ ポミーチェ）、エメラルドグリーンの海が鮮やかなカンネットCannettoやアクアカルダAcquacaldaの海岸、ヴルカーノ島や海岸線を一望するクワトリオッキQuattriocchiの展望台へ運んでくれる。お気に入りの風景を見つけたら、気ままに散策やひと泳ぎするのも島の休日ならではの楽しみだ。

シチリアなどからの高速船が到着するリパリ島コルタ港

●郵便番号　98055

●リパリ島のⓘAA
住 Corso Vittorio Emanuele 202
☎ 090-9880095
開 8:30～13:30 16:00～19:00
休 ㊏㊐㊗
地 P.271 A

●バスターミナル
Autostazione Servizio Extraurbano
住 Marina Lunga
地 P.271 A

●郵便局　Posta
住 Via Vittorio Emanuele
☎ 090-9811270
地 P.271 B

✉ ミラッツォから エオリエ諸島へ

フェリーの切符売り場は港前の大きな通りの向かいに点在しています。乗りたいフェリー会社の切符売り場で購入します。出発1時間前くらいにならないと開かないこともあるようです。　　（兵庫県　レオ）

■フェリーおよび高速船
LIBERTY LINES
☎ 0923-873813
URL www.libertylines.it
URL //eng.libertylines.it
URLで時刻表、料金など検索可。

NAVIGATOR

島を結ぶバスはルンガ港にターミナル（ガソリンスタンドそば）がある。コルタ港からルンガ港へは、にぎやかなメインストリートを抜けて徒歩で約10分。リパリ⇔カンネット⇔軽石の採石場⇔アクアカルダへのバスは夏季は1～2時間に1便程度。

リパリ⇔カンネットは10～30分に1便程度と頻繁にある。

リパリ⇔セッラSerra⇔ピレッラPirrera行きのバスでピレッラで下車し、徒歩20分程度のフォッジャ・ヴェッキアFoggia Vecchiaでは噴出した黒曜石の姿を見ることもできる。

History&Art

エオリエ諸島のひとつ リパリ島と黒曜石

先住民は紀元前4000年頃、シチリアから来た人々とされている。その後リパリ島の黒曜石に魅せられ、ギリシアからも人々がやってくるようになる。この黒曜石がリパリ島の商業的発展に導いた。ノルマン人は到来とともに、ここに大修道院を建設し、また軍事基地として使われていた。一年中温和な気候のエオリエ諸島はアリクーディ島、フィリクーディ島、リパリ島、パナレーア島、サリーナ島、ストロンボリ島、ヴルカーノ島の7つの島からなっている。

おもな行事

エオリエ諸島の守護聖人聖バルトロメオの祭り(8月21〜24日)
Festa di S. Bartolomeo

●大聖堂
住 Via del Castello 3
開 9:00〜13:30
15:00〜19:00
料 ノルマンの回廊€0.50

✉ エオリエ諸島へ

ナポリ、カターニャ、メッシーナからも船があるが、最短はミラッツォ発が諸島に向かう最短距離。一番本数が多いのはLiberty社。ミラッツォの鉄道駅から港行きの路線バスが運行しており、またメッシーナやカターニャ空港へ行く高速バスも船の到着に合わせて運行していて便利。 (哲学博士)

簡素なエオリエ州立考古学博物館の入口

●エオリエ州立考古学博物館
住 Via del Castello
☎ 090-9880174
開 9:00〜19:30
㊐㊗9:00〜13:30
休 ㊐㊗午後
料 €6
※夏季の13:30〜15:00、18:00〜、および冬季は一部展示室の閉場あり
※入館は閉館1時間前まで

SHOPPING

●ケッパーの塩漬やペースト
●黒曜石の置物
●ワイン

おもな見どころ

港を見守る

MAP P.271 B

大聖堂 ★★

Cattedrale カッテドラーレ

ガリバルディ通りVia Garibaldi から続く長い階段の先にはノルマン時代に創建された町の大聖堂が建っている。ファサードは15世紀にバロック様式に改装された。内部の左側には豪華な装飾に囲まれた銀の守護聖人バルトロメオの像が収められている。また聖堂の左側には、ノルマン時代の古い回廊が野外につながり、力強いドーリス式の柱が神秘的な姿をみせる。

ノルマン建立の回廊

コルタ港の高台に位置する、バロック様式の大聖堂。島の歴史を知るためにも訪れたい場所だ

悠久たる島の歴史を伝える

MAP P.271 B

エオリエ州立考古学博物館 ★★

Museo Archeologico Eoliano ムゼオ・アルケオロジコ・エオリアーノ

エオリエの壺(アンフォラ)

かつての司教館を改装した、大聖堂に隣接する博物館。周囲には紀元前16世紀から2世紀に築かれたアクロポリが広がる。博物館はリパリ島をはじめエオリエ諸島からの発掘品を展示する。先史・歴史時代、火山学部門、古典考古学などの各部門ごとに展示室が分かれ、展示品は多岐にわたり、新石器時代からギリシア、ローマ文化の流入期までの陶器類、特産の黒曜石を加工した矢じり、復元されたネクロポリ、墳墓の埋葬品の人形像などのほか、エオリエ諸島の海底に沈んでいた難破船の積み荷だった黒絵の壺、アンフォラ、大砲などが展示されている。とりわけ、墳墓から出土した表情豊かなテラコッタの人形像は質・量ともに見事。仮面劇の登場人物を形どった人形類は、紀元前の豊かな生活を彷彿させる。ぜひ訪れたい、島の悠久の歴史を伝えてくれる場だ。

自然の要塞カステッロ、リパリ島コルタ港の海からの眺め。高みからの眺めもすばらしい

天然の城塞

MAP P.271 B

城塞 ★

Castello カステッロ

考古学博物館から続く要塞。海を見下ろす自然の高台に16世紀にスペイン人が城塞を築いたもの。海からの眺めは堅牢な城塞そのものだ。博物館前から奥に進むと、テラス部分へ行くことができ、すばらしいパノラマが広がる。

町のメインストリート MAP P.271 A·B

ヴィットリオ・エマヌエーレ通り

Corso Vittorio Emanuele　コルソ・ヴィットリオ・エマヌエーレ

ルンガ港Lungaから真っすぐに続く、V.エマヌエーレ通りは、リパリで取れる香辛料を売る店や、おみやげ屋、レストランが並ぶにぎわいのある大通り。

高速船の着く、コルタ港

コルタ港とルンガ港を結ぶ、メインストリート。みやげ物屋やブティック、飲食店などがめじろ押し

高台の野外劇場 MAP P.271 B

野外劇場

Teatro All' Aperto　テアトロ・アッラペルト

マドンナ・デッレ・グラツィエ教会Madonna delle Grazieの横にある野外劇場。1978年に造られた物で、夏の夜はここで映画が上映される。

ベストシーズンは？

観光シーズンの幕開けは復活祭の休暇頃から。海遊びが楽しいのは6～9月頃だ。島巡りに欠かせない観光船は復活祭からクリスマス頃まで運航しているが、頻繁に運航するのは本格的観光シーズンの7～9月。この季節、島は一番の華やぎを見せる。リパリ島などを巡るバスもこの期間には本数が多い。

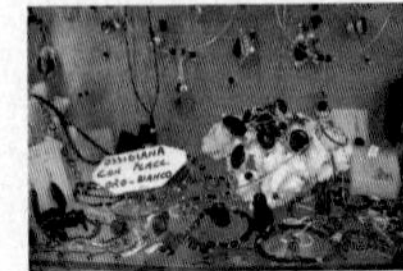
島みやげの人気の品、特産の黒曜石を加工したアクセサリー。固くて強い黒曜石は、原始時代には矢じりに加工された

RISTORANTE HOTEL　リパリのレストラン&ホテル

フィリッピーノ　P.271 B

Ristorante Filippino

魚介類をベースにエオリエ料理が堪能できる老舗。イタリアの雑誌にもよく紹介されている人気の店。郷土料理のラビオリや店専用の漁船で釣りあげた新鮮な魚料理がおすすめ。 要予約

住 Piazza Municipio
☎ 090-9811002
営 12:00～14:30、19:30～23:00
休 11/20～1/20
予 €35～55(コペルト€3.50)、定食€30
C A.M.V.
交 大聖堂から2分

★★★★ アピンナータ　地図外

A' Pinnata

白く塗られたエオリエ風と呼ばれる建物や海に面したテラスにリゾート気分があふれるプチ・ホテル。テラスや客室のベランダからはリパリ島の東海岸を一望できる。気持ちよい風が抜ける客室は、シンプルで落ち着いた雰囲気。
Low 4/1～6/30、9/15～10/15

URL www.eolieexperience.it
住 Baia di Pignataro
☎ 090-9811697
Fax 090-9814782
SB €63/125　TB €99/283
室 12室　朝食込み W-F
休 11/1～3/31　C A.D.J.M.V.
交 ホテルの送迎あり(要予約)

★★★ ラ・フィラデルフィア　地図外

Hotel La Filadelfia

多くのリパリのホテルは、季節営業だが、このホテルは一年中オープン。温水プールも完備。室内は落ち着いた中庭を挟んだシンプルな内装。TV、直通電話、エアコン、バルコニーが設置してある。
URL www.lafiladelfia.it

住 Via M. F. Profilio
☎ 090-9812795
Fax 090-9812486
SB €45/150
TB €65/150
室 30室　朝食込み
C A.D.M.V.
交 大聖堂から5分

NAVIGATOR

　高速船はポネンテ港、リパリ島からの観光船はレヴァンテ港に到着。レヴァンテ港は黒い砂浜の海水浴場。

　ポネンテ港から大噴火口へは徒歩約1時間。日差しが強い日中は避け、早朝か夕方からがベター。足元はスニーカーで。夏季の㊊は19:00出発で大噴火口登山ツアーSalita al Gran Crateraもある。詳細、申し込みは温泉の切符売り場で。

　港からはピアーノPiano、グリッロGrilloまで1〜3時間間隔でバス便も運行している。途中までバスに乗っても、大噴火口へは徒歩で約45分。

●温泉
（Pozzo di FanghiとAcqua Calda）
開 7:00〜20:00
料 €3（シャワー別途€1）
　硫黄分が豊富で皮膚に刺激があるので、泥温泉は10分程度の入浴を。泥は目に入ると危険だ。銀製品などアクセサリーや時計ははずすこと。泥の持ち出しは禁止されているので、きれいにぬぐって奥の海岸へ。別料金でシャワーや更衣室などの利用も可。水着も傷むので、古いものがあれば着て行こう。

観光船
　美しい海が広がるエオリエ諸島では、各島を巡る観光船が運航している。海の洞窟や岩礁など、海路のみでしか近付けないスポットも多いので、観光には欠かせない。各社が各島の港で店開きし、客引きもしている。リパリ島ではコルタ港に多い。会社によりやや料金は異なる。催行は、季節により異なるので、滞在期間が短い場合は早めにチェックしておこう。

●リパリ島⇔ヴルカーノ島
所要4〜6時間　€12〜15程度
●リパリ島⇔サリーナ島
所要8時間　€22程度
●パナレーア島⇔ストロンボリ島
所要8時間　€28程度
　観光船は途中停泊して、船から直接ダイブして泳いだりする時間も設けられている。島だけを訪ねたい人は、高速船などの利用がベター。また、海底に広がる珊瑚礁や天然の洞窟などを訪れる、スキューバ・ダイビングでのツアーもある。

ヴルカーノ島 *Vulcano*

温泉の島

噴気孔から温泉が湧き出て、海水と混じり合うアクア・カルダの海岸

　硫黄の香りが漂う火山と温泉の島。島巡りの船が到着するレヴァンテ港は海水浴客でにぎわい、ポネンテ港近くの泥温泉Pozza dei Fanghiでは、緑色の泥の池で人々は温泉に興じる。この温泉の先の海岸Acqua Caldaでは、海底の噴気孔からガスが泡立ち、海水浴と温泉が一度に楽しめるのもおもしろい。標高391mの大噴火口Gran Crateraまで足を延ばせば、直径500mもの火口が口を広げる。この高台から眺めるリパリ島の風景もすばらしい。島の周囲には、天使の洞窟Grotta degli Angeli、馬の洞窟Graotta del Cavallo、ビーナスのプールPiscina di Venereなどが点在し、観光船での周遊も楽しい。

泥温泉の敷地の中にある小さな洞窟。蒸気が上がる天然のサウナ。腰痛に効果あり

ヴルカーノ島のビーナスのプール

ストロンボリ島 *Stromboli*

赤い溶岩が海へと流れ落ちる

　高い尾根と切り立った岸壁、黒い海岸線が続くストロンボリ島。島の西部、シャーラ山Sciaraの麓では、噴煙を上げて溶岩が海岸へと流れ落ちる。観光船で船からの見物が最適だ。昼間の明るい光では何も見えないが、あたりが夕闇に包まれると目の前で雄大な自然のドラマが広がる。

　島の北側、城塞のようにそびえるのはストロンボリッキオ島Strombolicchio。ここも火山活動で生まれた島。現在は灯台がおかれた無人島だ。

周囲を珊瑚礁が取り囲む、ストロンボリッキオ島

現在も噴火を続けるストロンボリ島。明るい昼間は噴煙しか見えないが、夜のとばりが降りる頃には、山肌を赤い溶岩が流れ落ちる様子を見ることができる。自然の大ドラマは幻想的

メッシーナ Messina

シチリア島の玄関口

カラーブリア州の大陸が対岸に見える、メッシーナ海峡。ティレニア海とイオニア海が合流する海峡に橋を架ける計画はあるが、現在はまだ本土から列車をフェリーに乗せてシチリアへと渡る。フェリーのデッキから眺めるメッシーナのペロリターニ山地は「シチリアへ来た」という感動を与えてくれる。

メッシーナへの行き方

鉄道で行くには
- ●ローマ→メッシーナ　fs線　IC　約8時間　ICN(夜行)約9時間
- ●ナポリ→メッシーナ　fs線　IC　約5時間40分〜6時間14分　ICN(夜行)　6時間14分
- ●カターニア→メッシーナ　fs線　IC.RV.R　約1時間15分〜2時間22分(15分〜2時間に1便)
- ●パレルモ→メッシーナ　fs線　R.RV.IC　約3時間(1〜2時間に1便)

バスで行くには
- ●カターニア→メッシーナ　SAIS　1時間35分(平日30分〜1時間に1便、㊐㊗30分〜2時間に1便)　€8.40、往復€13
- ●パレルモ→メッシーナ　SAIS　2時間45分(平日5便、㊏4便、㊐㊗5便、一部要乗り換え)　€14、往復€24

車で行くには
- ●カターニア→(A18)→メッシーナ　●パレルモ→(S113/A20)メッシーナ

●郵便番号	98100

●ⓘAAPIT
住 Piazza della Repubblica
☎ 090-7723728
開 ㊊〜㊎9:00〜13:30
㊊㊌15:30〜18:30
㊋㊍15:00〜17:00
休 ㊏㊐㊗
地 P.275 B2
駅前の広場すぐ右側。

●バスターミナル Autostazione
住 P.za della Repubblica 46
☎ 090-661754
地 P.275 B2
駅前の広場すぐ左側。

●郵便局　Posta
地 P.275 A1

おもな行事

町の守護聖女、書簡の聖母の行列(6月3日)
Madonna della Lettera

巨人たちの行進とヴァラの行列(8月12〜15日)
Passeggiata dei Giganti e Processione della vara

✉ メッシーナの展望台

丘の上のキリスト王奉献神殿Tempio Votivo di Cristo Reの前には広い展望台があります。すぐ前に海峡とイタリア本島が見渡せ、起伏の激しいカターニアの様子がよくわかります。道がクネクネと急な坂のうえ、わかりにくいので駅前から50番のバスで。
(兵庫県　レオ)

エオリエ諸島への船

エオリエ諸島へ渡る船が出ている。夏季はリパリ島まで行く船が1日5便。問い合わせ先はLIBERTY LINES(→P.271)へ。

✉ 乗り場は?

エオリエ諸島へ行くLIBERTY LINESの乗り場は駅を出たすぐの港からになりました。
(北海道　フミッチーノ)['20]

NAVIGATOR

市内バスATM社は駅前のレプッブリカ広場から出ている。トラムや76·79·81·54番のバスがガリバルディ通りを通る。徒歩でも5分程度

●ドゥオーモ
住 Piazza Duomo
☎ 090-675175
開 7:30～12:30
16:30～19:30

巨大な鐘楼

●鐘楼
開 1月、11～12月
㊐11:00～13:00
3月 ㊏㊐11:00～13:00
4月 11:00～13:00
㊋のみ 9:30～15:30
5月㊎～㊐㊗
10:00～13:00
15:30～17:00
㊋ 9:30～17:00
6～7月、10月
10:30～13:00
㊋ 9:30～15:30
8月 10:00～13:00
17:30～19:00
8/15 10:00～13:00
9月 10:00～13:00
㊋ 9:30～15:30
㊏10:30～13:00
㊐10:00～13:00
16:00～17:30
休 2月
料 €4

エレガントな噴水の上部には
オリオン像が立つ

●Ss.A.カタラーニ教会
住 Via G.Garibaldi 111
☎ 090-6684111
開 ㊊～㊎8:30～10:30

おもな見どころ

神秘的なモザイク装飾 MAP P.275 B1

ドゥオーモ ★★

Duomo ドゥオーモ

ルッジェーロ2世によって造られたノルマン時代の教会。しかし1908年の大地震によって、ほとんどが崩壊してしまった。1919年に再建工事作業が開始されたものの、再び第2次世界大戦で爆撃を受けてしまい、現在は全体的に改築されている。中央の門には尖塔形の細かい装飾が彫られているのが特徴。内部の祭壇正面のすぐ右側の壁にはアントネッロ・ガジーニ作とされている『洗礼者聖ヨハネ像』がある。木の鮮やかな天井にバロック様式の祭壇、そして光輝くモザイク装飾が印象的。両側の通路には12使徒の像が飾られている。

ドゥオーモの中央扉は15世紀のもの

動く時計が組み込まれている MAP P.275 B1

鐘楼 ★

Campanile カンパニーレ

1933年にフランス北東部のストラスブールの会社が建設した時計仕掛けの鐘楼。針が正午を指すと塔の中の装飾が動きだす仕組みになっている。塔の横の面にある大きな円盤は昔のカレンダー代わりの物になっている。

ドゥオーモ広場にたたずむ泉 MAP P.275 B1

オリオンの噴水 ★★

Fontana di Orione フォンタナ・ディ・オリオーネ

鐘楼の前にある泉は、1547年から1551年にかけて造られたジョヴァンニ・アンジェロ・モントルソリとドメニコ・ヴァンネッロの作品。貝や動物に囲まれながら川を象徴する像が横たわり、中心にはオリオンの像が建っている。

12世紀建立の教会 MAP P.275 B1

サンティッシマ・アンヌンツィアータ・デイ・カタラーニ教会 ★

Ss. Annunziata dei Catalani サンティッシマ・アンヌンツィアータ・デイ・カタラーニ

ガリバルディ通りから見ると地下にもぐっている、ノルマン時代末に建てられた小さな教会。内部にはレパント海戦の時の勝利者、オーストリアのドン・ジョヴァンニの彫像がある。

ノルマン様式の小教会

気品に満ちた噴水 MAP P.275 A1・2

ネプチューンの噴水 ★

Fontana del Nettuno フォンタナ・デル・ネットゥーノ

港に沿って真っすぐに続くガリバルディ通りにある噴水。アンジェロ・モントールソリの1557年の作品。オリジナルは州立博物館に所蔵されている。

ドラマチックなネプチューンの泉

18世紀以前のオリジナルの作品が集まる MAP 地図外

州立メッシーナ共同美術館 ★★★

Museo Regionale Interdisciplinare di Messina

ムゼオ・レジョナーレ・インテルディシプリナーレ・ディ・メッシーナ

ネプチューンの泉からさらに港側に沿った道、リベルタ通りViale della Libertàの先にある美術館。13のサロンに分かれて、12世紀から18世紀の作品が所蔵されている。アントネッロ・ダ・メッシーナの『聖グレゴリウスの多翼祭壇画』(第3室)やカラヴァッジョがメッシーナに滞在中に描いた『ラザロの復活』Risurrezione di Lazzaro、『羊飼いの礼拝』Adorazione dei Pastori(第6室)が必見。

傑作が収蔵される州立共同美術館

左『ラザロの復活』
右『羊飼いの礼拝』

●州立共同美術館
住 Viale della Libertà 465
☎ 090-361292
開 9:00～18:30
㊐㊗9:00～13:00
休 ㊊、1/1、12/25
料 €8
※毎月第1㊐は無料
※駅前からトラムに乗り、終点下車。所要15～20分。終点で道を渡り、トラムが来た道を少し戻った右の坂道に入口あり。

✉ 州立美術館へ

駅からは徒歩で45分ほどかかります。(山梨県　高橋圭子)

駅からのトラムは1本のみで、海岸通りを走るので、途中乗車もOKで、迷う心配はない。美術館はトラムの終点から少し戻り、その途中に博物館がある。敷地続きに美術館があり、戻った道の右側の坂道が入口。小さな落ち着いた美術館。

RISTORANTE HOTEL メッシーナのレストラン&ホテル

ピエロ

Piero P.275 B1

1962年から続く、おしゃれで落ち着いたレストラン。魚介類と厳選した肉類を使ったシチリア料理が味わえる。おすすめは、生の魚介の盛り合わせMisto Pesce Crudoや詰め物をしたカジキをロールにしたInvoltini di Spadaなど。
住 Via Ghibellina 119
☎ 090-6409354
営 12:30～15:15、20:00～23:30 休 ㊐夜、8月2週間
予 €25～50(コペルト€3)
C A.D.M.V.

アル・パドリーノ

Al Padrino 地図外

いつも町の人でにぎわうトラットリアで、気取りのない雰囲気のなかメッシーナの家庭料理が味わえる。おすすめは、カジキのカポナータ、ピスタチオ風味のニョッキ、魚介類のリングイーネなど。
住 Via S.Cecilia 54/56
☎ 090-2921000
営 12:45～15:45、19:45～23:45
休 ㊐㊗、8月
予 €12～20(コペルト€2)
C M.V.
交 駅前の大通りを左へ約500m。Via S.Ceciliaと交差したら左へ

★★★★ ロイヤル・パレス P.275 B2

Royal Palace Hotel

駅とガリバルディ通りからも近くて便利。室内にはTV、電話、ミニバー、エアコンが設置してあり、ホテル内のレストランではメッシーナ料理が食べられる。ビュッフェの朝食も充実。
URL www.royalpalacemessina.it
住 Via T. Cannizzaro 224
☎ 090-6503
Fax 090-2921075
SB €76/125
TB €85/142
室 106室　朝食込み W-F
C A.D.M.V.
交 メッシーナ中央駅から5分

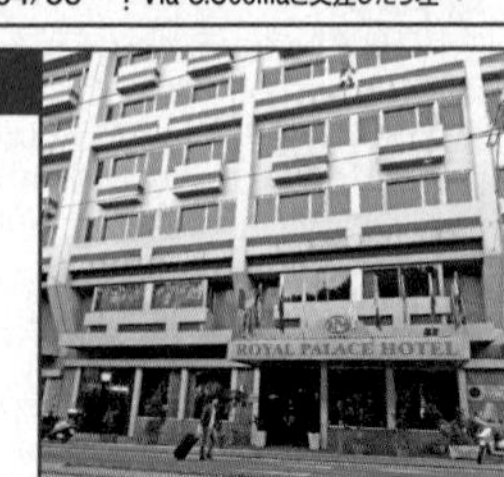

※メッシーナの滞在税　B&B、★ €1、★★ €1.50、★★★ €2、★★★★ €2.50、★★★★★ €3　★★★★★L €4　5泊まで、16歳以下免除

ランペドゥーサへの行き方

■飛行機

年間で運航しているのは、パレルモ空港とカターニア空港から。パレルモ空港から1日3便。カターニア空港からは㊊㊌㊎に1日1便。いずれも所要約1時間でDanish Air Trasportの運航。

夏季(4～10月頃)は週末を中心に増便があり、ローマ・フィウミチーノからはAlitalia社(㊏㊐のみ)、Vueling社(㊌㊏のみ)。ミラノ・リナーテからはAlitalia社(㊏㊐のみ)が運航、このほか、Volotea社がベルガモ、トリノ、ヴェネツィア、ヴェローナ(いずれも㊏㊐のみ)線を運航。

■海路

アグリジェント近くのエンペドクレ港Porto Empedocleからはフェリーや水中翼船が運航。リノーサ島を経由してフェリーで約10時間、水中翼船で約4時間15分。夏季は増便あり。

URL www.traghetti.com

バスで港へ

SAL社のプルマンがパレルモ空港→アグリジェント→エンペドクレ港を平日のみ1日4便運行。空港から所要3時間、アグリジェントから20分。

SAL社

URL www.autolineesal.it

●観光局ⓘ

Ente Turistico Lampedusa

URL www.lampedusainfo.it/129-English_Version.html

島のもうひとつの顔

ランペドゥーサ島はアフリカや中東をボートで脱出し、EUを目指す移民たちの最初の上陸地。難民収容センターが設けられ、多くの難民たちの遭難・救出でクローズアップされる島でもある。観光客が目にすることはない、難民と島の実態を描いた映画「海は燃えている」、「海と大陸」なども一見の価値がある。

イタリア最南端の島、ランペドゥーサ

Lampedusa

●CMや『世界一の絶景』で話題の島

ランペドゥーサ島の入江、6月の様子。7、8月の波の立たない日でないと「フライングボート」は難しい

シチリア島の南、チュニジアとマルタ島に挟まれたランペドゥーサ島。アグリジェントから約220km、チュニジアからは約110km、イタリア最南端の島だ。古代から海を渡り、フェニキア人、ギリシア人、ローマ人、アラブ人がやって来たものの、19世紀なかば、イタリア王国領となるまでは無人島、その後は流刑地であった。太陽と海のバカンス地として注目を集めるようになったのは近年のこと。

島は東西に約9km、幅1.5km、面積は約20km²、東京都の港区ほどの大きさ。島は海に向かって傾斜し、洞窟が点在する岩場と遠浅の砂浜が続く。海は透明度が高く、波が穏やかな晴天には、海底に映る船影がまるで浮いているように見える**「フライングボート」**が世界で有数の絶景として、またTVのCMでその美しい映像が紹介された。

飛行場は島の東側。島の中心街は空港近くの入江に小さく広がり、港と漁村に囲まれ、砂浜にも近い。島の多くの部分は軍の管轄とされ、立ち入り不可。

「フライングボート」現象

●見どころ

フライングボートが見られるのは、ボートツアーで行くランペドゥーサ島周辺に点在する小島の入江や島内の岩礁の浜カーラ・プルチーノCala Pulcino、ラ・タバッカーラLa Tabaccaraなどから。人気の砂浜は**ラビットビーチ**Spiaggia dei Conigli/Rabbit Beach。どちらへもバスが1時間に1便運行している。ただし、いずれも足場の悪い道(一部崖を下る場合あり)を行くので、歩きやすい靴と水は必携。

周囲の海域はナガスクジラの越冬地であり、浜は青ウミガメの産卵地。空港近くにある、ウミガメの保護センターCentro di Recupero Tartarughe e Fauna Selvatica WWFもガイド付きで見学可。

Information

島内のバス

バスは青Linea Azzurraと赤線Linea Rossaの2系統。いずれも中心街のPiazza C.Brignone始発で1時間に1便の運行。青線は8:00～20:00の運行で、海岸線近くを走り、島の西側へ向かう。赤線は8:35～20:35の運行で、港北側のホテルやレジデンスのあるCala Cretaへ。切符は€1。

ラビットビーチへはIsola dei Conigliで下車し、島へ向かって15分ほど下る。ラビットビーチを下る途中ビーチと逆方向へ行くと、洞窟への入場待ちのボートを見ることができる場合あり。カーラ・プルチーノ(ラビットビーチ手前のバス停下車で徒歩40～50分)やラ・タバッカへはレンタカーやレンタルバイクなどで。

バスの情報・路線図は

URL www.lampedusapelagie.it/autobus-a-lampedusa/

ボートツアーに参加

島の風景と海を楽しむなら、ボートツアー(1日ツアーでランチ、軽食込みが多い)に参加するのがおすすめ。5～10月頃に催行されるが、6～9月頃がベター。太陽の有無や位置、波の高さによっては、フライングボートの現象は見られないので、旅の計画は柔軟に。

タオルミーナ Taormina

イタリアを代表する保養地

みやげ物屋の店先

青く輝くイオニア海とエトナ山を一望する風光明媚な保養地、タオルミーナ。世界中の人たちの憧れのリゾートだ。エメラルドグリーンに輝く澄んだ海には「美しき島イソラ・ベッラIsola Bella」が浮かび、高台にはいにしえのロマンを伝えるギリシア劇場がたたずむ。古代ローマの人々も眺めたであろう舞台の先には紺碧の海とエトナ山、そして晴れた日には海峡を隔てたカラーブリアの山々を望む絶景が広がる。メインストリートのウンベルト通りにはカフェやおしゃれなブティック、ブランドショップも並び、そぞろ歩くだけで華やいだリゾート気分にしてくれる。

イタリアきっての高級リゾート、タオルミーナ。その類(たぐい)まれな景観が魅力的

タオルミーナへの行き方

鉄道で行くには

- ローマ→タオルミーナ　fs線　IC　9時間30分～10時間30分　ICN（夜行）10時間30分
- ナポリ→タオルミーナ　fs線　IC　約6時間50分　ICN(夜行)約7時間30分
- メッシーナ→タオルミーナ　fs線　IC.RV.R　約40分～1時間(20分～2時間に1便)
- シラクーサ→タオルミーナ　fs線　IC.RV.R　約1時間50分～2時間(約1時間に1便)
- カターニア→タオルミーナ　fs線　IC.RV.R　約35分～1時間(20分～1時間に1便)

バスで行くには

- メッシーナ→タオルミーナ　INTERBUS　1時間20分～1時間56分（平日5便、㊐㊗1便）　€4.30、往復€6.80
- カターニア→タオルミーナ　ETNA TRASPORTI/INTERBUS　1時間10分～約2時間(20分～2時間に1便)　€5～5.10、往復€7.80～8.50

車で行くには

- メッシーナ→(A18/S114)→タオルミーナ
- カターニア→(A18/S114)→タオルミーナ

●郵便番号　98039

●タオルミーナのⓘ
Servizio Turistico Regionale di Taormina
住 Piazza S. Caterina Palazzo Corvaja
☎ 0942-23243
開 8:30～14:15
15:30～18:45
休 ㊏㊐㊗
地 P.280 A2
コルヴァヤ館内。

タオルミーナ駅からのバス
駅前からINTERBUS社のバスで所要15～25分。切符€1.80。

✉ タオルミーナの町へ
町へのバスの切符は駅のバールで販売。往復€3。
（北海道　ナオ　'19）

●バスターミナル
Autostazione
住 Piazzale Pirandello
☎ 0942-625301
地 P.280 A2
バスターミナルで時刻表をもらおう。

●郵便局 Posta
住 Piazza S. Antonio
☎ 0942-23010
開 ㊊～㊏ 8:30～18:30
地 P.280 B1

カターニアからの交通
カターニアからのプルマンは町のターミナル（中央駅そば）からINTERBUS社が頻繁に運行するほか、ETNA社が空港発6:45～21:45の間、約30分ごとの運行で所要約1時間。カターニア空港から、またはタオルミーナでタクシーを利用する場合は、メーターがないので事前に料金の交渉をしっかりしておこう。
INTERBUS社
URL www.interbus.it
ETNA社
URL www.etnatrasporti.it
※空港発着の往復切符はURLからの購入で割り引あり

●町のレンタカーショップ
Autonoleggio Italia
住 Via Pirandello 29/A
☎ 0942-23973
開 8:30～12:00
15:00～19:00
レンタルスクーターもある。

NAVIGATOR

プルマンで到着した場合は、バスターミナルは町の中心に近い。ピランデッロ通りVia Pirandelloの坂道を上れば、町の入口のメッシーナ門Porta Messinaもすぐだ。鉄道利用の場合はINTERBUS社のバスを駅前から利用しよう。

●ギリシア劇場
住 Via del Teatro Greco 40
☎ 0942-23220
開 9:00~日没1時間前

11/1~2/15	9:00~16:00
2/16~2/28	9:00~16:30
3/1~3/15	9:00~17:00
3/16~3/31	9:00~17:30
4月	9:00~18:30
5~8月	9:00~19:00
9/1~9/15	9:00~18:30
9/16~9/30	9:00~18:00
10/1~10/15	9:00~17:30
10/16~10/31	9:00~17:00

料 €10
※夏季21:00~23:00にオープンの場合あり

おもな見どころ

シチリア有数の眺望を誇る

MAP P.280 A2

ギリシア劇場 ★★★

Teatro Greco / Teatro Antico di Taormina　テアトロ・グレコ/テアトロ・アンティーコ・ディ・タオルミーナ

シチリア第2の規模(直径115m)を誇る古代劇場。紀元前3世紀に建造され、ローマ時代の2世紀に円形闘技場として改築された。丘の天然の窪(くぼ)みを利用して階段状に観客席が巡り、正面の舞台には円柱がそびえ、その間からは緑に縁取られたイオニア海とエトナ山の雄姿が広がる。この美しい風景を背景に、現在も夏には演劇、バレエ、コンサートなどの催しが行われる。

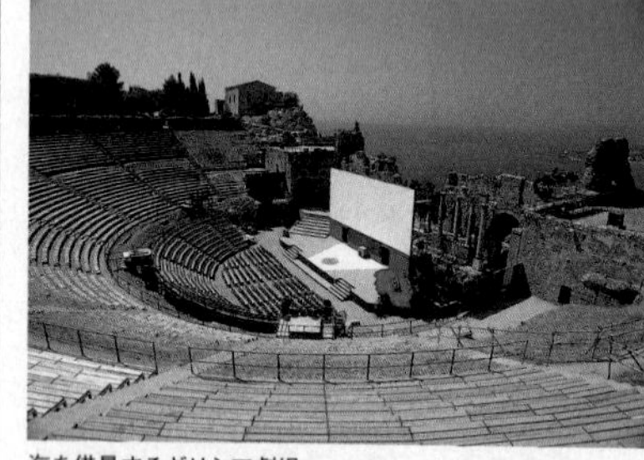

海を借景するギリシア劇場

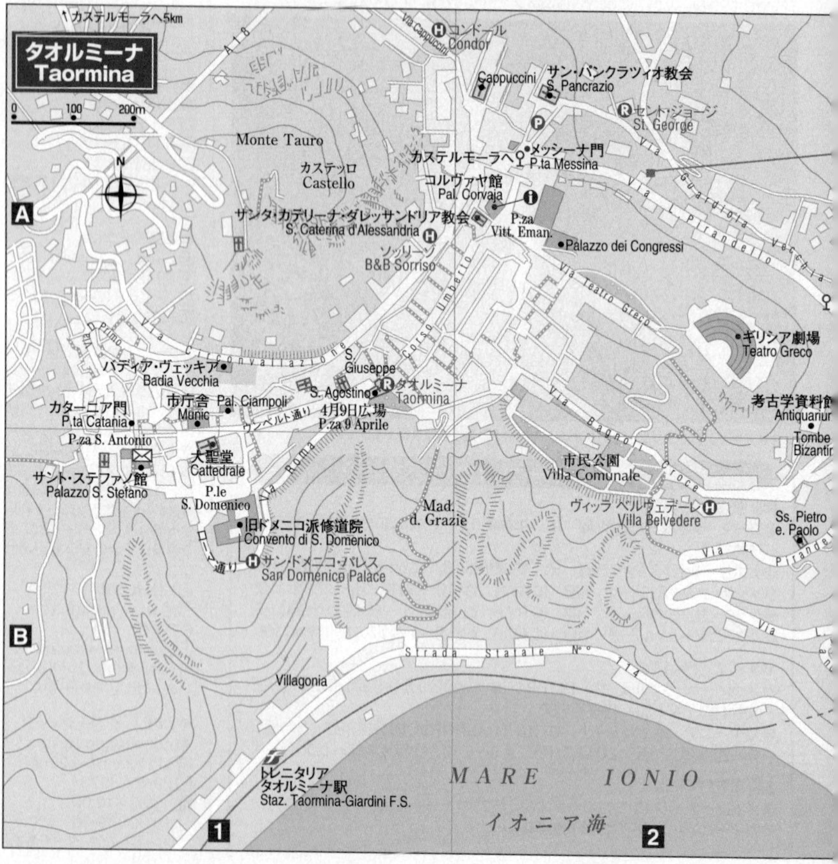

タオルミーナ
Taormina
↑カステルモーラへ5km
0 100 200m
A
B
1
2
コンドール
Condor
Via Cappuccini
Cappuccini
サン・パンクラツィオ教会
S. Pancrazio
セント・ジョージ
St. George
Monte Tauro
カステッロ
Castello
カステルモーラへ
メッシーナ門
P.ta Messina
コルヴァヤ館
Pal. Corvaja
P.za Vitt. Eman.
サンタ・カテリーナ・ダレッサンドリア教会
S. Caterina d'Alessandria
ソッリーゾ
B&B Sorriso
Palazzo dei Congressi
Via L. Pirandello
Via Guardiola Vecchia
Via Teatro Greco
ギリシア劇場
Teatro Greco
Via Circonvallazione
Corso Umberto
バディア・ヴェッキア
Badia Vecchia
S. Giuseppe
S. Agostino
タオルミーナ
Taormina
カターニア門
P.ta Catania
市庁舎
Munic.
Pal. Ciampoli
ウンベルト通り
4月9日広場
P.za 9 Aprile
P.za S. Antonio
大聖堂
Cattedrale
サント・ステファノ館
Palazzo S. Stefano
Via Roma
P.le S. Domenico
旧ドメニコ派修道院
Convento di S. Domenico
ローマ通り
サン・ドメニコ・パレス
San Domenico Palace
Mad. d. Grazie
Via Bagnoli Croce
市民公園
Villa Comunale
ヴィッラ・ベルヴェデーレ
Villa Belvedere
考古学資料館
Antiquarium
Tombe Bizantine
Ss. Pietro e. Paolo
Via L. Pirandello
Strada Statale N° 114
Villagonia
トレニタリア
タオルミーナ駅
Staz. Taormina-Giardini F.S.
MARE IONIO
イオニア海

花咲き乱れる庭園  P.280 A・B2

市民公園 ★★

Villa Comunale ヴィッラ・コムナーレ

大聖堂脇の階段を下り、サン・ドメニコ広場Piazza S. Domenicoから眺めのよいローマ通りVia Romaを下って向かおう。町の人々や観光客にとっての憩いの場だ。海を見下ろしてテラス状に広がる園内には、ブーゲンビリア、ハイビスカス、オレンジ、レモンなどの花々が咲き乱れ、緑の木陰が心地よい。

●市民公園
住 Via Bagnoli Croce
開 夏季9:00〜24:00
　冬季9:00〜20:00
料 無料

遠くにエトナ山の雄姿を望む、市民公園からの眺め

市民公園は眺望とともに手入れされた草花も見事

ープウエイ
海岸
Lido
マッツァーロ
Mazzaro
Strada Statale N° 114
ル・ソッジョルノ
Soggiorno
イソラ・ベッラ
Isola Bella
3

カステルモーラからの眺めがすばらしい

カステルモーラからスピソーネ海岸を望む

✉ タオルミーナからバスツアーで

SAT社のツアーはおすすめです。私の場合は6:15バスターミナル集合、19:00解散というハードなものでしたが、ツアーを利用しなければ、ピアッツァ・アルメリーナとアグリジェントを1日で両方行くことは不可能だと思われます。帰りは、集合場所と異なったバスターミナルで下車してしまいました。休日の夜遅くで、バス、タクシーもなく、たいへんな目にあいましたが、親切なイタリア人に助けられ、感謝でした。

（東京都　yamato　'16）

旅行会社のツアー

旅行会社ではタオルミーナからエトナ山トレッキングツアーやアグリジェントツアー、ピアッツァ・アルメリーナとカルタジローネのツアー、パレルモとモンレアーレツアーなどがガイド付きで組まれている。料金は昼食付きとなしとを選べる。ホテルでも紹介してくれる。旅行会社はウンベルト通りCorso Umbertoに多い。

Sicilian Airbus Travel
住 Corso Umberto 73
☎ 0942-24653
URL www.satexcursions.it

ウンベルト通り

●シチリア民衆伝統芸術博物館
住 コルヴァヤ館内
☎ 0942-610274
開 9:00〜20:00
休 ㊊㊗　料 無料

✉ アランチーニのおすすめ店

タオルミーナにあるおいしいアランチーニが買える大人気店、Panificio da Cristina（地元の人に教わりました）。椅子とテーブルが外にありますので、座って食べることもできます。アランチーニの種類は5種類。全部おいしいです。
住 Via Strabone 2
☎ 0942-21171
（在英国　アーヤ　'19）

✉ 観光バス

ローマをはじめ、イタリア各地で見かける2階建ての観光バスがタオルミーナにもありました。1人€20で、乗り降り自由。1時間ごとに巡回しているので、カステルモーラやイソラ・ベッラの観光にとても便利でした。
（神奈川県　矢野佳奈子）

2連窓の美しい館　MAP P.280 A2

コルヴァヤ館 ★

Palazzo Corvaja　パラッツォ・コルヴァヤ

バスターミナルからの坂道は町の入口であるメッシーナ門Porta Messinaへと続く。メッシーナ門は中世の城壁に19世紀に再建された物。ここから華やかなメインストリート、ウンベルト1世大通りCorso Umberto Ⅰが続き、ショッピングやそぞろ歩きが楽しい界隈だ。小さな広場に建つコルヴァヤ館は、11〜15世紀の複合建築で、2連窓のファサードが美しい。趣のある中庭と2階へ続く14世紀の外階段も印象的なたたずまいだ。内部には❶やシチリア民衆伝統芸術博物館Museo Siciliano di Arte e Tradizioni Popolariがおかれている。

コルヴァヤ館(右)とサンタ・カテリーナ教会

眺めのいいテラス　MAP P.280 A1

4月9日広場 ★★

Piazza Ⅸ Aprile　ピアッツァ・ノーヴェ・アプリーレ

広々としたタオルミーナのテラス、4月9日広場

ウンベルト1世大通りの中ほど、狭い路地が開けると見晴らしのよいテラスが広がる。カフェがパラソルを広げ、いつも観光客でいっぱいの気持ちよいスポットだ。張り出したテラスからは、眼下には緑に包まれて弧を描く、美しい海岸線のパノラマが広がり、眺望とともに開放感あふれる。広場の左には15世紀のゴシック様式のサンタゴスティーノ教会や17世紀の時計塔がある。山側には古い館や教会などが残り、中世の雰囲気を残している界隈でもある。

●大聖堂
住 Piazza Duomo 1
☎ 0942-23123
開 9:00〜20:00

町のシンボルが見守る　MAP P.280 B1

大聖堂 ★

Cattedrale　カッテドラーレ

正面のバロック様式の噴水を飾るのは、町のシンボルでもある「女ケンタウロス像」。その奥の大聖堂は、13世紀に創建され、15〜16世紀と18世紀に改修された物。小さいながら、バラ窓が飾るファサードは重厚だ。三廊式の内部の、右側の第1祭壇には1463年の『聖母マリアの聖エリザベト訪問』Visitazioneの板絵、左側の第2祭壇には『聖アガタ』像が収められている。

聖ニコラスを祀る大聖堂。扉口の装飾に注目

✉ イソラ・ベッラのビュー・ポイント

イソラ・ベッラがきれいに見える展望ポイントを発見!!バスターミナルを町と反対方向に下って、道が大きく曲がる所あたり。階段の上の両脇に柱が2本立ったテラスのような所です。美しく湾曲した海岸線と島が一望でき、下まで行かなくても満足してしまいました。
（東京都　松田和佳子　'16）

映画の舞台にもなった「美しき島」 MAP P.281 B3

イソラ・ベッラ

Isola Bella　　イソラ・ベッラ

夕日を浴びたイソラ・ベッラ

映画「グラン・ブルー」のロケでも使われた、美しい入江にある小島。ふたつの岬に挟まれた静かな入江に、美しい海と緑の島影が浮かび、絵のように美しい。観光ボートも運航しており、「青の洞窟」をはじめ、カーポ・タオルミーナ、サンタンドレア岬などへも行くことができる。また、入江の北側にはマッツァーロMazzaroの砂浜が長く続き、海水浴に最適。

三日月状の美しい砂浜 MAP P.281 A3

マッツァーロ海岸 ★★

Lido Mazzaro　　リド・マッツァーロ

タオルミーナの町からは
ロープウエイで降りる

カステッロからマッツァーロ海岸を望む

メッシーナ門の北東にある、サン・パンクラツィオ教会から階段状の歩行者専用道路を4㎞下ったところにあるのが、マッツァーロ海岸。今は、ほとんどの人がロープウエイを利用し、タオルミーナの町から下ってくる。マッツァーロ海岸は、サンタンドレア岬によって、イソラ・ベッラと隔てられた、三日月状の美しい海岸線で、夏には海水浴客でにぎわいを見せる。たくさんのカフェが店開きしているので、ゆったりとした時の流れる、イタリアの夏の雰囲気を味わってみよう。

NAVIGATOR

●イソラ・ベッラへの行き方

ロープウエイまたはバスで。ロープウエイの駅はバスターミナルとメッシーナ門の間にある。バスの場合は、ターミナルからASM社のバス(所要約10分、料 €1)で。

健脚派はピランデッロ通りの展望台Belvedereから細い脇道に入り、坂道と階段を下るとマッツァーロの海岸へ出る。

●イソラ・ベッラと自然生活博物館
Museo Naturalistico di Isolabella

開 9:00～16:00
休 ㊊
料 €4
※見学は15人の団体で
※冬季は天候により開は変更の場合あり

イソラ・ベッラ東側の
プライベートビーチ

●ロープウエイ
Funivia

開 夏季㊊　9:00～翌1:00
㊋～㊐8:00～翌1:00
冬季㊊　8:45～20:00
㊋～㊐7:45～20:00
15分ごとの運行
料 片道€3、往復€6
1日券€10
地 P.280・281 A2・3

マッツァーロの海岸と高台の町を結ぶ。冬季は運休の場合あり。

✉ 青の洞窟

1時間のボートツアーで1人€20～25です。夏のハイシーズンには1人€10と聞いていましたが、10名程度乗りましたがそんなことはありませんでした。高くなっているようです。
(たかちゃん　'19)

イソラ・ベッラ湾の遊覧ボートは不定期で料金も不定です。当初、吹っかけてきますので要交渉。私たちには「1人€55」と言って来ましたが、€25で折り合いました。貸切で1時間、青の洞窟もゆっくり観光できました。
(東京都　SS1955　'19)

自然の展望台

MAP P.280 A1

カステッロ Castello

カステッロ

イオニア海の美しいパノラマ

タウロ山Monte Tauroの山頂に建つ、古代のアクロポリスの跡に中世に築かれた城塞。城塞内部は公開されていないが、周囲からのパノラマがすばらしい。タオルミーナの町やエトナ山、向かい側のカステルモーラの集落を一望する。

とりわけ冬から春にかけて、山肌に雪が残るエトナ山の稜線と青く弧を描く海岸線のコントラストは美しく、まさに絵画的。バールやレストランもあるので、夕暮れ時に食前酒やディナーを兼ねて訪ねてみるのも楽しい。

タオルミーナの町と後方には雲に隠れたエトナ山

大パノラマを満喫

MAP P.280 A1外

カステルモーラ Castelmola

カステルモーラ

町から約5km、狭い道路の先にカステルモーラの集落がある。標高529m、石灰岩の断崖の上に築かれた中世の町で、すばらしい眺望が広がる。

カステルモーラを望む

ギリシア植民地が建設された都市

MAP P.223

ジャルディーニ・ナクソス Giardini Naxos

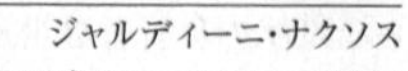

ジャルディーニ・ナクソス

パラソルの咲き競うナクソスの浜辺

紀元前735年にシチリアで最初のギリシア植民地とされた都市。タオルミーナ岬から滑らかに連なるジャルディーニ・ナクソスの町は、夏はカラフルな海水浴客のパラソルが広がり庶民的な海水浴場として家族連れなどでにぎわう。スキゾ岬の考古学博物公園Museo Archeologico Regionale e Area Archeologico di Naxosには、ギリシア植民地跡の貴重な城壁や住居などが残っている。

NAVIGATOR

●カステッロへの行き方

バスを利用する場合は、下記のカステルモーラ行きのバスでマドンナ・デッラ・ロッカ下車。タクシー利用で€15～20。

徒歩の場合はチルコンヴァラツィオーネ通りVia Circonvallazioneからつづら折りの急な階段を上る。

●カステルモーラへの行き方

駅もしくはPiazzale Pirandelloのバスターミナルから INTERBUS社のバスで上る。(1日平日6便、㊐㊗5便)帰りの時間も確認しておこう！

料 片道€1.90、往復€3。所要約15分。

地 P.280 A1 外

✉ カステルモーラへ

バス内では切符販売はなく、バス停前の旅行会社で往復分を購入。€3。町は新しい家が立ち並び、さほど魅力的には思えないが、眺望はすばらしかった。 (北海道 ナオ '19)

✉ おすすめスポット マドンナ・デッラ・ロッカ教会

以前TVで見て、「どこにあるんだろう?」と思っていたら、ℹでもらった地図にありました。町の中ほどのVia Circonvallazioneに看板があり、そこから山を30分ほど上るとあります。町からも山の上に十字架が見えます。教会前からはギリシア劇場を含め、タオルミーナの町を見下ろせるすばらしい景色が広がります。 (埼玉県 なぽ)

行きはバスまたはタクシーで(€15程度)。教会もすばらしいですが、町への帰路に絶景が広がります。よい散歩になりました。(東京都 吉田悦子 '16)

●考古学博物公園

住 Via Schisò
☎ 0942-51001
開 9:00～日没1時間前
休 無休
料 €4、イソラ・ベッラとの共通券€6(3日間有効)

NAVIGATOR

タオルミーナから約5km。バスで10～25分。タオルミーナ駅発INTERBUS社(5分～1時間に1便)。INTERBUSマークのある停留所にバスは停まる。バスが来たら、通り過ぎてしまわないように手を挙げて運転手に合図をしよう。バスターミナルはVia Dionisioにあり、バス停は海沿いを中心に各所にある。切符は(€1.90、往復€3)車内で購入できる。タオルミーナよりも値頃感のあるホテルが多い。

RISTORANTE HOTEL タオルミーナのレストラン&ホテル

セント・ジョージ P.280 A2

St. George by Heinz Beck

歴史ある邸宅を改装した高級ホテルThe Ashbee内のレストラン。エレガントなサロンや海を見渡すテラス席で、トップシェフ、ハインツ・ベックのプロデュースによる料理を味わうのは、旅の特別な思い出になるはず。ワインをペアリングした定食も充実。 要予約

住 Viale San Pancrazio 46
☎ 0942-23537
営 19:30～22:30
休 ㊋、11/1～3/31
予 €136～160、定食€115、133

タオルミーナ P.280 A1

Ristorante Taormina

魚介類を中心にイタリア料理全般とシチリア料理とピッツァが食べられる店。150席の縦長のサロンの奥ではパノラマを背景にロマンティックなテラスでの食事も楽しめる。
日本語メニュー

住 Vico Teofane Cerameo 2
☎ 0942-24359
営 11:00～22:00(㊎㊏23:00)
休 不定休
予 €35～50(コペルト€3)
C A.D.M.V.
交 ドゥオーモ広場から3分

★★★★★L サン・ドメニコ・パレス・ホテル P.280 B1

San Domenico Palace Hotel

町の高台に建つ、15世紀の修道院を改装したホテル。ふたつのキオストロをはじめ、いたるところに長い歴史を感じさせる。客室からの眺望もすばらしく、とりわけ手入れの行き届いた庭園からは海岸線とエトナ山が1枚の絵のように広がる。
※2020年2月現在、工事のため休業中。

URL www.amthotels.it
住 Piazza San Domenico 5
☎ 0942-613111
Fax 0942-625506
SB €155/781 TB €189/816
室 97室 スイート8室 朝食込み W-F
C A.D.J.M.V.
交 サン・ドメニコ広場の一角

★★★ ベル・ソッジョルノ P.281 B3

Hotel Bel Soggiorno

坂の途中にある伝統あるパラッツォ。テラスからは太陽の光がいっぱいに差し込み、明るい室内。朝食サロンから中庭へと出ていくとすばらしい海のパノラマが広がる。海水浴場と送迎バスがセットになったサービスをフロントで受け付け。
URL www.belsoggiorno.com

住 Via Pirandello 60
☎ 0942-23342
Fax 0942-626298
TB €59.50/170
3B €85/169
室 18室 ビュッフェ式朝食込み
休 冬季～2月下旬 C A.D.M.V.
交 バスターミナルから10分

★★★ ヴィッラ・ベルヴェデーレ P.280 B2

Villa Belvedere

19世紀初頭の館を改装したホテル。ヤシとオリーブが茂る林の中に建ち、名前どおりすばらしい眺望が楽しめる。夏の昼にはプールサイドで食事もできるので、リゾート気分でゆったり滞在するのにも最適。
Low 3、11月
URL www.villabelvedere.it

住 Via Bagnoli Croce 79
☎ 0942-23791
Fax 0942-625830
SB €160/690 TB €190/990
室 49室、スイート7室 朝食込み W-F
休 冬季
C A.M.V.
交 市民公園近く

★★ コンドール

Condor P.280 A1

テラスからは海と町を見下ろす、すばらしい景色が広がる。この眺望のよいテラスでの朝食も思い出に残るはず。
URL www.condorhotel.com

住 Via Dietro Cappuccini 25
☎ 0942-23124
Fax 0942-625726
SB €74/110 TB €74/175
室 12室 朝食込み W-F
C A.D.J.M.V.
休 1/1～3/25、11/2～12/31

B&B ソッリーゾ

B&B Sorriso P.280 A1

✉ ❶で教えてもらった経済的なB&B。場所も❶の近く。バルコニー付きの見晴らしのよい部屋もあります。エレベーターはなく、階段が急なので大きな荷物は避けて。
(東京都 津崎園子)['20]

URL www.bedbreakfastosorriso.it
住 Via Salita Giafari 13
☎ Fax 0942-628312
SB €35/70 TB €55/110
3B €70/130
室 4室 朝食€3～5 C 不可

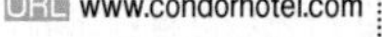

※タオルミーナの滞在税 YH、B&B、★ €1 ★★ €1.50 ★★★ €2 ★★★★ €3.50 ★★★★★ €5 最長10泊、12歳以下免除

カターニア 世界遺産 Catania

エトナ山を望む第2の都市

●郵便番号　95100

世界遺産

ノート渓谷の後期バロック都市(→P.301)
登録年2002年　文化遺産

●V.エマヌエーレ通りのⓘ
住 Via Vittorio Emanuele II 172
☎ 095-7425573
開 8:30～19:00
　㊐8:30～13:30
地 P.287 B1

●空港内ⓘ
☎ 095-7239682
開 ㊊～㊏8:00～19:15
　㊐8:30～13:30

●バスターミナル Autostazione
住 Via D' Amico
　中央駅のほぼ正面200m。駅前広場を横切った左側。切符売り場は道路を隔てた所。

空港から市内へ
　空港からALIBUS457番がドゥオーモ、カターニア中央駅、バスターミナル、コルソ・イタリア、コルソ・シクリなどを運行。バスターミナルへはカターニア中央駅の次の停留所下車が便利。切符(€4)は車内やタバッキなどで販売。所要約20分、4:40～24:00に約20分間隔の運行。

✉アリバスを上手に利用
　カターニアのアリバス(空港と市内間のバス)の路線図は URL //www.amt.ct.it/?page_id=2610を参照。一部ホテルの位置情報あり。
(カメノコウタロウ　'19)

おもな行事
聖女アガタの祭り
(2月3日～5日)
Festa di S. Agata

メルカートの柑橘類が美しい

　さまざまな人種が集まっているカターニアの町は、シチリアでパレルモに次ぐ二番目に人口が多く、経済活動が盛んだ。そしてヨーロッパ最大の活火山、エトナ山を擁し、度重なる噴火を繰り返してきた活火山とともに生活してきた町としても有名だ。

　ドゥオーモ広場Piazza Duomoやアントニーノ・ディ・サン・ジュリアーノ通りVia Antonino di San Giulianoを横切るクロチフェーリ通りVia dei Crociferi はシチリア・バロック建築が都会的な雰囲気で交じりあい、情趣ある町並みになっている。またカターニア出身の作曲家ベッリーニの生い立ちを知ることができるベッリーニ博物館や、にぎやかなカルロ・アルベルト広場Piazza Carlo Albertoのメルカート(市場)には特産の柑橘類や野菜が豊富に並ぶ。

カターニアへの行き方

飛行機で行くには
●ミラノ→カターニア　約2時間　●ローマ→カターニア　1時間20分

鉄道で行くには
●ローマ→カターニア　fs線　IC　10時間～11時間　ICN(夜行)約11時間
●ナポリ→カターニア　fs線　IC　7時間35分～7時間52分　ICN(夜行)8時間21分
●メッシーナ→カターニア　fs線　IC.RV.R　1時間25分～2時間4分(30分～1時間に1便)
●パレルモ→カターニア　fs線　RV　3時間～3時間14分(1～4時間に1便)
●シラクーサ→カターニア　fs線　IC.RV.R　約1時間～1時間30分(1～2時間に1便)

バスで行くには(→P.233)
●パレルモ→カターニア　SAIS　2時間40分(平日13便、㊏12便、㊐㊗9便)　€13.50、往復€24
●メッシーナ→カターニア　SAIS　1時間35分(平日31便、㊏21便、㊐㊗18便)　€8.40、往復€13
●シラクーサ→カターニア　INTERBUS/ETNA　約1時間25分(平日1時間に1便、㊐㊗1～2時間に1便)　€6.20、往復€9.60

車で行くには
●パレルモ→(S113/A119)→カターニア
●アグリジェント→(S640/A19)→カターニア
●メッシーナ→(A18)→カターニア
●シラクーサ→カターニア

History&Art

シチリアの経済都市 カターニアの今昔

　『カタネ』と名づけられていたカターニアの町は、紀元前8世紀後半にギリシア植民地として建設された町のひとつであった。ポエニ戦争時代の紀元前263年にローマに征服され、長い間豊かな時代をはぐくんでいった。その後、ビザンチンの征服の後イスラム教徒に占領されオレンジ、レモンなどといった柑橘類の新しい農作技術が浸透し、農業や商業の発達が進んでいった。ノルマン人の征服以降、フリードリッヒ2世の時代には皇帝の力の象徴として町にウルシーノ城が造られた。またカターニアにたびたび宮廷を定めていたアラゴン家の時代になると、シチリアにおける最初の大学がカターニアの町に創立された。1669年の火山噴火、1693年の大地震とふたつの大災害により幾度かの危機に立たされたが、19世紀から再建が本格的に始められ、工場、農作物、人口ともに増え、シチリアの経済都市として重要な町となっている。

おもな見どころ

町のシンボル象の噴水 MAP P.287 B1

ドゥオーモ広場 ★★
Piazza del Duomo　ピアッツァ・デル・ドゥオーモ

象の噴水とオベリスク

町のふたつの大通りエトネア通りVia Etneaとヴィットリオ・エマヌエーレ通りVia Vittorio Emanuele Ⅱが交差するこの広場には、町のシンボルでもある**象の噴水 Fontana dell' Elefante**が建っている。象の上にオベリスクが乗っているもので、象はローマ時代の溶岩を使い、オベリスクはエジプトから運ばれ、町の守護聖人アガタ像の象徴を乗せている。1736年に彫刻家ヴァッカリーニが手がけたもので、火山と立ち向かうこの町の象徴だという。

NAVIGATOR

中央駅ターミナルから町の中心地でもあるドゥオーモ広場までは市バスAMT社で427、429、431、457番が走っている。徒歩だと20分はかかる。

町のメインストリートは、エトネア通りVia Etnea。ドゥオーモ広場からエトナ山方向に向かう長い通りだ。おしゃれな商店やバールなどが並び、そぞろ歩きが楽しい。

お得な共通券
CATANIAPASS

ベッリーニ博物館、エミリオ・グレコ美術館、ウルシーノ城内市立博物館などとアリバス、市バス、Circumetnea線に共通のパス
1日券　€12.50（€23）
3日券　€16.50（€30.50）
5日券　€20　（€38）
（　）はファミリー券、大人2人と13歳以下の子供2人まで有効。購入は各見どころや空港内ⓘをはじめ各所のⓘで。
URL www.cataniapass.it

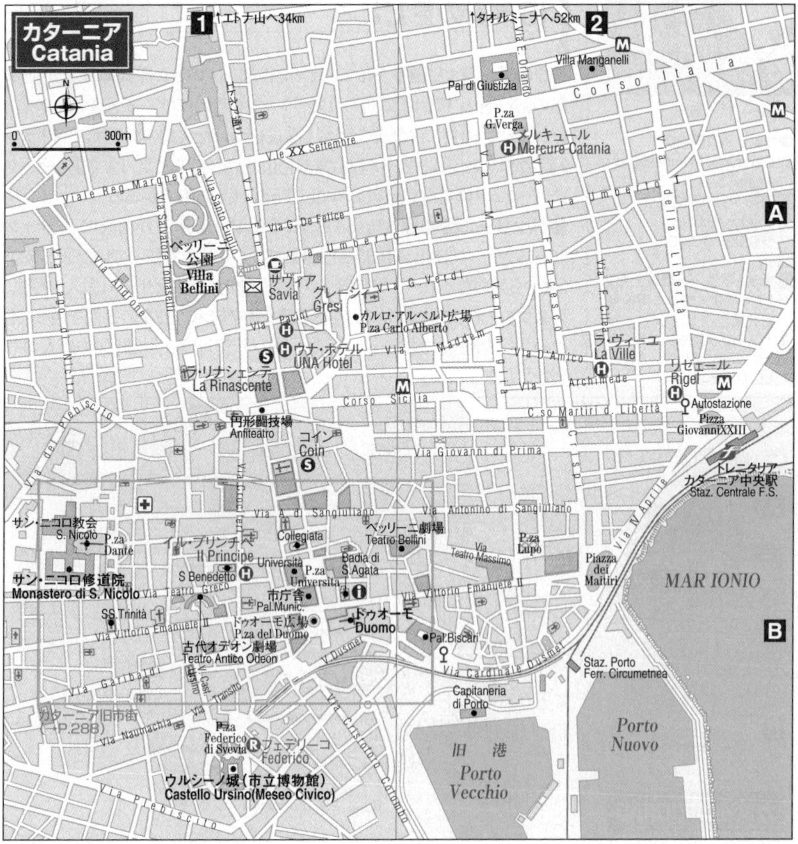

カターニア
Catania
↑エトナ山へ34km
↑タオルミーナへ52km
Villa Manganelli
Pal di Giustizia
Corso Italia
P.za G.Verga
メルキュール Mercure Catania
V.le XX Settembre
Viale Reg Margherita
Via Umberto I
ベッリーニ公園 Villa Bellini
サヴィア Savia
グレーシィ Gresi
カルロ・アルベルト広場 P.za Carlo Alberto
ウナ・ホテル UNA Hotel
ラ・リナシェンテ La Rinascente
ラ・ヴィーユ La Ville
リゼェール Rigel
Autostazione
Pizza GiovanniXXIII
Corso Sicilia
C.so Martiri d. Libertà
円形闘技場 Anfiteatro
コイン Coin
Via Giovanni di Prima
トレニタリア カターニア中央駅 Staz. Centrale F.S.
サン・ニコロ教会 S. Nicolò
P.za Dante
サン・ニコロ修道院 Monastero di S. Nicolò
イル・プリンチペ Il Principe
Collegiata
ベッリーニ劇場 Teatro Bellini
P.za Lupo
Piazza dei Maitiri
MAR IONIO
S Benedetto
Università
P.za Università
Badia di S.Agata
市庁舎 Pal.Munic.
SS.Trinità
ドゥオーモ広場 P.za del Duomo
ドゥオーモ Duomo
Pal.Biscari
古代オデオン劇場 Teatro Antico Odeon
Via Vittorio Emanuele II
Via Cardinale Dusmet
Staz. Porto Ferr. Circumetnea
Capitaneria di Porto
カターニア旧市街 (→P.288)
P.za Federico di Svevia
フェデリーコ Federico
旧港 Porto Vecchio
Porto Nuovo
ウルシーノ城（市立博物館） Castello Ursino(Meseo Civico)
Via Plebiscito
Via Garibaldi

●ドゥオーモ
住 Piazza del Duomo
☎ 095-320044
開 7:30～12:30
16:30～19:00
㊐ 7:00～12:00
16:00～19:00
※宗教儀式の際は拝観不可

✉おみやげ屋情報

ドゥオーモの隣にみやげ物屋が数軒まとまって並んでいます。店舗によってやや値段が異なりますが、一番手前の店はシチリア陶器の柄が豊富で人気のようでした。
(千葉県　栄子)

美しいシチリア産の陶器

クロチーフェリ通り

●ベッリーニ博物館
住 Piazza S. Francesco d' Assisi 3
☎ 095-7150535
開 9:00～19:00
㊐9:00～13:00
休 ㊗
料 €5、学生、65歳以上€2（エミリオ・グレコ美術館と共通）

サン・フランチェスコ・ダッシジ広場に面している建物に入口がある。

空間のある三廊式角柱とクーポラ MAP P.287 B1

ドゥオーモ

Duomo　ドゥオーモ

G.B.ヴァッカリーニ作のファサード

ローマ時代の浴場跡に建てられた大聖堂で、1078年から1093年にかけてロジェール伯爵により建立された。創建当時には、防御のためにやや高い位置に造られたという。18世紀には、ヴァッカリーニによりファサードが再建されたが、創建当時の意匠を残した高さや二重の円柱を重ねた威風堂々としたファサード、それを囲む聖人像が、まるで舞台装置のような美しい面持ちだ。教会の内部、右側廊の2番目の柱には、音符の模様が彫られたヴィンチェンツォ・ベッリーニの墓や、聖堂内陣の右側には聖アガタの礼拝堂Cappella di Sant'Agataがある。聖具室Sacrestiaには1669年のエトナ山の噴火を描いたフレスコ画が飾られていて興味深い。

ベッリーニの生家からバロックの坂道へ MAP P.288

旧市街の見どころ

★★★

●クロチーフェリ通り Via dei Crociferi　バロック様式の教会が並ぶ趣のある通り。1704年に造られたサン・ベネデットのアーチS. Benedettoをくぐると、両側には優美な装飾と階段のついた入口のあるサン・ベネデット教会やサン・ジュリアーノ教会S. Giulianoだ。さらに真っすぐ進むと、クロチーフェリ修道院Convento dei Padri Crociferiがある。

●ベッリーニ博物館 Museo Civico Belliniano　作曲家ヴィンチェンツォ・ベッリーニ(1801～1835)が生まれてから16歳まで住んでいた家。彼が3歳から始めたピアノやオリジナルの楽譜、愛用のアクセサリー、恋人の写真、デスマスクまで彼にまつわる、さまざまな物を展示。独身の生涯を送ったもののプレイボーイでもあったそうだ。彼のナポリ音楽学校時代の恋人の写真なども飾ってある。

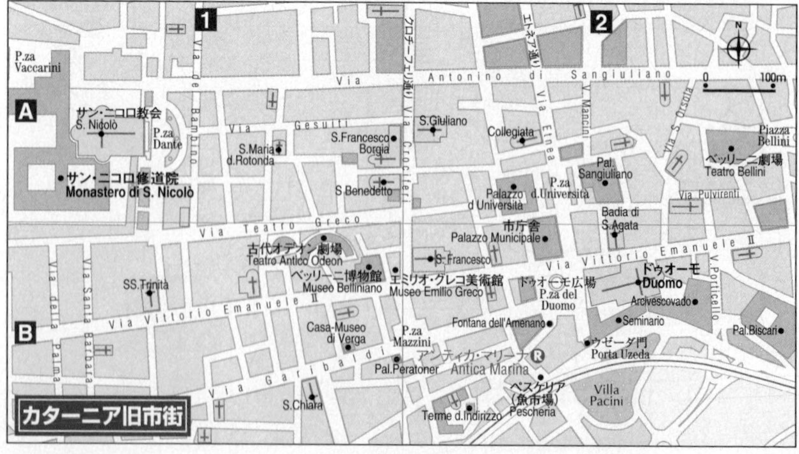

緑が広がる壮大な建築群 MAP P.288 A1

サン・ニコロ修道院とサン・ニコロ教会 ★★

Monastero dei Benedettini di S.Nicolo l'Arena e Chiesa di S.Nicolo l'Arena

モナステロ・ディ・サン・ニコロ・ラレーナ・エ・サン・ニコロ

美しい屋上庭園

16世紀にサン・ニコロ教会付属の修道院として建造され、18世紀にヨーロッパでも屈指の大規模な物に改装された。後期シチリア風バロック様式の華麗さと各時代の建築様式を見ることができる。ふたつのキオストロ、庭園を結んで建物が配され、華麗な大階段、博物館、ローマ時代の遺構などが見学可能。現在は大学として利用されており、見学では一部制約がある場合も。

修道院に隣接（入口は別）して建つ教会は、入口両側の巨大な円柱が目を引く。広々とした内部はラテン十字形で、どっしりとした柱が並び、クーポラの高さは62mを誇る。1687年に建築が始まったものの、エトナ山の噴火と地震により中断され、今も未完成。内陣手前の床面には黄道十二宮の星座を描いた日時計、内陣には18世紀の大きな内陣席と13年の歳月をかけて製作され、詩人ダ・ヌンツィオもその音色を賞賛した華麗に装飾されたパイプオルガンが置かれている。

教会内の日時計が見事

繁華街に隣接する町のオアシス MAP P.287 A1

エトネア通りとベッリーニ公園 ★★

Via Etnea e Villa Bellini

ヴィア・エトネア・エ・ヴィッラ・ベッリーニ

町一番のカフェが並ぶエトネア通り

かつて富裕層が好んで邸宅を建てたエトネア通りに面してベッリーニ公園がある。カターニアはほとんどの通りが広く直交するが、これは1693年の大地震の後、噴火や地震に備え、住民が避難しやすいようにという、都市計画に基づいたもの。エトネア通りもエトナ山に向かって延びる大通り。道の両側に商店やバールが並ぶにぎやかな通りだ。

ベッリーニ公園はカターニアが生んだ大作曲家ベッリーニを記念して造られた広大な市民公園。とりわけ入口は美しく植栽され、南国らしくストレチアをはじめとする季節の花々が咲き、棕櫚（しゅろ）の木が影を落とす。段丘の上部にはコンサートが開かれる東屋や陸橋などが点在している。かつて貴族たちは馬を走らせ、馬車で散策を楽しみ、子供たちは侍女たちと遊びに興じたという。

緑のオアシス、ベッリーニ公園

バスの切符
アリバス　€4（市内バスに乗り継ぎ可。90分有効）
1枚　€1（90分有効）
車内購入　€1.60
1日券　€2.50
URL www.amt.ct.it

●サン・ニコロ修道院
住 Piazza Dante 32
☎ 095-7102767
開 9:00～17:00
8月11:00～18:00
休 12/25
料 €8、学生€2、65歳以上、第1㊐は€5
※ガイド付きツアーは毎時正時に出発

●サン・ニコロ教会
住 Piazza Dante
☎ 095-7159912
開 9:00～13:00

✉サン・ニコロ修道院
サン・ニコロ教会から坂を下ったすぐ右側にサン・ニコロ修道院があります。現在は大学として利用されていますが、見学できます。大階段やキオストロ、庭園などが見学可。門を入った右側のインフォメーションで見取り図をもらえ、ここでガイド付きツアーの受付もしています。トイレ、飲み物の自販機もあり。（東京都　ももち）

町なかから乗車するなら
ドゥオーモ広場南側のボルセッリーノ広場Piazza Paolo Borsellinoにもほとんどのプルマンが停車。町なかに宿泊している場合はここからの乗車が便利。切符売り場も乗り場そばにあり。

✉プルマンバスは15分前に発車場所に
カターニアでバスが定刻よりも早く出てしまうことがありました。また、バスのドアが開いたら順番など関係なく群がって乗り込み、席がなくなったら1時間後のバスまで待ち、ということもありました。早めにバス停に行き、着いたら遠慮せずに乗り込んだほうがいいです。
（神奈川県　Hero　'19）

✉地下鉄があるヨ
私たちはシチリア大通りの近くのホテルに滞在したので駅やバスターミナルへ行くのに便利でした。切符は€1（90分有効）。ただバスが主流なのかすいていました。しかも日曜日は運行していませんでした！
（愛知　青木夫妻　'17）

噴火の痕跡とカターニアの歴史が集結 MAP P.287 B1

ウルシーノ城 ★★
Castello Ursino カステッロ・ウルシーノ

男性的なウルシーノ城

円筒形の隅塔と空堀、城壁に囲まれた力強さを感じさせる男性的な城。1239～1250年にかけてホーエンシュタウフェン家のフリードリッヒ2世が建造した物で、建築当時はカターニア湾に面して建ち、1699年のエトナ山の噴火により溶岩で周囲が埋まり、海から遠のいてしまった。今も城の周囲には溶岩が残っていることにも驚かされる。ほぼ当時のままに残されている内部は**市立博物館**となっており、カターニアの貴族から寄贈された考古学コレクションや修道院や教会から運ばれた絵画などを展示。地下と1階には、紀元前6～4世紀のギリシア彫刻、古代ローマの影像、ギリシア、エトルリア、ローマの青銅製の埋葬品、色絵壺などが並ぶ。2階は絵画を中心に展示。

洗練された展示品

古代のカターニアを訪ねて MAP P.287 A・B1

その他の見どころ
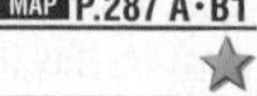

2世紀に造られた闘技場

古代のカターニアは、エトネア通りの途中ステシーコロ広場に面して紀元前2世紀に造られた**円形闘技場** Anfiteatro Romano（通りから一部見学可。遺構は広場の地下に埋まっている）で容易に見ることができる。より保存状態がよいのが**古代ギリシア・ローマ劇場と古代オデオン劇場**Teatro Greco-Romano Odeon。ギリシア劇場の跡に紀元前2～1世紀に建造され、7000人を収容。この裏手に半円形の音楽堂オデオンがあり、リハーサルの場や合唱席として使われた。いずれも各所に溶岩が用いられ、大理石や影像などで飾られていた。

●ウルシーノ城内
市立博物館
住 Piazza Federico Ⅱ di Svevia
☎ 095-345830
開 9:00～19:00
休 1/1午前、12/24午後、12/25、12/31午後
料 €6（特別展の場合€8～€12）

●円形闘技場
住 Piazza Stesticoro
☎ 095-7472268
開 9:00～13:00
14:30～17:00
休 ㊐㊊
料 無料

●古代ギリシア・ローマ劇場
●古代オデオン劇場
住 Via V.Emanuele 266
☎ 095-7150508
開 9:00～17:00
休 一部の㊗
料 €6
※毎月第1㊐は無料

✉カターニアのおすすめホステル
オステッロ・デッリ・エレファンティ
Ostello degli Elefanti
住 Via Etnea 28 Building A, Second Floor
☎ 095-2265691
URL www.ostellodeglielefanti.it

ドゥオーモから徒歩1分なのに経済的（1泊€18～22くらい）。深夜までチェックイン可で、フロントの英語は完璧。部屋やベッドは清潔で屋上からの眺めがとてもよい。また部屋の天井も教会などのようにフレスコ画で装飾されています。朝食も早朝から対応してくれました。
（田中玄一　'17）['20]

シチリアの交通の要所　カターニア

空と海のシチリアの東の玄関、カターニア。プルマン（長距離バス）路線も充実しているので、シチリア島東部の旅はここから始めるのが便利。

■空路

ミラノ、ローマをはじめイタリア、ヨーロッパ各地からアリタリアやライアンエアーなどが運航。空港から町へは約7kmと近いのが魅力。ターミナルを出ると、シチリア各地へのプルマン乗り場があるのも便利だ。また、レンタカーの駐車場も近く、高速を下りてからのアクセスがわかりやすい。

■海路

カターニアにはサレルノからGrimaldi Linesが毎日運航。サレルノ22:00発でカターニア着翌11:00。逆方向はカターニア発21:30、サレルノ着翌10:30（料€27～72）。ナポリ・カターニア間はTTT Linesが運航。

Traghettilines
（各社の航路をまとめて検索・予約可）
URL www.traghettilines.it
☎ 0565-912191

■陸路

プルマン

カターニア空港やカターニア中央駅近くのバスターミナルからシチリア各地へのプルマンが運行している。中央駅そばのバスターミナルのほか、多くのプルマンは町の中心のドゥオーモ南側のボルセッリーノ広場Piazza Paolo Borsellinoを経由するので、町なかからの利用も便利。

カターニアのレストラン＆ホテル

オステリア・アンティカ・マリーナ P.288 B2

Osteria Antica Marina

ドゥオーモのすぐ近く、マリーナ門そばにあるトラットリア。近くの市場で仕入れたばかりの新鮮な魚介類を中心にしたカターニア料理が味わえる。種類豊富な前菜やスペシャリテをセットした手頃な定食も人気。

できれば予約

住 Via Pardro 29
☎ 095-348197
営 12:00～15:00、19:00～23:00
休 ㊌、1月の15日間
予 €30～75(コペルト€2)、定食€25、€65
C A.D.M.V.
交 ドゥオーモ広場から徒歩2分

イル・ボルゴ・ディ・フェデリーコ

Il Borgo di Federico P.287 B1

ウルシーノ城近くにある庶民的なトラットリア兼ピッツェリア(夜のみ)。肉料理が中心で、カターニアではよく食べられる馬肉料理が人気。手頃な料金も魅力。

住 Piazza Federico di Svevia 100
☎ 095-6179819
営 12:00～15:00、19:30～24:30
休 ㊋㊍以外の昼
予 €10～20(コペルト€1.50)
C A.D.J.M.V.

パスティッチェリア・サヴィア

Pasticceria Savia P.287 A1

✉ エトネア通りにある大人気のお菓子屋さん。1897年から続く老舗で清潔感あふれる店内には美しくておいしいお菓子がずらりと並んでいる。ピスタチオのお菓子は思い出に残る味でした。
(愛媛県　たらちゃん)['20]

住 Via Etnea 302
☎ 095-322335
営 7:45～21:30
休 ㊊
予 €5～20　C A.M.V.
交 ベッリーニ公園の前

★★★★ ウナ・ホテル・パラス P.287 A1

UNA Hotel Palace

エトネア通りに面して立ち、観光やショッピングに便利な立地。客室は現代的で、スタッフはフレンドリー。レストランやバーのある最上階のテラスは、エトナ山の雄姿を望むことができる市内随一の場所だ。天気がよければ、頂上の噴煙から山裾まで見ることができる。

URL www.unahotels.it
住 Via Etnea 218
☎ 095-2505111
Fax 095-2505112
SB TB €108/285
3B €148/372
室 94室　朝食込み W-F

★★★★ メルキュール・カターニア P.287 A2

Mercure Catania Excelsior

シチリアらしい伝統とクラッシックな雰囲気のホテル。客室は広く快適。町の中心からやや離れるが、空港からのAlibusがホテル前の広場に停車し、高級ショッピング通りのCorso Italiaへもすぐ。

URL www.excelsiorcatania.com

住 Piazza G.Verga 39
☎ 095-7476111
Fax 095-7476747
SB €58.50/275
TB €60.30/280
室 170室　朝食込み W-F
C A.D.J.M.V.
交 G. Verga広場の一角

★★★★ イル・プリンチペ

Il Principe P.287 B1

✉ ドゥオーモから徒歩2分。かつての貴族の館を改装したホテルで、とてもモダンな内装に加え、静かで設備も充実していました。
(兵庫県　レオ)['20]

URL www.ilprincipehotel.com

住 Via Alessi 24
☎ 095-2500345
Fax 095-325799
SB €89/299
TB €99/469
SU €259/510
室 73室　朝食込み W-F

★★★ ラ・ヴィーユ

Residence Hotel La Ville P.287 A2

中央駅そばのバスターミナルを入った庶民的路地にある。歴史ある館を改装したエレガントなホテル。サロンや客室はアンティーク家具で飾られ、古きよき雰囲気にあふれる。

URL www.rhlaville.it

住 Via Monteverdi 15
☎ Fax 095-7465230
SB €47.50/73
TB €57/78
室 14室　朝食込み W-F
C A.D.J.M.V.
交 中央駅から徒歩5分

★★★ リゼェール・ホテル

Rigel Hotel P.287 A2

中央駅そばのバスターミナルのすぐそば。プルマン利用にも便利。室内はあたたかみのあるインテリアで落ち着いた雰囲気で清潔。

URL www.hotelrigelcatania.it

住 Viale Libertà 63
☎ 095-534911
Fax 095-2830030
SB €37.08/51
TB €47.50/82.50
3B €76.80/112　室 15室
朝食込み W-F　C A.D.J.M.V.

★★★ グレーシィ・ホテル

Gresi Hotel P.287 A1

エトネア通りを見下ろす、19世紀の館の2階にあるホテル。ドゥオーモなどへも近く、観光に便利。ホテル内はノスタルジーな雰囲気がいっぱい。

URL www.hotelgresicatania.com

住 Via Pacini 28
☎ 095-322709
Fax 095-7153045
SB €45　TB €60/70
3B €70/90
室 26室　朝食込み
C A.D.M.V.

※カターニアの滞在税　B&B ★～★★ €1　★★★ €1.50　★★★★ €2.50　★★★★★ €3.50　最長3泊、18歳以下免除

エトナ山 

Monte Etona

カターニアの町から望むエトナ山

エトナ山の噴火と闘う
カターニアの町のシンボル

●炎と氷の山、エトナ山

標高3340m（噴火活動により変化）、地中海で最も高く、世界でも指折りの活発な成層火山、エトナ山。カターニアやタオルミーナなどシチリア東海岸の町から望める長い稜線を見せて堂々とたたずむ姿は、**シチリアを代表する風景**のひとつでもある。頂上付近を雪に覆われた冬景色は実に印象的だ。

火山噴火の歴史は50万年前にさかのぼり、少なくとも2700年前からの噴火活動が記録されている。エトナの噴火活動はほぼ継続的で、火山学、地球物理学、その他の地球科学の分野にも大きく影響し続けている。火山はまた特有の植物相、動物相を含む、重要な生態系を支えており、その活動は生態学的、生物学的推移の自然の研究所といえる。地球の歴史の主要な段階を示す顕著な見本として、**2013年にユネスコの世界自然遺産**として登録された。

頂上地帯の数々のクレーター、噴石丘、溶岩流、ヴァッレ・デ・ボヴェ爆裂火口、200にもおよぶ洞窟など、火山性特徴は多様で接近可能なため、研究、教育の場のみならず、観光地としても注目が集まっている。

近年の火山活動も活発で2013年10月から大規模な噴火活動を見せ、一時真赤な溶岩が流れ出し、数kmに及ぶ噴煙が上がった。2018年7月は噴火はおさまったものの、カターニアの町からも噴煙が見える日もある。

エトナ山への行き方

■**バス**

カターニア駅前そばのターミナル→エトナ山(Etna)
AST社　所要約2時間、平日1日1便。カターニア発8:15、エトナ発16:30のみ。

※Nicolosi Nordの広場にバスは駐車しないので、バスが通ったら手を挙げて合図して乗る（特に停留所の看板はない）。

※山頂（中央クレーターCratere Centrale）へ行くならAST社のプルマンにカターニア中央駅前そば（Piazza GiovanniXXIII）発8:15に乗車し、10:15着。ロープウエイ、ジープを使って山頂へ。所要2時間30分～6時間。帰りは16:30発、カターニア着18:30。

✉エトナ山山頂へ

エトナ山に車で向かうにはニコロシ経由でサピエンツァ小屋を目指しますが、途中わかりづらい場所がありますがPAESI ETNEIとの標識を頼りに向かいます。ロープウエイは1人€30ですが、その後もジープなどの予約の必要はなく、乗り継ぎで€25払えば何とバスが頂上？まで連れて行ってくれます。
（たかちゃん　'19）

●ロープウエイ
URL www.funiviaetna.com

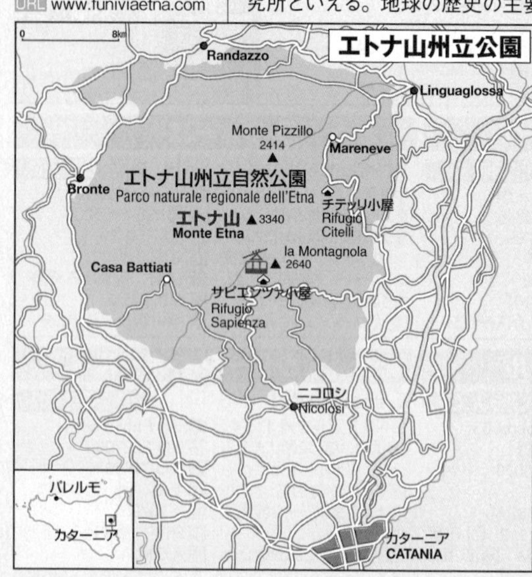

●エトナ山の恵み

春から初夏には、エニシダの黄色い花が甘い香りを漂わせ、緑萌える夏、唐松や広葉樹が黄色く色づく秋、白銀の冬……と四季折々の自然美を見せるエトナ山。中腹からはカターニアの町並みとイオニア海のすばらしい眺望が広がり、頂上付近からはマルタ島までも見渡せるという。

カターニアの町の背景となっているエトナ山

活火山として噴火を続けるエトナ山だが、その麓や斜面には集落が点在し、肥沃な火山性土壌は農業に適し、ブドウ園や果樹園が広がる。とりわけ、シチリア名物である赤い果肉の**ブラッドオレンジ**Tarocco di Sicilia、世界中のパティシエが愛好するブロンテ村の**ピスタチオ**Pistacchi di Bronteをはじめ、**ヘーゼルナッツ**Nocciolettti、ソルベに利用される色鮮やかな**桑の実**Gelsi、**蜂蜜**Mieleなどが名高い。20世紀はじめには**ワイン造り**もはじまり、**エトナ**Etna（D.O.C.）赤・白・ロゼ・スプマンテ（発泡性）を生産。とりわけ赤はバーガンディースタイルの高品質なワインとして人気。

カターニア産のアーモンドを使った菓子を作る職人

オレンジの並ぶカターニアの市場

エトナ山ツアーいろいろ

エトナ・トレッキング／エトナ・エクスプローラー
Etna Trekking/EtnaExplorer

エトナ山州立自然公園（標高2000m）までバスで移動し、トレッキング。1669年の噴火でできたMonti Rossi、溶岩洞窟、1892年の噴火によるシルヴェストリの穴などを見学。帰路、途中の集落でシチリアの名産を味見。

料 €39〜60

クレーター頂上
Summit Craters

車で標高1900m地点まで移動し、2500mまでロープウエイを利用。その後オプションでガイドを伴ってジープで移動（標高2900m）し、山頂へ。

料 €60＋別途：ロープウエイ代金とジープ移動代（ふたつで約€50）＋ガイド料（利用者ひとりで約€200、5〜8人でひとり当たり€80くらい）

※噴火、降雪、道路の凍結状況などにより、プラン変更の場合あり。また、エキスパート向けの「氷の洞窟Grotte del Gelo」へのプランなども団体や会社によりある。エトナ登山を行うガイドの団体や会社はいくつもあり、ⓘやホテルでも紹介してくれる。

エトナ登山ガイドと旅行催行会社

Gruppo Guide Alpine Etna Sud Soc.Coop
エトナ山ガイド（南エトナ）
URL www.etnaguide.it
☎ 368-663453

Geoetnaexplorer社
URL www.geoetnaexplorer.com
☎ 349-6109957

カターニアからのエトナ登山

一般的な登山時期はロープウエイが運行している5〜11月頃まで。登山が目的ならば、旅行会社のツアーに参加するか個人的にエトナ山ガイドを雇おう。その日の状況に応じ、安全な地域への登山が可能だ。

登山シューズ、地図、ザック(飲み物、食料など)、風を遮る暖かい登山用の服装などの装備を忘れずに。ツアー会社、ガイドによっては登山装備やヘルメットのレンタル(1〜2日以上前の予約が必要)なども行っている。

冬季はスキーが楽しめ、幅はやや狭いものの、総滑走距離約10kmのゲレンデが広がっている。

活発な噴火活動を見せるエトナ山。
赤い溶岩流が流れ出すこともたびたびだ

シラクーサ 世界遺産

Siracusa

大ギリシアの首都

●郵便番号　96100

世界遺産

シラクーサと
パンタリカのネクロポリ
登録年2005年　文化遺産

●シラクーサのℹ
Servizio Turistico
Regionale
住 Via Maestranza 33
☎ 0931-464255
開 8:00～13:45
㊌14:45～17:45も
休 ㊏㊐㊗
地 P.295 A2
案内一般、アルキメデス広場近く。

観光馬車

町の見どころを巡ってくれる観光用馬車は1人€8ぐらい。乗る前にきちんと値段交渉しよう。

●バスターミナル
Autostazione
AST社／INTERBUS社
住 Piazza Stazione/Corso Umberto
地 P.295 B2
fs駅前。カターニアの空港経由でカターニア行き、シラクーサ→パレルモ、シラクーサ→ノート行きがある。

✉カターニアから シラクーサへのバス

カターニアからシラクーサへはバス（INTERBUS）を利用しました。バスは、終点に着く前にネオポリス考古学公園の近くを通るので近くのバス停（考古学公園の手前で左折してCorso Gelone通りに入ったすぐのあたり）で下車すると考古学公園に行くのに便利です。また、19年8月現在、シラクーサのバスの終点は以前のバス停から同じCorso Umberto通りに沿って東側の公園の中に移動していました。
（カメノコウタロウ　'19）

SHOPPING

●パピルス紙を使った絵画。
●アーモンド菓子や魚介類。
●ワインは白のモスカート・ディ・シラクーサ。

おもな行事

町の守護聖女聖ルチア祭（12月13日）
Festa di S. Lucia

マドンナ・デッレ・ラクリメの聖所祈念堂が新市街の象徴

美しき古代都市、シラクーサ。今も、緑と花に包まれた**ギリシア劇場**は静かに町を見下ろし、いたるところに古代遺跡が息づく。道を進むごとに、古代ギリシア、ローマ、ビザンチン、アラブ、ノルマン、アラゴン……と、3000年以上に及ぶ歴史の遺構が現れ、旅人を古（いにしえ）の世界へ誘う。

一方、町の中心である**オルティージャ島**の市場では、海の幸をはじめ色彩豊かな野菜や果物が山積みにされ、売り子の大きな掛け声が青い空の下にこだまする。かつては天然の城塞であった島には、幾重にも小路が迷路のように広がる。旧市街のドゥオーモとその周辺の広場はすっかり整備され、サンタ・ルチア教会にはカラヴァッジョの傑作が展示されるようになった。

夏の夜なら、オルティージャ島の**マリーナ門**P.ta Mariaから**アレトゥーザの泉**の間に延びる遊歩道**Passaggio Adorno**に足を延ばしてみよう。豊かな緑が生い茂る海辺のプロムナードをのんびり散歩する町の人たちに混じれば、南イタリアのゆったりとした時間が流れていく。

シラクーサへの行き方

鉄道で行くには
●ローマ→シラクーサ　fs線　IC　約11時間　ICN（夜行）　約12時間30分
●ナポリ→シラクーサ　fs線　IC　8時間40分～9時間　ICN（夜行）　9時間40分
●カターニア→シラクーサ　fs線　IC.R　約1時間～1時間20分（1～2時間に1便）
●メッシーナ→シラクーサ　fs線　IC.RV　2時間30分～2時間45分（1～2時間に1便）

バスで行くには
●パレルモ→シラクーサ　INTERBUS　3時間20分（平日2便）　€13.50
●カターニア→シラクーサ　INTERBUS/ETNA　1時間25分（平日30分～1時間に1便、㊐㊗1～2時間に1便）　€6.20、往復€9.60
●ラグーザ→シラクーサ　AST　3時間10分（ノート、モディカ経由）（平日17:15～19:00に4便、㊐㊗運休）

車で行くには
●カターニア→（S114）→シラクーサ

おもな見どころ

考古学地区

ギリシア、ローマ時代の発掘地域 MAP P.295 A1

ネアポリス考古学公園 ★★★

Parco Archeologico della Neapolis

パルコ・アルケオロージコ・デッラ・ネアポリス

シラクーサ駅の北西700mあたり、ギリシア人とローマ人が活躍した時代の記念的建造物が集まる地域にある公園。1950年代に植林と歩道整備が行われ、古代の遺跡とオレンジの果樹園などが共存する、森のような広大な公園に生まれ変わった。

安全面から、観光できる施設は限られるが、考古学地区の北を走る、眺望のよいリッツォ通りViale G.E.Rizzoからは、シラクーサの町と海を背景に、ギリシア劇場、天国の石切り場などが点在する雄大な公園を望むことができる。

●ネアポリス考古学公園
住 Via del Teatro Greco/ Via Paradiso 14
☎ 0931-66206
開 8:30～16:40
　㊐㊗8:30～13:40
料 €10、パオロ・オルシ考古学博物館との共通券€13.50
※切符売り場は閉場1時間10分前まで

✉ 市バスの切符

バスターミナル近くのバールを2～3軒あたりましたが、販売はしていません。バス内の自販機もしくはターミナルの窓口ということです。
（東京都　yamato　'16）

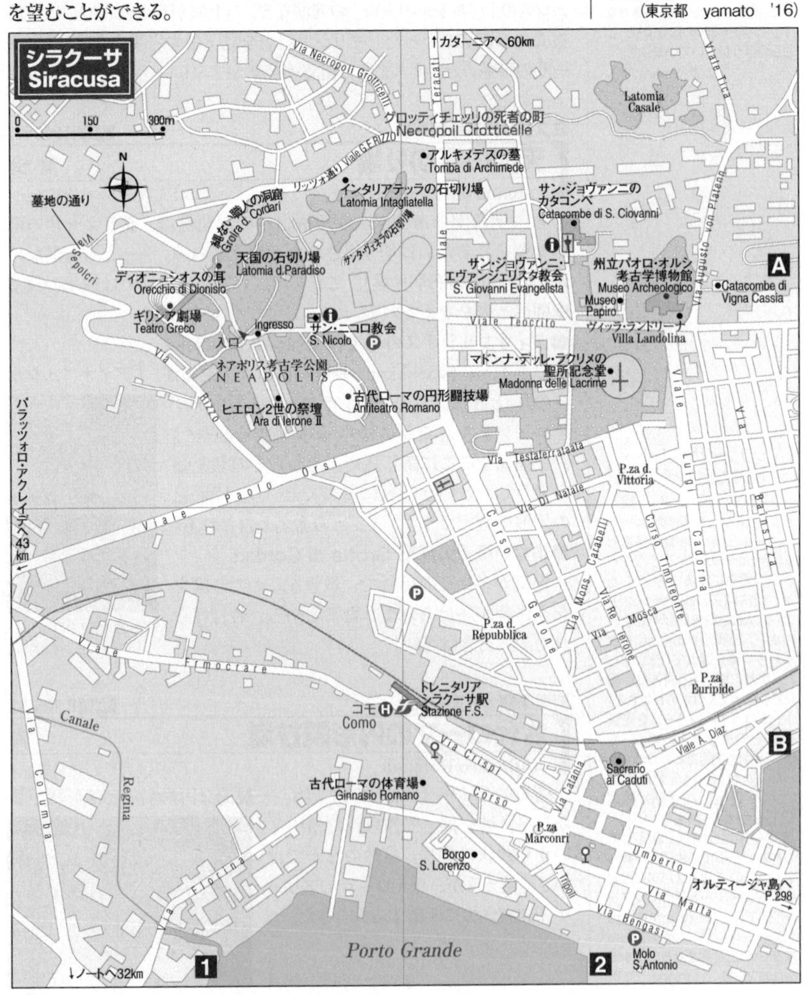

NAVIGATOR

シラクーサ駅前から左（東南）へ進めば、オルティージャ島まで約1.5km。ホテルやB&B、レストランはオルティージャ島に集中している。見どころは北側＝高台の考古学地区と南側＝オルティージャ島に2分される。駅からオルティージャ島へは徒歩で10分程度。

●ギリシア劇場
※ネアポリス考古学公園と共通。
※毎月第1㊐は無料

✉ネアポリス考古学公園のチケット売り場

公園に入りしばらく行くとチケット売り場がありました。
（千葉県　ちょこさる　'19）

公園を入った左側にあります。ログハウスのほうより、こちらのほうがすいていました。
（たかちゃん　'19）

✉シラクーサからノートへ わかりづらいシラクーサ駅

9月30日土曜日、ノート観光をするため（バス時刻表にノートへの午前出発の時間が見当たらなかったため）10:30シラクーサ発の電車に乗るつもりでしたが、切符購入に時間がかかり、ホーム入口と電光掲示板に2Wのホームと表示があったにもかかわらず乗り遅れてしまいました。（車掌に訊いたら身振り手振りで、教えてくれたのだけれど）ホームは、1番線ホームを先頭車両方向へ歩きその隣だったが、車両も2両でわかりづらかった。次の13:04分発の電車でノート駅へ。ノート駅は無人駅で自動券売機もないので、電車利用なら往復を購入しておかないと不便。（片道しか買わなかったので帰りはバスにしました）駅からノート旧市街レアーレ門までは、坂道を上がり徒歩15分くらいです。静かなたたずまいのこぢんまりとしたすてきな町でした。（donna　'17）

テメニテの丘にたたずむシチリア最大級のギリシア劇場　MAP P.295 A1

ギリシア劇場 ★★★

Teatro Greco　テアトロ・グレコ

紀元前3世紀、ヒエロン2世の時代に造られ、シチリア1の規模を誇る。岩山を削り出し（くり抜き）造られており、直径138mの半円がすり鉢状に重なっている。当時の収容人数は1万5000人。もともとは61段あった石段は46段を残すのみで、往時の規模の半分以下。観客席や建物は、オルティージャ島の要塞建材に調達され16世紀に取り壊された。

現存する最大のギリシア劇場

この劇場では、ギリシア悲劇（ギリシア三大詩人のひとり、アイスキュロスの「ペルシャの人々」の初演など）の上演が行われ、時には市民集会の会場にもなった。ギリシア劇場を見下ろす岩場からは、シラクーサの町並みとイオニア海の紺青の絶景がまぶしい。

ミステリアスな洞窟群　MAP P.295 A1

天国の石切り場 ★★

Latomia del Paradiso　ラトミア・デル・パラディーゾ

考古学公園の南側に広がる灰白色の洞窟群は、シラクーサの町の城壁を作るために切り出された石切り場の跡。もっとも有名なのがこの「天国の石切り場」。これらの広い洞窟は、今では樹木の茂る庭園へと姿を変えている。

●ディオニュシオスの耳 Orecchio di Dionisio

高さ25m、幅5～11m、長さ65mの人工洞窟が、「ディオニュシオスの耳」と呼ばれるのは、シラクーサの僭主ディオニュシオス（「走れメロス」に登場する暴君！）が、捕虜をここに閉じ込め、上からその話を盗み聞きしたという伝説に基づくという。17世紀の放浪の画家カラヴァッジョの命名と言われる。

形も言い伝えもおもしろい「ディオニュシオスの耳」

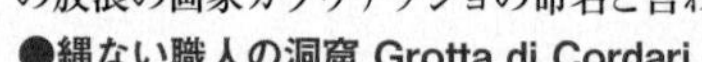
●縄ない職人の洞窟 Grotta di Cordari

湿気が多いこの場所で、数世紀にわたり縄をなう作業が続けられてきたことから、名付けられた。奥行きは深い。

岩場を掘って造られた　MAP P.295 A1

古代ローマの円形闘技場 ★

Anfiteatro Romano　アンフィテアトロ・ロマーノ

帝政時代（3～4世紀）の建造物。一般的な円形劇場とは形状が異なり、岩場を掘って作られた楕円形のすり鉢状の劇場。自然のなかでは小さく見えるが、ヴェローナのアリーナ（円形劇場）に匹敵する大きさだ。

古代ローマの円形闘技場

シチリア島屈指の博物館 MAP P.295 A2

州立パオロ・オルシ考古学博物館 ★★★

Museo Archeologico Regionale Paolo Orsi
ムゼオ・アルケオロージコ・レジョナーレ・パオロ・オルシ

シチリアで活躍した考古学者パオロ・オルシの名を冠した、シチリア島で最も重要な博物館。緑の多いヴィッラ・アドリアーナにあり、F.ミッシ設計のモダンな三角形の建物だ。館内は円形の中庭を囲んで、5つのセクション(区)に分かれる。

A区は、先史・原始時代から旧・新石器時代を経て青銅器時代まで。シラクーサ近くのパンタリカ文化に注目。**B区**は、シチリア各地のギリシア植民都市を、イオニア人とドーリア人のものに分けて展示。**C区**は、シラクーサの建設した植民都市と先住民の定住地の文化。テラコッタ製の**「玉座のデメテル」**(農耕の女神)が興味深い。2階**D区**の1室は、**「アフロディーテのヴィーナス」**Venere Anadiomeneに充てられていてじっくり鑑賞できる。2014年に新設された**F区**の、サン・ジョヴァンニのカタコンベから運ばれた**「アデルフィアの石棺」**Il sarcofago di Adelfiaがすばらしく美しい。

発見者の名を取り、「ランドリーナのヴィーナス」とも呼ばれる、アフロディーテのヴィーナス

●州立パオロ・オルシ考古学博物館
住 Viale Teocrito 66
☎ 0931-489511
開 9:00～19:00
　日祝9:00～14:00
休 月
料 €8、ネアポリス考古学公園との共通券€13.50
※切符売り場は閉館1時間前まで

貨幣部門
Il Medagliere
古代ギシリアから中世の重要な貨幣を展示するセクションで2010年にオープン。
開 火木金土　9:30～13:30
　水　9:30～17:30
料 €2

アデルフィアの石棺(一部)

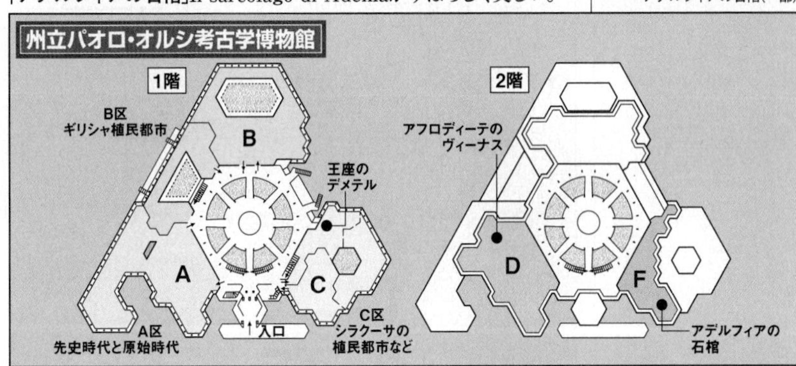

破壊後も美しい外観 MAP P.295 A2

サン・ジョヴァンニ・エヴァンジェリスタ教会 ★

San Giovanni Evangelista サン・ジョヴァンニ・エヴァンジェリスタ

正面にバラ窓が飾る教会。1693年の地震の被害を受けつつも、3つのバランスのよいカタロニア式アーチが教会の立体感を強調している。教会の外、右側の奥の入口へ行くと、ギリシア時代からの**カタコンベ**に通じている。カタコンベにあった美しい石棺が修復され、州立博物館で展示されている。

3つのアーチが美しい

●サン・ジョヴァンニのカタコンベ
住 Largo S.Marciano 3
☎ 0931-1561472
開 9:30～12:30
　14:30～16:30/17:30
　7～8月10:00～13:00
　　14:30～18:00
休 11～2月の日月
※ガイド付き見学のみ。毎正時のスタート
料 €8

●ドゥオーモ
住 Piazza Duomo
☎ 0931-65328
開 4〜9月　8:00〜19:45
　10〜3月　8:00〜19:00
料 €2
※ミサなどの宗教行事の際は、拝観不可。

シクラーサのシンボル、ドゥオーモ

オルティージャ島

アテネ神殿が眠る　MAP P.298 B1・2

ドゥオーモ ★★★
Duomo　ドゥオーモ

オルティージャ島の中心、開放感のある華やかなバロック様式の広場に立ち、ひときわ目立つ存在だ。威厳ある堂々たる姿は、紀元前5世紀のアテナ神殿が7世紀に教会となり、その後たびたび手を加えられたもの。当時の列柱は今も左外壁や内部で見ることができる。バロック様式の主祭壇、天井のフレスコ画、ガジーニ一族による彫像などが厳かな空間を彩っている。

クーポラの天井に描かれたフレスコ画

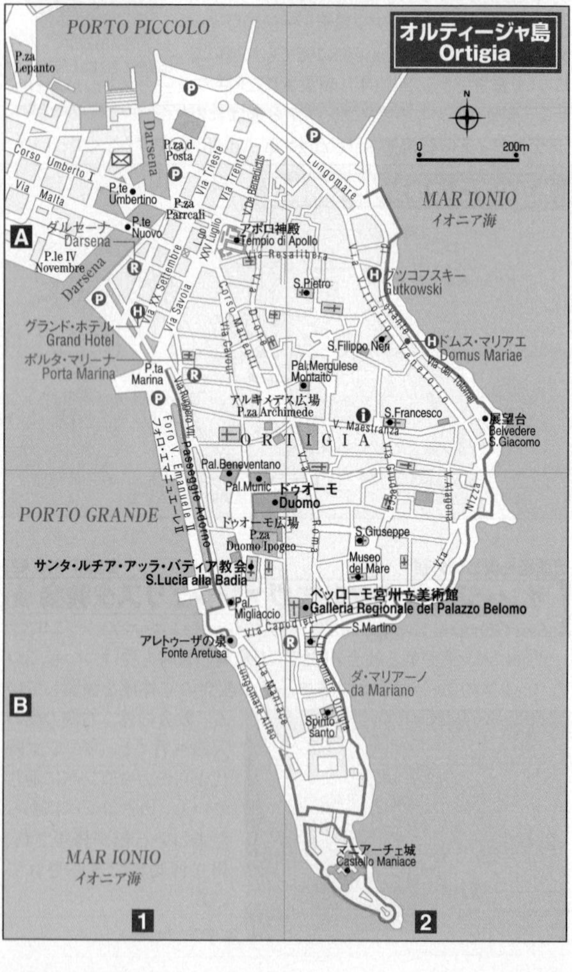

✉シラクーサの便利な電気バス

シラクーサの町なかの移動に便利な電気バスが、島内を30分ごとに反時計回りに周回していています。始発はオルティージャ島の手前のMolo S. Antonioです。車内に自動券売機があり切符は€1で90分間有効です。バスの路線図は下記を参照してください。
URL //www.siracusaturismo.net/public/mappa_bus_elettrici_siracusa_2019.pdf
（カメノコウタロウ　'19）

カラヴァッジョの作品を展示 MAP P.298 B1

サンタ・ルチア・アッラ・バディア教会 ★★

Santa Lucia alla Badia サンタ・ルチア・アッラ・バディア

シチリアにおける最初の作品、『聖ルチアの埋葬』

ドゥオーモ広場の南側に立つ、シラクーサの守護聖人サンタ・ルチアを祀る教会。15世紀に修道院の付属教会として創建され、18世紀はじめに再建された。主祭壇を飾るのは、シラクーサに逗留した晩年のカラヴァッジョによる『聖ルチアの埋葬』Seppellimento di S.Lucia。横たわる聖ルチアを囲み、墓堀人と死を悼む人々の姿が劇的に描かれている。

●サンタ・ルチア・アッラ・バディア教会
住 Via S.Lucia alla Badia 2
☎ 0931-65328
開 11:00～16:00
休 ㊊
※ドゥオーモ南側

バロック特有の華麗な装飾で飾られたS.L.アッラ・バディア教会

カタロニア様式の建物に異国情緒漂う MAP P.298 B2

ベッローモ宮州立美術館 ★★

Galleria Regionale del Palazzo Bellomo ガッレリア・レジョナーレ・デル・パラッツォ・ベッローモ

アレトゥーザの泉から島の内部に入っていく、細い道Via Capodieciにあり、カタロニア様式の趣のあるベッローモ宮に中世初期から現代までの絵画と彫刻を中心に展示。とりわけ名高いのはアントネッロ・ダ・メッシーナの『受胎告知』Annunciazione、ガジーニの浮彫り彫刻の『聖母子』Madonna col Bambinoをはじめ、カラヴァッジョの弟子のマリオ・ミンニーティMario Minnitiの作品など。

●ベッローモ宮州立美術館
住 Via Capodieci 14
開 9:00～19:00
㊐14:00～19:30
休 ㊊
料 €8（ネアポリス考古学公園の切符提示で€7、州立パオロ・オルシ考古学博物館との共通券€12）

趣のあるベッローモ宮にある美しい美術館

パピルスが茂る泉 MAP P.298 B1

アレトゥーザの泉 ★

Fonte Aretusa フォンテ・アレトゥーザ

ピッツェリアやパピルス製品を扱うみやげ物店が並ぶアレトゥーザの泉は、地元っ子の待ち合わせの場ともなっている。川の神アルフェウスから逃れようと、妖精アレトゥーザが泉となったと言い伝えられている伝説の泉。泉の脇から海岸通りへ下りることもできる。

アレトゥーザの泉はパピルスが茂り涼しげ

✉ どこに泊まる?!

宿泊はオルティージャ島内が断然おすすめです。島内には見どころが多く、レストランも集中しています。また、ギリシア劇場と並んでパオロ・オルシ州立考古学博物館は必見です。シチリア各地で発掘された紀元前ギリシア時代の豊富な出土品がところ狭しと展示してあります。
（東京都 munimaya '16）

2本の偉大な円柱が残る MAP P.298 A1

アポロ神殿 ★

Tempio di Apollo テンピオ・ディ・アポロ

魚や果物、野菜、雑貨などが並ぶ、にぎやかな市場の手前、パンカーリ広場に面して広がる緑の公園内に建つ。紀元前7世紀末、シチリア最古のドーリス式神殿の遺構だ。その後、ビザンチン教会、ノルマン人の聖堂などに改築され、現在もその痕跡が残る。

神殿前の坂道を上ると、ブティックなどが並ぶ町一番のメインストリートのマッテオッティ大通りだ。

にぎやかな町なかに静寂の時が流れるアポロ神殿

RISTORANTE HOTEL

シラクーサのレストラン&ホテル

ダルセーナ

P.298 A1

Ristorante Darsena Da Lanuzzo

漁師たちの小船が浮かぶ景色を眺めながら地中海料理を楽しめる店。ビュッフェ式の魚介類のアンティパストやウニのパスタSpaghetti ai Ricci di Mare、魚のスープZuppa di Pesceなどが人気。 できれば予約

住 Riva Garibaldi 6
☎ 0931-66104
営 12:05～15:00、19:00～23:00
休 ㊊
予 €35～55(コペルト€2.50)
C A.D.J.M.V.
交 オルティージャ島に続く橋を渡りすぐ右の海沿い

ポルタ・マリーナ

P.298 A1

Porta Marina

13世紀に建築された建物でアーチ型の天井が特徴的なレストランで、店内はエレガントでクラシックな雰囲気。素材の味を生かした繊細な郷土料理が自慢。ワインの種類も豊富。

住 Via dei Candelai 35
☎ 093-122553
営 12:15～14:45、19:15～22:30
休 ㊊
予 €30～60(コペルト€2.50)、定食€40、55
C A.D.M.V.
交 マリーナ広場から1～2分

オステリア・ダ・マリアーノ

P.298 B2

Osteria da Mariano

アレトゥーザの泉近く、この町らしい細い路地に面したレストラン。気取らない雰囲気のなか、シラクーサの郷土料理が楽しめる。土地の味わいを盛り合わせたアンティパストや量もタップリのパスタ、魚料理がおすすめ。 できれば予約

住 Vicolo Zuccolà 9
☎ 0931-67444
営 12:00～15:00、19:00～23:00
休 ㊋
予 €18～30(コペルト€2.50)
C A.D.J.M.V.
交 アレトゥーザの泉から徒歩3分

★★★★ グランド・ホテル・オルティージャ

P.298 A1

Grand Hotel Ortigia

優美な内装の中に近代的な設備が配置された高級ホテル。イオニア海を目の前に、海岸通りへの散歩や、レストラン、ピッツェリアへ出かけるのにも最高のロケーション。ホテル専用船でビーチまで行く有料の海水浴パックのサービスがある。
URL www.grandhotelortigia.it

住 Viale Mazzini 12
☎ 0931-464600
Fax 0931-464611
SB €74/252 TB €133/385
JS €195/441
室 58室 朝食込み W-F
C A.D.J.M.V. 交 ポルタ・マリーナ広場 L.go Porta Marina からすぐ

★★★ ドムス・マリアエ

P.298 A2

Domus Mariae

旧市街の海岸近くにあり、観光にも食事にも便利。アンティークな雰囲気にあふれる内装。ウルスラ修道会による、小規模ながら清潔で快適なホテル。海側の部屋は早めに予約しよう。スパを併設したホテルも隣接。夏季はエステとセットになった宿泊プランもあり。

URL www.domusmariae.com
住 Via Vittorio Veneto 76
☎ 0931-24854
Fax 0931-468881
SB €59/275 TB €69/485
室 32室 朝食込み W-F
C A.D.J.M.V.
交 ドゥオーモから300m

★★★ グツコフスキー

Hotel Gutkowski

P.298 A2

✉オルティージャ島にあり、市場にも近く、旧市街の散策が楽しい。建物は古いものの、設備は新しくて快適。海に面した部屋は眺めがいい。
(兵庫県 シチリア周遊)['20]
URL www.guthotel.it

住 Lungomare Vittorini 26
☎ 0931-465861
Fax 0931-480505
SB €80/180 TB €90/210
休 12/2～2/23(12/26～12/31を除く)
室 12室 朝食込み W-F
C A.D.J.M.V.

★★★ ホテル・コモ

Hote Como

P.295 B1

fs駅前でプルマン乗り場も近く、ホテル前には駐車場も。建物は古いものの清潔で過ごしやすく、必要な物はすべて揃っている。スタッフも親切で感じがよい。
URL www.hotelcomosiracusa.com

住 Piazza Stazione Centrale, 12.
☎ 093-164055
Fax 093-1568009
SB €26.35/42
TB €34.85/65
室 18室 朝食込み W-F
C A.M.V. 交 シラクーサ駅前

※シラクーサの滞在税 ★～★★€1、★★★€1.50、★★★★€2、★★★★★€2.50、4泊まで。1～2月、11月は半額

シチリア 世界遺産 バロックの町を歩く

大地震から蘇った、広大な世界遺産「ノート渓谷のバロック都市」

階段の上に建てられたバロック様式の教会。崇高さを演出

1693年1月11日に発生した大地震により、ノート渓谷一帯はほぼ壊滅的な状態となった。これを機にこの一帯は、イエズス会の修道士であり建築家であったアンジェロ・イタリアAngelo Italiaの案をもとに、シラクーサ出身の建築家ロザリオ・ガリアルディRosario Gagliardiらにより再建され、後期バロック様式で統一された美しい町々として生まれ変わった。

カターニア(→P.286)、ノート(→P.302)、モディカ(→P.304)、ラグーザ(→P.306)、パラッツォロ・アクレイデ、ミリテッロ・イン・ヴァル・ディ・カターニア、シクリ(→P.311)、カルタジローネ(→P.312)。これらの町は芸術的、建築学的な水準が高く、都市計画の重要性を示唆していると同時に、他に例を見ない独創的な景観を作り出しているとして、世界遺産に登録された。

祭壇回りには、バロック特有の装飾、スタッコが用いられる

17〜18世紀に花開いたバロックの建築様式は「豪華絢爛」。多用される曲線は躍動感を生み、過剰ともいえる彫像が重量感を演出する。さらに周囲の建築物を取り込んだダイナミックさが特徴だ。道は真っすぐに延び、教会は崇高さを演出するように階段や斜面の上に建てられ、さながら巨大な舞台装置といえる。シチリアの強烈な太陽のもと、バロックの町々は光と影のコントラストが美しい。

丘や山の斜面を利用して町が再建されたノート渓谷のバロックの町(モディカ)

バロックの町の回り方

いずれの町も古代からの歴史が残り、バロック様式の建造物以外にも見どころが多い。とりわけ、カターニア、ラグーザは最低でも1泊2日。ノート、モディカ、カルタジローネも1日かけて回りたい。レンタカー利用でも、観光しながら8つの町を2〜3日で回ることはかなり難しい。また、プルマンは、朝と夕方に便が集中しているので、移動は計画的に事前に予定を立てよう。

世界遺産の登録から15年が経ち、主な建物の修復が終了した。美しいかつての姿を取り戻したバロックの町々は観光客であふれ、シチリアの観光スポットとして脚光を浴びている。夏や春秋の観光シーズンの宿泊予約は早めに。

✉レモンのグラニータが最高!!

イタリアでいろいろなジェラートを食べましたが、一番はレモン味!人工的な味は一切なく、今レモンを絞ったような酸っぱさとジューシーさで、どこで食べてもレモンのグラニータはおいしかったです。日本では味わえないレベルなのでご賞味あれ! (神奈川県 Hero '19)

ノート 世界遺産

Noto

バロック装飾の美しい小さな町

　1693年の大地震によって崩壊したノート・アンティカから南東に7km。再建工事には1世紀を要したという現在のノートの町は、バロック期の建築家**ロザリオ・ガリアルディ**と**ヴィンチェンツォ・シナトラ**の建物であふれている。碁盤の目状に走る通りに面し、または広場に、壮麗なバロックの教会や館が花を添える。イブレイ山地の緩やかな斜面を利用した町なので、建物の前には階段が多用され、まるで舞台の背景の中にいるような錯覚さえするバロックの町だ。

おもな見どころ

町を南北に貫く主要道路　MAP P.302 A・B1

ヴィットリオ・エマヌエーレ通りと市庁舎広場 ★★

Corso Vittorio Emanuele e Piazza del Municipio　コルソ・ヴィットリオ・エマヌエーレ・エ・ピアッツァ・デル・ムニーチピオ

ドゥチェツィオ館(市庁舎)

　レアーレ門を入ると、町一番の繁華街のヴィットリオ・エマヌエーレ大通り。バロックの建物が左右を飾り、広場が彩りを添える魅力的な通りだ。入ってすぐの右手階段上には**サン・フランチェスコ教会**。ノート・バロックを代表する建築家ヴィンチェンツォ・シナトラの設計。サルヴァトーレ修道院と教会の先には**カテドラーレ**。正面のV.シナトラの傑作、**ドゥチェツィオ館**(市庁舎)は、三方を回廊が囲み印象的だ。手前の**サンタ・キアーラ教会**と奥の広場に立つ**サン・ドメニコ教会**(傑作)は、ロザリオ・ガリアルディの設計だ。

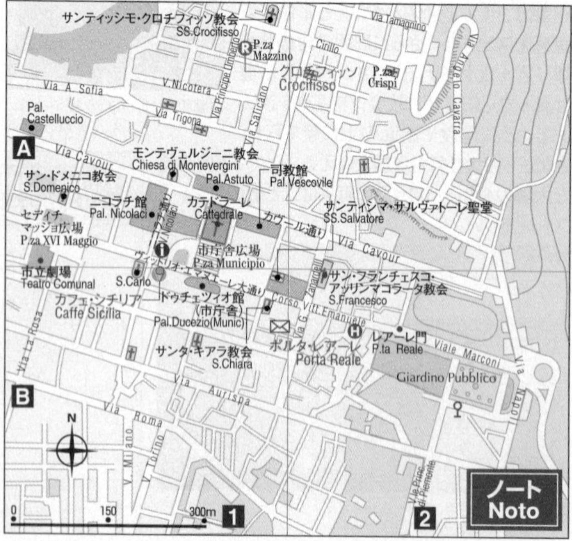

●郵便番号　96017

世界遺産

ノート渓谷の後期バロック都市(→P.301)
登録年2002年　文化遺産

ノートへの行き方

■鉄道：Rを利用
シラクーサから30〜40分(平日1〜3時間に1便、10:27〜13:30は運行なし。㊐㊗午前2便のみ、帰路の平日最終20:58)€4.20

■バス
シラクーサからASTで約1時間(平日のみ4便、8:00、13:40、14:30、17:30発)。

●ノートのi
住 Corso V.Emanuele 135
☎ 339-4816218
開 9:00〜18:00
㊐9:30〜12:30
休 ㊊
地 P.302 A1

●バスターミナル
Autostazione
AST社
住 Giardino Pubblico
地 P.302 B2

NAVIGATOR

　プルマンのバス停となっている市民公園Giardini Pubblico脇からマルコーニ通りViale Marconiを抜け、レアーレ門を入れば、旧市街が広がっている。レアーレ門から続くCorso V.Emanuele通りと平行するカヴール通りの間にほとんどの見どころが集中している。
　駅からは町へは約1km、徒歩で。

✉ プルマン利用が便利

　町は駅から離れているので、プルマンの利用が便利です。バスの停車する広場から町の入口のレアーレ門までは徒歩3分程度です。
（東京都　Nami)['20]

✉ おすすめスポット

　飴色のバロック教会が立ち並ぶ、とても美しい町です。新興貴族のニコラーチ邸も凝った装飾が必見です。町の中心にある**カフェ・シチリア**Caffe Siciliaは注文を受けてから作るカンノーロが絶品でした。
（東京都　munimaya　'16)

おもな行事

ニコラチ通りの花のじゅうたん(5月の第3日曜)
Infiorata di Via Nicolaci

3廊式の内部 MAP P.302 A1

カテドラーレ

Cattedrale　　カッテドラーレ

18世紀に建立され、1996年の地震により壊滅的に破壊され、2007年に長期の修復を終えて公開された。小さな町からは想像もつかないほどの堂々としたバロック様式の聖堂。両脇の鐘楼と広々とした階段がまさに舞台装置のよう。内部は広々とした3廊式。対面の市庁舎広場は、洗練されたバロック様式の優美な広場。

ダイナミックなカテドラーレと司教館

向かって右隣は、19世紀の立派な司教館。斜め向かいにある**サンティッシマ・サルヴァトーレ聖堂**の内部は、ノートで一番の美しさと称えられるバロック空間だ。

●カテドラーレ
開 9:00〜13:00
15:00〜20:00

ノート1の美しさ。
サルヴァトーレ聖堂内部

ニコラチ館の持送り装飾

花のじゅうたんでも有名 MAP P.302 A1

ニコラチ通り

★★

Via Nicolaci　　ヴィア・ニコラチ

緩やかな坂道、ニコラチ通り

ヴィットリオ・エマヌエーレ大通りからカヴール通りに延びる短い上り坂。バロックの邸宅が建ち並び、その軒下にはカフェが店開きする落ち着いた通り。左側の**ニコラチ館のバルコニー下の持送り**に注目。グロテスク模様のバロック彫刻がおもしろい。正面には、シナトラ設計の**モンテヴェルジーニ教会**。ファサードの凹凸が、通りの舞台背景のような美しい姿を見せている。

昼休みに注意

教会のオープン時間は10:00〜13:00、15:00〜18:00くらい。13:00〜15:00は、サンティシマ・サルヴァトーレ聖堂Ss.Salvatoreなどの一部を除いて休場となる。カフェやレストランなどでランチをとって、時間調整を。

RISTORANTE HOTEL　ノートのレストラン&ホテル

クロチフィッソ　P.302 A1

Ristorante Crocifisso

町で一番！とも評される「目で地球の色を感じ、舌で海の自由を味わう」がコンセプトのモダンでスタイリッシュなレストラン。コンセプト通り海鮮を中心に調理された料理は伝統を残しつつ、洗練されていて美味。ワインの種類も豊富で、スタッフにおすすめワインを聞くのも楽しい。　要予約

住 Via Principe Umberto 46/48
☎ 093-1571151
営 12:30〜14:15、19:30〜22:00
休 ㊌
予 €40〜80(コペルト€3)
C A.D.M.V.
交 カテドラーレから4〜5分

★★★★ ポルタ・レアーレ　P.302 B2

Hotel Porta Reale

レアーレ門近く、町の目抜き通りに建つプチホテル。室内は広々としていてモダンにまとめられて居心地がよい。朝食がサービスされる4階のテラスはバロックの町並みを見渡せるビューポイント。

URL www.hotelportareale.com

住 Corso Vittorio Emanuele 161
☎ 0931-839108
Fax 0931-1752058
TS €120/160　TB €190/230
室 10室　朝食込み W-Fi
休 11〜3月
C A.D.M.V.
交 レアーレ門から徒歩2分

※ノートの滞在税　B&B ★〜★★ €1　★★★〜★★★★★ €1.50　★★★★★ €2

●郵便番号　97015

モディカへの行き方

■鉄道
カターニアからRV+RなどでSiracusaで乗り換えて約3時間21分～約5時間。シラクーサからRで約1時間40分(5:36～10:27、10:28～14:10は1～5時間に1便)。

■バス
カターニアからASTで2時間20分(カターニア空港経由)、平日1日8便、㊐㊗1日6便
シラクーサからASTで2時間40分(ノート経由)、平日のみ1日4便、一部要乗り換え。

■車
パレルモ→A19→カターニア→A18→Rossolini→モディカ
カターニア→A18→SS514→モディカ

●モディカの❶
住 Corso Umberto I 141 Palazzo dell Cultura内
☎ 346-6558227
開 9:00～13:00
15:00～19:00
休 ㊐㊗　地 P.304 B

NAVIGATOR

プルマンのバスターミナルは町の北側(地 A外)。バスターミナルから続くウンベルト1世大通りは名物のチョコを売る店やカフェが並ぶにぎやかな通り。この道沿いにサン・ピエトロ教会、ほぼ対面の小道を入るとボナユート、その近くに❶もある。
駅は町の南側(地 B外)、旧市街の入口まで約1km。
町は丘に築かれ、高低差が大きく、階段や坂道が多い。歩きやすい靴で身軽に散策しよう。

名産チョコを
スペインがシチリアを支配した時代に持ち込まれたというモディカのチョコ。油脂分を加えないため、40℃でも溶けず、この地で伝統的に作られてきた。特に有名なのが**ボナユート**。1880年創業、売店の奥には工房もあり、作業の様子が眺められる。カウンターに並んださまざまなチョコや、唐辛子風味のチョコレートリキュールなどが味見ができるのもうれしい。

Antica Dolceria Bonajuto
住 Corso Umberto I 159
☎ 0932-941225
開 9:00～20:30
休 一部の㊗　地 P.304 B

モディカ
Modica

舞台装置のような町並みとチョコで知られる

イブレイ山地の斜面に高低差を持って広がるモディカ

チョコレートとバロックの町、モディカ。イブレイ山地の斜面にY字状に広がり、谷間のバッサと丘の上のアルタに2分される。

町の歴史は紀元前に遡り、シクリ人の町がその起源とされている。中世の伯爵領の時代には都市国家のような地位を築き、領地には100の教会を数えたという。丘に広がる町にはびっしりと建物が続き、踊り場のように開けた広場の先には威風堂々たるバロック様式の教会が建つ。自然の高低差をダイナミックに生かし、まさに舞台風景のような景観を作り上げている。

とりわけ、アルタの町の**サン・ジョルジョ教会**は見る者を圧倒するほどだ。また、サン・ジョヴァンニ・エヴァンジェリスタ教会近くの**ピッツォの見晴らし台**からはバロックで飾られた舞台を見下ろすような風景が広がる。

旅の最後はウンベルト1世通りへ。チョコレートショップやカフェが軒を連ねるにぎやかな通り。アステカ文明由来という昔ながらの製法にこだわったチョコを味わってみよう。

おもな見どころ

町一番の見どころ　MAP P.304 A

サン・ジョルジョ教会 ★★★
San Giorgio　サン・ジョルジョ

バロック一式に装飾された主祭壇が豪華

「バロック都市」の建設を牽引した、建築家**ロザリオ・ガリアルディ**による、搭を重ねたような斬新なファサードが特徴。高台に位置し、階段から見上げる姿はまさにひとつの舞台装置で**バロック様式の傑作**。内部には16～17世紀の祭壇画が残る。

●サン・ジョルジョ教会
住 Corso S. Giorgio
☎ 0932-941279
開 8:00～12:30
15:30～19:00

ガリアルディの代表作で、バロック様式の傑作

町の全景を手中に　MAP P.304 A

ピッツォの見晴らし台 ★★
Belvedere Pizzo　ベルヴェデーレ・ピッツォ

セピア色の
モディカの町を展望

サン・ジョヴァンニ・エヴァンジェリスタ教会横の階段を上がり、左に曲がって進むと住宅街のなかに突然開けた小さな広場がある。町を見下ろす展望台で、セピア色のバロックの町並みを手中に収めた気分にさせてくれる。健脚派は徒歩でも行くことができる。バスならS.Domenico教会近く、Via Litaのバス停から3番で。切符はタバッキなどで。

●サン・ピエトロ教会
住 Corso Umberto Ⅰ 120
☎ 0932-941074
開 ㊊～㊏ 9:00～12:45頃
15:30～19:15頃
㊐10:30、18:30のミサのみ
※夏季は変更の場合あり

●サンタ・マリア・ディ・ベトレム教会
住 Via Marchesa Tedeschi
開 ㊋～㊍ 9:00～12:30
15:30～19:00
㊊ 17:30～19:00
㊎㊏ 18:00～19:00

そのほかの見どころ

ウンベルト1世通りを
走るトレニーノ

通りの左右は駐車中の車でいっぱいの、町一番の目抜き通りが**ウンベルト1世通り**Corso Umberto I。この通り沿いにはバロック様式の教会が点在しているので、散策を。特に**サン・ピエトロ教会**San Pietroは階段上にあり、バロック様式の典型を示している。

その東にある**サンタ・マリア・ディ・ベトレム教会**Santa Maria di Betlemは、町の重要な教会のひとつ。4つの小さな教会跡に18世紀建設されたもので、**「秘跡の礼拝堂」**Cappella del Sacramentoは後期ゴシック・ロマネスクの様式の傑作。石に描かれた聖母像が飾られている。

「ドゥオーモ」と呼ばれる
サン・ピエトロ教会内部

RISTORANTE HOTEL モディカのレストラン＆ホテル

アックルシオ・レストラン
Accursio Ristorante　P.304 B

1つ星の小さな隠れ家的レストラン。美食を求め世界中を旅したシェフが伝えるシチリアの伝統と思い出のマンマの味、驚きと感動を召し上がれ。 要予約
住 Via Clemente Grimaldi, 41
☎ 093-2941689
営 12:30～14:30、19:30～22:00
休 ㊊、㊐昼、冬季～3月中旬
予 €70～150、定食€90、115、130　C A.D.M.V.
交 サン・ピエトロ教会から徒歩3～4分

★★★★ パラッツォ・ファイッラ
Hotel Palazzo Failla　P.304 A

クラシックで美しい邸宅ホテル。快適な設備と優雅な客室、おいしい朝食とゲストの満足度は高いが料金は良心的。小規模なホテルならではの気遣いとおもてなしがうれしい。
読者割引 3泊以上10%
URL www.palazzofailla.it
住 Via Blandini,
☎ 093-2941059
SB €59　TB €69/119
室 10室　朝食込み W-F
C A.M.V.　交 サン・ジョルジョ教会から車で4～5分

※モディカの滞在税　B&B ★～★★ €1　★★★～★★★★ €1.50　★★★★★ €2

ラグーザ 世界遺産

Ragusa

丘に広がるバロック都市

●郵便番号　97100

世界遺産

ノート渓谷の後期バロック都市(→P.301)
登録年2002年　文化遺産

ラグーザへの行き方

■鉄道
　シラクーサからfs線Rで約2時間。(平日1日4便、㊐㊗1便)
　ノートからfs線Rで約1時間30分。(平日30分～5時間に1便、㊐㊗6:12の早朝1便のみ)
　パレルモからRVで4時間26分～6時間51分。Caltanisetta Xirbiで要乗り換え。1日3便。

■バス
　パレルモからASTで4時間5分、平日1日4便(7:30、11:45、14:45、18:15発)、㊐㊗1日2便(8:45、18:15発)
　シラクーサからASTで3時間10分。平日のみ3便(8:00、14:30、17:30)、直通は14:30のみ
　モディカからASTで25分。平日のみ50分～2時間に1便

■車
シラクーサ→S115。

NAVIGATOR

　駅からイブラ地区までは市バスAST社の11番、1番(㊐㊗)、3番(㊏㊐夜間)で。またイタリア通り大聖堂横の停留所から同じ市内バスでイブラ地区へ下りていくこともできる。Via Zamaのバスターミナルからはバス33番(約1時間に1便)。
■バスの切符€1.20(90分有効)

●ラグーザのⓘ
住 Piazza San Giovanni
☎ 0932-684780
開 ㊊～㊎9:00～19:00
　㊏㊐9:00～14:00
地 P.306 A1

●イブラのⓘ
住 Piazza Repubblica
☎ 366-8742621
開 ㊊～㊎9:00～19:00
　㊏㊐9:00～14:00
地 P.306 A2

●バスターミナル
　Autostazione
駅前　AST社
市内バスAST-servizio urbano も同じ
住 Piazza del Popolo
地 P.306 B1

　華やかに装飾されたバロック様式の屋並みが続くラグーザ。険しいイブレイ山地の南斜面に、高低差のあるふたつの町が広がる。上の町と下の町を階段で結ぶスカラ通りからの眺望は、ため息が出るダイナミックさだ。

　標高502mのラグーザの起源は、3000年前に遡る。シチリアの先住民であるシクリ人が、ギリシア人による植民都市建設によって内陸部に押しやられ、彼らの築いた城壁が町の礎とされる。1693年の大地震によって旧市街(下の町)は壊滅的な被害にあったが、封建貴族たちによる町の再建は、シラクーサ出身の建築家ロザリオ・ガリアルディに委ねられ、今に続くバロックの町が誕生した。新市街(上の町)は、新興の貴族たちによって18世紀に築かれ、碁盤の目状に整備された町並みが今に残る。

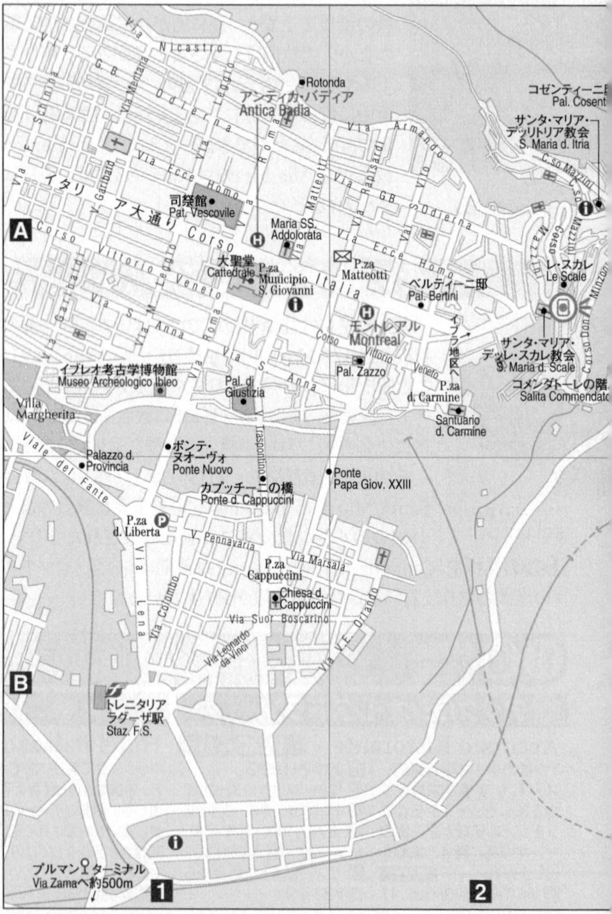

Rotonda
アンティカ・バディア Antica Badia
コゼンティーニ邸 Pal. Cosent
サンタ・マリア・デッリトリア教会 S. Maria d. Itria
司祭館 Pal. Vescovile
イタリア大通り Corso Italia
Maria SS. Addolorata
P.za Matteotti
大聖堂 Cattedrale
P.za Municipio S. Giovanni
レ・スカレ Le Scale
ベルティーニ邸 Pal. Bertini
モントレアル Montreal
イブラ地区へ
サンタ・マリア・デッレ・スカレ教会 S. Maria d. Scale
Pal. Zazzo
イブレオ考古学博物館 Museo Archeologico Ibleo
Pal. di Giustizia
P.za d. Carmine
コメンダトーレの階 Salita Commendato
Santuario d. Carmine
Villa Margherita
ポンテ・ヌオーヴォ Ponte Nuovo
Palazzo d. Provincia
カプッチーニの橋 Ponte d. Cappuccini
Ponte Papa Giov. XXIII
P.za d. Liberta
P.za Cappuccini
Chiesa d. Cappuccini
トレニタリア ラグーザ駅 Staz. F.S.
プルマン ターミナル Via Zamaへ約500m

おもな見どころ

上の町ラグーザ・スーペリオーレ　Ragusa Superiore

地震の後、都市計画により誕生した町並みで、言葉どおり上の町。丘の上に道路が碁盤の目状に並行に走り、大きな館が続く。

堂々たるバロック建築　MAP P.306 A1

大聖堂　★★
Cattedrale　カッテドラーレ

町の中心のサン・ジョヴァンニ広場を見下ろす堂々とした聖堂。18世紀に建立され、尖塔形の鐘楼が載る、堂々としたファサードが印象的だ。内部はスタッコで華やかに装飾されている。聖堂裏手にはバロック様式の美しい司祭館がある。イタリア通りに面した司教館付属の緑の中庭が美しい。

町の中心サン・ジョヴァンニ広場を見下ろす大聖堂

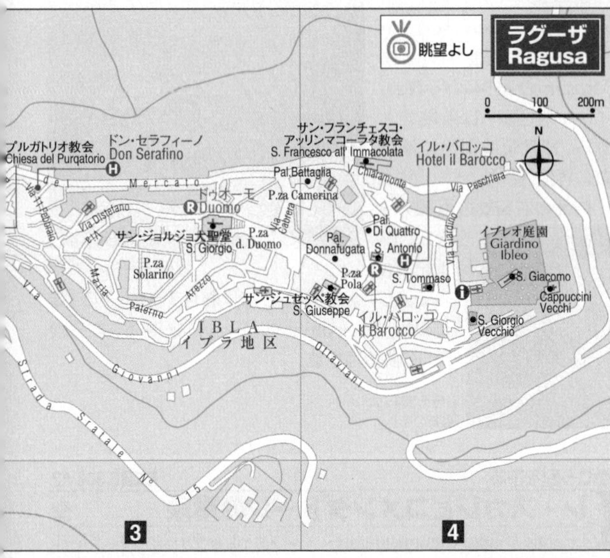

新旧の対比がおもしろい　MAP P.306 A1・2

イタリア大通りとローマ通り　★
Corso Italia / Via roma　コルソ・イタリア＆ヴィア・ローマ

ラグーザ・スーペリオーレ（上の町）の目抜き通りが**イタリア大通り**。後期バロック様式の邸宅が軒を連ねる。グロテスク様式の怪人面（三有力者）が窓を飾る、ベルティーニ邸がおもしろい。**ローマ通りは現在の繁華街**。カテドラーレからポンテ・ヌオーヴォに続く市民の憩いの場所だ。

カフェも多いローマ通り

おもな行事

聖ジョルジョの祭り(5月)
Festa di S. Giorgio

聖ジョヴァンニ・バッティスタ祭(8/27〜29)
Festa di S. Giovanni Battista

●大聖堂
住 Piazza S. Giovanni
☎ 0932-621599
開 10:00〜12:00
16:00〜19:00

ラグーザ観光のポイント

ラグーザでは邸宅や教会のバロック様式の外観見学が観光ポイント。徒歩で回るのが一番だが、町は意外に広く、イブラ地区を一周するだけでもかなりの時間がかかる。夏などは日差しも強く、疲れてしまう。そんなときは、スーペリオーレとイブラ地区を回るミニバスを利用しよう。イブラ地区入口やイブレオ公園前などに停留所がある。バスの通らないスーペリオーレとイブラを結ぶ階段からの眺めもすばらしいので、途中下車するか、帰りの便だけを利用するのがおすすめ。

バロックの花

バロック様式の特徴のひとつは、奇想天外ともいえる数々の彫像だ。町を歩いているといたるところで目にする。特に注目したいのは、コゼンティーニ邸Palazzo Cosentiniとベルティーニ邸Bertini。コゼンティーニ邸は、天使にも見える首をかしげる人物像をはじめ、動物や植物などで華やかに飾られたバルコニーがある。コゼンティーニ邸は大きな3つの怪人面が飾る。彫像は『三有力者Trepotenti』とも呼ばれ、大きな鼻の持ち主は何も所有しないがゆえに何も奪われることがない人、中央の風格のある容貌は貴族、口ひげの男は商人。貧困と富の間に社会の中心である貴族が鎮座する構図だ。

●イブレオ考古学博物館
住 Via Natalelli 11
☎ 0932-622963
開 9:00〜13:30
16:30〜19:30
休 1/1、12/25
料 無料
※駐車場の建物続きに入口あり

●サンタ・マリア・デッレ・スカレ教会
住 Corso Mazzini
☎ 0932-621967
開 10:00〜13:00
15:00(6〜9月16:00)〜20:00

✉ ラグーザへの鉄道

とても本数が少ないながらシラクーサ発、ラグーザ行きがあります。列車でモディカを通過し、ループトンネルを出た後右側にイブラとラグーザ・インフェリオーレがまるで山の中で空飛ぶ町のように目に飛び込んできます! シャッターチャンス!!

(三重県 イタじい)

✉ プルマンのバスターミナルから中心街へ

バスターミナルは町の南のVia Zama沿いにあります。市バスのターミナルも併設され、31番、35番 左回り(CIRCOLARE SINISTRA)が、fs駅前のポポロ広場、イタリア大通りを経由してスーペリオーレとを結んでいます。私たちは「Centro中心街」の標識を頼りにリベルタ広場まで約30分かけて歩きました。

(埼玉県 大石慎一郎)

バスターミナルは地図P.306 B1の端から約500mです。地図上の「バスターミナルへ」の表記地点から少し南へ下り、右に曲がって次の道を左折すると正面にあります。ラグーザ駅からでも1km程度で、軽く歩けました。

バスターミナルからのバスは33番以外にも頻繁にありました。 (千葉県 やすこ)

✉ ラグーザの歩き方

町全体が急斜面に広がっています。まずはホテルに荷物を置いて、身軽な格好で散策を。

(東京都 munimaya '16)

美食の地、ラグーザ

ミシュランの星付きが3軒あるラグーザの町。ぜひ1日は美食を楽しみたい。おすすめは2つ星でランチの定食が充実したドゥオーモ(→P.310)。他には1つ星のロカンダ・ドン・セラフィーノ(→P.310)や同じく1つ星のLa Fenice (Hotel Villa Carlotta内 URL www.villacarlottahotel.com)。いずれも予約をして出かけよう。

先史時代からの町の歴史を伝える MAP P.306 A1

イブレオ考古学博物館 ★

Museo Archeologico Ibleo ムゼオ・アルケオロジコ・イブレオ

陶器コレクションが充実

ヌオーヴォ橋の手前にあるエレベーターで下に降りると博物館の道に出る。市民のボランティアによって運営されているが、先史時代から、シクリ、ギリシア、ローマ期に分かれた6つの展示室が充実。ラグーザ県の発掘出土品を主に展示し、当地で生産された陶器類と輸入の陶器の対比がおもしろい。ローマ時代の床モザイクやガラスの展示品も。

前庭からの眺めがすばらしい! MAP P.306 A2

サンタ・マリア・デッレ・スカレ教会 ★★

S. Maria delle Scale サンタ・マリア・デッレ・スカレ

新市街とイブラ地区を結ぶ、曲がりくねった坂道マッツィーニ大通りCorso Mazziniの途中にある教会。イブラ地区からは階段で上れる。12世紀の創建で地震後に再建された。

スカレ教会とイブラの町

内部の右側廊の連続アーチは、15世紀のもので美しい。第3礼拝堂には彩色テラコッタの「聖母の死」Transito della Vergineがある。教会前からの眺めは絶景。

彩色テラコッタ「聖母の死」

急こう配を下る MAP P.306 A2

レ・スカレとコメンダトーレの階段 ★

Le scale / Salita Commendatore レ・スカーレ&サリータ・コメンダトーレ

コゼンティーニ邸の持送りに注目!

S.M.デッレ・スカレ教会から、イブラに下る階段は、レ・スカレと呼ばれる。通り名は、Via Scala。急こう配で下る階段の途中では、ラグーザのバロックを代表する建物に出会える。カンチェッレリーア館Palazzo del Cancelleriaのある踊り場から下ると、コメンダトーレの階段。脇にはバロック装飾がおもしろいコゼンティーニ邸Palazzo Cosentiniが建つ。新旧市街を結ぶレプッブリカ広場Piazza della Repubblicaはその先すぐだ。

「三有力者」と呼ばれる彫刻

下の町イブラ　ラグーザ・インフェリオーレ
Ibra/ Ragusa Inferiore

イブラの基礎はシチリアの語源となった古代イタリアのシクリ人が築いたといわれ、地震の後、バロック様式の建物が建てられたが地震以前の建物も利用されているので、町並みに中世の面影を残している。

シチリア・バロックの傑作　MAP P.307 A3

サン・ジョルジョ大聖堂　★★★
San Giorgio　サン・ジョルジョ

内部は美しく華やかなバロック空間

階段の上に堂々とそびえ、バロック建築の傑作のひとつに上げられる聖堂で、1775年に完成された。3層になって列柱が天に向かい、その中心に19世紀の鐘楼が載り、周囲を聖人像が見守る。この教会を設計したロザリオ・ガリアルディは、地震の後、美しいバロックの町としての都市計画を担った人物のひとり。彼の理想を具現した教会だ。内部は40mの高さを誇るクーポラから光があふれ、町の守護聖人の物語を描いた『サン・ジョルジョの殉教』の13枚のステンドグラスを映し出している。

ステンドグラスは聖人の物語

サン・ジョルジョ大聖堂は、ドゥオーモDuomoとも呼ばれるイブラの中心的な教会。ドゥオーモ広場を下ったポーラ広場Piazza Polaには、R.ガリアルディと彼の工房が手掛けた、サン・ジュゼッペ教会S.Giuseppeがある。小さな教会だが躍動感あるバロック様式のファサードと、スタッコ細工で飾られた内部が愛らしい。

教会がたたずむ、眺めのよい公園　MAP P.307 A4

イブレオ庭園　★★
Giardino Ibleo　ジャルディーノ・イブレオ

テラスからは絶景が広がる

イブラ地区の東端に位置する、よく整備された市民公園。テラスからは周囲の山々やイルミニオ川の絶景が望める。

公園の入口手前にあるのは、14世紀のサン・ジョルジョ・ヴェッキオ教会S. Giorgio Vecchioの入口の遺構。龍と闘うサン・ジョルジョ像とアラゴン家の鷲の紋章の彫刻が美しい。公園内には、バロック様式の鐘楼が残るサン・ジャコモ教会と14世紀のマヨルカ焼の鐘楼が残るサン・ドメニコ教会がある。庭園奥には、小さなふたつの鐘楼とコリント式の付け柱がファサードを飾るカップチーニ・ヴェッキ教会Cappuccini Vecchiがある。主祭壇には17世紀のシチリア絵画を代表するピエトロ・ノヴェッリ(モンレアレーゼ)の祭壇画が収められている。

手入れが行き届き緑がすがすがしいイブレオ庭園

サン・ジョルジョ大聖堂

●サン・ジョルジョ大聖堂
開 10:00〜12:30
　16:00〜18:30
休 ㊋午前
※入口は正面左の階段を上った突き当たり右側。

サン・ジュゼッペ教会

●サン・ジュゼッペ教会
開 9:00〜12:00
　15:00〜19:00

ぜひ歩いてみよう

高台の町の東端に位置するサンタ・マリア・デッレ・スカレ教会S. M. delle Scaleから、300段もの急な階段がイブラの町へ向かう。途中のプルガトリオ教会前からはイブラの町が一望できる。このまま階段を下ればイブラへといたる。

バロックに疲れたら、スーペリオーレの大聖堂裏からVia Romaへ。このあたりは近代的な雰囲気でおしゃれな店が多い。遊歩道にはベンチが点在し、町の人の憩いの場でもあり、ラグーザの隠れたスポット。

スカラ通りを上る

その他の見どころ

健脚派であれば、イブラ地区から新市街へは**スカラ通りVia Scala**を上ってみたい。途中から眺めるイブラの町は、谷に挟まれ重層的で、町自体の景観がバロック的だ。S.M.デッレ・スカレ教会からの眺めとともに、レプッブリカ広場を上がったところにある**プルガトリオ教会Chiesa di Purgatorio**からの眺めもすばらしい。

RISTORANTE HOTEL ラグーザのレストラン＆ホテル

ドゥオーモ　P.307 A3

Ristorante Duomo

ラグーザに訪れたら一度は訪れたいレストラン。名物シェフ、チッチョ氏によるミシュラン2つ星レストラン。伝統も大切にしつつ、斬新でユニークな料理は秀逸。ランチの定食コースは満足度がとても高く、お手頃と人気。　できれば予約

住 Via Capitano Bocchieri, 31
☎ 093-2651265
営 12:30～14:30、19:30～21:30
休 ㊐、㊊昼、1/7～2月末
予 €80～130、定食€50、165(サービス料10%)
C A.D.J.M.V.
交 サン・ジョルジョ聖堂から2～3分

イル・バロッコ　P.307 A4

Ristorante Il Barocco

郷土料理、イタリア料理全般が食べられる、バロック様式の建物の中にあるレストラン。ラグーザ名物のラビオリのパスタRavioli di Ricotta alla Ragusanaや、肉のローストと野菜の盛り合わせPiatto Baroccoがおすすめ。　できれば予約

住 Via Orfanotrofio 27/29
☎ 0932-652397
営 12:30～14:45、19:00～23:30
休 ㊌、冬季1ヵ月
予 €22～50(コペルト€2)
C A.D.M.V.
交 ポーラ広場から1分

★★★★★ アンティカ・バディア　P.306 A1

Antica Badia

大聖堂のすぐ近く、18世紀の邸宅を改装したエレガントなホテル。アンティーク家具が配された客室は優雅な雰囲気で設備は最新。スパ、レストランも併設。

URL www.anticabadia.com

住 Corso Italia 115/121
☎ 0932-247995
Fax 0932-1838002
SB €99/129
TB €109/149
SU €159/219
室 12室　朝食込み W-F
C A.D.M.V.

★★★★ ロカンダ・ドン・セラフィーノ　P.307 A3

Hotel Locanda Don Serafino

イブラ地区にある19世紀の邸宅を改装したプチホテル。やや離れてある同名のレストランはミシュランの1つ星。星付きレストランが3軒あるこの町では、美食を楽しもう。

Low 1～3月、1/1～7/12、11/12～12/21

URL www.locandadonserafino.it
住 Via Ⅺ Febbraio 15
☎ 0932-220065
Fax 0932-1850309
SB €100/140
TB €120/160
室 11室　朝食込み W-F
休 2月上旬2週間　C A.M.V.

★★★ イル・バロッコ　P.307 A4

Il Barocco

✉ラグーザらしい小さいながらも快適なホテルです。近くにはおいしいレストランやジェラート屋さんも充実。11番バスでイブレオ庭園の次のバス停で降りて50m。
(三重県　イタじい)['20]

URL www.ilbarocco.it
住 Via Santa Maria la Nuova 1
☎ 0932-663105
SB €50～　TB €60～
朝食込み W-F
休 冬季休暇あり　C A.M.V.

★★★ ホテル・モントレアル　P.306 A2

Hotel Montreal

カテドラーレからすぐの好立地。鮮やかなオレンジ色が目印のシンプルで清潔な中規模ホテル。ビュッフェ式の朝食もおいしいと評判。地下には広い駐車場がありレンタカー派にも。

URL www.montrealhotel.it
住 Via San Giuseppe 14
☎ 093-2621133
SB €40/88　TB €51/132
室 50室　朝食込み W-F
C A.M.V.
交 カテドラーレから3～4分

※ラグーザの滞在税　YH★ €0.50、★★€0.75、★★★€1、★★★★€1.50、★★★★★€2.50　7泊まで。12歳以下、1/15～3/15、10/1～12/15は免除

バロック都市そのほかの町 世界遺産

Altri luoghi di Barocco

■パラッツォロ・アクレイデ Palazzolo Acreide

紀元前7世紀にギリシア人が建設した町で、郊外にはギリシア劇場をはじめとする古代都市「アクライ」の遺跡が残ることで知られている。町の規模は小さく、観光客の姿も少ない。町の中心に建つサン・セバスティアーノ教会San Sebastianoは、豪華で端正な姿が印象的だ。坂を下ったサン・パオロ教会San Paoloは躍動的な塔で飾られ、アンヌンツィアータ教会Annunziataはら旋のファサードが美しい。

町の人の集う広場に建つ、18世紀に再建されたサン・セバスティアーノ教会

■ミリテッロ・イン・ヴァル・ディ・カターニア Militello in Val di Catania

見どころはほぼ町の中心に集まり、バロック様式も建物もどこか小ぢんまりとした印象だ。この町はモディカ同様に中世には伯爵領として栄え、多くの宗教施設や邸宅が建設された。大地震後、町は旧市街を中心に北西側へと発展した。左右に階段が続くマードレ教会Chiesa di Madre、手前の広場と付属の鐘楼が印象的な空間を構成するサンタ・マリア・デッラ・ステッラ聖所祈念堂Santuario de Santa Maria della Stellaなどが見どころだ。

イブレイ山地の山間の町、ミリテッロ・イン・ヴァル・ディ・カターニア遠望

■シクリ Scicli

岩がちな丘に挟まれた小さな集落で、周囲の断崖にはかつて人が住んでいたという洞窟がポッカリと口を開けている。この町の中心は緑がバロック様式の建物にアクセントを添えるイタリア広場Piazza Italia。この広場に面して建つサンティニャーツィオ教会Sant'Ignazioをはじめ、サンタ・テレーザ教会Santa Teresa、サン・バルトロメオ教会San Bartolomeoなどがバロック様式で建てられている。バロック様式の邸宅建築を代表するベネヴェンターノ宮Palazzo Beneventanoへも足を運ぼう。

「バロックの小さな宝石」と称されるシクリ。サン・マッテオの丘からの眺め

バロックの各町への行き方

パラッツォロ・アクレイデへ

■バス

シラクーサからASTで所要1時間15分。平日のみ1日10便、1～2時間に1便。

カターニアからASTで所要2時間15分。平日のみ1日6便、1～2時間に1便。一部途中乗り換えあり。

■車

シラクーサ→SP14→SS287

ミリテッロ・イン・ヴァル・ディ・カターニアへ

■バス

カターニアからINTERBUSで所要1時間5分。平日1日12便、㊐㊗2便

■車

カターニア→SS417

シクリへ

■バス

カターニアからASTで所要3時間（モディカ経由）、平日1日7便、㊐㊗4便、一部途中乗り換えあり。

■車

カターニア→SS114/E45→SS115→SS194

バスの時刻表は下記で検索可

AST社

URL www.aziendasicilianatrasporti.it

INTERBUS社

URL www.interbus.it/Orarietariffe

カルタジローネ 世界遺産 *Caltagirone*

高貴な陶器細工の町

●郵便番号	95041

世界遺産

ノート渓谷の後期バロック都市(→P.301)
登録年2002年　文化遺産

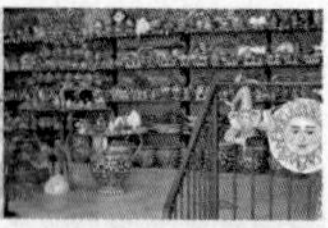

●カルタジローネのⓘ
住 Via Duomo 15
☎ 0933-490836
開 8:00～14:30
　㊌㊍15:00～18:30
休 ㊐㊗
地 P.312 A1
　スカーラ下の広場。

駅から町へ
　バス1番で約5分。
バスの切符、1回券€1.20。(90分有効)

●バスターミナル Autostazione
住 Stazione F.S
☎ 0933-57490
地 P.312　B2
　駅を背に右横のターミナル。

●郵便局　Posta
住 Via Vittorio Emanuele
地 P.312 A1

SHOPPING

陶器やテラコッタ人形

標高608m、3つの丘の上に広がるカルタジローネ。世界遺産に登録された**バロック都市**であり、また**陶器の町**として名高い。町歩きの途中、橋の欄干、公園のテラス、建物の壁……と、町のいたるところで色付けされた陶製のタイルの鮮やかさに目を奪われる。とりわけ町の中心から高台の教会へと向かう、陶器で飾られた142段の大階段＝**スカーラ**は有名だ。聖ジャコモの祭り(7/24～7/25。8/14～8/15)にはイルミネーションで輝き、5月には鉢植えで飾られて、より魅力的な姿を見せる。

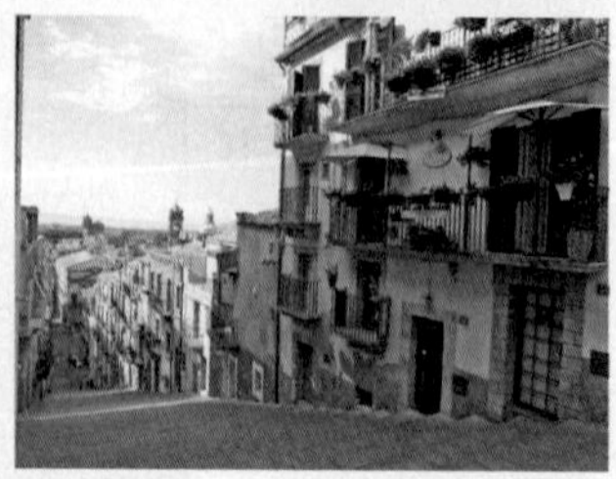

スカーラから町を見下ろす

陶器作りの歴史は古く先史時代に遡り、イスラム支配の時代に、ここに城を築いたアラブ人により**マヨルカ焼**の技法がもたらされたという。マヨルカ焼はイタリア各地で見られるが、カルタジローネ陶器の特徴は草木をモチーフにした古典的な絵柄と青・緑・黄の色彩だ。大階段の両端には、職人が働く工房を併設した陶器店がいくつも並ぶので、ゆっくり階段を上りながら、品定めをするのも楽しい。

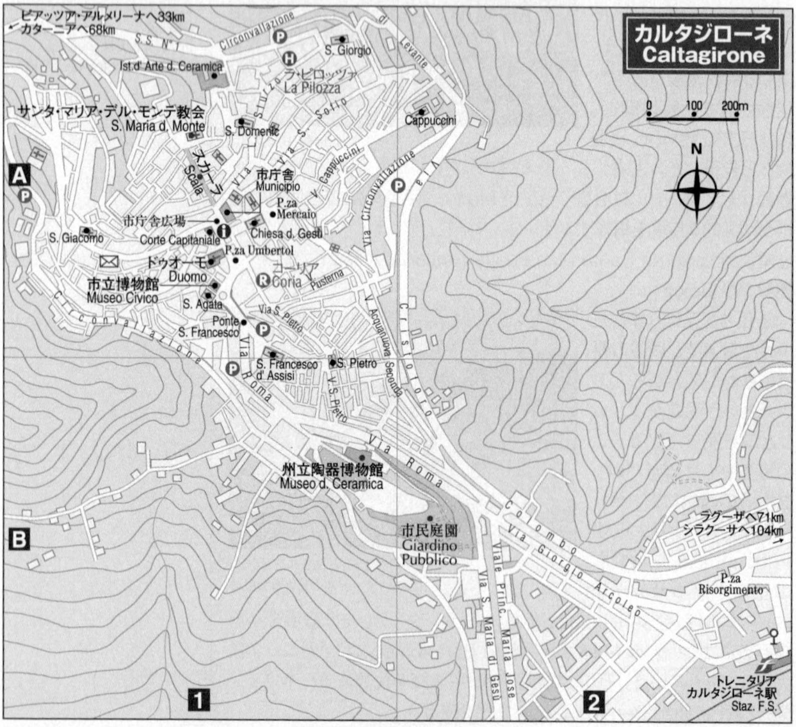

カルタジローネ
Caltagirone
ピアッツァ・アルメリーナへ33km
カターニアへ68km
S. S. N°1
Circonvallazione
S. Giorgio
Ist.d' Arte d. Ceramica
ラ・ピロッツァ
La Pilozza
Levante
サンタ・マリア・デル・モンテ教会
S. Maria d. Monte
S. Domenic
Cappuccini
スカーラ
Scala
市庁舎
Municipio
P.za Mercaio
V. Cappuccini
Via Circonvallazione
市庁舎広場
S. Giacomo
Corte Capitaniale
Chiesa d. Gesù
P.za Umberto I
ドゥオーモ
Duomo
コーリア
Coria
Pusterna
市立博物館
Museo Civico
S. Agata
Via S. Pietro
Ponte
S. Francesco
Circonvallazione
Via Roma
S. Francesco d' Assisi
S. Pietro
V. Acquanuova Seconda
Cristoforo
V. S. Pietro
州立陶器博物館
Museo d. Ceramica
Via Roma
市民庭園
Giardino Pubblico
Colombo
Via Giorgio Arcoleo
Viale Princ. Maria Jose
Via S. Maria di Gesù
ラグーザへ71km
シラクーサへ104km
P.za Risorgimento
トレニタリア
カルタジローネ駅
Staz. F.S.
A
B
1
2
N
0
100
200m

おもな見どころ

2度の地震後に再建された　MAP P.312 A1

ドゥオーモ ★★

Duomo/Cattedrale di San Giuliano　ドゥオーモ／カテドラーレ・ディ・サン・ジュリアーノ

ウンベルト広場に建つ、ドゥオーモ

創建はノルマン時代ながら、2回の地震の後に再建された。ファサードや脇に建つ鐘楼は20世紀のもの。内部、左翼廊にはガジーニ派による17世紀の大理石像「聖母子」がある。ここから市庁舎広場へと続くドゥオーモ通りから大階段手前右に延びるストロッツィ通りにはバロック、アール・ヌーヴォー様式の建物が美しい。

陶器タイルの装飾が見事　MAP P.312 A1

市庁舎広場 ★★

Piazza del Municipio　ピアッツァ・デル・ムニーチピオ

市庁舎広場。奥にスカラが

大階段手前、バロック様式をはじめ、周囲にはアール・ヌーヴォー様式の建物も点在する美しい広場。広場の一角、ファサードがアーチを描く建物はガッレリア・ルイジ・ストロッツォGalleria Luigi Strozzo。バールが営業する内部はガランとした印象だが、かつての劇場で、壁面が**陶板タイル**で飾られている。

鮮やかな陶板はかつての劇場装飾

町のシンボルの大階段　MAP P.312 A1

スカーラとサンタ・マリア・デル・モンテ教会 ★★★

Scala / S.Maria del Monte　スカーラ／サンタ・マリア・デル・モンテ

タイルで装飾されたスカーラ

市庁舎広場近くからサンタ・マリア・デル・モンテ教会まで一直線に延びている**142段の大階段**で、この町のシンボル。階段は溶岩で造られ、蹴上がり部分が1段ごとに**モチーフが異なるタイルで装飾**され、遠目には美しいモザイクのようだ。急な階段の頂上からは旧市街を一望するすばらしい景色が広がる。

階段上に建つのはサンタ・マリア・デル・モンテ教会で、手前には陶器で飾られた小さな広場がある愛らしい風情だ。中央祭壇には町の人の信仰を集める、13世紀のコナドミニの聖母Madonna di Conadpminiがある。

S.M.デル・モンテ教会

カルタジローネへの行き方

■**鉄道**：Rを利用
カターニアから1時間34分(平日14:10、19:15、㊐㊗9:10、15:00発のみ)。

■**バス**
カターニア中央駅前ターミナルからカルタジローネ駅(駅を背に右横のターミナル)までASTで約1時間30分。平日30分～2時間に1便、㊐は減便。€6.40、往復€10。
カルタジローネ↔ピアッツァ・アルメリーナはAST社で1時間30分、平日のみ1日2便。カルタジローネ発6:30、11:00。ピアッツァ・アルメリーナ発8:10、14:00。

■**車**
カターニアからS417。ピアッツァ・アルメリーナからS124。ジェーラからS117。シラクーサからS124。

NAVIGATOR

駅やその脇のバスターミナルから旧市街へは約1.5km。徒歩またはバス1番で。旧市街の中心はウンベルト広場Piazza Umbertoとそこから続く市庁舎広場Piazza Municipio。ふたつの広場をつなぐドゥオーモ通りVia Duomoとウンベルト広場の角にドゥオーモが建つ。市庁舎広場の先に大階段が延びている。

車で
旧市街は細い路地が縦横に走り、ほぼ一方通行。一方通行に従えば、町への出入りは難しくない。ただ、地図で読み切れない一方通行や階段のため、目的の場所へたどりつくのは容易ではない。迷ったら町の人に聞いてみよう。
ウンベルト広場や市庁舎広場前に小さな駐車スペースはある。観光するなら、町を縁取るように置かれたⓅに駐車するのがベター。

●ドゥオーモ／カテドラーレ
住 Via Duomo 1
☎ 0933-24373
開 8:30～13:00
16:00～19:00

●スカーラ・ディ・サンタ・マリア・デル・モンテ教会
住 Largo Ex Matrice
☎ 0933-21712
開 11:00～12:30
16:00～18:00

おもな行事

聖ジャコモの祭り
(7月24～25日、8月14～15日)
Festa di S. Giacomo

●州立陶器博物館
住 Via Roma, Teatrino del Bonaiuto
☎ 0933-58418
開 9:00～18:30
㊐㊗10:00～18:30
休 1/1、12/25
料 €4
※毎月第1㊐は無料

マヨルカ焼で飾られた博物館 MAP P.312 B1

州立陶器博物館 ★★

Museo Regionale delle Ceramica ムゼオ・レジョナーレ・デッレ・チェラミカ

州立陶器博物館へは緑が美しい市民公園を抜けて行こう。市民の憩いの場であるこの公園の一角にある。中には先史時代から現代にいたるシチリアの陶器作品が7つのサロンに分けて展示してある。19世紀に作られたジャコモ・ボンジョヴァンニ・ヴァッカロGiacomo Bongiovanni Vaccaro作の庶民をモチーフにした心あたたまるテラコッタ人形は必見。

州立陶器博物館

『広場の農民』Contadini in Piazza、ジャコモとジョヴァンニ・ボンジョヴァンニ作。ボンジョヴァンニ家はこの地生まれの陶器職人の有名な一族

✉ 楽しい散歩道とバス

バス停や駅からスカーラまで、市民公園を抜け、陶器博物館などを見学しながら歩いて行ける距離です。帰りにバスに乗りたくなったら、バス停近くのキオスクで買っておかないと乗せてくれませんヨ。運転手さんは切符を買って来るまで待っていてくれました。
（宮崎県　meico　'17）

旧市街のホテルは?

旧市街にはホテルはなく、町のいたるところでB&Bの看板を見かける。大階段の横や石畳の小路にも多く、またB&Bには基本的にエレベーターはないので、宿泊するなら荷物は小さくまとめよう。ホテルは鉄道駅の南側にNHホテルなどがある。

緑と溶け込む陶器装飾の公園 MAP P.312 B1·2

市民庭園 ★★

Giardino Pubblico ジャルディーノ・プッブリコ

緑が続く、よく整備された公園。ローマ通りに面した柵の上には陶器の植木鉢が並び、公園の中央には陶板タイルで装飾された東屋風の音楽堂があり、陶器が町並みになじんだ、この町ならではの風景を作り出している。

市民庭園の壁の装飾がすてき

RISTORANTE HOTEL カルタジローネのレストラン&ホテル

リストランテ・コーリア P.312 A1

Ristorante Coria

ミシュラン1つ星。モダンでおしゃれな店内には特別な日を祝うゲストが集う。シチリアの郷土料理をベースにしたモダンな料理はどれも美味で盛り付けも美しい。ホスピタリティーの行き届いたサービスも心地よい。 できれば予約

住 Via Infermeria 24
☎ 0933-26596
営 12:30～14:30、19:30～22:30
休 夏季㊐、㊊昼、冬季㊐夜、㊊
予 €60～80(コペルト€3.50)、定食€90 C A.D.J.M.V.
交 ウンベルト広場から階段を下り1～2分

B&B ラ・ピロッツァ・インフィオラータ P.312 A1

La Pilozza Infiorata

旧市街にある古い邸宅をモダンに改装した、まだ新しいB&B。大理石のエントランスロビーや客室は明るく清潔で、趣味よくまとめられている。スタッフも親切で朝食も充実。

読者割引 2泊以上、6名以上の予約で10%
URL www.lapilozzainfiorata.com

住 Via Santissimo Salvatore 97
☎ 339-7352861/328-7029543
Fax 0933-22162
SB €45/55
TB €60/70
3B €80/95
室 6室　朝食込み W-F
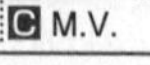
C M.V.

※カルタジローネの滞在税　1泊€0.50～1.50　2泊まで

ピアッツァ・アルメリーナ 世界遺産

Piazza Armerina

モザイクの町

シチリア内陸部、深い森と川に挟まれたピアッツァ・アルメリーナ。旧市街からさらに森のなかを5kmほど進むと、丘の上に緑に隠れるようにローマ帝政時代の大規模な豪邸＝**カサーレの古代ローマの別荘**がある。その床はほぼ一面モザイクで装飾され、延べ3000㎡という規模と芸術性はまさに驚きであり、現在も見られることが奇跡のよう。有名な「ビキニの乙女」や「大狩猟の間」など、多様性に富んだテーマも楽しく、長い絵巻物が目の前に広がるようだ。世界遺産指定を機に、大規模な修復と洗浄が行われ、2012年に公開が再開され、今もその作業が続いている。

おもな見どころ

バロック様式の教会 MAP 地図外

ドゥオーモ ★★

Duomo

ドゥオーモ

ドゥオーモ

カタロニア・ゴシック様式の教会があった場所に1604年にゴシック様式で再建された大きな教会。付属の塔の下部にかつての痕跡を見ることができる。内部はスタッコ装飾で飾られ、ガジーニ派による作品や15世紀の板絵の「磔刑」、17世紀の「聖母被昇天」などがある。右に建つのはバロック様式のトリゴーナ宮Palazzo Trigona（18世紀）で市立博物館が置かれている。

●郵便番号 94015

世界遺産

カサーレのヴィッラ・ロマーナ
登録年1997年 文化遺産

ピアッツァ・アルメリーナへの行き方

■バス

カターニア駅そばのバスターミナルからETNA社のラッドゥーサRaddusa行きで約1時間45分。

カターニア発 平日7:30、10:30、12:30、14:30、17:30（㈯・休暇期間運休）、19:30、㈰㈷10:30、19:30

帰路ピアッツァ・アルメリーナ発平日5:45、7:45、8:45（㈯・休暇期間運休）、10:45、13:45、16:45、㈰㈷7:45、16:45

€9.20、往復€14.80

※ピアッツァ・アルメリーナ発の最終便は早いので、乗り遅れないように。

URL www.etnatrasporti.it

エンナからSAIS社のバスで40分。平日6:55、8:25、12:15、12:30、13:15、14:10、14:35、17:45、㈯6:55、12:30、13:10、14:15、13:20、㈰㈷13:20のみ（学校期間Scolasticoは増便あり）。€3.60、往復€5.90

SAIS社

URL www.saisautolinee.it

■車

パレルモ→A19→SS117→SP15

カターニア→A19→Enna→SS117→SP15

✉冬はハイヤーで

ヴィッラ・ロマーナは見応え十分ですが、交通の不便な場所にあります。冬季はバスが運行しないので、カルタジローネに宿泊してハイヤーをチャーターするのが効率的かもしれません。
（東京都 munimaya '16）

●P.アルメリーナの🛈
住 Via Genrale Muscarà 47/A
☎ 0935-680201
開 7:45〜14:15
　㊌15:00〜18:30
休 ㊏㊐㊗
●ドゥオーモ
開 8:30〜12:00
　15:30〜18:30

NAVIGATOR

カサーレの古代ローマの別荘へは、SAVIT社の市内バスLinea Villabus線がファルコーネ・ボルセッリーノ広場P.za Falcone Borsellino(始発)から運行。モン・スタルツォ通りVia Mons SturzoのHotel Villa Romana前にもバス停あり。夏季(5/1〜9/30)のみの運行。始発地9:10、11:10、16:10発。Hotel Villa Romanaは9:13、11:13、16:13発。所要30分。切符€1.10、車内購入€1.30。
(帰り便)9:20、11:20、16:20
バスに途中乗車の場合は手を挙げて合図してから乗ろう。多くのプルマンのバス停となっているHotel Villa Romana前からの利用が便利。早めに通過することがあるので、余裕を持ってバス停へ。URL www.villaromanadelcasale.it→comearrivareに地図や行き方の情報あり。

床に広がるモザイクの一大絵巻

MAP P.316

カサーレの古代ローマの別荘 ☆☆☆

Villa Romana del Casale　ヴィッラ・ローマーナ・デル・カサーレ

広大な遺跡だ

4世紀頃に、大自然のなかで狩りを楽しむ別荘として建設され、入口には大浴場、右奥に食堂、中庭を中心に大小約40の部屋が連なる**広大な遺跡**だ。バジリカの前に大廊下が広がり、北側には主にプライベートな居室が続く。部屋の目的により、モザイクのテーマや技法が異なり、暮らしぶりを想像しながら見るとより楽しめる。

入口すぐが**浴場**で、冷浴室、微温浴室、高温浴室に分かれ、浴槽の底や床にはトリトンや魚の泳ぐ姿が描かれている(外から一部見られるが、入場不可)。入口の右奥、楕円形の中庭の先には、独立して食堂が置かれ床面には神話をテーマにしたモザイクがダイナミックに描かれている。

「オルフェウス」の部屋には琴を奏で、動物に歌いかけるアポロンの息子オルフェウスの神話の場面。**「ビキニの少女」の部屋**Sala dei Dieci Ragazze /Ragazze in Bikiniにはビキニを着て、円盤投げやボール競技に興じる10人の乙女の姿が描かれ、下段には月桂冠を頭に載せ、オリーブの枝を持つ勝者の姿がほほ笑ましい。

ひときわ大きな空間がバジリカBasilicaで、公式な儀式や謁見に用いられた場だが、モザイクは残るものの、ガランとした印象だ。左右

カサーレの古代ローマの別荘

に個室が続き、右側には海の怪物ナイアスとイルカに助けられた「アリオンの伝説」、「漁をする子供」、「エロスとパンの戦い」などが描かれている。バシリカの左には**「控えの間」**Vestiboloと**「寝室」**Cubicoloが続き、「控えの間」には洞窟の中で杯を傾ける**オデュッセウスとポリュペモス**、「寝室」は別名エロティックの間と呼ばれ、**抱き合うカップルの姿**が描かれている。

「ビキニの少女」のモザイクがほほ笑ましい

保存状態のよい寝室のモザイク

これらの手前に続く**「大狩猟」**の廊下Corridoio della Grande Cacciaが一番の見どころで、約65mもの長い廊下に、大絵巻が広がる。ジャングルでの狩猟の様子からガレー船への積み込み、盾を持つ剣闘士と猛獣との戦いの円形闘技場の場面まで描かれている。ライオン、トラ、ラクダ、象、牛車まで躍動感とリアリティのある場面は当時の様子を見ているようだ。この別荘の主は、ローマ帝政時代にイタリア各地で行われていた円形闘技場での猛獣狩りに使われた動物をアフリカから輸入して財を築いた人物とされており、この詳細な描写も納得だ。

「小さな狩り」の部屋Stanza della Piccola Cacciaは狩りに興じる人々が描かれ、中央には鳥を焼くシーンがあるのがおもしろい。

広大な敷地やシステマティックな浴場設備、さまざまなモザイクなど、遠い時代の暮らしが目の前によみがえるようだ。また、幾何学模様や結び目などのシンプルなモチーフ、陰影をつけたものなど、モザイクの構図や表現の違いも興味深い。

「大狩猟」の廊下の迫力がすごい

●カサーレの古代ローマの別荘
☎ 0935-680036
開 3月の最終㊐〜10月の最終㊏ 9:00〜18:00(閉場19:00) 10月の最終㊐〜3月の最終㊏ 9:00〜16:00(閉場17:00)
料 €10(第1㊐は無料)
※7〜8月の㊎㊏㊐は〜22:30(閉場23:30)の夜間開場の場合あり

歩きやすい靴で

バス停と駐車場

町からのバスは切符売り場近くに停車する。別荘の遺跡から一段下がった場所に広い駐車場があり、そこからは標識に沿って坂を上がると切符売り場。切符売り場から坂を下り、左へ回りこんだところが入口。

駐車場にはバールやおみやげ売り場(トイレなし)、遺跡手前にバール(トイレあり)がある。独立した有料トイレは、駐車場へ向かう道の途中の奥にある。

モザイクは通路から

遺跡全体は屋根で覆われ、やや高低差がある3つの平面で構成されている。見学通路は地上階と階上の渡り廊下に分かれ、そこからの見学。各所に案内板があるので、解説を読みながら進むと、理解を助けてくれる。速足で1時間30分〜2時間、じっくり見るなら半日は欲しい。

おもな行事

ノルマン人のパリオ
(8月13〜14日)
Palio dei Normanni

HOTEL

ピアッツァ・アルメリーナのホテル

★★ ホテル・モザイチ・ダ・バッティアート P.315 B1外

Hotel Mosaici da Battiato

カサーレの古代ローマの別荘の近く。ホテルの前にヴィッラ・ロマーナ・デル・カサーレ行きのバスも停車。町からはやや離れているものの、バールや郷土料理が味わえるレストランもあるので不便はない。

読者割引 3泊以上で5%

URL www.hotelmosaici.com
住 Contrada Paratore Casale 8
☎ 0935-685453
SB €40
TS TB €60
室 23室　朝食込み W-Fi
C M.V.
※滞在税€2

●郵便番号	94100

●エンナの🅘
住 Via Roma 413
☎ 0935-528228
開 8:00～14:00
地 P.318 A2

●エンナの🅘Proloco
住 Via Lombardia
ロンバルディア城内
☎ 340-1482641
地 P.318 A2

●バスターミナル
Autostazione
住 Viale Diaz
☎ 0935-500902
地 P.318 A1

●郵便局　Posta
住 Via Volta
地 P.318 A2

バスの切符
時間券　€1.20(90分有効)
車内購入　€1.50(1回乗り)

列車は時刻表の確認を
パレルモからは9:30～13:31、カターニャからは9:23～13:29は運行はない。['20]

NAVIGATOR

町は高台のAltaと西側に広がる新市街Bassaに分かれている。旧市街がAltaで見どころはここに集中している。fs駅は町から離れており、SAIS社のプルマンバスで約20分。プルマンバスはバスターミナルからの発着で、バスターミナルは新市街と旧市街の中間辺りにある。旧市街へはやや距離があるので、バス1番Linee 1で向かおう。バス1番は旧市街をグルリと巡回する。

エンナ
Enna

シチリアの真ん中にそびえる町

対面の町、カラシベッタ遠望

標高931m、**「シチリアの展望台」**の異名を持つエンナは、シチリア北東部の交通の要所だ。カターニアからパレルモに抜ける高速道路が町の下を通り、南に下ればバロックの町々。豊かな穀倉地帯の中心であり、それゆえギリシア、イスラム、ノルマン、フリードリッヒ2世の支配と複雑な歴史を強いられた。町の西に新市街バッサBassaが、見どころの旧市街アルタAltaはひっそりと町の東に広がる。ドゥオーモの北を走るViale C.Savocaからは、断崖の上に中世の都市構造を今に残す**カラシベッタ**Calascibettaの町を眼下にできる。

エンナへの行き方

鉄道で行くには
●パレルモ→エンナ　fs線　RV(直通)　1時間50分(平日7便、㊐㊗4便)
●カターニア→エンナ　fs線　R　約1時間10分～1時間30分(約1時間間隔)
●アグリジェント→エンナ　fs線　R　約2時間30分～3時間30分
(Caltanissetta Xirbiなどで乗り換え:1日2～6便、㊐㊗は早朝と夕方のみ)

バスで行くには
●パレルモ→エンナ　SAIS　2時間20分(㊊～㊎2便㊊～㊎6:00、11:30発、㊐㊗1便11:00発)　€10.30、同日往復€16.40
●カターニア→エンナ　SAIS　約1時間30分(平日1日8～10便、㊏6便、㊐㊗3便)　€8、同日往復€12.70
●ピアッツァ・アルメリーナ→エンナ　SAIS　1時間45分(平日のみ9便)
€3.60、往復€5.90

車で行くには
●パレルモ→(A20/A19)→エンナ
●カターニア→(A19)→エンナ
●アグリジェント→(S640/S122/S117)→エンナ

おもな見どころ

支配者たちが築き続けた MAP P.318 A2

ロンバルディア城 ★★
Castello di Lombardia
カステッロ・ディ・ロンバルディア

町の歴史を語る城

町の歴史を語る上ではずせない見どころ。アラブ人が築き、ノルマン人が強化した要塞の跡にフリードリッヒ2世が築城。その後アラゴン家のフェデリコ3世が改造して居城とした。城からはシチリア内陸部の印象的な光景が見渡せる。中には3つの中庭や塔が残る。

町の歴史を語る内部は必訪 MAP P.318 A2

ドゥオーモ ★★
Duomo
ドゥオーモ

14世紀の創建だが、16世紀に改修。ファサードはがっちりしたバロック風だ。内部は、溶岩でできた円柱に支えられた三廊式。**木製の天井や持送りの細工**の見事さに感嘆する。16世紀の**木製聖歌隊席**もすばらしい。内陣右手は町の守護聖人、ご訪問の聖母像を祀る「聖母訪問の礼拝堂」。堂内は重厚なバロック空間に満ち、町の歴史の重みを実感する。

三廊式の内部

その他の見どころ

考古学博物館

エンナ県内で発掘された出土品を展示する**考古学博物館**Museo Archeologicoでは、ネクロポリからの副葬品に注目。ドゥオーモ隣のアレッシ博物館には、17世紀の宝石をちりばめた七宝装飾の宝冠などミサ用の貴重な品々がある（2019年休館）。町の南西にある公園には、八角形の**フリードリッヒ2世の塔**Torre di Federico Ⅱがそびえる。

●ロンバルディア城
開 5～10月　10:00～20:00
　11～2月　10:00～17:00
　3～4月　10:00～18:00
料 無料
休 一部の㊗

✉ **アウトレットへ**
シチリアに唯一のアウトレットショッピングモールがエンナの近くにあります。GUCCI、COACH、PRADA、ARMANIなど日本でも人気のブランドがずらり。ちょっと行きにくいのが難点ですが、日本よりも安く手に入るので時間があれば寄ってみるとよさそう。車か町からはバスです。
（神奈川県　Hero　'19）
SICILIA OUTLET VILLAGE
URL //www.siciliaoutletvillage.com/en

●ドゥオーモ
開 9:00～13:00
　16:00～19:00
休 ㊊

堂々としたバロック様式

おもな行事
聖母ご訪問の祝日（7月2日）
Festa di Maria SS. della Visitazione

RISTORANTE HOTEL エンナのレストラン＆ホテル

アリストン
Ristorante Ariston P.318 A2

郷土料理、イタリア料理全般が楽しめるレストラン兼ピッツェリア。肉・魚料理、手作りパスタ、ピッツァなど料理も豊富。店内は明るくモダンな雰囲気。町の人が集う店。

住 Piazza Napoleone Colajanni 6
☎ 0935-26038
営 12:30～15:00、19:30～23:00
休 ㊋　予 €30～70(コペルト€2)、定食€45
C D.M.V.　交 ヴィットリオ・エマヌエーレ広場から5分

★★★ ブリストル
Hotel Bristol P.318 A1

近年の改装で明るくモダンに生まれ変わった家族経営のホテル。旧市街の高台にあり、町を見下ろすバルコニー付きの部屋もある。朝食も充実。スタッフも親切。
URL www.hotelbristolenna.com

住 Piazza Ghieleri 13
☎ 0935-24415
SS €35～　TS €60～
室 30室　朝食込み W-Fi
C A.D.M.V.
交 ヴィットリオ・エマヌエーレ広場から3分

アグリジェント 世界遺産 Agrigento

壮大な神殿群の残る町

●郵便番号　92100

世界遺産

アグリジェントの考古学地域
登録年1997年　文化遺産

●アグリジェントの❶
Servizio Turistico Regionale
住 Via Empedocle 73
☎ 0922-20391
開 8:00〜14:00
休 ㊏㊐
地 P.321 A2
駅から線路沿いに600mほど戻った所、建物の2階。
※中央駅ホームそば、神殿の谷の切符売り場そばにもインフォ・ポイントあり

鉄道利用が便利

パレルモ中央駅からRで約2時間(切符€9)。通勤列車として利用されているまだ新しい列車(トイレあり)で、ほぼ1時間に1便の運行(ただし運行のない時間帯があるので注意。右記参照)。途中で切り離しがあるので、進行方向の前方2両に乗車しよう。終点の中央駅で下車したら、ホームを背に右の階段を上がる。途中にバールがあり、ここで市バスの切符を販売。帰りの分も購入しておこう。駅を出て、広場を横切ると道路に突き当たり、そこに神殿行きのバスのバス停がある。バスは1、1/、3/などに乗車。

神殿の谷入口のバス停はサンタンナSant'Anna、ポルタ・クイントPorta V (Quinto)で、ここに広い駐車場がある。切符売り場は各種売店などの先にある。

出入口は他にジュノーネ・ラチニア(ヘラ)神殿の下にもあるが、ここはバスの通行が少ない。出口のみ、エルコレ(ヘラクレス神殿)を下った場所にあるので帰りはここから出るのもよい(バールのある通りを下ると以前の入口だった場所に出る)。バス停はないが、道路脇からバスに乗車できるので、手を挙げて乗車の意思を示して乗ろう。

夕方にはアグリジェント駅の切符窓口は閉まる。自動券売機はあるが、心配ならパレルモ駅で往復の切符の購入を。

ジュノーネ・ラチニア神殿に登る途中の坂道から眺めるコンコルディア神殿。周囲の緑との調和が美しい

ギリシアの大叙情詩人ピンダロスが「世界で最も美しい」と謳い上げた、アグリジェント。遠くに海を臨む高台に神殿が点在する姿は、まさに古代ギリシア。遥か遠い時代にタイムスリップした気分にさせてくれる。神殿が築かれ、繁栄を極めた時代には30万人が暮らしたといわれ、神殿の傍らに座り、海を眺めていると遠い古代人のさざめきが聞こえるよう。

緑が広がる公園内には春にはアーモンドの花、夏には夾竹桃が咲き誇り、緩やかな坂道の上に神殿はまるで舞台装置のように浮かび上がる。時には振り返り、この美しいたたずまいをゆっくりと楽しもう。

中世・近世地区にある駅近くには南イタリアらしい緑深い庭園が広がり、夕暮れ時のカフェは町の人の憩いの場だ。さらに道を進むと、町は高台に中世の町並みが網の目状に広がり、善くも悪くも南イタリアらしい風景を作りあげている。

神殿の谷と呼ばれる地域には、中央駅からバス1、1/、3/番が連絡する。中央駅から約10分。左に見える大きな駐車場が目印だが、下車バス停はややわかりづらいので運転手に教えてもらおう。場内は日陰が少ない。とりわけ夏の正午頃は日差しが最もきつくなるので、くれぐれも日射病には気をつけるようにしたい。飲み水を持参し、サングラスや帽子もあると軽快に歩ける。

神殿の谷への入口を示す看板

アグリジェントへの行き方

鉄道で行くには
●パレルモ→アグリジェント　fs線　R　2時間4分(約1時間に1便、㊐㊗8便)
※平日の8:43〜10:43、㊐㊗8:43〜13:43、14:43〜17:43の間は運行がないので、事前にトレニタリアのサイトで時刻を確認のこと

バスで行くには
●パレルモ→アグリジェント　CUFFARO　約2時間(平日8便、㊏6便、㊐㊗3便)　€9、往復€14.20(→P.233)

車で行くには
●パレルモ→(S121/S189)→アグリジェント
●カターニア→(A19/S640)→アグリジェント
●シラクーサ→(S115)→アグリジェント

History&Art

緑が広がる ギリシア植民都市

紀元前580年頃にロードス島と植民地ジェラのギリシア人によって造られ、瞬く間に発展を遂げたというアグリジェント。その後のカルタゴとの戦いで勝利の後、海上覇権を手中に収め領土を拡大し、経済・文化が花開き多くの**神殿**が築かれた。

紀元前262～261年の第一次ポエニ戦争後、町はローマ支配となり勢いを失うこととなった。ビザンチン時代の衰退を経て、イスラム支配の時代に息を吹き返し、1087年には**ノルマン**、続いて**ホーエンシュタウフェン家**の支配が続き、北アフリカの交易で経済が活気を呈した。11世紀、ノルマン人の手により建てられたのが**大聖堂**('20年2月現在、修復のため長期間の閉鎖中)だ。しかし交易が途絶えると町は再び衰退し、住民の流出が始まり、これを好機に領主の館や修道院が建てられ、現在見られる中世の町並みが造られた。

バスの切符
1回券　€1.20
(車内購入€1.70)
1日券　€3.40

●郵便局 Posta
住 Piazza V. Emanuele
☎ 0922-595150
地 P.321 A2

NAVIGATOR

観光エリアがふたつに大別できる。❶考古学地区、❷中世・近代地区。❶は考古学博物館や神殿の谷のギリシアの遺跡を歩くコース。❷は坂の上に展開する旧市街で、古い寺院や町並みなどが見られる。遺跡をいち早く見たいものだが、曜日によってはほかの施設が午後は閉鎖してしまうこともあるので、各スポットの見学可能な時間を計算に入れて歩き始めよう。神殿の谷の遺跡は日没近くまで見学できるのでそれほど慌てなくても大丈夫。遺跡を見に行く前に、考古学博物館で予備知識を得ておくのをおすすめする。

●州立考古学博物館
住 Contrada San Nicola 12
☎ 0922-401565
開 ㊊～㊏9:00～19:00
　㊐㊗　9:00～13:00
休 無休
料 €8
　神殿の谷との共通券
　　€13.50(5日間有効)
　特別展の場合€17.50
※切符売り場は閉場30分前まで
　鉄道駅よりバス1、1/、2、3、3/番が連絡。サン・ニコラ教会付近にバス停がある。

✉考古学博物館から神殿の谷へ

神殿の谷へ行く途中、バスの中で「先に考古学博物館を見学して、神殿の谷まで歩いて行くのがいいよ」と乗り合わせたおじさんにすすめられました。博物館は外も内部も工事中でしたが、神殿はテラモーネを3つも重ねた高さだったとか、神殿の美しい装飾などが事前にわかっておもしろかったです。ただ、神殿の谷までの道はカーブで交通量も多く、歩道のない場所もあり、危険を感じながら歩きました。入口が遠くなったので、30分以上は歩きました。バスの利用がベターです。
(東京都　昨夜の残り　'16)

●ヘレニズム期・ローマ期地区
開 9:00～13:00
　㊌9:00～18:00
料 神殿の谷と共通

おもな見どころ

古代都市の実像が見えてくる　MAP P.321 B2

州立考古学博物館 ★★

Museo Archeologico Regionale di Agrigento　ムゼオ・アルケオロージコ・レジョナーレ・ディ・アグリジェント

駅から神殿遺跡群に向かう途中にある。

州立考古学博物館の展示室

目を引くのは地下と1階を貫いた中央展示室（第6室）に置かれている、ジョーヴェ・オリンピコ神殿を飾っていた人像柱テラモーネTelamoneだ。高さ7.75m。神殿前面の列柱の間、基階から列柱の半ばまで石積みされた上に柱として組み込まれ、梁（アーキトレーヴ）を支えていた。同じフロアーに再現模型があるので、神殿の規模を察することができるだろう。その横に展示されている3つの巨大な石像はほかのテラモーネの頭部で、左から「アジア」「アフリカ」「ヨーロッパ」を表しているのだそうだ。

テラモーネのオリジナル

第19室の「アグリジェントの青年像」Efebo di Agrigentoは紀元前470年の大理石像で、頭髪まで精妙に仕上げられ、しっとりとした肌の質感までも表された美しいものだ。「水浴するヴィーナス」Afrodite al bagnoも美しい作品だ。

考古学博物館に隣接してサン・ニコラ教会San Nicola alle Valleがある。13世紀末、シトー会修道会によって建てられたロマネスク・ゴシック様式だ。単廊式の比較的小さな内部には、パイドラーの神話を題材にしたローマの石棺（右第2礼拝堂）や、ガジーニ派の大理石の聖母子像が残る。正面からは神殿の谷の展望も抜群だ。

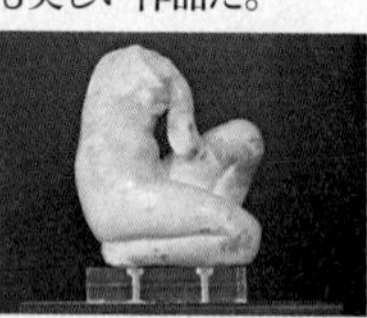
水浴するヴィーナス

アグリジェントの青年像

古代の町なかを歩く　MAP P.321 B2

ヘレニズム期・ローマ期地区

Quartiere Ellenistico-Romano　クアルティエーレ・エッレニスティコ-ロマーノ

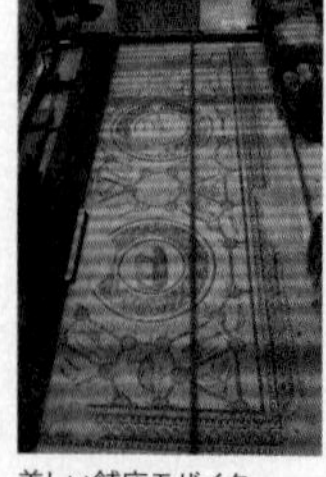
美しい舗床モザイク

国道を挟んで考古学博物館と隣合う地区が、紀元前4世紀に遡る町の遺構だ。格子状に道路が走り、区画整理された土地はしっかりとした都市計画に基づいていたことをうかがい知ることができる。ローマ時代の区画には、ヘレニズム期の建物をもとに床をモザイクで飾り、壁を漆喰で塗った館の一部が保存されている。井戸や水道、下水道、暖房用の導管も残り、当時の住宅の様子を知ることができる。7世紀末、海に近いアクロポリスの丘に移住するまで、人々の生活の場だった。

神殿の谷/考古学地区　Valle dei Templi　ヴァッレ・デイ・テンプリ

アグリジェントの市街からは下った場所にあるので「谷」と呼べるが、「神殿の谷」は海に向かった丘陵の尾根の部分。ここに神殿が点在する。高台の神殿の先には海が広がり古代人のロマンと憧れを実感する。

緑のなかに静かに広がる　MAP P.321 B2

デメテルとコレの至聖所 ★

Santuario delle Divinità Ctonie　サントゥアリオ・デッレ・ディヴィニタ・クトニエ

石造りの基部が残る至聖所

神殿の谷の一番西側、ディオスクロイの神殿の裏側に広がる。石造りの基部が残るのみだが、紀元前6〜5世紀に死後の世界の神々にささげられた広大な至聖所の跡。礼拝堂、集会所、祭司の住居などがあったとされている。

カルタゴにより破壊された　MAP P.321 C2

カストール・ポルックス(ディオスクロイ)神殿 ★★

Tempio di Castore e Polluce(dei Dioscuri)
テンピオ・ディ・カストール・エ・ポルックス(ディ・ディオスクーリ)

ディオスクロイ神殿

4本の柱だけが残る印象的な神殿。紀元前5世紀末に建てられた物だが、カルタゴ軍に破壊され、ヘレニズム期に修復されたもののその後の地震で倒壊。1832年に周辺の断片を利用して復元された。この周囲はアクラガスでも最古の地域で、大小さまざまな神殿の基部や祭壇、聖域、壕などが認められる。円形、方形の祭壇跡は犠牲祭祀を行ったとみられるヘレニズム・ローマ期の物。

巨大構想の廃虚　MAP P.321 C2

ジョーヴェ・オリンピコ(ゼウス)神殿 ★

Tempio di Giove Olimpico　テンピオ・ディ・ジョーヴェ・オリンピコ

神殿の面影はなく、ほぼ石の小山という風情だ。紀元前480〜470年以降に建造されたが未完のうちに前406年、カルタゴによって破壊され、地震に揺さぶられて瓦礫の山となった。基階のみが残る (112.6×56.3m) ギリシア建築最大級の遺跡だ。柱の高さは17mというから、いかに壮大な建築計画であったか想像がつくだろう。瓦解した岩の中に、U字型の溝がある物があるが、これは運搬時に麻紐をかけたのだといわれる。7.75mの巨大な人像柱Telamone(テラモーネ)が横たえられているが、これは神殿を支える柱の一部だったと考えられるもののレプリカ (オリジナルは考古学博物館に展示。神殿はテラモーネの約3倍の高さに築かれた)。

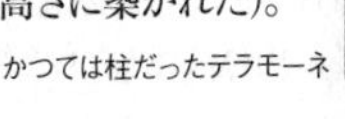
かつては柱だったテラモーネ

●神殿の谷/考古学地区
住 Via Panoramica dei Templi
URL www.lavalledeitempli.it
開 8:30〜19:00
休 無休
料 €10(特別展の場合€12)、考古学博物館との共通券€13.50
地 P.321 B2
※7月下旬〜9月中旬は平日〜22:00 (閉場23:00)、㊐㊗〜23:00 (閉場24:00)の夜間開場の場合あり
※毎月第1㊐は無料

NAVIGATOR

切符売り場から続く通路からトンネルを抜けると、谷の西側に出る。まず目につくのが4本の柱が残るカストール・ポルックス(ディオスクロイ)神殿、その周囲に**デメテルとコレの至聖所**、さらに崖の下に緑の谷が広がる。道を進むと、**ジョーヴェ・オリンピコ神殿**の跡と**テラモーネ**、橋を渡って**エルコレ神殿**へと続く。この先は保存状態のよい**コンコルディア神殿**、**ジュノーネ・ラチニア神殿**が舗装道路の先に続いている。

神殿の谷の歩き方

ポルタ・クイントから入ると、一番端のジュノーネ・ラチニア(ヘラ) 神殿へは緩やかな坂道を2km上がる。季節には水仙やアーモンドの花が咲き、緑と遺跡のなかに道が続いており、神殿も目印になるので迷うことはない。途中にトイレやバールなどもある。

ミニバスで

夏季にはポルタ・クイントの駐車場からジュノーネ・ラチニア(ヘラ)神殿まで大きめのカートのようなミニバスが運行している。歩きたくない場合はこれを利用しよう。2人からの運行で片道€3。駐車場に切符売り場があり、勧誘もいる。

神殿の谷内を走るシャトルバス

力強い最古の円柱

MAP P.321 C2

エルコレ(ヘラクレス)神殿 ★★

Tempio di Ercole

テンピオ・ディ・エルコーレ

ヘラクレスにささげられた最も古い神殿

ジョーヴェ・オリンピコ神殿から道路の上に架かる橋を渡るとエルコレ神殿の8本の柱が見えてくる。古代アグリジェントで最も崇められていたというヘラクレスにささげられた神殿。アグリジェントのドーリス式神殿のなかでは最も古い紀元前520年の建造。ファサードに6本、側面に15本の円柱が並んでいたが、地震で倒壊。現在の姿は1924年、英国人考古学者ハードキャッスル卿の復元作業によって得られたもの(卿の邸宅は神殿のすぐ東に建っている)。

天に向かって延びる円柱はたくましく、ヘラクレスの名にふさわしい。また、南の海の方角には、国道との交差点付近に小さな塔のような物が見える。紀元前1世紀の「テローネの墓Tomba di Terone」と呼ばれるカルタゴ軍と戦ったローマ兵の記念碑だ(場所によっては松の木の大木に隠れて見えづらいのでちょっと移動してみよう)。神殿通りとの間に、岩に刻まれたわだちの跡が見られる。道路の跡だと考えられている。

神殿を造るために通った車輪の跡が残る

ギリシア神殿建築の最高傑作

MAP P.321 C2

コンコルディア神殿 ★★★

Tempio della Concordia

テンピオ・デッラ・コンコルディア

ドーリス式の美しい神殿、コンコルディアと現代彫刻

エルコレ神殿から大きな通りを進もう。大きく開けた丘の上、広々とした海を背景に、それにふさわしい美しいドーリス式神殿が建っている。「コンコルディア」とは、「和解」「平和」「調和」を象徴するローマの女神のこと。付近から発見された石碑断片に由来する物で、神殿とは直接は無関係といわれている。紀元前450～440年頃、ディオスクロイ神に奉献された物と推測され、前面6柱、側面13柱のほぼ完全な姿が見られる。円柱にはもともと鮮やかな色の

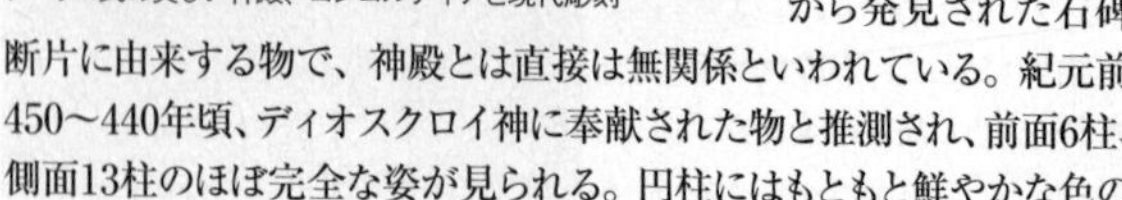

✉神殿の谷、私的回り方

聖なる道(神殿通り)は緩やかな坂道。ジュノーネ神殿側が一番高くなっています。駅に着いたら、タクシーでジュノーネ神殿側の切符売り場(この入口を通るバスは少ない)まで行き、坂を下りながら神殿を見て、その後考古学博物館へ向かい、中央駅へ戻るのがルート的にラクです。

神殿の谷の聖なる道からゼウス神殿やディオスクリ神殿に行くときには連絡橋を通ります。エルコレ神殿の奥にあります。上から下ってくるとやや見つけづらいかもしれません。道路の上に架かっているので、これを目安に。

(東京都　松田和佳子　'16)

鉄道駅から南へ約5km、**サン・レオーネ**S.Leoneは夏の間海水浴客でにぎわう。もともと漁師の町だったが、現在ではリゾート地としても脚光を浴び、ホテルやレストランも多い。ちょっとひと泳ぎには、鉄道駅から2番のバスで(SAN LEONEと表示してある)。

神殿建築の頂点に立つ端正さ

漆喰が塗られていたという。6世紀末の初期キリスト教時代に、聖ペテロ・パウロ教会として転用されたため高い保存状態が保たれてきた。神殿建築のひとつの頂点に達したといえるような、時代に風化しない様式美を堪能することができる。

孤高のドーリス式神殿 MAP P.321 C3

ジュノーネ・ラチニア(ヘラ)神殿 ★★

Tempio di Giunone Lacinia テンピオ・ディ・ジュノーネ・ラチニア

孤高の神殿と呼ばれる

神殿の谷の東端、標高120mの丘の頂点に建つ、紀元前460年～440年の神殿跡。ほかの神殿と距離をおいているので孤高な姿にも見うけられる。紀元前406年にカルタゴの進攻にあって炎上（焼けただれて石が赤く変色しているのが内部に見られる）し、中世の地震で全壊した。25本の柱とアーキトレーヴ（柱の上の横材）の一部が残っている。

南に広がる地中海と遺跡群の風景は、アグリジェント観光を忘れられない記憶にするほど美しい。

神殿脇からは眼前に海が広がる

アグリジェントが生んだノーベル賞作家の家 MAP 地図外

ピランデッロの家博物館

Casa Museo Regionale Luigi Pirandello カーサ・ムゼオ・レジョナーレ・ルイージ・ピランデッロ

ヨーロッパでは「近代演劇の父」と称されるピランデッロは当地アグリジェント生まれ(1867年)のノーベル賞作家。映画「カオス・シチリア物語」の原作「一年間の物語」の作者だ。こぢんまりした2階建ての家はブーゲンビリアの花に囲まれて、彼自身の博物館として訪れる人々を迎え入れている。視聴覚資料室(ビデオ上映)のコーナーや、幼少の頃からの写真、イタリアアカデミーからの勲章、小説の原稿や手紙など、ピランデッロの遺品が展示され、ノスタルジックな雰囲気だ。

また、彼の墓は家の入口の右側から入り2～3分、海の見える丘の上にある。潮騒がかすかに聴こえるとても美しい所だ。

ノーベル賞作家、ピランデッロ

おもな行事

アーモンドの花祭り(2月)
Sagra del Mandorlo in Fiore

町の守護聖人聖カロージェロの祭り(7月上旬)
Festa di S. Calogero

ピランデッロ週間(7～8月)
Settimana Pirandelliana

ペルセフォネ祭(8月)
Feste di Persefone

✉ アグリジェント考古学博物館おつりごまかし

共通券を€50の紙幣を出して、購入しました。係員は目の前で電卓をたたき、さも正確な金額をはじき出すフリをして€5少なくおつりを渡してきました。「足りない!」と言うと、すぐに不足分を寄こしました。博物館とはいえ、気を抜けないと思いました。皆さんも気をつけて!! (Emi)

神殿の谷で飼われている珍しいヤギ。この地方の固有種

●ピランデッロの家
住 Contrada Caos Villaseta
☎ 0922-511826
開 9:00～19:00
㊗9:00～13:00
料 €4
※毎月第1㊐は無料

行き方
市バス1/ (barrato)番がロッセリ広場Piazzale Rosseli発、中央駅前経由で1時間に1便あり。終点のCasa Pirandello下車、所要25分。切符€1.20(車内購入€1.70)。

✉シチリアの復活祭

復活祭前の㊍㊎㊏は各町で山車や音楽バンド、聖体行列Processioneが練り歩き、見飽きることがありませんでした。古式ゆかしいトラーパニの行列、夜はマリアの山車の照明が華やかで美しいアグリジェントなど、とても印象的でした。
（大阪府　T.H.）

●サント・スピリト教会
住 Via Porcello
☎ 0922-590311
開 9:30～12:30
15:00～17:00
休 ㊏㊐

教会の扉脇にはお菓子のメニュー看板が立つ

●サント・スピリト修道院のお菓子販売所
Monastero Santo Spirito Specialita'delle Monache Cistercenci
☎ 0922-20664
※扉が開いていない場合は、教会を背にした左の建物広場の呼び鈴を押して、開けてもらう。
見本を見せてくれるので、そこから選ぶシステム。各種交ぜて、10個で約€10。

中世・近世地区

町のメインストリートのアテネア通りからいくつもの階段や小路が高台へと続いている。高台の旧市街一帯はさまざまな顔を見せる(道を誤ると廃屋やゴミのなかを歩くハメになる)が、アテネア通りの途中から坂を上がったサント・スピリト教会周辺、さらに大聖堂手前までは中世のたたずまいが残る。

ブルガトリオ教会

音楽のようなG.セルポッタの彫刻　MAP P.321 A2

サント・スピリト教会 ★★

Santo Spirito　サント・スピリト

入口は3つ。左から教会、修道院(博物館)、お菓子の販売所

旧市街のほぼ中央にある、修道院付きの教会。創建は13世紀。外観はとてもシンプルだが、左側の扉から一歩入ればその劇的な装飾に思わず息をのむ。蒼白い薄明かりの中でスタッコ細工が祭壇と左右の壁面を覆っている。「漆喰のパガニーニ」と評されるジャコモ・セルポッタの作品で、その華麗な彫刻群の中にはチェロを弾く天使の姿も認められ、あたかも妙なる調べが聴こえてくるようだ。

セルポッタの華麗な世界を訪ねてみたい

また、修道院Monasteroが隣接していて、中庭に面した一室では古代アグリジェントの暮らしぶりを表したミニチュアの模型が展示されている。家畜の世話や農耕をする人々の姿が生きいきと、どこかユーモラスに再現されていて、とても楽しい。

町一番の繁華街　MAP P.321 A1・2

アテネア通り

Via Atenea　ヴィア・アテネア

駅のすぐ脇、モーロ広場Piazzale A. Moroから西へ延びる通りで、多くの商店やレストランが軒を連ねている。手頃なツーリストメニューを用意している店も多く食事どころを探すのによい。通りの方々に細い階段や路地が延び、洗濯物のはためく下町風情の市街が広がっていて、散策が楽しい。

夜のアテネア通り

修道院のお菓子

ピスタチオのクスクス

サント・スピリト教会の一番右側の扉を入ると修道院で作った伝統菓子を販売している。シチリア特産のアーモンドやピスタチオを使い、コクのあるあじわいの焼き菓子が中心。ここで忘れてならないのは**ピスタチオのクスクス**Cous cous di Pistachio。今ではシチリア中で目にすることができる(特にクリスマス時期)ものだが、この修道院が発祥の地。クスクスとピスタチオに蜂蜜、チョコ、バターなどを混ぜ、砂糖漬けの果物を飾ったもの。

RISTORANTE HOTEL

アグリジェントのレストラン&ホテル

鉄道駅の周辺は、観光地のわりにホテルは少ない印象。少し離れればホテルも多く、車利用者にはよい。

エクスパニフィーチョ
Osteria Expanificio P.321 A1

名前どおり、第1次大戦頃の古いパン屋を改装した明るくモダンで居心地のよいレストラン。海と山の幸を使った伝統的なシチリア料理が味わえる。シチリアワインも充実の品揃え。

住 Piazza Sinatra 16
☎ 0922-595399
営 12:30～14:30、19:30～23:00
休 無休
予 €18～35(コペルト€1.50)
C A.M.V.

デイ・テンプリ
Dei Templi P.321 B3

神殿の谷を見下ろす場所に建つレストラン。散策で疲れた昼どきには、最適。眺めも味もよい。シチリア料理と魚介料理が充実。

住 Via Panoramica dei Templi 15
☎ 0922-403110
営 12:30～15:00、19:30～23:00 休 日
予 €30～50(コペルト€2)
C A.D.J.M.V.
交 神殿の谷のすぐ東側

★★★★★ ヴィッラ・アテナ
Villa Athena P.321 B2

神殿のすぐ近く、抜群のロケーションのホテル。映画俳優や著名人も多数訪れた。15の部屋がコンコルディア神殿に面し、夜はライトアップされた神殿を部屋から眺められる。併設のレストランLa Terrazza degli Deiも眺めがよい。
URL www.hotelvillaathena.it

住 Via Pass.ta Archeologica 33
☎ 0922-596288
Fax 0922-402180
SB €92/478
TB €109/720
室 21室、スイート6室 朝食込み W-F
C D.J.M.V.

★★★★ コッレヴェルデ・パーク・ホテル
Colleverde Park Hotel P.321 B3

神殿の谷のすぐ前にあるホテル。少々高いが、神殿がよく眺められる美しい庭園とテラスがあるし、部屋からの眺めもよい。レストランも併設。レストランは、€20程度。
URL www.colleverdehotel.it

住 Via Panoramica dei Templi
☎ 0922-29555
Fax 0922-29012
TB €54/121
3B €79.22/160
室 48室 朝食込み W-F
C A.D.J.M.V.

★★★★ デッラ・ヴァッレ
Hotel della Valle P.321 B2

明るく近代的なホテル。緑が広がる庭園にはプールが続き、開放的な雰囲気。レストラン併設。バリアフリーの客室あり。
URL www.hoteldellavalle.ag.it

住 Via Ugo La Malfa 3
☎ 0922-26966
Fax 0922-26412
SB €65.70/108
TB €65.70/176
室 120室 ビュッフェの朝食込み W-F
C M.V.

B&B モナステロ・サント・スピリト
B&B Monastero Santo Spirito P.321 A2

サント・スピリト教会に向かって左に建つ、修道院経営のB&B。中世の雰囲気あふれる広場に面し、静かで、内部は明るく清潔。朝食には修道院の自家製菓子が並ぶのも楽しみ。
('20年2月現在、休業中)

URL www.monasterosantospirito.com
住 Cortile Santo Spirito 9
☎ 0922-20664
SB €40 TS €75
朝食込み W-F
C 不可

★★ ベルヴェデーレ
Belvedere P.321 A2

簡素ながら、清潔であたたかい雰囲気のホテル。高台に建ち、広いテラスの庭園からの眺めもいい。バスターミナルからも駅からも約100m。マルコーニ広場裏側の坂道を上った右側。

住 Via San Vito 20
☎ Fax 0922-20051
S €35
T €40
SB €52
TB €70
室 14室 朝食込み W-F
C J.M.V.

サン・レオーネ(P.324欄外)のホテル

★★★★ ホテル・コスタッズッラ
Hotel Costazzurra 地図外

近くの海岸にはプライベート・ビーチも備え、リゾート感覚で滞在するのも楽しいホテル。全室バルコニー付き、インターネット・サービスやエアコンも完備。レストラン併設。
High 9～6月
URL www.hotelcostazzurra.it

住 Via delle Viole 2, SAN LEONE
☎ 0922-411222
Fax 0922-414040
SB €57/160
TB €57/188
室 32室 朝食込み W-F
C A.D.J.M.V.
交 アグリジェント駅からバス2番で

※アグリジェントの滞在税 ★～★★ €1 ★★★ €2 ★★★★～★★★★★ €3 4泊まで

トラーパニ Trapani

シチリア最西端、ふたつの海に挟まれた

●郵便番号　91100

●トラーパニのⓘ
住 Via Torrearsa 93
☎ 0923-031701
開 9:00～14:00
休 ㊗
地 P.328-2

バス停いろいろ
　パレルモからのプルマンは市内数ヵ所にバス停がある。宿泊地により、バス停を選ぼう。駅の近くなら、公園Villa Margherita脇、旧市街なら終点の港Porto下車。帰路は港のバス停前の旅行会社Egatour内に切符売り場があり、道を渡った反対側にパレルモ行きのバス停がある。また、エリチェからパレルモに戻るなら、市バスを大通りのVia G.B.Fardella沿いで下車して、乗り換えて（♀地 3）のバス停からの利用が便利。近くにSEGESTA社の切符売り場もある（市バスの運転手や車内ボランティアに告げておくと教えてくれる）。
　エリチェ行きのロープウエイ乗り場やアンヌンツィアータ聖所祈念堂・州立ペポリ博物館へは市バスを利用。バス停は郵便局東側にある。エリチェへのロープウエイ乗り場へは21、23番など（→P.332）、アンヌンツィアータ聖所祈念堂・州立ペポリ博物館へは25、28、30番で。
　アンヌンツィアータ聖所祈念堂・州立ペポリ博物館からロープウエイ乗り場へは約2km。聖所祈念堂前のVia Conte Agostino Pepoliを北へ抜け、Corso Piersanti Mattarellaからバス21、23番などを利用しよう。

　シチリア島の最西端の町、トラーパニ。海に向かって突き出た岬から岩山のエリチェまで、東西に長く延びる町だ。古代ギリシアの時代には地中海貿易の中継ぎ地として栄え、紀元前8世紀にフェニキア人が到来してからはカルタゴ艦隊の重要な軍港となった。今は、エガーディ諸島へ向かう玄関口として夏季はにぎわいを見せる。

砂浜からトラーパニの町を望む。後方にはサン・ジュリアーノ山

　旧市街は緑の庭園の**ヴィッラ・マルゲリータ**Villa Margheritaから西側。アラブ風の町並み、アラゴン家由来のスペイン風のたたずまいが見られ、散策が楽しい。小路にはバロック様式の教会や風情ある邸宅が並び、リニーの塔へ近づくにつれて、庶民的な住宅が並ぶのも、港町らしい風景だ。岬の最先端リニーの塔から眺める海原は、右がティレニア海、左が地中海。海風にカモメが舞い、どこまでも透き通った紺碧の海原が続く風景に、数多の民族や文化を受け入れてきた懐深いシチリアの一端を見るようだ。

トラーパニへの行き方

鉄道で行くには
●パレルモ→トラーパニ　R＋R　PirainetoまたはPirainetoとCastelvetranoの乗り換えで4時間16分～4時間40分。平日1日3便、㊐㊗2便。
長距離バス（プルマン）の利用がおすすめ。

バスで行くには
●パレルモ→トラーパニ　SEGESTA　約2時間（1日約20便）、切符€9.60、同日往復€15.10（→P.233）

車で行くには
●パレルモ→（A29）→トラーパニ

おもな見どころ

信仰にあつい、トラパネーゼの心のより所 MAP P.329-4

アンヌンツィアータ聖所祈念堂 ★★

Santuario di Maria SS. Annunziata

サントゥアリオ・ディ・マリア・SS.・アンヌンツィアータ

市民の信仰を一心に集める「トラーパニの聖母」

町の言い伝えによると、紀元前4世紀コスタンティヌスの時代の創建。現在見られるのは1314年にアラゴン家のフェデリコ3世の命によりエリチェの神殿の石材を用いて建設されたもの。ファサードはバラ窓を頂く大きな石造り。内部は広々とした単廊式で右側廊にペスカトーリ(漁師)の礼拝堂Cappella di Pescatori、中央祭壇近くに船乗りの礼拝堂Cappella dei Marinariがあるのは、この町ならでは。

ここで最も信仰を集め重要なのは、さらに奥に進んだ(カーテンを抜ける)、**マドンナ礼拝堂**Cappella della Madonnaの**「トラーパニの聖母」**だ。ガジーニによる天蓋と大理石のアーチで飾られ、その中央にニーノ・ピサーノによる「トラーパニの聖母」の聖母子像がある。数々の奇跡を施したといわれる聖母は金の王冠を戴き、足元にはトラーパニの町の模型が置かれた姿は神々しい。さらに奥のサンタペタルド礼拝堂には町の守護聖人の銀製の像が飾られている。

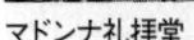
マドンナ礼拝堂

単廊式の中央祭壇

トラーパニの守護聖人を祀る
サンタペタルド礼拝堂

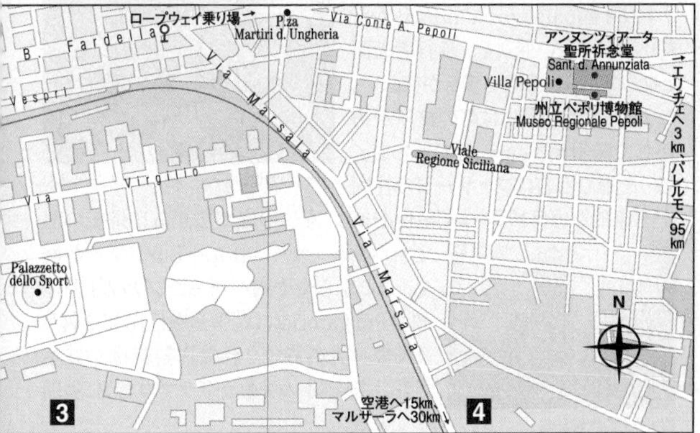

市バスの切符
1回券　€1.20(90分有効)
車内購入 €1.40
1日券Biglietto Giornarielo
€3
※タバッキなどで販売

トラーパニ空港
Aeroporto di Trapani
ミラノ・オリオ(ベルガモ)、ローマ、トリノ、ボローニャなどからの国内線とマルタやブリュッセルなどからのヨーロッパ線が中心。主にRYANAIRやマルタ航空が運航。
トラーパニから南に約15km。市内からは市バスまたはAST社のNavettaで。空港からマルサーラへは約10km。

NAVIGATOR

見どころは新市街のアンヌンツィアータ聖所祈念堂と隣の州立ペポリ博物館で、これらへはバスで(徒歩で30〜40分)。エリチェへもバスを利用しよう。旧市街ではリニーの塔はやや離れているが、徒歩で。

●アンヌンツィアータ聖所祈念堂
住 Via Conte Agostino Pepoli 178
☎ 0923-539184
開 7:00〜12:00
16:00〜19:30
(冬季19:00)
※下車したバス停そばから入場可だが、大通りを公園まで戻った公園側が正面。公園の地続き)祈念堂に向かって右)が博物館。

聖所祈念堂の正面(ファサード)と鐘楼

✉トラーパニからエリチェへ

トラーパニからエリチェへ昇るロープウエイから見るトラーパニの景色は絶景です。青い海、塩田、綺麗な町並み等を数分間楽しめます。ただし、日光の関係からお昼過ぎまでに利用するとその絶景が楽しめるでしょう。エリチェの石畳の町並みやそこから見る風景も◎で、トラーパニから足を延ばす価値ありです。(田中力 '17)

●州立ペポリ博物館
住 Via Conte Agostino Pepoli 180
☎ 0923-553269
開 9:00〜17:30
㊐㊗9:00〜12:30
休 ㊊
料 €6、サティロス博物館(P.339)との共通券€9
※毎月第1㊐は無料
トラーパニ駅前よりバス25番で約10分
※祈念堂横、公園側の入口が閉まっている場合は、さらに右側の通りに入口あり。

✉戦火からも守られた聖母

聖堂内の売店の近く、壁に地下に掘られた穴を発見。これは「戦時中に『聖母』を守るために開けられ、この地中深くで大切に守られていた」と係の人から聞きました。礼拝堂の中でも旧市街の教会でも、このマドンナへのあつい信仰を感じました。8/16には旧市街のドゥオーモまで練り歩く、聖体行列が行われるそうです。
（東京都　カモメ　'18）

サンゴの十字架像

✉旧市街の宿泊が楽しい

パレルモからのプルマンを終点の港で降りて、そのまま右に進んで町なかに入り、左に行き、門を抜ければ旧市街です。帰りも下車したバス停の反対側からのバスに乗ってパレルモに戻りました。バスの切符売り場は下車したバス停の前にある旅行社で購入。心配で前日に行きましたが、当日の乗車前にしか買えないということでした。旧市街のV.エマヌエーレ通りは風情ある通りにレストラン、バール、ホテル、おしゃれなお店もあって楽しい散歩道です。エリチェ行きのバス停も旧市街を抜ければすぐでした。
（東京都　ICM　'18）

✉トラーパニの無料バス

無料バス2/aが海岸通りを走っていて、岬近くまで行くのに便利でした。
（北海道　ナオ　'19）

高貴なサンゴ細工からタイルまで、町の文化を伝える場 MAP P.329-4

州立ペポリ博物館 ★★★

Museo Regionale Pepoli ムゼオ・レジョナーレ・ペポリ

17〜18世紀の旧アンヌンツィアータ修道院に設けられた、トラーパニの文化・芸術を伝える場だ。緑の回廊から続く展示室は1・2階に分かれ、考古学的発掘品から彫刻、絵画、サンゴ細工、宝飾品まで多岐にわたる。

博物館の中庭が美しい

見逃せないものを上げると、ガジーニの『聖ジャコモ』San Giacomo（1階2室）、2階ではティツィアーノの『聖痕を受ける聖フランチェスコ』S.Francesco Riceve le stimmate（展示室A）、22室には陶器が展示され、18世紀のトラーパニのマグロ漁や風景を描いた床タイルPavimentoは楽しい作品。展示のほぼ最後になる23室はサンゴ細工と「トラーパニの聖母」にささげられた宝石類が並ぶ。細かな細工のクリスマス飾りのプレゼーペPresepe、金メッキと七宝、サンゴで作られた灯明Lampada pensile、金の盃Calice、ひとつのサンゴから彫った十字架像Crocefissoなど豪華でため息が出るスペースだ。

歴史を感じる館内

マグロ漁のタイル

町の歴史が詰まった風情ある通り MAP P.328-1・2

ヴィットリオ・エマヌエーレ大通り ★

Corso Vittorio Emanuele コルソ・ヴィットリオ・エマヌエーレ

旧市街のメインストリートで、バロック様式のファサードが美しいセナトリオ館palazzo Senatorioから岬へと続く長い通りで、歩行者天国となっており、そぞろ歩きが楽しい。セナトリオ館の隣には町の紋章が描かれた時計塔Torre di Orologio、通りを進むと右にファサードの柱廊が印象的なカテドラーレCattedrale、左に中庭が広がる18世紀の邸宅＝ホテル・ルーミHotel Lumiなどが続く。ここからやや南へ下ったプルガトリオ教会Purgatorioには「聖金曜日」に町を練り歩く等身大の彩色された木製群像が展示され、キリストの受難がドラマのように展開している。

セナトリオ館とヴィットリオ・エマヌエーレ通り

聖人たちの木製群像

18世紀の歴史ある建物が続く　MAP P.328-2

トッレアルサ通りとガリバルディ通り ★

Via Torrearsa&Via Garibaldi　ヴィア・トッレアルサ&ヴィア・ガリバルディ

セナトリオ館からトッレアルサ通りVia Torrearsa北へ進もう。突き当たりの柱廊は、かつての魚市場Pescheria。この手前、斜めに走る小路がガリバルディ通りで、バロック様式の小教会が点在する。

みやげ物屋が並ぶトッレアルサ通り。正面に魚市場

最果ての塔　MAP P.328-1

リニーの塔 ★

Torre di Ligny　トッレ・ディ・リニー

半島の最北端に建つ塔。1671年に建設された当時の総督を記念したもので、内部はシチリア島の歴史を伝える先史時代博物館。塔の周囲に通路があり、塔の裏手からは遮るもののない大海原が広がっている。

白い町トラーパニが美しい

●リニーの塔
住 Torre di Ligny
☎ 0923-547275
開 5～9月　10:00～12:30
　　　　　17:00～19:30
　10～4月　10:00～12:30
　　　　　16:00～18:30
　㊐㊗　16:00～18:30
休 5～9月の㊊
料 €1

●エガーディ諸島への船
LIBERTY LINES社
住 Via Serraino Vulpitta 5（トラーパニ）
☎ 0923-541081
URL www.libertylines.it

リニーの塔

RISTORANTE HOTEL　トラーパニのレストラン&ホテル

アイ・ルーミ・タヴェルネッタ　P.328-1

Ai Lumi Tavernetta

下記B&Bのレストラン。かつての厩舎を利用し、サロンは木を多用した昔ながらの落ち着いた雰囲気。夏は目抜き通りに面したテラスでの食事がおすすめ。豪華な魚介類がのったクスクスをはじめ郷土料理が味わえる。
夏は できれば予約

住 Corso Vittorio Emanuele 73/77
☎ 0923-872418
営 13:00～15:00、19:30～23:00
休 10～5月㊋
予 €30～45(コペルト€2.50)、定食€35
C A.M.V.

★★★ B&B アイ・ルーミ　P.328-1

B&B Ai Lumi

風情ある中庭の奥にある18世紀の邸宅を利用したB&B。客室は18世紀のオリジナルの天井や床が残り、ロマンティックな雰囲気。階上のMonovano=アパルタメントはミニキッチン、テラス付き。荷物運び用リフトはあるが、エレベーターはないので小さな荷物で。

URL www.ailumi.it
住 Corso Vittorio Emanuele 71
☎ 0923-540922
SB €43/70
TB €74/106
室 12室　朝食込み W-F
C A.M.V.

★★★★ クリスタル　P.328-3

Crystal

トラーパニ駅近くの快適なホテル。レストラン併設。
✉ 4つ星にしては割安。部屋も清潔で充実。駅やバスターミナルにも近くて便利。（神奈川県　大山ゲンタ）['20]
URL www.fh-hotels.it

住 Piazza Umberto I
☎ 0923-20000
Fax 0923-25555
SB €74/125
TB €82/201
室 70室　朝食込み W-F
C A.D.J.M.V.

★★★★ ヴィットリア　P.328-2

Hotel Vittoria

海に近く静かなシティホテルだ。ロビーは白を基調としたインテリアですがすがしい。客室はクラシックスタイル。
URL www.hotelvittoriatrapani.it

住 Via Francesco Crispi 4
☎ 0923-873044
Fax 0923-29870
SB €60/90　TB €80/100
室 65室　朝食込み W-F
C A.D.M.V.　交 駅前の道Via Scontrinoを北へ250m

※トラーパニの滞在税　朝食込みの1人1泊の料金で区分　～€35　€1、€35.01～70　€2、€70以上€3、5泊まで

エリチェ

Erice

眺望抜群の聖地

標高751m、トラーパニを見下ろす**サン・ジュリアーノ山**に孤高に広がるエリチェ。フェニキア人、ギリシア人、ローマ人のさまざまな神にささげられた**聖なる地**だ。古い城壁に囲まれた町には中世さながらの町並みが続き、静寂に包まれる。晴れた日には、ノルマン城の高台からは遠くチュニジアを望む絶景が広がる。

マトリーチェ教会の背後にエリチェの町が広がる

おもな見どころ

聖母マリアにささげられた

MAP P.332 B1

マトリーチェ教会／ドゥオーモ ★★

Matrice di Erice/Real Duomo　マトリーチェ・ディ・エリチェ／レアル・ドゥオーモ

大理石の祭壇飾りが見事な内陣

エリチェの信仰の中心で聖母マリアにささげられた1314年創建の教会。ゴシック様式の扉口や繊細なバラ窓、正面に建つ鐘楼とともに美しい景観を作り出している。内部は19世紀に作り直され、聖堂内陣のジュリアーノ・マンチーニによる**大理石製の祭壇飾り**Anconaは見事。右側の第3祭壇の「**聖母子**」像はガジーニまたはラウラーナの作。**鐘楼**（切符売り場）は1312年の建造で、**見張りの塔**を兼ね、108段の階段で上がることができる。

●郵便番号　91016

エリチェへの行き方

トラーパニ（P.328）からロープウエイの利用が便利。

■ロープウエイ

営 ㊊　13:00～20:00
㊋～㊎　8:10～20:00
㊏㊐　9:30～20:30
休 1/7～3/27頃
料 片道€5.50　往復€9
※季節や曜日によって終始発の時間が細かく異なるので、エリチェで帰りの便の確認をしてから散策を。夏季は深夜1:00までの運行の場合あり。所要10分。

ロープウエイの駅は町の東側のPiazza SP 31、Via Capuaとの角（地図外）。トラーパニ駅近くのVia XXX Gennaioや大通りのViale Regina Margheritaなどのバス停から平日は21番、23番、㊐㊗201、202、203番で。平日ほぼ30分間隔の運行（最終21:00頃）。

ロープウエイ、バスの地図及び経路・時刻表はURLから検索可
URL www.funiviaerice.it

■バス

トラーパニからASTのプルマンバスも運行。港Portoからロープウエイ乗り場を経由して、エリチェまで所要35分。トラーパニの港発平日6:30、8:30、11:30、14:20、17:30、㊐㊗9:30、16:00。Erice（Valle Funivia）行きはロープウエイの下駅までの運行なので注意。

■車

パレルモからA29。

●エリチェのⓘPro Loco

住 Via Castello di Venere
☎ 329-0658244
開 7:45～14:15
休 ㊏㊐㊗
地 P.332 B2

●マトリーチェ教会

住 Piazza Matrice
☎ 0923-869123
開 4～6月、10月　10:00～18:00
7、9月　10:00～19:00
8月　10:00～20:00
料 €2.50（共通券€6）
※切符売り場は手前の鐘楼

✉ 天気のよい日に出かけよう

2泊3日の間に一番天気のよい日に出かけました。ロープウエイや城壁から遠く塩田までを眺められる絶景に感動。ところが約30分後、ノルマン城に着いた頃には霧が出て、ほんの5m先も白く煙ってしまい、ナニも見えなくなりました。霧に包まれた城は神秘的でしたが、お天気のよい日に出かけるのがおすすめです。

（東京都　晴れっ子　'19）

大パノラマを独占できる　MAP P.332 B2

ノルマン城／ヴェネーレ城 ★★

Castello Normanno / Castello di Venere　カステッロ・ノルマンノ／カステッロ・ディ・ヴェネーレ

ロープウエイ駅から城壁に沿って坂を上がろう。途中の海を見下ろす風景を楽しみながら、徒歩10〜15分でノルマン城下の展望台へ到着だ。まずは展望台で遮るもののない雄大な景色を楽しもう。ノルマン城は12〜13世紀に神殿の石材を用いて建てられたもので、内部には**ヴィーナス神殿や聖なる井戸、ローマの浴場**などの遺跡が残されている。晴れた日にはトラーパニの町やエガーディ諸島、チュニジアまでも見渡すすばらしい景色が楽しめる。

標高が高いので霧に包まれることも多い、ノルマン城

トラーパニはもちろん、エガーディ諸島まで見渡せる

緑茂る高台に広がる英国式庭園　MAP P.332 B2

バリオ公園 ★

Giardino del Balio　ジャルディーノ・デル・バリオ

古代に守護神殿が設けられていたアクロポリスの跡に広がる。ノルマン城／ヴェネーレ城から続く、こんもりとした小山に位置する**英国式庭園**だ。各所に置かれたベンチで風を感じながら、ひとときの休息を。階段を下れば町なかへと通じている。

静かな英国式庭園

その他の見どころ

ロープウエイとトラーパニの町

晴れていれば、トラーパニの市街を挟んで左に塩田、右にリニーの塔までを一望できる**ロープウエイ**に乗ってみよう。古代からのエリチェの歴史を知るなら**コルディーチ美術館** Polo Museale A.Cordiciへ。エリチェの聖域からの発掘品やガジーニの「受胎告知」などを展示。子供連れなら、機械仕掛けで動くプレゼーペを展示したエリチェ・ミニアチューラ Erice in Miniaturaへ。

人々は中庭のある石造りの家で暮す、静寂の町

●ノルマン城
☎ 320-8672957
開 4、5、6、10月 10:00〜18:00
7、9月 10:00〜19:00
8月 10:00〜20:00
休 11〜3月
料 €4(共通券€12)

教会の共通開場時間と切符
開 3月 10:00〜16:00
4〜6月、10月 10:00〜18:00
7、9月 10:00〜19:00
8月 10:00〜20:00
11、12月 10:00〜13:00
12/26〜1/6 10:00〜17:00
休 1/7〜2月
料 1ヵ所€2.50、共通券PASSE-PARTOUT€6

●サン・ジョヴァンニ・バッティスタ教会
住 Viale Nuncionaci
☎ 0923-869171
開 7、9月 10:00〜19:00
8月 10:00〜20:00
料 €2.50(共通券€6)

●市立美術館
住 Piazza Umberto I
☎ 0923-860048
開 休 ノルマン城と同じ
料 €4(共通券€12)

共通券購入の前に
共通券は①エリチェ美術財団系Siti Fondazione Erice Arte②教会系Siti MEMSの2種類で対象見どころが異なるので購入する場合は興味に合わせて選ぼう。①はノルマン城、ペポリの塔Torretta Pepoli、コルディーチ美術館Polo Museale A.Cordici、ミニチュアErice in Miniatura、スペイン地域Quartiere Spagnoloに共通で€12。②はドゥオーモReal Duomo、フェデリコ王の塔Torre di Re Federico、SS.サルヴァトーレ修道院跡Rudei del Monastero del SS.Salvatore、サン・マルティーノ教会S.Martino、サン・ジュリアーノ教会S.Giuliano、サン・ジョヴァンニ教会S.Giovanniに共通で€6。

NAVIGATOR
ロープウエイを降りたら、右に坂を上がろう。広い駐車場の広場の奥に町への門があり、ここに❶のボックスもあるので地図をもらっておこう。プルマンバスのバス停もこの広場沿いにある。とりあえずノルマン城Castello Normannoへ行き、そのままぐるりと町の外周を回ってスタート地点に戻ったら、それから中世のたたずまいの町なかを探索するのがちょうどよいコースだ。ゆっくり見ても3時間くらい。

●セジェスタの考古学地区
Segesta Zona Archeologica
住 Case Barbaro-contrada Barbaro
☎ 0924-952356
開 1～2月、10/27～12/31 9:00～17:00
3/1～3/30、10/1～10/26 9:00～18:30
3/31～9/30 9:00～19:30
料 €6
地 P.334
※入場は閉場1時間前まで。
入口から劇場までのバス： €1.50(往復)。9:30から約30分に1本の運行

セジェスタへの行き方

■**鉄道**

Segesta Tempio駅かCalatafimi駅が最寄り駅。Segesta Tempio駅からは約2km、Calatafimi駅からは約3km、'20年2月現在、停車する列車はない。

■**バス**

トラーパニ(Piazza Duca degli Abruzzi)から遺跡入口までTARANTOLA社の直通便がある。㊊～㊏のみ1日3～4便、所要約40分。8:00、10:00、12:00、14:00発。帰路11:00、13:10、16:10。切符€4、往復€6.60。

おもな行事

古典劇の上演(7～8月)
Spettacoli Classici

セジェスタ
Segesta

謎だらけの孤高の神殿

バルバロ山と神殿

トラーパニからおよそ30km内陸に進んだバルバロ山の斜面に、突如現れるギリシアの遺跡群。保存状態のよいドーリア式の神殿と、眺望抜群の劇場、小規模の古代都市地区がある。なぜこのような不便な所に神殿を造ったのか不思議な遺跡だ。

NAVIGATOR

遺跡入口には切符売り場とみやげ物屋兼バールがある。まずバールでバス券を買おう。入口から劇場までは1kmあまりの上り坂。バスなら5分ほどだ(徒歩だと約20分)。標高431mのバルバロ山頂に、シラクーサに征服されたギリシア人によって紀元前3世紀頃に築かれた**劇場Teatro**が残されている。後にローマ人の手が加えられたもので、岩山を削り出して造られた直径63m、観客席20段。舞台部分はわずかしか残っていない。堅い石の観客席に座っていると、古代の上演風景が彷彿(ほうふつ)され、タイムスリップするかのよう。さて、迎えのバスが来たらいったん遺跡入口に戻ろう。戻る途中には**古代都市**Città Anticaが道路脇に見える。四角形の塔や城壁の一部など、小規模ながらかつての繁栄が見受けられる。**神殿**Tempioには入口から歩いて向かう。信じがたい完成度で小高い丘の上に建つドーリア式の神殿。紀元前5世紀に建造され、内部のない構造から、謎の神殿として多くの学説を生んでいる。ラブドーシス(溝)のない柱も特徴だ。土着のエリミア族と争いを起こさないために宗教性をもたせなかったのか、それともただの未完成品なのか解明されない謎だ。劇場と神殿を対に建築した古代人たちの息吹を感じられるロマンあふれる場所だ。

ギリシア劇場

36本の円柱が残る

マルサーラ

Marsala

香り高いワインの生産地

香り高いマルサラ酒で知られる、マルサーラ。シチリア島の西端に位置し、シチリア航路の重要拠点であったことから、フェニキア人、ローマ人が足跡を残し、今もその遺構が残る。イタリア統一の立役者、ガリバルディ率いる千人隊(赤シャツ隊)が上陸したのもこの港だった。長い歴史に育まれた町はイスラムの雰囲気をもつバロックやルネッサンス様式の邸宅が点在する。とりわけ旧市街は、小さいながら美しい古都の風情を残している。

ガリバルディ門

マルサーラへの行き方

鉄道で行くには

- トラーパニ→マルサーラ　fs線　R　30〜40分
- マザーラ・デル・ヴァッロ→マルサーラ　fs線　R　20〜30分（平日10便、㊐㊗6便）

※平日でも運行がない時間帯（8:46〜10:10、17:49〜19:40）があるので、事前にトレニタリアのサイトで時刻を確認のこと

バスで行くには

- パレルモ→マルサーラ　SALEMI　約2時間15分〜2時間45分（平日1〜2時間に1便、㊏㊐㊗2〜4時間に1便）(→P.233)
- トラーパニ→マルサーラ　AST　約1時間10分(平日のみ4便)
- アグリジェント→マルサーラ　LUMIA　約2時間15分〜2時間30分（平日3便、㊐㊗1便）　€10.10

車で行くには

- パレルモ→(A29/S115)→マルサーラ　●アグリジェント→(S115)→マルサーラ

●郵便番号　91025

NAVIGATOR

鉄道駅は町の東端。町の中心はマードレ教会(ドゥオーモ)周辺。駅を出て右へほぼ真っすぐ道なりにVia Roma、Via XI Maggioを進もう。徒歩で約20分程度、車の規制された通りで、左右に商店が並ぶ。バスやタクシーはない。マードレ教会手前にⓘがある。マードレ教会を左に見てさらに進むと、古い邸宅が並ぶ美しい通りでヴィットリア門へ続く。マードレ教会の手前で左折すると、マルサラ酒やみやげ物を売る路地からガリバルディ門へ。この門を出て左へ行けば市バスなどのバスターミナルのポポロ広場。ヌォーヴァ門から海やS.G.バッティスタ教会へ向かう道は一帯を大規模な考古学公園として整備中のため閉鎖中。考古学博物館へは門を左折して、海沿いの道から向かおう。半日程度あれば観光は十分。

●マルサーラのⓘPro Loco
住 Via XI Maggio 100
☎ Fax 0923-714097
開 8:00〜13:45
休 ㊐㊗
地 P.335 A2

おもな行事

聖木曜日の行列(5月)
Processione del Giovedi Santo

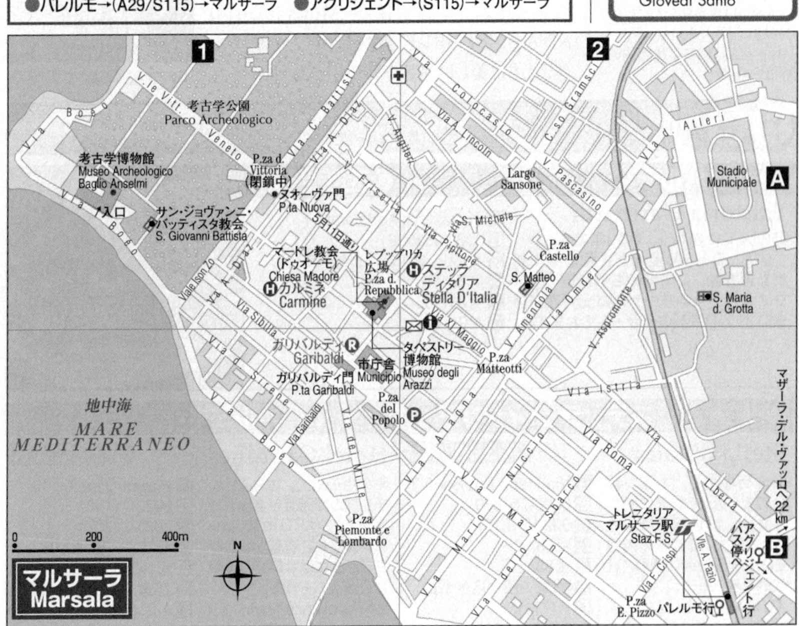

●考古学公園
Parco Archeologico
Museo"Baglio Anselmi"
Villa Romana San Giovanni
住 Via Lungomare Boeo 30
☎ 0923-952535
考古学公園
開 9:00～16:30
㊐㊗9:00～12:30
博物館
開 9:00～18:30
㊐㊗9:00～13:30
休 ㊊　料 €2
※入場は閉場30分前まで。

●マードレ教会
Chiesa Madre
住 Piazza della Repubblica
☎ 0923-716295
開 9:00～19:30

旧修道院のマヨルカ焼の塔が美しい5月11日通り

バスターミナル
SALEMI
fs駅前からパレルモ行きのプルマンが発着。切符売り場は駅を出た左側。

市バス
ポポロ広場からモツィア、トラーパニ、カステルヴェトラーノ行きなど。切符は建物内の新聞売り場で。

おもな見どころ

町の歴史が凝縮した
MAP P.335 A1

考古学公園と考古学博物館 ★★

Parco Archeologico e Museo "Baglio Anselmi"　パルコ・アルケオロジコ・エ・ムゼオ「バリオ・アンセルミ」

整備が続く、ローマ時代の住居跡

海に面した博物館の裏に広大な敷地が広がり、ローマ時代の大通りや住居跡、墓などが残る。公園右奥の、サン・ジョヴァンニ・バッティスタ教会地下の「**巫女の洞窟**」にはローマ時代のモザイクとフレスコ画の断片が残っている。

博物館はマルサーラ周辺から出土した彫像、モザイク、ネクロポリからの発掘品などを展示。とりわけ、名高いのが紀元前3世紀の**カルタゴの船**Nave Punica。黒色に変化し失われた部分は多いものの、パネル展示により生きいきとした航海の様子がわかる。

3世紀のカルタゴ船

古い邸宅が並ぶ
MAP P.335 A1

5月11日通り ★

Via XI Maggio　ヴィア・ウンディッチ・マッジョ

町の中心、**マードレ教会**Chiesa Madre(16～18世紀の建立、ガジーニ親子の彫刻2点がある)から海に向かって延びる通り。16～18世紀の邸宅が並び、塔のマヨルカ焼が美しい旧サン・ピエトロ修道院ex Monastero di S.Pietroやマードレ教会の建つレプッブリカ広場とともに美しい景観を作り出している。

1956年完成の壮大なファサード

マルサーラのレストラン＆ホテル

ガリバルディ
P.335 B1

Trattoria Garibaldi

町の人でにぎわう、約50年続くトラットリア。たっぷり並んだ各種前菜や新鮮な魚介類、この地の名物料理のクスクスなど、マルサーラの郷土料理が勢揃いする。自家製のデザートもおすすめ。

住 Piazza dell'Addolorata 1
☎ 0923-953006
営 12:00～15:00、19:00～22:00
休 ㊐夜
予 €25～35(コペルト€2)
C A.D.J.M.V.

★★★★ ステッラ ディタリア
P.335 A2

Stella d'Italia

旧市街の中心、マードレ教会のすぐ近くで観光に便利な立地。19世紀半ばに造られた歴史ある建物の内部をほぼ全面改装した明るく近代的なホテル。

URL www.hotelstelladitalia.it

住 Via Mario Rapisardi 7
☎ 0923-761889
Fax 0923-718157
SB €53.50～
TB €83～
室 35室　朝食込み W-F
C A.D.M.V.

★★★ カルミネ
P.335 A1

Hotel Carmine

町の中心近く、古きよきシチリアの雰囲気があふれたホテル。内部は改装され、エレガントで清潔。中庭があり、冬にはサロンの暖炉に火が入れられる。

URL www.hotelcarmine.it

住 Piazza Carmine 16
☎ 0923-711907
Fax 0923-717574
SB €75～　TB €105～
3B €140～
室 28室　朝食込み W-F
C A.D.J.M.V.

※マルサーラの滞在税　B&B★€1、★★€1.50、★★★～★★★★★€2、★★★★★€2.50

モツィア

Mozia

カルタゴ遺跡の島

マルサーラから、海を眺めながら小さなバスで約30分。塩作りの風車が点在する小さな港からボートに乗ると、紀元前8世紀にフェニキア人が建設した**カルタゴの町**、モツィアへ到着。紀元前10世紀頃には、優れた海洋術と商才から地中海の覇者と呼ばれた彼らは、ここにシチリアの拠点を置いたのだった。しかし、紀元前397年にシラクーサ人により滅ぼされ、18世紀後半になって、マルサラ酒の輸出で財を築いたイギリス人実業家**J.ホイタッカー**により発掘・研究が進められた。かつての彼の別荘に現在は博物館がおかれている。ジャスミンやブーゲンビリアが咲き、木陰が海風に揺れる小さな島はカルタゴの忘れ形見のよう。

充実した展示物を誇る博物館

おもな見どころ

カルタゴ遺跡からの発掘品が充実

ホイタッカー博物館 ★★★

Museo Villa Whitaker

ムゼオ・ヴィッラ・ホイタッカー

ホイタッカー博物館

まずはホイタッカー博物館Museo Villa Whitakerに向かおう。館内には島内の出土品が並べられている。特に注目は紀元前5世紀の等身大の大理石像**モツィアの若者Il Giovinetto di Mozia**。滑らかなプリーツの衣装をまとい、気高く優美に立つ姿にフェニキア人の高度な芸術を垣間見るようだ。

モツィアの若者像

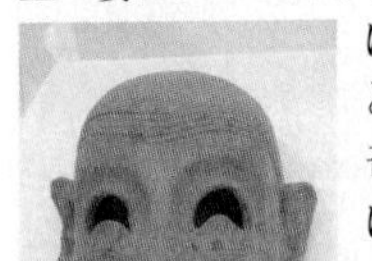

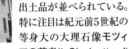

泣き笑い仮面

ほかには素焼きの**泣き笑い仮面**など。祭祀に用いられたと思われる奇妙な面だ。博物館をあとにして、すぐ右前方には**モザイクの家Casa del Mozaici**がある。堅牢な邸宅であったと推測される2軒の基部のみが残り、そのうちの一軒の床には現実と想像の動物の白黒モザイクが見られる。島内にはこのほか、船の修理用ドック(コトンCothon)、太陽神バール・ハモンの聖域(カッピダッツCappiddazzuとトフェットTofet)、ネクロポリ、塔と門を備えた円形の城壁などが各所に点在している(随所に案内看板あり)。小さな島なのですべてを見て回っても2〜3時間だ。

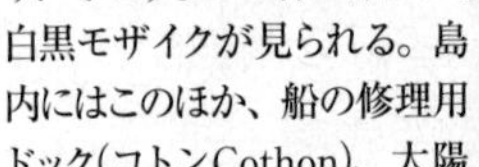

モザイクの家

モツィアへの行き方

マルサーラのポポロ広場Piazza del Popoloから MUNICIPALE TRASPORTI社のバス4番がモツィア行きの船の出港地へ運行。冬季の㊐㊗運休。6:35、8:00、13:10、14:30、20:10発、所要30分。

バスの切符€1.20、往復€2（車内購入€1.40、往復€2.20）。ポポロ広場の建物内の新聞売り場で往復分の購入を。港では買えない。Saline Infesaで下車。道を下ると、塩田と風車の風景が広がり、小さな船着場がある。

バスを下車して、左に入ればすぐに港。港から島までは9:00〜15:00の間、約20分間隔で船が運航。所要約10分、往復€5。

帰りのバスは来たのと同じ方向のバスに乗車。循環して町へと戻る。

●ホイタッカー博物館
☎ 0923-712598
開 9:00〜13:00
料 €6、学生、子供€3

風車はいつ回る?
夏季の㊌㊏の16:00〜18:00に。ただし、気象条件により回さない場合もあり。

塩田
開 4〜10月のみ　9:30〜日没
料 €6

✉ カフェもオープン

ホイタッカー博物館にカフェができました。館内を見て、博物館で簡単な地図をもらい、遺跡をのんびりとハイキングのように回るのがおすすめです。春はお花畑を歩くようで、とても気持ちよかったです。
（大阪府　T.H.）

✉夏の日差しはかなりきつく、遮る物のない遺跡見学はちょっと疲れました。でも、博物館はフェニキア人の高度な文明を感じさせて、興味深いものでした。帰りの船はわりと頻繁に来ますが、2社が運航していて、切符も戻る港も違います。

おみやげに塩を買おうと思いましたが、港では販売していませんでした。マルサーラのみやげもの屋で小袋入り€3を発見。香りをつけた1瓶€10以上の物もありましたが「スーパーなら1kg €0.50だぜ。ただし、トラーパニの塩だよ。海はつながっているからどこのも同じだ」と、からかわれました。　（東京都　花子）

●郵便番号　91026

NAVIGATOR

パレルモからのプルマンが到着するのは、町の北西のVia Salemiをやや入った所(Via Guido d'Orso)切符は近くのAgenzia La Punicaで購入できる。町へは大通りのVia Salemiを西に(線路)向かって進もう。線路を越えてほぼ道なりに商店の並ぶCorso Umbertoを進むと海に近いモカルタ広場P.za Mokarta。徒歩で約20分程度だ。

広場の手前を右に入るとレプッブリカ広場Piazza della Repubblica。ここにカテドラーレがある。カテドラーレを背にした左側の路地を進んだ左側、小さな商店の一角にⓘPro Locoがある。さらに道なりに70〜80m進んだ広場のほぼ正面がサティロス博物館、その反対側に市立博物館(Collegio dei Gesuiti)。

アラブの風情が残る旧市街は市立博物館から川へ向かう、町の西側に広がる。ホテルは海辺の散歩道の東側にあり、町なかにはない。ただし、B&Bはいたるところで見かけるし、ⓘでも紹介してくれる。

●マザーラ・デル・ヴァッロのⓘPro Loco
住 Via XX Settembre 5
☎ 0923-944610
開 9:00〜13:00
休 (土)(日)(祝)
地 P.338 B1

おもな行事

聖ヴィートの小祝日
(8月の最終日曜)
Festino di S. Vito

✉ **マザーラ・デル・ヴァッロからマルサーラへ**

ⓘや町の人に聞くと、「列車の方が便利」と言われました。ランチの後、駅へ向かうとすぐに列車が来ました。列車は近代的で冷房もよく効いて快適でした。(東京都　花子)['20]

マザーラ・デル・ヴァッロ
Mazara del Vallo

異国情緒あふれる

海岸通りには巨木が茂り、旧市街地では迷路のような細い路地が続くマザーラ・デル・ヴァッロ。紀元前6世紀頃にフェニキア人が侵入し、続いてローマ、イスラム、ノルマンと多くの異民族が足跡を残し、その多様性が個性的な町の景観を作り出し、今も異国情緒を感じさせる。

アラブの料理、クスクス

この町の一番の見どころは、**サティロス博物館**のサティロス像。漁業が盛んなこの町で、漁師が網を上げている最中に発見されたという、どこか哀愁を感じさせるブロンズ像だ。迷路を歩いてバロック様式の教会を眺め、海岸通りでのひと休みも楽しい。

美しいレプッブリカ広場

マザーラ・デル・ヴァッロへの行き方

鉄道で行くには
●トラーパニ→マザーラ・デル・ヴァッロ　fs線　R　約50分〜1時間10分
●マルサーラ→マザーラ・デル・ヴァッロ　fs線　R　20〜30分(平日10便、(日)(祝)6便)
※平日でも運行がない時間帯(8:46〜10:58、16:36〜18:16)があるので、事前にトレニタリアのサイトで時刻を確認のこと

車で行くには
●パレルモ→(A29)→M.デル・ヴァッロ
●マルサーラ→(S115)→M.デル・ヴァッロ

おもな見どころ

ギリシア彫刻の傑作『踊るサティロス』を展示 MAP P.338 A1

サティロス博物館 ★★★

Museo del Satiro　ムゼオ・デル・サティロ

エジディオ教会が博物館に

かつての教会内に置かれた、サティロス像と同時に引き上げられたアンフォラ(テラコッタ製のワイン壺)などを展示する博物館。

『踊るサティロス像』Satiro Danzanteは1998年、この町の沖合い、水深480mから引き上げられた。高さ約2.50m、重さ96kgのブロンズ製で、紀元前4世紀頃の物。かつて安全な航海を祈念して、船の舳先に飾られたものとされている。手に槍を持っていたと推測され、矢を射る体を捻った姿から「踊る」と呼ばれる。躍動感あふれる姿態と夢見る表情は、ギリシア彫刻の傑作と評される。

踊るサティロス像

町の歴史が並ぶ MAP P.338 B1

市立博物館 ★

Museo Civico　ムゼオ・チヴィコ

サティロス博物館のほぼ正面にある博物館。建物は17世紀の旧イエズス会神学校で、ファサードは華やかなバロック様式で飾られている。博物館は中庭奥の数室で海底から引き上げられたアンフォラなど紀元前5～3世紀の遺物、中世絵画、アラブ時代の陶器などを展示。隣は、18世紀のイグナツィオ教会の遺構。

古代船に積まれていたアンフォラ

フェラーロ派の作品が残る  MAP P.338 B2

カテドラーレ ★★

Cattedrale　カッテドラーレ

11世紀の創建で、15世紀後半に再建された。3廊式の内部は豪華なたたずまい。右側廊から入る前室には、「ギリシア人とアマゾン族の戦い」と「メレアグロスの狩り」が描かれたローマ時代の石棺がある。右翼廊の『聖母子』Madonna col Bambino(ガジーニ派)や、後陣の『キリストの変容』Trasfigurazione(アントニーノ・ガジーニ)などに目をとめよう。また、堂々とした鐘楼と市庁舎が作り出すレプッブリカ広場の美しいバロック空間を楽しもう。

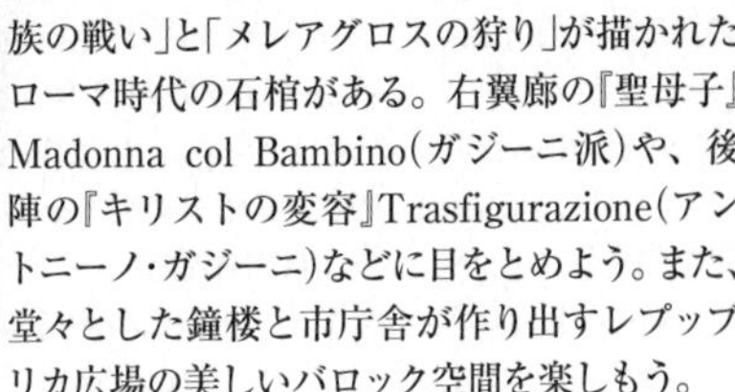
カテドラーレ正面

●サティロス博物館
住 Piazza Plebiscito ex Chiesa di Sant'Egidio
☎ 0923-933917
開 9:00～19:00
料 €6、州立ペポリ博物館(P.330)との共通券€9
地 P.338 A1
※切符売り場は閉館30分前まで
※毎月第1㊐は無料

スタッコ装飾がすばらしいサン・ミケーレ教会

●市立博物館
住 Piazza Plebiscito 2
☎ 0923-940266
開 9:00～13:00
料 無料

扉口上部に注目

●カテドラーレ
住 Piazza della Repubblica
☎ 0923-941919
開 8:00～12:00
16:30～19:30

マザーロ川沿いに建つ、サン・ニコロ・レガーレ教会。アラブとノルマンが融合したスタイル

「地中海の十字路」としての、民族色あふれる料理がルーツのシチリア州の料理

おつまみがはんぱない！カターニアのアペリティーヴォ(食前酒)

ギリシア、ローマ、アラブ、スペインなどの民族が流入したこの地では、料理にもその影響が色濃い。とりわけ9～11世紀のアラブ人の流入は、**米**、**オレンジ**、**サフラン**、**カルチョーフィ**、**レモン**などをもたらしたと言われている。今では北イタリアのコメ作りが有名だが、イタリアで最初に稲作が行われたのはシチリアとされている。

大人のこぶしよりも大きいアランチーニ

シチリアのコメ料理で一番有名なのは、揚げたライスボールの**アランチーニ**Arancini。オレンジのように丸型や先のちょっと尖った洋ナシ型で、ズッシリとして1個でも十分のボリュームだ。味わいは**トマトと肉風味**のラグーragu、**サフラン風味でグリーンピースの入った**zafferano e piselli、最近は**ピスタチオ**pistacchioのペーストを使ったものもある。アランチーニはストリートフードの代表選手だが、パニーノもそのひとつ。子牛の肺と脾臓を茹でた物を挟んだ**パニーノ・コン・ミルツァ**Panino con Milzaは町で保温の籠をかぶせて売られ、おじさんたちが群がって買う様子が見られる。エジプト豆の

シチリアでは、まだまだ健在な市場。魚屋の奥には、カジキマグロの頭が飾られる(パレルモ、バッラロの市場)

粉を練って揚げたものを挟んだ**パニーノ・コン・パネッレ**Panino con Panelleは揚げ物屋の屋台で欠かせないものだ。

市場のパネッレの屋台にて

シチリアの名物前盛がみんな入っている!

前菜ではシチリア風野菜の煮込み**カポナータ**Caponata、イワシにパン粉や松の実などを詰めた**サルデ・ア・ベッカフィーコ**Sarde a Beccafico、**ナスのグラタン**メランザーネ・グラティナータMelanzane Gratinata、上記の**パネッレ**Panelle、**ミートボール**Polpettini、特産のカジキマグロ、ペッシェ・スパーダPesce Spadaの燻製affumicatoなどが代表選手。

プリモでは、茶色の色合いにちょっと驚かされる**イワシのパスタ**＝パスタ・コン・サルデPasta con Sardeは炒めたイワシを潰し、野生のフェンネルで香りを付けたもの。カターニア生まれの作曲家ベッリーニにささげられた、**パスタ・アッラ・ノルマ**Pasta alla Normaはトマトソースとリコッタチーズで和えたパスタに大きなナスのフライが載ったもの。

セコンドでもやはり**メカジキ**は欠かせない。厚めのスライスそのままグリルにしたり、**ペーシェ・スパーダ・ア・インヴォルティーニ**Pesce Spada a involtiniは薄切りにトマトやケッパーなどを挟んで巻いて串刺しにして焼いたものだ。他の南イタリアの町同様に、**魚介類のフライ**Fritto Mistoも定番の1品だ。肉類では**ミートボールの煮込み**Polpetto、**牛肉のステーキにチーズを載せた**Cotoletta alla Sicilianaなど。

ペーシェ・スパーダ(メカジキ)のグリルはシチリアの味

日本人好みのエビのグリル。プリプリでおいしい!

トラーパニなどシチリア西部で食べられる**クスクス**Cuscusは魚が主体。旨味が強い魚のトマトスープをかけ食すが、スープをかけただけのものから豪華に魚介類がのったものまで様々だ。

魚介のスープをかけていただくクスクスは絶品!

今でも修道院で作られているお菓子イロイロ。アグリジェントの修道院のもの

シチリアの菓子類は**修道女が考案**したものが多いと言われている。菓子店の店頭で色鮮やかな**フルッタ・ディ・マルトラーナ**Frutta di Martolanaはマジパンで形作り、色付けしたもの。**カンノーロ**Cannoloは筒形の揚げパイにリコッタチーズとドライフルーツを詰めたもの、**カッサータ**Cassataはスポンジケーキでリコッタチーズとドライフルーツを挟み、砂糖衣をかけてドライフルーツを飾った豪華なものだ。

パリパリの食感と滑らかなクリームのカンノーロ

パレルモのお菓子屋に飾られたカッサータ

イタリアで誰でもがぜひ味わいたいと思うのが**ジェラート**Gelatoや**シャーベット**Granita。エトナ山の雪で作られたのがその始まりと言われている。南イタリアならではのピスタチオやアーモンド、レモン、桑の実gelsiなどがおすすめ。**ブリオッシュ**Briocheと呼ばれる柔らかなパンにはさむのがシチリア流だ。

ブォーノ!!ブリオッシュのジェラート

シチリア州のワイン

イタリア最高格付けのDOCGワインはシチリアでは、**チェラスオーロ・ディ・ヴィットリア**Cerasuolo di Vittoria(赤)のみ。世界遺産で知られるラグーザの西側で産し、どんな料理にも合う1本だ。

エトナ山山麓で産する**エトナ**Etna(赤・白・ロゼ)は近年注目の産地。みずみずしい赤、フレッシュな白、どちらもおすすめ。**アルカモ**Alcamo(赤・白・ロゼ)もよく目にするワインで爽やかな白がおすすめ。

シチリアはデザートワインの産地として名高く、歴史ある**マルサラ**Marsalaはややクセのある酒精強化ワイン。辛口Secco～甘口Dolce、さらに熟成期間によりFine、Superiore、Vergineと区別されている。おみやげには最高級のヴェルジネVergineを。優しい口当たりで夢見心地にさせてくれるような**モスカート・ディ・パンテッレリア**Moscato di Pantelleriaは、ゆったりと旅の思い出に浸るのにピッタリの1本だ。

●セリヌンテの遺跡群
☎ 0924-46251
URL www.visitselinunte.com
開 9:00〜19:00(入場18:00まで)
料 €6 地 P.342
※入場は閉場1時間前まで。ひととおりの見学には3時間くらい必要。
※毎月第1㊐は無料

セリヌンテへの行き方

■鉄道
最寄り駅はカステルヴェトラーノCastelvetrano。トラーパニからRで約1時間30分、マルサーラからRで約50分〜1時間、パレルモから2時間40分〜3時間(Rで、乗り換えあり)。

■バスに乗り換えて
7/1〜8/31の運行。カステルヴェトラーノ駅前からはSALEMI社のマリネッラ・ディ・セリヌンテMarinella di Selinunte行きのバスで終点Piazza Persefoneで下車し、300mほど戻ると遺跡入口。バスは平日6〜7便、㊐㊗4便。所要30分。1〜2時間間隔での運行なので、見学前に帰りのバス便の確認を。
始発地
7/1〜8/31の平日
7:50、10:30、13:10、14:30、16:15、19:00
7/16〜8/31の㊐㊗
7:30、10:00、15:40、17:00
※駅前は約3分後発
セリヌンテ発
7/1〜8/31の平日
7:10、8:30、11:15、13:40、15:30、16:50、19:30
7/16〜8/31の㊐㊗
8:30、11:00、13:45、18:00
バスの時刻表は
URL www.autoserviziosalemi.it

セリヌンテ *Selinunte*

埋もれたままの夢の跡

セリヌンテの東神殿群遠望

紀元前650年頃に東海岸のメガラから来たギリシア人によって神殿が築かれ、隆盛を極めたものの、紀元前409年のカルタゴ襲来によって破壊され、後の地震にとどめを刺されるかのように瓦礫(がれき)の山となった。19世紀の発掘作業によって、ようやくその姿を現わしたが、いかなる神にささげられたか不明であるので、アルファベットで表示されている。

NAVIGATOR

考古学公園は西と東にそれぞれアクロポリAcropoliと東神殿群Templi Orientaliに分かれている。その距離およそ1km。

入口に近い**東神殿群**には3つの神殿(E、F、G)が見られる。向かって一番手前の整った形の物が**E神殿**だ。女神ヘラにささげられたと考えられる紀元前480年頃のドーリア式の正面をもつ神殿で、1950年代に円柱部が復元された4枚のメトープが出土し、現在パレルモの考古学博物館で見ることができる。E神殿の隣にはF神殿の跡がある。ほとんどが崩落して見る影もないが、紀元前560〜540年にアルカイック様式で建造されていた。その隣のG神殿は113×54mという空前の規模で紀元前550年頃に着工された。1832年に修復された大円柱が異様な大きさで見下ろしている。

ドーリア様式の正面を持つE神殿

次に、西のアクロポリに向かおう。海を左に見ながら1kmほどの距離だ。坂を上ったあたりに入口がある。こちらにはA、B、C、D、Oと呼び分けられる遺跡が残っている。なんとか柱列が復元され、形を留めているのはC神殿だけ。アクロポリ北部はカルタゴ時代の住居跡だ。区画整理された町並みが往時の繁栄をしのばせる。

考古学公園の歩き方
公園は広いので、見学には最低で1時間、ほぼ全域を歩くなら3〜4時間は必要。徒歩以外に電気カート(見学エリア別で利用料€3〜6)、汽車型のミニバスtreninoで巡るツアー(€6)がある。

宿泊施設
ホテルはマリネッラ・ディ・セリヌンテMarinella di Selinunteに7軒。カステルヴェトラーノからの連絡が悪いため、ホテルに送迎を依頼する手もある。

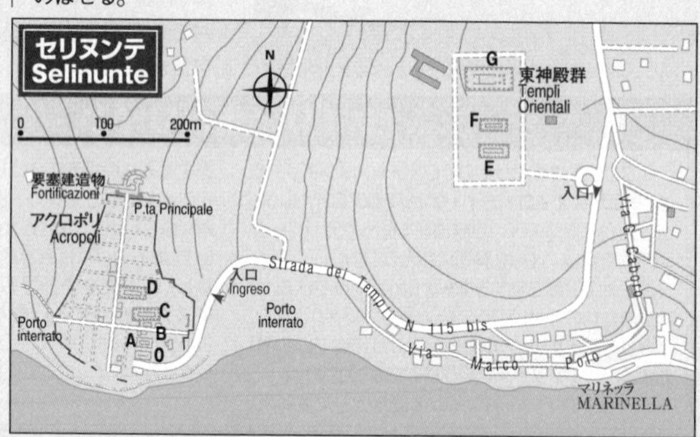

オリーブを吟味する。パレルモの市場にて

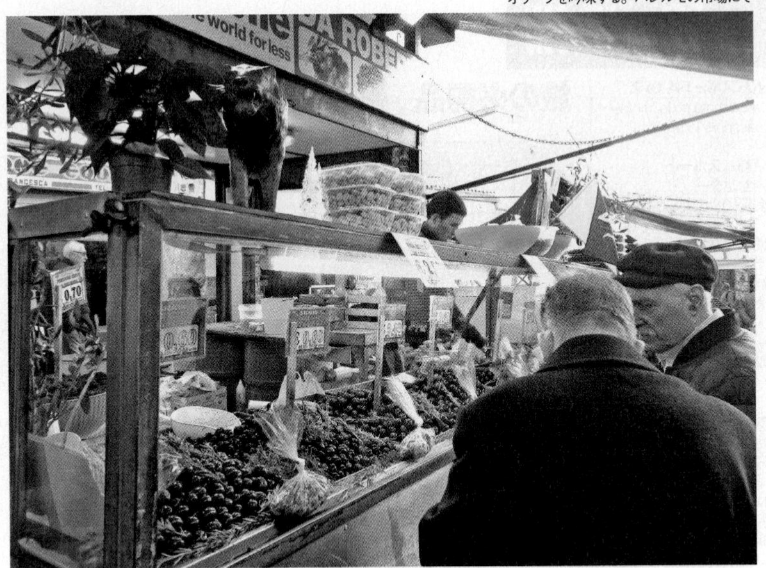

旅の準備と技術

TECNICA per Viaggio

旅の準備
　旅の必需品……344
　旅の情報収集……346
日本からのアクセス……348
ローマ経由で南イタリアへ／ナポリ経由で南イタリアへ……349
パレルモ経由でシチリアへ／カターニア経由でシチリアへ……351
イタリア国内の交通……353
　列車……353
　バス……357
　レンタカー……358
総合インフォメーション……360
ホテルに関するすべて……364
「地球の歩き方」おすすめ！得するホテル予約
　ホテル予約……366
南イタリア・シチリアで食べる……372
南イタリア・シチリアでショッピング……378
　免税の手続き……379
旅のイタリア語……380
帰国の手続き……388
南イタリアを安全・快適に旅するために……390
　トラブルに遭ってしまったら……392
　病気とトラブル……393
　緊急時の医療会話……394

旅の必需品

パスポート(旅券)

政府から発給された国際的な身分証明証がパスポート。日本からの出国、他国へ入国するために必要な物だ。パスポートは有効期間が5年（濃紺）と10年（エンジ）の2種類がある。パスポートの申請から取得までは1～2週間かかる。直前に慌てないよう、早めに取得しておこう。

※イタリアを含むシェンゲン協定国出国予定日から90日以上の有効残存期間が必要。

日々進歩する認証機能。新しい日本のパスポート

◆申請場所

住民登録をしてある各都道府県庁の旅券課またはパスポートセンター。

◆必要書類

一般旅券発給申請書（旅券申請窓口で配布）、戸籍抄本または謄本、住民票（住基ネット利用者は不用）、顔写真、本人確認用書類など。

◆受領方法

パスポート名義の本人が申請窓口で受け取る。

詳細は、パスポートアンサーや地元のパスポートセンターなどで確認を。

ビザと滞在登録

日本のパスポート所持者は、イタリアでの90日以内の滞在には不要。ただし、原則として有効残存期間が90日以上あること。予防接種も必要ない。仕事などでイタリアに91日以上滞在する場合は、ビザと滞在登録が必要。ビザの取得はイタリア大使館、領事館で。滞在登録は到着後現地で。

イタリアに91日以上滞在する場合は、目的地に到着後8日以内に地方警察Questura（クエストゥーラ）で滞在登録をしなければならない。

国際学生証 ISIC International Student Identity Card

国際的に学割が利用できるのが国際学生証。数は多くないが、一部の博物館、美術館などの見どころや劇場などで、入場料が割引や無料になる。種類は、学生Studentと生徒Scholarの2種で、対象、有効期限が異なる。申請は、ウェブサイトから。

国際青年旅行証 IYTCカード

学生でなくても、26歳未満なら取得できるカード。国際学生証と同様の特典を受けられる。申請は右記URLからや各地のYH協会などで。

国際ユースホステル会員証

海外のYHユースホステルを利用する際に必要な物。直接イタリアのYHでも作成できる場合もあるが、原則として自国で作成することに

外務省パスポートA to Z
URL www.mofa.go.jp/mofaj/toko/passport/index.html

●東京都パスポート案内センター
東京 ☎ 03-5908-0400

旅券発給手数料
10年旅券　1万6000円
5年旅券　1万1000円（12歳未満は6000円）
収入印紙や現金（各自治体により異なる）で納付。旅券受け取り窓口近くに売り場がある。

パスポートやカードのサイン
パスポート申請の際に記入する「所持人自著」。日本の印鑑代わりとなる大切なもの。ローマ字でも、漢字表記でもよい。漢字だと、外国ではまねされにくいので安心感がある。また、クレジットカード利用時には、カードの裏面同様のサインが要求されるので、サインは統一しておくと迷わない。

●イタリア大使館
住 〒108-8302
東京都港区三田2-5-4
☎ 03-3453-5291
（ビザ業務㊊～㊎9:30～11:30）
URL www.ambtokyo.esteri.it/ambasciata_tokyo/ja/
90日以上の滞在にはビザが必要。ビザの申請は完全予約制。URLから予約受付および申請書類などの情報あり。出発90日前からの受け付け。渡航3週間以上前に手続きを。

●在大阪イタリア総領事館
住 〒530-0005
大阪府大阪市北区中ノ島2-3-18　中ノ島フェスティバルタワー17階
☎ 06-4706-5841（ビザ課）

見どころの割引
'20年現在、イタリアの見どころの一部では学生やシルバー割引などを実施している。ただし、EU諸国の人のみを対象としていることが多いので、日本人は残念ながら対象外となることが多い。下記のウエブサイトでチェックしてみよう。

●国際学生証ISIC
URL www.isicjapan.jp

なっている。人気の高いYHでは国際YH会員証の提示がないと宿泊できない場合もあるので、事前に準備しておこう。会員証の申請は、各地のYH、大学生協などで。

国外運転免許証 International Driving Permit

イタリアでレンタカーを利用する人は必要だ。その際には、日本の免許証の提示も求められるので一緒に持っていこう。レンタカー会社によっては年令や運転歴によって貸出し制限があるので注意。申請は住民登録をしている都道府県の公安委員会。

国際免許証は1年有効。一般的に、日本の免許証の提示も求められる

海外旅行保険

必要に応じて、傷害死亡、後遺症、傷害治療費用の基本契約のみにするか、盗難に対する携行品保険や救援者費用保険などの特約までを含めるか検討しよう。保険の掛け金は旅行期間と補償金額によって変動する。申し込みは、各地の保険会社、旅行会社、各空港内保険カウンター、ウェブなどで。

現金とクレジットカード

家から空港までの往復の交通費などには日本円がいるし、少額のユーロはイタリアに着いた瞬間から必要だ。現地の空港や駅の両替所に行列するのが嫌な人は日本で購入できる(三菱UFJ銀行やその系列のトラベルコーナーのほか、各取扱い銀行、郵便局、空港内の両替所など)。ただし、紛失や盗難に遭ったらアウト。日本円はどこでも両替できるし、商店によっては支払いにも使える場合もある。

いちいち両替の必要がなく、現金を持ち歩かなくてもよいのがクレジットカードなど(→P.363)。イタリアでも多くのホテルやレストラン、商店で利用できる(ただし、経済的なホテルやレストラン、少額の買い物などでは使えないことがある)。レンタカーやホテルの予約時にも、提示を求められ、一種の支払い能力の証明ともなっているので持っていると安心だ。できれば複数の**国際カード**を持っていこう。

そのほか

パスポートのコピー。パスポートの盗難の危険を避けるため、一部の銀行ではコピーで両替を受け付ける所もある。クレジットカード利用の際に、身分証明書の提示を求められることもあるし、タックスフリー(→P.379)を利用するのにも便利。また、イタリアでは60歳または65歳以上でシルバー割引を実施している見どころもあるので、パスポートのコピーを持っているとよい。

また、クレジットカードの緊急連絡先などを控えて、航空券E-チケット(旅程表)のコピーとともに別に保管しておくといざというときに心強い。

航空機の持ち込み制限と免税範囲

旅じたくの前に機内持ち込みの手荷物の規則(→P.346)、イタリア入国の際の免税範囲(→P.347)も確認しておこう。

最新の安全情報を

外務省が運営する「たびレジ」では、滞在先の最新の安全情報や緊急事態発生の連絡が受けられる。登録は URL www.ezairyu.mofa.go.jp/tabireg/agree.html

●IYTCカードの申請先
URL www.isicjapan.jp
上記URL、旅行会社、大学生協でも可。

●国際ユースホステル会員証の申請先
URL www.hyh.or.jp
上記URLまたは各県のYH、旅行会社などで可。

国外運転免許証の情報
警視庁
URL www.keishicho.metro.tokyo.jp/smph/index.html

1ユーロ=122.71円
('20年2月三菱UFJ銀行調べ)

ユーロの入手先

ユーロの現金は銀行、郵便局、トラベルコーナー、成田や関空の空港内両替所などで。ただし、すべての支店で可能ではないので、まず最寄りの支店で情報の入手を。

●三菱UFJ銀行
URL www.bk.mufg.jp/tsukau/kaigai/senmon/index.html

●イタリア政府観光局
ENIT
住 〒108-8302
東京都港区三田2-5-4
(イタリア大使館内)
URL www.italia.it
※直接訪問、メールでの問い合わせは行っていない。

●イタリア文化会館
住 〒102-0074
東京都千代田区九段南2-1-30
☎ 03-3264-6011
営 月～金 10:00～13:00
月水 14:00～18:30
火木金 14:00～18:00
休 土日祝、年末年始、5月の連休頃
URL www.iictokyo.com

●ITAエアウェイズ
URL www.ita-airways.com

✉ 滑らない靴を

マテーラやアルベロベッロの旧市街は、石造りで段差も大きい所が多いので雨でも滑らない靴で。冬の散策時は、雨や夜露でも足を取られることもあるため、グリップの利く靴が安心です

(東京都　あーさんぽ。 '19)

旅の情報収集

イタリア政府観光局 ENIT

イタリア各地の旅の情報を提供している。あまりに細かい情報は現地から届いてないこともあるので、直接イタリアで入手すること。

現在、一般の問い合わせ対応は受け付けていないので、ウェブサイトから情報を入手しよう。

イタリア文化会館

イタリアの芸術、言語、文学、文化などを日本に紹介するための機関。付属の図書館は一般公開されている。またイタリアへの留学に関する問い合わせにも応じている。何を学びたいのかを具体的に記した手紙を会館宛てに送れば返事をくれる。手紙の質問書式はURLから入手可、郵便小為替(1000円)、返信用切手を同封のこと。出願書類の提出期限は専門学校や大学正規コースは6月末、一部の各種学校は1月下旬など、学校や年により異なるので早めの準備を心がけよう。

ITAエアウェイズ

飛行機の中から"気分はイタリア"したい人のITAエアウェイズ。イタリア国内線についての情報も入手できる。

国内線では、乗降タラップを使うことが普通

航空機搭乗の際の注意情報

機内持ち込み手荷物の規則

あらゆる液体物(歯磨き、ジェルおよびエアゾールを含む)は100mℓ以下の容器に入れ、再封可能な容量1000mℓ(20cm×20cm)以下の透明プラスチック製袋(ジップロックなど)に余裕をもって入れる。

袋は1人1つまで。ただし、医薬品、乳幼児食品(ミルク、離乳食)などは除外されるが、処方箋の写し、乳幼児の同伴など適切な証拠の提示を求められる。

機内持ち込み手荷物については、利用航空会社や国土交通省航空局のホームページを参考に。
URL www.mlit.go.jp/koku/03_information/13_motikomiseigen/

同日乗り換えの場合は、機内手荷物制限にご注意

化粧品などの液体物は、最初からスーツケースなどに入れてチェックインしてしまえば問題はない。制限対象となるのは、左記の通り機内持ち込みをする物。また、チェックイン後に免税店で購入した酒類や化粧品は、そのまま持ち込むことができる。

ただし、乗り換えをする場合は、免税店で購入した物も含めて、経由地で100mℓを超える物は廃棄、100mℓ以下の場合はパッケージを開けて再封可能な袋に入れることが求められる。アジア、ヨーロッパ各地やミラノ、ローマなどで同日に乗り換えを予定している人は注意しよう。免税品については、経由地により、やや異なることがあるので、購入前に免税店で確認しよう。

帰国便も同様なので、日本への直行便以外を利用する人はご注意を。

南イタリアとシチリアを知ろう！

南イタリア・シチリアの物価

北イタリアに比べ、所得水準が低いため、物価もやや安いと考えがちだ。しかし、旅行者が利用する公共交通、見どころの入館料などはほぼ全国共通なので、とりたてて安上がりということはない。ただ、ホテルと食事代は幾分安いので、節約に徹して旅行し、1～2つ星程度のホテルに泊まり、レストランでもツーリストメニューを利用すればかなり安く上げられる。しかし、これでは旅の楽しみは半減してしまう。

南イタリアでは、予算はそのままで、ちょっと気分よく旅行したい。北イタリアに比べてホテルならワン・ランク上げることをおすすめしたい。さほど料金は変わらないし、田舎ならいっそうの充実感が得られるはずだ。また、3つ星程度でも雰囲気のよいリゾートホテルも多い。旅にメリハリをつけて、ときに気に入った町やホテルにゆったりと滞在するのも、旅行を楽しくさせるポイントだろう。

おみやげ探しが楽しい、シチリア

南イタリア・シチリアの気候

2月頃にはアグリジェントではアーモンドの花が咲き、シチリアに早い春の訪れを告げる。アマルフィやソレントでもレモンの白い花が咲き、あたり一面によい香りを漂わせる。春は観光にもベストシーズンといえよう。

太陽と青い海原が輝く夏は、リゾート気分がそこここにあふれる。北からやって来た、気の早い観光客は5月頃から海で日光浴を始めるが、海水浴のシーズンは6～9月頃だ。町や遺跡などでは、夏の日盛りには暑さをかなり感じさせるが、湿気は少なく、一度石造りの建物や木陰に入れば涼しい。夏の観光では、ついくだけた服装をしがちだが、イタリア全土そうであるように、ショートパンツ、ミニスカート、ノースリーブ、ランニング、ビーチサンダルでは教会内部には入れない場合もある。こんな場合でも大判のスカーフなどで肌を隠せば大丈夫なので、1～2枚持参したい。

シチリアではスイカがとてもおいしい

レモンジュース（スプレムータ）でビタミンC補給

厳しい日差しとリゾート客の去った静かな秋も観光には最適な季節だ。晩秋から冬にかけてはやや雨が多くなるので、防寒具と傘の用意が必要だ。また、光輝く大地のイメージのある南イタリアだが、数年に一度は雪が降ることもある。冬の旅行は、日本と同様コートは必携だ。

また、マルサーラなどの海岸沿いの町やエトナ山の麓のエンナなどでは風が強い日も少なくない。ウインドブレーカーなどがあれば重宝するだろう。

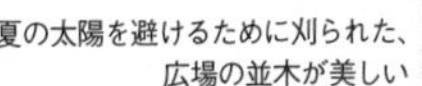
夏の太陽を避けるために刈られた、広場の並木が美しい

タイル1枚でも旅のすてきなおみやげ！

民芸品のおみやげがおもしろい

日本からイタリアへ税関情報

イタリアへの通貨の持ち込み・持ち出し制限

ユーロ、外貨ともに1万ユーロ相当額以上（トラベラーズチェック、有価証券を含む）のEU圏内への持ち込み、持ち出しには申告が必要。

申告を怠った場合は、所持金の没収や処罰の対象となる場合ある。申告は税関や申請所Controllo Valutaで。

日本からの持ち出し・持ち込み制限

現金、トラベラーズチェックなどで合計100万円以上、金の地金などで1kgを超えての国外への持ち出し、あるいは日本国内への持ち込みの場合は、「支払い手段などの携帯　輸出・輸入届出書」が必要。書類は、出国の際はパスポートコントロール手前で、入国（帰国）の際は航空機内で配布されるので、必要な人は記入しておこう。忘れたり、虚偽申告の場合は、罰則の規定あり。

免税範囲

下記のとおり、個人使用に限りイタリア国内に無税で持ち込める。

■酒類（17歳以上）ワイン2ℓと22度以上のアルコール飲料1ℓ、またはリカーワイン、食前酒2ℓと22度未満の酒類1ℓ
■たばこ（17歳以上）紙巻きたばこ200本、葉巻50本あるいはきざみたばこ250g
■コーヒー（15歳以上）500g
■香水50g（60cc/mℓ）、オードトワレ250cc
■300ユーロ以上のパソコン、カメラ

南イタリアへ　日本からのアクセス

南イタリアへのアクセス法はいくつもある。各個人の旅のルート、予算を考えて選ぼう。

日本から空路で入る

日本発着のほとんどの航空会社では、ミラノやローマあるいはヨーロッパの各都市で乗り換えれば、その日のうちに南イタリアへ到着することができる。空路ミラノからナポリまでは1時間25分、パレルモ、カターニアまで1時間40分～1時間50分だ。

どこの空港を選ぶ？

ナポリやアマルフィ海岸を中心としたカンパーニア州を旅するなら**ナポリ空港**、アルベロベッロのあるプーリア州やマテーラなどへは**バーリ空港**が便利だ。シチリア島の西側には**パレルモ空港**、東に**カターニア空港**がある。シチリア島をグルっと一筆書きで回るなら、インとアウトで両方の空港を利用するのもいい。

トランジット

日本からの航空機を出て空港内に入ったら、乗り継ぎ便の電光掲示板をチェックして、乗り換えフライトの**出発時間**、**ターミナル**と**ゲート番号**をチェックしよう。トランジットTransitoは空港内に行き先表示があるので、難しいことはない。ミラノ・マルペンサやローマ・フィウミチーノなどの大規模空港の場合は、到着ターミナルから出発ターミナルへの移動距離が長いので早めに行動しよう。途中に**セキュリティチェック**、**入国審査**Controllo Passaporti、さらに広いショッピングモールを抜けるので早足での移動だけで10～15分、セキュリティチェックやパスポートコントロールが混雑していると40分～1時間くらいかかる場合もある。

トランジット時間の余裕をもって発券されているので、さほど心配することはない。フライトが遅延した場合はある程度は待ってくれているので、素早く行動しよう。

南イタリアの空港で入国審査は不要！？

ミラノやローマで乗り換えた場合はすでに入国審査は済んでいるので不要だ。ヨーロッパ内での乗り換えの場合もシェンゲン協定（ソデ参照）が適用されるため、不要。

空港からのアクセス

各空港から町へは頻繁に空港バスAlibusやプルマン、市バス、鉄道などが運行している。パレルモ空港から町へはやや距離があるが、他の空港は町へは7～15km程度なのも便利だ。

タクシー利用

空港を出れば客待ちのタクシーがいる。ボラれるのでは……と、心配な場合はホテルに送迎依頼を。これが割高に感じたら、個人でタクシーを探してメールで料金を確認すると、やや出費が抑えられることもある（空港や到着地の観光局のホームページなどに連絡先の掲載あり）。ドライバーがフライトに合わせて、搭乗者出口で名前を掲げて待ってくれているので迷う心配はない。

機内持ち込み手荷物の規則と手荷物制限（→p.346）

ヨーロッパ間の飛行時間
ロンドン→ナポリ　約2時間50分
パリ→ナポリ　約2時間25分

ローマからの飛行時間
ナポリ　約50分
パレルモ　1時間
カターニア　約1時間

各空港名と市内までの距離

●**ナポリ／カポディキーノ空港**
Aeroporto di Capodichino
約7km
URL www.aeroportodinapoli.it/

●**パレルモ／ファルコーネ・ボルセッリーノ空港**
Aeroporto di Palermo Falcone Borsellino
約32km
URL www.gesap.it/

●**カターニア／フォンタナロッサ空港**
Aeroporto di Catania Fontanarossa
約7km
URL www.aeroporto.catania.it/

●**バーリ／バーリ・パレーゼ空港**
Aeroporto di Bari-Palese
約15km
URL www.aeroportidipuglia.it/homepagebari

●**ブリンディシ空港**
Aeroporto di Brindisi
約6km
URL www.aeroportidipuglia.it/homepagebrindisi

●**トラーパニ／トラーパニービルジ空港**
Aeroporto di Trapani-Birgi
約15km
URL www.airgest.it/

ローマ・フィウミチーノ、ミラノ・リナーテ、ベルガモ、トリノ、パンテレリア

シェンゲン協定ってナニ？

シェンゲン協定とは、最初にシェンゲン協定加盟国へ入る際の入国審査と、帰国に加盟国外へ出るときの出国審査のみで、原則自由に域内を旅行できること。ただし、イギリス、アイルランド、ブルガリア、クロアチア、キプロス、ルーマニアなど数ヵ国が非加盟または未実施。

トルコや中東は協定圏外なので、これら経由した場合は入国審査を受ける必要がある。

荷物受け取り場所

乗り換えたローマやミラノからの便が表記されたターンテーブルには出て来ず、隣接した別の場所EXTRASCHENGENと表示ある所に出てくることがある。見当たらない場合は、両方で探してみよう。

ローマ経由で南イタリアへ

ローマの空港は**フィウミチーノ空港**Aeroporto Fiumicino。日本からの便が到着するのは**ターミナル3**。国内線への乗り換えは**ターミナル1**へ移動する。まずは電光掲示板で出発ターミナル、ゲートを確認しよう。**Transito**(乗り換え)の表示に従えば、難しいことはないが、移動距離が長いので時間に余裕をもって行動しよう。途中で**入国審査**=パスポートコントロールがある。

ローマ市街へ向かう場合は**fs線**または**プルマンバス**を利用する。出国出口からfs線の標識に従い、連絡通路を通ると駅だ。テルミニ駅まで所要30分、€14。プルマンバスを利用する場合は出国出口を出て右に進もう。

ローマ市街へのアクセス

テルミニ駅へ直通列車が6:08〜23:23の間、約30分間隔で運行(所要約30分、€14。切符は駅の窓口や自販機などで)。終電後は、夜間バス(€5、車内購入€7)がテルミニ駅、ティブルティーナ駅を結んでいる。

バス会社により、料金、下車地(テルミニ駅東・西口など)、経由地が異なるので、宿泊地に合わせて選ぼう。料金€4〜7。早朝から深夜までの運行、会社を選ばなければ待ち時間は少ない。

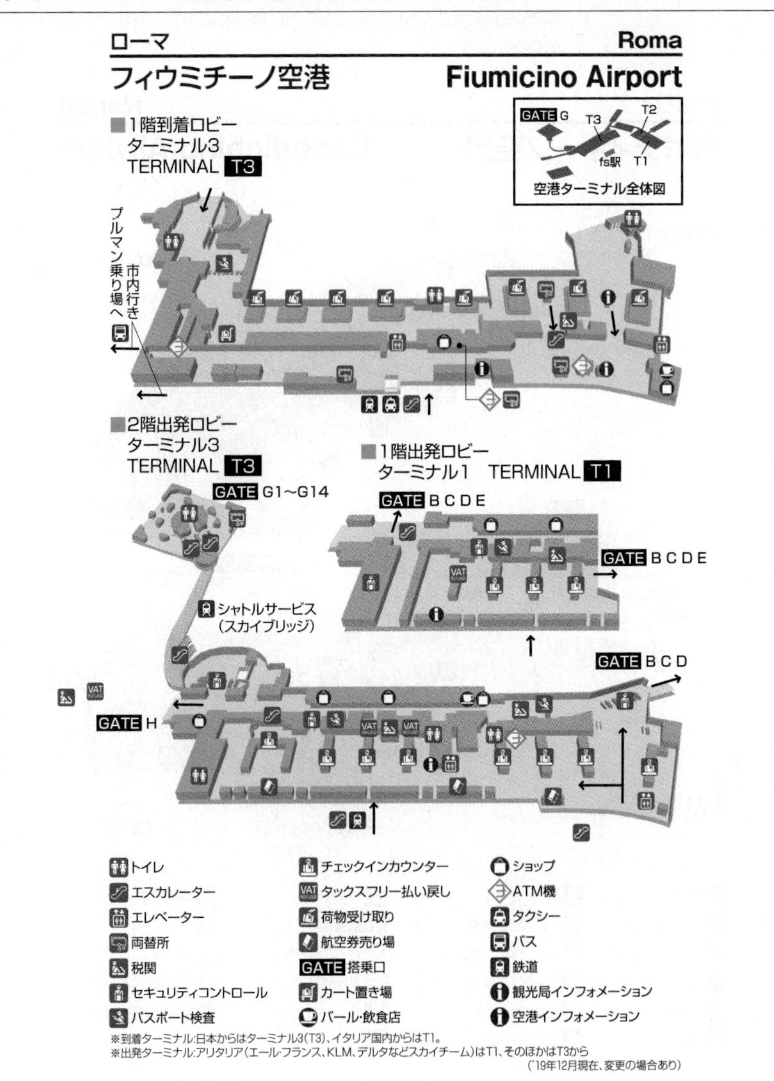

※到着ターミナル:日本からはターミナル3(T3)、イタリア国内からはT1。
※出発ターミナル:アリタリア(エール・フランス、KLM、デルタなどスカイチーム)はT1、そのほかはT3から
('19年12月現在、変更の場合あり)

■空港から各地への
プルマンバス
●ソレント行き
9:00、11:00、12:00、13:00、14:30、16:30、18:00、19:30
所要1時間15分
URL www.curreiviaggi.it
●サレルノ行き
SITA SUD社
1/7～7/31、9/1～12/21のみ8:45、㊊～㊎16:00
所要1時間10分～1時間20分
URL www.sitasudtrasporti.it

ナポリ経由で南イタリアへ

ナポリの空港は**カポディキーノ空港**Aeroporto di Capodichino。

ナポリ市内へ向かう場合は、**空港バス**Alibus(→P.39)を利用する。空港→ナポリ中央駅→港を循環し、港からはカプリ島などへの船の利用も可能だ。

チェックインカウンターは1階。チェックイン後は2階に移動し、セキュリティチェックを受ける。タックスフリーを利用して税関スタンプが必要ならば、税関は1階と2階のセキュリティチェック左側にある。品物を受託荷物(スーツケース)に入れた場合は1階で、手荷物として持ち込む場合は2階の税関でスタンプをもらおう。免税現金払い戻しは両替所のTravelexで。1階出口そばと2階セキュリティチェック後のエリアにある。税関職員が不在の場合は呼んでもらう必要があるので、時間に余裕をもって手続きしよう。

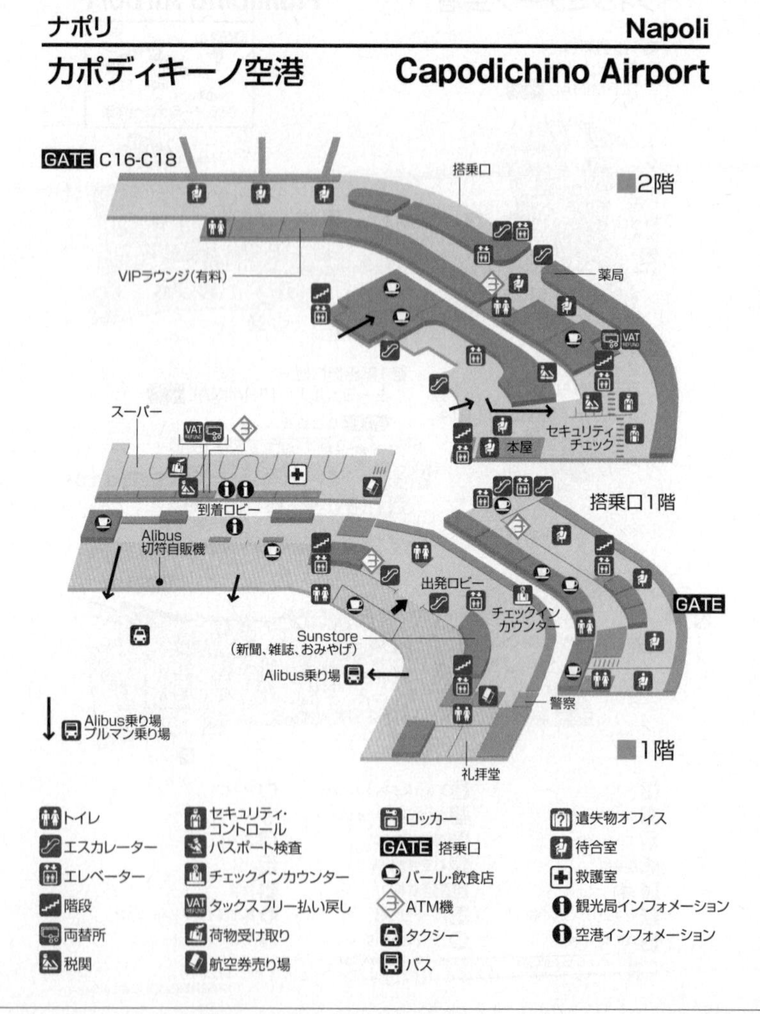

パレルモ経由でシチリアへ

パレルモ空港は**ファルコーネ・エ・ボルセッリーノ-プンタ・ライジ空港**Aeroporto Falcone e Borsellino-Punta Raisi。

1階の到着ロビー出口近くに、プルマンバスの切符売り場、観光局の❶、レンタカーやタクシー事務所(定額タクシーの申し込み)がある。

パレルモ市内へ向かう場合は、切符を購入してから到着ロビーを出て右へ進んだ小さな広場からプルマンバス(→P.232)を利用する。他の町へのプルマンも同場所から。

空港は3階建て、チェックインカウンターは2階で左右に分かれ、出口を背にした右側がアリタリア。一番右端のA26カウンターの出口そばに税関がある。チェックイン終了後3階へ移動して、セキュリティチェックを受け、これを抜けると売店と搭乗口がある。

■空港から各地へのプルマンバス

●アグリジェント行き(終点Porto Empedocle)
11:00、13:30、16:30、20:00
所要2時間40分
片道€12.60(車内購入)

●トラーパニ空港、マルサーラ、マザーラ・デル・ヴァッロ行き
1～2時間に1便程度の運行。トラーパニ空港まで約1時間、マルサーラまで1時間30分～2時間。
URL www.autoservizisalemi.it

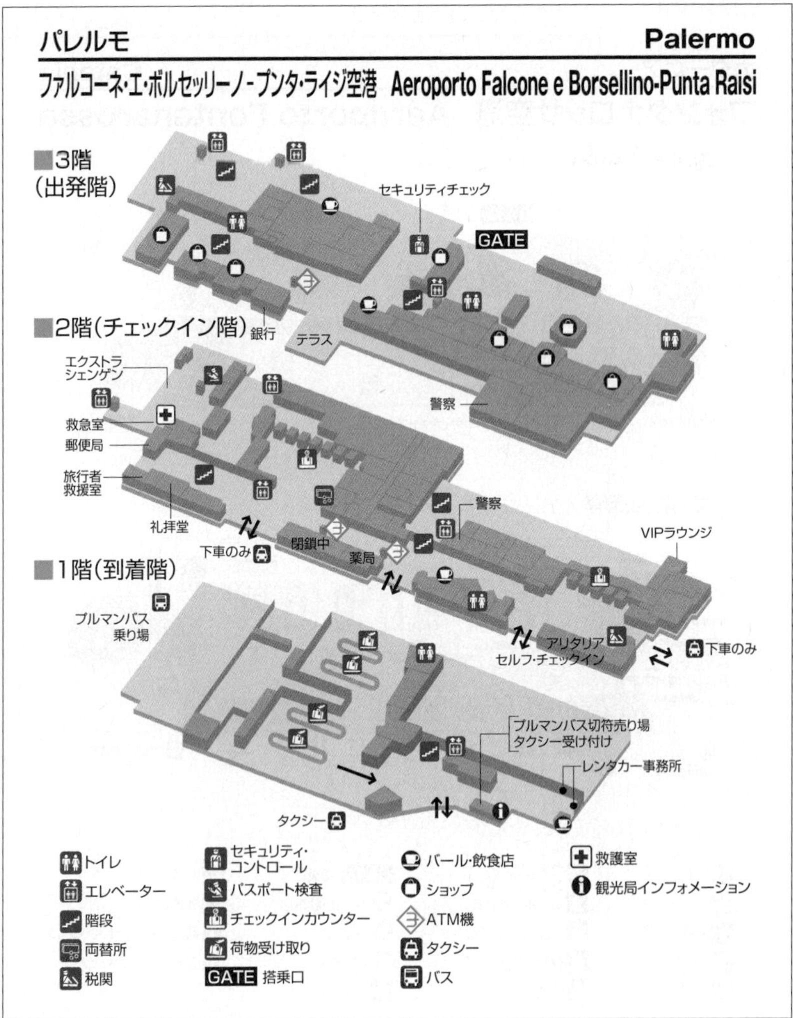

■カターニア空港
ホームページから
交通機関の検索が便利
下記URLでプルマン各社のホームページに飛べ、ルート、時刻表、料金などの検索が簡単便利
URL www.aeroporto.catania.it/aeroporto/dopo-l-atterraggio/mezzi-di-trasporto/

カターニア経由でシチリアへ

カターニアの空港は**フォンタナロッサ空港**Aeroporto Fontanarossa。町へ近く、アクセスが便利な空港だ。また、シチリア南東部の各町へのプルマンバスが充実しており、空港前から乗車できる。到着したターミナルAを出て右に進むと**シチリア各地へのプルマン**のバス停、その近くに切符売り場がある。市内行きのALIBUSはターミナルを出て左に進むとバス停がある。かなり混む場合があるので、始発のこのバス停からの乗車がベター。切符€4は車内で購入。到着階1階に❶、レンタカー事務所、バールなどがある。出発は2階へ。ターミナルCはLCC(Easyjet)専用、ターミナルを出た左側にAlibusのバス停がある。

税関は1階の到着ターミナルにあり、Agenzia delle Doganaとの表記があるインターフォンを押して扉を開けてもらって手続きをする。払い戻しカウンターは近くの両替所が代行。

カターニア Catania

フォンタナロッサ空港 Aeroporto Fontanarossa

■2階(出発階)

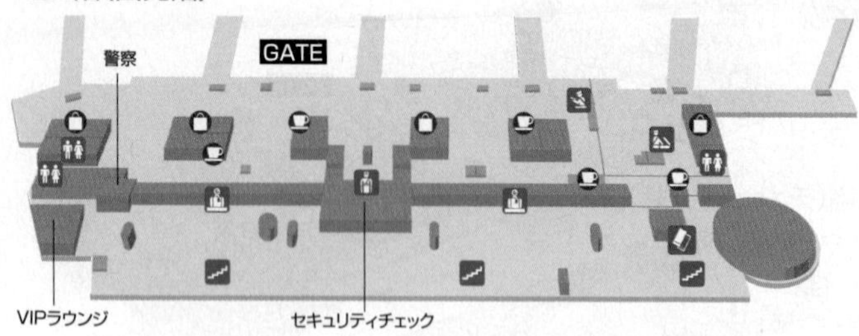

■1階(到着階)

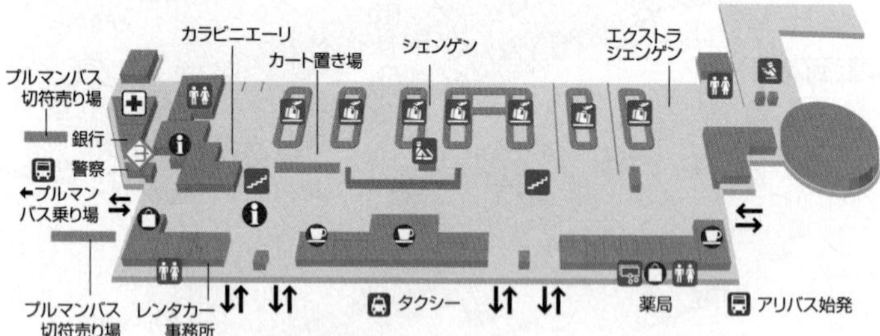

トイレ
エレベーター
階段
両替所
税関
セキュリティ・コントロール
パスポート検査
チェックインカウンター
荷物受け取り
航空券売り場
GATE 搭乗口
バール・飲食店
ショップ
ATM機
タクシー
バス
救護室
観光局インフォメーション
空港インフォメーション

イタリア国内の交通　移動する

列車 Treno（トレノ）

イタリア鉄道Ferrovia dello Stato Spa フェッロヴィア・デッロ・スタートは略してfsあるいはトレニタリアTRENITALIAと呼ばれる。ミラノやローマなど、イタリアの各都市から南イタリアへ向かうにはたいへん便利だ。ときとしてストSCIOPERO(ショーペロ)があるものの、運行時間の遅れはそれほどない。安心して利用できる交通機関だ。

列車の種類と料金

トレニタリアの列車は大きく分けて長距離部門と地域運輸部門に分けられる。長距離部門の列車は、高速列車であるフレッチャロッサ**FR**＝Frecciarossaおよびフレッチャルジェント**FA**＝Frecciargento、長距離列車のフレッチャビアンカ**FB**＝Frecciabianca、インテルシティ**IC**＝Intercity、夜行列車のインテルシティノッテ**ICN**＝Intercity Notteがある。これらの列車は乗車券と指定券がひとつになった包括運賃チケットでの利用となるため全席指定制。

ユーレイルイタリアパスなど鉄道パスを使って利用する場合、予約と追加料金が必要となる。追加料金はFR、FA、FBは€10、ICは€3、ECは€3～10である。鉄道パスを持って、これらの列車に予約なしで乗り込むと車内検札の際に、通常の追加料金とは別に、€8の料金が徴収される。予約の変更等は駅窓口で可能である。

地域運輸部門の列車は、普通列車のレッジョナーレ**R**＝Regionaleと快速列車のレッジョナーレ・ヴェローチェ**RV**＝Regionale Veloceがある。これらの列車は予約不要な列車なので、鉄道パスのみで利用可能である。乗車券を購入し、RやRVを利用する場合は、乗車前にホームにある自動検札機(P.356参照)で、乗車券に刻印をすること。

トレニタリアの「フレッチャロッサ」

イタリア鉄道fs線(トレニタリア)の検索サイト
URL www.trenitalia.com
時刻表や乗り継ぎ、料金の検索、座席指定、切符購入可。

各都市への鉄道所要時間

●ミラノ→ローマ
(FR) 3時間10分～3時間40分

●ローマ→ナポリ
(FR) 約1時間10分
(IC) 2時間3分
(R) 約3時間

●ナポリ→レッジョ・ディ・カラーブリア
(FB) 約4時間30分

●メッシーナ→パレルモ
(RV)(R) 約3時間

●ローマ→パレルモ
(IC) 約11時間40分～13時間

ローマ・ナポリ間の料金

FR	BASE	Standard	€48
		Business	€62
		Executive	€125
IC	1等		€36
	2等		€27
R	2等		€12.65

主な列車の種類

R　Regionale レッジョナーレ 普通列車(各駅停車)
RV　Regionale Veroce レッジョナーレ・ヴェローチェ 快速列車
IC　Intercity インテルシティ 急行列車
FR/FA/FB　フレッチャロッサ／フレッチャルジェント／フレッチャビアンカ 高速列車

RとRVについては→P.356
IC、FR/FA/FBは要追加料金、要予約。

切符購入前に利用駅の確認を
ナポリ、ローマなど複数の駅がある町への切符購入の際は、駅名の確認を忘れずに。また、イタロはトレニタリアとほぼ同経路を運行。

イタリアの高速列車

トレニタリアの高速列車は、最高速度によって3つの種類に分けられる。

フレッチャロッサ Frecciarossa(FR)
「赤い矢」の意味で最高速度300km/hのETR500、ETR400(フレッチャロッサ1000)による運行。トリノ～ミラノ～ボローニャ～フィレンツェ～ローマ～ナポリ～サレルノ間で運行。4クラス制での運行をしている。

フレッチャルジェント Frecciargento(FA)
「銀の矢」の意味で最高速度250km/hのETR485、ETR600による運行。ヴェネツィア～フィレンツェ～ローマ～ナポリ～サレルノ、ローマ～カゼルタ～バーリ～レッチェ、ローマ～ナポリ～レッジョ・ディ・カラーブリア間で運行。

フレッチャビアンカ Frecciabianca(FB)
以前はエウロスターシティ(ESC)の種別であった長距離列車。最高速度は200km/h。FRなどが運行していない区間で運行している。ミラノ～ヴェネツィア間、ミラノ～アンコーナ～バーリ～レッチェ間で運行している。

イタロ .italo
2012年4月に登場したNTV社の高速列車。ミラノ～ボローニャ～フィレンツェ～ローマ～ナポリ～サレルノ間などで運行。トレニタリアとは別会社のため、鉄道パスで利用はできない。下記のサイトで時刻検索、料金検索、チケット購入が可能。
URL www.italotreno.it

簡単になった、イタリア鉄道 TRENITALIA自動券売機を使いこなそう!

駅の窓口はどこも長蛇の列。鉄道の切符は、英語表示がわかりやすい自動券売機で購入してみよう。新しくなった券売機は使い方も簡単。カード利用がおすすめだ。

イタリア鉄道 自動券売機の使い方

1

①この表示が、**スタート**。
下の言語から、**英語**を選ぼう。タッチパネルなので指先で触ればOK。
ちなみに、言語は、イタリア語、英語、ドイツ語、フランス語、スペイン語から選べる。

2

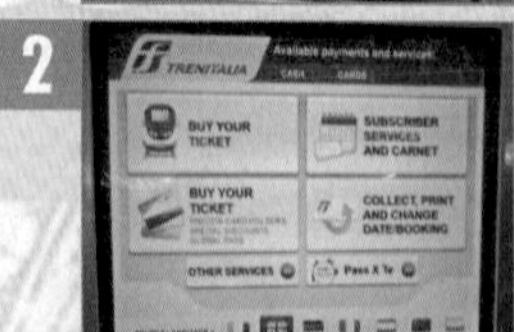

②英語を選択すると、この表示に切り替わる。切符の購入は左上の**BUY YOUR TICKET**をタッチ。
上に赤い文字で、CASH/CARDSとあるので、この機種では現金、カードともに使用可。1種類しか使えない場合があるので確認を。
2019年10月現在、自動券売機でユーレイルグローバルパス、ユーレイルイタリアパスを使っての予約は不可。

3

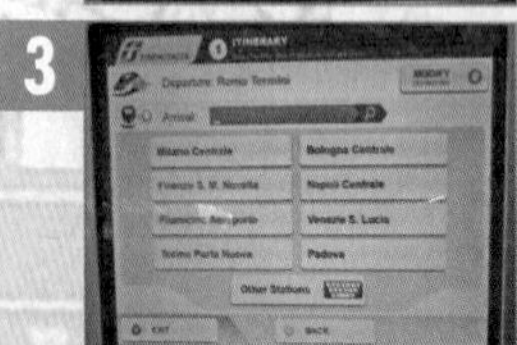

③**目的地を選ぶ**
券売機の利用駅がローマ・テルミニ駅なので、出発地Departureはローマ・テルミニと表示してある。行き先を選択。下のArrival到着駅に希望の駅があれば、選択。なければキーボードマークのOther Stationをタッチして、キーボードで駅名を入力(入力途中で、駅名が表示されるのでタッチするのが簡単)。乗車地を変更する場合は、最初に右上のMODIFYをタッチして、同様の操作を。

4

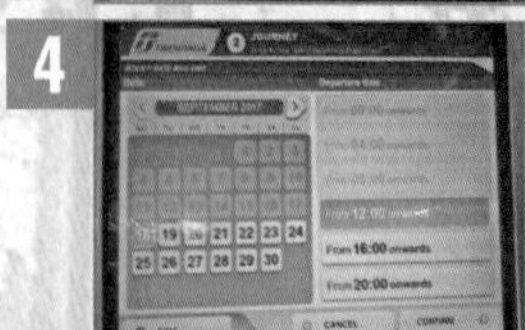

④**乗車日・時間を選ぶ**
Date:カレンダーから希望乗車日を選択。続いて、右のDeparture timeから希望時間を選択。

5

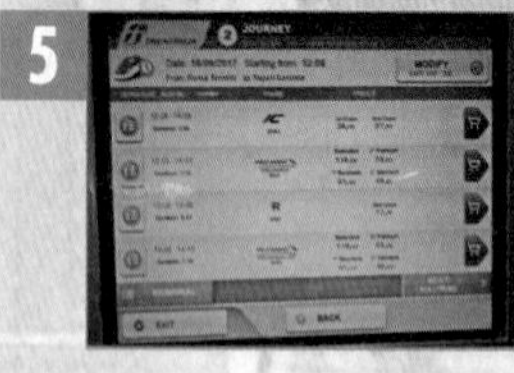

⑤**列車を選択**
希望時間帯の各種列車が表示される。左から発車・到着時間、その下に所要時間Duration。右に、座席の種類、料金が表示。列車を選択。
後続の列車を見る場合は、右下のNEXT SOLUTIONS、より経済的なR(各駅停車REGIONALE)を見るなら、左下のREGIONALEをタッチ。

画面操作に覚えておきたい言葉
EXIT(終了)　**BACK**(戻る)　**CANCEL**(キャンセル)　**CONFERMA**(了承)　**FORWARD**(次へ)
※モニター下に表示されるので、続けて操作する場合は**CONFERMA**や**FORWARD**をタッチ。
座席の種類(列車の種類により異なる)➡P.353
IC　**1st Class**(1等)　**2st Class**(2等)
FRECCIA系　**Executive**(エクゼクティブ)　**1° Business**(1等[ビジネス])　**2° Premium**　**2° Standard**(2等)

※機種によっては画面が異なる場合があるが内容は同じ

6 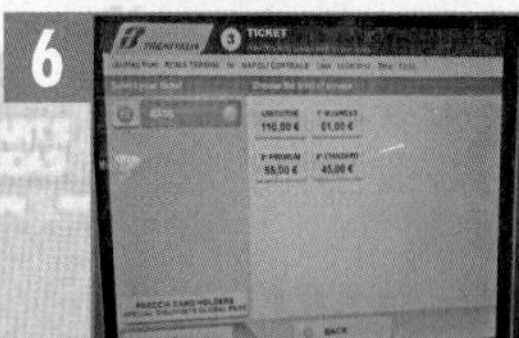

⑥**切符を選択**

⑤と同様の切符の種類・料金が表示されるので、選択。

※割引料金PROMOは購入が早いと、表示される場合あり。

7 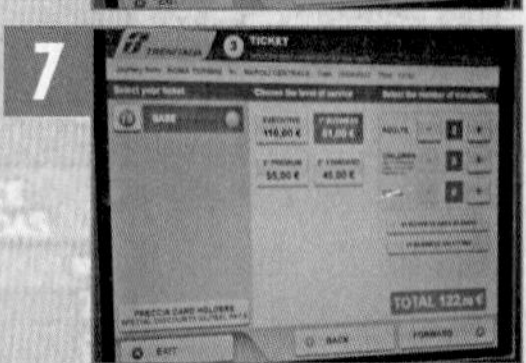

⑦**人数を入力**

再び⑥と同様の画面が表示されるので、切符を選択し、さらに右の大人ADULTS/子供CHILDRENの表示を+プラス、－マイナスで該当人数を入力。

※機種によっては、座席の位置が表示される場合があるので、その場合は選択。表示がなくても、ほぼ近くの座席が販売される。

8 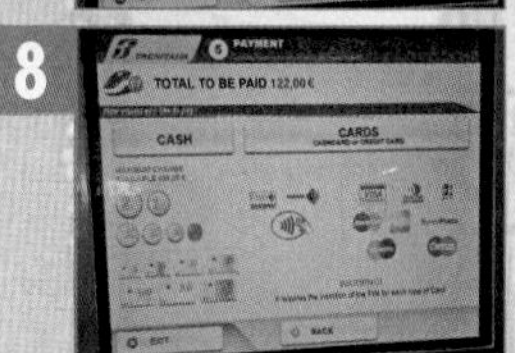

⑧支払い方法を選択。現金CASH、クレジットカードCARDSから選択。

9 

⑨アナウンスと画面の指示で、カードの挿入・取り出し、暗証番号の入力を求められるので、指示に従おう。

10 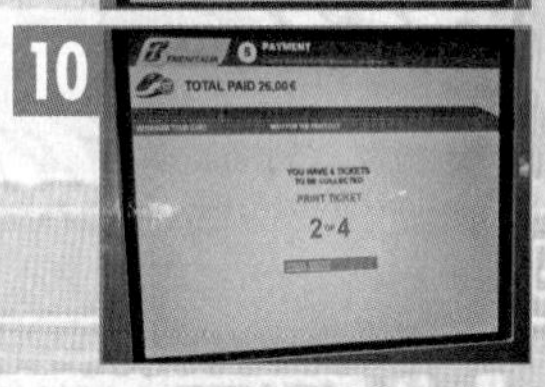

⑩現金またはカードでの支払い後の画面。切符を印刷中の表示。2-4は計4枚が発行され、2枚目印刷中の意味。すべての切符を取り出し、内容をチェックして終了。

fs自動券売機アレコレ

✉ 切符は早めに、まとめて事前購入

自動券売機なら、切符は即座に購入できますが、時間帯によっては売り切れの場合もありました。前日までの購入が安心です。　（東京都　ICM　'17）

✉ 時刻表はどうする?

駅で電車の時刻表のパンフレットを探しましたがみつかりませんでした。そこで、自動券売機で調べ、それを写真に撮って利用しました。（岡山県　三村由香梨）

✉ 券売機から割引切符の購入

現地の駅員さんに教えてもらいました。券売機でも切符を購入する際、「PROMO」ボタンを押すと割引切符を簡単に購入できます。残席があればお買い得。⑥の切符の種類の画面にあります。　（あなご　'16）

✉ ローマから寝台車でパレルモへ

ローマからパレルモまでIntercity Notteの寝台車を利用。切符はTrenitaliaのHPから日本で事前予約(女性ふたり部屋で1人約€80)。ホームにいる係員に切符を提示してチェックインし、23:00にローマ・テルミニ駅を出発。同室はシチリア出身の女性で、小さな洗面台付きの部屋の使い方などを教えてくれました。発車後に水1本とアメニティセットが配られました。6:00過ぎにVilla San Giovanniに着くと、列車ごと船の底部に入り、数両ずつ切り離されます。列車から出て、階段を上がると船のデッキに出て、海を一望できます。船内ではコーヒーも買え、トイレもゆっくり利用できます。左方向にシチリアの入口、メッシーナ港のマドンナ像のついた灯台が見え、通り過ぎました。列車に戻ると、朝食（スナックとジュースかコーヒー）が配られます。Milazzoあたりから、パレルモ中央駅（12:00頃到着）まではベッドに寝ころびながら海沿いの風景が楽しめる快適な旅でした。　（のりたま　'18）

✉ Italoも検討してみよう

ローマからナポリへ行く際、Italoの電車で行きました。Italoも予約時期が早いと特別割引料金が設定されており、高速列車FRと同じ時間1時間10分で格安で快適に行くことができました。残席4つだけでぎりぎりでしたが、旅程が決まっているなら早めの予約がベストです。Trenitaliaのみでなく Italoも検索する価値大です。

（宮城県　いなぐま　'19）

切符の買い方と予約

切符の購入と予約は、**駅の窓口**かfsのマークのある**旅行会社**で。ときとして窓口に長蛇の列がある場合もあるので、前日までに切符の手配をしておくのが賢明だ。

切符Bigliettoの販売は、**予約Prenotazione**、**予約変更Cambio Prenotazione**、**当日Oggi**などと分かれている。販売窓口では、切符購入とともにその列車の座席予約ができる。

切符を買うときは、行き先、人数、おおよその出発時間を告げれば買うことができる。しかし、言葉が心配のわれわれとしては、事前に**列車の種類**、**列車番号**、**出発日時**、**行き先**、客車の**等級**、**往復**か**片道**かを紙に書いて窓口で示そう。

切符の読み方(指定券の場合)

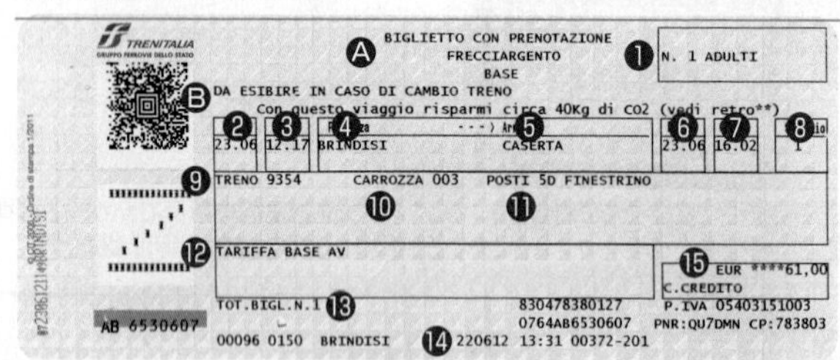

Ⓐ切符の種類(これは予約券、フレッチャルジェント　ベース料金と表示)　Ⓑ「この列車利用の旅で約40kgのCO^2削減」のメッセージ　①乗車人数(Adaluti：大人、Ragazzi：子供)　②乗車日　③発車時刻　④乗車駅　⑤下車駅　⑥下車日　⑦到着時刻　⑧客車の種類(1等、2等)　⑨列車番号　⑩号車　⑪座席番号(Finestrino：窓側、Corridoio：通路側)　⑫備考欄(切符の種類を表示。これは切符の種類でⒶと同様。このほか、UPGRADINGはパス類からの変更、RやRVの普通切符でVALE 6H DA CONVALIDAは「(自動)検札より有効6時間」の意味。VIA～とあれば、経由地)　⑬総切符枚数　⑭発行場所・日時　⑮料金(カード支払い)

列車の乗り方

まず、目的の列車が何番線の**ホームBinario**に入るか、駅構内の時刻表や行き先掲示板で確認しよう。

RVやRを利用するときは乗車前に、改札口やホーム入口にあるうす緑色の**自動検札機Obliteratrice**で、バスなどと同様に日時を刻印しよう(R、RV以外は予約が必要なため、刻印は不要)。切符の種類によっては切符を持っていても、刻印を忘れると罰金だ。

指定席券を持っている場合は、自分の**予約Prenotatoした指定の車両と席へ**。座席指定のない、RやRVの場合は、すいている席に座ろう。車両は全車禁煙だ。

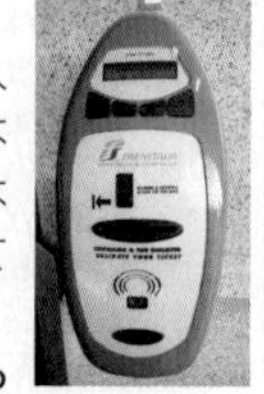

自動検札機(オッブリテラトリーチェ)で必ず刻印を

切符購入ひと口ガイド

入手したい切符や予約を紙に書いて、窓口で見せよう。「切符と予約をお願いします。」とまずはひとこと。
「ビリエット エ プレノタツィオーネ ペル ファヴォーレ」
"Biglietto e prenotazione, per favore."

●**日付(乗車希望日)**
2020年12月14日
data 14/12/2018
(イタリアでは日・月・年の順に書く。月は日本と同様に数字でもＯＫ)

●**列車番号**
Numero del Treno
(わかれば。時刻表の冊子や駅構内に張り出してある時刻表に掲載してある)

●**行き先**　per～
ナポリへ per Napoli
(～からは、da～／パレルモからda Palermo)

●**発車時刻**
Ora di Partenza

●**1・2等の区別**
1等　Prima Classe
2等　Seconda Classe

●**片道・往復の区別**
行きのみandata
往復　andata e ritorno

●**切符枚数**
Numero(i) di Biglietto(i)
(複数形は語尾が i になる)

●**大人**　Adaluto(i)
子供　Ragazzo(i)
(複数形は語尾が i になる)
切符が買えたら、日付、発車時間、人数などを確認しよう。最後に「グラツィエGrazie.」とごあいさつ。

割引切符の購入前に

fs線、イタロともに各種の割引切符を販売している。ネットや現地の窓口で購入できる(早期購入、枚数制限、列車指定などあり)。ただし、切符によっては変更・返金ができないものがあるので、旅の予定が不確定の場合は注意しよう。

fs線の場合切符は3種類、**SUPER ECONOMY**は変更・返金不可。**ECONOMY**、列車の発車前なら変更可、返金不可。**BASE**、変更は列車の発車前なら無料。発車後でも少額の手数料で変更、返金可。

2016年夏から、RとRV切符の使用方法が変更!!

2016年8月1日より、R、RVの切符は購入当日(23:59まで)のみ有効。または乗車日を指定して切符を購入することとなった。切符は検札機での刻印から4時間有効。切符の変更は前日までは自動販売機、切符売り場で無料。乗車の際は必ず自動検札機で刻印を。忘れると罰金あり。

バス

本書で取り上げた見どころのなかには、鉄道が通っていなかったり、あっても便が悪かったりする場所も少なくない。こういう町には**プルマンPullman**と呼ばれる中・長距離バスが人々の足となっている。

南イタリア、とりわけ山がちのシチリアでは旅に欠かせない存在だ。鉄道のない、あるいは鉄道の便が非常に少ない土地でも道路はよく整備されているので、プルマンの旅は快適で速い。

シチリア、カターニアのプルマンのバスターミナル。シチリアの主要都市を結んでいる

計画の立て方

残念ながらイタリアのバスの全路線を網羅した時刻表なる物は存在しないので、何日もかけていくつもの場所を巡るバス旅行の計画をすべて事前に立てることはいささか難しい。本書の各都市の解説にはできる限りバスの情報をいれてあるので、各社のホームページから時刻表や料金を検索することが可能だ。ただし、すべて最新の物とは限らないので、現地での再確認が必要だ。現地では**ツーリストインフォメーション**か**関連バス会社の案内所や切符売り場（バスターミナル周辺にあることが多い）**を訪れて最新の情報を入手しよう。少し大きな町のインフォメーションなら、その町を起点にしたバス路線と時刻表が備えられている。その際に注意したいのは、ほとんどの路線で**日曜・祝日には運休または運行便数が大幅減になる**ということ。とりわけ重要な祝日である、1/1、復活祭の日曜、5/1、8/15、12/25は運休率が高いので、移動には注意が必要だ。また土曜や学校の休暇期間は平日とは違ったダイヤで走ることも多い。

利用の仕方

切符の購入に関しては、日本と違ってワンマンカーの運転手が車内で売ることはほぼしないので、**乗車前に正しい切符を手に入れておく**必要がある。切符は、**アウトスタツィオーネAutostazione**と呼ばれるバスターミナルに設けられたボックス（案内所を兼ねることもある）や、小さな町ならバス発着所周辺の**バールBar**や**たばこ屋（タバッキTabacchi）**などで売られている。

また、日曜・祝日の便を利用するなら、当日は切符を売る窓口や代理販売をしているバールなどは閉まっていることが多いので、切符は前日までにあらかじめ手に入れておこう。

乗車したら、バスの出入口近くにある自動検札機に切符を入れて、日付と時間を刻印しよう。車掌または運転手が必ず切符の確認をするので、切符を持っていても刻印を忘れると、注意されるほか、罰金を請求される場合もあるので注意。シチリアなどでは往復切符を割引で販売している。同日割引が多いので、日帰りでない場合は購入前に有効期間の確認を。

バス時刻表orario（オラーリオ）のキーワード

プルマン各社のURLから時刻表を調べることができる。時刻表を読むキーワードをご紹介。各会社により、さらに略称や記号も用いられる。切符購入の前に、現地で往復のバスの時間を確認することを忘れずに。

Feriale　平日(のみ)
Festivo　日曜・祝日(のみ)
Giornaliera　毎日
Sabato　土曜(のみ)
Scolastica　学校がある時のみ(夏、冬などの休暇期間、㊐㊗は運休)
Escluso　除く
(escluso Sabatoは㊏は除く)

大きな荷物は車体横へ

スーツケースなどの大きな荷物はプルマンの車体横のトランクルームへ入れる。終点前で降りる場合、下車の際には荷物があることを運転手に告げよう。

車中ひと口ガイド

●～で降りたいのですが
ヴォレイ　シェンデレ
“Vorrei schendere ～”

●～へ行きたいのですが
ヴォレイ　アンダーレ
“Vorrei andare ～”

●どこで降りたらいいか教えてください
ペル　ファヴォーレ　ミ　ディーカ
“Per favore, mi dica
ドーヴェ　デーヴォ　シェンデレ
dove devo schendere.”

●荷物を取らなければなりません
デーヴォ　リティラーレ　ミエイ
“Devo ritirare miei
バガーリ
bagagli.”

通常の紙の切符もあるが、最近は出発時間が印字されQRコード付きのものも

レンタカー

町なかは乗り入れ禁止ゾーンZTLや一方通行も多いので、大きな町の中を車で移動するのはそれほどやさしくない。ナポリの町なかなどは運転は避けたほうが賢明だ。町と町を移動したり、交通の便の悪い見どころへの足として使いたい。また、海辺の町などは夏季は渋滞することも少なくない。

レンタカーは現地での申し込みが可能だが、身元照会に時間がかかるし、希望の車種がすぐに配車されるのも難しい。日本で予約しておくと、割引などのサービスもあるし、受け付け、配車もスムーズにいくのでおすすめだ。

大手の会社の貸し出し条件は、

❶支払いはクレジットカード

❷21～25歳以上(会社により異なる)で、運転歴が1年以上

❸有効な日本の免許証および国際免許証を持っていること

レンタカーを借りる時と返却時には、車はしっかりチェック!

イタリアの道路網はよく整備され、なかでも**"アウトストラーダ"**と呼ばれる高速道路(有料)は走りやすく快適そのもの。しかし南イタリアを車で回る楽しみの神髄は、小さな町と町を結び、美しい海岸線や高台の町を望む街道を行くことにあるのではないだろうか。幹線道路を除いて交通量はそれほど多くはないし、ほとんどの町で旧市街への車の乗り入れ制限があるにしても周辺にはPの表示とともに駐車場が整えられているので、さほど心配するには及ばない。要は、あまり先を急がず、景色を楽しみながら運転することだ。

車が故障した場合の緊急呼び出しは、ACI ☎ 803116へ
URL www.aci.it
レンタカー各社の緊急連絡先も聞いておこう。

■日本での予約(レンタカー)

ハーツレンタカー
0120-489882
URL www.hertz.com

エイビスレンタカー
0120-311911
URL www.avis-japan.com

※利用の際は、日本の運転免許証も持参しよう。

✉格安レンタカーにご注意

今回ネット予約の格安レンタカー会社を利用。でも、失敗でした。事務所は旧市街の分かりにくい場所でタクシーを利用。さらに、最初に契約した格安プランの料金以外に不明な料金を上乗せされました。カード情報はすでに渡してあるので引き落とされたらどうにもなりません。帰国後に請求額の不明な点を連絡しようとしても、連絡は取れませんでした。

(東京都　マッキナ　'18)

✉シチリアドライブは至難の業!?

交通が少ない場所では問題はありませんが、都市部や観光地付近は日本の運転感覚ではまったく通用しません。気軽にレンタカーで回ろうというのは、基本的にあり得ないと思いました。また、駐車場の場所、支払い方法などの表示も少ないうえに分りにくく、私にはハードルの高い地であることを実感しました。

(神奈川県　松本裕子)

レンタカー利用の注意点

●レンタカーの事務所はどこ?

イタリア各都市のレンタカー事務所の多くは駅などの近くにあるが、けっこうわかりづらい場所にあったりもする。町の人は場所を教えてくれるが、シラクーサの某社は駅から2kmも離れていた。日本では細かい場所まではわからないことがほとんど。大きな荷物があったら、タクシーで移動せざるを得ない場合もある。空港で借りて返すのが時間のロスもなく、迷子になる心配も少ない。

●事前にギアチェンジの練習を!

イタリアのレンタカーのほとんどはマニュアル車。ローマなどの大都市にはオートマ車があるが、車種が限定されたり予約が取りにくいし、料金も高い。レンタカーを運転しようと思ったら、日本でギアチェンジを練習していこう。オートマ車を運転している人は、坂道発進が必要な、坂道の多いシチリアの町では要注意。

●車の損得

ガソリンは1ℓ€1.40～1.60程度。エコカーを利用すれば節約になる。高速道路アウトストラーダはミラノ・ローマ間が約€60で日本より安い。['20]

覚えておきたい交通標識

SENSO UNICO
一方通行

DIVIETO DI SVOLTA A SINISTRA
左折禁止

DIVIETO DI ACCESSO
進入禁止

LAVORI IN CORSO
道路工事中

PASSAGIO A LIVELLO
踏み切り注意

DIVIETO DI SORPASSO
追い越し禁止

SOSTA VIETATA
駐車禁止

RALLENTARE
スピード落とせ

FINE LIMITE VELOCITÀ 50KM/H
最高制限速度50キロの終り

CURVA PERICOLOSA
カーブ注意

イタリアドライブ事情

高速道路での追い越し
イタリアの高速道路アウトストラーダAutostradaは日本やアメリカに比べ車線幅が狭く、カーブに見合った勾配があまりないので、追い越しや追い抜きの場合は十分気をつける必要がある。特にトラックをカーブで追い越しや追い抜きをする場合は、道路の物理的条件のため感覚が狂いやすいので避けたほうが無難。追い越しはあくまでも直線で。

制限速度と最低速度
イタリア半島を縦横に走る道路には次の種類があり、各道路ごとに制限速度が設けられている。最低速度制限はない。

【最高速度】

アウトストラーダ(有料自動車道)	130km/h
スーパーストラーダ(幹線国道)	110km/h
ストラーダ・オルディナーレ(一般道)	90km/h

どの車線を走行するの？
2車線の場合は右側が走行車線、左が追い越し車線。一番右の狭い部分は日本同様緊急避難用で走行禁止。3車線の場合は、左から乗用車の追い越し車線、真ん中が乗用車の通常走行および、バス・トラックの追い越し車線、右はバス・トラックの走行車線だ。

地名をメモしておこう
日本人にとって注意しなければならないのが地名だ。目的地に向かう通過地点の地名はあらかじめメモしておくと安心だ。San～、Monte～、Villa～、Castello～などの地名はいたるところにあり間違えやすい。

緊急時
レンタカー利用の場合は、緊急連絡先に連絡する。アウトストラーダでは、2kmごとに緊急通報のSOSボックスが備えられている。上のボタンが故障用、下が緊急用だ。通報すると近くのセンターから緊急車が来る。

道路地図
レンタカーの場合は付近一帯を掲載した地図をくれる。ただ、これが希望の場所を網羅しているとは限らないので、やはり書店などで地図を求めよう。ACI（イタリア自動車協会Automobile Club d'Italia）やde AGOSTINI、Michelinなどが定評がある。

給油
早めの給油と係のいるスタンドでの給油がおすすめ。ガソリンスタンドは20:00～22:00頃には閉まり、㊐㊗(地方では㊏も)は閉店する所が多い。

セルフスタンドも増え、クレジットカードと現金が利用できるが、機械は日本で発行されたカードは受け付けないことがある。有人スタンドなら、クレジットカードの利用はできる。レンタカーは満タン返しがほぼ決まりで、返却時に満タンでないと、ガソリン代と手数料が請求される。FPOガソリン先払い制度を申し込んだ場合は、満タンは不要。

ガソリンの入れ方
レンタカー利用で走行距離がさほどでなければ、最初の満タンで十分の場合もある。ガソリンを入れる場合はまず、ガソリン車かディーゼル車かを確認。イタリア語でガソリンはBenzinaベンズィーナ、ディーゼル油はGasolioガソリオ。蓋の裏側には指定燃料が刻印してある。

セルフスタンドの利用方法
日本とほぼ同様。投入額や指定額（満タンはPIENO）に見合った量が給油される。硬貨は不可で紙幣（€5～50）のみを受け付け、おつりは出ない(レシート持参で後日受け取れる場合あり)。セルフを利用する場合は、少額の紙幣を何枚か用意しておくと安心だ。

駐車
町なかではⓅの表示のない場所には駐車しないこと。パーキングメーターがある場合は、日本同様指定の料金を投入し、レシートを外から目に付く所に置く。駐車係の見回りは頻繁にあり、規定時間を超えると駐車違反とみなされる。駐車時間の余裕をもってパーキングメーターに料金を投入しよう。また、係員が料金を直接徴収する場合や入庫時にカードを受け取って出庫時に精算する場合もある。駐車違反は約€40の罰金だ。

車でしか見られない風景もある

スピード違反と飲酒運転
イタリアでの高速運転は快適とはいえ、スピード違反は厳しい。ネズミ取りも多いので注意しよう。スピード違反はアウトストラーダでは140～150kmで€30の罰金、以降180kmで€50の罰金に免許没収と処罰は厳しい。飲酒運転も認められず、一斉取り締まりもある。

総合インフォメーション

郵便

町によりやや異なるが、一般的に大都市の中央郵便局Posta Centraleは、月曜から金曜まで8:00～19:00頃の営業。土曜は13:15まで。日曜・祝日は休み。そのほかの支局は、平日は8:00～14:00、土曜は正午まで営業。切手は郵便局かタバッキで買うこと。

日本宛郵便物

宛名は日本語でOK。宛先の国名Japan/Giapponeは欧文で記入しよう。

赤か黄色の郵便ポストにはふたつの投函口があり、左側が「市内宛て」per la città、右側が「他地域宛て」per tutte le altre destinazioniになっているので、日本への郵便は右側の口へ。

小包は、郵便局により取り扱いの有無や重量が異なり、また窓口時間が短いので、最初にホテルなどで確認してから出かけよう。箱に詰めた場合は、ガムテープでしっかり封印をしよう。小包用の各種のダンボール箱は、小包取り扱い局で販売している。航空便の日本への所要日数は7日前後。

青いポストは国際郵便専用
ポスタ・プリオリタリア利用なら日本へもほぼ一週間で到着

航空便は
ポスタ・プリオリタリアで
Posta Prioritaria

必要な切手と専用シール（エティケッタ・ブルーetichetta blu）を貼るかPosta Prioritariaと書けばOK。イタリア国内で翌日、ヨーロッパなら3日、日本へは一週間前後で到着する。

日本向け航空郵便料金
Posta Prioritaria

はがき	€2.40
封書(20gまで)	€2.40
封書(21～50g)	€3.90

郵便局でのひと口ガイド

切手	francobollo(i) フランコボッロ(リ)
はがき	cartolina(e) カルトリーナ(ネ)
手紙	lettera(e) レッテラ(レ)
航空書簡	aerogramma(e) アエログランマ(メ)
速達	espresso(i) エスプレッソ(シ)
小包	pacco(pacchi) パッコ(パッキ)
航空便	per via aerea ペル・ヴィア・アエレア
船便	per via mare ペル・ヴィア・マーレ

電話

電話機は、駅、バールの店先、町角などに設置されている。日本と同様に硬貨またはカードを入れて、番号をプッシュ。硬貨を使う場合は、あらかじめ多めに入れておこう。通話後に、下のボタンを押すと残りの硬貨は戻ってくる仕組みだ。ただし、日本と同様に硬貨を利用できる電話は少なくなりつつある。旅の始めにテレホンカードを1枚購入しておくと安心だ。空港などには、クレジットカードで支払うことのできる電話機もある。

各種テレホンカード

テレホンカードCarta Telefonica（カルタ・テレフォニカ）はキオスクやタバコ屋、自動販売機などで販売。発行会社により利用方法が異なる。一般的なTelecom Italia社のものは、$3、$5、$10の3種類で、ミシン目の入った角の一ヵ所を切り離して利用する。日本同様、カードを公衆電話に挿入するとカード残高が表示され、相手番号をプッシュすると通話ができる。

プリペイドカード

現地でもイタリアの各社が販売している。日本国内の空港やコンビニエンスストアであらかじめ購入し、現地で利用するものとしては、KDDI（スーパーワールドカード）がある。

イタリアではテレコムイタリアのテレホンカードのほか、公衆電話や

テレコムイタリアのテレホンカード。左肩を切り取って使う

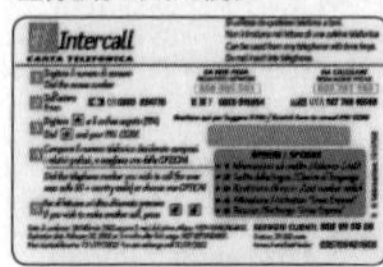

プリペイド・テレホンカード
まず無料通話ダイヤルへ電話し、スクラッチ部分に隠れた番号を入力。続いて電話番号を入力。トーン信号の電話ならホテルの部屋でも使用可

テレホンカードのみ使用可能な最新型の電話器

ホテルの客室からも利用できる**プリペイド式の格安な国際電話専用カードCarta Telefonica Prepagata Internazionale（カルタ・テレフォニカ・プレパガータ・インテルナツィオナーレ）**などもある。これは、通話の前にカードに記載された無料通話ダイヤルへ電話し、続いてカードのスクラッチ部分の数字の入力などの手続きが必要だ。手順は自動音声案内でアナウンスされるものの、イタリア語のみの場合もあるので、購入時に確認しよう。タバッキなどで販売。

インターネット Wi-Fi

ほとんどのホテルやYHなどで無制限で**無料Wi-Fi**が利用できる。パスワードはフロントで教えてくれる。このほか、町なかでは自治体による無料Wi-Fi、カフェやバール、市バスやバスターミナル、プルマンバス、空港、列車などでも利用できることが多い。カフェなどでは、パスワードはレシートに記載があったり、お店の人に聞く必要がある。公共の場での利用は時間制限がある場合も。

美術館・博物館など

国立の施設の休館日は原則として月曜および国定祝日。開館時間は、9:00～19:00という所が多い（季節や曜日によっては22:00頃までの開館延長の所もある）。屋外のモニュメントなどは9:00～日没1時間前までが普通。ただし、開館時間はよく変更になるので、現地で確認するのが望ましい。午前中ならまず開いているので見学のスケジュールは午前に組むとよい。

クレジットカードを使った通話で高額請求!?

会社によっては、第三国を経由しての国際通話となるため、「かなり高額。10分程度の通話で約5000円請求された」との投稿あり。

携帯電話を紛失した際の、イタリア（海外）からの連絡先（利用停止の手続き。全社24時間対応）

au
(国際電話識別番号00)+81+3+6670-6944 ※1
NTTドコモ
(国際電話識別番号00)+81+3+6832-6600 ※2
ソフトバンク
(国際電話識別番号00)+81+92+687-0025 ※3

※1 auの携帯から無料、一般電話からは有料。
※2 NTTドコモの携帯から無料、一般電話からは有料。
※3 ソフトバンクの携帯から無料、一般電話からは有料。

宗教施設の拝観上の注意

教会など宗教施設の拝観では、タンクトップ、ショートパンツなど露出度の高い服装だと入場できない場合もあるので注意すること。また、信者の迷惑にならないよう謙虚な態度を忘れないように。教会内を走ったり、大声を上げたりするのは論外。

INFORMATION

イタリアでスマホ、ネットを使うには

まずは、ホテルなどのネットサービス（有料または無料）、Wi-Fiスポット（インターネットアクセスポイント。無料）を活用する方法がある。イタリアでは、主要ホテルや町なかにWi-Fiスポットがあるので、宿泊ホテルでの利用可否やどこにWi-Fiスポットがあるかなどの情報を事前にネットなどで調べておくとよいだろう。ただしWi-Fiスポットでは、通信速度が不安定だったり、繋がらない場合があったり、利用できる場所が限定されたりするというデメリットもある。ストレスなくスマホやネットを使おうとするなら、以下のような方法も検討したい。

☆各携帯電話会社の「パケット定額」

1日当たりの料金が定額となるもので、NTTドコモなど各社がサービスを提供している。

いつも利用しているスマホを利用できる。また、海外旅行期間を通しではなく、任意の1日だけ決められたデータ通信量を利用することのできるサービスもあるので、ほかの通信手段がない場合の緊急用としても利用できる。なお、「パケット定額」の対象外となる国や地域があり、そうした場所でのデータ通信は、費用が高額となる場合があるので、注意が必要だ。

☆海外用モバイルWi-Fi ルーターをレンタル

イタリアで利用できる「Wi-Fiルーター」をレンタルする方法がある。定額料金で利用できるもので、「グローバルWiFi（【URL】https://townwifi.com/）」など各社が提供している。Wi-Fiルーターとは、現地でもスマホやタブレット、PCなどでネットを利用するための機器のことをいい、事前に予約しておいて、空港などで受け取る。利用料金が安く、ルーター1台で複数の機器と接続できる（同行者とシェアできる）ほか、いつでもどこでも、移動しながらでも快適にネットを利用できるとして、利用者が増えている。

▼グローバルWiFi

ほかにも、いろいろな方法があるので、詳しい情報は「地球の歩き方」ホームページで確認してほしい。
【URL】http://www.arukikata.co.jp/net/

ユーロ現金の入手先
ユーロの現金は銀行、郵便局、トラベルコーナー、成田・関空の空港内両替所などで。

三菱UFJ銀行
すべての支店で両替が可能ではないので、まずはURLで最寄りの「トラベルコーナー」などの情報を入手しよう。
URL www.bk.mufg.jp/tsukau/kaigai/senmon/

両替レート表の読み方
縦にズラリと国別の通貨が並び、その横に下記の項目に分かれてレートが書いてある。

buying rate……購入レート
selling rate……販売レート
cash……現金
T/C……トラベラーズチェック
comission……手数料

つまり、円(YENまたはJPYと表記)の現金cashを両替する場合は、その両替所の購入レートbuying rateを見る。この購入レートを見比べて両替しよう。ただ、このレートがよくても、手数料comissionが高ければ、有利とはいえない。

お金は何で持っていくか

日本同様、イタリアもクレジットカードの普及とキャッシング網の広がりは急ピッチ。今や両替所は空港や大規模の駅、一大観光都市にほぼ集中している感があり、キャッシングが主流だ。

現　金

家から空港までは日本円がいるし、少額のユーロはイタリアに着いた時から必要だ。日本で両替して行くのがベター。出発までに余裕があれば、レートのよい時に銀行や郵便局、金券ショップなどで。出発間際なら日本の空港の両替所で。イタリアでの両替はレートが悪く、手数料もかかるので避けるのがベター。

現地でユーロをゲットするには

両替は空港や大きな駅の両替所、銀行、ホテルなどで。CAMBIO(両替)と表記してある。有利に両替するためには、レートと手数料をよくチェックしよう。

両替よりもレートのよいクレジットカードなどを使ってのキャッシングがおすすめ。ATMは24時間利用でき、銀行、駅をはじめ各所にある。ブース形式のものは、入口のクレジットカード挿入口にカードを入れると扉が開く仕組みだ。

新画面に注意!! 賢くユーロをゲットする方法

'19年秋の旅では、カードが以前よりも広範囲で利用でき、スマホ決済も盛んになっていました。町によってはタバッキで地下鉄の1日券の購入にもカードやスマホ決済が利用できました。旅行中はカードを利用し、日本で必要額のユーロを空港で両替しておくのがおすすめです。また、どこにでもあり、24時間利用可能なATMにも新しい機能(私たちには不利)がプラスされたものがあるので、利用にもちょっとした注意が必要です。イタリア旅行歴数十年、現在のお得なユーロ情報を紹介します。

①円をユーロにする場合
イタリアより日本のほうがレートがよい。銀行や郵便局などより、日本の空港の両替所がおすすめ。ただし、空港内でも同一ではないので、より有効に両替したいなら比較すべし。イタリアの両替所は避けるべし。利用する場合は、レートだけでなく、手数料(かなり高額)を最初にチェック!

②現地でキャッシング
以前は画面順に操作すれば簡単に通常のレートで現金をゲットできましたが、現在は不利なレートや手数料が表示される画面が出る場合があります。この画面での取引を避けることがマスト。この画面(機能)は空港や主要観光地に設置してあるブルーのEuroNetなどだけでなく、銀行のATMでも表示されることがあります。

円換算あるいは円換算と日の丸マークが出たら、注意!!
これは為替変動の心配せずに即時に円での支払い金額が確定できるというもの。両替レートがかなり悪く、手数料も高額。この画面には、「あなたの現地通貨で確定しますか?」You may select to perform this transaction in your home currencyなどという文章と円換算のレート(と日の丸マーク)、該当ユーロ額の円が表示される。ここでこの画面には了承Acceptしないこと。画面のwithout conversion/declineまたは戻るbackを押すと、通常のATM画面(ユーロの金額表示のみ、レート表示はない)に切り替わり、通常のカードでのキャッシングが利用できる。

手数料表示は避けよう
また、キャッシングの際、最近はATMで手数料Comissionが付加されることが多くなってきた。これはnon acceptやbackを押しても、無効になるだけ。何度やっても同一のATMでは手数料加算は変わらない。この場合は、手数料のかからないATMを探すのがベター。操作をしてみないと分からないのが厄介だが、一般的な銀行のATMでも加算される。

いずれも、途中で心配になったら、テンキー脇の赤のキャンセルボタンを押せば、キャンセルされてカードは返却されるのでご安心を。

③商店で
ブランド店や商店で買い物をすると、支払いの際「支払いは円またはユーロ?」と尋ねられることがある。支払いはユーロを選択。円ではレートが悪く、通常の手数料以外の手数料が加算されて不利。
(編集部　'19)

暗証番号は何桁!?
イタリアではATMはBANCO MATバンコマットと呼ばれています。機械によっては5桁の暗証番号の入力を要求しますが、4桁の入力後enterを押せば、次へ進むことができます。
(編集部　'19)

キャッシングを活用しよう!

イタリア中どこにでもあり、24時間利用可能な自動現金支払い機ATM/CDを賢く利用。事前にPIN(暗証番号)の登録が必要だ。

カードでキャッシング

ATM/CDは24時間利用可能。クレジットカード、トラベルプリペイドカード、デビットカードなどで素早く簡単に現金が入手できる。ATM/CD機は空港、駅、郵便局、銀行の外側など町のいたるところにある。

トラベルプリペイドカード

トラベルプリペイドカードは、外貨両替の手間や不安を解消してくれる便利なカードのひとつだ。多くの通貨で国内での外貨両替よりレートがよく、カード作成時に審査がない。出発前にコンビニATMなどで円をチャージし(預け入れ)、その範囲内で渡航先のATMで現地通貨の引き出しができる。各種手数料が別途かかるが、使い過ぎや多額の現金を持ち歩く不安もない。

●クレディセゾン発行「NEO MONEY ネオ・マネー」 URL www.neomoney.jp
●アプラス 新生銀行グループ発行「GAICA ガイカ」 URL www.gaica.jp
●マスターカード プリペイドマネージメントサービシーズジャパン発行「CASH PASSPORT キャッシュパスポート」 URL www.jpcashpassport.jp
●マネーパートナーズ発行「Manepa Card マネパカード」 URL card.manepa.jp

デビットカード

使用方法は、クレジットカードと同じだが、支払いは後払いではなく発行銀行の預金口座から原則即時引き落としとなる。

口座の残高以上は使えないので、予算管理にも便利。ATMで現地通貨も引き出し可能だ。デビットカードは、JCB、VISAなどの国際ブランドで、各銀行などの金融機関がカードを発行している。

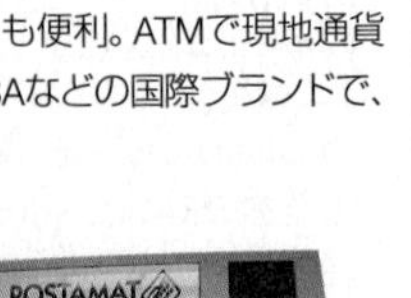

ATM機の使い方

クレジットカードなどを使って現地でユーロを引き出してみよう。日本でカードを作る際に、PIN(暗証番号)の登録、プリペイドカードは事前にチャージが必要だ。

機械は各種あるが、おおむね以下の通り。
数字脇のボタンは
赤:キャンセル　黄:訂正　緑:確認

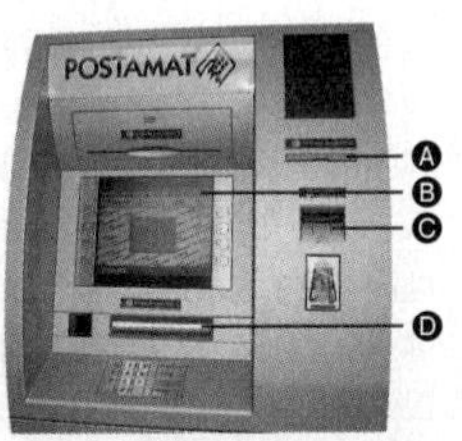

Ⓐレシート受取口　Ⓑタッチ画面
Ⓒカード挿入口　Ⓓ現金受取口

❶ATM機にクレジットカードのマークまたはカードによっては裏面のCIRRUS、PLUSの印があるかを確認。
❷カードを入れる。

現金は素早く取る

❸画面にタッチして各言語(伊·英·仏·独)からガイダンスの言語を選択。
❹PIN(暗証番号)を入力し、緑のボタンを押す。
❺画面にタッチして希望金額を選ぶ。レシートを希望する旨の表示にYESまたはNOをタッチ。
❻現金の受取口が開いたら、30秒以内に取り出す。

✉ ATMでのキャッシングの際の不利なレートの提示に注意

今回の旅行でナポリ、シチリアで3回ATMでキャッシングしましたが、3回とも大変不利な為替レートでの取引が提示されACCEPTするかどうかという表示が出ました。最初は気づかずにACCEPTしてしまったら通常レートより1割近く不利なレートでの取引になってしまいました。この表示が出た場合には、ACCEPTしないほうを選択すれば、利用カードのレートとなります。注意してください。
(カメノコウタロウ '19)

✉ レートは複数ヵ所でチェック

カゼルタでATMのキャッシングしようとしたところ、手数料加算の画面表示が出ました。今までと画面表示が異なるので何ヵ所かはしごして、有利にキャッシングできました。

当日のレートは€1=¥126.38(三菱UFJ銀行)でした。1ヵ所目は129円+手数料3%、次は126円+手数料3%、3ヵ所目は故障、4ヵ所目で、めでたく126円(手数料なし)という順に回り、最後にキャッシングしました。

大きな銀行が有利ではなく、こまめにチェックするのが有利にキャッシングするコツです。多くの支払いがカードでできるので、「少しまとめて日本で両替してくるのが、一番有利だね〜。時間の無駄にもならないし……」というのが、私たちの結論です。

レートの悪い表示が出たら、Non AcceptまたはEXITを押せば、操作は中断され、カードは戻るので、心配はないです。
(お金はだいじ〜 '20)

おもなクレジットカード

URL から、各種取り扱いカード、入会申し込み、トラブルの対処法などがわかる
■アメリカン・エキスプレス
URL www.americanexpress.com
■ダイナースカード
URL www.diners.co.jp
■JCBカード
URL www.jcb.co.jp
■VISA
URL www.visa.co.jp
■Masterカード
URL www.mastercard.co.jp

カードでキャッシング

利率や手数料が気になるカードでのキュッシング。通常はその日の円貨換算レートに、3~5%程度の上乗せと出金手数料105円が加算される。両替の煩わしさや現金を持ち歩く不安を考えれば、カードでのキャッシングは便利で安全。カードの種類によって、利率は変わるので気になるようなら、事前にチェックしてみよう。

ホテルに関するすべて

手頃な滞在型のホテルや農家民宿のアグリトゥーリズモから、あこがれのリゾートまで種類豊富な南イタリアのホテル。南イタリアでは3つ星クラスでもリゾートライフを楽しめるホテルが多いのがうれしい。これらのホテルでは青海原を望む客室やプール、そよ風が吹き抜けるダイニングも完備しているのが普通だ。リゾート気分を売り物にしたホテルは初夏から秋までの季節営業の所も多い。手頃なリゾートホテルは規模があまり大きくなく、短期間に予約が集中するので、ハイシーズンの週末の2～3泊程度の予約は取りづらい。

4つ星クラスのホテルの朝食。郷土色豊かな南イタリアでは、朝食には名物お菓子が並ぶナポリ、ウナホテルUNA Hotel(→P.99)

予約方法に変化が!!

数年前までは旅の途中で飛び込み、または電話、FAXの直接予約でホテルをとる、という手法がメインだった。しかし現在ではインターネットでのオンライン予約が主流になり、手持ちのパソコンやスマートフォンなどで気軽にたくさんの情報や写真が比較検討できるようになった。クラシックな邸宅を改装したホテルから、モダンでおしゃれなホテルまで、好みのホテルは選び放題！お気に入りのホテルに出合えれば旅はいっそう楽しくなる。

イタリアの宿泊施設

ホテルのカテゴリー

イタリア語でホテルは、アルベルゴAlbergo、しかしホテルHotelを名乗る宿も多い。こうした宿の多くは、州または各地の観光協会によって星5つから星1つまでの5段階のランクに分けられ、各ランクごとに料金の上限と下限が設けられていたが、ヨーロッパ統合を機にこの料金帯の設定は廃止されることになった。カテゴリーは残ったが、これはそれぞれのホテルの設備のレベルを示すものにとどまり、料金の目安ではなくなった。

モダンに改装された、カターニアのウナ・ホテル・パラスUna Hotel Palaceの室内(→P.291)

カテゴリーはホテルの大きさや部屋数ではなく設備を基準に決められ、☆☆☆☆☆Lはデラックス、☆☆☆☆は1級、☆☆☆は2級、☆☆が3級、☆が4級となっている。また、料金にはIVAと呼ばれる税金がすでに含まれているのが一般的だ。

個人旅行者は4～3つ星あたりを中心に

イタリアのデラックス（ルッソクラス、5つ星L）ホテルは**ヨーロッパの格式と伝統を誇る**、クラシックで落ち着いた雰囲気の物が多い。4つ星のホテルは豪華ではないが、快適な設備と居心地のよさを売り物にし、**クラシックタイプの宿**と**アメリカンタイプの近代的な宿**とがある。最も層が厚

滞在税導入

'20年2月現在、町によりホテルなどに宿泊の際に滞在税がかかる。地方自治体により課税の有無、額、期間などは異なる。チェックアウトの際に現金または宿泊料とともにクレジットカードで支払う（ホテルや町によっては税のみ現金での徴収の場合あり）。該当都市はホテルページ下欄に表記。

お風呂について

日本人が希望するバス付きにこだわるなら、3～5つ星を探そう。ただし、すべてのホテルで全室バス付きという場合は少ないので、予約の際などにリクエストをしておくのがベターだ。また、給湯設備が旧式なホテルでは、湯ぶねを好む団体客が各部屋で利用したりすると、4つ星といえども入浴の途中でお湯が出なくなる場合もある。

バス付き、シャワー付きに、かかわらず料金は同一の場合が多いが、バス付きがやや高い場合もある。

1～2つ星の場合は共同シャワーを利用することが多い。共同バスを利用できる場合もあるが、多くの人が利用するのでお湯の無駄使いをしないのがエチケットだ。

季節営業に注意

タオルミーナをはじめとするリゾート地では初夏から秋までの季節営業のホテルやレストランが多い。ハイシーズンには旅行客が集中し、一方ローシーズンには営業しているホテルが少ないため、宿泊場所の確保が難しい場合もある。滞在したい町がある場合は事前に予約を入れたり、少し町を移動するなどの工夫も必要だ。

く、その分選択肢もさまざまなのが3つ星のクラスで、**必要な設備と機能性を備え**、部屋のタイプもシャワー付きのシングルからバス付きトリプルまで、人数と予算に応じて選べることが多い。2つ星や1つ星ホテルは造りも規模も質素で、値段が安いだけに、多くを望むことはできないが、探せばけっこう快適な部屋を見つけることも可能だ。

レッチェの名門パトリア・パレスPatria Palaceのロビー。南イタリアでは5つ星ホテルでも値頃感がある(→P.194)

レジデンス・ホテルやB&B、話題のアグリトゥーリズモ

ペンショーネや**ロカンダ**もほぼこの5つのカテゴリーの中に分類されているが、ペンショーネPensioneは家庭的な規模のこぢんまりした宿、ロカンダLocandaはさらに経済的な宿泊所だと考えればよい。このふたつをあわせてベッド&ブレックファストBed & Breakfast(B&B)と呼ぶことも多い。**B&B**は家族経営の小規模な宿。チェックイン時に玄関と部屋の鍵を受け取り、スタッフが常駐することは少ない。朝食は事前に用意されていることが多い。1週間以上の長期滞在なら**レジデンス・ホテルResidence Turistico**も楽しい。キッチンや調理用具が完備され、イタリアに暮らす気分で滞在できる。最近イタリアでも人気のある、**アグリトゥーリズモAgriturismo**の農家滞在(民宿)もほぼ3日以上の滞在から楽しめる。

近頃のユースホステル

イタリア全土に約100軒もあるユースホステル／オステッロ・デッラ・ジョヴェントゥOstello della Gioventù。利用価値は大きい。

大きな部屋にずらりと並んだ2段ベッド……とプライバシーがなくて落ち着かない。そんなことが昔話のように、**最近のYHは設備が充実**している。1～4人で利用できる個室(トイレやシャワー付きも)、食堂、談話室も完備。洗濯機と乾燥機もあるので頭を悩ます旅の汚れ物も一気に解消。予約はそれほど必要ではないが、多くのYHではネット予約を行っている。YHを利用する際には会員証が必要。YH会員証は現地で作成可の場合もあるが、原則は自国で作成することになっている。手数料が必要。

会員証の提示が厳格

若い人のために

女性のためには、**宗教団体の施設ペンショナートPensionato**があり、3～4人のドミトリー形式で、年齢制限や門限もあるが、ひとり旅の女性には強い味方となる(本書でもできるだけ掲載したが、現地のⓘでも紹介してくれる)。また、川や海沿い、山あいには、**キャンプ場カンペッジョCampeggio**も整備されている。

私営YH

ローマやフィレンツェなど大きな町には私営YHも多く、こちらは単にHostelホステルと呼ばれることが多い。下記はイタリアの多数の私営YHと手頃なホテルとB&Bを掲載するサイト。

URL www.italian-hostels.com
URL www.japanese.hostelword.com

写真や料金、評価なども掲載され、ネットから予約が可能。その際、デポジットとしてカードで料金の10%が引き落とされ、宿泊料に充当される。

アグリトゥーリズモのサイト

Turismo Verde
URL www.turismoverde.it
Agriturismo
URL www.agriturismo.com
※アグリトゥーリズモの団体はいくつかある。イタリア全土のアグリトゥーリズモについて、情報と各アグリトゥーリズモのリンクとが、州別に掲載されている

●国際ユースホステル連盟運営YHの予約サイト
URL hihostels.com(日本語)

●イタリアYH協会
Associazione Italiana Alberghi per la Gioventù
URL www.aighostels.it
※各地のYH情報の入手や予約も可。日本語あり

●日本ユースホステル協会
住 〒151-0052
東京都渋谷区代々木神園町3-1
国立オリンピック記念青少年総合センター内
URL www.jyh.or.jp
※会員証の作成、海外オンライン予約可

●南イタリア・シチリア方面のツアーを取り扱う旅行会社
ユーラシア旅行社
0120-287593
☎ 03-3265-1691
Fax 03-3239-8638
URL www.eurasia.co.jp

✉ 乗り継ぐなら

翌日にフライトを控え、ローマ到着が夕刻になってしまったら、エアポート・ホテル(Hilton Rome Airport)の利用がおすすめです。各ターミナルから外に出ずに通路で直結しています。翌日の行動も楽です。ローマ行きの電車や国内線にも直結しています。
(東京都　カズミ)

✉レンタカー利用時、飛び込みでホテルを見つけたヨ

一部でレンタカーを利用して南イタリアを回りました。だいたいのルートは決めていたものの、車でホテルにたどり着けるか不安だったのでレンタカー使用期間のホテルは予約しませんでした。田舎を巡るのでそんなに混んでいないだろうし、ダメならすぐ次のホテルへ移動できるし……。これが正解でした。旧市街手前で適当なホテルを見つけられ、広い駐車場もあり中心部よりも経済的でした。適当なホテルが見つからない場合は、車を停めて❶へ行き、相談すると希望のホテルを探してくれます。最初のホテルはスイートルームしか空きがないと言われ、かなり高い料金でしたが、別のホテルをあたってもらうと、手頃ですてきなホテルに宿泊できました。ホテル代はレンタカー代をカバーできるくらいの節約になりました。
（東京都　次はジュリエッタ　'18）

■ホテル比較サイト

トリバゴ
URL www.trivago.jp

トリップアドバイザー
URL www.tripadviser.jp

ホテル価格チェッカー
URL ホテル価格.com

トラベルコ
URL www.tour.ne.jp

日本語でイタリアのホテル・ホステル検索と予約が可能なウエブサイト

地球の歩き方 海外ホテル予約
URL hotel.arukikata.com

ブッキング・ドット・コム
URL www.booking.com
予約がしやすく、料金が現地払いのホテル予約サイト。

エクスペディア
URL www.expedia.co.jp
米国に本社がある世界最大級のホテル予約サイト。

ホテリスタ
URL www.hotelista.jp
口コミ情報やユーザー投稿写真が多い。旧アップルワールド

ホステルワールド
URL www.japanese.hostelworld.com
ホステルのドミトリーや、格安ホテルの手配が可能。経済的に旅したい人におすすめ。

「地球の歩き方」おすすめ！　得するホテル予約

ホテルの予約

ネットを上手に活用しよう

旅の印象を左右するホテル。出発前に日本でじっくり選びたいもの。数ある**ホテル予約サイト**はたくさんのホテルやB&Bを一度に見られ、日本語で概要を知ることができ、予約、決済までできるので便利で簡単。クレジットカードさえあれば、ほんの数分で予約が完了する。

◉まずは、ホテル探し

まずは日本語で予約できる適当な予約サイト（→P.366ソデ）を開いて、**希望地**、**宿泊日**、**人数**などを入力してみよう。膨大な量のホテルが表示されるので、**ホテルのカテゴリー**、**予算**、**ロケーション**、**設備**などで絞り込み、さらに利用した人のコメント（ユーザー評価、クチコミ）を参考に自分にあったホテルをいくつか見つけよう。

本書では、駅に近い利便性のあるホテル、特色のあるホテル、などを紹介しているので参考にしよう。

◉料金よりロケーションに注目

予約サイトではホテルのランクや料金に目が行き、それで比較しがちだが、ロケーションにより価格差が生じる。郊外ならかなり格上のホテルでも値頃感があるが、観光途中にホテルに戻るのは難しいし、慣れない交通手段を使うのが煩わしいと思うなら、やはり**主要駅の近く**や**見どころの近く**に宿をとるのが便利だ。ホテル予約サイトではその町独自の地域名で表示されることが多く、日本人にはあまりなじみがないので、場所の確認は重要だ。

ここで「地球の歩き方」の出番。該当都市の地図を開いて、位置と交通機関をチェックしよう。鉄道駅近くと表示されても、大都市では鉄道駅がいくつもあるし、観光地からかなり離れた場所は見どころへの移動時間がかかるし、飲食店が少なかったりして不便だ。

◉比較が大事

自分の希望が具体化して、いくつか目ぼしいホテルが見つかったら、**ホテル比較サイト**（左記参照）や**口コミサイト**などで**料金**、**内容**を比較してみよう。いちばんスタンダードな部屋の料金が表示され、500円から5000円程度の幅がほとんど。最安値を選ぶのが人情だが、表示料金のみの支払いで済まない場合があるのが厄介なところ。ここでもうひと手間が必要だ。

◉予約画面まで進んでみよう

サイトの予約画面に進むと、さらにログインするために、名前、パスワードの入力などが必要で、比較検討するだけなのに面倒な気がするが、**最後に表示される料金**が**最初の料金**と異なることがあるので重要だ。手数料、税金などと表示され、エクストラの料金が加算される場合がある。そのサイトの独自のものだが、同じサイトでもすべてのホテル、期日で同一でないこともあるので、マメにしてみることが後で後悔しないためにも大事。比較サイトで高めの料金設定でも、手数料がかからない場合はそちらのほうが安い場合もある。

もうひとつチェックしたいのが、**予約条件（キャ**

ロビーにはカノーヴァの彫刻が飾られたパレルモのクラシックホテル、パルメPalmes（→P.262）

ンセル）について。格安プランは申し込みとともにクレジットカードで決済され、返金されない「ノー・リファウンド」のことが多いし、予約取り消しができても宿泊日の2週間前など決められていることがほとんど。**「早期割引」**として、割引率が高いのは確かだが、一度でもキャンセルしたら、格安プランを申し込んでも元の木阿弥だ。

パレルモの2つ星ホテル、ヴィッラ・アルキラーフィVilla Archirafiの受付。あいさつと好印象は大切だ（→P.263）

◉「あと○室」に惑わされない

予約サイトでは「残り○室」などと表示される場合があるが、「泊まれない!!」などとあせる必要はない。ホテルは客室の何割かを予約サイトに向けているので、他の予約サイト、ホテルのホームページでなら予約できる可能性は高い。

◉旅行日程を検討

格安プランを利用する場合は、キャンセルを避けるためにも旅行日程がはっきりしていることが前提だ。また、ホテルは宿泊時期や曜日によって料金が異なることも承知しておこう。観光に最適なシーズンには料金は高めに設定されているし、ビジネス客の多い都市（ナポリ、パレルモ、カターニアなど）では、平日は高めで金曜～日曜の宿泊はやや安め、逆にイタリア人に人気の都市は週末が高めということもある。また、大きな行事（見本市、お祭り、大規模なコンサートなど）がある場合も料金は高めだ。旅程が未確定なら、日をずらせば最安値で利用できる場合もあるので検討の価値あり。

◉ホテルのホームページをチェック

ホテルが絞り込まれたら、その**ホテル独自のホームページ**で料金、部屋の種類（広さ、サービス）などを比較してみよう。部屋のタイプがより具体的に表示されるので、選択肢の幅が広く、料金による部屋の差もわかるので、納得して部屋選びができ、自分の旅を作る実感が高まるはず。

また、**連泊割引**などもあるので、こちらもチェック。さらに**キャンセル**や**支払い方法**もチェック。キャンセルについては24～48時間前まで無料が多く、比較的緩やかだが、ここでも「早期割引」予約の場合は、予約時に即決済・変更不可の場合が多い。

ホテルのサイトと予約サイト、どちらがお得!?

予約サイトでもホテルのホームページからでも、**予約即決済の場合**は、為替レートで料金が異なる。早期割引で予約したものの、旅行期間中に円高傾向になれば現地での支払いが得だし、その逆もある。支払い通貨として円とユーロが選べる場合もあるが、それも同様だ。

◉予約サイトのメリット、デメリット

日本語で比較・検討、予約までできるのがうれしい利点。予約サイトによっては予約をすると**割引クーポン**が発行され、次回利用できる特典がある場合もある。8～10%程度の割引なので、やや高めのホテルならかなりお得感がある。ただし、利用できるのは1万円以上のホテルなどの下限設定がある。

デメリットは、**お仕着せ感**が強いこと。部屋の利用人数で料金は決まっているので、部屋を選ぶことはできないし、ふたりで1室利用の場合はベ

✉ 手数料無料って本当!?

ホテル予約サイトでは、手数料無料といいますが、ここで予約するとTAXが10%程度加算されます。滞在税は別途支払う必要があるので、これはなんでしょうか？　いわゆる手数料??

（東京都　辛口花子）

料金は何種類?

予約サイト、ホテルのホームページのどちらでも客室料金が何種類か表示される場合がある。通常料金として、①変更やキャンセルが可能のもの。②長期滞在割引（ホテルによっては2泊程度から）、③予約即決済、予約変更不可のものがある。③の場合、いかなる理由でも返金されないので注意しよう。

✉ 蚊対策は必須!?

スーパーでVAPE（日本のベープ。イタリアではヴァーペと発音）の蚊取りマットを見つけました。これで安眠できました。ホテルでは部屋に置いてあったり貸してくれる所もあるので、必要なら頼んでみよう。日本から虫除けスプレーとかゆみ止めも持参するのがベストです。

（東京都　かび）

✉ B&B　宿泊のコツ

今回は11軒のB&Bに宿泊。そのうち4軒でシャワーが水に変わりました。イタリア人は前の人の後30分待つのが常識。給湯機に赤いランプがついていたら使用不可です。1時間待っても冷たくない程度のお湯しか出なかったのに、翌朝熱湯が出たこともありました。また、B&Bはチェックインのために、携帯電話に電話することが増えました。通常の電話同様、39はとって0からかけましょう。

（石川県　川畑甆清）

Wi-Fi事情

イタリアのホテルでのWi-Fiの充実度は、ここ数年目覚ましい。ほとんどのホテルやYHの客室で快適に利用でき、以前は有料の場合も多かったが、最近は無料のことがほとんど。チェックインの際にパスワードを教えてくれるし、パスワード不要でホテルのWi-Fiに接続できるところも多い。

有料の場合は、時間、日ごとなど各ホテルにより料金設定が異なるので、利用前に確認しよう。

円orユーロ、どっちが有利!?

予約サイトでの円表示は問題ないが、一部のホテルのホームページからの円支払いは不利との投稿あり。€→円→€の一部をホテル独自のレートで計算している模様で、円が一般的なレートより悪く計算されている。

Codice Promozioniってなに?

チェーンホテルなどのサイトでよく表記されているCodice PromozioniはプロモーションNo.のことでホテル顧客に配られるカードなどに記載されているもの。顧客割引などが表示される。本書でも**読者割引**を受ける際には、一部のホテルで必要。

入力しなくても次へ進める。

部屋のランク

イタリアのホテルは古い建物を改装した所が多く、料金は同じでも部屋のタイプが異なることが多い。広さ、設備、眺めなどで快適度が高い部屋は常連や連泊者に提供されることが多いのも事実。

朝食

ホテルのランクが顕著に表れていると言っても過言ではない。朝食料金は宿泊料に含まれていることも多い。多くの5つ星ホテルでは、ビュッフェ形式でフレッシュジュースからシリアル、たくさんの種類のパン、ハム、チーズ、ヨーグルト、卵料理、果物、お菓子まで揃う。1つ星クラスだと、カフェラテ1杯にパンが1〜2個程度。朝食のサービス自体を行わない所もある。

専用プラグを持参しよう

イタリアの電圧は220V、50Hz。現在、PC・デジカメなど変圧器内蔵のものが多いが、日本からの電化製品はそのままでは使えない。変圧器とプラグが必要だ。ドライヤーなどは、電圧の切り替えが自動的にできる物が便利。

この場合もイタリアのコンセントを使うためのプラグ(丸い2本または3本)が必要だ。Cタイプのプラグを購入しよう。

アメニティ・グッズ

どんなホテルでも小さな石鹸程度は用意されている。日本的な感覚でシャワーキャップ、シャンプー、歯ブラシ、ひげ剃りなどのほか、ドライヤーが用意されているのは3〜4つ星程度から。経済的なホテルに宿泊する場合は、必要な物は持参しよう。

ッドがツインなのかダブルなのかは申し込み時点では不明。最後のメッセージ欄に希望を書いておいても、その通りになるかはホテルに直接問い合わせるか、チェックインするまでわからない。

また、**手数料**、**税金**などという名目で説明不十分な料金が加算されたり、サイトではキャンセル料無料としながら、ホテル側のキャンセル料として請求される場合もある。サイト予約でトラブルが生じるのは、キャンセルや予約変更の場合が多いので、安易なスケジュールの変更は避けるのが賢明だ。また為替相場の変動で予約したものをキャンセルして新たに予約をとった場合などは、確実にキャンセルとなっているかを確認しておこう。

◉ホテルのホームページから予約のメリット、デメリット

予約のみ日本語OKの場合があるが、デメリットは日本語表示のホームページが少ないこと。ただ、英語表示でも料金と部屋のタイプを確認して申し込むだけなので、さほど不自由はないはず。メリットは部屋を選んで**納得して予約**できること。ベッドのタイプはもちろんのこと、部屋の向きや静かな部屋などのリクエストにもできるだけ添ってくれるはずだ。また、直接予約に対するサービスがある場合もある(駐車場やフィットネスが無料、レイトチェックアウト、ウエルカムドリンクなど)。キャンセルの規定も緩やかだ。直接予約の場合は「地球の歩き方」の割引も利用できるので、メッセージ欄などにその旨を書き込んでおこう(ただし、ホテルのホームページから予約サイトに移動する場合は不可。その場合はメールで予約をしよう)。予約即決済でなければ、チェックアウト時に支払いなので、安心できる。

実際に予約してみよう

◉ホテル予約サイトからの予約

ホテル予約サイトは各種あり、ホテルを世界的に網羅し、国、地域などを絞り込んで好みを見つける。日本語で、ホテルの説明、予約、決済までできるのがありがたい。ただ、サイトにより、手数料、支払い時期、支払い通貨(円またはユーロ)、予約変更の可否、無料の予約変更期間など詳細は異なる。まずは、予約サイトを開けてみよう。

❶都市の特定

イタリア、ナポリなどと入力。または地図をクリック。

❷時期の特定をし、宿泊人数を入力

チェックイン、チェックアウトをカレンダーから選択し、宿泊人数を入れよう。

❸ホテルの絞り込み

❶、❷を入力すると、その時期に宿泊可能なホテルが写真とともにその詳細、料金、泊まった人の評価、人気の高低などが表示される。自分の望む順に並び換えもできるし、さらにホテルのランクを示す星の数、評価、料金、地域、施設(Wi-Fi、スパ、フィットネスジム、プール、プライベートビーチ)など希望するものをリストボックスから選べば、この時点でかなりの数が絞り込まれる。

❹ホテルを選択

まずは各ホテルの詳細を眺めてみよう。日ごとの料金(朝食込み、または含まず)、部屋の内容や設備(広さ、ノン・スモーキングルーム、エアコン、TV、セーフティボックス、インターネット接続、バスタブ、アメニティなど)がわかる。これで納得したら❺へ進もう。

❺予約画面へ

部屋数と人数のみが表示されることが多く、さらにスーペリア、スタンダードの部屋タイプ、眺望などで異なる料金が示される場合がある。この際、ベッドのタイプも確認しよう。一般的に2名なら、キングサイズ(ダブルベッド)と表示される。ダブルまたはツインどちらかを選びたい場合は別項でリクエストしておくといい。

予約に進むと、

●名前　●電話番号

●クレジットカードの番号　●有効期限

●セキュリティコード(カード裏面の署名欄、または表面にある番号)

●カード所持人名　●メール番号

などが要求される。

❻予約確定

サイトの利用規約に承諾しないと、予約確定画面へは進めない。それほど重要ということ。利用規約には、決済時期、返金の可否、予約変更やキャンセルについて書かれているので、よく読んでおこう。

最後にメッセージ欄があるので、到着時間が遅くなる場合やベビーベッドなどの貸し出し、静かな部屋を希望するならその旨を書いておこう。また、2人部屋としてリクエストした場合、ベッドはキングサイズ、ダブルまたはツインと表示されることが多く、申込み時点では確定できない。ホテルに到着時点で部屋割りが済んでいて特に遅い時間に到着した場合は変更ができない場合がある。友人同士などでツインを望むなら、リクエストしておくといい。

❼予約確認書の受領

予約後は、予約の詳細が書かれた確認メールが送られてくるので、これをプリントアウトして、旅行の際に持っていこう。確認メールが届かない場合は予約が完了していないので、サイトで予約確認をするかホテルへ問い合わせよう。

◉ホテル独自のホームページから予約

本誌掲載のホテルや予約サイトなどで見つけたホテルを自分で予約してみよう。URLは本誌に掲載されているし、ホテル名、都市名を入力すれば検索するのも簡単だ。

多くの場合、国旗のマークなどが並び、イタリア語、英語のほか、近年は日本語も選ぶことができるものも増えてきた。また、予約フォームのみ日本語が用意されている場合もある。

ホームページを開くと以下のような項目が並んでいるので、開いてみよう。　※イタリア語／英語

- Informazione / Information/About us　(総合案内)
- Posizione / Location/Map　(場所)
- Servizio / Service　(サービス)
- Photo/Facilities / Rooms/Virtual Tour/Photo Gallery　(客室や施設を写真で紹介)
- Tariffe / Rate/Price　(料金)
- Prenotazione / Reservation　(予約) などの項目が並んでいて、ホテルの概要を知ることができる。
- Offerte Speciali/Promozioni / Special Offers　とあれば、特別料金が表示されるので、ここものぞいてみよう。

✉前払いしたのに、カード&サイン

バーリのB&Bでのこと。予約サイトから前払いで予約したのにもかかわらず、チェックインの際に前払いで使ったカード情報が書かれた用紙にサインを求めて来ました。サイトで確認したので二重払いにならずに済みました。　(なおみ　'19)

※前払いをしていても、カードの提示・サインなどを求められることがあります。これはホテルのレストランやミニバー、サービスなどへの支払い保証の場合があります。心配なら、求められたときにその場で確認を。

狭い路地で大活躍。ゲストを乗せるミニカー

時間的に余裕のある場合や予約したホテルが気に入らなかったときには、町なかのツーリストインフォメーションでホテルリストをもらい、自分でアタックしてみよう。旅の楽しみのひとつにホテル探しもある。

ホテル予約事務所

●ベストウエスタンホテルズ
URL www.bestwestern.jp

●ヒルトン・リザベーションズ・ワールドワイド
☎03-6864-1633
URL www.hiltonhotels.jp

●マリオット・ホテル&リゾート・ワールドワイド
(シェラトン、ウェスティン、メリディアン、セント・レージスなど)
URL www.marriott.co.jp

✉パーキングの場所は事前確認を

南イタリアやシチリアでは経済的なホテルやB&Bは、現地に駐車場がないことが多く、近隣の共同パーキングの利用がほとんど。道も狭く停める場所を確保するのも大変なので、事前にパーキングの住所を聞いておくと、チェックインがスムーズです。
(東京都　あーさんぽ。 '19)

伝統あるグランド・ホテルGrand Hotel(シラクーサ)アンティークな雰囲気が残る浴室(→P.300)

まずは予約用カレンダーでチェックインとチェックアウトの日付、人数を入力し、空室の有無と料金を確認しよう。チェックアウトのカレンダーがなく、○Nottiとあれば宿泊数のことなので数を入れよう。すると、部屋のタイプと料金が表示される。単に宿泊料金の総計が示される場合と日ごとに異なる料金が表示され、その総計が表示される場合がある。また、朝食が含まれているかいないかで料金が異なる場合もある。宿泊希望日に特に高い料金が表示されていたなら、その日を避けてもう一度検索してみてもいい。その場合は新たに条件を入力して再検索Ricercaなどで検索してみよう。

気に入ったら予約Prenotazione/Reservationを選んで予約しよう。予約ページに進む前に、キャンセルや支払いの説明Condizioni di cancellazione e pagamentoが出るので読んでおこう(ホテルによっては予約終了後のキャンセルについて説明がある場合もある)

○ホームページの予約ページのおもな項目　※イタリア語／英語

Nome / **Name**　名　　Cognome / **Last name**　姓
Indirizzo / **Address**　住所　　Cap / **Zip**　郵便番号
Nazione / **Nation**　国　　Telefono / **Telephone**　電話番号
Indirizzo e-mail / **e-mail address**　e-mail
以下はカレンダーやリストボックスからの選択の場合が多い
Data di Arrivo / **Arrival date**　到着日
Data di partenza / **Departure Date**　出発日
Numero di camera / **Number of rooms**　部屋数
Numero di persone(adulti) / **Number of Persons**　人数
Numero di bambini / **Number of Children**　子供の人数
クレジットカードの情報も同時に求められることが多い
Carta di credito / **Credit card**　クレジットカード(種類)
Numero di carta di credito / **Account number**　番号
Valido a tutto(Scadenza) / **Expiration date**　有効期限
Intestatario / **Name on card**　所持人
さらにリクエストしたいことがあれば
Commenti/Messaggi/Richiest speciali / **Message/Special request**の欄に記入しよう。送信はInvia / **Send**。
キャンセルはReimposta(Cancellazione) / **Reset(Cancel)**だ。

必要事項を入力すると予約は完了。自動応答システムで予約確認書が瞬時に送付されることが多い。予約応答システムでなくても、1日程度で返信される。返信がない場合はホテルへ確認しよう。宿泊日や料金が載った予約確認書はプリントアウトして持参しよう。

◉FAXで予約

ホームページでの予約(→P.369)を参照して、必要事項(クレジットカード情報は不要)を書き込みFAXを送付しよう。宿泊予定日の1ヵ月程度前には送付しておこう。人気の宿はハイシーズンには3ヵ月前でも予約でいっぱいの場合もある。当日～2日程度で回答が送られてくる。部屋の料金、朝食の有無などのほかに、予約確定のために必要なクレジットカードの情報が求められ、期間内(ホテルにより異なり、一般的に24～48時間以内)に予約確認をしないと無効などと表記されている。予約する場合は期間内に。回答がない場合は再度問い合わせよう。

現地で探す ///

宿泊当日に現地でホテルを探す場合は、なるべく早い時間に目的地に着くようにしよう。「地球の歩き方」を見て、直接訪ねるのもいいし、ℹで希望のホテル（地域、ランク、料金など）を告げて紹介してもらうのもいい。ℹによっては、電話で予約してくれる所もある。

直接訪ねる場合は、**料金**（朝食の有無、wi-fiが無料か有料か、滞在税など）の確認をしたら**部屋**を見せてもらえば納得のホテル選びができるはずだ。気になる人はお湯の出や騒音などをチェックしておこう。

イタリア ホテル事情

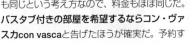

お風呂について

日本人旅行者が不満をもらすことが多いのがお風呂。イタリア語で**シャワー付きはコン・ドッチャcon doccia**、**バスタブ付きはコン・バーニョcon bagno**と呼ぶが、コン・バーニョとあっても、シャワーしか付いていないことも多い。イタリアでは、どちらも同じという考え方なので、料金もほぼ同じだ。**バスタブ付きの部屋を希望するならコン・ヴァスカcon vasca**と告げたほうが確実だ。予約するときも、バスタブ付きの部屋を希望する人は必ず、念を押すこと。

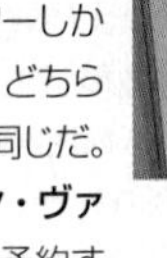
4つ星ホテルのシャワーとバスタブ

ただし、経済的なホテルでバスタブ付きの部屋を探すのはほとんど無理と覚えておこう。経済的なホテルでは、お風呂はほとんどなく、共同でシャワーを利用することになる。シャワー代は有料の場合と宿泊料に含まれる（無料）場合があるので、確認すること。共同の場合や給湯設備が古い場合は、お湯が途中で水に変わってしまうこともあるので、そんな場合はほかの人がお湯を使わない早朝や夕方早くが狙い目だ。もちろん、お湯を無駄にしない心がけも忘れずに。

ひとり旅の女性に

女性のひとり旅と見ると、必要以上に親しげな態度にでる宿の主人や従業員もときおり見かける。こんな場合は毅然とした態度で応対し、しつこいときは無視するのが一番だ。ドアには鍵をかけ、室内に人を入れないこと。言葉が通じなくても、嫌なことには、曖昧に笑ったりしないで、ハッキリ拒絶の態度を示すことが大切だ。

ホテルのトイレとビデ

ホテルの部屋にはトイレのほか、普通ビデが付いている。ビデは水と温水の出る蛇口や噴水のような噴き出し口が付き、横と中央あたりに排水口がある物。トイレと形がやや似ているので間違えないように。形状はやや似ているが、トイレは蓋が付いていて、ビデには蓋がない。ビデは温水洗浄器のように、お尻などを洗ったり、温水をためて足を洗うのに使ったりする。ビデの横には、専用タオルが置いてあることが多い。

ビデ（左）とトイレ（右）

✉B&Bに宿泊するなら便利なアプリ

B&Bなどに宿泊するなら、スマホにWhatsappというアプリを入れておくことをおすすめします。イタリアではLineでなくこちらが主流のようでほぼ同じように使用できます。宿泊場所を聞いたり、到着時の連絡などイタリアの方は皆さん導入されています。もちろん日本にいるうちに登録も連絡もできます。スマホの住所録に「0039＋相手の携帯電話番号10桁」を入れるとこのアプリが自動で認識してくれます。ホテルの検索サイトを通したやり取りよりもリアルタイムだし、通話もできます。
（宮城県　いなぐま　'19）

✉シチリアのfs駅の荷物預け

身軽に効率的に観光するなら、駅の荷物預けは頼りになります。そこで、シチリアの主要駅の荷物預けDeposito Bagagliやロッカーを一挙紹介。

パレルモ
営8:00～20:00
料5時間以内€6

カターニア
営8:30～22:30

タオルミーナ
ホームに大型ロッカーあり
料 最初の12時間€2.50　以降12分ごとに€0.05

シラクーサ
駅舎外、駅を背にすぐ左のStazione Barで。Deposito Bagagliの看板あり。
営6:00～22:00

アグリジェント
ロッカーあるも、取り扱い停止中
（杉並　ビアヘロ　70代）

✉夏の観光

本当に暑くて、熱中症になりかけました。お水だけでなく、コーラやスポーツドリンクで糖分やミネラルもしっかり補給を。
（埼玉県　Skywalker.M　'16）

✉ゴールデンウィークは？

5/1ポジターノ泊、5/2ナポリ泊で旅行。気候は行く前に調べましたが、日差しの強い南イタリアというイメージで軽装になってしまい、寒さに苦労しました。ポジターノのホテルでは暖房をつけているのにもかかわらず寒くて、厚手の部屋着が必要だと思いました。

ナポリ観光の際はブレザーを着用していましたが、曇りだったせいか、寒かったです。特に風の強いサンテルモ城ではひとしおでした。現地の男性は革ジャンが多かったです。
（愛知県　死んだ魚　'16）

南イタリア・シチリアで食べる

「食」を楽しむことはイタリアを楽しむことのひとつ。イタリアにいるときはいつもより少し「食」にこだわってみよう。イタリア人の“ARS VIVENDI”(ラテン語で“生活の美学”)もおのずと理解できるというものだ。幸いイタリアにはレストランからバールまで、さまざまな種類と値段の店があるので、そのときどきの気分や食欲、予算と相談して選ぶことができる。少しの知識と旺盛な好奇心があれば、大いに食を楽しめる。

南イタリア、シチリアのイメージといえばレモンをはじめとする柑橘類。巨大なレモンのような、この果物チェドロCedroは果肉ではなく皮の部分を食す

飲食店の種類とT·P·O

ゆっくりと食事をしたいときに

リストランテRistorante／
トラットリアTrattoria／
オステリアOsteria

一般に高級店がリストランテ、家庭料理を売り物にした大衆的な店がトラットリア、居酒屋がオステリアといわれているが厳密な区分はない。高級か大衆的かという差はあるが、これらの店では、カメリエーレ(給仕係)が席に案内してくれ、注文から支払いまでをテーブルで済ませる。

ソレントの高級店イル・ブーコ(→P.141)

料理は、イタリアの習慣どおり、**前菜またはパスタ、魚か肉料理、デザート**と注文するのが普通だ。

一般的な営業時間は、昼12:30～15:00、夜19:00～23:00頃まで。深夜に営業している店はほとんどない。

テイク・アウトのスナックが充実している南イタリアとシチリアの町

安く簡単に、でもしっかり食べたいときに

ターヴォラ・カルダTavola Calda／
ロスティチェリアRosticceria／
セルフサービスSelf Service

駅や観光名所周辺や庶民的な界隈に多く、すでに調理されてカウンターなどに並んでいる料理から好みの物を選ぶシステムの店だ。料理はシンプルなパスタ類やローストした肉、サラダなどの簡単な物が多いが、自分の目で料理を選べ、一皿しか食べなくてもよいのが利点だ。普通は、注文した料理とともにもらったレシートかトレイに乗せた料理を見せて、レジで支払うシステムだ。

手頃にイタリア名物を食べたいとき

ピッツェリアPizzeria

南イタリアを代表する食べ物、ピッツァの店Pizzeriaはふたつのタイプに分かれている。駅前や人通りの多い界隈にある**アル・ターリョAl taglio**とか、**ルースティカRustica**と呼ばれる立ち食い専門の量り売りの店と、テーブル席でサービスし、薪を燃やす本格的なかまどで焼きあげる店だ。

✉会計はしっかりチェック!!

マテーラのレストラン(日本語サイトで一番おいしいとの書き込みあり)で、注文していない料理がふたつ請求されました。どこでもお会計時には料金の確認を。　(なおみ　'19)

マキ火の釜で焼き上がったばかりのピッツァ

立ち食い専門店は、午前中から夜遅くまで営業し、カウンターにピッツァが何種類も並んでいる。好みの物を指させば、適当な大きさに切り、はかりにかけて売ってくれる。

一方、本格的な**ピッツェリアは夜だけ**(19:00〜翌1:00頃)**営業する店が多い。**ピッツェリアは、ピッツァを中心に、あまり手の込んでいない、前菜、パスタ類、肉や魚料理、デザートを揃えている店が多い。とはいえ、リストランテのようにコースにこだわることはない。

ほっとひと息つきたいとき

バールBar／カフェCaffè／サラ・ダ・テSala da thè

一日に何回もコーヒーを楽しむイタリア人にとって、息抜きの場、社交の場として欠かせないのがバールだ。町のいたるところにあり、店構えもシンプルで、どこで飲んでも値段的にはそれほど差がない。

一方、ゆっくり座って紅茶やコーヒーを楽しむカフェやサラ・ダ・テは豪華な雰囲気や町を行く人を眺められるシチュエーションが売り物だ。

カフェでも立ち飲み用のカウンターがあるし、バールでも座る席がある店も多い。いずれも、**カウンターとテーブル席では料金が違い、その差は2〜5倍くらい。**レジ横には立ち飲みと座った料金が併記してあるので、心配ならば最初にチェックしてみよう。

注文はテーブル席はテーブルで注文し、注文の品を持って来たときか、自分たちが帰るときにその係の者に払う。**カウンターの場合**は、まず**レジで注文**して支払い、その**レシート(スコントリーノScontorino)をカウンターに出して、再び注文**する。その際、イタリア人はチップを€0.50程度置くが、あなたは気分次第で。

カフェやバールはおおむね**早朝から深夜まで**通して営業している。アイスクリーム屋や菓子店を兼ねたサラ・ダ・テの中には、一般商店並みに早めに店を閉める所も多い。

ジェラテリアGelateria

最近は日本でも「ジェラート」の呼び名が広がってきたが、イタリアはアイスクリーム発祥の地。一度は味わう価値がある。営業時間は昼頃から夜遅くまで。

お酒を楽しみたいとき

エノテカEnoteca／ビッレリアBirreria

エノテカは、普通はワインを中心に売る酒屋のこと。なかには何種類かのワインをグラスで味わうことのできるカウンターを備えている店もある。最近では、軽い食事を出す料理自慢の店も増えた。

ビッレリアは生ビールを楽しむビアハウスで、置いてあるビールの産地によってバイエルン地方、ウィーンなどの看板を出している所もある。イタリアの有名なビール会社はPERONIペローニ。ビッレリアには軽い食事やつまみの皿も各種揃っている。

**南イタリアで味わう
B級グルメ**

屋台やバールなども充実した南イタリア。特別なレストランに出かけなくても十分に土地の味を堪能できる。そんなB級グルメのお楽しみを紹介。

バールで喉を潤すなら、グレープフルーツ (pompelmoポンペルモ) やオレンジ (arancioアランチョ)、レモン(limoneリモーネ) のフレッシュジュース、スプレムータSpremutaがいい。新鮮な果物の絞りたては最高だ。南イタリアはレモンだって酸っぱいだけじゃなくて甘さも感じさせる。冬なら、旬の赤いオレンジ、アランチョ・サングイナッチョArancio Sanguinaccioのスプレムータを試してみよう。

屋台やバールなどで売られている揚げ物は簡単な食事にもおすすめ。代表選手はお米のコロッケ、アランチーニArancini。ミートソース風味でチーズを詰めた物やサフラン風味でグリーンピースを詰めた物などが一般的だ。ピッツァPizzaは人気の店でも店頭で焼きたてを格安で売っているのが南イタリア流だ。このほか、小麦粉を練って揚げた物などシンプルな物も土地の人には人気。特産の野菜のグリル、サラミ、チーズなどをタップリ挟んだパニーノPaninoもいい。

レモン味のグラニータははずせない

**南に行くほど遅い!?
食事時間と食前酒**

日本に比べ、食事開始時間が遅いイタリア。南に下がるにつれてさらに顕著になる。レストランのオープンは昼13:00〜、夜20:00頃〜。外国人旅行者の多い観光地は早まる傾向にあるが、観光客が少なく土地の人の利用が多い店では22:00過ぎに混み始めることも少なくない。「郷に入れば郷に従え」の通り、開店時間までバールなどで食前酒をゆっくり楽しむのも旅の楽しみだ。

さて、食前酒にはおつまみがついてくる。都会ではポテトチップスとピーナツなどだが、南イタリアでは土地ならではの名物(タラーリ=指輪形の1種のクラッカー、オリーブ各種、ケッパー、ピッツァ、揚げ物など) が出てくることも多い。テーブルに並んでいるものをチェックして、お店を決めよう!

メニューの構成と注文の仕方

メニュー(イタリアでは、リスタListaと呼ぶ)は店により異なるが、ほぼ次のように構成されている。

①前菜	Antipasto
②第1皿目の料理	Primo piatto
③第2皿目の料理	Secondo piatto
④付け合わせ	Contorno
⑤チーズ	Formaggio
⑥デザート	Dolce

南イタリアでは揚げ物の前菜を

アンティパスト(前菜)

文字どおり食事(パスト)の前(アンティ)に取る軽いひと皿で、ビュッフェ形式に並んださまざまなアンティパストの皿から好きな物を取るようになっている店もある。種類も豊富で、野菜、魚介類、ハム・サラミ類、卵やチーズの料理など、選ぶのに迷うほどだ。一般的には、アンティパストを取れば次のプリモを飛ばしてセコンド(メインディッシュ)にいくことが多い。

プリモ・ピアット(第1皿の料理)

ぜいたくな魚介類のスパゲッティは南イタリアならではの物

パスタやリーゾ(米)の料理、スープ類はここに含まれる。プリモはイタリア料理の特色でもあり、それだけに実に多くのバリエーションがある。イタリアに来たら、ぜひともいろいろ違った味のプリモを試してみたい。

セコンド・ピアット(第2皿の料理)

モダンな料理のひと皿。イワシ料理の演出にびっくり

メインディッシュにあたる料理で、肉や魚が中心である。イタリアでは一般的に魚のほうが肉より値が張ることが多く、魚は鮮魚の場合には“フレッシュ”fresco(フレスコ)、そうでなければ“冷凍”congelato(コンジェラート)とメニューに書いてある。料理は素材の持ち味を生かしたグリルgriglia(グリーリア)、ローストarrosto(アッロースト)、が中心だが、ワインやトマト味の煮込みのウーミドumido、揚げ物のフリットfrittoなど、さまざまな調理法がある。

コントルノ(付け合わせ)

サラダをはじめ、ゆで野菜、ポテトなどがある。イタリアは野菜の種類が豊富なのでコントルノも季節や地方によって変化に富んでいる。

フォルマッジョ(チーズ)

デザートとして取る場合もあるが、セコンドの代わりにして軽く済ます方法もある。チーズ好きの人は“ミストmisto”と呼ばれる盛り合わせを注文してイタリアの代表的なチーズを味わってみるのもよい。土地ならではのチーズを味わうのも、旅の楽しみだ。

南イタリアで味わうB級グルメ(デザート編)

アイスクリームやお菓子も格別なおいしさだ。アイスクリームGelatoジェラートをブリオッシュと呼ばれるパンに付けたり、挟んだりして食べるのが南イタリア流だ。これを夏の朝食代わりにする女性もいるほど、結構お腹にたまる。また、暑い土地柄だけあって、濃厚な味わいの物より、レモンやコーヒーなどのシャーベット風のグラニータGranitaも人気 。

ナポリ名物スフォリアテッラ(左手前)

レストランでのひと口ガイド

●**この店(土地)の名物料理は何ですか?**
クアレ エ ラ スペチャーレ ディ クエスタ ロカーレ?
“Quale è la speciale di questa locale ?”

●**何がおすすめですか?**
ケ コーザ ポテーテ コンシリアルチ?
“Che cosa potete consigliarci ?”

●**これはどんな風に料理したのですか?**
コメ エ クチナート クエスト ピアット?
“Come è cucinato questo piatto ?”

前菜が見事なプーリア州

デザート

ドルチェdolce(菓子類)とジェラートgelato(アイスクリーム)、フルッタfrutta(果物)がここに含まれる。

そのあとはコーヒーなり**“ディジェスティーヴォdigestivo”**と呼ばれる食後酒なりを注文することもできる。食後のコーヒーはミルクの入ったカプチーノcappuccinoではなく、濃いエスプレッソespressoが普通だ。

ワイン

さわやかな甘味が舌に残る、南イタリアの伝統的な白ワイン

リストは別にあることが多い。どんな料理を選ぶかによってワインを決めるのが一般的だが、大きく分けて魚や白身の肉(鳥肉や子牛肉)などには白ワインvino bianco、肉や熟成したチーズを使った料理などにはしっかりした味の赤ワインvino rossoがよいとされている。迷ったときには遠慮なく尋ね料理にあったワインをアドバイスしてもらうことだ。イタリアでは**DOC**や**DOCG**のような銘柄ワインでも日本と比べると驚くほど安いが、注文の際には値段も聞いて決めるとよいだろう。

水

水はミネラルウオーターを注文することが多い。ガス入りcon gass、ガスなしsenza gassを好みで。

その他の項目

店によっては、次の項目がメニューや店内の黒板に書かれている。料理選びの目安にしよう。

lo chef consiglio	**シェフのおすすめ料理**
piatti del giorno	**本日の料理**
piatti tipici	**典型的郷土料理**
menu turistico	**(旅行者向け)セットメニュー**

セットメニューは観光地のレストランに多く、コペルト、サービス料、1皿目、2皿目、付け合わせ、デザート、ときには飲み物までがセットしてある。かなり割安といえるが、メニューにバリエーションがなく、おしきせ感が強い。

食事が終わったら

食事が終わったら、サービスしてくれた給仕人(カメリエーレ)に「お勘定をお願いします」“il conto, per favore”と頼もう。伝票がきたら、恥ずかしがらずに食べた物と値段、コペルト、税金、サービス料、そして総計を必ず確かめよう。**サービス料が付いていれば、本来チップは必要ないが、**そこはあなたの気分次第で。

帰るときには**“Buongiorno.”**、**“Buonanotte.”**のあいさつをして店を出たい。もしも時間が遅いなら、会計のときに頼んでタクシーを呼んでもらおう。

南イタリアではレモンのリキュール、リモンチェッロを味わいたい。ともに小さな特製の器で

ワインと水の注文

イタリア語でワインはヴィーノVino。

銘柄にこだわらなければ、ハウスワイン(Vino della Casa ヴィーノ・デッラ・カーサ)を1/4ℓウン・クアルトun quarto、1/2ℓメッゾ・リートロmezzo litroと注文しよう。カラファに入った物が出てくる。ハウスワインがボトルの場合は、飲んだだけ請求される場合もある。

ミネラルウオーターはアクア・ミネラーレAcqua Minerale。

イタリアワインの格付け

イタリア・ワインは上位から順に、

- **●原産地呼称統制保証 D.O.C.G.** (ディー・オー・チー・ジー)
- **●原産地呼称統制D.O.C.** (ディー・オー・チー)
- **●生産地表示典型ワイン I.G.T.**
- **●テーブルワインV.d.T.**

に格付けされている。

南イタリア、とりわけシチリアとプーリア州はイタリアでも1、2を争うワインの産地。量は多いものの、格付けが上級のワインは少ないのが現状だ。しかし、土地の料理には土地のワイン、まして生産地の真っ只中にいるのならローカル・ワインをぜひ味わいたいもの。

コペルトとサービス料

イタリア独特の料金形態がコペルトCopertoだ。席料とも訳され、レストランで席に着くと、注文の多少にかかわらず一律に請求される。北部や中部イタリアでは、このコペルトとサービス料Servizioは近年廃止の傾向があるが、観光都市や南イタリアではいまだ健在だ。セットメニューにはすでにこれらの料金が含まれているのが一般的だ。

コペルトはパン代とあわせてCoperto e pane、またはパン代Paneと表記してある場合もあるが、パンに手をつけなくても、請求される。

一度は食べたい

南イタリアの名物料理

Napoli Alberobello Sicilia

Carpaccio di Polpo

前菜

カルパッチョ ディ ポルポ

タコのカルパッチョ

加熱したタコに重しを乗せ、タコのゼラチン質でサラミ状にひとまとめにした物を極薄切りにして、オリーブ油、レモン汁、トマト、パセリなどで味つけした物。極薄切りの味わいが繊細でさわやか。タコをよく食べる南イタリアで、最近人気のひと皿。

Mozzarella (di Bufala)

前菜

モッツァレッラ(ディ ブーファラ)

モッツァレッラチーズ

カンパニア州を代表する牛乳製の真っ白でキメの細かいフレッシュチーズ。日持ちのしないチーズなので、新鮮なミルクの香りとちょっと硬質な口当たりを楽しめるのは本場ならでは。水牛Bufalaの物なら最良だ。左は、揚げ物スフィツィSfizi。パン生地を丸めて揚げたシンプルな物だが、ナポリ周辺では人気の前菜。

Orecchietti

1皿目

オレッキエッティ

オレッキエッティ

プーリア州を代表する耳たぶ型パスタ。耳たぶの型は指先で生地をロールしてできる物で、このくぼみにソースがよくなじむ。トマトソースをベースにチーマ・ディ・ラーパ(日本の菜の花に似た野菜)やサルシッチャ(生ソーセージ)などで味付けされることが多い。

Alici Marinato

前菜

アリーチ マリナート

イワシのマリネ

イワシは南イタリアでよく目にする食材。小型のイワシ＝アリーチは、塩でしめてから、レモン汁などでマリネして前菜の一品としてテーブルに上る。骨まで柔らかく、アッサリした味わい。もう少し大きいイワシは香草とパン粉でグラタンなどにも料理される。

Scampi alla Griglia

2皿目

スカンピ アッラ グリーリア

手長エビのグリル

手長エビを背割りにしてグリルしたもの。レモン汁とオリーブ油をかけて食べる。フレッシュな手長エビの甘さと香ばしさは格別。南イタリアのみならず、イタリア中で味わえる日本人好みの一品。日本よりかなり手頃な値段で味わえるのもうれしい。

Spaghetti alla Frutta di Mare

1皿目

スパゲッティ アッラ フルッタ ディ マーレ

魚介類のスパゲッティ

イカ、エビ、アサリなどをタップリ使ったソースであえたパスタ。日本人好みのひと皿だが、本場の味わいは格別。写真の物はらせん状にねじったフシッリfusilliという種類のパスタ。味付けは店によりトマトなしのビアンコ、ミニトマトのみ、トマトソース入りとさまざま。

一度は食べたい
シチリアの名物料理

Antipasto alla Siciliana

前菜　アンティパスト アッラ シチリアーナ

シチリア風前菜

魚介類と野菜をたっぷり使った前菜。カポナータ(野菜の煮込み)やイワシのグラタン、カボチャのマリネ、魚介類のサラダなど。南イタリアでは特に生の赤エビGambero Rossoは人気が高い。ねっとりとした舌触りとその旨みと甘さは、日本の刺身に通じる。

Antipasto della casa

前菜　アンティパスト デッラ カーサ

ビュッフェの前菜

たくさんの種類から自由に好きな物を選べるのが楽しいビュッフェ式の前菜。事前に調理してあり、ほぼ冷菜。この店では約30種類、野菜、魚、貝、肉類がそれぞれサラダ、マリネ、グリル、煮込みなどで料理されている。カタツムリなどの珍品も。だいたい1皿いくらと決まっているが、盛り方によって代金は変わることもある。

Pasta con Sarde

パスタ コン サルデ

イワシのパスタ

南イタリアでは、イワシもよくパスタ料理に使われる。これはニンニク風味のトマトソース味。野性のフィノッキオ(フェンネル)、カッペリ(ケッパー)、レーズン、松の実を使ったひと皿は、シチリアのパレルモ周辺では定番。新鮮なイワシは香り高くあっさりとした味わい。

Cuscus

2皿目　クスクス

魚介のクスクス

クスクスは、セモリナ粉と水を合わせて粒状にした一種のパスタ。北アフリカ料理として知られるが、シチリア西部のトラーパニ、マルサーラ周辺の郷土料理。魚介類の物が一般的で、各種の魚介類の旨みが出たトマト風味のスープをたっぷりかけ、添えられた辛味調味料を好みで。

Spaghetti con Uova S.Pietro

スパゲッティ コン ウオヴァ サン・ピエトロ

的鯛のたまごのスパゲッティ

生の魚卵を使った優しくマイルドな味わいのひと皿。生の魚卵を使うのは、シチリア西部特有で、的鯛だけでなく各種の魚卵が利用される。塩漬けされていないフレッシュな物なので、日本のタラコパスタとはまったく違う味わい。普通のパスタに比べちょっとお高め。

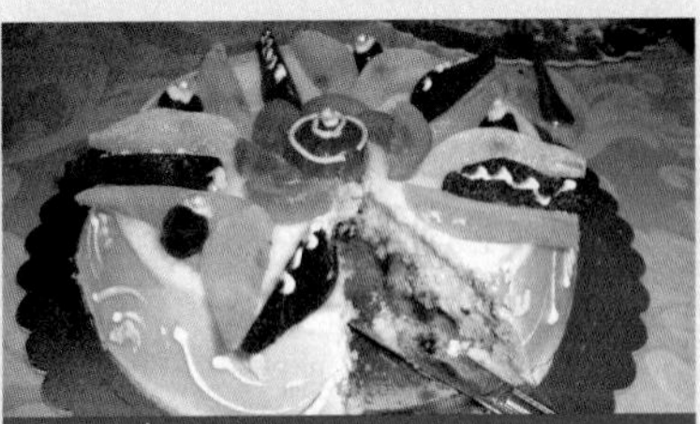

Cassata

カッサータ

カッサータ

アラブ起源といわれるシチリアを代表する菓子。リキュール入りシロップを染み込ませたスポンジケーキとリコッタチーズを重ね、マジパンで全体を包み、グラス(砂糖衣)をかけ、砂糖漬け果物を飾った物。甘くてリッチな味わいだが、なぜか食後においしい。

南イタリア・シチリアでショッピング

帰りの荷物が重くなっても、やっぱり旅にはおみやげは不可欠!?そこでしか買えないその地の特産品を選ぶのが一番ながら、旅の途中ではムリなことも多い。そこで、おすすめの品や場所をご紹介。

陶器

シチリアの**カルタジローネ**、ナポリ近くの**ヴィエートリ・スル・マーレ**などが有名。絵皿は後ろに針金穴が開けられ、壁に掛けられるものも多く、インテリアとしてもすてき。

手頃な価格がうれしい。ヴィエートリ・スル・マーレの陶器

レモンのリキュールやレモンを使ったチョコやクッキー

レモンチェッロ／リモンチェッロは陶器やガラスの可愛い瓶に入れられたものもある。このほか、アマルフィ海岸やカプリ島などでは**レモンを使ったチョコ、クッキー**などが人気。

レモンチェッロは南イタリア、シチリアの定番

シチリア菓子

特産の**アーモンドを使ったお菓子**。果物を模した色鮮やかなフルッタ・デッラ・マルトラーナは見た目も珍しく、アーモンド粉を使ったクッキーは香ばしくて病みつきになるおいしさ。

まるで果物のようなマジパンのお菓子

イタリアのリキュールも味わってみよう

そのほか

土地の**ワイン**や**デザートワイン**(パンテレッリアなど)、**オリーブオイル**、形もさまざまな**パスタ**などもおすすめ。

南イタリアやシチリアでは、空港の売店も便利

南イタリア・シチリア　おみやげはどこで買う?

ローマや北イタリアに比べ、おみやげ探しにスーパーはあまり期待できない。その分、雑貨類は市場がおすすめ。南イタリアやシチリアでは、まだおみやげ屋が健在なので、おみやげ屋をのぞいてみるのが楽しい。

アマルフィ海岸でおみやげ探しに最適なのは、**アマルフィの大聖堂近く**や**ソレントのタッソ広場裏**の一角。アルベロベッロではトゥルッリが並ぶ**リオーネ・モンティ地区**はみやげ物屋のオンパレード。ナポリは**スパッカ・ナポリ**にみやげ物屋が多い。**スーパー**はあまり期待できないが中央駅前のCONADサポーリ・ディントルニ(→P.94)が観光客向けの品ぞろえを増加中。もう少し高級品を探すなら、大学近くのグラン・グースト(→P.94)へ。

シチリア。カターニアでは**ドゥオーモ近く**にみやげ物屋が多い。**円形闘技場東側の市場**で庶民的な家庭雑貨が見つかるかも。パレルモでは**カーポの市場**がおみやげ探し向き。**パレルモ空港**のセキュリティチェック後の売店もおすすめ。シチリア菓子の充実ぶりは他にないほどで、おみやげを意識したパッケージもかわいいものが多い。

免税の手続き

～ショッピングの楽しみがますます充実～

加盟店が増え、適用額も引き下げられて、より身近で便利になったタックスフリーショッピング。

このシステムを利用する場合はパスポート番号が必要となるので、番号をあらかじめ控えておくか、盗難防止のためにコピーを持っているとよい。

対象

欧州連合（EU）以外の国を居住地とする人が個人使用のために品物を購入し、未使用の状態で個人荷物とともにイタリアから持ち出す場合に、IVA(税金)の払い戻しを受けられる。

適用最小限度

1店についての購入額の合計がIVA（税金）込みで154.94ユーロ以上。

買い物時の手順

(1)TAX-FREE取り扱い免税ショッピング加盟店で買い物をする。
(2) 支払いの際、パスポート番号を告げ、免税伝票を発行してもらう。このチェック（1枚か2枚、型式も店舗により異なる）はレシートとともに出国時まで保管しておく。

出国時の手順

出国時には、税関Dogana（ドガーナ）の専用カウンターで税関スタンプを受けないと、免税払い戻しが受けられないので、空港には早めに出かけよう（除外空港あり、右記参照）。イタリア出国後、ほかのEU国内を経由する場合は、最後の訪問国で同様の手続きをすることになる。

1)購入品をトランクに入れた場合

航空会社のチェックインカウンターで搭乗手続きをし、搭乗券（ボーディングパス）を受け取り、トランクに日本行き(もしくはEU圏外の目的地)のタグを貼ってもらう。このトランクを税関オフィスまたは窓口に運び、免税伝票、パスポート、搭乗券を提示し、スタンプをもらう（この時、購入品確認のためにトランクを開けさせられる場合も）。再び、チェックインカウンターに戻り、トランクを預けて、搭乗手続きを完了させる。南イタリアの空港では、税関窓口に係員が常駐せず、インターフォンなどで呼び出す必要がある場合があるので、早めに出かけて手続きを。

※ミラノ・マルペンサ空港、ローマ・フィウミチーノ空港は税関印不要

イタリアでの購入品を受託荷物にした（トランクに入れた）場合に限り、税関審査は不要になった。チェックイン前に出発ロビーにあるタックスフリーの該当会社の免税払い戻しカウンター（ミラノはArea12、ローマはカウンターNO.300近く）で手続きするだけ。その場で現金の受け取りまたはカードへの入金手続きができる。手続きには他の空港同様に、免税伝票、パスポート、E-チケット(控え、スマホでの提示でも可)が必要。

2)購入品を手荷物として機内に持ち込む場合

チェックインカウンターですべての搭乗手続きを終え、パスポートコントロールを通過後、出国ロビー側の税関に行き、手荷物として持っている購入品を見せて、スタンプをもらう。手荷物用税関と払い戻しカウンターは、いずれの空港もパスポートコントロールの近くにある。

払い戻し

1)現金の払い戻し

税関でスタンプをもらった免税伝票と購入店のレシートを、空港免税店内の「免税現金払い戻しCash Refund」カウンターに提出し、払い戻しを受ける。払い戻し専用デスクは、出国ロビーの税関近くにまとまっておかれている。

2)現金以外の払い戻し

免税伝票の裏に記載されている「非現金」払い戻し＝クレジットカードを指定し、店内で渡された所定の封筒に入れて、各取扱いの事務局へ郵送する。この場合は、90日以内に書類が事務局に届かなければ無効となるので注意。クレジットカードのない場合や振り替え不能の場合は円建て小切手が自宅に郵送される。

会社によっては現金の払い戻しを行わず、クレジットカードなどへの入金のみの場合もある。書類裏面を読み、また郵送用封筒と書類は会社を間違えて入れないように。手続きなどは、各社共通。

以上の手順、場所などは、変更が少なくないので、早めに出かけて空港で確認を。

（2019年秋現在）

旅のイタリア語

日本人には聞き取りやすく、発音しやすいイタリア語。何日か滞在しているうちに、自然に「こんにちはBuongiornoブォンジョルノ」などと、簡単な言葉が口から出てくるはず。会話集からイタリア語のフレーズを使うときは、ゆっくり書いてあるとおりに発音してみよう。駅などで、日にちや枚数などを指定するような場合は、間違いのないようフレーズを紙に書いて渡すのもひとつの方法だ。そして、「すみません」、「ありがとう」の言葉と笑顔を忘れずに。

交渉して馬車に乗ってみる？

基礎編

あいさつ

チャオ!　やあ! じゃ、またね!	チャオ!	Ciao!
こんにちは!	ブォンジョルノ!	Buongiorno!
こんばんは!	ブォナセーラ!	Buonasera!
おやすみなさい!	ブォナノッテ!	Buonanotte!
さようなら!	アッリヴェデルチ!	Arrivederci!

呼びかけ

すみません!	スクーズィ!	Scusi!
		（人を呼び止めて何か尋ねるときなど）
すみません!	パルドン!	Pardon!
		（「失礼！」「ごめんなさい！」の意味で）
すみません!	ペルメッソ!	Permesso!
		（混んだ車内や人込みで「通してください」というとき）
ちょっとお聞きしたいのですが!	センタ!	Senta!

敬　称

男性に対して	シニョーレ（シニョーリ）	Signore（複Signori）
既婚女性に対して	シニョーラ（シニョーレ）	Signora（複Signore）
未婚女性に対して	シニョリーナ（シニョリーネ）	Signorina（複Signorine）

※姓名や肩書きなどの前につける敬称だが、単独でも呼びかけに使うことができる。

依頼と感謝

すみませんが……	ペルファヴォーレ	Per favore
ありがとう!	グラツィエ!	Grazie!
どうもありがとう!	グラツィエ ミッレ!	Grazie mille!
どういたしまして!	ディ ニエンテ!	Di niente!
どうぞ／どういたしまして	プレーゴ	Prego

謝罪と返事

すみません!	ミ スクーズィ!	Mi scusi!
		失礼! ごめんなさい!(あやまるとき)
何でもありませんよ	ノン ファ ニエンテ	Non fa niente.

〈はい〉と〈いいえ〉

はい／ええ	スィ	Si.
はい、ありがとう	スィ グラツィエ	Si, grazie.
いいえ	ノ	No.
いいえ、けっこうです	ノ グラツィエ	No, grazie.

～したい

ヴォレイ
Vorrei～（私は）～が欲しい（～がしたい）のですが。

英語の“I would like～”にあたる表現で、そのあとにbiglietto（切符）、gelato（アイスクリーム）、camera（部屋）などがくれば「～が欲しい」という意味になり、andare（行く）、prenotare（予約する）、cambiare（替える）などがくれば「～がしたい」という表現になる。

切符を１枚ください。
ヴォレイ ウン　ビリエット
Vorrei un biglietto.

アイスクリームをひとつください。
ヴォレイ　ウン　ジェラート
Vorrei un gelato.

１部屋予約したいのですが。
ヴォレイ　プレノターレ　ウナ　　カメラ
Vorrei prenotare una camera.

～できる？

ポッソ
Posso～?（私は）～できますか（してもよいですか）？

英語の“Can I～?”にあたる表現

クレジットカードで払えますか？
ポッソ　パガーレ　コン　ラ　カルタ　ディ　クレディト
Posso pagare con la carta di credito?

これは便利！
町歩きのための
Vorrei andare a ～
イタリア語

たまには船の旅を！

道を尋ねる

～へ行きたいのですが。	ヴォレイ アンダーレ ア Vorrei andare a～.
地図上で教えてください。	ミ インディーキ イル ペルコルソ スッラ ピアンティーナ Mi indichi il percorso sulla piantina.
歩いて行けますか？	チ スィ プオ アンダーレ ア ピエディ Ci si può andare a piedi ?
歩いてどのくらいかかりますか？	クアント テンポ チィ ヴゥオレ ア ピエディ Quanto tempo ci vuole a piedi ?

バスの中で

このバスは～へ行きますか。	クエスタウトブス ヴァ ア Quest'autobus va a ～.
私は～へ行きたいのですが、降りる場所を教えてください。	ヴォレイ アンダーレ ア ミ ディーカ ドーヴェ デーヴォ シェンデレ Vorrei andare a ～, mi dica, dove devo scendere.

タクシーの中で

～ホテルまで行ってください。	ミ ポルティ アッロテル Mi porti all'Hotel ～.
～まで、だいたいいくらくらいですか？	クアント コスタ ピュウ オ メーノ フィーノ ア Quanto costa più o meno fino a ～?

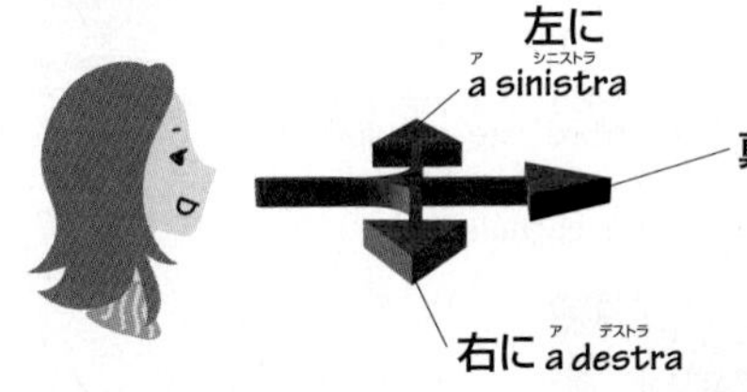

遠い ロンターノ lontano
近い ヴィチーノ vicino

旅の準備と技術

旅のイタリア語

基本単語

駅	stazione	スタツィオーネ
列車	treno	トレーノ
旅行案内所	ufficio di informazioni turistiche	ウフィッチョ ディ インフォルマツィオーニ トゥーリスティケ
教会	chiesa	キエーザ
広場	piazza	ピアッツァ
公園	giardino / parco	ジャルディーノ／パルコ
橋	ponte	ポンテ
交差点	incrocio / crocevia	インクローチョ／クローチェヴィア
停留所	fermata	フェルマータ
始発駅･終点	capolinea	カポリーネア
バス	autobus / bus	アウトブス／ブス
プルマン	pullman	プッルマン
プルマン(長距離バス)ターミナル	autostazione	アウトスタツィオーネ
地下鉄	metropolitana	メトロポリターナ
タクシー	tassi / taxi	タッシー／タクシー
タクシー乗り場	posteggio dei tassi	ポステッジョ デイ タッシー

インフォメーションで

町の地図が欲しいのですが。	スクーズィ　ヴォレイ　ウナ　マッパ　デッラ　チッタ	Scusi, vorrei una mappa della città.
催し物のインフォメーションが欲しいのですが。	ヴォレイ　デッレ　インフォルマツィオーニ　デッリ　スペッターコリ	Vorrei delle informazioni degli spettacoli.
ナポリの美術館のリストが欲しいのですが。	ヴォレイ　ウナ　リスタ　デイ　ムゼイ　ディ　ナポリ	Vorrei una lista dei musei di Napoli.

観　光

切符売り場はどこですか?	ドーヴェ　ラ　ビリエッテリーア	Dov'è la biglietteria ?
あなたが列の最後ですか?	レイ　エ　ルルティモ　デッラ　フィーラ	Lei è l'ultimo della fila ?
学生割引はありますか?	チ　ソーノ　リドゥツィオーニ　ペル　ストゥデンティ	Ci sono riduzioni per studenti ?
館内の案内図はありますか?	チェ　ウナ　ピアンティーナ　デッリンテルノ　エディフィーチョ	C'è una piantina dell'interno edificio ?
オーディオガイドを貸してください。	ヴォレイ　ウナウディオグイーダ　ペル　ファヴォーレ	Vorrei un'audioguida, per favore.
日本語の物をお願いします。	イン　ジャッポネーゼ　ペル　ファヴォーレ	In giapponese, per favore.
使い方を教えてください。	コメ　スィ　ウーザ	Come si usa ?
(ガイドブックなどを指さして)これはどこにありますか?	ドーヴェ　スィ　トローヴァ　クエスト	Dove si trova questo ?
ここで写真を撮っていいですか?	エ　ポッシービレ　ファーレ　ウナ　フォート	È possibile fare una foto ?
トイレはどこですか?	ドーヴェ　イル　バーニョ　トイレット	Dov'è il bagno(toilet) ?

最近、多くの町で見かけるトレニーノTrenino。疲れた時の名所巡りに

両替・郵便局

こんにちは。3万円を両替したいのですが。	ブォンジョルノ　ヴォレイ　カンビアーレ　トレンタ　ミラ　イエン	Buongiorno. Vorrei cambiare 30 mila yen.
円がいくらか(レートが)わかりますか?	ポッソ　サペーレ　クアント　ファ　ロ　イエン	Posso sapere quanto fa lo yen ?
この(手紙/はがき)の切手が欲しいのですが。	ヴォレイ　フランコボッリ　ペル　クエスタ　レッテラ　カルトリーナ	Vorrei francobolli per questa(lettera/cartolina).
いくら払えばよいですか?	クアント　パーゴ	Quanto pago ?
手数料はいくらですか?	クゥアント　エレ　コミッショーネ	Quanto e'le commissione ?

今日	oggi	オッジ	明日	domani	ドマーニ
昨日	ieri	イエーリ			

健康

一番近い薬局はどこですか？
ドーヴェ ラ ファルマチーア ピュウ ヴィチーナ
Dov'è la farmacia più vicina ?

何か風邪薬が欲しいのですが。
ヴォレイ クアルケ メディチーナ ペル イル ラフレッドーレ
Vorrei qualche medicina per il raffreddore.

(頭／胃／歯／おなか)が痛いのです。
オ マル ディ テスタ ストマコ デンティ パンチャ
Ho mal di (testa／stomaco／denti／pancia).

熱があります。／寒けがします。／下痢しています。
オ ラ フェッブレ オ フレッド オ ラ ディアッレーア
Ho la febbre.／Ho freddo.／Ho la diarrea.

具合がよくありません。医者を呼んでください。
スト マーレ ミ キアーミ ウン メディコ ペル ファヴォーレ
Sto male. Mi chiami un medico, per favore.

英語を話す医者に診てもらいたいのですが。
ヴォレイ ウン メディコ ケ パルラ イングレーゼ
Vorrei un medico che parla inglese.

移動

ナポリまで2等の往復を1枚ください。
ヴォレイ ウン ビリエット ディ セコンダ クラッセ アンダータ エ リトルノ ペル ナポリ
Vorrei un biglietto di seconda classe andata e ritomo per Napoli.

インテルシティの座席をふたつ予約したいのですが。
ヴォレイ プレノターレ ドゥエ ポスティ スッリンテルシティ
Vorrei prenotare due posti sull'Intercity.

いつまで有効ですか？
フィーノ ア クアンド エ ヴァリド
Fino a quando è valido ?

※列車に乗り込んだら、座席に着いたり、コンパートメントに入る際に先客がいたら必ずあいさつをしよう。降りるときにも同様に。

こんにちは。この席は空いていますか？
ブォンジョルノ エ リーベロ クエスト ポスト
Buongiorno. È libero questo posto ?

この列車はナポリに行きますか？
クエスト トレーノ ヴァ ア ナポリ
Questo treno va a Napoli ?

トラブル・事故

助けて！ 泥棒！
アユート アル ラードロ
Aiuto! Al ladro!

助けて！ スリです。
アユート ボルサイオーロ／ ピック・ポケット
Aiuto! Borsaiolo/pick-pocket.(英語)

すぐに警察を呼んでください。
ミ キアーミ スビト ラ ポリツィーア ペル ファヴォーレ
Mi chiami subito la polizia, per favore.

(財布／パスポート)を盗まれました。
ミ アンノ ルバート イル ポルタフォーリオ イル パッサポルト
Mi hanno rubato (il portafoglio／il passaporto).

誰か英語を話す人はいますか？
チェ クアルクーノ ケ パルラ イングレーゼ
C'è qualcuno che parla inglese ?

交通事故に遭いました。警察を呼んでください。
オ アヴート ウニンチデンテ ミ キアーミ ラ ポリツィーア ペル ファヴォーレ
Ho avuto un'incidente. Mi chiami la polizia, per favore.

救急車を呼んでください。
キアーミ ウナ アンブランツァ ペル ファヴォーレ
Chiami un' ambulanza, per favore.

ユーロの読み方

ユーロは小数点以下2位までが使われる。ユーロの下の単位は¢＝セント(イタリア語では、チェンテージモcentesimo、一般的には複数形のチェンテージミcentesimiとして使う)。€1(1ユーロ)が100¢(100チェンテージミ)だ。2020年2月現在€1は122円前後なので1¢は約1.2円。

例えば、€20.18を日本語でイタリア的に読むと、「にじゅう.(ビルゴラ)・じゅうはち ユーロ」または「にじゅうユーロ、じゅうはちチェンテージミ」と読む。途中に.小数点(ビルゴラ)が入っているが、これは読まないことが多い。また、小数点以下でも日本語のように「いち・はち」とは読まない。

€20.18はヴェンティ・ディチョット・ユーロまたはヴェンティ・ユーロ・ディチョット・チェンテージミなどと読まれる。

これは便利！

レストランでのイタリア語

Il conto, per favore.

メニューをじっくり検討してから、
軽く手を挙げてカメリエーレを呼ぼう

レストランでの会話

今晩ふたりで予約したいのですが。

ヴォレイ　プレノターレ　ペル ドゥエ　ペルソーネ　ペル　スタセーラ
Vorrei prenotare per 2 persone per stasera.

私たちは4名ですが、空いているテーブルはありますか?

シアーモ　イン　クアットロ　アヴェーテ　ウン　ターヴォロ　リーベロ
Siamo in quattro avete un tavolo libero ?

今晩20:00に2名で予約をしておいたのですが。

アッビアーモ　プレノタート　ペル　ドゥエ　ペルソーネ　アッレ　オット
Abbiamo prenotato per 2 persone alle 8.

ガスなしのお水をください。

ヴォレイ　ウナ　ボッテリア　ディ アクア　ミネラーレ　センツァ　ガス
Vorrei una botteglia di aqua minerale senza gass.

赤(白)ワインが好みです。

プレフェリスコ　ヴィーノ　ロッソ　(ビアンコ)
Preferisco vino rosso(bianco).

お会計をお願いします。

イル コント　ペル　ファヴォーレ
Il conto, per favore.

基本単語

見出し語の単複は、使用頻度が多いと思われるほうを表記。(pl.)は複数、[　]内は発音。

A

abbacchio	[アバッキオ]	子羊(ローマ方言)
acciuge	[アチューゲ]	カタクチイワシ
affumicato	[アッフミカート]	燻製にした
aglio	[アーリオ]	ニンニク
agnolotti	[アニョロッティ]	半円型の詰め物をしたパスタ
alici	[アリーチ]	カタクチイワシ
ananas	[アナナス]	パイナップル
anatra	[アナートラ]	鴨、アヒル
aragosta	[アラゴスタ]	伊勢エビ
arancia	[アランチャ]	オレンジ
arrosto	[アッロースト]	ローストした

B

babà	[ババ]	ナポリ風サバラン
baccalà	[バッカラ]	塩漬け干しタラ
bistecca	[ビステッカ]	ビーフステーキ
bocconcino	[ボッコンチーノ]	1口大にかたどった料理
bollito	[ボッリート]	ゆでた
brace	[ブラーチェ]	炭火
branzino	[ブランツィーノ]	スズキの類
brasato	[ブラサート]	煮込んだ
bresaola	[ブレサオーラ]	牛の乾燥肉
broccolo	[ブロッコロ]	ブロッコリー
burro	[ブッロ]	バター

C

cacio	[カーチョ]	チーズ
calamaretto	[カラマレット]	小ヤリイカ
calamaro	[カラマーロ]	ヤリイカ
canestrello	[カネストレッロ]	ホタテ貝
cannelloni	[カンネッローニ]	カネロニ
canocchia	[カノッキア]	シャコ
capesante	[カペザンテ]	ホタテ貝
caponata	[カポナータ]	カポナータ。イタリア風ラタトゥイユ
carciofi	[カルチョーフィ]	アーティチョーク
carne	[カルネ]	肉
carote	[カローテ]	ニンジン
cartoccio	[カルトッチョ]	紙包み
ceci	[チェーチ]	エジプト豆
ciliegia	[チリエージャ]	チェリー
cinghiale	[チンギアーレ]	イノシシ
cipolla	[チポッラ]	玉ねぎ
coniglio	[コニーリョ]	飼いウサギ
contorno	[コントルノ]	付け合わせ
costoletta	[コストレッタ]	ロース
cotoletta	[コトレッタ]	イタリア風カツ
cozze	[コッツェ]	ムール貝
crespelle	[クレスペッレ]	クレープ
crocchetta	[クロケッタ]	コロッケ
crostacei	[クロスタチェイ]	甲殻類
crostata	[クロスタータ]	タルト
crudo	[クルード]	生

D

dentice	[デンティチェ]	(真)鯛

F

fagiolini	[ファジオリーニ]	サヤインゲン
fagioli	[ファジョーリ]	インゲン豆
faraona	[ファラオーナ]	ホロホロ鳥
farro	[ファッロ]	スペルト小麦
fave	[ファーヴェ]	ソラマメ
fegato	[フェーガト]	レバー
fettuccine	[フェットチーネ]	幅約1cmの卵入りパスタ

formaggio	[フォルマッジョ]	チーズ
fragola	[フラーゴラ]	イチゴ
frittata	[フリッタータ]	卵焼き
fritto	[フリット]	フライにした
frittura	[フリットゥーラ]	揚げ物
frutta	[フルッタ]	果物
G		
gambero	[ガンベーロ]	エビ
giardiniere	[ジャルディニエーレ]	ピクルス
gnocchi	[ニョッキ]	ニョッキ
granceola	[グランセオーラ]	クモカニ
grancevola	[グランチェヴォーラ]	
granchio	[グランキオ]	カニ
granita	[グラニータ]	シャーベット
gratinato	[グラティナート]	グラタンにした
griglia	[グリーリア]	網焼き
I		
impanato	[インパナート]	パン粉をつけた
insalata	[インサラータ]	サラダ
L		
latte	[ラッテ]	牛乳
lattuga	[ラトゥーガ]	レタス
legumi	[レグーミ]	野菜・豆の総称
M		
maccheroni	[マッケローニ]	マカロニ
macedonia	[マチェドニア]	フルーツポンチ
maiale	[マイアーレ]	豚肉
manzo	[マンツォ]	牛肉
mare	[マーレ]	海、 frutta di mare海の幸
marinara	[マリナーラ]	海の
marinato	[マリナート]	マリネした
mela	[メーラ]	リンゴ
melanzane	[メランザーネ]	ナス
merluzzo	[メルルッツォ]	メルルーサ(鱈の類)
miele	[ミエーレ]	蜂蜜
mugnaio(a)	[ムニアイオ(ア)]	ムニエル
N		
nasello	[ナセッロ]	鱈の類
noce	[ノーチェ]	クルミ
O		
orata	[オラータ]	黒鯛
ostrica	[オストゥリカ]	牡蠣
ostriche	[オストゥリケ]	
P		
padella	[パデッラ]	フライパン、 in padella〜炒めた
panna	[パンナ]	生クリーム
patate	[パターテ]	ジャガイモ
peperoncino	[ペペロンチーノ]	唐辛子
pesca	[ペスカ]	桃
pesce	[ペーシェ]	魚
pollo	[ポッロ]	鶏肉
polpetta	[ポルペッタ]	ミートボール
polpo	[ポルポ]	タコ
pomodoro(i)	[ポモドーロ(リ)]	トマト

prosciutto	[プロシュット]	ハム、〜crudo生ハム、 〜cotto加熱ハム
pure	[プーレ]	ピューレ
Q		
quaglia	[クアリア]	鶉(ウズラ)
R		
ragu	[ラグー]	ミートソース
ravioli	[ラヴィオリ]	ラビオリ
riccio di mare	[リッチョ・ディ・マーレ]	ウニ
ripieno	[リピエーノ]	詰め物をした
riso	[リーゾ]	米、risottoリゾット
rognone	[ロニョーネ]	(子牛の)腎臓
rombo	[ロンボ]	ヒラメの1種
S		
salame	[サラーメ]	サラミ
salsiccia	[サルシッチャ]	生ソーセージ
salmone	[サルモーネ]	鮭
salsa	[サルサ]	ソース
scampi	[スカンピ]	アカザ(手長)エビ
selvaggina	[セルヴァッジーナ]	ジビエ
seppie	[セッピエ]	甲イカ
sfoglia	[スフォリア]	折りパイ
sogliola	[ソリオラ]	舌平目
soia	[ソイア]	大豆
spezzatino	[スペッツァティーノ]	(牛の)角切り肉の煮込み
spiedino	[スピエディーノ]	串刺し
spigola	[スピーゴラ]	鱸(スズキの)類
spinacci	[スピナッチ]	ホウレン草
stracotto	[ストラコット]	(牛の)シチュー
T		
tacchino	[タッキーノ]	七面鳥
tagliatelle	[タリアテッレ]	きし麺状の卵入りパスタ
tagliolini	[タリオリーニ]	細目のタリアテッレ
tartufo	[タルトゥーホ]	トリフ
tegame	[テガーメ]	浅鍋
tonno	[トンノ]	ツナ
torta	[トルタ]	タルト、パイ、ケーキ
tortellini	[トルテッリーニ]	詰め物をした指輪型のパスタ
trancia	[トランチャ]	(魚の)切り身
triforata	[トリフォラータ]	ニンニク、パセリ、油で 炒めて風味付けたもの
triglia	[トリーリャ]	ヒメジ
trippa	[トリッパ]	(子牛または牛の)胃袋
trota	[トロータ]	鱒マス
U		
umido	[ウーミド]	煮込み
uovo(pl.a)	[ウオーヴォ]	卵
uva	[ウーヴァ]	ブドウ
V		
verdure	[ヴェルドゥーレ]	野菜
vitello	[ヴィテッロ]	子牛
vongole	[ヴォンゴレ]	アサリ
Z		
zabaione	[ザバイオーネ]	卵黄を泡立てたクリーム
zafferano	[ザッフェラーノ]	サフラン
zuppa	[ズッパ]	スープ

ナポリでお菓子を食べてみる？

買い物の会話 ❶

これを試着したいのですが。	ヴォレイ　プロヴァーレ　クエスト Vorrei provare questo.
あなたのサイズはいくつですか？	ケ　ターリア　ア Che taglia ha?
この服に合うジャケットを探しているのですが。	チェルコ ウナ ジャッカ ケ ヴァーダ ベーネ コン クエスト ヴェスティート Cerco una giacca che vada bene con questo vestito.
これは好みではありません。	クエスト ノン ミ ピアーチェ Questo non mi piace.
派手(地味)すぎます。	エ トロッポ ヴィストーゾ ソブリオ È troppo vistoso(sobrio).
別のを見せてください。	メ ネ ファッチャ ヴェデーレ ウナルトロ Me ne faccia vedere un'altro.
いくらですか？	クアント コスタ Quanto costa ?

基本単語

靴

紳士靴	scarpe da uomo	スカルペ ダ ウオーモ
婦人靴	scarpe da donna	スカルペ ダ ドンナ
サンダル	sandali	サンダリ

靴の部分

ヒール	tacco(複tacchi)	タッコ(タッキ)
高い	tacchi alti	タッキ アルティ
低い	tacchi bassi	タッキ バッシ
靴底	suola	スオーラ
甲	tomaia	トマイア
幅	larghezza	ラルゲッツァ
きつい	stringe / stretta	ストリンジェ／ストレッタ
ゆるい	larga	ラルガ
留め金	fibbie per sandali	フィッビエ ペル サンダリ

数字

0	zero	ゼーロ
1	un、uno、una、un'	ウン、ウーノ、ウーナ、ウン
2	due	ドゥエ
3	tre	トレ
4	quattro	クワットロ
5	cinque	チンクエ
6	sei	セイ
7	sette	セッテ
8	otto	オット
9	nove	ノーヴェ
10	dieci	ディエチ
11	undici	ウンディチ
12	dodici	ドディチ
13	tredici	トレディチ
14	quattordici	クワットルディチ
15	quindici	クインディチ
16	sedici	セディチ
17	diciassette	ディチャセッテ
18	diciotto	ディチョット
19	diciannove	ディチャノーヴェ
20	venti	ヴェンティ
100	cento	チェント
1000	mille	ミッレ
2000	duemila	ドゥエミーラ
1万	diecimila	ディエチミーラ
10万	centomila	チェントミーラ

買い物の会話 ❷

もっと安いのを見せてください。

メ　ネ　ファッチャ　ヴェデーレ　ウノ　メーノ　カーロ
Me ne faccia vedere uno meno caro.

高すぎます。

エ　トロッポ　カーロ
È troppo caro.

ちょっと考えてみます。

ヴォレイ　ペンサルチ　ウン　ポ
Vorrei pensarci un po'.

〈ズボンやスカート、袖が〉長(短)すぎます。

ソーノ　トロッポ　ルンギ　コルティ
Sono troppo lunghi (corti).

この部分を短くできますか？

スィ　ポトゥレッベ　アッコルチャーレ　クエスタ　パルテ
Si potrebbe accorciare questa parte.

どのくらい(時間が)かかりますか？

クアント　テンポ　チ　ヴゥオレ
Quanto tempo ci vuole ?

これをください。

プレンド　クエスト(ア)
Prendo questo/a.

衣料品の種類

上着	giacca	ジャッカ
スカート	gonna	ゴンナ
ズボン	pantaloni	パンタローニ
シャツ	camicia	カミーチャ
ブラウス	camicetta	カミチェッタ
ネクタイ	cravatta	クラヴァッタ
スカーフ	foulard / sciarpa	フラー／シャルパ
セーター	maglia	マリア

衣料品の素材

木綿	cotone	コトーネ
絹	seta	セータ
麻	lino	リーノ
毛	lana	ラーナ
皮革	pelle	ペッレ

皮革製品の種類

手袋	guanti	グアンティ
書類カバン	portadocumenti	ポルタドクメンティ
ベルト	cintura	チントゥーラ
財布	portafoglio	ポルタフォーリオ
小銭入れ	portamonete	ポルタモネーテ

皮革製品の素材

ヤギ	capra	カプラ
キッド(子ヤギ)	capretto	カプレット
羊	pecora	ペーコラ
カーフ(子牛)	vitello	ヴィテッロ
スエード	scamosciata	スカモシャータ

色の種類

白	bianco	ビアンコ
黒	nero	ネーロ
茶	marrone	マローネ
ベージュ	beige	ベージュ
ピンク	rosa	ローザ
緑	verde	ヴェルデ
紫	violetto	ヴィオレット
赤	rosso	ロッソ
青	blu	ブルー
紺	blu scuro	ブルー スクーロ
グレー	grigio	グリージョ
黄	giallo	ジャッロ

帰国の手続き

楽しい旅も終わりに近づいてきた。さぁ、帰国の際に必要な手続きを確認しておこう。

リコンファーム
現在は多くの航空会社がリコンファーム（予約再確認）の手続きを不要としている。一部の航空会社はまだリコンファームを必要としているので、現地に到着する前に確認しておこう。

✉飛行機のチェックイン
宿泊先の無料Wi-Fiを利用して前日にチェックインを済ませ、当日は空港の自動チェックイン機で発券しました。自動チェックイン機はタッチパネルで日本語もあるのでチェックインや発券だけでなく、搭乗ゲートや時刻の確認にも便利です。昨今はウェブチェックインが主流です。時間短縮になり、気分的にも余裕をもって空港に行けるのでおすすめです。
（ローマの旅人）['19]

ナポリの空港の税関Dogana（ドガーナ）
2階の手荷物検査場を通過したすぐ左にある。手荷物として機内持ち込みの場合は、ここで税関印をもらう（ナポリがEU最終地の場合）。時間の余裕をもって出かけよう。購入品をトランクに入れた場合は、チェックイン手続き後、1階の税関でスタンプをもらい、再度チェックインカウンターに戻り、荷物を預ける。

最近のセキュリティチェック
多くの空港でインラインスクリーニングシステムが導入されている。従来はチェックイン前にセキュリティチェックを通す必要があった荷物を、航空機まで流している間に自動的にセキュリティチェックを行うもの。これで、チェックイン前のセキュリティチェックで列を作ることもなくなった。
預ける荷物には、ライターなどの危険物は入れないこと。不審物があった場合は、搭乗ゲートで荷物の確認が行われる。また未現像のフィルムは手荷物のほうがベターだ。

WEBでのチェックイン

旅行先でもネット接続が可能であれば、チェックインを済ませておくといい。現在は多くの航空会社が、WEBチェックインを行っている。

チェックインに必要な手続きは簡単だ。まずは搭乗予定の航空会社のサイトから、e-チケットの予約番号または航空券番号と名前を入力してログイン。あとは画面の案内に従いながらパスポート情報の入力や座席指定などを行う。プリンターがあればその場で航空券を出力できるし、なければ空港の自動チェックイン機またはカウンターで航空券を発券することができる。事前にチェックインしておけば、空港のチェックインの行列に並ぶ必要がないし、希望の座席を押さえることも可能になる。出発の30時間～24時間前から受付開始となることが多いので、事前に確認しておき、早めに手続きしよう。

空港へ

出発する都市によって交通機関は異なるが、リムジンバスや電車を利用する場合は、時刻表を調べよう。空港到着2時間前を目安に、繁忙期や格安チケットを利用する人、タックスフリーの手続きがある人はもう少し早めに到着したい。早朝出発で、タクシーを利用する場合は前日までにホテルのフロントでタクシーを予約しておこう。

出国手続き

日本での出国手続きと同様だ。まずは航空会社のカウンターで搭乗手続きだ。**E-チケット**と**パスポート**を呈示しよう。手続き後、**搭乗券**を受け取ったら**手荷物検査**、**ボディチェック**、**出国審査**へと進むと出国ロビーへと到着する。出発の30分前になったら、搭乗ゲートに向かおう。それまでは免税店やバールなどで最後の時間を過ごそう。

タックスフリーの払い戻し

空港により、手続き方法が異なる。ミラノのマルペンサ空港、ローマのフィウミチーノ空港から帰国の場合は、イタリア国内での購入品は免税手続き不要。チェックイン前にタックスフリー各社の窓口で手続きを。一般的には、搭乗手続き後に税関で航空券とパスポート、免税伝票を提示してスタンプをもらおう。その後、出国ロビーにある、タックスフリーの各会社のカウンターに並んで、払い戻しを受けよう。アジアへ航空便が集中する時間は、税関や払い戻しカウンターが混み合うことも少なくないので、時間に余裕をもとう（→P.379）。

南イタリア、**シチリア**の各空港から日本へ向かう場合、最後の訪問地または国で手続きをするのが原則だが、スーツケースなどの機内預けにタックスフリーの該当品を入れた場合は、出発空港で手続きをすることになる。ただ、常時窓口に係員がいない時もあり、この場合はインターフォンなどで呼び出しをする旨の張り紙があったりする。やや時間がかかるので、早めに空港へ。

機内で

無税・課税にかかわらず、「携帯品・別送品申告書」の提出が必要。書類は機内で配布されるので、必要事項を記入し、税関審査まで持っておこう。

■日本へ到着。人の流れに沿って歩くと、間もなく入国審査カウンターだ。

入国審査

顔認証システムなので、パスポートを読み取り機にのせ、カメラに顔を向けよう。

↓

手荷物受け取り

便名を確認して、ターンテーブルで荷物が出てくるのを待とう。

↓

税関検査

免税範囲を超えていない場合は免税の「緑の検査台」、超えていたり、不明の場合は「赤の検査台」に並び、「携帯品・別送品　申告書」を提出しよう。

↓

到着ロビー

税関検査から、流れに従って進むと到着ロビーだ。各交通機関のカウンターで時刻を確認して、自宅へ。

免税範囲(成人ひとり当たり)

品　　　名		数量または価格	備　　　考
酒　　類		3本	1本760ml程度の物
たばこ	「紙巻きたばこ」のみの場合	400本 [200本]	'18年10/1～居住者、非居住者および日本製、外国製の区別がなくなった。 「加熱式たばこ」のみの場合は個別包装等20個(1箱あたりの数量は紙巻きたばこ20本に相当する量)[10個] 左記を含め、2021年10/1～は[　]に変更される。
たばこ	「葉巻きたばこ」のみの場合	100本 [50本]	
たばこ	そのほかの場合	500g [250g]	
香　　水		2オンス	1オンスは約28cc(オーデコロン、オードトワレは含まれない)。
そのほかの品目	1品目ごとの海外市価の合計額が1万円以下の物	全量	例えば、1コ1000円のチョコレート9コや1本5000円のネクタイ2本は免税。また、この場合には1万円以下の物は免税額20万円の計算に含める必要はない。
そのほかの品目	そのほかの物	20万円 (海外市価の合計)	①合計額が20万円を超える場合には、20万円以内に納まる品物が免税になり、その残りの品物に課税される。 ②1個で20万円を超える品物、例えば、25万円のバッグは25万円の全額について課税される。

日本に持ち込めないモノ

細かな決まりはあるが、一般的なイタリアからの旅行者がウッカリしそうなモノは、生ハムやサラミなどの豚肉加工品、バッグなどのコピー商品だ。

✉日本への持ち込み禁止は豚肉加工品だけでなく、肉製品全般です。(匿名匿住所)['20]

忘れずに機内で

'07年夏より、無税・課税にかかわらず、「携帯品・別送品申告書」の提出が必要となった。書類は機内で配布されるので、必要事項を記入し、税関審査まで持っておこう。1家族1枚で可。

税関に新システム登場

2019年8月より、成田第3ターミナルでは電子申告ゲートの運用開始が開始された。税務申告アプリを登録して「申告書」を作成すると、専用ゲートをスムーズに通過できる。

免税範囲、輸入規制品などの問い合わせ

成田税関支署(相談官)

☎0476-34-2128

URL www.customs.go.jp

→海外旅行の手続き

検疫

動物(ハムやソーセージ類などの肉製品を含む)や植物(果物、野菜、種)などは、税関検査の前に、所定の証明書類や検査が必要。実際のところ、日本向け輸出許可取得済の肉製品みやげはほとんどないのでソーセージやハムなどは日本に持ち込めないと考えたほうがよい。

重い荷物は宅配？

空港から手ブラで家に帰りたい人には、「手荷物宅配サービス」が便利。手荷物の大きさ、重さ、送り先で料金は異なる。例えば、スーツケース1個で成田から関東地方への発送で約2500円。手荷物宅配業者は各社が到着ロビーにカウンターを設けている。

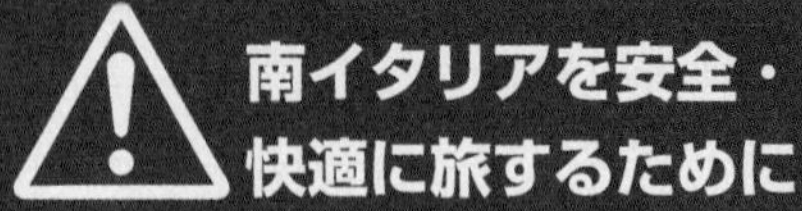

南イタリアを安全・快適に旅するために

南イタリアの治安ですぐに思い浮かぶのが、名高いシチリアのマフィアや同様の秘密結社であるナポリのカモッラ。映画『ゴッド・ファーザー』のイメージばかりが先行するが、一般観光客などにはうかがい知れない奥深い(!?)世界なので心配はいらない。南イタリアの治安とはいえ、注意点はイタリア全土に共通することだ。被害はスリ、置き引き、サギ行為など、こちらが十分に注意していれば、未然に防げることがほとんどだ。

移動・町歩きの注意点

1.スキや油断を見せない。

自分の荷物、特に貴重品は身に着ける。荷物からは離れない。人の多い場所で座ったりする場合は、荷物に手を回したりして必ず目の届く範囲に置く。

列車の中でも、荷物は目の届く場所に置き、貴重品は身から離さないようにしよう。

2.バッグは口をしっかり閉める。取り出しやすい場所には貴重品は入れない。

3.歩道を歩くときは、バッグは車道と反対側に提げる。

4.人通りの少ない場所、時間帯は避ける。

南イタリアで多いのが、バイクなどによる引ったくり。細い路地が多く、犯人が逃げやすいのが原因だろう。ふたり乗りのバイクで近付いて来て、後ろに乗ったほうがバッグの紐などに手をかけて引ったくるという手法だ。これを防ぐには、人通りの少ない場所、時間帯には町歩きをしないこと。ほかに、狙われないように、バッグなどは車道と反対側に提げること。もちろん、不用意に貴重品を持ち歩かないことが一番だ。

5.体に触れてくる輩には注意する。

子供のスリ集団は新聞紙などを手にしてこちらに近付いて来る。また、赤ん坊を抱いた母親が施しを求めるふりをして近付いて来ることもある。いずれも新聞紙や赤ん坊などを隠れみのにして、スリをはたらくのが彼らのやり方だ。同情心は禁物。大きな声で「ヴィアVia！ヴィアVia！＝あっちへ行け」と追い払おう。あやしい輩が目に入ったら、はじめから近付かない、うさん臭そうに眺めるのも効果的だ。

6.レンタカー利用時は、車から離れるときにロックするのはもちろんのこと、運転中もロックを心がけよう。少しの時間でも貴重品は車内に置きっぱなしにしない。

外から見える場所には、物を置かないのが鉄則。スーツケースなどを持ちながらの移動はおすすめできないが、荷物がある場合は外から見えないトランクなどに入れる。食事などの際に、車から離れる場合もなるべく車が見える場所に座りたい。

詐欺

『つり銭詐欺』を防ぐには、イタリア流おつりの出し方に慣れよう。たとえば、9.81ユーロの物を買って、20ユーロのお札を出したことにしよう。まず、0.09ユーロ(9チェンテージミ)、続いて0.10ユーロ(10チェンテージミ)、最後に10ユーロがゆっくり返ってくる。相手に合わせて、おつりを待とう。このとき、おつりを端から財布に入れてしまうと、足りなくても取り合ってくれないので、最後まで待とう。足りない場合は「マンカManca！」(足りない！)と告げよう。

カード被害

カード伝票の改ざん、二重請求、スキミングなどで、思いがけない多額の金額をカード会社から請求される場合がある。また、キャッシングの際にカードをだまし盗られる被害の報告もある。これは、犯人が近くでPIN(暗証番号)を盗み見ていて、その後カードをだまし盗るやり方。また、犯人があらかじめATMに細工をほどこし、カードを入れると機械に飲み込まれてPIN(暗証番号)も表示されるやり方もある。驚いて場所を離れたスキに犯人がカードを取り出し、多額の現金を短時間に引き出される。被害額が大きいので注意しよう。旅行後、カードの支払伝票をチェックするのも忘れずに。不審なことがあったら、カード発行金融機関に早めに問い合わせよう。

甘い誘惑

女性の旅行者ではイタリア男性の強烈なアプローチに疲れるという人もいるかもしれない。この場合は無視がいちばん。「ノー」の意思表示をしっかりしよう。ホテルを教えたり、車に乗ったりするのは論外だ。

男性の場合は、普通の女性からのアプローチはそれほど心配ない。ただし、近年はアフリカなどからの路上の出稼ぎ人が少なくない。いくら魅力的に見えても、絶対近付かないこと。また、南イタリアではあまり例がないが、男性は「暴力バーの客引き」に注意しよう。これは、道に迷った旅行者や親日家を装って近付いて来て、言葉巧みにナイトクラブなどへ誘うというもの。最初は「おごる」といっていたものの、店内に入ると泥酔を装って知らん顔。法外な料金が請求される。

病気とトラブル

具合が悪くなったら、観光や移動を控えてホテルでゆっくり過ごそう。イタリアでは、頭痛薬などの簡単な薬を除いて、薬を購入するためには医師の処方箋が必要だ。日本から飲み慣れた薬を持参したい。もし、現地で薬が必要になったら、ホテルの人に英語の通じる薬局を教えてもらおう。薬局は休日も持ち回りで営業している。薬局では自分の症状をよく説明しよう。また薬を購入する場合は、用法、用量をよく確認しておこう。一般に日本人には効き過ぎる傾向にある。

医者にかかる場合は、ホテルなどで英語の通じる医師を紹介してもらおう。また、旅行保険に加入している場合は現地の日本語の通じるサービスセンターに電話してみるのもいい。診察後は、薬のための処方箋のほか、旅行保険に加入している場合は、後日の保険請求のために領収書などももらっておこう。

事故

事故や大きな事件に巻き込まれた場合は、不用意に動かず、現場の処理官の指示に従おう。自分が身動きができない場合は、在ローマの日本大使館に連絡して、協力・保護を要請しよう。

最新情報を

外務省が運営するサイト「たびレジ」では、滞在先の最新の安全情報や緊急事態発生の連絡が受けられる。登録はURL www.ezairyu.mofa.go.jp/tabireg/agree.html

●在イタリア日本大使館(ローマ)
Ambasciata del Giappone
住 Via Quintino Sella 60, ROMA
☎ 06-487991 Fax 06-4873316
URL www.it.emb-japan.go.jp

●日本総領事館(ミラノ)
Consolato Generale del Giappone
住 Via privata C. Mangili 2/4,MILANO
☎ 02-6241141 Fax 02-6597201
URL www.milano.it.emb-japan.go.jp

トラブルに遭ってしまったら

十分に注意していても、不幸にもトラブルに巻き込まれてしまうこともある。こんなときには、素早く気持ちを切り替えて、前向きに次の行動を起こそう。また、盗難などに備え、パスポート番号、発行日、航空券の番号(コピー)、カード裏面の緊急連絡先などを書き留めて保管しておこう。

●「盗難証明書」の発行

盗難の被害に遭ったら、警察に届け出て**「盗難証明書Denuncia di Furto」**を作成してもらおう。これは、なくなった物を探してもらう手続きというよりも、保険請求の手続きのひとつだ。証明書の発行は各町の**中央警察Questura Centrale**の外国人向け窓口のほか、駅で被害に遭った場合は**駅の警察**で発行してくれる。やや時間はかかるが、英語の話せる係官もいるし、日本語の書式もあるのでそれほど難しくない。

●パスポートの紛失・盗難

パスポートをなくした場合は旅行を中止しなければならない。旅行を続ける場合は、**日本大使館**や**総領事館**でパスポートを取り直すこととなる。日本に帰国する場合でも、「帰国のための渡航書」が必要となる。パスポートの新規発給には、約1週間から10日、帰国のための渡航書には、1〜3日かかる。

必要な書類は、日本大使館や総領事館に用意してあるが、このほか、**日本国籍を証明する書類（戸籍謄本または抄本）と旅程が確認できる書類、写真2枚（4.5×3.5cm）、手数料が必要**なので、万一に備えて用意しておこう。地元警察発行の盗難証明書は、どのような状況でなくしたかによって必要か否かあるようなので、在イタリア日本大使館で尋ねること。また、受け付け時間なども確認してから出かけよう。

●航空券について

現在、各航空会社ともeチケットと呼ばれるシステムを導入している。これは従来の紙の航空券を発券せずに、航空券の予約データを航空会社で電子的に管理するもの。利用者が携帯するのはこの控えなので、今までのように航空券を紛失するという心配はなくなった。万一、控えを紛失しても搭乗は可能だがチェックインをスムーズにさせるためにも帰国まで捨てないこと。控えの再発行も可能。ただし、入国の際に出国便の予約証明が必要な場合、eチケット控えがないと入国できないので注意。詳細は各航空会社か購入した旅行代理店まで。従来の紙の航空券を紛失した場合は、至急航空会社に連絡を取ること。

●クレジットカードの紛失・盗難

盗まれて、すぐ使われることが多いので、カードを無効にし、再発行の手続きをするためにカード発行金融機関にすぐ連絡する。盗まれたカードが使われた場合は、基本的に保険で補てんされるが、迅速に連絡しよう。普通、24時間体制で受け付け。

クレジット会社の緊急連絡先

●アメリカン・エキスプレス
☎800-871-981
（ゴールド専用）☎800-871-972

●ダイナースクラブ
※コレクトコール（例：KDDI 800-172242 など）を利用
☎00-81-3-6770-2796

●JCBカード ☎800-780-285

●Master Card ☎800-870866

●VISA Card ☎800-784253

☎800〜はイタリア国内無料通話ダイヤル
☎は、提携カードにより異なることがあります。出発前に確認を。

●落とし物

交通機関の中では、見つかることは少ないが、**遺失物預かり所Ufficio oggetti smarriti**で尋ねてみよう。

最後に、トラブルの項について、「イタリアは危険ではない。少し脅かし過ぎでは？」という、読者からのご意見もあります。転ばぬ先の杖、私たちの老婆心と思って、旅の終わりにはこのページを笑い飛ばしてください。

（編集部）

病気とトラブル

病気・けが

完全にオフの日も加えたゆとりのある旅の計画を立てることが病気予防の第一歩だ。これは健康維持の面からだけでなく、最初に立てた計画に余裕がなくなってしまった際の予備日としても意味がある。例えば、あいにくの天気の一日、雨をおして町中を歩き回るかわりに、ホテルの住人になりきって、それまでの旅の印象をまとめたり、手紙を書いたり、読書をしたりしてみるのはどうだろう。長い旅が終わってみると不思議とそんな一日がよい思い出として残ったりするもの。

また、旅の疲れは体と精神の両面からくるので、自分の調子をよく知ることが大切だ。同行者のいる旅行では疲れたと思っても言いだしにくい、ということもあろうが、早めに休んで回復することが、結局は旅仲間のためにもなる。**「この辺で1日休もうよ」と無理なく言えるくらいの旅仲間**でないと、ストレスがたまって体調を崩す原因にもなりかねない。パートナー選びも"よい旅"の重要な要素だ。

予防でもうひとつ、食事の取り方には気をつけたい。イタリア料理は食欲を誘うし、見た目に反して消化もよい物が多いのだが、問題は量にある。あれもこれも食べたいからといって、毎回前菜からデザートまで取っていたのではカロリーもオーバーするし、消化器官に負担がかかってしまう。これにワインも加われば、胃のほうは間違いなく普段以上に働くことになる。これを旅の間中繰り返していたら、よほどタフな人でない限り胃腸の疲れを感じるだろう。アドバイスとしては、まず**自分の適量をわきまえること**。胃が疲れてきたと思ったら、昼食を中心にして夜は軽く済ませるとか、市場でフルーツなどを調達するとか、濃いエスプレッソ・コーヒーの量を控える、といった工夫をしよう。

最後に、十分な睡眠が取れないと疲れが蓄積する原因となるので、**ホテルの部屋選びは慎重**にして、よく眠れる環境を確保しよう。

以下は、不幸にしてもし病気になったりけがをしたりしたときの対処の仕方について。

薬で治す

イタリアでは医薬品のほとんど(特に効き目のある物は)は医師の処方箋がないと売ってもらえないので、風邪薬、胃腸薬、頭痛薬などは**普段使い慣れている物を日本から持参**したほうがよい。イタリア国内で薬を購入する場合は、できるだけ大きい薬局(英語が通じることが多い)に行き、**自分の症状をよく説明すること**。薬によっては用法・用量の説明がイタリア語のみの物もあるので、**購入時に薬局の人によく教えてもらおう**。また、一般にヨーロッパやアメリカの薬は日本人には強過ぎる傾向があるので、分量は控え目に、飲み過ぎないよう十分注意したい。

薬局の営業時間は一般商店と同じだが、緊急の場合に備えて夜間や日曜・祝日も開いている店が、ある程度の規模の町ならほぼ確実にある。

医者にかかる

症状が重かったり、薬を飲んでも回復の徴候がない場合には医者にかかったほうがよい。ホテルのフロントかツーリスト・インフォメーションなどに頼んで英語の話せる医者を紹介してもらうのがよいだろう。必要なら処方箋も書いてもらおう。

救急車を呼ぶ

事故やけがのほか、虫垂炎などのケースには救急車を呼ぶことになる。このような事態に周囲のイタリア人の協力が得られないことはまずないから、「救急車を呼んでください」**"Chiami un'autoambulanza, per favore.／キアーミ・ウナウトアンブランツァ・ペル・ファヴォーレ"**と近くにいる人に頼めばよい。また、各町のインフォメーションでもらえる総合案内のパンフレットには、必ずといってよいほど**「役に立つ番号」Numeri Utili**として、救急車や救急病院の電話番号が掲載されているので参考にしたい。

トラブル

旅先でのトラブルほど嫌なものはない。せっかくの楽しい旅が台無しにならないよう、これもせっせと予防に努めよう。

トラブルには事故、犯罪、所持品紛失などがあるが、不可避的な事故や事件でない限り、多くは旅行者の注意いかんで十分に避けられるものだ。

事故

旅行の最中に交通事故や大きな事件などに巻き込まれたら、不用意に動かず、現場の処理官の指示に従おう。ひとり旅の最中で事故などに遭い、自分では身動きが取れないような場合には在ローマの日本大使館か在ミラノの日本総領事館に連絡してもらい、日本の留守宅への通報も含めて協力を依頼したほうがよい。連絡のないのを心配した家族が捜索願いを出して、かえって事が複雑になってしまうのを避けるためだ。長期入院などとなれば、一時的にはかなりの出費となることもある(たとえあとで保険から払われるにしても)ので、いずれにしても日本公館とは早めのコンタクトが必要。

在イタリア日本大使館

URL www.it.emb-japan.go.jp

在イタリア日本大使館(ローマ)
Ambasciata del Giappone
☎ 06-487991 Fax 06-4873316
住 Via Quintino Sella 60, Roma

日本総領事館(ミラノ)
Consolato Generale del Giappone
☎ 02-6241141 Fax 02-6597201
住 Via privata C. Mangili 2/4, Milano

緊急時の医療会話 英語／イタリア語

●ホテルで薬をもらう

具合が悪い。

　ミ　セント　マーレ
I feel ill. / Mi sento male.

下痢止めの薬はありますか。

Do you have an antidiarrheal medicine?
アヴェーテ　ウナ　メディチーナ　ペル　ラ　ディアッレーア　ペル　ファヴォーレ?
Avete una medicina per la diarrea, per favore?

●病院へ行く

近くに病院はありますか。

Is there a hospital near here?
チェ　ウン　オスペダーレ　クイ　ヴィチーノ?
C'è un ospedale qui vicino?

日本人のお医者さんはいますか?

Are there any Japanese doctors?
チェ　ウン　メディコ　ジャッポネーゼ?
C'è un medico giapponese?

病院へ連れて行ってください。

Could you take me to the hospital?
ミ　プオ　ポルターレ　イン　オスペダーレ　ペル　ファヴォーレ?
Mi può portare in ospedale, per favore?

●病院での会話

診察を予約したい。

I'd like to make an appointment.
ヴォレイ　プレノターレ　ウナ　ヴィジタ　メディカ
Vorrei prenotare una visita medica.

グリーンホテルからの紹介で来ました。

Green Hotel introduced you to me.
イル　グリーン　ホテル　ミ　ア　ダート　イル　スオ　ノーメ
Il Green Hotel mi ha dato il Suo nome.

私の名前が呼ばれたら教えてください。

Please let me know when my name is called.
ミ　ディカ　クアンド　キャーマノ　イル　ミオ　ノーメ　ペル　ファヴォーレ
Mi dica quando chiamano il mio nome, per favore.

●診察室にて

入院する必要がありますか。

Do I have to be admitted?
デーヴォ　エッセレ　リコヴェラート?
Devo essere ricoverato?

次はいつ来ればいいですか。

When should I come here next?
クアンド　デーヴォ　トルナーレ　ラ　プロッシマ　ヴォルタ?
Quando devo tornare la prossima volta?

通院する必要がありますか。

Do I have to go to hospital regularly?
デーヴォ　アンダーレ　レゴラルメンテ　イン　オスペダーレ　ペル　レ　クレ?
Devo andare regolarmente in ospedale per le cure?

ここにはあと2週間滞在する予定です。

I'll stay here for another two weeks.
スタロ　クイ　アンコラ　ドゥエ　セッティマーネ
Starò qui ancora due settimane.

●診察を終えて

診察代はいくらですか。

How much is it for the doctor's fee?
クアント　ヴィエーネ　ラ　ヴィジタ　メディカ?
Quanto viene la visita medica?

保険が使えますか。

Does my insurance cover it?
ポッソ　ウザーレ　ラ　ミア　アッスィクラツィオーネ?
Posso usare la mia assicurazione?

クレジットカードでの支払いができますか。

Can I pay it with my credit card?
ポッソ　パガーレ　コン　ラ　カルタ　ディ　クレディト?
Posso pagare con la carta di credito?

保険の書類にサインをしてください。

Please sign on the insurance paper.
プオ　フィルマレ　イル　モドゥロ　デッラーッスィクラツィオーネ　ペル　ファヴォーレ?
Può firmare il modulo dell'assicurazione, per favore?

※該当する症状があれば、チェックをしてお医者さんに見せよう

□吐き気	nausea / nausea
□悪寒	chill / brividi
□食欲不振	poor appetite inappetenza
□めまい	dizziness / capogiro
□動悸	palpitation / palpitazioni
□熱	fever / febbre
□脇の下で計った	armpit temperatura misurata sotto l'ascella ________°C／°F
□口中で計った	oral temperatura misurata in bocca ________°C／°F
□下痢	diarrhea / diarrea
□便秘	constipation costipazione
□水様便	watery stool feci liquide
□軟便	loose stool feci morbide
1日に　回	.....times a day / volte al giorno
□ときどき	sometimes qualchevolta
□頻繁に	frequently frequentemente
□絶え間なく	continually continuamente
□風邪	common cold raffreddore
□鼻詰まり	stuffy nose naso intasato
□鼻水	running nose naso che cola
□くしゃみ	sneeze / starnuto
□せき	cough / tosse
□たん	sputum / catarro
□血たん	bloody sputum espettorato sanguinante
□耳鳴り	tinnitus ronzio all'orecchio
□難聴	loss of hearing udito debole
□耳だれ	ear discharge / otorrea
□目やに	eye discharge secrezione oculare
□目の充血	eye injection occhi arrossati
□見えにくい	visual disturbance disturbo della vista

※下記の単語を指さしてお医者さんに必要なことを伝えましょう

●どんな状態のものを

生の	raw / crudo
野生の	wild / selvatico
油っこい	oily / grasso
よく火が通っていない	uncooked non cotto bene
調理後時間が経った?	a long time after it was cooked passato molto tempo dalla preparazione

●けがをした

刺された	bitten / sono stato punto
噛まれた	bitten / sono stato morso
切った	cut / mi sono tagliato
転んだ	fall down / sono caduto
打った	hit / sono stato colpito
ひねった	twist / mi sono slogato
落ちた	fall / sono caduto
やけどした	burn / mi sono ustionato

●痛み

ヒリヒリする	burning / mi brucia
刺すように	sharp / sentire una fitta
鋭く	keen / acuto
ひどく	severe / grave

●原因

蚊	mosquito / zanzara
ハチ	wasp / ape
アブ	gadfly / tafano
毒虫	poisonous insect insetto velenoso
クラゲ	jellyfish / medusa
リス	squirrel / scoiattolo
(野)犬	(stray)dog cane(randagio)

●何をしているときに

森に行った	went to the forest sono andato nel bosco
ダイビングをした	diving ho fatto immersioni subacquee
キャンプをした	went camping sono andato in campeggio
登山をした	went hiking(climbing) ho fatto un'arrampicata in montagna
川で水浴びをした	swimming in the river ho fatto il bagno nel fiume
スキーをした	went skiing ho fatto dello sci

南イタリアとシチリアの世界遺産

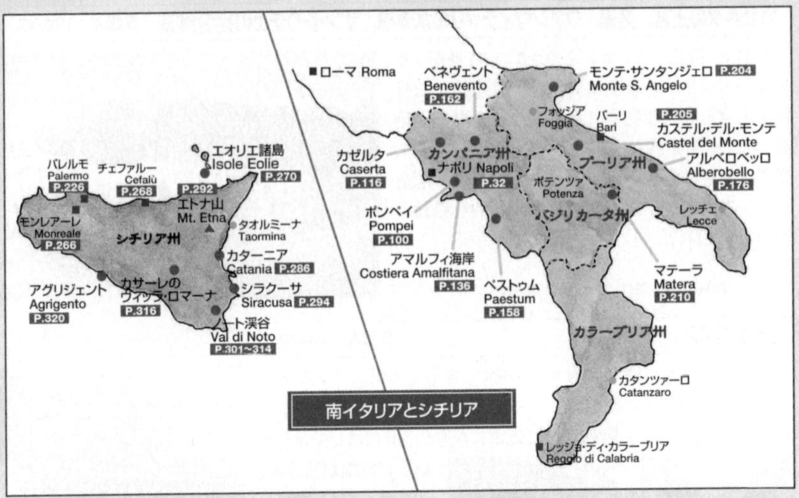

カンパニア州 *Campania*

ナポリの歴史地区

登録年：1995年

ギリシアの植民都市として、紀元前からの歴史を紡ぐナポリ。温暖で風光明媚、そして南イタリアの経済・文化の中心地であったこの町は、幾千年もの間さまざまな異民族の支配を受け入れた町でもあった。かつての支配者が残した多様な文化や特色は、美しい遺産として町を飾り、比類がない景観を作り出している。

ナポリ、「奇跡」の大聖堂

ヴェスーヴィオとナポリ湾

ポンペイ、エルコラーノ、トッレ・アンヌンツィアータの考古学地区

登録年：1997年

紀元79年、ヴェスーヴィオ火山の噴火に一瞬のうちにのみ込まれた古代都市ポンペイ、エルコラーノ、トッレ・アンヌンツィアータの町々。18世紀に発掘が開始されるまで、タイムカプセルのように埋まった古代の町並みは、今なお当時の高い文化水準と豊かな生活をヴィヴィッドに伝える。

ヴェスーヴィオ火山をバックに広がるポンペイの遺跡

カゼルタの王宮、庭園、ヴァンヴィテッリの水道橋、サン・レウチェの複合建築　登録年：1997年

18世紀半ば、ブルボン家のカルロス7世がフランスのベルサイユ宮殿に対抗すべく建造した豪壮な王宮と広大な庭園、水道橋などの複合建築群。壮大な建築群だけではなく、水道橋をはじめ、庭園に配された池の水の流れ、王宮の内部構造など、合理主義が生んだ当時の革新的な施設の構造にも注目したい。

広大な庭園を舞台に水と彫刻が調和するカゼルタの王宮

アマルフィ海岸　登録年：1997年

美しい海岸線が続く、アマルフィ海岸。地中海の覇者アマルフィ、白い家々が階段状に続くポジターノ、断崖の海岸線を見下ろすソレント……。そして、町の背後に幾重にも連なる丘にはレモンやオレンジの畑が広がり、切り立った岩壁の下には紺碧に輝く地中海が広がる。歴史と自然に彩られ、絵画的な美しさに満ちた海岸線が続く。

海洋王国アマルフィのドゥオーモ

白い家並みが続く、ポジターノ

チレント、ディアーノ渓谷国立公園とペストゥムとヴェリアの考古学地域およびパドゥーラの修道院　登録年：1998年

カンパニア州の南東、ティレニア海沿岸から内陸の渓谷までの広大な地域に広がる世界遺産。壮麗なギリシア神殿群が残るペストゥムをはじめ、複雑な入江に自然の洞窟が点在するチレント海岸、南イタリア最大のバロック様式のカルトジオ修道会など、自然美と長い歴史に彩られた地域だ。

古代がよみがえる、ペストゥムのギリシア神殿

ベネヴェント、ソンニオ博物館のキオストロに残るロンゴバルド芸術

ロンゴバルド族の繁栄(568〜774年)を

568年に北イタリアに王国を樹立したロンゴバルド族。古代ローマやビザンチンに独自のゲルマン的要素を融合した芸術様式が特徴だ。彼らの勢力拡大とともに、その芸術様式もイタリアの各地に伝播。世界遺産に7つの地

バジリカータ州 *Basilicata*

マテーラのサッシ群　登録年：1993年

マテーラの洞窟教会

地中海地域の洞窟住居（サッシ）の集落として、規模、保存状態ともに他に類を見ないマテーラ。石灰岩の岩盤をくり抜いた簡素な洞窟住居は、その源を旧石器時代に遡り、厳しい自然のなか家畜と暮らした人々の生活様式の推移をうかがい知る場でもある。太陽に照らされて白く輝く日中、ライトアップされた夜のいずれも幻想的。

洞窟住居の町、マテーラ

プーリア州 *Puglia*

アルベロベッロのトゥルッリ　登録年：1996年

トゥルッリの家並み

円錐形の屋根と白い壁が特徴のトゥルッリ。ブロック状の石灰岩をモルタルなしの空積み工法で組み、周囲を漆喰（しっくい）で塗り込めた、その起源はいまだ明らかにされておらず、西ヨーロッパにおける有史以前の建築技法だともいわれている。プーリア州のまぶしい太陽と青い空の下、丘の上に広がる白い町並みは一種幻想的だ。

みやげ物屋が並ぶ、リオーネ・モンティ地区

カステル・デル・モンテ　登録年：1996年

13世紀に皇帝フリードリッヒ2世（フェデリーコ）によって建造された軍事施設。地中海制覇を夢見た皇帝は南イタリアに数多く城塞を築いたが、カステル・デル・モンテはとりわけ傑出したもの。細部まで天文学的、数学的に緻密に計算され、イスラム、ギリシア、ローマそしてゴシック様式が調和を見せている。

すべてが八角形に意匠された
カステル・デル・モンテ

伝える地　登録年：2011年

域が登録された。南イタリアではカンパニア州ベネヴェント、プーリア州モンテ・サンタンジェロ。イタリアで最南端のロンゴバルド族の支配地、モンテ・サンタンジェロには、オリジナルのクリプタやレリーフが残る。

モンテ・サンタンジェロ、
聖堂付属博物館に残る
ロンゴバルド時代のレリーフ

シチリア州 *Sicilia*

アグリジェントの考古学地域　登録年：1997年

紀元前6世紀、ギリシアの植民都市として築かれ、地中海沿岸都市の中心地として栄えたアグリジェント。遠くに海を望み、オリーブの葉陰の揺れるこの町は、都市建設のモデルとして、後のギリシア・ローマ時代の町々に多大な影響を与えたのだった。今なお町を見下ろす神殿は、昔日のロマンを誘う。

広大な瓦礫の原野に残るディオスクロイ神殿

カサーレのヴィッラ・ロマーナ　登録年：1997年

シチリアのヘソと呼ばれるエンナの近くに残る、古代ローマ時代の貴族の別荘。4000㎡に渡る広大な別荘には、各種の浴場が設けられ、その床面はモザイクで装飾されている。描かれているのは、神話の物語やビキニの乙女をはじめとする当時の人々の営み。地中海地域の当時の生活を、現在に伝える場でもある。

有名な「ビキニの乙女」

イタリア最初の自然遺産、エオリエ諸島

エオリエ諸島　登録年：2000年

シチリア島の北東、7つの島並みが続くエオリエ諸島。今も火山は噴煙を上げて溶岩を流し、海岸には温泉が湧き出る火山性諸島だ。ふたつの異なる火山性の噴火を示し、火山地質学の研究の場として重要な地域だ。澄んだ青空とエメラルド色に輝く海原、火山活動が生む自然現象など、リゾートとしての魅力も尽きない。

ノート渓谷の後期バロック都市　登録年：2002年

持送りのバロック彫刻

シチリア島南東部、カターニア、ラグーザ、ノート、カルタジローネなど8つの町に広がる世界遺産。いずれも、1693年の大地震の後に大規模な都市計画により建設された物で、高い建築技術と芸術性を示し、後期バロック様式で装飾されている。視覚に訴えるかのような町並みは、まるで華麗な舞台装置のよう。

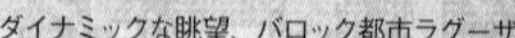

ダイナミックな眺望、バロック都市ラグーザ

シラクーサとパンタリカのネクロポリ

登録年：2005年

パオロ・オルシ考古学博物館にはシラクーサやパンタリカからの出土品が展示される

古代シチリア人が暮らし、紀元前8世紀にはギリシア植民都市として地中海世界の政治・文化の中心地として発展していったシラクーサ。約30km西に位置するパンタリカには、地中海地域最大のネクロポリが広がる。川沿いの岸辺約12kmにわたり、5000に及ぶ墓が岩壁に穴を開ける。ふたつの町は『地中海文明の長い歴史の証』として世界遺産に登録された。

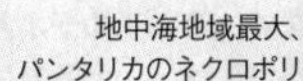

地中海地域最大、パンタリカのネクロポリ

エトナ山

登録年：2013年

エトナ山は、シチリア島の東部に位置する標高3340m（噴火活動により変化）、地中海で最も高い成層火山。噴火の歴史は50万年前に遡り、活発な火山活動は現在も続いている。エトナ山は火山学、地球物理学に多大な影響を与えるだけでなく、特有の植物相、動物相を含む重要な生態系を支え、地球の歴史の主要な段階を示す顕著な例とされる。

雪を頂くエトナ山と溶岩台地の絶景 ©circumetnea

カターニアの町を見下ろすエトナ山

パレルモのアラブ・ノルマン様式建築群とモンレアーレ、チェファルーの大聖堂

登録年：2015年

背景の岩山と調和する、チェファルーの大聖堂

文明の十字路と呼ばれるシチリア、その首都パレルモは多国籍の人々が互いに異文化を受け入れ共存する社会だった。最も栄えた12世紀、ヨーロッパとイスラム、ビザンチンなどとの文化的融合がもたらしたアラブ・ノルマン様式は壮大で華麗な建築群をもたらした。仰ぎ見るクーポラに輝く金色のモザイクは、この町がたどった歴史を実感させてくれる。

アラブ・ノルマン芸術の傑作、パラティーナ礼拝堂

旅の伝言板

南イタリア、シチリアを旅した読者のさまざまな声、到着！

宿泊情報

個性的な宿泊施設へ

アルベロベッロやマテーラで宿泊するなら、アルベロベッロならトゥルッロ、マテーラなら洞窟ホテルに宿泊することをおすすめします。どちらもB&Bがたくさんあり予算や好みに応じていろいろ特徴のある宿泊施設を選択できます。トゥルッロはその形を模した現代風のアパートや伝統的な造りのもの、洞窟住居も本当の岩をくり抜いたような地下部屋など、他では体験できない経験ができます。また、宿泊することで観光客の少ない早朝や夕方の特別な時間を堪能できます。アルベロベッロの早朝とマテーラの夜は本当に美しかったですね。（宮城県　いなぐま　'19）

交通情報

船予約の損得

CAREMARなど、船でカプリ島やプローチダ島を訪れるとき、事前のネット予約を行うと予約手数料という形で余分な料金がかかってしまいます。よほどの繁忙期でないかぎり当日券で十分ですし、ネット予約しても搭乗券と引き換えるために結局船会社のブースに行かなくてはなりません。一応ソレントの港では小さくネット予約者は別ラインで並べるような張り紙はあったけど、見えないのであまり意味ないです。ただ、この予約手数料はすべての船会社にあるのではなく、カプリ島からポジターノへのPositano Jetではかかりませんでした。（宮城県　いなぐま　'19）

ナポリにて

ナポリのスリと危険地帯

ナポリ中央駅からベヴェレッロ港へバスで移動中のこと。車内案内もなくバス停がよくわからないので、携帯片手にgoogleマップを見ながら乗車していました。すると近くに座っていた現地の年配の方が、アイコンタクトと仕草で携帯をすぐにしまい、気をつけるにように教えてくれました。また、カバンのチャック部分に必ず手を添えるよう指示がありました。後ろに立っていた男性が怪しい動きをしていたそう。また、お礼を言うと「静かに」という仕草。スリを刺激しないようにとの配慮だったようでした。

帰路もベヴェレッロ港からナポリ中央駅へバスで移動しました。前述の助言通り、貴重品が入ったバックは全員抱えて乗車。荷物が多くなってすべてを抱えきれない者は、取られても困らない物だけリュックに入れ背負っていました。しかし、気づいたときにはリュックのチャックが全開!!。当人は「旅行者がリュックを背負っているなんて、どうせ取られても困らない物しか入っていないだろうと狙われないと思った。まさか自分が狙われると思わなかった。」とショックを受けていた。本人はチャックが開けられた感覚はまったくなかったし、隣には私を含め2名いたがどちらも気づかなかった。まさにプロの技。何も取られはしなかったが精神的ダメージは大きかったです。（在オランダ　もぢゃ　'18）

スリ被害が多いのは、中央駅から港を結ぶトラム1番（'20年2月現在、運休中）、中心街からカポディモンテへ向かうバス168、178、R4、C63番。

また、ナポリには観光客がほとんど歩かないような、やや危険と思われる地域がある。中央駅南側の**ガリバルディ大通り**（トラム1番はここを運行）や中央駅北西側の**カプアーノ城周辺**、**スペイン地区奥**などは注意を。町歩きの際は、バッグなどは歩道側に持つことや貴重品を持たないなどの自衛策を。（→P.46、49）（編集部）

カンパニア州にて

ナポリ(→P.32)

ひと味違う見どころへ、カタコンベのガイド付き見学

1枚の切符（€15）で以下①～③の3ヵ所のカタコンベ（ガイド付きツアー）を回ることができます。

①Catacombe di San Gennaro　Basilica San Gennaro ex.Moenia(バジリカは見学不可)

②Catacimbe di San Gaudiso　Basilica Santa Maria della Sanita

③Catacombe di san Severo　Basilica di San Severo

1日で見終えない場合は別日に見学することも可能。付属のバジリカは午前のみや長い昼休みがあるので、効率よく回るには朝イチでスタートし、切符購入時に時間確認を(パンフの記載とは違っていました)。

カタコンベは民間の学生団体が管理しており、ツアーも団体員が担当しており、イタリア語、英語があり。撮影可。

①San Gennaroのカタコンベツアー(約1時間)

見どころは多くの墓跡とフレスコ画。ツアーでは詳しい説明を聞くことができます。見終わると、「大きな扉」のある部屋に通され、そこで団体の活動の話を数分聞きます（活動への寄付を求められますが、ご自身で判断を)。その後Catacombe di San Gaudisoへ向かう場合は「大きな扉」から出ると近道だと告げられました。ただ、この大扉の外は旧市街であまり治安のよくないエリアです。近道を選ぶ場合は、時間帯を考慮してください。私たちはカタコンベ内を歩いて戻り、サヴォア通りを歩いて向かいました(徒歩約15分)。

②San Gaudisoのカタコンベ

Basilica Santa Maria della Sanitaの地下にSan Gaudisoのカタコンベがあります。豪華なバジ

リカも見応え十分です。カタコンベの見どころは、本物の骸骨を壁にはめ込み、フレスコ画で飾ったお墓です（現在は頭骨はカットして外されているとの事でした）。このバジリカは開場時間が短いので、ツアー時間とバジリカの見学を考えて、どうぞ。
③へはバス内で切符をスラれてしまい、見学できませんでした。
※路線バスはCatacombe di San Gaudiso経由、カポディモンテ美術館を通るバス（168/178/R4/C63）を利用しました。この路線は本数が少なく、混雑しています。バス停で待っていると、地元のおじいさんが「上着のチャックを上まで上げなさい」とアドバイスしてくれたおかげで、貴重品は無事でしたが、注意を怠っていたカタコンベの切符はスラれてしまいました。スリ集団は混んでいるバスに一緒に乗り込み、スッと次のバス停で下車したようです。（東京都　ノリ山　'19）

中世拷問博物館

Museo delle Torture
URL www.museodelletorture.it
住 Vico Santa Luciella ai Librai18/B
☎ 081-5523756　料 €5

喧騒のスパッカ・ナポリでタイムスポットのような場所。人は人に対してこんなに残酷になれるんだとよくわかる。トイレもあり。（北海道　ナオ　'19）

ナポリのおすすめ菓子店

CUORI DI SFOGLIATELLA

スフォリアテッラやババのほか、カンノーロなど、南イタリアならではのスイーツが充実しています。おすすめは、ミニサイズのデザート。ピスタチオやノッチョーラなどでデコレーションされたスフォリアテッラは、見た目がかわいく美味で大満足です。
住 Corso Novara, 1e/f　☎ 081 285685
営 6:00〜23:00　（東京都　ノリ山　'19）

新発見。ガンブリヌスのスイーツ

ぜひ老舗のガンブリヌス（→P.91）へ。アンティークな内装がすてき。このカフェで必ず注文したいスイーツが「ヴェスーヴィオ」。なんと、スフォリアテッラの中にババが入っています。ナポリの2大名物を一度に味わえます。立席で味わうもよし、値段は倍ですがカフェに座って優雅な時間を過ごすのもおすすめです。
（東京都　ノリ山　'19）

アマルフィ海岸(→P.136)

サレルノ滞在がおすすめ

サレルノはアマルフィ海岸散策の拠点に最適です。ナポリと違い、治安が大変よく、観光案内所によると、防犯カメラも多く設置されていて、女性の夜のひとり歩きも問題ないとのこと。親切な人が多く、物価もナポリより安くて、普段着のイタリアに接するには最適な町です。

ホテルは11月からローシーズンになるそうです。サレルノからアマルフィ海岸を散策しましたが、船を利用する場合は、晴天でも波次第で中止になりますので、要注意です。バスも船も早めに乗り場に行くことをおすすめします。出発15分前でも満員になれば、断られます。（大阪府　シュートのパパ　'19）

アレキ城へ(→P.152)

サレルノに行ったらアレキ城は必見の絶景スポットです。サレルノの町のすばらしいパノラマが望めます。アレキ城行きのバス19番は海岸線と平行するRoma通りなど市内のいくつかのバス停を経由しますので、19番のバスが書いてあるバス停で待ちます。切符は車内かタバッキで。バスは2時間に1本くらいですが、帰りはバスの時間を気にせず、アレキ城脇から遊歩道を通って旧市街まで下って20分程度で帰って来られます。目の前に旧市街とドゥオーモが見えますので迷うことはないでしょう（下る途中に**ミネルバ神の庭園**Giardino della Minervaもあります）。ちなみに上るのは入口がわかりにくいのと、坂道が結構しんどいでしょう。
（宮城県　いなぐま　'19）

土地ならではの味わいを

チェターラ（→P.155）でコラトゥーラのスパゲッティを頂きました。本当に絶品でぜひ味わって欲しいです。はじめはスパゲッティ・アーリオ・オーリオ・ペペロンチーノと同じと思ってましたが、全く異なり、深みのある味で食べた人しかわからない味ですね（コラトゥーラを混ぜたいろんな種類のパスタもありますが、シンプルにコラトゥーラのみのパスタが一番おいしい。€10前後）。チェターラは小さな町ですので、バスの時刻を確認して別のアマルフィ海岸の町を訪問後に。また食堂は13:00以降開店が多いです。コラトゥーラを売ってる店もたくさんあります。ちなみに、自宅で試したところ、オリーブオイル大さじ3＋コラトゥーラ大さじ1に生ニンニクを軽くつぶして入れ、好みでバジルや唐辛子を入れるとほぼ味が再現できますのでお試しあれ。（宮城県　いなぐま　'19）

日本ではまだあまりなじみがないブッラータチーズ、私たちも南イタリアで初めて食べて感動しほぼ毎朝晩食べてました。それまでは水牛のモッツァレラチーズが一番と思っていたのですが、そのクリーミーさと濃厚な味わいは別物ですね。南イタリアではスーパーでも普通に売っており、だいたい€2程度。日本ではこの値段で食べられることはまず不可能ですので、南イタリアへ行った機会にぜひ味わってみて下さい。（宮城県　いまぐま　'19）

ローマからの日帰り旅

写真や言葉では伝えきれない自然の美しさ

ローマから高速鉄道フレッチャロッサに揺られて約1時間。タクシーがぼられるとの情報もあったため、ナポリ中央駅から徒歩でベヴェレッロ港まで歩きました。30分近くかかり、思ったより遠く、途中の道のりは汚く治安が悪いと感じました。フェリーでソレントへ。フェリーがナポリ湾を離れゆく景色が本当に美しく、カプリ島も近くに見えました。45分ほどでソレントに到着。断崖絶壁から見下ろす海、ナポリ湾。壮大で写真では伝えきれない美しさがあります。

お昼はイル・ブーコ（→P.141）へ。デザートも主人と私に違うデザートを用意してくださる気配りがあり、すべてがイタリアらしく温かいおもてなしでした。

ソレントでは町並みも一気にリゾート地の陽気な明るい雰囲気に変わり、1日の限られた時間でいろんなイタリアを探索できました。ランチ後はローカル電車に揺られてポンペイへ。午後3時ごろから見学し、2時間程度遺跡を堪能しました。そして夜にはナポリに戻り、ナポリピザを。薪窯でのピザが1枚€5と安くておいしい。ローマを朝早くから出かけて、ナポリをもう少しゆっくり探索して、フェリーを利用しての観光がおすすめです。　（東京都　スライム　'19）

ベネヴェント（→P.162）への行き方

EAV社の電車なら乗り換えずに行けます。切符は地下のCircumvesvianaの切符売り場で買います。乗り場は地上のトレニタリアのホームからです。はじっこの5番線から出発しました。切符は必ず往復の購入を。電車の本数は少ないので必ずHPで確認を。

（神奈川県　すがまき　'19）

プーリア州にて

名物のオレッキエッテ作りを見られる通り

バーリ（→P.170）市街、ノルマンの城まで行き、アルコバッソ通りに入るあたり。観光客が集まっているので、目立ちます。オレッキエッテとは、この地方を代表する耳たぶ型パスタです。家の前で作り、天日干しする光景が複数見られます。販売あり。もちろん夕食にレストランでおいしく頂きました。　（神奈川県　よっち　'19）

シチリア州にて

映画「ゴッドファーザー」の舞台へ

タオルミーナ郊外のゴッドファーザーゆかりのサーヴカ村に朝1で行きましたが、あっと言う間に駐車場はいっぱい。帰路、たくさんの車が上がって行きましたので、大変なことになっていたようです。折角の雰囲気を味わうためにも、朝1がおすすめです。又レンタカーの駐車ですが、町のすぐ手前にある所がおそらく唯一の駐車場ですが、車のナンバープレートを登録する必要があります。又ここは小銭しか受け付けませんので、注意して下さい。　（たかちゃん　'19）

シラクーサ情報（→P.294）

シラクーサの夕飯は遅い

シーフードがおいしいシラクーサですが、レストランが始まるのが19:00以降のところがほとんど。日帰りで来ている場合は、バスに間に合わない場合があるので要注意。食べたいならお昼に！（神奈川県　Hero　'19）

シラクーサ散歩

シラクーサのオルテイージャ島を徒歩で歩き回りました。徒歩で十分島中を歩けます。アルキメデス広場からVia della Maestranza（マエストランツァ通り）に入ってしばらく歩くと教会の前にオルテイージャ島唯一という小さなスーパーがありました。ここで、お総菜・お酒・食料品などを買うことができます。おみやげに、瓶詰のバジルソース、アンチョビを買いました。とても安いです。

レストランは2軒おすすめします。

①IL VELIERO（グランドホテル・オルテイージャのすぐそば、住 Via Savoia 6）

どれもおいしく、いまだに忘れられない味です。ワインはボトルで、合計2人で€93.50でした。

②OSTERIA DA MARIANO（ドゥオーモ広場から徒歩5分。住 Vicolo Zuccolà 9）

前菜は海の幸が満載。　（千葉県　ちょこさる　'18）

シラクーサの朝市で名物サンドイッチを

オルティージャ島の市場には 名物のサンドイッチ職人がいます。人垣越しに見てみると、テーブルの上にパニーニのパンがいくつも並べられています。おじさんは、ジョークを交えながら、水の中から人の頭くらい大きいモッツァレッラチーズを取り出すと、パッパとさばいてパン一つの上に全部のせていく。そして天井から吊り下げてある生ハムを包丁でスライス、やま盛りをぐるぐる丸めてまたパンの上に全部のせ、パンの上に信じられないくらいの山盛りのチーズ、生ハムとかをこれでもかとばかりに上手に盛っていきます。サンドイッチのでき上がるのを待ってぐるっと人垣ができています。注文するには お店の中に入って順番のカードをもらって下さい。　（千葉県　ホルス　'18）

レンタカー情報

南イタリアではレンタカーが便利

バーリ市内でレンタカーを借りて、アルベロベッロ、マテーラなどを回りました。市内にはいくつかレンタカーショップがあり、オートマチック車も選べます。バーリからなら車の量も少なくほとんどが広めの田舎道で気持ち的にはすごく快適なドライブです。アルベロベッロとマテーラ間の移動手段があまりないので、3日間でも1万円ちょっとのレンタカーのほうが行動範囲も自由度も大きくおすすめだと思いました。

アルベロベッロからは周辺の白い町のロコロトンド、マルティーナ・フランカ、オストゥーニと回りました。どこもそれぞれに特徴があり、ほのぼのした町並みを楽しめます。車ならではですが、少し離れたところからそれぞれの町を眺めると全体がひとつの城みたいで美しいです。いずれの町の中心近くには駐車場があり、ナンバープレート番号を入れてお金を入れるとレシートが出てきますので、これを車内の見えるところへ置きます(ロコロトンドは無料で、ほかは€1以下でした)。路上駐車もたくさんありましたが、安いので切符を買ったほうがいいです。ゆっくり回ってロコロトンド1時間、マルティーナ2時間、オストゥーニ1時間って感じでした。　(宮城県　いなぐま　'19)
※「バーリ市街は一方通行が多く、交通量も多いので、バーリ空港からの利用がベター」との投稿あり。

利用のコツ

シチリア、特にパレルモは皆さん相当アグレッシブな運転をされるので肝を冷やします。慣れの問題もあるので、出入りをカターニア空港とパレルモ空港でお考えの場合、カターニア空港に入ってシラクーサなどで慣らして最後パレルモで返すのがよいように思います。カターニアの町は今回訪れていませんが、市街地の混雑や運転の荒さを指摘する声がありましたこと付言します。

カターニアは受付を済ませてから実際にレンタカーを借りる場所が、空港を出て右側の外れにあり不安にはなりますが、運転してみてカターニアからがよかったと痛感しました。一方パレルモはレンタカー返却は大変わかりやすいですが、いきなり都会のパレルモでの運転はできれば避けたいところです。

シチリアにかぎりませんが、イタリアは駐車、石畳、細く曲がりくねった道、一方通行と相当難易度は高いので相応の覚悟が必要だと思います。さもないと疲れるだけでストレスがたまり、観光や食事どころではなくなる恐れがあります。

また、第一に小さい車を借りること。宿泊場所と駐車スペースの確保が重要です(一流ホテル=4つ星以上に泊まらないかぎり駐車場はないと考えたほうが無難)。路駐は住民優先だし、われわれ部外者には基本1時間€1が必要で、空いていてもスペースが狭く左ハンドルであることを考えると駐車には高い技量が必要で絶望的です。従って、夜間も出し入れのできるようないわゆる大型駐車場へ。シラクーサのオルティージャ島には駐車場が基本ないので、バレットパーキングのようなシステムがあります。よく宿と相談してください。バレットパーキングで一晩€20、大型駐車場は観光地タオルミーナで€15、チェファルーで€8、パレルモで€9でした。とにかく、重たい荷物を持っての石畳の移動は確実に消耗しますので、駐車場に近い宿の確保が決め手になります。これを乗り越えればすばらしい眺望を思いのままにできる得難い経験ができると思います。　(たかちゃん　'19)

ナオの滞在記、涙なくして語れない、エリチェ(→P.332)

バスは果てしなきジグザグカーブを上り、標高751mのエリチェに到着。着いた途端ドーン!!と雷が落ち、暴風雨。町に逃げ込むも、店も教会もピタリと戸を閉ざし、ひさしに身を潜め、嵐がおさまるのを待つこと2時間。やっと雨がやんで観光を始めるもすごい風。背後で瓦がガシャーンと落ちる……。

後のことをはしょるとして、帰りのバスは待てど暮らせども来ない!!　降り始めたアラレは雪に変わり「寒い!!」、ついにバスは来なかった。この悪天で坂道を上って来られなかったのだ。意を決して、歩いて下山することにした。ジクザグジグザグ気が遠くなる。下に人家が見えたので、近道して荒野を突っ切った!しかし、廃屋。次も次の次の家ももぬけの殻。雪は吹雪になってきたが、この程度は北海道もんにはなんともないが、さすが未知の無人の土地ではこたえる。その時、ワンワンと犬が突進してくる。遠くに牛飼いが叫び、犬は戻っていった。とにかくしゃにむに草原を下って行くと道路に出て、集落があった。ほっと安心したのも束の間、今度は犬4匹が吠えながら襲って来る。「あっち行けー!」と叫びながら後ずさりすると、彼らの領分を出たのか、犬は去って行った。

樹林地帯になり、もうすぐだと思いきや、またまたワンワン。今度は大集団、危機一髪!!!　その時サーッと車が停まり「乗れ!」。お百姓のおじいさんが白馬の騎士に見えた。車中ではお互い無言(言葉を知らないのだ)、バス停で降ろしてくれた。感謝!!。『忘れえぬ人』とは、こういう人を言うのだ。シチリアの田舎(と言わずどこでも)の無謀な行動は慎みたい。

(北海道　ナオ　'19　2〜3月)

※冬季はロープウエイ運休。標高も高いので、気温差にも留意を。

経済性に太鼓判!　ナオのおすすめ!

アグリジェント(→P.320)
トラットリア・マンハッタン Trattoria Manhattan
住 Salita Madonna degli Angeli 13
☎ 0922-20911
町の人で大混雑の1軒。ビュッフェの前菜が全種大盛りで€8。コペルト€1.50

タオルミーナ(→P.279)
B&B ヴィッラ・マリア Villa Maria
URL www.villamaria-giardininaxos.com
タオルミーナより、下のジャルディーニ・ナクソスの方が経済的だと思い、タオルミーナの駅を出て左(カターニア方向)へ歩くこと約7分(約500m)。看板から階段を上がったところ。清潔。SS €60、朝食込み

トラーパニ(→P.328)
B&B イル・ヴェッキオ・メッシーナ・ダル 1969
Il Vecchio Messina dal 1969
住 Corso Vittorio Emanuele 71　☎ 0923-21198
中庭のある18世紀の貴族の館の3階(受付2階)。プチ「山猫(映画)」気分が味わえます。シャワー・トイレ共同で S €25で4泊しちゃいました。1階のレストランも本格的イタリア料理でおすすめ。P.331のAi Lumiと同じ建物。

ナポリ(→P.32)
ホテル・コロンボ Hotel Colombo
P.97にあるとおり、安くて居心地よし。エレベーター付き、24時間オープン。SS €35〜、朝食込み
トラットリア・ジョヴァンニ Trattoria Giovanni
住 Via Soprammuro a Porta Nolana 9/10
☎ 081-268320
1936年創業、老夫婦の経営。市場の人たちの食堂っていう感じで安くて、うまい。　(北海道　ナオ　'19)

建築・美術用語

アーキトレーブ　角柱・付け柱・円柱の上に乗った梁。

アーケード　角柱や円柱に乗ったアーチ形の構造物。

アーチ　石やれんがを放射状に積んで半円にした構造物。上部がとがっているのが、尖頭アーチ。

ヴォールト(穹窿)　半円筒形や、交差した半円筒形に石やれんがを積んだ曲面天井。

エクセドラ　壁面から半円形に引っ込んだ部分。

エトルリア美術　現在のトスカーナ地方から興ったエトルリア人による紀元前7～3世紀の美術。初期の物はギリシアの強い影響を受けているが、後にはリアリスティックな表現を生み出して、ローマ美術に引き継がれた。

オーダー　ギリシアの神殿建築から生まれた円柱とその上に乗る部分の様式のことで、下記の3つのほかにトスカーナ式とコンポジット式がある。柱頭を見れば区別できる。

ドーリス式：杯型

イオニア式：両端が下向きの渦巻き型

コリント式：重なったアカンサスの葉型

回廊(キオストロ)　教会本堂に隣接した修道院の中庭を囲む廊下。

ギリシア十字形　十字部分のそれぞれの長さが等しい形。

クーポラ(円蓋)　半球状の天井または屋根。

クリプタ　教会の床下の地下または半地下に造られた聖堂・礼拝堂・埋葬所で、通常はヴォールト天井をもつ。

外陣　教会堂の内部で、身廊と側廊からなる部分。信者が礼拝する空間。

単廊式：側廊がまったくない物

3廊式：身廊の両側に側廊がひとつずつ

5廊式：身廊の両側に側廊がふたつずつ

後陣(アプシス)　内陣の奥にあり、平面が半円形で天井が4分の1球形になった部分。

格天井　骨組みによって区分された窪み(格間)のある天井。

国際ゴシック様式　おもに絵画と彫刻の分野で1400年前後にヨーロッパ中を支配した、宮廷風の優雅さと美しい色彩の洗練された様式。

ゴシック様式　天に高く屹立する多数の尖塔が特徴の教会建築を中心とした12～14世紀の様式。絵画では、チマブーエに続きジョットが、感情表現や空間表現に新たな境地を拓いた。シエナ派は独自の優美なスタイルを作り上げた。

コズマーティ様式(コズマ風)　大理石やガラスなどを用いた幾何学模様で教会を装飾する12～13世紀の様式。コズマとは当時ローマで活躍した、モザイク技術に長けた一族の名前。

三角破風　切妻屋根の両端部分や窓の上の三角形の壁。

シノピア　赤い顔料による、フレスコ画の下絵。複数はシノピエ。

身廊　バジリカ式教会堂の中心軸となる空間。

スコラ・カントルム　聖歌隊席。

スタッコ(装飾漆喰)　石膏を混ぜて塗る壁面や天井の仕上げ材料。さまざまの模様や像を彫刻する。

聖具室(聖器室)　教会の内陣に続く、聖具保管所および聖職者の更衣室。

前室(ナルテックス)　初期キリスト教会の本堂正面を入った玄関部。

前柱廊(ポルティコ)　建物正面に造られた、柱で支えられた吹き放ちの玄関部。

側廊　バジリカ式教会堂の身廊を挟む両側の空間。

大聖堂(ドゥオーモ)　司教座(cattedra)のある位の高い教会堂。その町で一番重要な教会。カッテドラーレ。

束ね柱　中心となる柱の周囲に細い柱を数本束ねた形の柱。

多翼祭壇画　多数のパネルに描かれた絵を組み合わせてひとつにした祭壇画。

タンパン(テュンパノン、ティンパヌム)　中央入口の上部にあるアーチ形(または三角形)の部分。

付け柱(柱形、片蓋柱)　壁から浅く突き出たように見える角柱。

テラコッタ　粘土を焼いて造った、建築用装飾や塑像。通常は素焼きの物を指す。

天蓋(バルダッキーノ)　柱で4隅を支えられた、祭壇を覆う装飾的な覆い。

テンペラ　全卵や卵黄、にかわなどと顔料を混ぜて作った絵の具。それによる画法、絵画。

トラス　各部材を接合して、三角形の集合形態に組み立てた構造。

ドラム　垂直状態の円筒形の構造物。

内陣　教会堂の内部で、外陣と後陣の間の部分。主祭壇がおかれる神聖な所。

ネオ・クラシック様式　新古典様式。18世紀後半から19世紀前半に流行。グレコ・ローマンを理想とした統一性・調和・明確さを特徴とする。

ネクロポリ　古代の死者の埋葬地。墳墓群。

軒蛇腹　建物の最上部で前方に張り出した帯状の装飾部分。

狭間(メトープ)　フリーズ上部に四角い空間を挟んで交互に並ぶ装飾石板。

グエルフィ狭間：教皇派に属することを示し、石板は四角。

ギベッリーニ狭間：皇帝派に属することを示し、石板はツバメの尾型。

バジリカ様式　教会堂の建築様式で長方形の短辺の一方を正面入口とし、もう一方に後陣を半円形に張り出させた物が基本形。

パラッツォ　宮殿、大規模な邸宅、公共建築物。

バラ窓　ゴシックの聖堂に多く見られる、バラの花のような円形の窓。

バロック様式　劇的な効果を狙った豪華で動きのある17世紀の様式。

ピサ様式　建築におけるロマネスクゴシック様式の1タイプ。ファサードでは何層もの小さいアーケードが軽やかな装飾性を示し、内部は色大理石の象嵌細工などが施されている。

ビザンチン様式　4～11世紀、東西ローマ帝国で発達した様式で、その建築は外観は地味だが内部は豪華なモザイクや浅浮彫りで飾られている。プランとしてはバジリカ様式、集中式、ギリシア十字形が特徴。

ファサード　建物の正面部分。

フォロ　古代ローマの都市にあった公共広場。商取引、裁判、集会などに使われた。

フリーズ　建物外壁の装飾帯。彫刻のある小壁面。

プラン　建築物の見取り図、平面図、設計図。

フレスコ　壁に塗った漆喰が乾かないうちに絵を描く技法。絵の具が染み込んで固定するために退色しにくい。

壁龕＝(ニッチ)　壁をくり抜いて造った窪み。彫像などを置いて飾るための空間。

ペンデンティブ　平面が正方形をなす建物の上部にクーポラを乗せるために造られた、4隅の球面三角形。

ポルタイユ　正面入口を囲む部分。

歩廊　教会やパラッツォなどの建築で、床を石・瓦で仕上げた廊下。回廊。

マニエリズム　16世紀初頭にイタリアで生まれた技巧的でアカデミックな作風。

メダイヨン　建築物に付けられた楕円または円形の装飾。

モザイク　大理石や彩色されたガラスの小片を寄せ集めて絵や模様を描く技法。

翼廊　教会堂内部で、外陣と直交する内陣の一部。

ラテン十字形　直交する十字の一方が長い形。

ランタン　クーポラの頂上部に付けられた、採光のための小さな構造物。

ルネッサンス様式　調和のある古代建築を理想とした15～16世紀の様式。明快でボリューム感のある外観をもち、内部はフレスコ画などで飾られた。絵画・彫刻においても、同じ理想のもとに感情表現・技法ともに大いに発展し、その中心はフィレンツェだった。

ロッジア　教会建築・世俗建築で、建物本体と屋外をつなぐ、アーケードを備えた通廊。単独の建造物としてのロッジアもある。開廊。

ロマネスク様式　11～12世紀に広くヨーロッパで普及した様式で、建築では正面は小アーケードで飾られローマなどでは内部にコズマーティ様式の装飾が施された。

索引

INDEX

ナポリ P.32

ア
アルバ門……64
ヴィッラ・ピニャテッリ……81
ヴィッラ・フロリディアーナ……80
ウンベルト1世のガッレリア……77
王宮……83

カ
キアイア通り……81
キエーザ・ヌオーヴァ（ドンナレジーナ教会）……62
キエーザ・ヴェッキア（ドンナレジーナ教会）……62
国立カポディモンテ美術館……69
国立考古学博物館……64
国立サン・マルティーノ美術館（旧修道院）……78
コンプレッソ・モヌメンターレ・ドンナレジーナ……62

サ
サンテルモ城……80
サン・カルロ劇場……84
サン・グレゴリオ・アルメーノ教会……60
サン・グレゴリオ・アルメーノ通り……59
サン・ジェンナーロのカタコンベ……73
サンセヴェーロ礼拝堂……59
サンタ・キアーラ教会と修道院……56
サンタ・マリア・デッレ・アニメ教会（プルガトリオ・アダルコ）……54
サンタ・マリア・ドンナレジーナ教会……62
サンタ・ルチア……82
サンタンナ・デイ・ロンバルディ教会……56
サン・ドメニコ広場……58
サン・ドメニコ・マッジョーレ教会……58
サン・ロレンツォ・マッジョーレ教会……54
ジェズ・ヌオーヴォ教会……55
ジェズ・ヌオーヴォ広場……55
スペイン地区……77
ゼヴァロス・スティリアーノ宮美術館……77

タ
卵城……82
ダンテ広場……64
ドゥオーモ……52

ナ
ナポリのクリスマス……61
ニーロ像……59
ヌオーヴォ城……76
ネアポリス（イル・ソットスオロ・ナポレターノ）……60

ハ
ピオ・モンテ・デッラ・ミゼルコルディア教会……53
プルガトリオ・アダルコ……54
プレビシート広場……83
ベッリーニ広場……55

マ
マードレ美術館……62
マルティーリ広場……81

パレルモ P.226

ア
ヴッチリア（の市場）……255

カ
カテドラーレ……238
カプチン派のカタコンベ……243
カーポの市場……255
ガリバルディ庭園……247
キアラモンテ（ステリ）宮殿……248
クアットロ・カンティ……236
国際マリオネット博物館……248

サ
サン・カタルド教会……237
サン・ジョヴァンニ・デッリ・エレミティ教会……242
サンタ・マリア・デッラ・カテーナ教会……248
サン・ドメニコ教会……254
サン・フランチェスコ・ダッシジ教会……247
ジェズ教会……242
ジーザ宮……243
シチリア州立美術館……249
シチリア州立考古学博物館……253
植物園……250

ナ
ヌオーヴァ門……239
ノルマン王宮……21、239

ハ
バッラロの市場……242
パラティーナ礼拝堂……240
パレルモ近現代美術館……243
フォロ・イタリコ……250
プレトーリア広場……236
ベッリーニ広場……237
ポリテアーマ劇場……252

マ
マッシモ劇場……252
マリーナ広場……247
マルトラーナ教会……237
ミルト宮……250

ラ
ラ・ガンチャ……250
ルジェーロ王の間……240
ロザリオ・イン・サンタ・チータ祈祷堂……254
ロザリオ・イン・サン・ドメニコ祈祷堂……255

南イタリア・シチリア
（ナポリ、パレルモ以外の町）

ア

アグリジェント……320
アテネア通り……326
エルコレ(ヘラクレス)神殿……324
カストール・ポルックス
(ディオスクロイ)神殿……323
コンコルディア神殿……324
サント・スピリト教会……326
サン・レオーネ……324
州立考古学博物館……322
ジュノーネ・ラチニア(ヘラ)神殿
……325
ジョーヴェ・オリンピコ(ゼウス)
神殿……323
神殿の谷……323
中世・近代地区……326
デメテルとコレの至聖所……323
ピランデッロの家博物館……325
ヘレニズム期・ローマ期地区…322
アマルフィ……144
アマルフィ共和国の
古代造船場跡……146
紙の博物館……146
十字架上のキリストの聖堂‥145
天国の回廊……145
地下礼拝堂……145
ドゥオーモ……144
ビーチ……146
アマルフィ海岸……136
エメラルドの洞窟(アマルフィ海岸)
……143
アマルフィ海岸その他の町……154
アトラーニ……154
ヴィエートリ・スルマーレ……155
チェターラ……155
マイオーリ……154
ミノーリ……154
アルベロベッロ……176
カーサ・ダモーレ……178
旧市街……177
サンタントニオ教会……178
トゥルッロ・ソヴラーノ……178
イスキア島……129
アラゴンの城……130
イスキア・ポルト……130
イスキア・ポンテ……130
温泉公園……131
サンタンジェロ……131
フォリーオ……131
イトリアの谷……176
ヴィエートリ・スル・マーレ……155
ヴェスーヴィオ……110
ヴルカーノ島……274
エオリエ諸島……270
エトナ山……292
エリチェ……332
コルディーチ美術館……333
ノルマン城(ヴェネーレ城)……333
バリオ公園……333
マトリーチェ教会／
レアル・ドゥオーモ……332
エルコラーノ……111
遺跡(フォロの浴場、サムニテスの家、ネプチューンとアンピトリティスの家、黒いサロンの家、板仕切りの家、格子垣の家、モザイクの中央広間の家、鹿の家)……113
エンナ……318
考古学博物館……319
ドゥオーモ……319
フリードリッヒ2世の塔……319
ロンバルディア城……319
オストゥーニ……184
カテドラーレ……185
南ムルジア前古典期文明博物館
……185
リベルタ広場……185
オートラント……196
アラゴン城……197
サン・ピエトロ教会……197
大聖堂……197

カ

カステッラーナ洞窟……183
カステル・デル・モンテ……206
カゼルタ……116
イギリス庭園……120
王宮……117
王宮庭園……119
サン・レウチョ……18
水道橋……16
カターニア……286
ウルシーノ城(市立博物館)……290
エトネア通り……289
円形闘技場……290
クロチーフェリ通り……288
サン・ニコロ修道院・教会……289
ドゥオーモ……288
ドゥオーモ広場……287
ベッリーニ公園……289
ベッリーニ博物館……288
カプリ島……121
アウグスト公園……124
青の洞窟……126
ヴィッラ・サン・ミケーレ……125
ヴィッラ・ジョヴィス……127
ウンベルト1世広場……123
サン・ジャコモ修道院……123
サン・ミケーレ教会……125
ソラーロ山……125
天然のアーチ……127
トラガラの展望台……127
マテルマニアの洞窟……127
マリーナ・ピッコラ……124
カルタジローネ……312
サンタ・マリア・デル・モンテ教会
……313
市庁舎広場……313
市民庭園……314
州立陶器博物館……314
スカーラ(階段)……313
ドゥオーモ……313
グロッテ・ディ・カステッラーナ‥183

サ

サレルノ……150
アメンドラ広場……151
県立絵画館……152
県立考古学博物館……152
サン・ジョルジョ教会……152
ドゥオーモ……150
トリエステ海岸通り……151
メルカンティ通り……151
シクリ……311
シラクーサ……294
アポロ神殿……299
アレトゥーザの泉……299
ギリシア劇場……296
古代ローマの円形闘技場……296
サン・ジョヴァンニ・
エヴァンジェリスタ教会……297
サンタ・ルチア・アッラ・
バディア教会……299
州立パオロ・オルシ考古学博物館
……297
天国の石切り場……296
ドゥオーモ……298
ネアポリス考古学公園……295
ベッローモ宮州立美術館……299
ストロンボリ島……274
セジェスタ……334
セリヌンテ……342
ソルント……264
ソレント……138
サン・チェザーレオ通り……139
市民公園……139
タッソ広場……138
テッラノーヴァ博物館……140
ドゥオーモ……140
マリーナ・グランデ……139
寄せ木博物館……139

タ

タオルミーナ……279
イソラ・ベッラ……283
カステッロ……284
カステルモーラ……284
ギリシア劇場……280
コルヴァヤ館……282
4月9日広場……282
市民公園……281
ジャルディーニ・ナクソス……284
大聖堂……282
マッツァーロ海岸……283

ターラント……198
アラゴン城……200
旧市街……201
国立考古学博物館……200
ドゥオーモ……201
チェターラ……155
チェファルー……268
城砦……269
ディアナ神殿の跡……269
大聖堂……269
中世の洗濯場……269
マンドラリスカ博物館……269
トラーニ……24
トラーパニ……328
アンヌンツィアータ聖所祈念堂……329
ヴィットリオ・エマヌエーレ大通り……330
ガリバルディ通り……331
州立ペポリ博物館……330
トッレアルサ通り……331
リニーの塔……331

ナ

ノート……302
ヴィットリオ・エマヌエーレ通り…302
市庁舎広場……302
カテドラーレ……303
ニコラチ通り……303

ハ

パエストゥム／ペストゥム……158
遺跡（ケレス神殿、ドーリス式神殿、地下神殿、フォロ、集会所、古代劇場、ネプチューン神殿、バジリカ）……159〜160
国立考古学博物館……160
バゲリーア……265
パラッツォロ・アクレイデ……311
バーリ……170
カテドラーレ……174
考古学博物館……174
サン・グレゴリオ教会……173
サン・ニコラ教会……172
ノルマンの城……174
メルカンティーレ広場……174
バルレッタ……28
ピアッツァ・アルメリーナ……315
ドゥオーモ……315
カサーレの古代ローマの別荘……316
ビトント……26
ブリンディシ……186
県立リベッツォ考古学博物館…187
古代ローマの円柱……187
グラナフェイ・ネルヴェーニャ宮……187
サン・ジョヴァンニ・アル・セポルクロ教会……188
ドゥオーモ広場……187
プローチダ島……133
ヴィーヴァラ島……135
キャイオレッラの浜……135
コッリチェッラ地区……134
テッラ・ムラータ地区……135
ベネヴェント……162
サンタ・ソフィア教会……163
サンニオ博物館……164
トラヤヌス帝の凱旋門……163
ローマ円形劇場……163
ポジターノ……142
サンタ・マリア・アッスンタ教会……143
ポッツォーリ……114
セラピーデ神殿／市場跡……115
ソルファターラ……114
フラヴィアの円形闘技場……115
リオーネ・テッラ……115
ポンペイ……100
ポンペイ遺跡（スブルバーネ浴場、マリーナ門、アポロ神殿）……**103**
バジリカ、フォロ、ヴェスパシアーノ神殿、ジュピターの神殿、フォロの穀物倉庫、フォロの浴場……104
アッポンダンツァ通り、スタビアーネ浴場、イシス神殿、大劇場、オデオン座、ステファノの洗濯屋、メナンドロの家、ララーリオのテルモポリオ……105
ヴィーナスの家、円形闘技場…106
ポンペイの個人住宅（ファウヌスの家、小噴水の家、ヴェッティの家、悲劇詩人の家）……**106**
秘儀荘付近
（ディオメデス荘、秘儀荘）……**107**
ポンペイ周辺の遺跡……**108**
オプロンティス
（トッレ・アンヌンツィアータ）…108
スタビア……109
ボスコレアーレ……108

マ

マイオーリ……154
マザーラ・デル・ヴァッロ……338
カテドラーレ……339
サティロス博物館……339
市立博物館……339
マテーラ……210
グロッタの家……213
原罪のクリプタ……215
国立ドメニコ・リドーラ博物館‥213
サンタ・マリア・マドンナ・イドリス教会……214
サンタ・ルチア・アッレ・マルヴェ教会……214
サン・ニコロ・デイ・グレーチ教会……214
ドゥオーモ……212
ふたつのサッシ地区……211
マドンナ・デッレ・ヴィルトゥ教会……214
ランフランキ宮……213
マルサーラ……335
考古学公園と考古学博物館…336
5月11日通り……336
マルティーナ・フランカ……180
サン・マルティーノ教会……181
ドゥカーレ宮殿……181
マリア・インマッコラータ広場…181
ラーマ地区……181
ミノーリ……154
ミリテッロ・イン・ヴァル・ディ・カターニア……311
メッシーナ……275
オリオンの噴水……276
サンティッシマ・アンヌンツィアータ・デイ・カタラーニ教会……276
鐘楼……276
ドゥオーモ……276
ネプチューンの噴水……277
州立メッシーナ共同美術館……277
モツィア……337
ホイタッカー博物館……337
モディカ……304
サン・ジョルジョ教会……305
サン・ピエトロ教会……305
ピッツォの見晴らし台……305
モルフェッタ……27
モンテ・サンタンジェロ……204
モンデッロ……264
モンレアーレ……266
回廊付き中庭……267
ドゥオーモ……266

ラ

ラヴェッロ……148
ヴィッラ・チンブローネ……149
ヴィッラ・ルーフォロ……149
ドゥオーモ……148
ラグーザ……306
イタリア大通り……307
イブレオ考古学博物館……308
イブレオ庭園……309
コメンダトーレの階段……308
サン・ジュゼッペ教会……309
スカラ通り……310
サン・ジョルジョ大聖堂……309
サンタ・マリア・デッレ・スカレ教会……308
大聖堂……307
レ・スカレ……308
ランペドゥーサ島……278
リパリ島……271
ヴィットリオ・エマヌエーレ通り……273
エオリエ州立考古学博物館……272
城塞……272

大聖堂……272
野外劇場……273
レウカ岬……195
レッジョ・ディ・カラーブリア……217
ガリバルディ大通り……219
国立考古学博物館……218
ドゥオーモ……219
マッテオッティ海岸通り……219
レッチェ……189
円形闘技場……189
カルロ5世の城……192
県立シジスモンド・カストロメディアーノ博物館……193
サン・マッテオ教会……193
サンタ・クローチェ聖堂……191
サンティ・ニコロ・エ・カタルド教会……193
サントロンツォ広場……191
ドゥオーモ広場……192
ドゥオーモ……192
ロコロトンド……182
サン・ジョルジョ教会……182
市民公園(ヴィッラ・コムナーレ)……182

マップ・図版インデックス

MAP INDEX

南イタリア

南イタリアとシチリア島……14
特集 トラーニ……25
ビトント……26
モルフェッタ……27
バルレッタ……28
カンパニア州……30
ナポリ……34
ナポリ中心部……36
ヴォメロの丘……38
サンタ・ルチア周辺……38
ナポリ中央駅構内図……39
ヴェスーヴィオ周遊鉄道図……40
ナポリバス路線図……43
ナポリ見どころルート・マップ
ナポリエリア案内……48
ルート1
スパッカ・ナポリ……50
ドゥオーモ……52
サン・ロレンツォ・マッジョーレ教会……54
サンタ・キアーラ教会と修道院……57
サン・ドメニコ・マッジョーレ教会……58
ルート2
国立考古学博物館とカポディモンテ……63
ナポリ国立考古学博物館…66･68
国立カポディモンテ美術館……70
ルート3
サンタ・ルチアとヴォメロの丘……74
ヌォーヴォ城……76
サン・マルティーノ美術館……79
それぞれの町および地域
ポンペイ新市街……101
ポンペイ遺跡……102
フォロ周辺案内……104
エルコラーノの遺跡……112
ポッツォーリ……114
カゼルタと王宮庭園……119
カゼルタ王宮(2F)……118
カプリ島……122
カプリ地区……122
イスキア島……129
イスキア地区……130
プローチダ島……133
アマルフィ海岸……137
ソレント……138
ポジターノ……142
アマルフィ……144
ラヴェッロ……148
サレルノ……150
ドゥオーモ……150
ペストゥム/パエストゥム……159
ペストゥム遺跡……160
ベネヴェント……163
プーリア州……166
バーリ……173
サン・ニコラ教会……172
アルベロベッロ……177
マルティーナ・フランカ……180
オストゥーニ……184
ブリンディシ……186
レッチェ……190
サンタ・クローチェ聖堂……191
ドゥオーモ広場……192
オートラント……196
ターラント……198
モンテ・サンタンジェロ……204
バジリカータ州とカラーブリア州……208
マテーラ……211
レッジョ・ディ・カラーブリア……217
シチリア州……222
パレルモ周辺部……227
パレルモ中心部……228
パレルモ旧市街……230
パレルモ見どころルート・マップ
ルート1
ノルマン王宮と旧市街……234
パラティーナ礼拝堂……241
ルート2
プレトーリア広場東地区……246
シチリア州立美術館……249
ルート3
新市街と考古学博物館……251
モンレアーレ……266
チェファルー……268
エオリエ諸島……270
リパリ……271
メッシーナ……275
タオルミーナ……280
カターニア……287
カターニア旧市街……288
エトナ山州立公園……292
シラクーサ……295
州立パオロ・オルシ考古学博物館……297
オルティージャ島……298
シチリア・バロック都市……301
ノート……302
モディカ……304
ラグーザ……306
カルタジローネ……312
ピアッツァ・アルメリーナ……315
カサーレの古代ローマの別荘……316
エンナ……318
アグリジェント……321
トラーパニ……328
エリチェ……332
セジェスタ……334
マルサーラ……335
マザーラ・デル・ヴァッロ……338
セリヌンテ……342

技術編

ローマ・フィウミチーノ空港見取り図……349
ナポリ・カポディキーノ空港見取り図……350
パレルモ・ファルコーネ・ボルセッリーノ空港……351
カターニア・フォンタナロッサ空港……352
南イタリアとシチリアの世界遺産……395

写真提供:スカラ

P.71中、P.161上

地球の歩き方 関連書籍のご案内

イタリアとその周辺諸国をめぐるヨーロッパの旅を「地球の歩き方」が応援します!

地球の歩き方 ガイドブック

A01 ヨーロッパ ¥1,870
A02 イギリス ¥2,530
A03 ロンドン ¥1,980
A04 湖水地方&スコットランド ¥1,870
A05 アイルランド ¥2,310
A06 フランス ¥2,420
A07 パリ&近郊の町 ¥2,200
A08 南仏 プロヴァンス ¥1,760
A09 イタリア ¥2,530
A10 ローマ ¥1,760
A11 ミラノ ヴェネツィア ¥1,870
A12 フィレンツェとトスカーナ ¥1,870
A13 南イタリアとシチリア ¥1,870
A14 ドイツ ¥2,420
A15 南ドイツ フランクフルト ¥2,090
A16 ベルリンと北ドイツ ¥1,870
A17 ウィーンとオーストリア ¥2,090
A18 スイス ¥2,200

A19 オランダ ベルギー ¥2,420
A20 スペイン ¥2,420
A21 マドリードとアンダルシア ¥1,760
A22 バルセロナ&近郊の町 ¥1,980

地球の歩き方 aruco

01 aruco パリ ¥1,650
06 aruco ロンドン ¥1,650
17 aruco ウィーン ブダペスト ¥1,320
18 aruco イタリア ¥1,760
21 aruco スペイン ¥1,320
26 aruco フィンランド エストニア ¥1,430
28 aruco ドイツ ¥1,430
36 aruco フランス ¥1,430

地球の歩き方 Plat

01 Plat パリ ¥1,320
04 Plat ロンドン ¥1,320
06 Plat ドイツ ¥1,320
08 Plat スペイン ¥1,320
14 Plat マルタ ¥1,540
27 Plat ジョージア ¥1,540

地球の歩き方 旅の名言&絶景

人生を楽しみ尽くすイタリアのことばと絶景 100 ¥1,650

地球の歩き方 旅と健康

地球のなぞり方 旅地図 ヨーロッパ編 ¥1,430

地球の歩き方 aruco国内版

地球の歩き方 aruco 東京で楽しむイタリア&スペイン ¥1,480

※表示価格は定価（税込）です。改訂時に価格が変更になる場合があります。

地球の歩き方 シリーズ一覧

2024年8月現在

＊地球の歩き方ガイドブックは、改訂時に価格が変わることがあります。＊表示価格は定価（税込）です。＊最新情報は、ホームページをご覧ください。www.arukikata.co.jp/guidebook/

地球の歩き方 ガイドブック

A ヨーロッパ

A01	ヨーロッパ	¥1870
A02	イギリス	¥2530
A03	ロンドン	¥1980
A04	湖水地方&スコットランド	¥1870
A05	アイルランド	¥2310
A06	フランス	¥2420
A07	パリ&近郊の町	¥2200
A08	南仏プロヴァンス コート・ダジュール&モナコ	¥1760
A09	イタリア	¥2530
A10	ローマ	¥1760
A11	ミラノ ヴェネツィアと湖水地方	¥1870
A12	フィレンツェとトスカーナ	¥1870
A13	南イタリアとシチリア	¥1870
A14	ドイツ	¥2420
A15	南ドイツ フランクフルト ミュンヘン ロマンチック街道 古城街道	¥2090
A16	ベルリンと北ドイツ ハンブルク ドレスデン ライプツィヒ	¥1870
A17	ウィーンとオーストリア	¥2090
A18	スイス	¥2200
A19	オランダ ベルギー ルクセンブルク	¥2420
A20	スペイン	¥2420
A21	マドリードとアンダルシア	¥1760
A22	バルセロナ&近郊の町 イビサ島／マヨルカ島	¥1980
A23	ポルトガル	¥2200
A24	ギリシアとエーゲ海の島々&キプロス	¥1870
A25	中欧	¥1980
A26	チェコ ポーランド スロヴァキア	¥2420
A27	ハンガリー	¥1870
A28	ブルガリア ルーマニア	¥1980
A29	北欧 デンマーク ノルウェー スウェーデン フィンランド	¥2640
A30	バルトの国々 エストニア ラトヴィア リトアニア	¥1870
A31	ロシア ベラルーシ ウクライナ モルドヴァ コーカサスの国々	¥2090
A32	極東ロシア シベリア サハリン	¥1980
A34	クロアチア スロヴェニア	¥2200

B 南北アメリカ

B01	アメリカ	¥2090
B02	アメリカ西海岸	¥2200
B03	ロスアンゼルス	¥2090
B04	サンフランシスコとシリコンバレー	¥1870
B05	シアトル ポートランド	¥2420
B06	ニューヨーク マンハッタン&ブルックリン	¥2200
B07	ボストン	¥1980
B08	ワシントンDC	¥2420
B09	ラスベガス セドナ&グランドキャニオンと大西部	¥2090
B10	フロリダ	¥2310
B11	シカゴ	¥1870
B12	アメリカ南部	¥1980
B13	アメリカの国立公園	¥2640
B14	ダラス ヒューストン デンバー グランドサークル フェニックス サンタフェ	¥1980
B15	アラスカ	¥1980
B16	カナダ	¥2420
B17	カナダ西部 カナディアン・ロッキーとバンクーバー	¥2090
B18	カナダ東部 ナイアガラ・フォールズ メープル街道 プリンス・エドワード島 トロント オタワ モントリオール ケベック・シティ	¥2090
B19	メキシコ	¥1980
B20	中米	¥2090
B21	ブラジル ベネズエラ	¥2200
B22	アルゼンチン チリ パラグアイ ウルグアイ	¥2200
B23	ペルー ボリビア エクアドル コロンビア	¥2200
B24	キューバ バハマ ジャマイカ カリブの島々	¥2035
B25	アメリカ・ドライブ	¥1980

C 太平洋 / インド洋島々

C01	ハワイ オアフ島&ホノルル	¥2200
C02	ハワイ島	¥2200
C03	サイパン ロタ&テニアン	¥1540
C04	グアム	¥1980
C05	タヒチ イースター島	¥1870
C06	フィジー	¥1650
C07	ニューカレドニア	¥1650
C08	モルディブ	¥1870
C10	ニュージーランド	¥2200
C11	オーストラリア	¥2750
C12	ゴールドコースト&ケアンズ	¥2420
C13	シドニー&メルボルン	¥1760

D アジア

D01	中国	¥2090
D02	上海 杭州 蘇州	¥1870
D03	北京	¥1760
D04	大連 瀋陽 ハルビン 中国東北部の自然と文化	¥1980
D05	広州 アモイ 桂林 珠江デルタと華南地方	¥1980
D06	成都 重慶 九寨溝 麗江 四川 雲南	¥1980
D07	西安 敦煌 ウルムチ シルクロードと中国北西部	¥1980
D08	チベット	¥2090
D09	香港 マカオ 深圳	¥2420
D10	台湾	¥2090
D11	台北	¥1980
D13	台南 高雄 屏東&南台湾の町	¥1980
D14	モンゴル	¥2420
D15	中央アジア サマルカンドとシルクロードの国々	¥2090
D16	東南アジア	¥1870
D17	タイ	¥2200
D18	バンコク	¥1980
D19	マレーシア ブルネイ	¥2090
D20	シンガポール	¥2200
D21	ベトナム	¥2090
D22	アンコール・ワットとカンボジア	¥2200
D23	ラオス	¥2
D24	ミャンマー（ビルマ）	¥2
D25	インドネシア	¥2
D26	バリ島	¥2
D27	フィリピン マニラ セブ ボラカイ ボホール エルニド	¥2
D28	インド	¥2
D29	ネパールとヒマラヤトレッキング	¥2
D30	スリランカ	¥1
D31	ブータン	¥1
D33	マカオ	¥1
D34	釜山 慶州	¥1
D35	バングラデシュ	¥2
D37	韓国	¥2
D38	ソウル	¥1

E 中近東 アフリカ

E01	ドバイとアラビア半島の国々	¥2
E02	エジプト	¥2
E03	イスタンブールとトルコの大地	¥2
E04	ペトラ遺跡とヨルダン レバノン	¥2
E05	イスラエル	¥2
E06	イラン ペルシアの旅	¥2
E07	モロッコ	¥1
E08	チュニジア	¥2
E09	東アフリカ ウガンダ エチオピア ケニア タンザニア ルワンダ	¥2
E10	南アフリカ	¥2
E11	リビア	¥2
E12	マダガスカル	¥1

J 国内版

J00	日本	¥33
J01	東京 23区	¥22
J02	東京 多摩地域	¥20
J03	京都	¥22
J04	沖縄	¥22
J05	北海道	¥22
J06	神奈川	¥24
J07	埼玉	¥22
J08	千葉	¥22
J09	札幌・小樽	¥22
J10	愛知	¥22
J11	世田谷区	¥22
J12	四国	¥24
J13	北九州市	¥22
J14	東京の島々	¥26
J15	広島	¥22
J16	横浜市	¥22

地球の歩き方 aruco

●海外

1	パリ	¥1650
2	ソウル	¥1650
3	台北	¥1650
4	トルコ	¥1430
5	インド	¥1540
6	ロンドン	¥1650
7	香港	¥1650
9	ニューヨーク	¥1650
10	ホーチミン ダナン ホイアン	¥1650
11	ホノルル	¥1650
12	バリ島	¥1650
13	上海	¥1320
14	モロッコ	¥1540
15	チェコ	¥1320
16	ベルギー	¥1430
17	ウィーン ブダペスト	¥1320
18	イタリア	¥1760
19	スリランカ	¥1540
20	クロアチア スロヴェニア	¥1430
21	スペイン	¥1320
22	シンガポール	¥1650
23	バンコク	¥1650
24	グアム	¥1320
25	オーストラリア	¥1760
26	フィンランド エストニア	¥1430
27	アンコール・ワット	¥1430
28	ドイツ	¥1760
29	ハノイ	¥1650
30	台湾	¥1650
31	カナダ	¥1320
33	サイパン テニアン ロタ	¥1320
34	セブ ボホール エルニド	¥1320
35	ロスアンゼルス	¥1320
36	フランス	¥1430
37	ポルトガル	¥1650
38	ダナン ホイアン フエ	¥1430

●国内

北海道	¥1760
京都	¥1760
沖縄	¥1760
東京	¥1540
東京で楽しむフランス	¥1430
東京で楽しむ韓国	¥1430
東京で楽しむ台湾	¥1430
東京の手みやげ	¥1430
東京おやつさんぽ	¥1430
東京のパン屋さん	¥1430
東京で楽しむ北欧	¥1430
東京のカフェめぐり	¥1480
東京で楽しむハワイ	¥1480
nyaruco 東京ねこさんぽ	¥1480
東京で楽しむイタリア&スペイン	¥1480
東京で楽しむアジアの国々	¥1480
東京ひとりさんぽ	¥1480
東京パワースポットさんぽ	¥1599
東京で楽しむ英国	¥1599

23	ウズベキスタン サマルカンド ブハラ ヒヴァ タシケント	¥165
24	ドバイ	¥13
25	サンフランシスコ	¥13
26	パース／西オーストラリア	¥13
27	ジョージア	¥154
28	台南	¥14

地球の歩き方 Plat

1	パリ	¥1320
2	ニューヨーク	¥1650
3	台北	¥1100
4	ロンドン	¥1650
6	ドイツ	¥1320
7	ホーチミン/ハノイ/ダナン/ホイアン	¥1540
8	スペイン	¥1320
9	バンコク	¥1540
10	シンガポール	¥1540
11	アイスランド	¥1540
13	マニラ セブ	¥1650
14	マルタ	¥1540
15	フィンランド	¥1320
16	クアラルンプール マラッカ	¥1650
17	ウラジオストク／ハバロフスク	¥1430
18	サンクトペテルブルク／モスクワ	¥1540
19	エジプト	¥1320
20	香港	¥1100
22	ブルネイ	¥1430

地球の歩き方 リゾートスタイル

R02	ハワイ島	¥165
R03	マウイ島	¥165
R04	カウアイ島	¥187
R05	こどもと行くハワイ	¥154
R06	ハワイ ドライブ・マップ	¥198
R07	ハワイ バスの旅	¥132
R08	グアム	¥143
R09	こどもと行くグアム	¥165
R10	パラオ	¥165
R12	プーケット サムイ島 ピピ島	¥165
R13	ペナン ランカウイ クアラルンプール	¥165
R14	バリ島	¥143
R15	セブ&ボラカイ ボホール シキホール	¥165
R16	テーマパークｉｎオーランド	¥187
R17	カンクン コスメル イスラ・ムヘーレス	¥165
R20	ダナン ホイアン ホーチミン ハノイ	¥165

地球の歩き方　御朱印

御朱印でめぐる鎌倉のお寺　三十三観音完全掲載　三訂版	¥1650
御朱印でめぐる京都のお寺　改訂版	¥1650
御朱印でめぐる奈良のお寺	¥1760
御朱印でめぐる東京のお寺	¥1650
日本全国この御朱印が凄い！　第壱集　増補改訂版	¥1650
日本全国この御朱印が凄い！　第弐集　都道府県網羅版	¥1650
御朱印でめぐる全国の神社　開運さんぽ	¥1430
御朱印でめぐる高野山　三訂版	¥1760
御朱印でめぐる関東の神社　週末開運さんぽ	¥1430
御朱印でめぐる秩父の寺社　三十四観音完全掲載　改訂版	¥1650
御朱印でめぐる関東の百寺　坂東三十三観音と古寺	¥1650
御朱印でめぐる関西の神社　週末開運さんぽ	¥1430
御朱印でめぐる関西の百寺　西国三十三所と古寺	¥1650
御朱印でめぐる東京の神社　週末開運さんぽ　改訂版	¥1540
御朱印でめぐる神奈川の神社　週末開運さんぽ　改訂版	¥1540
御朱印でめぐる埼玉の神社　週末開運さんぽ　改訂版	¥1540
御朱印でめぐる北海道の神社　週末開運さんぽ　改訂版	¥1540
御朱印でめぐる九州の神社　週末開運さんぽ　改訂版	¥1540
御朱印でめぐる千葉の神社　週末開運さんぽ　改訂版	¥1540
御朱印でめぐる東海の神社　週末開運さんぽ	¥1430
御朱印でめぐる京都の神社　週末開運さんぽ　改訂版	¥1540
御朱印でめぐる神奈川のお寺	¥1650
御朱印でめぐる大阪　兵庫の神社　週末開運さんぽ　改訂版	¥1540
御朱印でめぐる愛知の神社　週末開運さんぽ　改訂版	¥1540
御朱印でめぐる栃木　日光の神社　週末開運さんぽ	¥1430
御朱印でめぐる福岡の神社　週末開運さんぽ　改訂版	¥1540
御朱印でめぐる広島　岡山の神社　週末開運さんぽ	¥1430
御朱印でめぐる山陰　山陽の神社　週末開運さんぽ	¥1430
御朱印でめぐる埼玉のお寺	¥1650
御朱印でめぐる千葉のお寺	¥1650
御朱印でめぐる東京の七福神	¥1540
御朱印でめぐる東北の神社　週末開運さんぽ　改訂版	¥1540
御朱印でめぐる全国の稲荷神社　週末開運さんぽ	¥1430
御朱印でめぐる新潟 佐渡の神社　週末開運さんぽ	¥1430
御朱印でめぐる静岡 富士 伊豆の神社　週末開運さんぽ　改訂版	¥1540
御朱印でめぐる四国の神社　週末開運さんぽ	¥1430
御朱印でめぐる中央線沿線の寺社　週末開運さんぽ	¥1540
御朱印でめぐる東急線沿線の寺社　週末開運さんぽ	¥1540
御朱印でめぐる茨城の神社　週末開運さんぽ	¥1430
御朱印でめぐる関東の聖地　週末開運さんぽ	¥1430
御朱印でめぐる東海のお寺	¥1650
日本全国ねこの御朱印＆お守りめぐり　週末開運にゃんさんぽ	¥1760
御朱印でめぐる信州 甲州の神社　週末開運さんぽ	¥1430
御朱印でめぐる全国の聖地　週末開運さんぽ	¥1430
御朱印でめぐる茨城のお寺	¥1650
御朱印でめぐる全国のお寺　週末開運さんぽ	¥1540
48 日本全国 日本酒でめぐる　酒蔵＆ちょこっと御朱印〈東日本編〉	¥1760
49 日本全国 日本酒でめぐる　酒蔵＆ちょこっと御朱印〈西日本編〉	¥1760
50 関東版ねこの御朱印＆お守りめぐり　週末開運にゃんさんぽ	¥1760
52 一生に一度は参りたい！　御朱印でめぐる全国の絶景寺社図鑑	¥2479
53 御朱印でめぐる東北のお寺　週末開運さんぽ	¥1650
54 御朱印でめぐる関西のお寺　週末開運さんぽ	¥1760
D51 鉄印帳でめぐる全国の魅力的な鉄道４０	¥1650
御朱印はじめました　関東の神社　週末開運さんぽ	¥1210

地球の歩き方　島旅

1 五島列島　4訂版	¥1870
2 奄美大島　喜界島　加計呂麻島（奄美群島①）4訂版	¥1650
3 与論島　沖永良部島　徳之島（奄美群島②）改訂版	¥1650
4 利尻　礼文　4訂版	¥1650
5 天草　改訂版	¥1760
6 壱岐　4訂版	¥1650
7 種子島　3訂版	¥1650
8 小笠原　父島　母島　3訂版	¥1650
9 隠岐　3訂版	¥1870
10 佐渡　3訂版	¥1650
11 宮古島　伊良部島　下地島　来間島　池間島　多良間島　大神島　改訂版	¥1650
12 久米島　渡名喜島　改訂版	¥1650
13 小豆島～瀬戸内の島々１～　改訂版	¥1650
14 直島　豊島　女木島　男木島　犬島～瀬戸内の島々２～	¥1650
15 伊豆大島　利島～伊豆諸島１～　改訂版	¥1650
16 新島　式根島　神津島～伊豆諸島２～改訂版	¥1650
17 沖縄本島周辺１５離島	¥1650
18 たけとみの島々　竹富島　西表島　波照間島　小浜島　黒島　鳩間島　新城島　由布島　加屋	¥1650
19 淡路島～瀬戸内の島々３～　改訂版	¥1760
20 石垣島　竹富島 西表島 小浜島 由布島 新城島 波照間島	¥1650
21 対馬	¥1650
22 島旅ねこ　にゃんこの島の歩き方	¥1344
23 屋久島	¥1760

地球の歩き方　旅の図鑑

W01 世界２４４の国と地域　改訂版	¥2200
W02 世界の指導者図鑑	¥1650
W03 世界の魅力的な奇岩と巨石１３９選	¥1760
W04 世界２４６の首都と主要都市	¥1760
W05 世界のすごい島３００	¥1760
W06 地球の歩き方的！　世界なんでもランキング	¥1760
W07 世界のグルメ図鑑　１１６の国と地域の名物料理を食の雑学とともに解説	¥1760
W08 世界のすごい巨像	¥1760
W09 世界のすごい城と宮殿３３３	¥1760
W10 世界197ヵ国のふしぎな聖地＆パワースポット	¥1870
W11 世界の祝祭	¥1760
W12 世界のカレー図鑑	¥1980
W13 世界遺産　絶景でめぐる自然遺産　完全版	¥1980
W15 地球の果ての歩き方	¥1980
W16 世界の中華料理図鑑	¥1980
W17 世界の地元メシ図鑑	¥1980
W18 世界遺産の歩き方　学んで旅する！　すごい世界遺産190選	¥1980
W19 世界の魅力的なビーチと湖	¥1980
W20 世界のすごい駅	¥1980
W21 世界のおみやげ図鑑	¥1980
W22 いつか旅してみたい世界の美しい古都	¥1980
W23 世界のすごいホテル	¥1980
W24 日本の凄い神木	¥2200
W25 世界のお菓子図鑑	¥1980
W26 世界の麺図鑑	¥1980
W27 世界のお酒図鑑	¥1980
W28 世界の魅力的な道	¥1980
W29 世界の映画の舞台＆ロケ地	¥2090
W30 すごい地球！	¥2200
W31 世界のすごい墓	¥1980
W32 日本のグルメ図鑑	¥1980
W34 日本の虫旅	¥2200

地球の歩き方　旅の名言＆絶景

ALOHAを感じるハワイのことばと絶景100	¥1650
自分らしく生きるフランスのことばと絶景100	¥1650
人生観が変わるインドのことばと絶景100	¥1650
生きる知恵を授かるアラブのことばと絶景100	¥1650
心に寄り添う台湾のことばと絶景100	¥1650
道しるべとなるドイツのことばと絶景100	¥1650
共感と勇気がわく韓国のことばと絶景100	¥1650
人生を楽しみ尽くすイタリアのことばと絶景100	¥1650
今すぐ旅に出たくなる！　地球の歩き方のことばと絶景100	¥1650
悠久の教えをひもとく　中国のことばと絶景100	¥1650

地球の歩き方　旅と健康

地球のなぞり方 旅地図 アメリカ大陸編	¥1430
地球のなぞり方 旅地図 ヨーロッパ編	¥1430
地球のなぞり方 旅地図 アジア編	¥1430
地球のなぞり方 旅地図 日本編	¥1430
脳がどんどん強くなる！　すごい地球の歩き方	¥1650

地球の歩き方　旅の読み物

今こそ学びたい日本のこと	¥1760
週末だけで70ヵ国159都市を旅したリーマントラベラーが教える自分の時間の作り方	¥1540
史跡と神話の舞台をホロホロ！　ハワイ・カルチャーさんぽ	¥1760

地球の歩き方　BOOKS

ハワイ ランキング＆マル得テクニック！	¥1430
台湾 ランキング＆マル得テクニック！	¥1430
御船印でめぐる船旅	¥1870
BRAND NEW HAWAII　とびきりリアルな最新ハワイガイド	¥1650
FAMILY TAIWAN TRIP　#子連れ台湾	¥1518
GIRL'S GETAWAY TO LOS ANGELES	¥1760
HAWAII RISA'S FAVORITES　大人女子はハワイで美味しく美しく	¥1650
LOVELY GREEN NEW ZEALAND　未来の国を旅するガイドブック	¥1760
MAKI'S DEAREST HAWAII	¥1540
MY TRAVEL, MY LIFE Maki's Family Travel Book	¥1760
いろはに北欧	¥1760
ヴィクトリア朝が教えてくれる英国の魅力	¥1320
ダナン＆ホイアン　PHOTO TRAVEL GUIDE	¥1650
とっておきのフィンランド	¥1760
フィンランドでかなえる100の夢	¥1760
マレーシア　地元で愛される名物食堂	¥1430
香港　地元で愛される名物食堂	¥1540
最高のハワイの過ごし方	¥1540
子連れで沖縄　旅のアドレス＆テクニック117	¥1100
食事作りに手間暇かけないドイツ人、手料理神話にこだわり続ける日本人	¥1100
台北　メトロさんぽ　MRTを使って、おいしいとかわいいを巡る旅	¥1518
北欧が好き！　フィンランド・スウェーデン・デンマーク・ノルウェーの素敵な町めぐり	¥1210
北欧が好き！２　建築＆デザインでめぐるフィンランド・スウェーデン・デンマーク・ノルウェー	¥1210
日本全国　開運神社　このお守りがすごい！	¥1522
地球の歩き方　ディズニーの世界　名作アニメーション映画の舞台	¥2420

地球の歩き方　スペシャルコラボ BOOK

地球の歩き方　ムー	¥2420
地球の歩き方　JOJO　ジョジョの奇妙な冒険	¥2420
地球の歩き方　宇宙兄弟　We are Space Travelers!	¥2420
地球の歩き方　ムーJAPAN　～神秘の国の歩き方～	¥2420

＼日本のよさを再発見！／

地球の歩き方 国内版シリーズ

Secret of Success

ヒットの秘密

1979年創刊、海外旅行のバイブル「地球の歩き方」。2020年に初の国内版「東京」を創刊。これまでの海外取材で培った細かな取材力、その土地の歴史や文化、雑学などの情報を盛り込むことで、地元在住者に支持され大ヒット。次の新刊もお楽しみに！

地球の歩き方国内版シリーズ
定価：2020円（税込）～
https://www.arukikata.co.jp/web/catalog/directory/book/guidebook-j/

あなたの**旅の体験談**をお送りください

「地球の歩き方」は、たくさんの旅行者からご協力をいただいて、
改訂版や新刊を制作しています。
あなたの旅の体験や貴重な情報を、これから旅に出る人たちへ分けてあげてください。
なお、お送りいただいたご投稿がガイドブックに掲載された場合は、
初回掲載本を1冊プレゼントします！（発送は国内に限らせていただきます）

ご投稿はインターネットから！

URL www.arukikata.co.jp/guidebook/toukou.html
画像も送れるカンタン「投稿フォーム」
※左記の二次元コードをスマートフォンなどで読み取ってアクセス！

または「地球の歩き方　投稿」で検索してもすぐに見つかります

地球の歩き方　投稿

▶投稿にあたってのお願い

★ご投稿は、次のような《テーマ》に分けてお書きください。
《新発見》――ガイドブック未掲載のレストラン、ホテル、ショップなどの情報
《旅の提案》――未掲載の町や見どころ、新しいルートや楽しみ方などの情報
《アドバイス》――旅先で工夫したこと、注意したこと、トラブル体験など
《訂正・反論》――掲載されている記事・データの追加修正や更新、異論、反論など

※記入例「○○編20XX年度版△△ページ掲載の□□ホテルが移転していました……」

★データはできるだけ正確に。
ホテルやレストランなどの情報は、名称、住所、電話番号、アクセスなどを正確にお書きください。
ウェブサイトのURLや地図などは画像でご投稿いただくのもおすすめです。

★ご自身の体験をお寄せください。
雑誌やインターネット上の情報などの丸写しはせず、実際の体験に基づいた具体的な情報をお待ちしています。

▶ご確認ください

※採用されたご投稿は、必ずしも該当タイトルに掲載されるわけではありません。関連他タイトルへの掲載もありえます。
※例えば「新しい市内交通パスが発売されている」など、すでに編集部で取材・調査を終えているものと同内容のご投稿をいただいた場合は、ご投稿を採用したとはみなされず掲載本をプレゼントできないケースがあります。
※当社は個人情報を第三者へ提供いたしません。また、ご記入いただきましたご自身の情報については、ご投稿内容の確認や掲載本の送付などの用途以外には使用いたしません。
※ご投稿の採用の可否についてのお問い合わせはご遠慮ください。
※原稿は原文を尊重しますが、スペースなどの関係で編集部でリライトする場合があります。

この本を書いてくれた旅人たち

紺碧の海と輝く太陽、古代遺跡の宝庫であり、「君よ知るやレモンの実る南の国」と謳われた旅人たちの憧れの地、南イタリアとシチリア島。本書を片手に、そんな町々を歩いてみてください。素朴で親切な人々との触れ合いも楽しい地域です。いままでのイタリアの旅とはひと味違うものに出合えることでしょう。

南イタリア&シチリアの旅が楽しいものでありますよう"Buon（ブオン） viaggio!（ヴィアッジョ）"

取材・執筆・撮影
飯島操（レ・グラツィエ）、飯島千鶴子（レ・グラツィエ）、林桃子（レ・グラツィエ）

松本かやの、笠井修、平尾光佐子、平尾秀明、福久隆男、©iStock

STAFF

制　　作：由良暁世	Producer：Akiyo Yura
編　　集：飯島千鶴子（レ・グラツィエ）	Editor：Chizuko Iijima（Le Grazie Co., Ltd.）
デザイン：TOPPAN株式会社（TANC）	Design：Toppan Co., Ltd.（TANC）
表　　紙：日出嶋昭男	Cover Design：Akio Hidejima
地　　図：ジェオ、ピーマン	Map：GEO、P・MAN
校　　正：石井千鶴子	Proofreading：Chizuko Ishii

SPECIAL THANKS TO：イタリア政府観光局（ENIT）

本書の内容について、ご意見・ご感想はこちらまで
〒141-8425 東京都品川区西五反田2-11-8
株式会社地球の歩き方
地球の歩き方サービスデスク「南イタリアとシチリア編」投稿係
URL▶https://www.arukikata.co.jp/guidebook/toukou.html
地球の歩き方ホームページ（海外・国内旅行の総合情報）
URL▶https://www.arukikata.co.jp/
ガイドブック『地球の歩き方』公式サイト
URL▶https://www.arukikata.co.jp/guidebook/

地球の歩き方 A13 南イタリアとシチリア 2020～2021年版

1999年 4 月16日 初版発行
2024年 9 月13日 改訂第14版第1刷発行

Published by Arukikata. Co.,Ltd.
2-11-8 Nishigotanda, Shinagawa-ku, Tokyo, 141-8425

著作編集　地球の歩き方編集室
発 行 人　新井邦弘
編 集 人　由良暁世
発 行 所　株式会社地球の歩き方
　　　　　〒141-8425　東京都品川区西五反田2-11-8
発 売 元　株式会社Gakken
　　　　　〒141-8416　東京都品川区西五反田2-11-8
印　　刷　TOPPAN株式会社

※本書は基本的に2019年12月の取材データに基づいて作られています。
発行後に料金、営業時間、定休日などが変更になる場合がありますのでご了承ください。
更新・訂正情報：https://www.arukikata.co.jp/travel-support/

●この本に関する各種お問い合わせ先
・本の内容については、下記サイトのお問い合わせフォームよりお願いします。
URL▶https://www.arukikata.co.jp/guidebook/contact.html
・広告については、下記サイトのお問い合わせフォームよりお願いします。
URL▶https://www.arukikata.co.jp/ad_contact/
・在庫については　Tel 03-6431-1250（販売部）
・不良品（乱丁、落丁）については　Tel 0570-000577
学研業務センター　〒354-0045　埼玉県入間郡三芳町上富279-1
・上記以外のお問い合わせは　Tel 0570-056-710（学研グループ総合案内）

※本書は株式会社ダイヤモンド・ビッグ社より1999年4月に発行したもの（2020年4月に改訂第14版）の最新・改訂版です。
学研グループの書籍・雑誌についての新刊情報・詳細情報は、下記をご覧ください。
学研出版サイト　https://hon.gakken.jp/